日本経済評論社

興亜前提史

武田範之伝

川上善兵衛著

市井三郎・滝沢誠 編

武田範之　35歳　明治31年９月
顕聖寺に於て

武田範之　33歳　明治29年11月
広島未決檻より責附出獄の時

武田範之　48歳　明治43年12月安代温泉に於て静養中（師最後の写真）

朝鮮龍山瑞龍寺境内の分骨塔　明治44年10月建立
八字寺内朝鮮総督書

武田範之旧住保寧山顕聖寺本堂　向って左側に隠顕するは石碑

寺内正毅贈

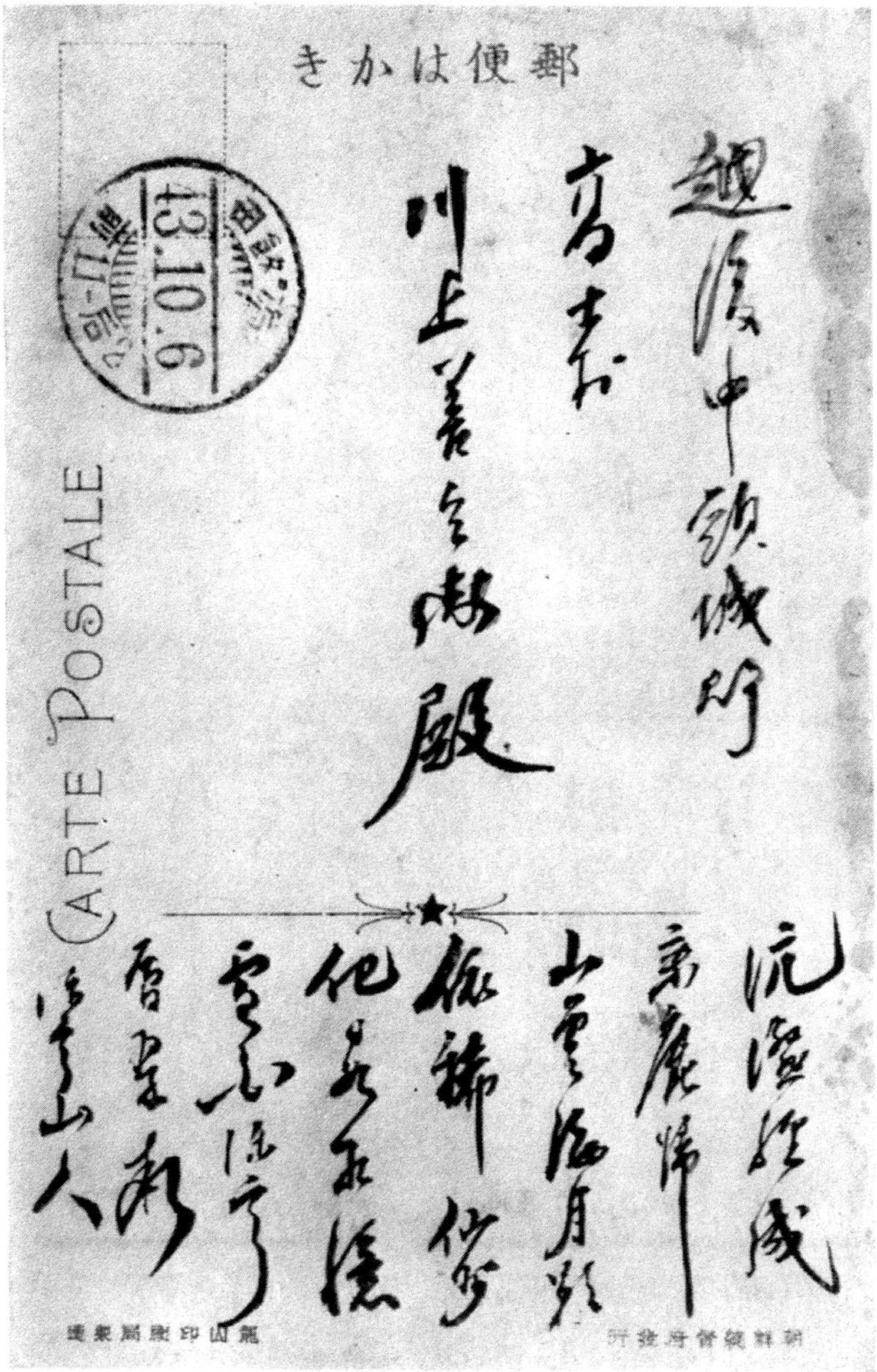

朝鮮総督府発行始政紀念絵はがき第一の表面　武田範之

魯竜は寺内正毅　蓮史は宋秉畯　朝鮮総督府始政紀念絵はがき第一の裏面

繁雪は仁田原重行　柏蔭は明石元二郎朝鮮総督府始政紀念絵はがき第二の裏面

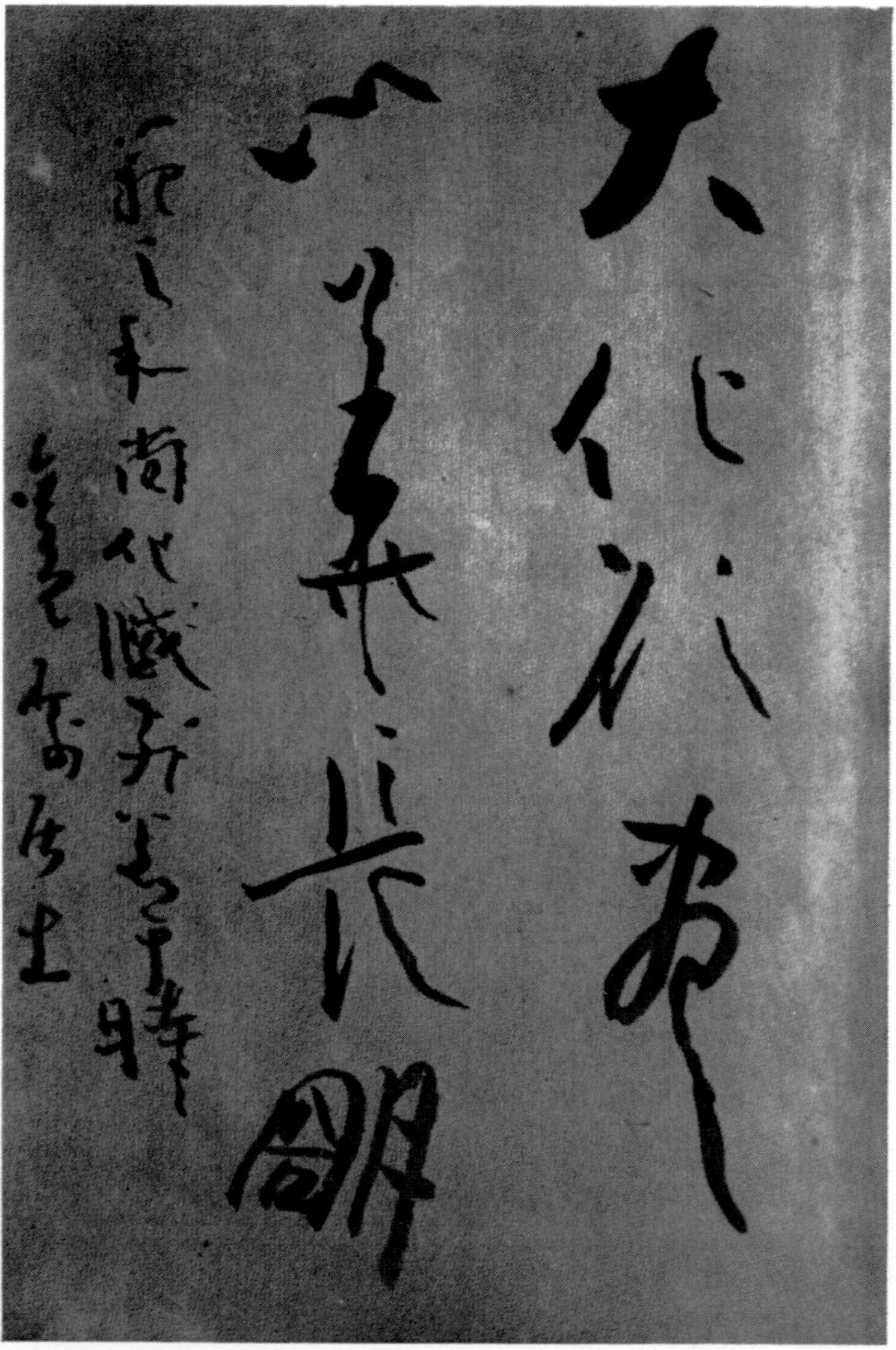

武田範之遺墨帖の題辞　三浦梧楼

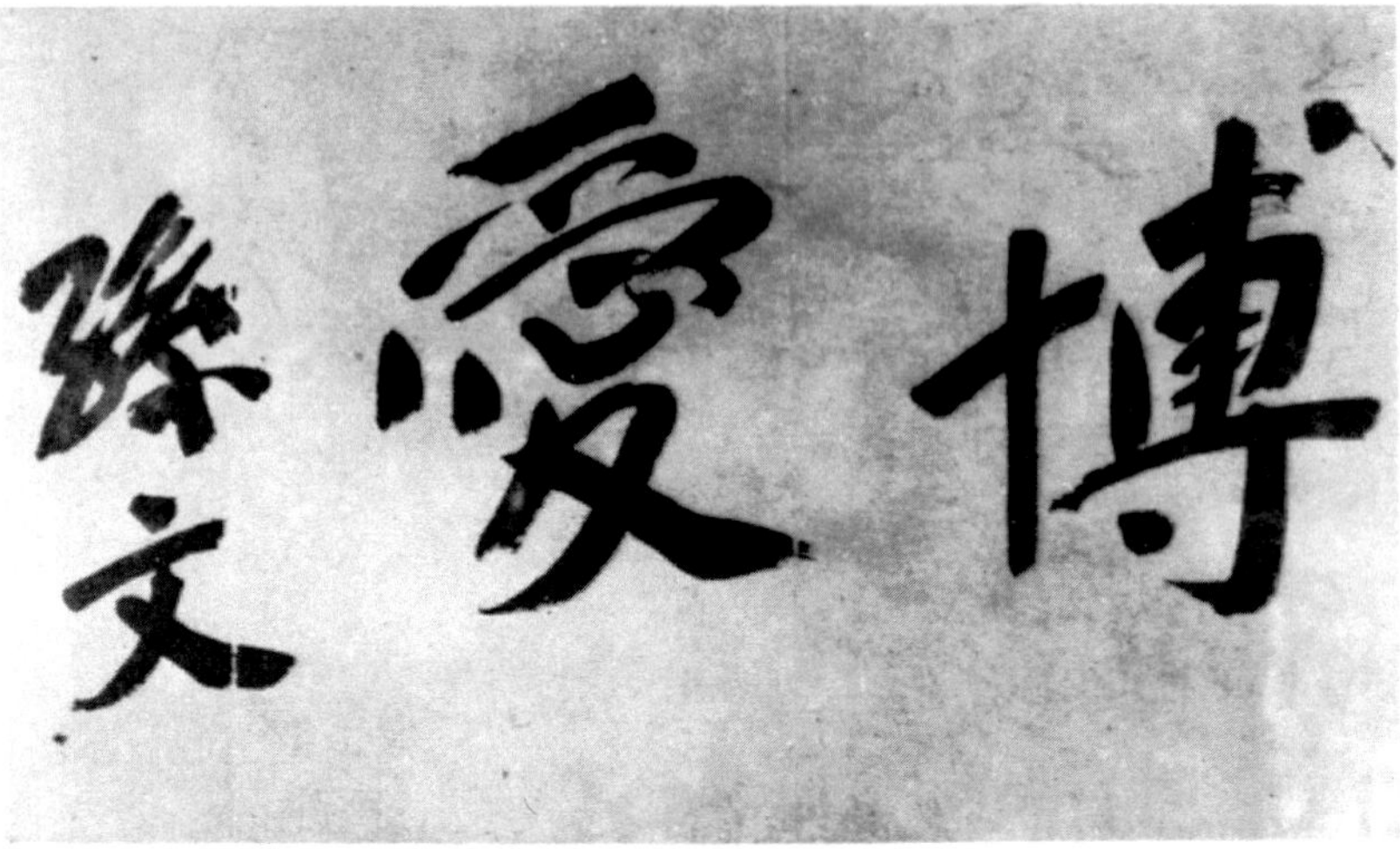

中華民國初代大總統孫逸仙書

武田範之遺墨帖の題字　孫文

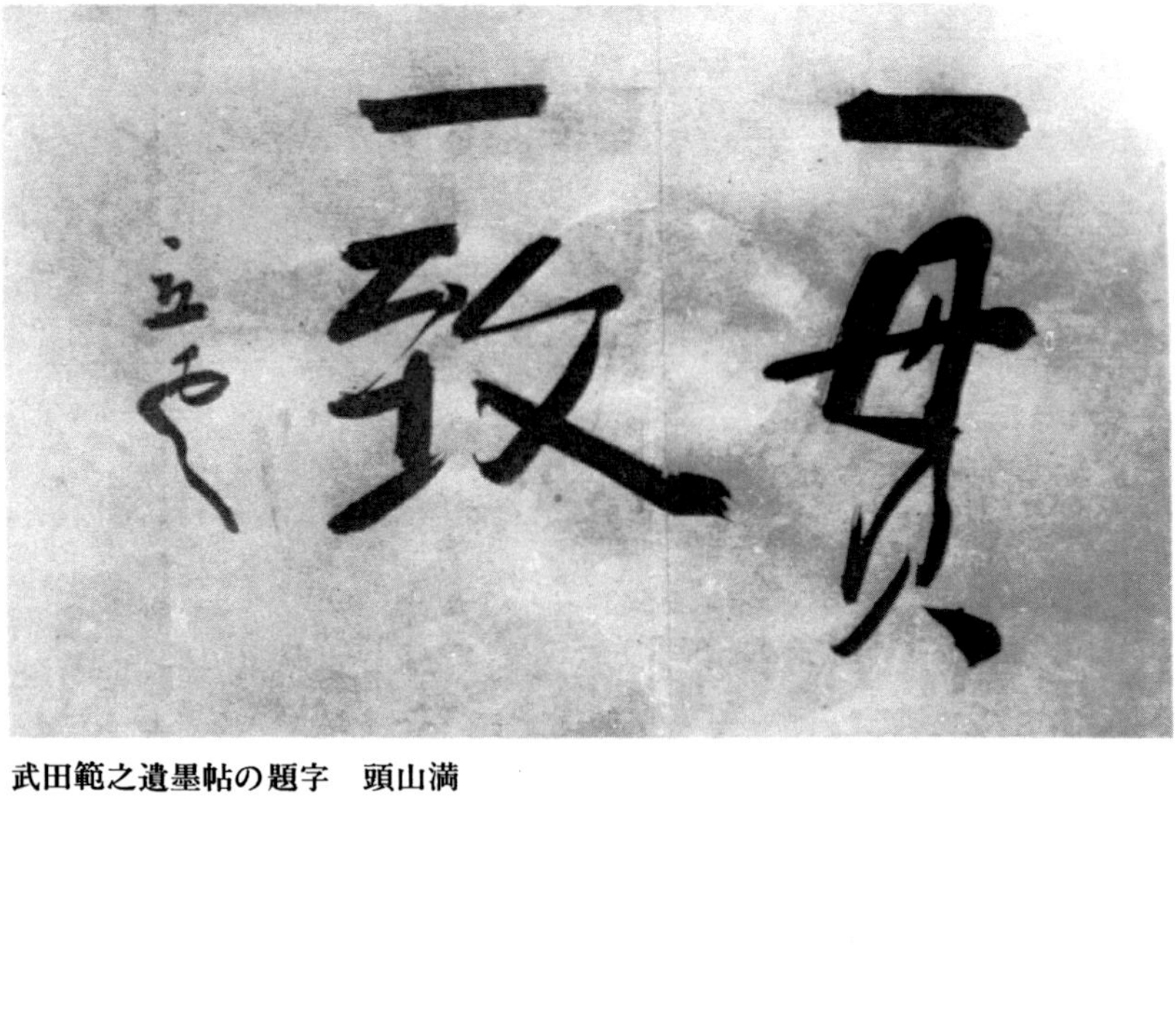

武田範之遺墨帖の題字　頭山滿

編者まえがき

本書「興亜前提史——武田範之伝」は、武田範之の俗弟子であった川上善兵衛によってものされた、曹洞宗の名刹、保寧山顕聖寺住職であり、当時、朝鮮浪人と呼ばれた明治期のアジア主義者、洪疇武田範之の伝記である。明治維新以降、近代日本の東アジア関係史、特に日韓併合の裏面において特異な地位を占めている武田範之は、その出自・思想的環境等の観点から見ると、幕末期尊攘運動の精神をそのまま純粋培養した形で引き継いだ思想的に正嫡に位置する明治のアジア主義者であった。その関係した範囲は、日本・朝鮮・中国の広範囲にわたり、特に韓末の韓国一進会と日本人民間人による、いわゆる「日韓合邦運動」（ここでいう「合邦」運動とは、日韓両国対等の立場での連合を意味し、明治四十四年に日韓の政府当局者によって締結された、日本の朝鮮半島の植民地化を意味する、日韓併合とはその理念を全く異にする。）には、その構想決定に対して、重要な位置を占めている。

武田範之の伝記には、武田の死後に武田が住職を勤めた顕聖寺から数種のものが、昭和十七年には、郷里を同じくする井上右によって『興亜風雲譚』が平凡社から出版されている。

本書川上善兵衛の「武田伝」は、これら既刊のそれとは、使用された素材の点で大幅な質の隔たりがある。けだし、武田範之の日韓合邦運動を前後して、武田に心酔した川上は、自らの持つ経済力をバックに、武田の合邦運動を強力に支援した。ちなみに、川上は高田在屈指の大地主で、早くよりブドウ栽培を手がけ、その経営する岩の原ブドウ園からは、我が国におけるブドウ酒用の基本品種となった「ベリーA」に代表される多くの新種を作出し、ブドウ品種の改良と、栽培技術の開発に貢献した。川上は〝ブドウ栽培の父〟と呼ばれ、その功績により第一回農業賞を受賞している。川上は典型的な篤農家で、明治日本が生んだまっとうなブルジョアの一人であった。

その死に臨んで、武田は所持する書類一切の保存・管理を川上に託した。この尨大な書類は、川上の手によって整理され纒められて、「洪疇遺績」と名づけられ、川上家の菩提寺である上越市(旧高田市)北方の薬師院に、一紙の散逸もなく現在に伝えられている(「洪疇遺績」は、マイクロフィルムに収録されて、成蹊大学図書館にそのマザーが、アジア経済研究所にコピーが納められている)。このとき武田が遺し川上が整理した「洪疇遺績」は、後年、昭和期に入って黒竜会が『日韓合邦秘史』『東亜先覚志士記伝』を編纂したとき、重要な資料の一つとして使用されていることは知る人ぞ知るところである。

武田文書「洪疇遺績」の編纂者である川上が、同文書を縦横に駆使し、伝記当事者の直接の伝聞によって構成された本書は、近代日本史に〝浪人〟と呼ばれて登場するアジア主義者の典型としての、武田範之の実態を今日に伝える第一級資料であるといってよい。かつて、内田良平ら黒竜会のメンバーが刊行した『日韓合邦秘史』や『東亜先覚志士記伝』が、刊行者の〝自らの業績を顕揚〟するという、刊行当事者の出版意図とは別の次元において、これらの刊行物が近代日本史の研究に不可欠な資料として認められていることは周知の事実である。本書「興亜前提史」は、これら黒竜会の刊行物と比較して、質的に何らの遜色がないだけでなく、原資料がそのままの形で引用されている等の点において、後世の研究者にとって、近代日本史及びアジア史の資料としての価値ははるかに高いといえよう。

本書の成立について、遺族をはじめとする関係者の伝聞を要約すると、はじめ、川上は自らが整理した「洪疇遺績」をもとに、森鷗外に武田伝執筆を依頼していたらしい。事実、東大総合図書館所蔵の鷗外文庫には、川上が作成した「洪疇遺績」の抄本に、鷗外が朱筆を入れたものが残っている。鷗外の死、あるいは何らかの事情によって、鷗外執筆の武田伝企画が坐折した後、川上は自らの手による武田伝執筆に入ったようである。それは主に、農閑期に川上晩年の避寒地であった興津の清見寺で執筆されたようである。執筆の時期は大正末期から昭和初年にわたったといわれている。

本書の脱稿に前後して、川上善兵衞は出版社をいろいろと当ったようである。結果のみをいえば、川上の奔走にもかかわらず、当時の政治情勢の下では勇気の要る本書の出版を、引き受けるところがついに現われないままに終った。その後、本書は名前のみ喧伝された武田範之に関する幻の稿本として現在に至った。

本書の白眉とするところは、近代日本史ならびに、東アジア近代史における一大結節点の一つである、日本の韓国併合に至るまでの詳細な事実の呈示である。そして、それも正史から完全に抹殺されている「日韓合邦」運動を中心にした、直接の伝聞を含めた該運動当事者の直接資料をふんだんに使用している点にある。

かつて竹内好は、『アジア主義』の解説のなかで、武田を好ましいアジア主義者として評価しているが、武田範之に対する歴史的評価は、現在のところ定まっていない。少くとも、幕末維新期に、叛逆の名目で維新政府から断罪され、藩主以下足軽に至るまで、明治政権から〝冷や飯〟を喰わされた久留米藩勤皇派に属する家に生まれた武田範之の生涯は、明治政権に疎外された幕末尊攘運動関係者子弟の、その後の典型的な行動パターンの一つを我々に示してくれている。いいかえれば、幕末維新期の尊攘運動を思想的に純粋培養したかたちを、武田の思想と行動に見ることが出来る。この意味で、本書に展開された内容は、もう一つの明治維新であり、明治大日本帝国の光の部分に対応する影の部分であった。陸軍軍医局長の肩書きを持つ森鷗外の手になる武田伝の企画が流産したことや、川上が本書脱稿後、その出版社を見い出し得なかったことは、武田が関与した明治大日本帝国の影の部分に、二十数年を経過した当時の為政者にとっても、公開をはばかられるほど、高度な政治的事象を多く含んでいたことを示している。

本書の出版に臨んで、先にふれた黒竜会の出版物が、近代日本史及び東アジアの近代をめぐる研究において、刊行者の思想・政治的立ち場を超越して、研究のための基本的資料の一つとして評価されているように、我々は、本書を著者川上善兵衛自身の史観とは別の次元で、信頼性の高い歴史資料の一つとして、世に呈示することにしたい。

本書に収録した武田範之をめぐる各分野に関する解説は、本書の内包する多方面にわたる問題を理解するに便利なように配慮して各分野の専門家にお願いした。特に本書の核心をなす日韓合邦問題については、併合・統治された側からの観点は必要不可決であるという理由から、朝鮮人研究者に参加いただいた。

なお、解説執筆者は、各自の立ち場と方法によって執筆するもので、本企画に関して全体を統一、拘束する政治・思想的なものは一切なく、おのおの独自の立ち場を堅持していることを明らかにしておきたい。

昭和六十年十月一日

市井三郎

滝沢誠

凡　例

一　著者の叙述及記事は凡て漢字に平仮名交りとし、引用文献は漢字片仮名交りとして著者の叙述と引用文献との限界を明にす。

一　著者の記述には仮名字に濁音符〃の必要なるものには必ず〃を字の右傍上に附したれども、引用文献中に〃の無きもの例えば公文書及私文書にても〃符号無きものは凡て原文のままとして〃の無きものには著者は新たに〃を附せず。然れども著者の和訳したる漢詩文は必要に応じて凡て〃を附したり。

一　地名或は姓名等を連記する場合は、其一地名・一姓名毎に字間の中央に小黒円点を附して、句読点の、或は。とを区別したり。

一　日・清・朝鮮等の地名・人名は凡て在来の漢字を用ゐ、欧・米其他の国名及地名にして漢字を以て普く知られたるものは漢字名を用う、例えばイギリスを英吉利・パリ及ワシントンを巴里及華盛東とし、トランスヴァール・アルサス・ローレン等は片仮名とし、人名も亦ウェーベルを韋員とし、ロバノフを魯発老布としたるもリンカーン・グラッドストーン等は片仮名を用いたるが如し。

一　朝鮮の元国号を朝鮮と号せし時代は朝鮮と書し、韓国と称せし時代は韓国と書し、又朝鮮王朝鮮大君主・韓国皇帝・太皇帝・李太王等時代に由り其称号異なるを以て各其時代時代の称号に依れり。

一　年譜表中上頭の年代数字は凡て十百千等の字を略して一より九までの字に留めたり。外に金銭関係の表も亦此例に依れり。

編者註

本書の編集にあたっては、著者川上善兵衛の遺稿をできる限り忠実に再現することに努めた。ただ明らかな誤字と判る個所は訂正した。「凡例」にいう濁音符〃のあつかいは、原稿が古く、判読が困難な個所が少なくないこともあって、地文、引用文たるとを問わず、現代語読みの観点から濁音として統一した。判読不可能な個所は〇〇《(不明)》とした。なお、本文の最終校正は寺内威太郎氏の協力を得た。

また、文中の振り仮名のうち、片仮名は遺稿に付されているものであるが、平仮名は、編集部が読み易さを考慮して最少限に付したものである。

本文註は滝沢誠が担当し、各章の末尾に掲げた。

引用及参考文献（既刊）

著作者	書名	発行年月日
宮崎寅蔵	三十三年之夢	明治三十五年八月二十日
清藤幸七郎	天佑俠	明治三十六年十月二十八日
菊池謙譲	大院君伝附 王妃之一生	明治四十三年十月二十五日
武田範之	円宗六諦論	明治四十四年五月三十一日
武田範之	鰲海鉤玄	明治四十四年六月二十六日
細井　肇	朝鮮文化史論	明治四十四年八月二十日
戸叶薫雄 楢崎観一	朝鮮最近史	大正元年八月二十九日
青柳綱太郎	李朝五百年史	大正元年九月二十八日
朴　晶東	天経正義	大正三年十二月八日
朴　晶東	竜潭訣釈賛	大正三年十二月二十一日
朴　晶東	侍天教宗繹史	大正四年一月十八日
朴　晶東	侍天教祖遺図志	大正四年二月十七日
小松　緑	朝鮮併合之裏面	大正九年九月二十日
黒田甲子郎	元帥寺内伯爵伝	大正九年十月十五日
青柳綱太郎	朝鮮独立騒擾論	大正十年三月四日

權藤四郎介　李王宮秘史　大正十五年八月二十五日
左　舜生　中国近百年史資料　民国十五年（昭和元年七月）
孫　嘉會　中華民国史　民国十六年（昭和二年九月一日）
小森徳治　明石元二郎　昭和三年四月二十日
徳富猪一郎　公爵山縣有朋伝　昭和八年二月一日
葛生能久　東亜先覚志士記伝　昭和八年十二月八日
黒　龍　會　黒龍（月刊雑誌）　明治三十三年
東亜月報社　東亜月報（月刊雑誌）　明治四十年
武田範之　隆熙改元秘事（未刊行原稿）　明治四十年
武田範之　霊瑞秘符（未刊行原稿）　明治四十年
武田範之　漢城私研（未刊行原稿）　明治三十九年十二月―明治四十三年

別に武田範之日記明治三十九年十二月―明治四十三年八月（断続的）・詩文稿・往復文書・各種の記録原本及写真等より引用せるもの最も多し、而して此等の多くは未だ刊行せられざるものなり。

武田範之伝　興亜前提史　目次

武田範之傳

興亜前提史

俗弟子　川上善兵衞　著
弟　佐波三郎　校

自序

武田範之《たけだはんし》師は保寧山顕聖寺《ほねいざんけんしょうじ》(1)住職にして、曹洞宗の一禅僧たるに過ぎず。而して予は其檀越に非ず、又其信徒にも非ず。然るに予が其伝を立つるは故あり。始め師と予と一見するや霊犀相照し、互に期せずして師弟の情誼を生ずるに至り、愈々師が尋常の僧侶に非ずして、其抱負の大なるを知る。要するに師は仏教に頼つて衆生を済度するの本願ありしも、当時は日鮮清の国際関係安定せず隣保の紛擾絶ゆること無く、国民も亦互に意志の疎通を欠くが為又反目の状に在り。

爰《ここ》に師は、政教両道に依つて救世済民の法を講ぜんと欲し、先づ天津に至らんとしたりしも機来らず、遂に意を渡鮮に決し其金鰲島に入つて知己を得。爾来幾度か海峡を往復したりしが、甲午・乙未の変二たび官嫌に触れて退鮮せしめられ、又山に戻り衆僧に伍せしも、雄心勃々其鬱結せるものは発して孫逸仙の革命檄と為り、又黒龍江曲と為る。而して其章太炎と相見るや、筆戦数次議論堂々彼の論陣を衝いて瞠若たらしむ。後李容九・宋秉畯等(2)と相知るに及んで、専ら日韓一如の促進を策して沆瀣《こうがい》経を草し、一進會と侍天教と政教両道の下に誘掖提撕し、庚戌の秋併合の盛事を見て帰山したるも尚朝鮮仏教の興隆に力を致したることは、病中の著六諦論に拠つて窺ふべし。

師が病んで高田に寓せんとするや予に与ふる書に曰く、小衲身再び天外に流落するも高田を以て帰休逍遙の地と為さんと、即其更に海外に雄飛せんと欲するの志は尚灰の如くならざりしことを察すべきなり、然れども天其齢を貸さず、此等の事は師の志を達するに至らず。

　師は自ら起つこと能はざるを知るや予に其有するところの文書及記録を託す、予師の没後之を検せしが其壮時より没年に至るまでの文書及草案記録等甚だ多く尽く之を採録するは容易ならず、故に散逸を禦《ふせ》ぐ為整理且謄写し他日師の全集編纂の資料に供せんとす。③

　予又師の病間其略伝④を草して師に正誤せしめたりしが、師先づ曰く、斯く詳細に及ばざらんと刪除すること尠なからず、以て其名利に淡々たるを知るべし。

　巻末李・宋の略伝を附録せしは、彼等は素より師と其出処進退を各々異にするも、其三体一心政教両方面に尽瘁したる事蹟は多く人に知られず、殊に其反対の政党と教徒より売国奴半倭児⑤等と悪罵せられ身辺危険に瀕せしこと屢々なり、故に予は結論として其心事を明かにす、誰か知らん彼等は朝鮮に於ける憂世の志士にして、其忠臣たるのみならず共に我　天皇の忠臣我国の志士たることを。

　蓋し国家の革新に際して布衣の野人が身を犠牲として尽瘁したるものの力も、亦与かつて少なからず、我維新前夜の志士が身後期せずして栄典に浴したるもの有り、是乃《すなわち》其報国の誠意を録せられたるものに非ずや。

　今や韓国併合成つて三十余年、満洲立国の十年、更に大東亜共栄圏将に成らんとするの秋に当り、中華民国の成立前一年、満洲立国の二十余年前没したる師と相次いで逝ける李・宋等を九原の下に起たして之を一見せしめば其感奈何ぞや、共に大東亜共栄圏の捨石と為りたることを悦ばん。

予は主要資料即証拠書類に拠つて本書を纂輯したるが唯恐る、予才短く学浅く未だ其全貌を描出すること能はざるを、然れども師が葡萄の埋れ木と称せし予が捨石の事を記するも亦因果関係か。

昭和十七年神武天皇祭日

著者　川上善兵衛　識

（1）新潟県東頸城郡浦川原村顕聖寺にある曹洞宗の名刹。

（2）李容九《イヨング》・宋秉畯《ソンビュンジュン》は武田範之の後半世の大部分を占めた、いわゆる日韓合邦運動の韓国側当事者である。彼らは、日韓併合条約締結当時の韓国政府側代表である李完用とは微妙に異なったニュアンスを帯びた親日派・売国奴として、朝鮮民族から日韓合邦運動挫折の結果責任を追求されつづけている。

李容九は日韓併合後、日本政府の方針に対して抗議して、日本政府の差し出した爵位等を固辞して、憤死のかたちで病死した。李容九には、その遺児大東国男による『李容九の生涯』（昭和三十六年八月　時事通信社）があり、それは李容九におされた〃売国奴〃という冤罪をそそぐ点に重点がおかれている。また西尾陽太郎『李容九小伝』（昭和五十三年一月　葦書房）がある。

宋秉畯は、日韓併合による功績によって子爵を受け、いわゆる朝鮮貴族となり、後に伯爵にすすんだ。併合後の宋秉畯は、李容九のそれとは対照的なひらきなおった形で、日本政府とつながりを持ち、親日派として併合後の十数年を生きつづけた。宋秉畯については、その養孫野田真弘による『売国奴』（昭和五十二年六月　日本ブックスセンター出版局）がある。それは、宋秉畯におされた売国奴という烙印を一応みとめたうえで、売国奴たらざるを得なかった事情を、比較的冷静なタッチで書きつづっている。

李容九に関する韓国の人名事典（李弘植『国史大事典』一九六七　知文閣）の記述は次のようなものである。

　李容九　一八六八（高宗五）～一九一二、旧韓国末の親日派。一進会長、初名は愚弼、一名祥玉、字は大有、号は海山。幼時父に死なれ、母を手伝い農業でかろうじて生活していたが、二十三才の時、東学党の第二世教主崔時亨から教わって、孫秉熙等と一緒に崔時亨の高弟になった。一八九四（高宗三十一）年東学党の乱が起った後、崔時亨が捕われ処刑されるころ、容九も捕われ檻獄に入れられたが、死刑をのがれた。出獄後、依然として東学を宣伝したが、後に東学党を進歩会と改め会員吸収に力をつくしたが、一九〇四（光武八）年宋秉畯の勧告で一進会に合併した。日露戦争の時は、日本軍に軍事・政治の両面に協力したことが多かったが、一九〇五（光武九年）孫秉熙が東学の正統をついで天道教をはじめると、容九はこれと分離して侍天教を創設して教主になる一方、一進会の十三道支会総議員長となった。まもなく、尹始炳の後をついで、一進会長になり、大衆に対し韓日合邦を提唱すると同時に、高宗皇帝、曾禰統監及び総理大臣李完用に、おのおの韓日合邦建議書を奏上して、親日行動を自行した。死んだ後、日本天皇から勲一等瑞宝章をもらった。

宋秉畯に関する同事典の記述は次のようなものである。

　宋秉畯　一八五八（哲宗九）～一九二五、李朝高宗時の親日派。本貫は咸南、長津郡出生。ソウルに上京して当時の勢道家閔泳煥の食客をしていたが、武科に及第、守門庁をはじめとして訓練判官、都摠府都事の官職を経て、司憲府監察をした。壬午軍乱の時、かろうじて命を助けられ、一八八四年甲申事変の後、密命を受けて金玉均を暗殺しに日本に渡ってきて、かえって彼の精神に共鳴して同志となった。

　帰国するとその嫌疑で拘束されたが、閔泳煥のあっせんで特赦を受けた後、色々な官職を歴任。興海郡守、陽智県監になったが、朝廷の要注意人物として注目をあびたので再び日本に亡命。野田という日本名に改名し、山口県で暮した。

　一九〇四年露日戦争が起ると、日本軍の通訳として帰国。尹始炳・李容九等とともに一進会を組織し、国民の生命・財産保護を合いことばにして、さわぎながら、日本軍の走狗として活動した。一九〇七年李完用内閣で農商工部大臣、内部大臣を経て、再び日本に渡ってゆき、韓日合邦を主唱した。一九一〇年帰国して、その年の卑怯な合邦の功労で、日本から伯爵の爵位をもらった。

また、朝鮮民主主義人民共和国における宋秉畯についての記述(李清源著、川久保公夫、呉在陽訳『朝鮮近代史』一九五六年九月 大月書店)は次のようなものである。

宋秉畯(一八五八〜一九二五)親日派、売国奴。咸鏡南道長津の産。属吏を父とする妓生の子という。一八七五年に金玉均暗殺のため日本にわたり、説伏されて帰国、投獄されたが、特赦されて郡守などに任じ、八四年に報聘使の随員として派遣されたまま日本にとどまり、山口で養蚕などに従事した。日露戦争のときに日本軍の通訳として帰国、京城に売国団体、一進会を組織、日本の忠実な犬として軍事スパイ、軍夫徴発などを担当した。ついで李容九らの進歩会を併せて評議員長となり、一九〇五年の「保護条約」の宣伝工作にあたった。一九〇七年李完用内閣の農商工部大臣となり、ヘーグ密使事件後には、日本の意をうけて高宗退位強要の最先鋒に立った。一九〇八年李完用内閣の内部大臣となったが、日韓即時合併を主張して辞職。東京に滞在して陰謀を画策、合併直前に帰国した。彼は日本帝国主義に買われた犬として終始日韓合併を主張し、売国奴の役割を遺憾なく発揮した。その功労により合併後、子爵のちに伯爵の位をうけた。

本書の筆者である川上善兵衛の立場は、彼らになげかけられた〝売国奴〟という評価を、合邦運動の事実経過を記すという作業を通じて、真の売国者は誰であったかということを主張するところにある。

(3) 武田範之文書「洪疇遺績」を指す。該文書については、滝沢誠「洪疇遺績(武田範之文書)に就て」『アジア経済 資料月報』第二〇五号(昭和五十一年九月)参照。

(4) 『洪疇武田範之小伝』(活版本、刊記なし)を指す。なお、武田範之の伝記には、祥雲晩成『武田範之伝』(蒟蒻版、刊記なし)、秋山悟庵『範之和尚小伝』(活版本、刊記なし)、井上右『興亜風雲譚――武田範之伝』(昭和十七年九月 平凡社)がある。最近、滝沢誠『武田範之とその時代』(昭和六十一年十月、三嶺書房)が出版された。

(5) 韓国一進会とその宗教母体である侍天教は、日本の韓国併合の前夜、彼らが公表した「日韓合邦上奏文」によって、大韓帝国消滅後、朝鮮民族のほとんどから売国奴、半倭児（朝鮮民族が日本人を指していう蔑称、倭奴《ワイノム》にかけたことばで、ここでは日本人とのあいのことでもいう意味）といわれ、その政治的責任を追求され、指弾されたこと。なお、この時下された李容九・宋秉畯ら韓国一進会関係者に対する朝鮮民族の評価は、現在の大韓民国・朝鮮民主々義人民共和国において、ともに変っていない。

第一章　師の生誕及族籍

第一節　師の名字と号及近親

一　師の名字と号

武田範之幼名は半治《はんじ》、後範治に改め後更に範之に改む。字は洪疇《こうちゅう》、法名は善來《ぜんらい》又自芳《じほう》。保寧山顕聖寺の住職たりしより保寧山人と号す。日清役の始頃朝鮮鶏籠(ママ)山①に在りしが、玆に嘗て太平道人なる一道士の在りしに因み、又太平道人と称し、明治三十三年頃無何有郷生と署したるもの有り。澤畔吟鬼・涙雨小史・夢庵・焦明子等の匿名を用ゐたること有り。

二　近親及生誕

久留米藩士澤四兵衛之高（幼名達次にして四兵衛は襲名なり。田主丸に謫せられてより一に及ぶこと能はずとて自ら半平に改む。明治十一年九月十五日（旧暦）没す。時に年四十二才。一心院圓誉相頓居士と諡す）の第四子にして三男なり。母は嶋田氏②名は幸《ユキ》（明治三十一年三月三十一日没す。年五十七才。静心院幸誉貞誠大姉と諡す）。嶋田氏四男三女あり。長男傳《ツタエ》（後傳藏に改め更に保輔と改む。名は之直。明治三十一年八月十一日没す。四十三才なり。良誉厚仁居士と諡す）。二男虎之進（三才にして早世）。長女道《ミチ》（五十日にして夭す）。三男は即師。次女駒《コマ》

（田主丸町林田廣太の養女）。三女乙世（太田傳の妻にして祥雲晩成の妻拓の生母、明治四十年十二月七日越後柏崎に於て客死す）。四男三郎（山梨県南都留郡谷村町に居住す）。師は文久三年癸亥十一月二十三日（旧暦）久留米城内《しろうち》祇園邸に生る。[3]

第二節　家系及父の略歴

一　家系

父之高九世の祖助左衞門之正は、有馬豊氏に随って封を久留米に徙され世々五百石を領す。[4]

二　父の略歴

明治元年閏四月二十三日大総督府参謀より「澤四兵衞　御出陣中使番タルベキノ旨大総督府宮仰セ出サレ候事　閏四月二十三日　大総督府　参謀印」（写真第一）の辞令を受け、同六月二十五日　澤四兵衞　奥羽出張仰セ付ケラレ候事　六月廿五日（写真第二）の辞令に由り東北へ出張。明治二年六月慰労の目録。「澤四兵衞　昨年賊徒掃攘ノ砌《みぎり》軍務勉励の段神妙ニ　思召サレ慰労ノ為目録ノ通下賜候事　己巳六月　行政官」（写真第三）を給はる。明治四年藩難[5]に遇ひ、同志斬に処せらるるもの有り、或は終身廃錮せらるゝもの有りしが、四兵衞は廃せられて庶人と為り、生葉郡田主丸町に謫せらる。之より名を半平と改めたるなり。系譜[6]を案ずるに本姓は佐波なり、之を澤に改め後又佐波に復す。置県後佐賀県に奉職したるときの辞令は「佐波半平　聴訟課申付候事　明治七年三月五日　佐賀県」(写真第四)と「佐波半平上等月給下賜候事　明治七年三月五日　佐賀県」(写真第五)の二あり。而して江藤新平の乱起りて後議合はざるが為自ら印を解き、又田主丸に帰る。明治十年西南の役軍夫長と為り長子之直を挈《たづさ》へて軍に従ひしが、母の訃を聞き奔り帰る。後又室を新川の上に築きて此に居り、翌年秋没す。

明治二十三年九月二十一日大赦令(7)に依って罪を赦さる「証明書　旧久留米藩澤之高事　亡佐波半平　右明治四年十二月中司法省臨時裁判所ニ於テ処断を受ケタル内乱ニ関スル罪ハ明治廿二年勅令第十二号大赦ニ依リ消滅ス　明治廿三年九月廿一日　大審院検事長名村泰藏㊞」(写真第六)

此の如く師の実父及生家の状態は頗る数奇を極めたるものなり。

(1)　現在の大韓民国忠清南道雞龍山。山麓には東鶴寺、甲寺、新元寺等の古刹がある。なお、雞籠の籠は龍の誤り、本書の著者である川上善兵衛は、範之崇拝のあまり、明白な誤りを承知のうえで「籠」を用いている。第八章三節に「師の詩文中雞龍を凡て雞籠としたり、然れども山名は本雞籠に非ざれども、師の自筆に従って今之を改めず」とある。

(2)　久留米藩士島田隆功（荘太郎）の一族。範之の生母幸は隆功の妹にあたる。隆功は久留米藩勤皇派の領袖として、明治元年の参政不破美作暗殺事件に関係し、次いで明四事件では禁固十年の刑を受け、明治十年収監されていた熊本檻獄で獄死。

（3）　現在の久留米市篠山町。
（4）　久留米藩内部では上士にあたり、藩主に直接仕候できる「お目見え」の家柄であった。
（5）　長州藩の軍制改革を発端にして生じた長州奇兵隊の内紛による、大楽源太郎の久留米潜入によってひきおこされた明治初年の疑獄事件。明四事件と呼ばれたこの事件は、当時全国的にくすぶっていた明治新政権に対する不平分子の動向に対して、一括して鉄槌を加えようという政治的性格が濃厚な事件である。萩の乱、佐賀の乱そして西南戦争に連続する一連の内乱諸事件に先立つこの事件については、不明な点が多いが、皇族・公卿の一部を巻きこんだ全国的規模の疑獄事件であった。いずれにせよ、この事件によって、久留米藩出身者は藩主以下明治新政権における出世の途が閉ざされてしまう。そのため、久留米士族たちは、明四事件に対して、多分に被害者意識をこめて〝藩難〟と呼んだ。

武田範之の思想について検討するとき、明四事件は、範之の前半生を規定した決定的要因であると同時に、思想的にも真木和泉にその源を発する久留米勤皇党の正嫡としての、思想的根拠を範之に与えた事件であった。玄洋社のメンバーが、その思想的道統を、萩の乱や福岡の乱に持っていたように、久留米派と呼ぶべき武田範之らの精神的拠り所は、まさに、この明四事件であった。

明四事件については、川島澄之助『久留米藩難記』（明治四十四年十一月　金文堂）、寺崎三矢吉『明治勤皇党事蹟』（昭和九年十一月　大石喜楽堂書店）　鶴久・古賀篇『久留米藩幕末・維新史料集』上・下（昭和四十二年十二月　鶴久二郎）、谷川健一『最後の攘夷党』（昭和四十一年三月　三一書房）参照。
（6）　武田範之の生家である澤（佐波）氏の系図「澤氏略系図」は、滝沢誠『近代日本右派社会思想研究』（昭和五十五年八月　論創社）に収録。澤家の系図については、範之の弟で本書の校閲者である佐波三郎の遺族に別本が所蔵されているが、前出のものと決定的な異同はない。

範之の異常とも思える権威主義的な尊皇主義と、自らの陣営内部において敵を作らないという人あたりの良さは、澤家が有馬氏の久留米移封以来の家臣団の一員であったことに多く由来しているように考えられる。それは、福岡藩の下級士族の出身で玄洋社・黒龍会を独力でリードして、近代日本の国権主義運動に多大な影響を与えた、玄洋平岡浩太郎・硬石内田良平の言行と比較すると興味深い。

（7）明四事件の罪が消滅したこと。なお、澤四兵衛の判決は次のようである。

久留米県士族
澤　之高

其方儀、山口県脱徒（大楽源太郎らを指す）捕縛之儀ニ付、不取締之儀有之、右始末不束ニ付、庶人ニ下シ禁獄三十日申付ル

明四事件関係者とその遺族たちが、この大赦をどれだけ大切に受けとめ、扱ったかは、同じく明四事件で三年の刑を受け、その後、久留米開墾社に入った井上敬助の例がある。高橋哲夫『安積開拓史』（昭和三十八年三月理論社）一四七頁　参照。

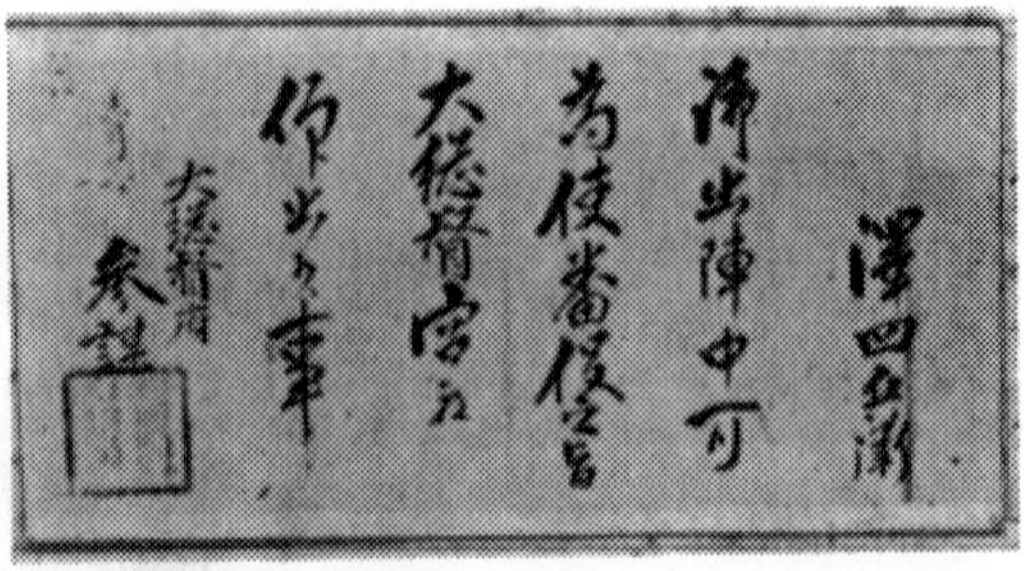
澤四兵衛
御出陣中可
為使番候旨
大総督宮ニ
仰出候事
大総督府
参謀

① 大総督府参謀辞令

澤四兵衛
奥羽出張被
仰付候事
六月十五日

② 大総督府命令

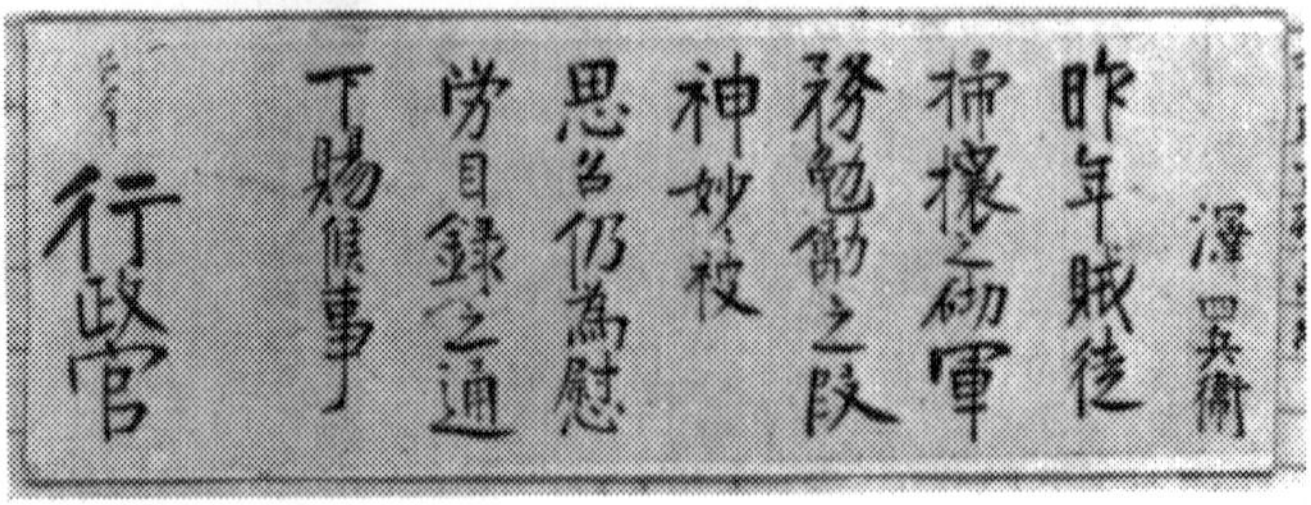
澤四兵衛
昨年賊徒
掃攘之砌軍
務勉励之段
神妙被
思召仍為慰
労目録之通
下賜候事
行政官

③ 行政官慰労状

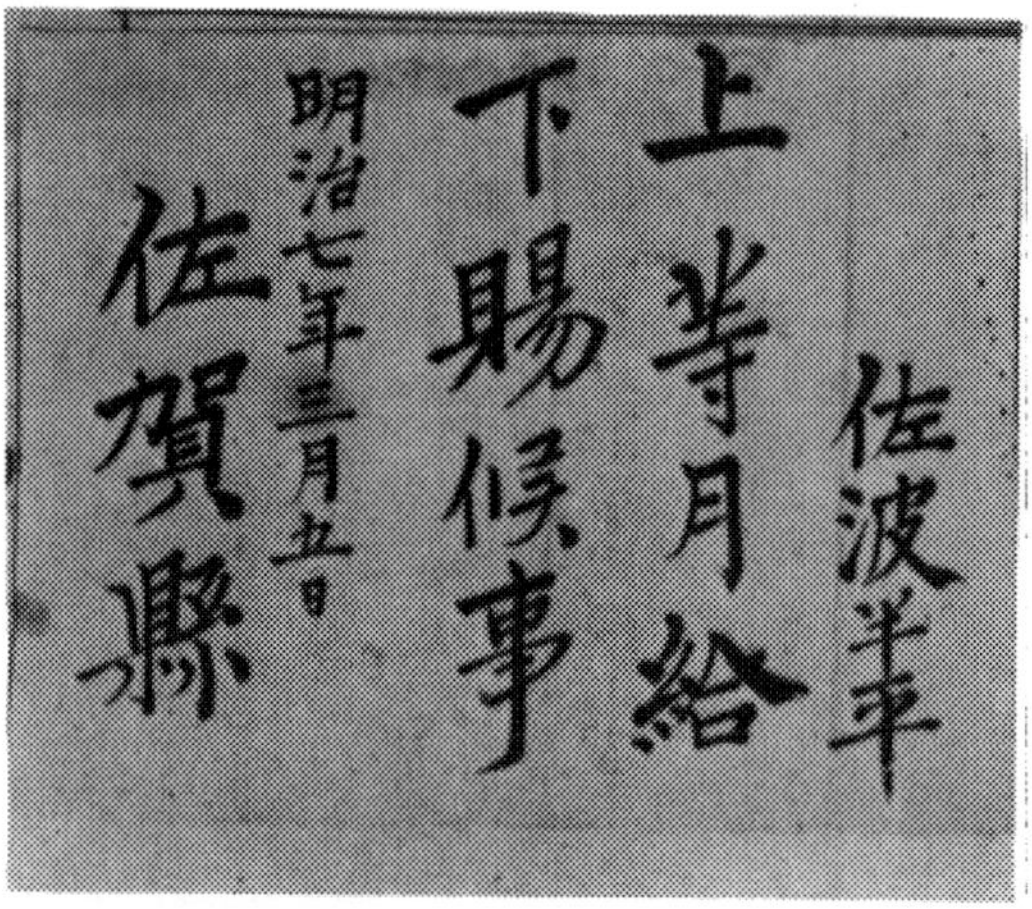
佐波半平
上等月給
下賜候事
明治七年三月五日
佐賀縣

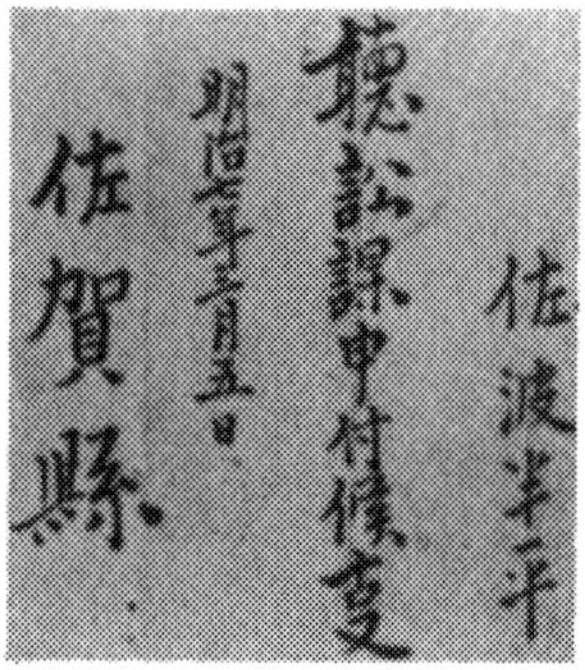
佐波半平
聴訟課申付候事
明治七年二月五日
佐賀縣

④　佐賀県辞令

⑤　佐賀県辞令

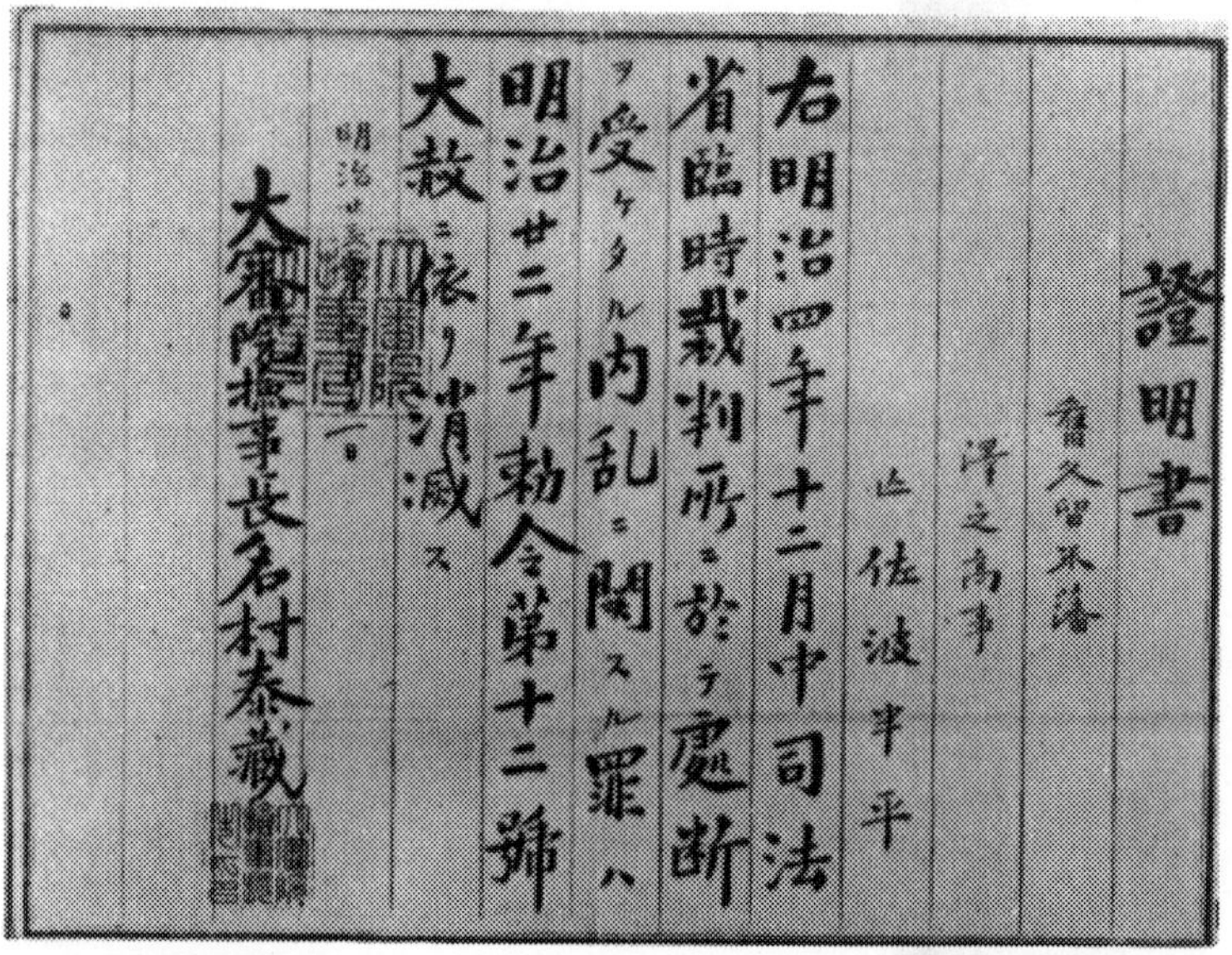
證明書
舊久留米藩
浮之高事
士　佐波半平
右明治四年十二月中司法
省臨時裁判所ニ於テ處断
ヲ受ケタル内乱ニ関スル罪ハ
明治廿二年勅令第十二號
大赦ニ依リ消滅ス
明治[illegible]日
大審院検事長名村泰蔵

⑥　大審院証明書

第二章　少年時代

第一節　養　子

一　武田貞祐に養はる

明治六年癸酉（十一才）七月一日出でて三井郡草野町武田貞祐[1]の養子となる。

二　養家の生業と養父の性格

武田家二世医を業とし貞祐は通称貞齋。夙に勤王の志を抱き広く志士に交はる。養母は池尻氏名は浪。池尻家も亦十三世医を業として草野に在り、嘗て大樂源太郎[2]の来るや池尻の家に潜匿したり。貞祐も亦源太郎と深交あり、之が為遂に獄に投ぜらるゝこと年余（予大正元年八月二十日武田家を訪ふ、時に壁間大樂源太郎の書幅を掲げあり）。貞祐養子の目的は意《そもそも》医業を継がしむるに在り、然れど師之を悦ばず。

第二節　教養時代

一　普通教育

明治九年丙子（十四才）外塾に就いて句読を受け、記誦を専にして冬期中粗ぼ句読に通じ、日本政記・日本外史・日本書記等は旧熟のものゝ如きに至る。是師の幼時祖母は最も師を愛し、日に教ふるに史伝を以てし上神代より下近世に至るまで、明主暴君忠臣義士より叛逆の徒に至るまで、略ぼ之を口伝したる素養に依ると云ふ。

明治十年丁丑(十五才)先づ村校に於て学を吉富復軒（通称亀次郎、広瀬淡窓の門人にして長三洲と同門の人なり）に受く。

明治十一年戊寅(十六才)秋復軒父を喪ひ生徒を辞す。師快々父の親友石橋六郎に書を借らんことを請ふ。六郎曰く我蔵書は童子読み難しと、師曰く願くは最も読み難きの書を借りんと、六郎哂《わら》つて授くるに荘子を以てす。師受けて之を読めども牆に面するが如し。六郎来つて曰く荘子を読みしかと、師曰く読めりと、六郎斎物論中の有無始終の一節を挙げて論難す、師遂に屈す。六郎声を励まして曰く学を廃せと、師も亦慍《いきどお》り曰く再会の時を俟てと。爾来日夜耽読し心神惝怳広漠の野に彷徨するが如く、無何有の郷に入るが如し。貞祐視て曰く憊《つか》れたり暫く止むべしと、師曰く児未だ玄旨に達せずと、然れども少しく休養し、冬に至つて中洲中学に入る。生徒百余人にして而して隈本勝三郎なるもの其第一位に在り、相面してより交情日に昵《ちかずき》し、後中学校閉ぢらる。

明治十二年己卯(十七才)師勝三郎を巽庵江碕濟の家塾なる北汭塾《ほくぜいじゆく》に訪ふ。勝三郎師に同窓せんことを勧む。巽庵頗る当世の学に通ず、師の学資無きを以て勝三郎は師の為に巽庵に請ひ、其小学に助教たらしめて学資自給の計を立てしむ。是より先貞祐師に謂らく郎若し医を学ばゞ則資を給せん、然らざれば給せずと。師医と為ることを好まず、故に昼は教鞭を執り夜は自己の学課に就き、率ね鶏鳴を聞いて就眠す、爰に居ること一年。

明治十三年庚辰（十八才）北汭塾に在りて当時既に人に優るもの四あり、曰く豪放、曰く暴飲、曰く文（文部大臣に上まつる書あり）、曰く詩（夏夜百詠あり）、以て称せらると云ふ。当時仁田原重行（後の陸軍大将）牛島謹爾（後米国の馬鈴薯王と称せられし人）日比翁助（最初の三井呉服店長）等の青年と同門にして、就中其交最も深かりしは仁田原大将なり（此事は仁田原大将の直話なり、予が大将の知遇を得たるは師の遺命に依り、遺著鰲海鈎玄と円宗六諦論を送付したるに基因せしものにして、死者が生者を紹介したるの感あり）。

明治十四年辛巳（十九才）貞祐は師を仕途に試みんと欲せしも師之を敢ぜず。一月二十三日去つて熊本に遊ばんとす、巽庵師の志を知るを以て行を送る詩あり曰く。

豪気元騎ス箕尾山　青雲也《マタ》識ル攀ヂ難カラザルヲ　平素文章ノ業ヲ将《モツ》テ　世途榛莽ノ間ニ蕪没スルコト莫レ

と之に依つて師弟相識の情を知るべし。行途の駅亭に於て一夕ルーソーの民約論を読んで得るところ有り。謂ひらく、事官に在らず事実に民に在りと。乃帰つて貞祐に請ふて大阪に遊び馬場先生を訪ふ。先生曰く大阪は修学の地に非ず、帝都に遊ぶに若かずと。此時に当り生母は福島県久留米開墾社[3]に在り、師遂に母を此に省し社長森尾茂助に見ゆ、社長は師を神原精二に紹介す（精二初めの名は俊茘）精二は乃浄土宗の三傑の一たり、一に曰く行誡、一に曰く徹定、一に曰く俊茘と。俊茘嘗て雲井龍雄の謀主と為り、後又岡山に在りて将に西郷翁に応ぜんとして而して事志と違ひ、当時共慣義塾を開く。従遊するもの鷹司・北畑・有馬等の子弟以下三百余人、師の学資無きを以て北汭塾の元の同学生数十人拠金して師に給資して入学せしむ、名づけて継志会と謂ふ。此の如くして師は完全なる普通教育をも受くること能はずして自然主に其好むところの漢学に偏したるが如し。

（1）養父武田貞祐については、明四事件関係書に断片的な記述が散見するが、纏って記述されたものはない。武田貞祐は同じく医師仲間の石橋六郎・竹下玄雄とともに、大楽隠匿の罪（禁獄百日）を受けている。武田貞祐は実父の澤之高と勤皇党の同志的つながりがあったところから、恐らく明四事件の連座による一家離散を予想した之高が、範之を同志で罪が軽く、経済的基礎のしっかりしている武田にその養育を託したものと考えられる。なお、武田＝池尻家は代々医家として草野町に居住し、その子孫は現在も同地で開業している。

（2）大楽源太郎（一八三五〜一八七一）長州藩勤皇党の志士で奇兵隊リーダーの一人。奇兵隊内紛の際、脱走して九州に潜伏、各地を転々とした後、久留米に入り同志と頼んだ久留米勤皇派メンバーに筑後川河原で謀殺された。大楽源太郎の存在は、幕末の政治史において精彩を放っているにかかわらず、大楽が高杉晋作ら後の明治政権の中枢をになう長州閥に対抗したため、青史から抹殺されるか、あるいは叛逆者としての烙印が押され続けてきた。戦後、山口の郷土史家内田伸によって『大楽源太郎』（昭和四十六年四月　風説社）が出版されている。

（3）　西南戦争の後、主に熊本檻獄に収檻されていた比較的罪の軽い明四事件関係者を中心としたメンバーは、社長の森尾茂助（禁固七年）を中心として、折から明治政府が奨励していた東北地方振興政策に呼応する形で、福島県安積郡の原野に集団入植した。久留米開墾社は百四十一戸、五百八十五名から成り、当時としては開明的な方法（四民平等・共同耕作・夜学の設置・共同購買）で運営された。しかし、これらの理想は継続することなく、明治三十年代には脱落者が相い次ぎ、残存戸数もわずかとなり、その大部分が下級の官吏として全国（含台湾）に散っていった。範之の実兄である澤保輔は開墾社に遅くまでふみとどまった一人であった。久留米開墾社に入植した旧久留米勤皇派メンバーで、範之の先輩として活動した人物として松村雄之進（代議士）狩野淳二（「福陵新報」編集長）等がいる。郷里出奔後の範之が頼った人物は、久留米勤皇派の先輩や、それに連なる明治新政権に反感を抱く人物であったことは特記しておく必要があるだろう。久留米開墾社については、高橋哲夫『安積開拓史』（昭和三十八年三月　理論社）、森尾良一『久留米開墾誌』（昭和五十二年十二月　久留米開墾報徳会）を、久留米藩勤皇派メンバー及び、明治初年の武田範之をとりまく人物については、篠原正一『久留米人物誌』（昭和五十六年十月　菊竹金文堂）、山本実『西海忠士小伝』（明治二十八年　筑後史談会）、久留米市編『先人の面影』（昭和三十六年八月　同市刊）を参照。

第三章 成 年 後

第一節 学習と修養

一 仏教に志す

明治十五年壬午（二十一才）初秋北御門松次郎を紫溟学舎に訪ふ。松次郎は陽明学に溺るゝが故に盛に其主義を説く。時宛も初秋なるを以て月星共に明なり。清光席に入りて眠るべからず。即中庭に歩を仰いで天象を見、忽自ら疑つて謂へらく、此れ何物ぞや大なること其涯を極むること能はず。世界の多きこと其数を紀すること無し。我世界を以て此衆世界に比ぶれば、何ぞ啻に滄海の一粟のみならんや。而して我一小粟上に遊び古今を談じ治乱を説き得々自ら悦ぶ。何ぞ唯蚊睫の焦明のみならんや。我が小能く彼の大を知る、我一能く彼の多きを見る、是亦何ぞ太《はなは》だ奇なるやと。慨然として世界を挈《ひっさ》げて天外に遊ばんとするの志を発す。曰く必ず本あるなり。万物必ず原《もと》あるなり、我之を究極せざれば已まずと。即先生に問ふて曰く、蓋し仏家に悟道の方あるを聞く敢て其説を聞かんと。先生曰く青年仏を学べば往々進取の志を挫く、夫仏道は高し遠し、且実学を修めて物を開き務を成すに若かざるなりと。師再び問ふて曰く小子天地の本を究め、万物の元に達せんと欲す。而して未だ其方を得ず、是を以て益せんことを請ふなりと。先生曰く此れ豈一朝一夕の談ならんや、顧って空想に益無きのみと。更に山岡鐵舟翁(鐵太郎)に問ふて曰く、小子我我を怪む何を以て迷を解かんやと。翁曰く否と、翁又曰く何の書を読みしやと。師曰く経史百家の書嘗て粗ぼ之を読む、今の自ら疑ふものは前人の論ずるところに非ざるなりと。乃月に歩し天象を仰ぐの事を挙げ一々疑条を列す。翁曰く宜しく山に入るべし、師無きも独り悟らんのみ、千古の大疑誰か敢て之を解かんやと。師曰く山に入るとは如何と。翁又曰く一切を棄てゝ己を以て己を決するのみと。師是より山に入るの志を生ず。同学皆師を狂と謂ふ、然れども師既に山に入るの志を決して共慣義塾を辞す。

二　放　浪

是より暫く吉祥寺の廟所に在り、友生交々来つて之を争ひ皆恚《いか》つて而して去る。一夕關常吉(1)来り訪ひ曰く、僕富嶽に登つて帰り継志会に踵《いた》る。皆子を怒り子を狂と呼ぶ、僕之を争へば衆皆之を笑ふ、然れども僕は決して子の狂せるに非ざることを知る。今は西洋の哲学者の研究するところは、原理の原を尋ぬるに在り、子も所謂天地の元を極め万物の原に達せんとす、欲するものは乃是にあらずやと。子北御門松次郎も亦師に左袒して曰く、陽明先生は陽明洞に入りて終身人に勧むるに静坐を以てす、子の山に入るや必ず発明するところ有らんと。不忍池上弁天祠側に別を叙ぶ、数百の友人中一の送るもの無し。師は北御門松次郎・關常吉と唯三人痛飲し、明旦単衣一袴飄然帝都を辞して去つて飛驒（岐阜県）の山中に入る。乗鞍の南御嶽の北信驒の分水嶺の山間、家屋巒に拠り渓に沿ふもの概十ヶ許り、麻を披き髪を被むり其孰か男女なるを弁ぜず。師其野麦村に入る、村米を八里の外に負はざるべからずと。然れども文明の光は能く顕はれざるは無く、学務委員は諄々子弟を教育して学に就かしむ。師其二部落に教鞭を執る、皆十二、三人斗り字を書するに紙無く業を授くるに冊無きもの過半なり。師月々交互に往返して教職に尽せり。後上州（群馬県）赤城山中に徙りしも終に得るところ無く、更に越後（新潟県）頸城郡（今の中頸城郡）関山村に至り、之より妙高山に登らんと欲せしも積雪の為に果さず、山麓の禅刹宝海寺に足を留む。

三　仏門に入る

明治十六年未癸（二十一才）宝海寺に於て起信論・坐禅儀等の仏書を覧て大に得るところ有り、更に大蔵経の全部を読破せんと欲す。偶々同村人より顕聖寺村（今の東頸城郡下保倉村大字顕聖寺）の石田柳治郎なるものが大蔵経を蔵することを聞き、一月十七日雪路十里石田の家に到り、寄食して大蔵経を読まんことを乞ふ。柳治郎曰く、大蔵経は寺にも有り、而して寺は雲水僧を収容するところなり、宜しく行いて請ふべしと。師乃其言に依りて寺に至り、時の住職根松玄道和尚[2]に見えて請ふところあり、玄道曰く仏書を読まんと欲せば僧と為るを可とす。師之に従ひ直に剃髪す。未だ終らざるに柳治郎来り曰く、頗る時間を経たり、如何せしやと案じつゝ来れりと。師是より仏弟子と為り、玄道より善來の法名を授けられ、日夜仏書を読むことに精進し一昼夜にして黄檗版大蔵経十七巻を読破せしこと有り。玄道人に語り共に其精魂に驚異せりと云ふ。

明治十七年甲申（二十二才）続いて顕聖寺に在り、専ら仏典を研究す。八月法兄秋山悟庵（後の顕聖寺住職即保寧三十三世秋山悟庵なり）が北海に赴かんとするを送る詩に曰く。

方等記有リ楞伽山　方便航ズルニ堪ヘタリ樺太ノ海　酸風苦雨艱多少　還《マタ》故山ヲ望メバ雪皚々　他年蛮地大勲ヲ建テ　君ト手ヲ携ヘテ浄界ヲ観ン（写真第七）

之を師嘗て神原精二より与へられたる仏典（三部経の巻末に書し、自芳の名（此外に自芳の名を記したるものは予未だ見ず、是一時的の僧名か）を署して悟庵に餞す、詩中の意師自らも亦躬を賭して海外に雄飛し勲を策せんと欲すの情勃々たるを見るべし。而して師は後又板山村（今の東頸城郡旭村大字板山）に窟《イワヤ》不動尊と称せらるゝものゝ岩洞に在ることを聞き、此に参籠して冬期二ヶ月余専心仏典を誦し苦行修錬せること有り、人其忍苦精進に驚く。

四　朝鮮問題に関心す

此年十二月朝鮮京城に所謂甲申事変あり、竹添公使逃れ帰り国論沸騰す。

明治十八年乙酉（二十三才）春關常吉雪を踏んで来り旧冬の朝鮮事変を告ぐ、師正に禅堂に寂坐す。之を聴いて血湧き肉動き玄道に請ふて山を出でんとすれども玄道許さず。玆に於て師

洞家ノ一剣霜雪凄タリ　殺活自在鬼モ窺ヒ難シ　袈裟何ゾ必シモ身上ニノミ於テセンヤ　心頭奉持ス三僧祇　是ヨリ洛城英傑ヲ訪ハン　古来護法臨機ヲ貴ブ

の偈を作り護法の臨機応変を貴ぶべきを説いて玄道の意に従はず、玄道も亦其意気に感じ之を奪ふ可からざることを察し遂に之を許す。予案ずるに師の一生は全く此偈を実践したるの感あり、故に玆に予が所感を附記して師の行動が終始一貫の精神に基づきたるものたることを証す。師既に深く意を決したるに由り、寺を去つて先づ生母（当時福島県安積郡荒井村に在り）の許に至りて之を省し将に辞訣せんと欲す。道柏崎に到りし時、河水汎濫して渡ること能はず、且嚢中貯ふるところ無きを以て一農家に宿す。夜其家の児書経を読む、師傍に在りて其誤を正したりしが偶々又雪に阻まれ、且其請に由りて学を授け停まること旬余。去るに臨み父子共に別を惜み、各々師に餞《はなむけ》するに天保通宝（一箇八厘に当る）五十枚づつを以てす、師之を受け去つて母を省し別を告げて東京に至る。

五　日清間の天津条約

時に甲申事変の善後策として、我全権宮内卿伊藤博文と、清国全権李鴻章と天津に於て、一の協商条約を締結す、是所謂天津條約なり。其要項は即

一、日清両国ハ倶ニ京城ヨリ撤兵シテ将来ノ衝突ヲ避クルコト

二、両国ガ撤兵後ノ韓国軍隊ノ訓練ハ外国ノ教官ニ委スルコト

三、将来韓国ニ派兵ノ必要ヲ認ムル場合ハ両国ガ互ニ文書ヲ以テ知照スルコト

協商条約は此の如く簡単なれども、我が危機を伏蔵したることは恰も鬼精を胚胎したるに異ならず。他年日清両国に重大なる影響を来たすの遠因たることは、誰しも想像する所にあらざりしならん。而して有志の士も亦乗ずべきの機を逸し、皆黙々穏忍するの外無きに至れり。然れども此鬼胎は早晩破裂せざる可らざる運命の下に歳月を経過して、徒に志士をして切歯扼腕の情に堪へざらしめたり。

六　官　遊

師も亦失望して一時顕聖寺に帰来せるも、再び放浪し生母の住所たる福島県に憧憬せしが、同県原ノ町に於て警吏と為りしことは当時の詩に

独リ洛陽ニ向ッテ志未ダ伸ビズ　阿兄何ゾ識ラン苦辛ノ身ヲ　曷《いつ》ノ時カ一挙官ヲ解イテ去リ　長ク作ラン独往独来ノ人

と吟じたるに因つて知るべし。

明治十九年丙戌(二十四才)前年に続いて警吏たり。

明治二十年丁亥(二十五才)七月一日道友に寄せて道を論ずる一万余言の文あり、末尾に静鐘後と記せるに依れば顕聖寺に在りしが如し。

七 立 身

明治二十一年戊子(二十六才)玄道の常恆会に於て立身して曹洞宗の所謂長老と為る。

八 専門支校退校の顚末

師が新潟県柏崎町(今の柏崎市)の曹洞宗専門支校に在学中、原学監(教師)は坂内・高野両学監に代りて着任し。先づ前学監が終了したる月次試験を再施せんとするに端を発し、十月二十九日生徒は其不法を訴ひしも原は之を却け、翌三十日再試を強行したるに由り生徒の意は益々不満遂に集議して一致結束す。十一月三日生徒等は五箇条の誓詞(同志団結の誓約)と十箇条の主意書(幼稚不完全の校規革新、蒙昧なる司教者の変更、教育法の刷新等を主とす)を掲げて原に迫り、第一に現校を顚覆し、第二は県下寺院の大会議を経て支校を再興せしめ、第三完全の新潟県曹洞宗学林に就学して新正の教育を受けんことを期するの目的たり。翌四日岩野愍髄・下村謙嶽・武田範之等を委員として坂内前学監の再任を支局に請願す。教師は首唱者を求むること太だ急なり、然れども六十九名の生徒は之あることを予想して一円相(姓名を円書即輪状署名なり)に署名捺印したり。而して曰く、首唱者は此の如し、一同退校を命ぜらるゝか或は本事件を消滅せらるゝかの決裁を仰ぐと。五日之を教師に呈す、教師裁すること能はずとて之を却け、更に他寮との往来を厳禁し倉皇支局に車を馳す、生徒は退校の意を決して皆行李を結束して教師の帰るを待つ。役員之を制するもの無し。六日原教場に出でたれども業を受くる者無く皆手を拍つて之を嘲笑す。後生徒と教員間に劇しき議論の応酬あり。七日前日投票にて定めたる委員岩野・武田は新潟支局に向つて出発し、八日取締に会したりしが取締曰く請願の意見は我が持論と符合す、原は支局に於ても無用の者なれども、之を支局に於て養はんと、又新に学校の基礎を樹てんことを約す。乃帰校の途に就き途上生徒一同に退校を命ぜられんとするを聞き生徒等の再会議を図らんとす。而して十日休校の命洩る、故に生徒等意を決して帰装を調ふ。十一日には休校の命あり、又教員と議論するところ有りしも、遂に休校と為りしを以て全生徒は帰郷せり。

明治二十二年巳丑(二十七才)一月四日師は書を三好取締に送り、同盟の罪は生徒幹事たる自己一人なりとし、自分は如何なる所分を受けてもと他の生徒に累を及ぼさゞらんことを乞ふ。後二月八日師一人は退校処分を甘受し、他の生徒を宥されたることを謝し、二月二十六日書を以て生徒と一教師に告別す、其文意極めて悲愴なれども師の本領を発揮し師の本願を遂げたるを快とするが如し。四月九日此事を生母に報じて慰むるところ有り、又書中山室と称する所の結制会に百日の勤行を為すべき旨を附記しあり。

九　海外に遊ばんとす

師は清国に遊ばんと欲すれども檀徒集り議して明年にせんことを請ふ、師乃意を決して将に深巌寒洞の中に入らんとし、季弟三郎③に与ふる二詩あり其一に曰く。

唯有リ宗教ト殖民ト　能ク皇国ノ為ニ元勲ヲ建テン　俗士何ゾ知ラン超世ノ策

超世ノ策ハ超世ノ人ニ在リ　養神一息玲瓏ノ巌　扶揺明年陽春ヲ祭ラン

当特師は既に海外に雄飛せんとするの志を抱きしこと知るべきなり。

八月七日玄道和尚入寂し、法叔石田道牛和尚④代りて顕聖寺を董《タダ》す、是より師海外に遊ばんと欲するの念愈々切なり。

一〇 文墨の交及再放浪

十一月印度に遊び仏教を研究するを名とし先づ清国に至らんとす。道牛師抑すべからざることを察し、玄道和尚遺愛の笏《しやく》を以て贐《はなむけ》とす。師大に喜び去るに臨んで一偈《ゲ》を留む偈に曰く。

小鉄如意　能ク人ヲ殺シ人ヲ活ス　我師ノ授クル所　先師其神ヲ凝ラス　如意兮《ヤ》如意　以テ天津ニ到ル可シ　如意兮如意　如意天民ヲ済ハン（写真第八）

山を下つて先づ東京に至り柴四朗⑤と文墨を以て事とし、其著「佳人之奇遇」を草するに当り之を賛け、後各地に放浪したれども未だ渡海の機を得ず。而して鉄笏は師と共に放浪したるも今尚顕聖寺に在り。

明治二十三年庚寅(二十八才)此年記録すべき資料欠く

明治二十四年卯辛(二十九才)同上

明治二十五年壬辰(三十才)秋先づ朝鮮に赴かんと欲し、七日(月詳ならず)東京より汽船北陸丸に搭じ三保松原に泊し、九日夜遠州灘を過ぐ船中の詩に曰く。

男子天外ニ遊ンデ人間ヲ冷笑スルコト能ハズンバ　且須ク空拳ヲ揮ツテ塵寰ヲ撃破スベシ　宇内ノ形勢竟ニ似何ゾヤ　皇洲ノ前途誰カ共ニ論ゼン　仙衣翩々タリ北越ノ雪、壮志擾々タリ帝城ノ雲　悠々事ヲ誤ル都人士　井中天ヲ見ル肉食ノ人

憤然絶群旧里ニ向フ　旧里誰ト共ニカ心肝ヲ摧《くだ》カン　十年家ヲ出デテ帰ルニ家無シ、姻戚寧ンゾ記セン幼時ノ顔　無限ノ恨ハ心胸ヲ衝イテ起リ、万丈ノ浪ハ船舷ヲ撲ツテ喧シ　未ダ知ラズ人世ノ険ト易トヲ　壮図誰ガ為ニ慷慨頻リナル君見ズヤ怪獅牙ヲ磨ク烏拉ノ顚　一剣誰カ能ク其元ヲ梟セン　又見ズヤ猛鷲翼ヲ張ル黒海ノ浜　一箭誰カ腥血ヲシテ鮮カナラシメン　亜細亜ノ革命当ニ十年ヲ出デザルベシ　壮志何ゾ必ズシモ徒然ニ苦マンヤ　之ヲ経シ之ヲ営スルニ孤力ヲ歎ズ、之ヲ思ヒ之ヲ思ウテ涙瀾干タリ　深夜寂寥船首ニ立テバ　一望茫々タリ水ト天ト　航路既ニ知ル大洋ヲ経ルヲ　万感集マル処星象寒シ

此詩一気呵成完稿と云ふべきに非ざれども、壮年者の意気の現れは其気魄の雄大なるを表徴して余り有るに非ずや。加之露国の極東発展、支那に革命の起ることを予言したるが如し。而して博多より久留米に至り、更に朝鮮に赴かんと欲して対馬に至る船中の詩に曰く。

此ノ行険ト雖モ心胸ニ愜フ　難波万里自ラ従容　臨機応変吾策無シ　滄溟身ヲ躍ラセテ玉龍ヲ攖《と》ラン

師対馬に留まるや之を法叔道牛に弁ず、道牛一詩を寄せて曰く。

万里ノ滄溟躬ヲ阻ツト雖モ　信書咫尺流通スルコトヲ得　小島未開ノ輩ヲ発揮シテ　末後帰来セヨ北越ノ中

是一の信書に代わるものにして詩句の巧拙は元より論ずべきに非ず、其法兄弟の情又骨肉の親に異なる所を見ず、殊に結句に至つては道牛が師に望を属することの大なることを、言外に示唆するが如きを感知せらる。

二　始めての渡鮮

師対馬に在ること暫時にして船便を俟つて先づ釜山に航じ、又漁舟に便乗して金鰲島に至る。⑥

一二　金鰲島に李周會と交を訂す

金鰲山は朝鮮全羅南道の麗水郡金鰲列島の一にして、凡東経百二十七度、北緯三十度に位置し、順天府の南十余里の海上に在り。乃此に於て都事李周會⑦と相識り交を結ぶ。互に言語を解せざるを以て専ら筆談に依りて意志を通じたり。

一三　李周會と金鰲島

李周會字は豊榮・南州と号す。少にして五衛将として宮中に給事し、大院君の為に近昵せられ、前に仏艦の江華島を奪ふや、大院君の命に依り死士を選び宵に乗じて潜に渡つて釈迦堂に拠る、明旦仏軍之を覚り水兵をして之を撃たしむ。死士等嶮に拠りて之を邀《むか》へて反撃す。仏兵敗走して遂に江華島を棄てゝ而して遁る。此時周會奮つて此撰中に在り。次いで六品に叙せられ延日県監に任じ累転して外務委員と為る。金玉均と親善にして大に開国論を倡ふ。甲申（明治十七年）の変偶々出でて江原道の賊を討戦して帰りしも、未だ奏上するに及ばずして変を聞き、劇に其友劉某なるものと共に服を変じ髪を断ち、日本に走り留まること三年。渡邊某の女と東京神田明神祠外に同棲し、自ら書画を作り女をして之を鬻がしめて生計費に宛て、孤苦零丁具に辛酸を嘗む。後鮮廷討賊の功を録して罪を允《ゆる》して召還す。是より自ら請ふて此海島に入り草萊を開かんことを請ふ、鮮廷授くるに金鰲島の都事を以てす。島広袤三里全羅南道の順天府に属し、之を距ること海路十六、七里我日船の対馬を右にして朝鮮に向ふもの、先づ此島の天馬山を望み以て航標と為す。蓋し都事と謂ふも其実は竄謫に均し。周會の兄濟榮も亦仕へて副護軍鎮海県監たり。乃兄弟二人共に其眷族を率ゐて墾拓の業に従事す。順天・楽安等の府民苛税を厭ひ暴歛に苦しむ者、来り移るもの日に多し、周會皆為に業を授け又商理を経紀して船舶を招来す。十有余年にして四部落六百余戸に達す。周會自然の水利山勢を案じて居民を配置したるが、設備皆宜しきを得て、水村山廓酒帘処々に海風に飜る。舟人鼓を撃ち、坐娼鑼を奏し皆業を楽しむ。此に於て山海の実、船舶埠口の収入、或一秋輸税銭七万余両に上り、楽安・順天等の府使は位置県高なりと雖も皆磬折して之に下り間然すること無しと云ふ。

一四　金鰲島の淹留

師が此に至るや周會と意気相投合するを以て周會之を待つこと甚だ厚し、師詩を賦して曰く。

万里怒浪ヲ凌ギ　浩然意気豪ナリ　君ニ対シテ遠邇ヲ忘レ　心ニ金鰲ニ騎スルガ如シ

と周會大に喜び之に酬ひて曰く。

天風渤海ヲ吹ク　言《ココ》ニ邀ヘテ言ニ送ルコト無ケン　欣ビ聴ク大人ノ跫　聊カ鄙客ノ空シキヲ知ル

と遂に淹留す。之より主客寝食を共にし、兄濟榮児秉純等と詩酒相唱和し、共に筆談縦横師をして異域絶島の苦を忘れしむ。国を殊にし詞を異にするも共に此の如く相信じ相親むは、一片の愛国の精神が不言の間に霊犀相照すに由るに非ずや。而して事の漏洩を恐れて当時の筆談及詩文の記録したるものは、凡て焼棄して共に啞然たるのみ一も存するもの無し。

　偶々艤を三島洋上に釣りしとき、急潮雷鳴俄に甚しく、波濤高く三角錐状を為して其勢連山を倒すに似たり。舟夫巧に櫂を操して叫喚し舟屢々覆らんとす、時に師は舳下の暗室に臥し鉛筆を把りて絶命の詞を船舷に書するものは。

重ネテ玄門ニ入リテ幾玄ヲ見ル　幻身好シ是玄縁ニ任ス　溟渤月昏ク怒浪白シ三千里外不繋ノ船

　乃是なり、又白酒を飲み舟夫に訣せるも、舟夫死力を出だして船を操し幸に一死を免れたり、而して師は此に留まりて新年を迎えたり。

（1） 関常吉（一八六二〜一九一四）久留米櫛原町生れ。初期黒竜会々員。範之の東京流浪時代と朝鮮渡航については、関の範之追悼文によって本書の記述を補足することが出来る。関常吉「洪疇和尚を憶ふ」雑誌『日本及日本人』明治四十四年十一月一日号参照。

（2） 保寧山顕聖寺第二十九世住職。顕聖寺の記録によれば、九歳の時高田高安寺にて道林和尚（顕聖寺第二十八世住職）について得度。二十七歳道林和尚について嗣法。明治十年十月から十三年間住職、五十四歳で遷化。

（3） 佐波三郎本書の校閲者。

（4） 保寧山顕聖寺第三十世住職。顕聖寺の記録によれば、天保八年二月生。弘化三年高田高安寺にて道林和尚について得度。文久三年道林和尚について嗣法。玄道和尚の弟弟子。明治二十二年十一月顕聖寺住職。明治三十三年五月、六十四歳で遷化。

（5） 柴四朗（一八五二〜一九二二）会津藩士柴佐多蔵の四男として会津に生る。農商務大臣谷干城の秘書を経て、三浦梧樓の顧問として閔妃事件に関係する。後衆議院議員を数期つとめた。明治二十四年から三十年にわたって東海散士の名で出版された長編の政治小説『佳人之奇遇』は当時のベストセラーとなった。柴四朗は旧会津藩の子弟として、朝敵の子孫としての明治新政権の陰陽にわたる迫害を甘受しなければならなかった。けだし、筆名の散士とは亡国亡藩の士を意味する。明治維新後に柴四朗ら会津人士の新政府から受けたしうちの惨状は、四朗の弟で陸軍大将となった五郎の手記『ある明治人の記録』（一九七一年　中央公論社）にくわしい。

このとき、範之が『佳人之奇遇』成立に関して、一部代筆したということがいわれている。事実、顕聖寺にはその漢訳稿本が保存されてあり、該書に関した柴の範之宛書翰もある。『佳人之奇遇』代筆問題については、柳田泉の主張が正鵠を得ているようだ。

武田範之は、日清戦争の一原因となった東学党と関係のあった天佑俠の志士の一人で、いわゆる浪人であるが、対韓活動の同志として一時散士のもとに寄食していたことがある。このときか、そのあとか、清国革命党の連中が日本に亡命してきたとき、連中の宣伝機関として雑誌を出す話が出来、それに『佳人之奇遇』の漢訳をのせることになった。このとき、武田が漢文の力を買われて、その漢訳の仕事を負わされたものである。然し武田の訳が出来ない中に、梁啓超の訳の方が先きに出来たので、これが雑誌（清議報）にのった。ところが武田は折角やりかけたのだからというので、ついに全部漢訳し了ったという。それが現に、越後高田の顕聖寺にある。武田は、後に悟るところがあって出家し、この寺の住職として終ったのである。それで寺では、この漢訳を宝物にしているのであるが、それは、散士の小説を漢訳したのであって、武田が散士より先きに漢文で書き、それを散士が和訳したというのではない。然るに今日、一部の人々は、寺側の説明を聞いて、『佳人之奇遇』は武田の原作と考えているらしいが、それは逆である。第一、武田にはこの小説にもり込まれている西洋的分子、西洋的知識がなかったし、明治十七八年にはまだほんの少年で、アメリカに行ったこともなく、生きたアメリカの知識などもなかった筈であるし、明治十八年の散士の帰国のときは、散士とは何の接触もなかった筈である。そこで武田の漢訳は、散士の作を漢訳したもので、武田の訳が土台になって散士の小説が出来たのではないという断定は、当然のことになろう。柳田泉「佳人之奇遇とその作者について」・『明治文学全集』第六巻（昭和四十二年八月　筑摩書房）

（6）現在の大韓民国全羅南道麗川郡南面牛鶴里。範之と李周會に関する現在の金鰲島におけるヒアリングについては、滝沢誠「韓国紀行――東学・一進会の跡を訪ねて」雑誌『思想の科学』昭和五十八年六月号参照。

（7）李周會については、黒龍会篇『東亜先覚志士記伝』下巻（昭和十一年十月　黒龍会）の「李周會」の項を参照。李周會に関する朝鮮側の纒った記録は詳らかでないが、日本人浪人による記録による限り、李周會は李氏朝鮮の知識階級たる士太夫・両班の、最良の分子であったように考えられる。金鰲島における漁業事業失敗の処理、閔妃事件における身の処し方にあらわれたソンビと呼ばれた李朝知識人の儒教倫理に忠実な生き方は、主義、思想、時間を越えて今日の我々に倫理とは何かということを問いかけてくるであろう。

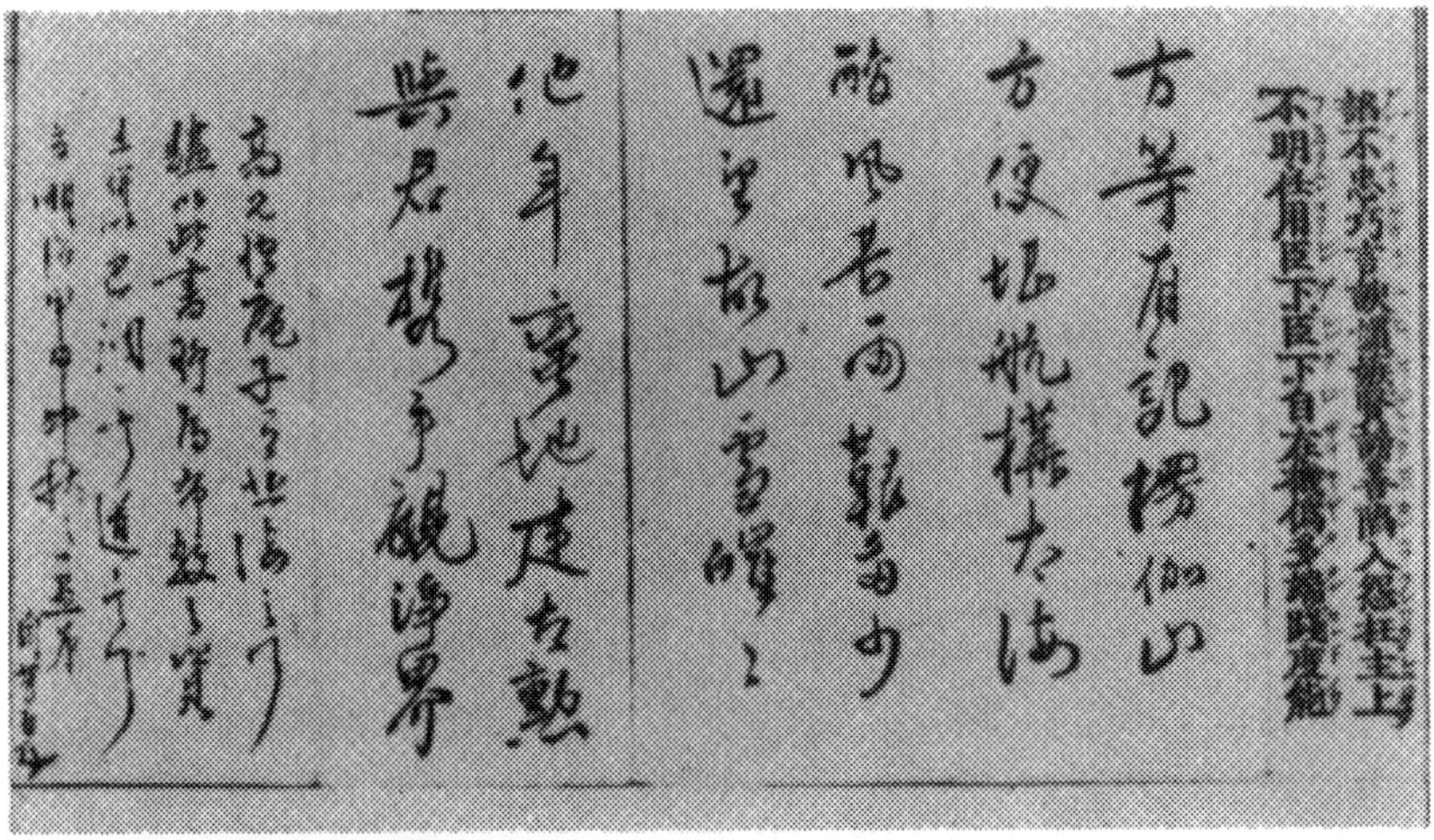

⑦ 武田範之佛説三部経未記入

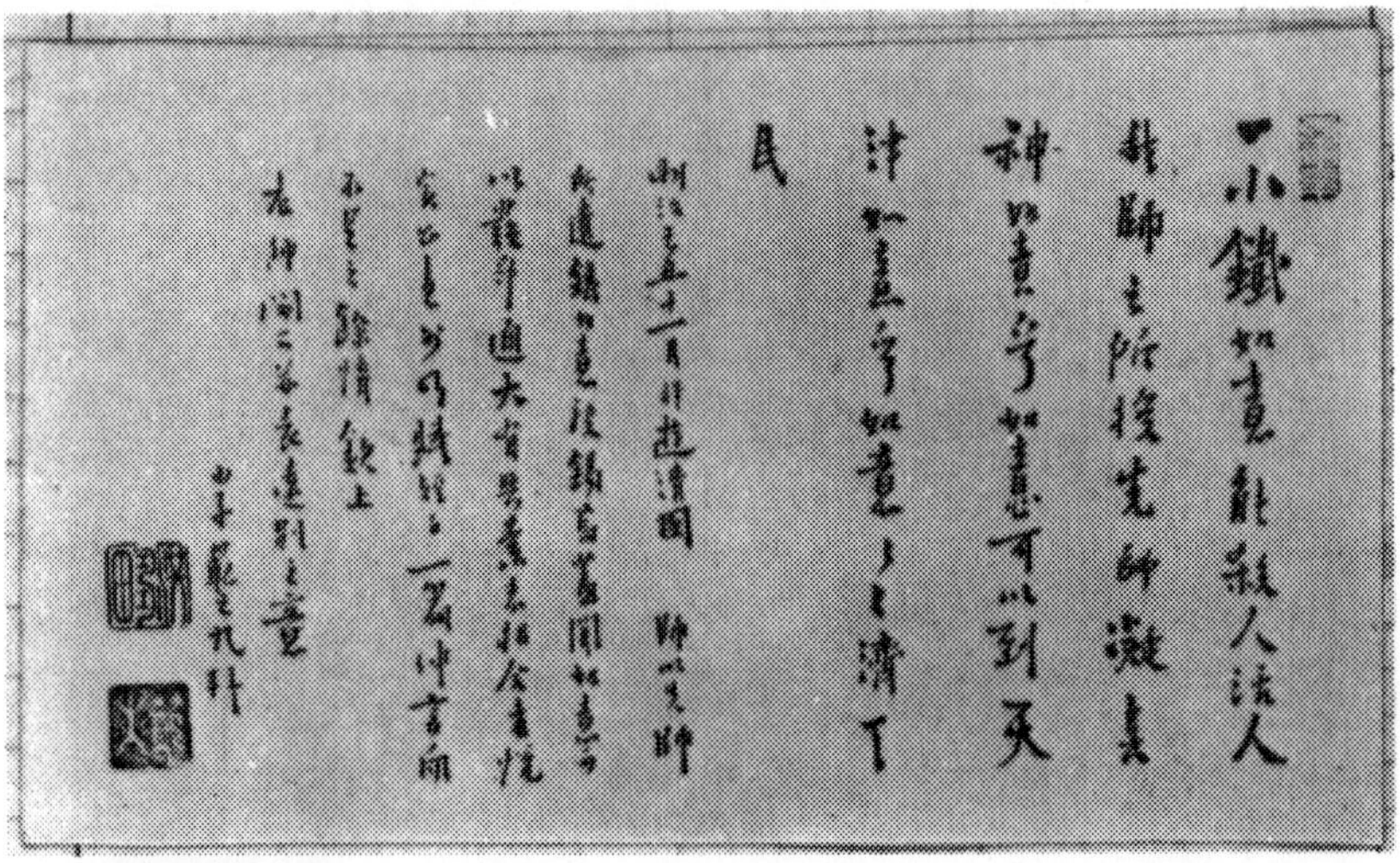

⑧ 武田範之如意詞

第四章　壮年時代

第一節　日鮮間の往復

一　釜山に到る

明治二十六年癸巳（三十一才）二月十三日金鰲島より釜山に到りて遥に書を法叔道牛に寄す、其大意（漢文）。

小子客歳小春ノ月ヲ以テ航海シテ当国ニ至リ、八旬鰲海に在り。鰲海此ヲ距ルコト一千里（鮮里ノ十里ハ大約我一里ニ当ル以下同ジ）ニシテ順天府ノ南百二十里ノ海中ニ在リ。（中略）小子出世ノ常道ヲ履マズ、今有志者ノ力ヲ仰イデ纔ニ比国ニ達スルコトヲ得、而シテ有志者ノ志ハ印度ニ在リ。（中略）嘗テ聞ク破戒ノ此丘モ猶外道ニ優ルガ如シ、今此結衆中破戒ノ僧有レドモ大ニ日本ノ破戒僧ニ同ジカラズ。此僧ヲ以テ日本ノ僧ニ比スレバ、此僧中ノ破戒ノ衆ハ、則日本ノ持戒清浄ノ上人ノミ。誠ニ恐ル大乗ヲ誑説シ、口空シウシテ而シテ全身俗ニ薫ズ、豈福田ノ云ナランヤ（後略）。二月十三日　範之九拝　顕聖堂頭大和尚獅座下此書は釜山の旅寓中に於てせしものなり、今啻に其大綱を抄録して、師が朝鮮に於ける動静の一端を記するに止めたり。

二　再び金鰲島に入る

二月師は釜山より帰朝し、結城虎五郎と相図り漁船と漁丁を率ゐて金鰲島を根拠として漁猟に従事するの計[1]を企つ。三月五日門司より松村雄之進に寄する書中には、三月七日便船にて釜山に赴くべきことを報ぜり。又師は金玉均が李周會に宛てたる密書を托せられたり、周會之を見て慨然として曰く、嗟《ア、》金友此に至るか、要するに報国の丹心死すと雖も磨せざるべきのみ、金友恆に謂って曰く、曰く皇曰く統領とは是の謂にあらざるなり、旧弊を株守して変通を知らずとは是の謂なりと音尚耳に在り、今金友他国に流寓し、吾も亦窮島に竄居す。日鮮心を合すは果して何れの日に在るや、大荒落を俟つは猶川の清むを待つが如し、然れども禍機既に兆し天下将に大に擾れんとするをや、吾足を企てゝ日兵の早く来らんことを待つのみと。而して此時師は漁舟八艘漁丁三十余人を率ゐて金鰲島に入る、周會其一堂を空ふして以て師等起臥の用に充て、又漁屋を紅蓼白蘋の間に構へ又菜田を供し漁丁をして自給自足せしめんことを図り、曰く日本の農法以て吾国民に模範たらしめんのみと。夏獲るところの海産物を集め、又犢牛を購ひ二百石の船に満載して之を日本に輸す。然れども舟人之を私して旋り来らず、日貨八千余円は周會の損失するところと為れり、此の如くにして周會と師は大いに窘《くるし》みたりしが周會は一も之を辞色に形はさず。

三　東学党の蜂起

此年東学党[2]人検挙せられ、順天の鄭百元妖言を王宮の柱に題し、全羅の沿海も又海賊大に起り、各府郡県民擾相踵ぐ。師等時事を慨し深夜筆談の紙片を焼くこと屢々なり。

四　釜山に根拠を定む

師漁事を輟《や》め日鮮民間の志士をして密に相結托せしめんと欲して帰朝し、之を郷友に謀りしも行はれず、三月初旬再び釜山に航じ種々画策するところ有り、八月下旬復帰朝し九月一日又釜山に在り、此時既に当時の所謂朝鮮浪人と称せらるる吉倉汪聖・千葉久之助（陸軍特務曹長）は大崎正吉をして釜山に代言人（今の弁護士）事務所を設けしめんと、共に釜山渡航を企て、大崎は後れて到り、釜山弁天町三丁目有馬旅館（有馬鹿之助の経営）に到着して晩酌しつゝある時、師と本間九助突然之を訪ひ、初対面なりしも意気投合して深交するに至れり、幸に師の同県にして而も知已たる山座圓次郎は当時釜山の日本領事館書記生として勤務し居たるを以て、之に頼つて釜山龍頭山下の一商店の二階二室を借りて大崎代言人の事務所とし、兼ねて同志の合宿所に宛つ。後又釜山西町に一戸を借りて事務所とし同志も亦皆此に移る、是即同志間の称する釜山の梁山泊[3]（水滸伝中の豪客の巣窟たる名より来る）なり。偶々同志来り訪ひ其久濶を叙するや、一人市に出で肉と酒を沽《か》ひ来り盛に之に饗す。客大に喜び其厚意を謝す、主人側たる師等哂つて曰く、自身が自身のものを摂つて何の謝するところ有らん愚なる哉愚なる哉と、客尚解せず其去るに臨み其脱したる羽織の見えざるを訝り、百方捜索すれども遂に無し。師等又笑つて曰く夫なり夫なり自身が自饗せしを知らざるかと、客咎むること能はず遂に主客共に唖然たり。浪士等の窮乏と其磊落此の如きこと有り。是等の浪士は後三南を横行したる天佑俠徒の群にして、代言人事務所なるものは即其巣窟たるなり。是より同志は逐次増加し、本間九助と千葉久之助は京城に赴き、又之と反対に京城より来れる有志あり、八月十二日師と西村儀三郎が連署して松村雄之進に寄せたる書状には、西村は釜山に根拠を構え師は不日京城に赴かんと、同二十二日師は再び書を松村に寄せて京城旅行の旅費十五円の贈与を求めたりしも之を得ず。故に師は九月一日尚釜山に在り、蓋し師が京城に至らんと欲するは、李周會と事を図らんと欲するに在り。之より師は大崎を助けて居留民の債権を処理し、其得るところを以て費途に充つ。

明治二十七年甲午(三十二才)多年醞醸せる東学党の乱漸く熾なり、五月師は事務所員たりし柴田駒太郎を伴ひ、債務を大邱に視ると称して尚州に赴くは、当時崔時亨の生地なりしを以て東学党の状況を察するに在りしなり。而して途中露兵は豆満江を度らんとし、清軍は牙山に上陸せりとの噂を聞き、昼夜兼行釜山に帰る。当時李周會も亦釜山の寓に留まりしことあり。五月金玉均上海の旅舎東和洋行に於て暗殺せらる。

第二節　東学党の沿革

一　東学の教祖

爰に師等が東学党と行動を共にすることを記述するに当り、先づ聊か東学党の起原より其沿革を記せん、何となれば東学党は侍天教と一進会の前身にして、他年の日韓合邦の機微を発動したるものなればなり。

東学党の第一教祖は崔濟愚（水雲齋と号す、朝鮮開国四百三十三年甲申十月二十八日慶州亀尾山下の柯亭里に生る）にして夙に儒・仏・仙の三道教を究め、之を渾然融化して東学を主唱す。即曰く我は道を天に享けたりと称し、無極の大道は徳を天下に布き、広く蒼生を済ひ国を輔け民を安んずるに在りと唱へ、仏仙の心を以て儒の事を行はんとす、其眼中両班（文班と武班）無く儒生無く全く階級を打破して、輔国安民の実を全うせんとするに在り。故に北方の人民は翕然として之に趨き教徒数千に達す。元治元年（甲子）一月六日妖言人を惑はすとの罪名の下に大邱の営獄に拘禁せられ、二月二十九日大邱の峨嵋山下に刑せらる。後三月十七日其生地たる亀尾山下の龍潭前麓の橋谷の田壠上に葬る。

二　東学第二教祖

教祖崔濟愚刑死の後其道統を嗣ぎたるものは崔時亨（字は敬悟・海月と号す、開国四百三十六年丁亥三月二十一日慶州皇吾里に生る、教祖崔濟愚の高弟なり）にして其能く布教に努めたるに依り教徒愈々多きに至る。而して李容九（後東学の分派後の侍天教長にして一進会長。）孫秉熙（分派後の天道教長にして大韓協会長。）等は其門生たり。

明治二十六年四月高宗は魚允中に命じて之を宣撫せしむ、其宣諭文中に曰く、

爾等盤拠屯集シテ衆ヲ恃ミ自ラ恣ニス、（中略）此レ皆予一人ノ爾ヲ導率シテ、爾ヲ安楽ナラシムルコト能ハザルニ由ル。又惟フニ列郡ノ牧守、爾ヲ唆剝困苦セシメ、而シテ貪吏墨守シテ懲創ヲ行ハントス云々。

の句あるに徴すれば、如何に下民を虐げて苛斂誅求しつゝ有りしやを想ふべし。故に東学の教徒は此宣諭に感じて一時解散したり。

明治二十七年一月五日（陰暦）崔時亨講席を文厳に開く。三月全琫準（字は明叔）は李容九と共に秕政を改革せんことを主唱し、湖南の古阜郡に在って告文を発布し、郡民を同郡馬項市に会集すること五千人。古阜の郡主趙秉甲の悪政暴虐を叫び、全琫準は其父の冤死を慟し世運の衰頽を慨し、乃旧を革め新を鼎《タヽ》し否を拯ひ屯を済ふの策を絶叫し、月の十六日衆を率ゐて白山（古阜の東方）に移る。十七日茂長の接主孫華仲は衆徒数千を率ゐて泰仁・扶安等を巡回し、剝膚切骨の郡瘼を拯ひ民財を還さんことを索む。是に於て全羅の観察使金文鉉は後の統将李在漢・前の泗

川守宋鳳浩等をして之を欄《さえぎ》らしめ、四月五日黄土峴に戦って敗績す。十日全琫準は衆を率ゐて各郡を徇《したが》へ歴て長城郡に至る。来り附くもの日に多く衆数万に達す。此に於て軍伍を編成し長城に駐紮す。此時招討使洪啓薫は江華兵六百を率ゐて南下し月坪黄龍の市街（長城郡の南に在り）に縦す、然れども官軍抵敵すること能はずして退き大砲三門を奪はれたり、二十八日全琫準は精鋭数千を率ゐて全州監営に突入す、観察使・通判等皆城を棄てゝ逃る、全琫準入城の後倉を発きて民を賑はしたるが為民心大に悦服す。洪啓薫追ひ到り兵を交ふること七日にして竟に功を奏せず、遂に相往来して媾和を約す。此に於て全琫準は民瘼を矯捄すべき数十条を臚陳す、啓薫見已《や》んで曰く均しく是我聖上の赤子戈を操って相残するは天理に悖る、教徒の陳する所の諸条は当に上奏して実施すべしと、五月八日遂に兵を収む。琫準も亦徒衆を率ゐて長城郡北の白羊山に還る。一面李容九も亦官軍に抗じて互に勝敗あり。此の如く東学党の全衆徒は既に二十万と称せられ、朝鮮政府は積弊の極武力を以て之を鎮定すること能はず。然るに東徒は忠清道公州に拠り将に京城に迫らんとす。此に於て政府は狼狽して援を清国に乞ふに至れり。

第三節　本邦志士の蹶起

一　釜山に於て志士等の会議

六月十九日、師が松村雄之進に与ふる書に依れば師は尚釜山に在り。而して釜山梁山泊の所謂朝鮮浪人等は朝鮮が清国に頼りて幾度か我国に侮辱を加ふるも、西郷没して以来朝鮮に対しては退嬰姿勢を執り殆ど清国の為すが儘に任すの状態に至り。今や清国は朝鮮の乞ふが儘に天津條約を無視し出兵しても、我国は袖手傍観して事勿れ主義に傍観せんか、我国の朝鮮に於ける威武は地に墜ち、我国は益々朝鮮と清国とに侮蔑せられ、対外の国光は居留地の一隅にだに揚ぐること能はざるに至らん。故に今日の計は日清両国をして戦端を開かしむるに在り。清国は擾乱を鎮定することを名として出兵する上は内乱を傍観して撤退せざるべし。此場合我国は天津条約の権利を抛棄して朝鮮を清国に献じて朝鮮より撤去すべけんや。故に刻下の急務は煽乱の一あるのみと衆議一決し先づ我輩の武器として爆《ダイナ》薬《マイト》と火薬を得るの方略としては昌原の金鉱を襲ふに在りと。

二　人員の所属

京城派　田中侍郎　關谷斧太郎　本間九介　柴田駒太郎

釜山派　吉倉汪聖　大崎正吉　千葉久之助　武田範之　白水健吉　葛生修亮

　　大久保肇　井上藤三郎

筑前派　内田甲（良平の前名）　末永節　大原義剛

二六派　鈴木力（天眼の本名）　時澤（ママ）宇一

此の如く所在地に由つて四派あり。

三　行動の方針

一行中内田等六人は陸路富民洞より洛東江の多太浦に出でて待ち合せ、鈴木力等三人は釣遊に託して漁舟に棹さし、多太浦に至りて陸行の六人を其船に収容して馬山浦に至ること。師と大崎正吉は事務所を閉じ後事を善くして跡を逐ふ可きことに定む。

四　出発及火薬獲得

六月二十九日陸行者は暁霧に乗じて出発し、舟行者は多太浦に到つて陸行の一行と同乗し、三十日午前七時一行十一人馬山浦を発して昌原府城を距る里許の山中金場と称する所の馬木健三の金山に入り、ダイナマイトの譲与を求む。馬木先づ一行に晩餐を饗し後之を拒んで曰く、今爆薬を譲与せば吾は鉱業を停止せらるべし故に応ずること能はずと。然れども遂に爆薬授受の計略を策して俠徒に強奪せらたる形式を設けん為に、三十余名の鮮人労働者の眼前に短銃を乱射せしめて脅嚇し、其狼狽するを見て、馬木父子を縛するものあり、抜刀して警戒するものあり。遅疑せる支配人奥田を促して火薬庫を開かしめ、二、三百個のダイナマイトと数十貫匁の火薬及導火線を獲て馬背に縛し、炬火を点じ室に返つて別を馬木父子に告げ、火薬の代金及食費を償はんとす。彼之を拒んで受けず、故に已むを得ず其まゝ夜を冒して咸安に向つて去る。

五　東学党の諜報及火薬実験

七月一日未明咸安郡城外に達し、一客舎の瞬時の仮睡を為したる後一同朝食す。時に鮮人日客の来るを見て馬夫に就いて其状況を問ふ。元来此地は東学党の領分にして人気も亦活発なり、群中の一人来りて一扇子を展べ之を指示して曰く、公等此詩を知るかと、一人取りて之を読めば詩に曰く。

金樽ノ美酒ハ千人ノ血　玉盤ノ佳肴ハ万生ノ膏　燭涙落ツル時ニ民涙落チ　歌声高キ所怨声高シ

と彼又曰く此二十八字は宛然八道今日の現況を風刺するものたり、公等人の讒誣を信じて東徒を苦しむること勿れと、乃東徒の義挙を認むるものたることを告げたり。又更に東徒の状況を糺せば、彼応えて曰く、東徒の勢力は既に三南を風靡せりと。

之と相別れて去つて一急坂に登り、其無人の地たるを見て獲たるところの爆薬を試験したりしが轟然たる爆音山谷を震撼して反響す。一行其威力の頼むべきを確かめ快哉を呼ぶ、夜松月里に宿す。

二日夜晉州城下に至り客舎に宿す。

六　兵使及暴民を嚇す

七月三日兵使の代理来つて旅亭の有無を糺したる後、塁上の大砲を発射して俠徒を嚇し去らしめんとするものヽ如し。玆に於て俠徒も亦堤上の大柳樹下に爆薬を装し、之を炸裂して官民の胆を奪ひ彼等が震慴屛息して出づること能はざるに乗じ、悠々全羅を指して晋州を去り、丹邑城を距ること里許の丹村と称する小部落に宿す、時に夜九時に近し。

七月四日出発せんとせしとき、数十名の暴民一行の通行を妨げんとす、一行直に之を突破して進み山清郡に到り。郡守に迫って曰く、朝鮮国の独立を援助せんが為に来れるが、旅費の欠乏に苦しむが故に之を借ることを得んと。郡守之を諾して金を贈る、即山清に宿す。

七月五日雲峰まで進み、県官の厚意に因りて官衙に宿泊す。

七　後発者と会して策謀す

七月六日南原に向つて出発す、後発の師と大崎正吉は、前往の日本人十一名が宿泊し今朝南原に向ひたるを聞き、早発して促歩南原城に近づき先発隊に合す。師等は猟銃数挺・硝薬一罐・硝酸・佪里設林・硝石・鶏冠石等を求め得、更に薬品・砂糖等を用意し頭山翁の送金と豪商の餞別等を合せて之を携帯し、更に駄馬三頭を率ゐて先発隊より二日後れ、而も夜十一時通訳を雇ひ九徳嶺を踰え亀浦に到りしが又夜の明くるに垂んとす。二人眠らざること三日三夜、雨を冒して洛東江を渡り、金海に一泊し又雨を冒して晋州に向ふ。而して途に馬木健三の児が強盗事件を釜山領事館に訴へんとして、一旅館に午餐を喫し居るに遇ひたり。故に先発隊が爆薬を獲得するの目的を達せしことに安堵せしも、旅費の欠乏を慮り昼夜兼行して追及せり。共に南原に入り、勅使饗応殿たる広寒楼に宿す。大守其嫡をして代り見えしめ、既るに盛饌を以てし又高麗の絶品と称せらるゝ竹酒を贈り来る。

七月七日（広寒楼の第二日）朝食後一行の会議を開き爾後の策略を練り、或者は東学党の動静を探り、師・鈴木天眼・吉倉汪聖等は池心の小亭に避けて、密に東学党に示すべき檄を作り、内田は爆弾を製し、田中侍郎（陸軍大尉）時澤右一（同中尉）千葉久之助・白水健吉（共に曹長）等は銃の払拭及整備を行ひ又其他の武器を整頓す。時に偵察者来り牒報を齎らして曰く東学党（以下凡て東徒と略称）が全州を占領したるとき、牙山に上陸したる清兵は官兵を援けて攻撃したる為、東徒敗退して更に其兵を集結し、淳昌の郡衙を襲撃して之を攻略し、同地に拠って再挙を図らんとすることを明にしたりと。此日檄を作ると共に同志の名称を天佑俠と決定す（梅花心易を以て筮し得たる爻の自ら天佑の吉利あらざるなしに因り、始は天佑組と称せしも、天眼の意見に拠りて此の時天佑俠と決したるものなり）。此地は淳昌を距ること僅に六里弱の地なるを以て、天佑俠徒④（以下凡て俠徒と略称）一行活躍の時機漸く迫りたるに由り俠徒の意気大に騰り、乃先づ東徒の動静を探知して其軍の淳昌に在ることを明にし、広寒楼を出でて淳昌に到らんとす。

一面東学の党将全琫準は、全州城の戦に江華兵の精鋭に敵すること能はず、又城内火災を起し教徒の死傷甚だ多く、加ふるに清将葉志超の恩諭ありしを以て官兵と和を媾じ、鮮政府は二十万の東学教徒に対して迫害を加へずと云ふことを、又東徒は兵を解いて帰農すると云ふことを条件として、全州を開城して古阜に向ひ、行く々々其教軍を解散せり。故に淳昌に入りし時は、傷病者と幹部の将校を合するも全琫準の手兵は僅に三百内外に過ぎず。蓋し淳昌は南原とは行程一日に足らず、故に侠徒等は明朝を以て淳昌に赴かんとす。

八　侠徒全琫準に会す

七月八日大雨を冒して広寒楼を出で、淳昌に向つて行くこと四里許り、小流を渡りて一客桟あり、一行此処に休息して午餐を喫す。而して師と吉倉は別房に於て前日起草の檄を浄書す。時に行客来り謂ふものあり曰く、党軍の淳昌に拠るもの精兵五百を下らざるべしと。此に於て大原義剛・田中侍郎をして先行して党人情状を探らしめんとす。而して後一時間程にして一行其跡を逐ひ、淳昌郊外に達すれば既に黄昏に近し。時に前道市端の橋頭に立ち双手を挙げて一行を麾《さしまね》くもの有り、近づき見れば先発の田中侍郎なり、曰く党軍一書状を致せりと、披き見れば其文の大要に曰く（漢文）。

貴国大人各位万里ヲ遠シトセズシテ駕ヲ陋地ニ枉ゲ、熱風大雨長途ノ労誠ニ驚惶ニ耐ヘズ。各位ノ玆ニ来ルハ本大命ヲ帯ビテ敗余ノ我党人ヲ万死ニ救ハンガ為カ、又別ニ期スル所アルニ由ルカ、教示ヲ給ハラバ幸甚ナリ。我党人曩《さき》ニ貪官汚吏カ民膏ヲ剝脱スルヲ黙止スルニ忍ビズ、一朝冤ヲ鳴ラシ訴ヲ呼ビ衆ヲ会シテ全州ニ入ル。志ハ百姓ト共ニ浮沈ヲ与ニスルニ在リ。意ハザリキ城上砲丸雨下千余人ヲ射殺セラル。至冤極痛今ヤ訴ヲ呼ブニ所ナシ。然ルニ之ヲ指シテ不軌ノ徒ニ数ヘラレ、方伯・守命毎ニ剣戟ヲ磨シテ我党人ヲ鏖殺セントス、天下ノ無辜之ヨリ甚シキハ無シ。是実ニ諸公ノ憐察ヲ乞ハザル可カラザル所。且我党人ハ本来徳ヲ明ニシ道ヲ宣ブルヲ意トス。故ニ久シク兵馬ニ従事スレドモ曽テ無辜ノ民ヲ害セズ、紀律ノ整然タルハ京軍ノ上ニ在リ。諸公駕ヲ我陣門ニ枉ゲ啓諭セラレバ何ヲカ遅疑センヤ、会生等席ヲ設ケテ諸公ノ光臨ヲ俟ツ。

蓋し東徒は多くの地方人を包含するに依り能く地理を諳んずるを以て、常に遠く偵察網を張つて敵情を精探し之に拠つて策戦法を決す。故に侠徒が未だ十里以内に入らざるときに既に之を知り居たるを以て、侠徒に先だちて其使者を派遣したるものなり。爰に於て一行は疑無きこと能はざれども皆死を決して之に赴かんとす。乃相議して師及田中・吉倉の三者を全権使として党陣の内情を偵察せんとす。即通訳を伴なひ党使と共に行くこと少許党使又来り迎へ頗る儀礼を悉す、五人相伴なつて淳昌郡衙を距ること三百歩の処に到れば、道の両側に多数の党兵長槍を携へて配置し、門に到れば正門を開かしめ遂に正庁に導びかれ党将全琫準(当時金明叔と偽称す)と会見す。応答の用語は文武を交へ、商用語に異なるを以て通訳惘然《もうぜん》たり、玆に於て筆紙を需めて師は全琫準と筆談し意志漸く稍疏通す。

九　天佑侠の檄

時機を計り吉倉をして檄を全琫準に与へしむ檄（漢文）の大意に曰く。

一、同志十四人、海山万里殊ニ来ツテ諸公ヲ訪フハ義ニ依リ大道ヲ蹈ミ王家ノ衰フルヲ興シ百姓ノ流離ヲ救ハントスルノ意気ニ感ジ、家ヲ捨テ死ヲ決シテ走リ来レルモノナリ。日ヤ韓ヤ固《モト》同祖同文ノ国、隣誼ノ情黙過スベキニ非ズ、而シテ利害関係ノ直接同一ナラザル他邦人スラ義ヲ見テ奮起スルコト斯ノ如シ、墳墓ノ地タル諸公ハ宜シク当ニ其国ノ為ニ、至誠尽忠粉骨砕身モ猶以テ足レリトス可カラズ。

二、済民ノ方法ヲ実行スルニハ軽挙盲動ヲ戒メザル可カラズ、然ラザレバ国壊レ家亡ブベシ。

三、天下今日ノ形勢優勝劣敗ノ状恐ルベシ、国家ノ安危存亡ハ此秋ニ非ズヤ。兄弟内ニ鬩《せめ》ギ虎狼外ニ窺フモノ多々、志士身ヲ以テ国ニ致シ、泰平ノ基ヲ樹ツルハ今日ノ急務ニアラズヤ。

四、朝鮮ノ時弊ハ、上下一般偷安姑息一念国家ノ存亡ニ在ル者ナシ、上ハ宰相下ハ地方官命ノ徒ニ至ルマデ、皆争フテ私ヲ営ミ詩酒淫楽朝以テ暮ニ接ス。今之ヲ革メテ強健ノ国風ヲ養成セント欲セバ革命ハ其第一手段タルベシ。

五、一杯ノ土モ李氏ノ天下ナリ、一人ノ民モ先王ノ百姓ノ子孫ナリ。然ルニ今此土ヲ割キテ俄羅斯ニ与ヘ、此民ヲシテ相率ヰテ胡地ニ流亡セシムルハ果シテ誰ノ罪ゾ、閔一族ノ失政罪悪ハ単ニ其暴斂ニ止マラズ、更ニ先王ヲ辱カシメ社稷ヲ傷フモノアリ、志士豈之ヲ黙止スルコトヲ得ンヤ。

六、今日ノ地方官吏ノ虐政ハ閔家ノ収賄政治ヨリ来リ、人民疾苦ノ因モ閔家ニシテ閔ノ罪ハ地方官命ヨリモ重シトスルコトハ元ヨリ公等ノ知ル所ナリ。而シテ之ヲ咎メザルハ何ゾヤ、唯其レ閔族ノ背後ニハ其守護者トシテ清国使臣袁世凱ニ大人ノ尊称ヲ与ヘ、敵国ニ祖国上国ノ佳名ヲ献ズ。我徒窃ニ此愚挙ヲ怪ム。

七、要スルニ閔族悪政ノ根源ハ袁ト其本国トニ在リ、朝鮮ノ百姓ヲシテ今日ノ塗炭ニ苦マシムル者ハ清国ニ非ズシテ誰ゾヤ。又怪ム公等刃ヲ根幹ニ加フルコトヲ忘レテ唯閔ト守命トニ用ヒント欲スルコトヲ。否公等ノ義挙僅ニ斯ノ如キニ止マラバ、是旦ニ一閔ヲ斃シテ夕ニ一閔ヲ迎ヘンノミ。

八、公等ハ単ニ漢土明朝時代ノ恩恵ヲ記憶シテ、現ニ清国ガ朝鮮ニ対シテ禍心ヲ包蔵スル所以ヲ知ラズ。袁世凱ガ嘗テ広言セシヲ聞カザルカ、三年ノ後我必ズ朝鮮ヲ我版図ト為シ其王ヲ廃シテ庶民タラシメント。大逆無道不倶戴天ノ言ナリ。而シテ葉・聶二将ハ其野心実行ノ先鋒ト為リ、既ニ海ヲ飛渡シテ来ツテ牙山ノ陣営ニ在リ。是袁ガ強イテ無道ノ政府ヲ援ケテ、以テ公等ガ安民勤王ノ師ヲ勦滅セントスルモノニ非ズヤ。
九、己ガ家族アルコトヲ知ツテ、国家アルコトヲ知ラザル閔ハ、葉・聶二将ノ来ツテ牙山ニ屯スルコトヲ奇貨トシ、之ニ啗ハシテ、其暴政ノ援兵タラシメ、国王ノ叡慮ヲ悩マサル、ヲ意トセズ。彼等三人ハ実ニ是朝鮮ノ虎狼タリ。公等閔ヲ討ズルニ方ツテ先ヅ牙山ノ清兵ヲ掃ハザル可カラズ。
十、閔族朝ニ立チ清人外ヨリ之ヲ援助ス、此ノ如クンバ忠義ノ臣ハ到底挙ゲラル、ノ期ナシ、今日野ニ遺賢多ク四民ニ菜色アルガ如キ其原因一ニ此ニ存ス。
十一、唯日本国民ハ然ラズ公等ニシテ長ク其安民興国ノ志ヲ持続セン限リハ、出来得ル限リノ尽力ヲ与フルコトヲ惜ムコト莫シ、義侠ハ我帝国三千年来ノ歴史ヲ成セバナリ。
十二、故ニ公等ニシテ我言ヲ聴カバ、我徒ハ欣然之ヨリ公等ノ先駆ト為リ、矢石ヲ冒シ剣刃ヲ排シテ以テ北進、京ニ入ルノ途ヲ啓キ斃レテ已マン。彼牙山ノ清兵ノ如キ縦令万々ノ衆アリト称スルモ一撃シテ胆ヲ奪フコトハ易々タルノミ、何ノ恐ル、コトカ是アランヤ。

十二項より成る檄の起草者は凡て文筆を以て鳴るものにして、而も深く朝鮮の時事に通暁す、故に着々要点を捕捉し来つて時弊の匡救策を論じ、又侠徒の熱誠を披瀝して日鮮の志士共に死を決して朝鮮の独立を図らんとするの念歴々紙上に横溢するの概あり。

全琫準之を見て大に喜び起つて之を朗読す、堂上堂下環立するもの二百余人、全琫準且読み且解説す、満堂粛として静聴し、或は腕を張りて切歯するものあり。忽噐忽粛たること数次朗読畢りて一将領曰く、謹みて諸賢士の高教を諒す、方に明日を期して相謀らんと。蓋し此檄の主旨は東徒の主義と一致せしを以て、東徒は俠徒の此行を徳として大いに感激したり。既にして酒を饗せられて微酔陶然使命を果せるを以て将に辞去せんとす、東徒は其直に此処に移居せんことを勧めたれども、深更に至りしを以て明日を約し帰つて之を俠徒全員に報告す、皆欣然たり。

一〇　天佑俠徒と東学党との軍議

七月九日東徒の使者来り迎ふ即郡衙内の宛てられたる所に移転して休養す、此間爆薬の実験を試み柔道を示し、又負傷者の瘡痍に治療を施したるを見て東徒は愈々信頼の念を深めたり。薄暮其交渉に由り師及田中・鈴木・大崎の四人を連盟談判委員として秘密会議を行ふことに決し、東徒よりは領袖全琫準来り通訳を斥け師の筆談に頼つて意見を交換す。此会議に於て決するところは、乃東徒は一時淳昌を撤退して雲峰に赴き再挙の計を為さんとす、何となれば我教徒は全州に惨敗して城外に走りしが、偶々大君主我等の罪を恕して却つて之を招撫し優詔を垂下せらる、故に官軍と媾和し衆を散じて各々其郷土に帰還せしめんとす、此処に来りしは帰休の途に在るなり。嗚呼進まんと欲すれば京兵に阻まれ、退いて産業に安んじ教学に精勤すること能はず、進退共に谷まると。侠徒の委員等は之を檄励して時機を失はざらんことを説きしも、如何せん東徒は敗後多く四散し今は三百名許りにして而も精鋭なる武器を有せず僅に火縄銃を有するのみ。侠徒も亦僅に十四員に過ぎず、故に全琫準は一時鋒を収めて雲峰の霊地に退き、教徒の一分は古阜に密合せしめ、一分は八方に派して散在せる教徒に再挙を説かしめて同志を糾合し軍容の整ふを待ちて活動を起すことゝし。又侠徒は一分鶏籠山に留まり、一分は京城に向ひ、東徒の入京を待ちて相呼応して事を挙ぐるに決す。而して其一般方略としては、七月一日(陰暦)を以て共に王城に迫り、衛兵を排して直に王を挾み政権を握つて以て天下に号令するに在り。元来東徒は政府を倒さんと欲するの念を抱きたりしも、尚未だ清兵を駆逐して清国の覊絆を脱せんと欲するの念を抱くに至らざりしが、侠徒と意見を交換してより、清国の勢力を除かんとする政治的の意見を持するに至りたるものなり。

二　天佑侠徒東学党に入る

此に於て侠徒は進んで正式に東学党に入党し、其二十一字呪文「至気今至、願為大降(降霊呪文)侍天主造化定、永世不忘万事知(本呪文)」の呪文を学び、一の党員資格証明書を獲て各地に散在せる党員と連絡するの便に供す。

一二　全琫準と別る

七月十二日全琫準と再会を約して記念品を贈答し、又東学党の秘密印符十四個(一人一個づつ)と東学党式文等を受けたり。

此日朝来炎陽熾《や》くが如くなりしが、東徒は炎天の下に其軍列を整へ幹部之を指揮し、全琫準は全軍を督し粛々として行進を起し、南方の玉果県に向つて去る。

蓋し各地に蜂起したる東徒は、皆尽く規律厳粛なるものに非ざりしも、全琫準の麾下たる全羅方面の東徒は、号令厳正秋毫も犯すところ無く、規律の厳正なること官兵の上に出でたるを以て党軍の到る所は男女箪食壺漿之を迎え、農は陣頭に来つて米麦を鬻ぎ、商は陣中に入つて雑貨を売り各々其業に安んじ党軍の去らんとするや追随して他邑に移転するもの有り。是東徒の居る所は地方暴吏の誅求を免れ、且生命の安全を脅さるゝの虞無きに由ればなり。之に反して官兵の到る所は老壮共に遁逃し、家財鶏豚は掠奪せらるゝを以て之を怖るゝこと虎の如し。故に東徒は一時大に民望を荷ふに至れり。又東徒は自ら行政に任ずる所を済衆義所と標榜したるは名実相副ふものたり。

侠徒は東軍撤去の日も尚留まつて休養す。

一三　侠徒鶏籠山に向ふ

七月十三日侠徒は淳昌を去り炎天下の行途を続くること三日。

七月十五日全羅道の首府全州に到れり、全州は観察使の駐在地にして、東学党の攻撃を受けてより以来、江華の精兵五百を駐在せしめたり、城門に入らんとすれば、例に依りて楽を奏し将に門を鎖さんとす、然れども吉倉は一葉の旅券を示して他十三名の入門を迫り、遂に入りて西門内の宿舎に就く。

七月十六日俠徒一行城門を出でんとすれども鎖して出さず、然れども遂に脅嚇して脱出し、行くこと幾何もなく一小駅に宿す。

七月十七日忠清路に向つて発し新橋に宿す。

七月十八日敬天を経て鶏籠山下に到り更に其半腹の新元寺に到る。

一四　鶏籠山の形勢

鶏籠山は公州城を距ること四里にして、其山頂の一角横出して嘴の如く聳起して鶏冠状を為す、故に寧ろ雞頭山と称すべきなりと云ふ。山勢雄壮秀麗にして実に一名山たり。我考古学者は素戔嗚尊霊を此山に鎮め給ふと伝へ、又鮮人は文珠菩薩の遊び給ひし霊蹤ありて、誠信の人は宝塔を拝することを得ると説く。讖に拠れば李氏漢陽に都すること五百年、姓鄭なるもの鶏籠山より起り、李氏を亡ぼして之に代ると伝へらる(5)。而して新元寺は鶏籠山中にある巨刹にして、四面蓊鬱たる緑林に囲まれ、清流傍を環り、一帯の長壁境を画するところ洞門玆に峙《そばだ》ち、之を入れば広庭あり庭の極まるところに大雄殿あり。大小の仏堂と僧房は之に並び、後方は山勢峨々前方は田園稍開け所々農家の散在するを見る。天を仰げば連峰雲に挿し青山白雲相揺曳す、俯して眺めば湖南湖西の連城市邑点綴指呼の内に在り。又山上に謄雲庵なるもの有り、嘗て道士太平道人此処に十年無言の業を遂げ、東学の乱起るや飄々然として深山中に影を没すると云ふ。

一五　侠徒の待機

侠徒は全琫準との約あるに依り、此景勝静寂の浄地を本拠として旅塵を掃はんと欲するを以て、暫時の滞留を寺僧に請ふ。寺僧快く之を容れ懇切に迎引す、侠徒は此幽静の境に身を托し乃旦は梵唄の声に起きて清渓に盥漱し、昼は幽禽の林間に囀づるを聞きつゝ清流に浴し、夜は丹崖の月明に嘯きたりしが。一両日の休養に依りて英気を回復したるを以て、田中・時澤・大原等は先づ京城に向つて出発し。又三、四日の後大崎・吉倉・白水・日下・大久保等も亦京城に向ふ。而して師等は此に止りて先発者の消息を待つ。

一六　太平歌

此時師は無聊に堪へず太平の歌を作る。

太平唱へ来ル五百年　火ヲ積薪ニ厝イテ坐シテ眠ヲ貪ル　暦数讖有リ鄭氏ヲ思フ　八道人ノ倒懸ヲ解クモノ無シ　三南時ニ聴ク杜鵑ノ叫ブヲ　泰山呼バント欲ス膚寸ノ雲　半夜鶏ヲ聞イテ誰カ耳ニ唾スル　幾人カ枕ヲ撫デテ気慨然　東学ノ道主崔夫子　心ニ済生ヲ抱イテ西祆ヲ斥ク　名一代ニ高ク妄作ヲ誡ム、十万ノ教徒一肩ニ担フ　奈トモシ難シ衆徒ノ時事ニ激スルコトヲ　檄ヲ飛バシ羽

ヲ馳セテ人馬喧シ　念珠手ニ在リ銃ヲ提ゲテ起チ　誓ッテ閭閻ヲ排シテ民冤ヲ訟ヘント　全州北ニ指シテ天闕ニ朝セントス　之ヲ南スレバ嶺湖勢連ヌ可シ　韜略独リ推ス全琫準　万馬枚ヲ啣《ふく》ンデ層巓ヲ度ル　暁霧未ダ醒ズ夜宴ノ酒　一城倉皇響弦ニ驚ク　軍令精明十二幟　城下風ヲ望ム衆万千　趙括降ヲ乞ヒ官履々敗ル　陣営道ヲ講ジテ法筵ヲ開ク　三南既ニ賊官ノ有ニ非ズ　宜シク京師ニ向ッテ鞍韉ヲ勒スベシ　烈焰四面万雷迸リ　江華ノ親軍狂瀾ヲ捲ク　民ノ為ニ民ヲ殺スハ吾ガ義ニ非ズ　姑ク城民ヲ全ウセントシ且軍ヲ退ク　日東ノ男児義胆有リ　天其侠ヲ佑ケテ天権ヲ貺《たまわ》ル　錦嚢秘シ得タリ霹靂ノ術　長袖善ク蔵ス蛟虬ノ拳　鞭ヲ揚グ鴐洛雨暗ノ夜　血ヲ歃《すす》ル広寒月明ノ前　乾ヲ斡シ坤ヲ転ズルコト弾指ニ在リ　千百ニ身ヲ幻ス十五員　天佑相感ズ是天侠　扶桑遥ニ望ム鶏林ノ烟　天侠相合フ是天佑　淳昌将庁天縁ヲ訂シ　八将星羅曜電ノ如シ　賓儀壇ニ上ッテ神仙ニ似タリ　天ヲ指シ地ヲ指シテ噉日ニ誓ヒ　道ヲ論ジ兵ヲ談ジテ風壇ニ生ズ　大道怪マズ大逆ヲ行フヲ　密謀天ニ先ンジテ天ニ違ハズ　行クユク州郡ヲ徇《したが》ヘテ形勢ヲ張リ　忽奇計ヲ放ッテ京阡ニ入ラントス　汝雲峰ニ到ッテ汝ガ馬ヲ立テヨ　万縣檄ヲ伝ヘテ仙寰ヨリ下レ鶏籠吾且吾ガ室ヲ閟《と》ヅ　七初鞭ヲ投ジテ洛川ヲ乱《わた》ラン、奇中奇有リ奇ハ奇ヲ生ズ　約中約有リ約更ニ堅シ　去ルガ如ク来ルガ如ク隠又顕　神変誰カ敢テ其端ヲ倪セン　天佑侠兮東学党　九天ヲ動カス兮九泉ニ潜ム　願クハ共ニ無前ノ鴻烈ヲ建テ　太平長ク歌ハン大朝鮮（師の自註に曰く、詩中駕洛ハ金海ノ別名、広寒ハ南原ノ広寒楼、雲峰ハ慶尚ト全羅ノ道境ニ在リ、鶏籠山ハ公州ニ在リテ白馬江ニ臨ム、七初ハ七月一日（旧暦）全琫準ト京城ニ相会セントスルノ日、洛川ハ暗ニ漢江ヲ指スモノナリ）

此詩一気呵成元より佳作と称すべきに非ざれども当時の情状を直叙詩化せしものにして、一の詩史と称すべきものたるを以て、玆に収録して当時の志士の意気を伝へんと欲す。蓋し当時の志士は朝鮮の独立を唱ふるもの多く、師の意の有るところも亦此詩に現はれたり。

偶々内田は西脇・井上等と寺を出でて敬天の市場に至り飴と餅を買ひたりしが、鮮人井上を苦しむ、内田之を助けて西脇と共に鮮人の囲を脱せしめしも、却つて自ら重囲に陥り将に命を絶たれんとす[6]。山僧行を与にせるもの有り、衆を排して凶漢を喩す、凶漢自ら内田の縛を解く是山僧を証として内田を購はしむるものたり。師も亦急を聞いて来り共に帰山し師は内田・西脇・井上の創痍に治療を加へ共に事無きを得たり。而して凶漢来つて讐を報ぜんとするの報あり、夜に入りて千葉ダイナマイトを寺園中に装置して之に火を点ず、轟然一声堂宇皆震動し余響敬天に及ぶ。寺僧等大に愕き遠近皆震駭す、敬天の凶徒も偶々中途まで来りしも之に驚怖して帰り去り終に全く事無きを得たりと云ふ。

一七　日清開戦後の侠徒の行動

七月二十五日豊島付近に於て日清両国の海軍は先づ始めて砲火を交へ、又陸にには混成旅団長陸軍少将大島義昌清兵を成歓に破り又牙山を抜き、八月一日対清宣戦詔勅渙発せられ、日清両国は交戦状態に入れり。

此時京城に向つて先発したる俠徒は途中敗残せる清兵に逢ひ、又我軍隊の来るに逢ふては軍事偵察を為して我軍に便宜を与へたりしが、両軍遂に成歓に於て銃火を交ふるに至れり。而して分進せる我俠徒は牙山に於て会合したるが、追跡して来るとき公州に於て敗退せる清軍に遭遇するの憂あり、又一面新元寺に残留せる師及鈴木・内田・千葉・井上・西脇の外後れて加はりたる本間九介等七人は京城の風雲を待望し居たりしところへ、先発の白水来りて先発者が竹山城安城邑金某の家に待ち合せ居ることを告げ、共に行くべき旨を告ぐ。爰に於て一行出発して幾度か敗走せる清兵に遭遇したれども、元より敗余の残兵一も危害を加ふることと無く安城に達し、日清両軍が交戦して清軍の敗退せるを聞き、又佃信夫が来つて俠徒は日清開戦の動機を作りしも、我政府は俠徒の労苦を問はずして却つて俠徒を検挙せんとすることを告ぐ。然れども同志は之に屈せずして共に京城に潜入し、混成旅団長大島義昌の部隊長武田秀山大佐の麾下に入り軍事探偵の任務に服したりしが、狼川に到つて清兵の退路を究めて旅団本部に報告に赴くもの有り。師等七人は共に更に開城に向つて進みたりしが、師は病に罹り疲労困頓甚しく独り先づ平山の温泉に病を養ひ、次いで京城に帰りしも。我官は前時の東学党と今の東学党とが其組織を異にしたるを知らず、又我国にては東学党征討の為に清国が無断出兵せし故、天津条約に基づきて対応の出兵を為し遂に両国戦端を開きたるが。元来朝鮮内乱の鎮定は主要目的たるを以て、東学党は其犠牲と為り之と行動を共にしたる侠徒も亦其飛沫を浴びて逮捕せられんとし厳探頻りなり。爰に於て師は逃れて仁川に到り、永瀧領事官補に頼りて御用船に便乗し釜山に帰る。

一八　潜伏の後遂に帰国す

又師は釜山に於て旧知山座領事官補に頼り東萊の仙厳寺に隠れ、又山座に会見の要あるとき仙厳寺よりしては途稍遠く又人の指顧を恐れたるを以て、知人朴震夏の家に潜居したること有り。此朴なる者は師等が嘗て釜山の法律事務所に在りし時、其訴訟事件の解決に当つて便宜を得たること有り。故に之に頼ること十数日なりしが朴も亦身を賭して師を隠匿したり。此時恰も朴は失意の時に在りしを知るに及んで長く爰に居るに忍びず。又山座に諮りて釜山に投獄せられたる同志吉倉の救出と、東徒の招来を図りしが事態切迫したるを以て之を止め、山座の計に拠りて先づ帰国して小倉に走り又久留米に松村雄之進を訪ひ隠匿の計を定め、肥後に入りて宮崎民藏の家に潜み、更に草野に武田養父母を省したりしが、貞祐は師が嘗て与みしたる東学党は後我討伐軍に抗戦したりとて大に怒りて師を誚《せ》む。師大に窘《くるし》み僅に母に慰められて酒食を饗せられ、其志操の一端を書して母の許に留め、又松村の計に頼りて大阪の侠客淡《だん》隈《くま》(後分銅屋傳兵衛の名を以て茶店を開き又土木請負を業とし、更に其妾をして浴湯を業とせしむ、予其家に至り、師の浴室記を見る）の家に隠る。後東京に至り鈴木天眼に代りて筆を二六新聞（ママ）に執る。

一九　東学党又各地に蜂起す

一時天佑俠徒と手を別ちたる全琫準は義を倡ふる檄文を発し、諭すに補国安民の意を以てす、是に於て金開南は南原に起り、李裕馨は湖西に、孫華仲は茂長に、金徳明は金溝に、崔景善は泰仁に、東致九は井邑に、鄭進九は高敞に起り、全琫準と互に相連繋し、全州を以て中心地と為す。而して東徒は民財を掠奪したるものは之を還給し、無辜の四人を釈放せしめ班紳の圧制を解き、貴紳と有姓の権を平等ならしめ、幾百年の秕政蕪俗を改革せんとす。是に由つて獄訟は官に於てせずして必ず教人の会所に於てし民心は翕然として水の低きに就くが如く之を禦ぐ者なし。故に政海の風潮一変したり、又三相六曹は改めて十部と為し、旧染の汚職咸《ミナ》維新す。然れども上下の人心反つて疑《ぎ》懼《く》の念を抱き国是定まらず。官は暗に密使をして煽動せしむるもの有り、或は自家の悲観より怨懟するもの有り、或は之を目するに異端を以てして而して掃除せんと欲するもの有り、或は之を称して排外者と唱へて弾圧せんとするもの有り。紛々として帰趨するところを弁ぜずして大問題を起さんとするの状に在り。故に崔時亨は九月及十月教書を以て教徒を誡め併せて先師崔濟愚の冤を伸雪せんことを告ぐ。而して九月十八日崔時亨は教徒の惨殺せられたるもの多き報告を得たるを以て、将に冤を天陛に叫び先師の冤を伸ばし多くの生命を救はんと欲して各教頭を招集す。此に於て教頭及各地の教徒来つて青山の丈席に詣するもの十万余人に達す。時に竹山府使李斗璜（後閔妃事件の嫌疑に依りて我国に亡命せし人なり）は京営兵千余を率ゐて始めて三南の大討伐を行ふ。十一月李容九は黄山より、忠州の申載淵・洪在吉・安城の鄭璟洙・利川の高在堂・院竹の朴容九等と声勢相応じ、槐山郡に入る。時に槐山守は忠州郡の駐紮日本兵数百人を要して潜伏狙撃す為に甚しく斬殺せられ、砲丸雨注死を誓つて兵を交へ、彼此殺傷相当る。偶々日暮日本兵退舎せしを以て教徒は一斉突喊前進したるに由り日本兵の死傷も亦多し。翌日〇〇（不明）は捉へられ官庁民舎尽く焼かれたり、時に清州の孫天民衆を率ゐて来り清州の兵使李章會又兵を派して邀撃し教徒死するもの甚だ多し、又姜健會は清州兵と公州の大田に戦ひ、朴錫奎其他は兵を沃川に起す。此時孫秉熙・李容九は報恩帳内より各包を揮動して青山丈席に向ふ。崔時亨又論すところ有り、互に曰く全琫準教徒数万を率ゐて方に公州に向はんとす、君等須く往いて全に会し喩して其暴挙を止むべし、心を革め図を改むれば則天意回すべし、先師の冤伸ぶべし各自旃《コレ》を勉めよと。是に於て門徒皆命に応じて行き一は懐徳に向ひ孫秉熙と李容九は衆徒を率ゐて全琫準と恩津の論山に会せんことを約す。而して李容九は公州の利仁駅に到り、京営の兵と玉女峰に戦ひて京兵を破り更に進んで鳳凰山に至る、時に京兵は我兵（日本兵）と共に山上より射撃す。教徒昧死して進み両軍共に肉薄血戦す、偶々飛弾李容九の脛を穿ち教徒力窘まりて一時潰散し。更に論山浦（魯城郡の南二十里に在り。）に集り又官軍の為に破られ転じて全州郡に向ふ。而して懐徳に向ひし教徒も清州兵と交戦し、全琫準は更に公州の孝浦に血戦し千険万危を経て遂に論山に退く。此時南北の教徒数十万、各教頭は全琫準と共に誦咒講道し更に敵を料り勝を制するの策を議したり。時に卒爾全琫準慨然として嘆じて曰く、我は道を乱り法を乱る即師門の罪人なり、倉を発き吏を害す即国家の罪人なり、更に又国民の罪人たるなり、故に一死を分とす、願くは諸君善後の策を講じて先師の遺冤を伸雪し、生民の淪傷を拯済せよと。之より南北の教徒方針を異にし、南部の教徒は崔時亨の教諭を奉ぜず。玆に於て崔時亨は各郡官庁及我軍官（日本軍）に書を送り弁解大に努め我国との隣誼を傷めざらんことを図る。然れども其意志相疏通せず、我軍と清州兵とは討伐の軍を緩めず。

二〇　東学党の悲運

十二月二十四日（陰暦）を以て教徒の余衆尽く潰散し、全琫準は遂に淳昌の亀老里に捉へられたる後、檻車京城に押送処刑せらる。李容九も屢々官兵と我軍に抗じたりしも、遂に忠州郡の西村に敗れて竹山郡の七政里に奔り、力竭《つ》き家を棄てゝ姓名を変じ水原郡独浦島中に遁れたるは十二月（陰暦）末なり。

此より先東匪順天府の東海角左水営を襲ふて之を奪ふ、水営の居民は素李周會と親善なり、周會之を聞き我漁丁を率ゐ洋装して漁船に搭じ直に水営に入る。匪徒其洋装して我水丁を指麾するを望み、我義勇兵の来襲するものと為し、狼狽潰散す。既にして我筑波艦水営に入り順天の匪賊を招いて之を降す。是より周會我討匪軍に在り常に謀議に参画す。春夏の交功を以て軍部協弁（次官級）に擢《ぬき》んでらる、後王を諫めて三日去らず、王怒つて曰く朕開化の朕に害あることを知ると、周會懼れて、官を罷めて去る。

第四節　東学党懐柔策

一　**書を樺山海軍大将に呈す**

明治二十八年乙未（三十三才）一月崔時亨及全琫準等の教軍敗れて共に捕はれ、其刑死の時日と相前後して、書を樺山海軍大将に呈して東学党を懐柔せんことを乞ふ其大意に曰く（邦文）。

範治朝鮮ニ遊ブコト三載、同志ノ徒ト共ニ東徒ニ投ジ交ヲ党将金明叔（全琫準当時ノ変名）ニ結ビシハ、一条ノ道火線トナリテ、戦端ヲ抽出センコトヲ期シタルモノナリ。然ルニ戦端既ニ開ケタリシモ東徒ハ民擾ノ罪ニ依リテ討伐セラレ、同志ノ有志ハ罪嫌ヲ受ケテ跼蹐ス。今ヤ八道敵ノ隻影ヲ見ザルモ民心尚未ダ定ラズ、皇軍扶鮮ノ誠意ハ未ダ頑匪ニ達セズ、故ニ順天ノ賊ハ帰順シタレトモ報恩地方ノ匪勢ハ交々熾《さかん》ナリ、即東ニ敗ルレバ西ニ起リ、南ニ潰ユレバ北ニ聚マル、明叔嘗テ語ル、我教徒十万檄ヲ伝ヘテ尊意ニ赴カシム可シト。然ルニ今之勦滅スルモ、其根帯尚頗ル深キモノ有リ。故ニ明叔ヲシテ帰順セシメバ東学ノ第二世崔時亨及三南ノ教徒ハ皆之ト共ニ帰順スベシ、範治明叔ニ逢フテ我国ノ義挙ト朝鮮独立ノ盛事ヲ宣説セバ民心自ラ定マラン、故ニ願クバ範治ヲ巡撫隊ノ一員ニ加ヘテ崔全二人ヲ説カシメ給ハンコトヲ（原文は約五千八百言に達す、今僅に節録したるのみ）。

大将は師を招見して具に尋ぬるところ有りしも其採否の意見は尚決せられず。師機を失はんことを再び同大将に呈言す（邦文五千五百余言）。

向ニ召見ノ栄ヲ賜ヒ心中愉躍言ハント欲スル所ヲ終ヘズ、是再書ヲ呈スル所以ナリ、今命ヲ以テ明叔ヲ扶ケテ東学ヲ革新シ、先ヅ三南ノ頑民ト倶ニ文明ノ域ニ躋《のぼ》ラント欲ス、大院君ハ言ヘリ、南三道ハ以テ五道ニ敵スベシ、而シテ尚州ノ一州ハ南三道ニ敵スルニ足ルト、而シテ尚州ハ実ニ東学ノ巣窟タリ、故ニ東学ノ名ヲ存シテ其心ヲ鎮シ、其実ヲ以テ其陋ヲ革メ、以テ知ラズ識ラズノ間ニ於テ、大日本ノ党勢ヲ涵養スルコトヲ得ン、三南ノ人民ヲ同化シ其要柄ヲ把持セバ朝鮮ノ命脈ヲ制スルコトヲ得ン。若シ然ラズシテ之ヲ討伐センカ、其子孫永ク豊太閤ノ旧時ノ事ヲ忘レザルガ如ク、心服スルニ至ラザランコトヲ恐ル、然レドモ彼ノ首魁ヲ諭シ、其部下ヲシテ頑民ヲ宣撫セシメバ、永ク皇威ニ悦服セン、而シテ宣諭ノ公文ニ帰順ヲ許シ罪ヲ宥スコトヲ記シ、又大院君ノ勧諭書ヲ齎スベキナリ、明叔ハ最モ深ク大院君ノ威徳ニ信服ス、当ニ泣イテ命ヲ奉スベキノミ、範治旧盟ヲ申《かさ》ネ東学ヲ新振更張センコトヲ説カバ又以テ彼ヲ服スベキノミ、請フ閣下之ヲ試ミ給へ。

と然れども此事終に允されず。

二　全琫準に与ふる書

之が為に師は時の非なるを悲みたりしが、広島に於て更に全琫準に与ふるの書を草す（原書漢文にして約五千言故に爰に其要項を抄訳す）。

明叔足下淳昌将庁ノ会変政ニ遭逢シテ復尋ヌルコト能ハズ、半歳ノ久シキモ白駒隙ヲ過グルガ如シ僕病累ニ在リト雖モ未ダ曽テ一日モ足下ヲ忘レザルナリ。日者《とのどろ》聞ク足下完営ニ在リ教徒ヲ戒飭シテ以テ暴発スルコト勿カラシムト、想フニ足下ノ聡明ナル必ズ軽挙シテ無名ノ死ヲ致サザラント、一髪千鈞之ヲ以テ望ヲ繋グ耳《のみ》。然リト雖モ東学党ハ我日本ガ朝鮮ヲ扶クルコトヲ欲セズ、迺《すなわち》斥日ヲ以テ名ト為シ兵ヲ挙ゲテ自ラ擾ル。此事太ダ謂レ無シト雖モ足下既ニ東学党ノ領袖タリ、倘《も》シ遂ニ其事ニ預ランカ僕太ダ之ヲ怕ル。夫レ東学ニ三可有リ、足下ニ非ザレバ以テ其レヲ暢《の》ブルモノ莫シ。東学ニ三不有リ、足下ニ非ザレバ以テ其悪ヲ拯フモノ莫シ。何ヲカ三可ト謂フ、一ニ曰ク教旨ヲ融スル也、二ニ曰ク進取ヲ擬スル也、三ニ曰ク衆思ヲ齊《ひとし》ウスル也。釈迦ナル者ハ西域ノ教也、孔老ナル者ハ震旦ノ教也、皆朝鮮ノ有ニ非ル也、乃朝鮮学無キコト久シ、僕朝鮮ノ西教ヲ奉ゼンコトヲ欲スルニ非ズ、唯善ヲ万国ニ択《えら》ンデ固我ノ陋見ニ陥ルコト勿レト云フ耳《ノミ》、豈格知ノ道ニ非ズヤ。足下モ亦万国ノ学海ヲ観レバ汪洋浩瀚涯涘無ク必ズ更ニ河伯海若ヲ見ルノ感有ラン、僕誠ニ足下ノ博採修飾集メテ而シテ大成センコトヲ望ム、故ニ曰ク教旨ヲ融シテ以テ其美端ヲ見ルハ其可ノ一ナリ。今ヤ朝鮮ノ天地一転シテ大光明ヲ放ツ、何ゾ夫子ノ英気ヲ纘《つ》ギ、天下ノ民ト与《とも》ニ文明開化ヲ振作セズシテ、而シテ徒ニ黒山鬼窟ノ活計ヲ為スコトヲ之レ為スヤ、僕曽テ足下ノ志気凡流ヲ奮ヒ進取ヲ策スルヲ観ル、故ニ足下ニ望ムコト今猶古ノゴトキ也、故ニ曰ク進取ヲ擬スル其可ノ二也。足下ノ如キハ朝鮮天民ノ先覚者也、故ニ以テ一タビ怒レバ則三千ノ教徒之ガ為ニ死センコトヲ願フ、豈三千ノ心思ヲ一ニスルモノニ非ズヤ況ヤ十余万ノ学徒皆足下ヲ望ムェ於テオヤ、足下更ニ博ク万国ノ善士ニ交ハリテ宇内ノ情勢ニ精通シ、此衆学徒ヲ教養シテ異同ヲ蕩シ本来ヲ疏シ、以テ富強ノ術ヲ講ジ、以テ国家ノ根本ヲ固メバ其斯ノ鴻業ヲ翼賛スルニ於テ、豈一大功徳ニ非ズヤ。足下既ニ此衆思ヲ一ニスル有リ、以テ大ニ為スルコト有ル可キノ素アリ、故ニ曰ク衆思ヲ一ニスル其可ノ三也、何ゾ自ラ振ハザル。何ヲカ三不ト謂フ、一ニ曰ク今古ニ達セズ、二ニ曰ク華夷ヲ弁ゼズ、三ニ曰ク形勢ニ通ゼズ。孔子曰ク今ノ世ニ生レテ而シテ古ノ道ニ反スレバ災必其身ニ及ブト、烏乎《アア》其レ孰カ宇内ノ大勢ニ逆ヒ万国ノ公法ヲ破リ、人倫ヲ絶ツテ而シテ穴居木処ノ古ニ反ラン、此レ自ラ其国ヲ棄テ其民ヲ迷ハシテ、而シテ適々列国ノ兵戈ヲ動サンノミ。夫宇内ナル者ハ大海也、瞬間風潮ヲ失念スレバ、則楫ヲ折リ舟ヲ覆サン、況ンヤ風潮ヲ知ラズシテ而シテ舟ヲ鴻濛蓬渤ノ間ニ操スル也、故ニ絶交シ説亡国ノ論ヲ為シテ、而シテ自ラ駭《おどろ》クコトヲ知ラザル者ハ、今古ノ趨勢ヲ知ラザルモノ也。東学ノ徒何ゾ思ハザルノ甚シキ、故ニ曰ク今古ニ通ゼザル一不也。夫印度ハ釈迦ノ生レシ所ニシテ、宇内ノ文明ハ実ニ印度ヨリシテ而シテ開化シタルナリ。然レドモ古ノ華民モ今ハ変ジテ蛮俗ト為リ遂ニ英国ノ為ニ併合セラル、彼ノ雪雨《フ》ルヲ見ルニ先ヅ集《ナ》ルハ維レ霰ト、豈寒心セザル可ケンヤ、清国ハ孔子ノ生レシ所、朝鮮ハ箕子ノ甸スル所、自ラ往代ヲ顧瞻スレバ蛮力華力、而シテ今ノ民無智徒ニ虚名ヲ抱キ之ヲ以テ人ニ誇ル、故ニ政教振ハズ礼楽興ラズ、旧弊ヲ株守シテ古愚ニ還ル、足下其レ将タ何ヲ以テ斯民ヲシテ礼義ノ実ヲ挙ゲ、野蛮ノ笑ヲ免レシメントスル乎。故ニ曰ク華夷ヲ弁ゼザル二不也。芒々タル世界自ラ分ツテ五トナル。曰ク欧、曰ク美、曰ク弗、西人タリ、曰ク亞、曰ク濠東人タリ。白・黒・黄・人色ヲ異ニシ、寒・熱・温・土・氣ヲ異ニシテ、而シテ天地文明ノ化、東人ヨリ起ツテ而シテ西人ニ漸ス。故ニ印度中国ノ名有リ、支那華夏ノ称有リ、而シテ我日本ハ神国ト号ス。今ヤ印度既ニ亡ビ、支那振ハズ、文物ノ美燦然トシテ西方ニ鍾《あつ》マリ、而シテ我東方ハ蒙昧暗黒百鬼夜行ス、蓋シ天運ノ循環自ラ其レ数有ル乎。唯我日本ハ忠孝仁義教ヲ不言ニ存シ、礼樂文章善ヲ万国ニ択ビ以テ、今上皇帝ニ至ル、文武具ニ張リ万物尽ク観エ皇運ノ隆世界各国刮目セザルモノ靡シ、豈曙色先ヅ扶桑ニ動ク者ニ非ズヤ。東方ノ列国宜シク強弱相扶ケ剛柔相済ヒ、仁ニ依リ義ニ仗リ、暴ヲ懲ラシ兇ヲ扞《ふせ》ギ、絶ヲ継ギ廃ヲ起シ、暗黒ヲ転ジテ光華ヲ放チ、醜陋ヲ革メテ前烈ニ反《カヘ》シテ以テ東土ヲ光復シ、宇内ノ和ヲ蕩平スベキ也。朝鮮ノ国タルヤ、土二大ノ間ニ挾マリ、地東洋ノ咽喉ニ属シ、英俄相睨シ日清互ニ持シ万国咸《ミナ》耳目ヲ集ム、其外勢岌々乎トシテ其レ殆《あやふ》イ哉。而シテ其内ハ朝権綱ヲ解キ、貴戚柄ヲ弄シ民瘼ミ国瘁《カツ》ケ内訌棘《ハナハダ》シ。清国ノ朝鮮ニ於ケル既ニ内属ノ実有リ、而シテ肆然トシテ其暴虐ヲ放《ホシイママ》ニスルモ而モ問ハザル也。東学ノ起ル実ニ義ヲ以テ乱ス、而シテ袁公使却ツテ恵堂ヲ唆《ソソノカ》シテ援ヲ已ニ求メシム、其志戡匪ノ口実ヲ仮リテ属邦ノ名ヲ各国ニ公布セント欲スレバ也。此レ其志国ヲ貪ルニ在リテ、民ヲ救フニ在ラザルヤ明カナリ。我　皇其外勢既ニ危ク内難既ニ急ニ脣歯ノ亡既ニ迫ルヲ痌瘝スルヤ。乃清帝ニ謀ラシメテ曰ク共ニ朝鮮ヲ扶ケ弊政ヲ釐革シテ以テ隣義ヲ惇フスベシト。清帝払戻シテ而シテ聴カズ、又既ニ盟ヲ渝エ檀ニ師ヲ出ス。是ニ於テ国大公ヲ起シテ閔泳駿ヲ斥ケ、遂ニ清艦戦ヲ豊島ニ挑ムヲ致ス、乃両国戦ヲ宣シ、我兵戦バ必ズ捷チ攻ムレバ必ズ取ル、海ニ艨艟ヲ殲シ陸ニ宇内ノ天険ヲ抜キ、龍驤虎変、満清ノ関河無人ノ境ヲ行クガ如ク。遂ニ挙朝震駭清帝蒙塵ヲ議スルニ至ル、此レ我貔貅ノ士ノ忠勇武烈ニ由ルト雖モ、上天ノ孚《マコト》ニ我義ヲ佑クルニ非ズンバ則何ゾ糧ヲ裹《つゝ》ンデ而シテ兵機神発此ノ如キヲ得ンヤ。清帝誠ニ朝鮮ヲ助ケテ其独立ヲ全ウシ隣邦ノ義ヲ惇ウシ仁義ノ交ヲ重ンゼバ、則何ゾ東人相争ヒ、鄰保相鬩グコトヲ之レ為サン。曩者《さきごろ》朝鮮暴民ノ屢々我兵站ヲ襲フヤ、我毎ニ空砲ヲ以テ之ニ応ズ、暴徒我仁ヲ知ラズシテ以テ射ニ拙ナリト云フト、亦、豈憫ム可キニアラズヤ。然リト雖モ夜光ノ珠モ暗中ニ投ズレバ、則剣ヲ按ゼザルモノ無シ。足下請フ宇内ノ勢ヲ察シ、今古ノ変ヲ考ヘ以テ我三国ヲ詳覈セバ則我朝鮮ヲ助ケ暴清ヲ征シテ、万国我ヲ異マザル者、豈釈然タル所無カラン哉。頑徒何ゾ以テ今ニ至ルモ尚擾々シテ已マザル、故ニ曰ク形勢ニ通ゼザル三不也。朝鮮人恆念スラク、朝鮮ハ貧弱ノ小国也。必ズ大邦ニ依ツテ以テ自ラ保全スルコトヲ得可シ。清ハ大邦ニシテ而シテ我ニ隣リ、我祖先モ亦彼土ヨリ来ル、我宜シク清国ト共ニ終始スベキノミト。惴々焉トシテ唯清国ノ歓心ヲ失ハンコトヲ之レ恐レ、牛後ヲ甘ンジテ鶏口ヲ唱フルコト克《アタ》ハズ、臣妾ト称シテ而シテ耻《はじ》ヲ知ラズ、姑息因循以テ曰ニ貧弱ニ鞠《キワ》マル。夫レ人自立スルコト能ハザレバ以テ人タル可カラズ、国独立スルコト能ハザレバ以テ国タル可カラズ、大邦印度ノ如キモ尚豆小ノ英国ニ服従シテ、而シテ其鞭撻ニ任セテ而シテ復起ツコト能ハザル也。然リ則富強ハ国ノ大小ニ在ラズシテ、而シテ貧弱ハ人ノ勇懦ニ由ル。異ナル哉朝鮮人ハ小邦其独立ヲ助クレバ義ト雖モ之ヲ却ケ、大国其主ヲ臣妾ニスレバ、恥ト雖モ歓ンデ之ヲ奉ジ、唯其大ヲ知ッテ而シテ其力ヲ較ブルコトヲ知ラズ、邦大ナレバ必ズ依ル可シト謂フ、何ゾ人大ナレバ必ズ勇ナル可シト謂フニ異ナラン。是ヲ以テ大人ヲ見レバ輒《スナハチ》云フ、我主ヲ売ッテ彼ノ奴ト為ルニ非ズンバ、則吾当ニ彼ノ殺ス所ト為ルベシト、何ゾ其懦ノ甚シキ。昔美国・英国ノ属邦タリ、美人其覇絆ヲ脱セント欲シ、義軍苦戦八年ノ久シキニ至リ、骨山血河相食ンデ、而シテ後始メテ宇内ニ独立シ万国ニ雄飛ス、万国皆其強ヲ畏ル。今、我日本、朝鮮ヲ援ケテ独立セシム、朝鮮人将ニ骨山血河而シテ臣妾ノ旧ニ復セント欲セントス、主ヲ売リ己ヲ欺キ是非ノ心有ルコト無シ、愚ノ極ト謂フ可シ。而シテ自ラ懦見此ニ陥ルコトヲ知ラズ。語ニ曰ク習癖ヲ去ルコトハ歯ヲ抜クヨリモ痛シト、五百載事大ノ弊習、其人心ヲ侵蝕スル何ゾ止《タダ》歯齦ノ蠹ノミナラン哉。宜ナリ其因循抜クコトヲ欲セザルヤ。然リト雖モ事大ノ害ハ則齲蠹ノ比ス可キニ非ズ、猶猛火炎々トシテ戸内ニ起ルガゴトキ也。然リ則吾基穉子ノ手ヲ援《ヒ》キ牆ヲ踰エテ而シテ火ヲ避クレバ、必ズ其駭痛嗥呼泣冤シテ而シテ已マザルコトヲ知ル也。朝鮮小民ノ懦愚之ヲ列国ニ比スレバ且穉子ノミ。而シテ臣妾ノ恥ハ啻ニ猛火ノミナラズ、然リ而シテ唯母膝ヲ之レ慕ヒ、泣冤シテ己ヲ援クルコトヲ恨ム、穉子ノ情乃然ルノミ。且夫レ文武ノ徳周召ノ化ニシテスラ而モ卒《ニワカ》ニ殷ノ頑民ヲ服スルコト能ハズ。況ヤ今日ノ勢朝鮮人ハ、先ヅ日本ノ己ガ旧仇タルヲ見ルノミ、故ニ外助ノ義モ而モ意先ヅ疑フ、況ヤ又旧弊ヲ洗滌シ綱紀ヲ一新シ、幼児ニ冠シテ而シテ之ヲ稠人広座ニ列セシムルヲヤ。事態ハ全ク童戯ニ異ナル、苟モ聡明ノ士ニ非ズンバ奈何ゾ頓《ニワカ》ニ幼志ヲ棄テ、屹然トシテ万国ニ立ツテ而シテ羞色無キヲ得ン。吾聡明ノ士ガ斯民ヲ鼓舞シテ、自主独立ノ名其実ニ媿《は》ヂザラシメンコトヲ欲スル也。足下若シ鄙説ニ採ルコト有ラバ、則更ニ足下ノ爲ニ計ラント欲スル所有リ、宜シク尽ク胸中ノ事ヲ語ルベシ。面ヲ対シテ商量シ以テ憾無カル可シ、足下ヲシテ禍ヲ転ジテ福ト為サシメンコトヲ冀フ也。足下請フ地ヲ選ンデ之ヲ教ヘヨ、若シ再ビ盟ヲ訂セズンバ則終世ノ恨事、幸ニ以テ中情ヲ諒セヨ。

師は又本書の末に書して曰く。

季弟佐波三郎ノ家ニ存スル此稿ヲ得テ李容九ニ示ス、李容九一読慨然トシテ曰ク、全琫準ハ一領袖タルニ過ギズ、而シテ僕モ亦当時三南ニ在ラズ、此書若シ僕ノ手中ニ入ラバ韓国ノ事豈此境ニ至ラシメンヤ。請フ記念ノ為一本ヲ侍天教堂ニ納レヨト。即之ニ応ズ、文中雲峰夫子ハ当ニ龍潭夫子ニ改ムベシ、東学ノ開祖水雲先生龍潭ノ山亭ニ修練ス、故ニ龍潭水流ル四海ノ源。亀嶽花開ク一世ノ花。ノ句アリ、雲峰ハ党人ノ誤ツテ教フル所ナリ、袁公ハ袁世凱ナリ。

之を見れば当時師が日鮮関係の悪化を憂へて之を匡正し、日鮮の交際をして兄弟の如くならしめんとの念は、其自ら抑することの能はざるを想ひ見るべし。而して之を実行せしむるの機なく、日鮮民心の間に一巨溝を鑿たしめたることは、日鮮間を阻する朝鮮海峡の障害よりも更に大なり加之《シカノミナラズ》我有志の士をして種々の汚名を冠《こう》むらしめ、徒に白日下に踽蹐せしむる上に、朝鮮の有志有爲の人物を乱賊として討伐したるが如きは悲むべく憐むべきに非ずや。対外政策の難きは時代を問わず、又世界孰《いずれ》れの国家にも無きは稀なり。

三　策を用ゐられずして帰山

之に関連して二月十二日大阪より師の長兄佐波保輔に寄する書も亦当時の消息を知るに必要なるを以て玆に其大要を摘載す。（邦文）

私朝鮮ニテ東学ノ起リシ時之ニ一味シ、新聞ニテ天佑俠トシテ世ヲ驚カシタルハ私張本人トモ申スベク、私東学党ヲ偵察シテ釜山ニ帰リ、夫ヨリ友人許多ト共ニ天佑俠ト称シテ朝鮮内地ニ入リ東学党ノ大将ト誓ヲ結ビ、東西ニ分レテ入京ノ途、日清談判破裂成歓ノ開戦トナリ此度ノ日清開戦ハ私共ガ原動者即導火線ナリ。然ルニ金山ノダイナマイト弾薬等強奪ノ為、持凶器強盗ノ告訴ヲ受ケ成歓戦以来秘密探偵ノ任務ヲ帯ビタレドモ変名シテ服務シタル程ナリ。秘密偵察ハ軍事上第一ニ危険ナル職務ニテ幾度カ必死ノ地ニ陥リタレドモ、不思議ニモ身ニカスリ疵ダニ受ケズ、各道ヲ駈ケ廻リタリ。何分ニモ春ノ末ヨリ秋ノ半バ迄野ニ伏シ山ニ伏シ、遂ヒツ追ハレツ、剣光弾響ニ夢サヘ結ビアヘズ、全身次第ニ弱リ僂麻質斯《レウマチス》再発シ従軍叶ハズ釜山ニ帰リ、又暫ク日本ニ帰リテ傍観シ居タレドモ、東学党ハ中々乱暴ヲ極ル為其鎮撫方ニ就キ意見ヲ呈セント広島ニ至リ樺山将軍ニ書面ヲ差出シタルガ、将軍モ引見セントノ旨ニテ面談時ヲ移シ目下右将軍本件付御尽力中故、二十日以内ニ如何トカ決着ノ命有ルベシト、此地ノ俠客方マデ帰来シタリ。昨夜釜山ヨリノ通知ニハ、天佑俠ハ一体ニ無罪タルコト明白トナリ、青天白日憚ル所無キ身ト為レリ。猶將軍ノ命ヲ待チテ入韓ノ心組ナリ

(後略)。

以上の師の書を総合して案ずるに、師は一月広島に至り樺山大将に見えて献策し、其決せざる間に復大阪の淡隈の家に帰り此書を長兄に寄せたるものなり。而して師の策は遂に行はれず、之より先即前年十二月二十四日(旧暦なる故陽暦一月二日の交に当る)全琫準は淳昌の亀老里に捉へられし上、檻車京城に押送せらる。内田は鈴木及師と謀り、戦地より帰来したる本間九介をして全琫準を京城の獄より脱せしめんことを計らしめしが、本間は京城に於て田中と謀り全琫準を見たりしも、全は出獄を肯ぜずして浄よく極刑に処せられ尚同志の冤死せるもの多

く、中には車裂の刑に遇ひたるもの有り。之に因つて案ずれば師の策は遂に機に及ばず、全琫準も又遂に生前師の書を見ることを得ず。俠徒の同志者たる東徒が我兵火の標的と為り憂国の志を呑んで虐殺の惨禍に罹りたるもの、夥しきに至れり。

斯くて師は渡鮮の機を得ず、東京に出で次いで旧寺（顕聖寺）に帰りて道牛の下に寺務を援け、朝鮮に於けることは一切韜晦す、故に村民も此事を知るもの無し。然れども師は対鮮策を閑却したるに非ず、此年秋端無く広島疑獄事件に関す。蓋し此年は早晩師は如何にしても渡鮮すべき運命に捉はれ居るもの丶如くなればなり。

（1）範之らの金鰲島漁業事業については、『東亜先覚志士記伝』上巻　一五一頁、同下巻　結城虎五郎の項、武田範之詩文集『鰲海鉤玄』（明治四十四年六月　顕聖寺刊）参照。なお、この漁業事業に対して武田と同郷の権藤成卿は多額の出資をした様子で、そのため、久留米の素封家であった権藤成卿の実家は没落した。久留米開墾社、金鰲島の漁業事業と連続した範之の理想郷建設の企画は、一進会の「一進会（自治）財団」の構想に受けつがれている。

（2）東学及び東学の乱（甲午農民戦争）については、呉知泳『東学史』（邦訳・梶村秀樹訳『東学史』昭和四十五年十一月　平凡社）参照。

（3）大崎法律事務所のあった釜山西町は、現在の釜山新昌洞で、龍頭山公園の麓、国際市場の周辺にあたる。なお、釜山梁山泊に集まり、後に天佑俠を組織したメンバーについては、『東亜先覚志士記伝』下巻列伝の項を、松村雄之進については吉富莞爾『松村雄之進』（大正十年六月）を、山座円次郎については長谷川峻『山座円次郎』（昭和四十二年　時事通信社）、一又正雄『山座円次郎』（昭和四十三年　原書房）参照。

（4）東学の乱に呼応して行動を起した日本人浪人たちは、後に〝天佑俠〟と呼ばれた。天佑俠については、これまで、日本の大陸侵略の露払いの役割をしたとするもの、アジア連帯の大東亜共栄圏構想の先駆とするものという両極端な評価がある。さらに、天佑俠の実体についても彼ら浪人の記録は、全くのフィクションであるという主張（山辺健太郎「東学乱と日本人」『日本の韓国併合』一九六六年九月　太平出版社所収）がある。

天佑俠については、黒龍会機関誌『黒龍』創刊号から十九号にかけて連載された吉州牛「韓山虎嘯録」正・続篇があり、そのうち、正篇は清藤幸七郎篇『天佑俠』（明治三十六年十月　国光書房、同覆刻昭和五十六年四月長陵書林）として出版されている。

天佑俠の記述に関する真偽問題の核心をなす、全琫準との会見問題については、朝鮮側にそれを確定する資料はこれまでのところ発見されていない。また、天佑俠のルートと記述を現地と照会したものもない。史観やイデオロギーからの演繹ではない、根本的な調査・検討が期待される。

（5）李氏朝鮮の時代を五百年と予言した予言書『鄭鑑録』には、李朝と交代する新しい国家の首都を雞龍山としている。「鄭鑑録」に関しては『鄭鑑録集成』（一九八一年一〇月　ソウル　亜細亜文化社）参照。

（6）内田良平の敬天部落における遭難については　内田甲『柔道』（明治三十六年一月　黒龍会出版部）参照。

第五章　広島疑獄

第一節　乙未の変の遠因

一　朝鮮王族及大官等の政権争奪

今爰に広島疑獄の真相を述ぶるに当り少しく前代に遡りて其由つて来るところを明にせん。由来朝鮮は王室及王族或は其以下の閥族は、常に政権の争奪をのみ是事とし、一度官職を得えば国家の事を変理するを後として私事を先とし、公益を謀らずして私利を図るを是事とす。官を売りて私を営み苞苴公行し苛斂誅求す。故に人心定まらず、民業起らず、王室と官庁は恰も国民の怨府たるが如し。殊に高宗（後の李太王）の代に至つては最も甚しく、其争奪の際流血の悲惨事を現出したること一再に止まらず。

二　事大主義を採り小国を軽侮す

朝鮮は元其国の外には日本と清国あるを知つて外国の状態を知らず、開国以来支那乃清国に隷属することを甘んじ、其正朔を奉じたるを以て朝鮮には年号無きこと久しく又貢献を怠らず。日本の如きは東隣の小島国と思惟し、我国の江戸幕府の初期時代即元和四年使臣を我国に特派して、徳川秀忠に大阪の勝軍を賀するに始まり、爾来天保五年に至るまで修信使を送りしこと有りしも、使臣は清国に対するよりも官位の下級なるものを充つるを常とし、修辞も又踞傲に近きもの有り、長く因習を改めず。一面清国は之を属邦視し朝鮮も亦之に甘んず。故に清国は朝鮮の内政に干与するの端を発したり。我維新後我国より對馬守宗重正に命じ、旧交を修むべきことを通ぜしめたりしが、我文書中皇帝又は皇勅等の文字を用ゐ、幕府の辞に異なるところ有るを以て之を論じて前例に違ふとして承けず。

其後二年我外務省は、前書拒絶の理由を糺さしめしに、更に面会を拒絶したり、明治七年三月宗重正更に交渉したるも明答せず、加之東萊・釜山の両府使は、両国官吏接見の礼服を撤して絶交の意を示せり。依つて我国は外務大丞花房義質をして春日・明光の二艦を率ゐて釜山に至つて通商の事を議せしめしも要領を得ず。時に清国政府は日本に征韓の企ありとの風説を聞き、咨文を送りて成るべく日本を遠ざくべきことを諭せしかば、我国の要求は一切拒絶するの方針を執りたり。而して明治九年夏、東萊府使が草梁館門に掲げたる伝令書の語辞甚だ侮慢なりしに由り、我国に於て数年来隠忍したる征韓問罪の議朝野共に囂然。遂に向には佐賀の変と為り、又西南役を激成するに至れり。更に明治十一年[1]に至り、我軍艦雲揚は朝鮮西海岸測量の時淡水欠乏の為に漢江口に投錨し、短艇漢江に遡航するや、宗島の砲台之を砲撃したるを以て、艦長井上良馨応戦して之を陥れ帰つて之を報告す、此に於て国論再び沸騰したり。

三　朝鮮は独立国か

我政府は朝鮮を独立国と見做すべきや否やの疑問を決すべき問題を生じたり。是より先朝鮮政府が仏国宣教使を殺し鮮民が米国船員を殺害したる時、仏米共に清国の属邦と思惟し、清国に対して其損害賠償を要求したるに、清国政府は外国との事端を避けんと欲して、朝鮮は属邦に非ず、其内治外交毫も我と関係無き旨を答へ、又我政府は外務卿副島種臣を清国に派し朝鮮及台湾生蕃と清国との関係を質問したる時も、清国政府は之と同様の意味を以て答へたり。此に於て黒田清隆を全権大使とし井上馨を副大使とし、艦隊之を護衛して朝鮮に至りしが、大院君の鎖国主義、閔族の開国主義、議政朴珪壽は日鮮修交説を主張し、国王及妃は前説を納れ、我大使袂を払つて帰国せんとするに際して廷議を決し、明治十四年二月二十六日和親条約を締結せり[2]。幾何も無く朝鮮よりは、修信使金綺秀を派して交情親密なるに至り、其条約に依つて釜山・元山・仁川を開港場とし、朝鮮より修信使金弘集を送り我国よりは花房義質を朝鮮公使として赴任せしめたり。

之に関して中国近年百年史料の中日兵事本末の項を案ずるに、清国総署大臣毛昶熙・薫恂我公使に答へて曰く、

番民（台湾の番民を指す）皆化外猶貴国ノ蝦夷ノゴトク王化ニ服セズ、亦万国時ニ有ル所也。前光（我清国公使柳原前光）曰ク生蕃人ヲ殺ス貴国舎テ、而シテ治セズ、

徹国将ニ罪ヲ生蕃ニ問ハントス、盟好ノ故ヲ以テ来リ告グト。昶熙曰ク生蕃人ヲ殺ス伐ツト伐タザルト唯貴国自ラ之ヲ裁セヨト。又光緒元年春総署答フルニ、朝鮮我藩属ト雖モ而モ内政外交其自主ヲ聴シ《ユル》我朝向ニ与リ聞カズ、二年春ノ約定朝鮮ヲ認メテ独立自主国ト為ス。光緒十一年（明治十八年）定約三款ヲ議ス、

一、両国朝鮮ニ屯スル兵各々尽ク撤還ス

二、朝鮮ノ練兵両国均シク派員シテ教官ト為サズ

三、将来両国如《モ》シ派兵シテ朝鮮ニ至ルナラバ、須ク互ニ先ヅ交々知照ヲ行フベシ

当時の清国の情況以て想ひ見るべし。故に征台は彼の宣言に拠り、朝鮮出兵は条約に拠りたるの理由は明々白々たり。

四　済物浦条約及修交条規

明治十四年魚允中等十余人、来つて我国の文物制度を視察したりしが、明治十五年朝鮮は陸軍中尉堀本禮造を聘して、兵制を訓練せしめ、金玉均・徐光範をして我学芸及施政を視察せしむ。六月訓局の軍卒等堀本教官を刺殺し、又我公使館を囲んで之を焼く③。花房公使は館員等と共に逃れて仁川に向ひ、済物浦より乗船し英国の測量船に援けられて帰朝し、八月一日馬関に至りて命を待つ。此に至つて和戦の問題復朝野に喧しく、外務卿井上馨は軍艦玄武に駕して馬関に至り、八

月十日花房義質に授くるに姑息的問罪の方針を以てし、又数個条の小要求を為さしむ。而して邦人保護の為に軍艦金剛・日進・春日・清輝の四艦に、海軍少将仁禮景範を司令官として出発せしめ、又陸軍少佐寺内正毅に小倉の兵一個大隊を附し、陸軍少将高嶋鞆之助之を率ゐて共に仁川に至れば、清国軍艦威遠・揚武・超勇及汽船数隻は水師提督丁汝昌之を率ゐて陸将呉長慶と共に仁川に至り、旌旗天に飜り殺気地に満つ。而して花房は衛兵を従へて京城に赴き王城に入り、賠償金及新条約を提議し、三日間に回答せんことを求めて退城す。鮮官王妃の喪を口実として、山陵の事畢るを待たんことを乞ふ、花房怒つて仁川に下り又書を致して二日間を延期することを告ぐ。二十八日李容元全権大臣と為り、副大臣金宏集と共に仁川に至り、我主張を容れ彼我の調印を了す。是所謂済物浦の条約なるもの五個条と修交条規三個条にして壬午(明治十五年)変乱の始末を了れり。

五 日本党と清国党との対立

由来清国は唐の大宗が朝鮮半島を征服したる後之を属邦視し、儀式上封冊・正朔・貢献等を交換しながら、何等の保護を加ふること無かりしが、明時代我文禄の役(豊臣秀吉の朝鮮征伐)には自国の藩屏たる半島の難に当り、大兵を送りたるが、其軍の乱暴狼籍は秀吉の兵禍より却つて甚しかりと云ふ。而して其後は又朝鮮へ出兵したること無かりしが、李鴻章は朝鮮の内乱に名を仮りて、大兵を京城に駐屯せしめ、密に閔族と結び、大院君を誘つて之を自国の保定に幽し、閔族を助けて事大政府を組織せしめたると同時に、朝鮮は清国所属の一邦なりと世界に揚言せり。十一月統理交渉通商衙門を設け、独人穆麟徳《モルレンドルフ》を協弁とし、軍国機務衙門を置き清人王錫鬯を参議とし、馬健常を賛議と為す等の外、関税事務は清国総税司ロバートハートの監督を受けしめ、兵制を清国制に改むる等朝鮮に対して内政干渉の端を開く。此れより往日の守旧開化の両党は、日本党と清国党との二に分れ、隠然対抗軋轢の勢を為せり。

六　日清兵の小衝突

明治十七年八月公使竹添進一郎は花房義質と交迭し、十二月金玉均・朴泳孝等相謀りて我兵を招き入れ頼つて以て内閣に交迭したるが、事大党は保護を清国の統領呉兆有・司馬袁世凱及張総兵に乞ひしに依り、呉統領は兵を領して宮門内に入り、朝鮮の左右営兵も亦之に従ふ。時に我兵は普通門楼に在りて之に発砲し清兵も亦弾を放ち互に殺傷あり④。竹添公使は兵を率ゐて京城を去り金玉均・朴泳孝其他と共に仁川より我商船千歳丸に搭じて我国に遁る。

七　天津条約

此事件に依り宮内卿伊藤博文は、特全権大臣の任を帯びて清国に派遣せられ、海軍中将榎本武揚と共に清国全権李鴻章と天津に会見し協商条約を締結したるものは所謂天津条約なり。此結果として両国は朝鮮より撤兵し、朝鮮兵の訓練には米国士官之に当り、又米人は宣教の権利を得たり。而して清兵は朝鮮より撤兵したれども、袁世凱を駐在官に挙げて朝鮮政府を監視せしむ。後王は清兵の羈絆を厭ひ露国に頼るに至り、鮮廷は袁世凱と露公使韋貝《ウエーベル》の角逐場と為れり。

八　日清戦端の開始

明治二十七年に至りて東学党は前年の余燼を煽ぎ各地に蜂起し、貪官汚吏を斥け和奴洋夷を攘ふを名として有司を殺し官衙を毀ち兵器を奪ひ倉稟を発き官兵を破り土兵を走らし、勢甚だ猖獗なり。鮮廷大に驚き京兵を発して勦討せんとしたるも連戦連敗す。東学の軍全州の重鎮を陥るや討匪の官兵東軍に投降するもの多く気勢更に振はず。各地有司に不平を抱くもの率ゐ来つて之に投じ忠清道公州石城に拠り将に京城に迫らんとす。此に於て鮮廷益々狼狽し援を清国に乞ふ、北洋大臣李鴻章は機失ふべからずと為して兵を発し、天津条約第三条に由りて出兵の理由を我国に知照したり。我政府も亦出兵の議を決し同時に之を公文知照す。而して鮮廷は五月李重夏を迎接官と為して清軍を迎へしむ。我大島公使は時に偶々東京に在りしが、急に任地に赴くべきの命を受けて出発し、海軍陸戦隊之を護衛して京城に進発す。

鮮廷狼狽して俄に清軍の撤回を請ふ、清廷も亦驚き我国に相互に撤兵せんことを要求す。六月十五日袁世凱は大島公使に向つて、両国同時に撤兵せんことを協議したれども、大島公使之に応ぜず。外務大臣陸奥宗光は、屢々駐日公使汪鳳藻に会見し、両国誠意を以て朝鮮の独立を扶植せんことを審議せしも、六月二十一日に至りて清廷之を拒絶したるを以て、翌二十二日陸奥外務大臣は我軍隊の撤去を命令すること能はざる旨を通告す。又朝鮮政府には牙山清軍の副将聶士成の檄文中「愛日属国」「保護属国」等の文字あるを指摘し、朝鮮が之を承認するや否やと朝鮮は独立国なりや否やとを知照し。其独立国なりとの通牒を得たる後七月三日五個条の改革案を提げて国王に謁し之を審議せんことを要求す。袁世凱百方之を妨阻し、鮮廷亦依違決せざりしも遂に之に従ふ。然れども鮮廷は袁世凱の脅迫に逢ひ十八日に至りて之を取消し、剰《あまつ》さへ我軍の撤退を要求せり。此に至りて我政府は決絶書を清国政府に送り又、

一、日本政府ハ京釜間ニ軍用電線ヲ架設スベシ

二、朝鮮政府ハ済物浦条約ニ従ヒ日本軍隊ノ為ニ兵営ヲ建設スベシ

三、在牙山ノ清兵ハ速ニ撤退セシムベシ

四、清韓水陸貿易章程ヲ始メ朝鮮ノ独立ニ抵触スル清韓間ノ諸条約ハ一切廃棄スベシ

と朝鮮政府に知照し回答期を七月二十二日午後十時とす。袁世凱は風雲の甚だ可ならざるを見て狼狽して仁川に避け、軍艦平遠に搭じて帰国す。而して鮮廷は尚我に回答せざるを以て、大鳥公使は大島少将と相議し、七月二十三日二個大隊の兵を率ゐて景福宮に向ふ。此時鮮兵発砲して大鳥公使の入宮を拒みたりしも我兵直に突撃して景福宮の四門を囲む。此時事大党は悉く出奔し、大院君は国政総

裁の重任に当れり。七月二十五日朝鮮政府は大鳥公使に対して、牙山の清軍を駆逐せんが為に援助を与へられんことを乞ひ一面豊島附近の海上に於ては二十七日日清海軍戦端を開き、二十九日成歓の役牙山の清兵を一掃す。而して八月一日清国に対して宣戦の詔勅宣布せられ、八月八日我軍京城に凱戦す。次いで清廷も亦宣戦を布告す。[5]

第二節　乙未の変の近因

斯く記し来れば日清戦争の動機より開戦に至るまでの大要は知ることを得べきが、更に遡りて爰に至るまでに大院君と李王（名は熙後の李太王）及閔妃等に関連する政争の内容を述べざる可からず。[6]

一　李王の家庭

李王初めの名は載晃、字は聖臨、後諱を熙に字を明夫に改む。珠淵と号す。大院君の第二子にして載晃の弟なり。大院君諱は是應、字は時伯、石坡と号す。文政三年庚辰十二月二十一日安国洞に生る。天保五年庚午興宣副正に封ぜられ、次年興宣正に進封せられ、天保十年十二月興宣君と為る。文久三年前朝哲宗の薨ぜらるゝや、載晃時に齢十四才入って王位を継ぐ。即興宣君を封じて大院君と為し、大院君の夫人を府大夫人と為し、興宣邸を雲峴宮と称す。[7]

二　大院君の摂政と退去

載晃王位を継ぐや尚其幼冲なるを以て、大院君は挙げられて摂政の任に当り、貴族の専横を制し外戚の強大を殺がんが為に大官の黜陟を行ふ。是より哲宗の外戚たる金炳翼は、前朝時代に最も勢力を有したりしが、先づ死に就かしめられたり。更に大院君は外族政治の積弊を除かんと欲し、先づ両班(文班と武班)以外の常民中よりも人材を登用して人心を鼓舞し、又政権争奪を事とする両班の党閥を圧迫し、更に進んで数百年来士太夫・有司・儒生等の学問の淵源、名誉の源泉にして彼等の城廓たる八道の書院を撤すべく禁令を下して之を毀ちたりしが、儒生は痛く不平を鳴らしたれども、天下の百姓は却つて此果断を忻悦せり。我慶応元年乙丑景福宮を再建し、同二年王は昌徳宮より此に移る。此歳天主教徒虐殺の事件あり。大院君の摂行十年間の事業を挙ぐれば、先づ大に土木を起して宮殿を建築し、天主教を禁じて外国宣教師を殺し、更に許多の同教徒を殺戮したる悲惨事あり。鎖国攘夷を断行して外国と事端を構へ、又砲火を交へたること有り。人民の怨声多きを以て、崔益鉉上疏して大院君の失政を痛論し、閔升鎬・趙寧夏等に親政を奏請す。是に於て大院君怒つて徳山に退去し其勢力全く去る。

三　王妃の冊立と其勢力

是より先王妃冊立の議あり。摂政大夫人の同族たる閔氏の少女を迎ふるに決し、其王宮に入りしは丙寅(我慶応二年)三月にして、妙齢十六才の時なり。其前に王には李尚宮と称する寵姫の在る有り、故に始めより寵を争ふべき運命に在りき、而して其争に勝ちて寵を得たるが、其後王には復張嬪なる寵姫あり、王子(後義和宮と称す)を妊娠したること有りしが、宮中を逐はれ義和宮十才の時南大門外に於て、閔妃は人をして之を暗殺せしめたりと云ふ。

閔妃冊立の始めより五年間は処女に均しき冷かなる閨門を守り、読書を好み其聡敏なる挙止は満朝の敬愛を受けたるが、其弟閔升鎬及族戚閔謙鎬等の抜用せられたるは、外戚援用の始なり。而して宮人李氏の完和君を産むや大院君深く之を愛し、王太子に推さんと欲するの意有るが如し。而して閔妃も亦王子を産む。妃密使を北京に派して清国の歓心を買ひ、早くも王太子問題に対する予備行動を策す。後間も無く完和君の生母李尚宮は急逝し、完和君も亦薨去す、時人皆其急変を怪み大院君も亦大に失望す。是より後王室は漸く大院君の摂政に嫌焉たるもの有り、而して閔妃の勢力は遂に大院君と対立するに至り、閔妃党は領議政李裕元に命じて、大院君の腹心たるものを免官せしめ、陰に款を清国に通じて大院君を制肘するの方策を講じ、其出生せる王子を王太子と為すに当り、李裕元を奏請使として北京に赴かしめたり。爾来閔妃の勢力は大に朝野に震ふ。元来大院君は鎖国主義なりしも、閔妃は之に反して開国主義を採り、我国及各国との修交は閔妃党に依りて成立せり。

四 壬午の乱と大院君第二次の摂政

明治十五年六月軍隊の給与不能に基して、訓練兵営を中心とし乱を興して宮廷に入り、非政を鳴らして乱暴狼籍し死傷少からず。金輔元・閔謙鎬等を捕へ乱刺して肉泥の如くにし又其邸宅を襲撃破壊し、更に閔妃を殺さんと欲すれども、妃は早くも密に山中に逃れたるを以て果さず。此が為閔妃党の政府は直に顚覆せられたり。王は自ら事の為すべからざるを以て、復大院君を招き諸政を委ねられたり。是即大院君第二次の摂政なり。事七月二十三日に在り所謂壬午の乱は乃是なり。

五　大院君の清国羅致及放還

伝えて謂ふ、此乱は閔妃と大院君との不和より起れるものにして、大院君の示唆に出でたるものなりと。爰に至つて閔妃は避難地の国望山中より王に密報し、魚允中を清国に派して其保護を乞はしむ。李鴻章は機至れりと乃内乱鎮定を名として、直に大兵を動かして京城に入らしめ、又大院君を捕へて南陽湾より清国軍艦済遠に搭載せしめて直に天津に護送し、更に北京の南方保定府に移送して之を幽閉せり。而して其従者は其復心の金明鎮と金應元の二人のみ、後李鴻章は大院君利用の心機を自覚して保定の幽囚を寛宥したりと云ふ。壬午より乙酉に至る四年に渉れる長年月間其末技たる蘭画を練習し、時に園に澆《そそ》ぎて時日を過ごし、単調寂莫なる生活を自ら慰めたり。復一面清国は閔妃の敵を遠ざけて閔妃党を扶け朝鮮は清国之属邦也と揚言す。爰に於て前に兵乱の禍に罹りたる金輔元・閔謙鎬を追贈し又大院君の幕僚たりし許斌は死刑に処せられたり。而して大院君を保定に尋問したる者は或は竄せられ或は殺され、閔妃の威力は遠く清国に迄及びたりと云ふ。

閔妃は大院君を清国に拘束せしめたるが、清国は多大の兵力を京城に駐めて特権を振はんと企てたるも、天津条約に依つて之を撤退し、爾後日清共に対等の権力を有するに過ぎず。而して事大志想の鮮廷は、露国の支援を得んと欲し、遂に露国公使韋貝《ウエーベル》を近づくるに至れり。

李鴻章は之を察し袁世凱の策に依りて、明治十八年乙酉春李鴻章は背恩的王妃の行動を拘制すべく訓令し、並せて王妃の為に拘留せる大院君の監視を変更し、此梟雄を使嗾して王妃に対する復讐をも現実にせんとし、李鴻章と大院君の間に於て政治的交際が始めて成立したるは露鮮条約の反影なり。而して又朝鮮王の使者閔種黙北京に来り大院君の帰国を乞ふは袁公使の強請に出でたるものなり。王は父を思ふの念切なるも、閔妃は猛虎を宮殿に迎ふることを欲せず。然れども、袁の要請と王の私親に忤《さから》ひ難く同意したるのみ。斯くて大院君は清艦に護衛せられて故国に帰還することを得たり。王は出でて南大門外に迎へたりしが、大院君は清国より贈られたる青傘を擁し、数名の清官に前導せられ悠々として雲峴宮に入り、翌日王宮を訪問し次ひで各宗親を回訪したり。大院君は幽居より放たれて更に十年の間居生活に入れり。

六 大院君第三次の摂政と其退隠

明治二十七年六月日清の戦端開かれて我兵京城に入り王宮を守る。清国党と閔妃派の要官は或は竄せられ或は出奔したりしが、金宏集・李載冕・閔泳達・金允植其他を挙げて各大臣とし、而して王は七月二十一日大院君の参内せるを幸に、之を引き留めて又摂政の地位に立たしめたり。是大院君第三次摂政たり、然れども鮮廷の権力は閔妃党にもあらず、又大院君にもあらずして、日本の兵力の下に在り。大院君は策の施すべきもの無きを以て十数日にして雲峴宮に帰還せり。是より後閔妃は我軍に頼つて其勢力を挽回せるを以て朴泳孝・金宏集・安烱（ママ）壽等は皆閔妃の傘下に集りたるが、此間朴・金の暗闘あり。是より先我内務大臣井上馨を駐鮮特命全権公使として大鳥前公使と交迭せしめたりしが、井上馨は十月二十七日京城に入り、大院君が東学党を教唆し且清軍に通じたりとて之を責めて退隠せしめ、二十個条の改革案を献じて参内謁見の際閔妃をして政治に容喙せざることを誓はしめたり。

七　朝鮮の独立と王族の改称

李王は朝鮮の独立、諸政改革の事由を親ら太廟に誓告し、各大臣等の奏請の如く、自今大君主陛下と称し、王太妃を王太后陛下と、王妃を王后陛下と称し又王世子を王太子、王世子嬪を王太子妃と称す。

斯く朝鮮は元より独立の実力無きを以て西に依り東に倚り、更に北に頼る等之を渝○（不明）ること一再ならず、其転々する毎に朋党異派互に相排済殺傷するのみならず、王室は骨肉相食み、政綱地に委し庶民其堵に安んぜず、文武の大官を殺戮すること草芥を苅るが如き観あり。果然延ひて乙未の変を激成するに至る。静に慮みれば人世の司直以外に天道の循還は大自然の支配に由るもの有るが如し。

八　迎恩門の破壊と独立門の建設

明治二十八年一月七日王は洪範十四個条を定めて、之が実行を大廟に宣誓し、同時に清国の使節を迎ふる西大門外の迎恩門を破壊し其跡に独立門を建設することを定め、独立国としての体面を備へんとす。是一に我国が国を賭して日清戦争を行ひ勝を制したる賜なるが、日清講和の後遼東半島還附を余儀無くせられたるや、閔妃は我国を侮り露公使韋貝《ウエーベル》と相結び、朴泳孝を放逐し列国保護の下に朝鮮の独立を保証せしめんことを計画し、露国党樹立の準備に汲々たり。我駐鮮公使井上馨は三浦梧樓（陸軍中将子爵）と交迭せり。

第三節　乙未の変

一　志士（所謂朝鮮浪人）の入鮮

之より先我国在野の志士が、我国の勢が朝鮮に於て萎微振はざるを見て切歯扼腕隠忍退嬰したるもの、期せずして卒然奮起し。岡本柳之助・柴四朗・國友重章等数十人、三々五々京城に入り京城の同志と与に大に画策するところ有り。

二　師李周會を京城の寓に訪ふ

此月師は柴四朗と共に京城に入り、李周會が宮門側に寓するを聞き馳せ往いて之を訪ふ。周會驚喜して出で迎へ手を握つて室に入り、卒ロ語を為し難きの状あり。酒菓雑陳談娓々として夜の深くるを知らず、時正に中秋中庭を顧みれば月色皎として白日の如し。周會曰く天上月此の如く明かなり、吾心何に依つてか闇夜の如きやと。王宮を指して慨然として節を撃つて吁《アヽ》と。師曰く我本国に在りて貴国も亦王子比干を生ずと聞く、今来つて之を見る、寧んぞ知らん比干は即我旧知ならんとは、剖心の烈我が南洲(李周會の号)に於て之を見ると。周會少にして知を大院君に蒙むり、談大院君に及べば則眉を動かし吻沫を飛ばせて其美を称揚し、語王妃に及べば則怒髪天を衝く。師偶々閔妃の二字を作れば、周會傍より之を抹殺して曰く、此婦や吾語ることを欲せずと。又慷慨して曰く、今の談客皆曰く、賊官黜《しりぞ》くべし盗臣逐ふべしと。然れども若し悉く賊官盗臣を黜逐せんか、則満天下皆賊官盗臣たるが故に如何にして悉く之を黜逐すべけんや、故に先づ手を下して其根株を断つべきのみと。

三　日鮮同志の結合

我志士等は安駉壽・趙義淵・金嘉鎮に通じ、相共に事を挙げんとす。而して一面閔妃は其策謀を進め、先づ訓練隊を解散し、金宏集以下十余人を暗殺して我勢力を殺がんとす。故に我国と親交あるものは重囲の中に陥れり。此に於て李周會・禹範善・李斗璜等は、大院君と我志士の中間に在りて画策し、就中李周會は大院君と気脈を通じ、此時局を匡済するは、大院君の参内に依るの外無しとして最も之を主張したり。

四　大院君の蹶起

十月三日夜三浦公使は仁川に在る岡本柳之助を電招し、五日孔徳里に赴きて意見を質さしむ。大院君は長子李載冕・孫李埈鎔と列坐し入闕の意の固きを語り、又金宏集等は国家の危急に瀕したる際の匡済は、大院君を煩はすの一方法あるのみと痛言したりと云ふ。七日鮮廷より軍部大臣安駉壽我公使館に至り、訓練隊(日本武官の訓練せるもの)を解散し閔泳駿を宮内府に再任せられたき旨を三浦公使に伝えたり。其末だ去らざるに第二訓練隊長禹範善も亦我公使館に来りて危急を訴へ、且解散に先だちて大院君を奉じて事を挙げんとするの意を示したり。三浦公使は復之を仁川に在る岡本柳之助に通じ、岡本は麻浦に帰来して又孔徳里に赴き、大院君に四個条の約案を示して其同意を得たり。

五　大院君の榜示

大院君は七日深更中外に榜示して曰く(漢文)。

近日群小聡明ヲ壅蔽シテ賢ヲ斥ケ奸ヲ用キ、維新ノ大業将ニ中道ニシテ廃シ、五百年ノ宗社一日ニシテ危フカラシメントス。余宗親ノ家ニ生レ坐視スルニ忍ビズ、故ニ今入闕シテ大君主ヲ補翼シ、群邪ヲ逐斥シ、維新ノ大業ヲ成紹シ、五百年ノ宗社ヲ扶持シ、以テ爾等百姓ヲ安ンゼント欲ス。皆其堵ニ安ンジ其業ヲ守リテ軽動スルコト勿レ。若シ爾百姓・兵弁我行ヲ阻ム者有ルガ如クナラバ則必ズ大事有リ矣。爾等悔ユルモ及ブ無シ。

開国五百四年八月八日　　国大公

夜十時有志の志士数十人龍山に会し、夫より麻浦に出で孔徳里に向ふ。大院君欣んで之を迎ふ。柳之助は有志の士等聊か邸下の志に添はんと欲して来れることを告ぐ。

六　大院君の入城と政変

十月八日午前二時大院君は轎《かご》に駕し門を出づ。柳之助以下数十人之に随ふ。柳之助は衆を集め大院君に代り語つて曰く。邸下諸君の志を謝せらる。今日の事唯護衛に在り、宮中に於ては暴挙すること勿れと。衆即朝鮮万歳を叫ぶ、西大門に到れば訓練隊既に之を待ち、暫して我兵も亦之に従ひ、皆徒歩して光化門に入る。時に天既に明けたり。大院君の轎光化門を過ぎたれども、後隊未だ入らざるに内部衙門と小路の間より軍部大臣安駉壽・訓練隊長洪啓薫兵を率ゐ来つて之を阻止したれども叶はず、洪啓薫は遂に斃る。

大院君は勤政殿に在りて王の允許を待つ、時に光化門外砲声起り、又東北方面にも砲声あり。初め兵の一部は泰光殿を経て乾清宮に赴く間にゼネラルダイは手兵を指揮したるを以て、訓練隊と我兵は之に応じて発砲したるが、洋人は先づ逃げ去りて其手兵も散迭す。

一行勤政殿・康寧殿を過ぎて乾清宮に至る。時に宮内静まり只五、六の女官在るのみ。共に深く憂愁を帯び鬢髪乱れ白粉落剝して顔色憔悴し、長夜の宴後起きても夢尚覚めざるが如き状たり。王は床上に安坐し王太子傍に在りて喁然たり。而して閔妃は何くに逃避せしかを知らず、閔妃に恨を抱く朝鮮志士は百方捜索せしも遂に見づ。後に至つて人は謂ふ。朝閔妃は起きて変を聞き、蒼惶驚愕出づるところ知らざりしが、紛擾の渦瀾に捲き込れたるが如く遂に剣戈の下に倒れ鮮血殿床に飛散し復起たずと。嗚呼半島の女傑として一巾幗婦人が或は国政に容喙して政権を恣にし、或は生殺与奪の権を握り、又堂々たる清国の大宰相李鴻章を弄して大院君の処理に苦しましむる等、一時は成功に近かりしが遂に帰趨する処に帰着したり。併し其一時の利用も彼としては大なる利益たり。若し彼をして徳を修め己を空うして真に国家国民の為に其才智を振はしめば、真の女傑として朝鮮否世界の女傑として大に気を吐くに足らん。然れども利己を主として徳に欠けたるは、一巾幗婦人として終る所以なり。伝ふるに如くんば其末路に対して一掬の涙なくんばあらず。

大院君は泰光殿に移り変の定まるを待ちたりしが、午前八時半勅使あり速に参内すべき旨を伝ふ。大院君即雍和門より乾清宮に至り、王に謁して曰く。宮中の奸臣久しく李朝の王権を僭越し将に大禍に至らんとす、故に大公赤誠傍観すること能はず、今来つて陛下に見ゆと。王は直に閣臣を招き革政の任に当らしむ。午前九時半我公使三浦梧楼参内、王に謁して国大公の参内、改革の止むこと能はざるを述ぶ。而して各大臣も参内して変後の政務を計る。而して李允用・李完用其他閔妃に接近せしものは自ら恐れて召に応ぜず。後皆之を罷め李載晃を宮内大臣とし、趙義淵を軍部大臣とす。

七　閔妃の殂

此時閔妃は何れに逃れしや、宮より宮を捜索せしも之を見ず。人謂ふ閔妃は乾清宮玉壺楼に於て朝起床して変を聞き、蒼惶出づるところを知らざる時、干戈の下に倒れ血痕殿床に迸散し居たりと、宮中閔妃被害の掩ふ可からざるに至るや大院君令を下して王妃を廃して庶人と為さんとせしが、遂に貶して嬪と為し国喪を発せず。朝鮮に於て一代の女傑と称せられたる閔妃の末路、乙未の変は爰に一段落を画したり。政府は安定し人民は一時大院君が兵力を用ゐて変革を行ふを聞き、光化門に集団して其成行を傍観したるが、事止むの後静平に帰し、閔妃の変は聞きたれども他人の事の如くに看過し、王妃の変を悲まんよりも寧ろ凶猛なる変乱の来襲を恐れたり。然れども王宮市中共に殆ど平日に異ならず。唯閔妃の最後に対して世界の注視は漸く重大と為り、我公使と各国公使との間に来往頻々たるのみならず、京城は物情騒然幾多の流言飛語を伝へられ、而も閔妃の凶変以来其責任の所在は何れに在るかは、内は王家より外は外交団に至るまで皆疑惑の目を瞠《ミハ》れり⑧。

八　我政府の処置

果然我政府は此事件に関係ありと見做して、時の外務省政務局長小村壽太郎を朝鮮公使に任じて京城に急派し、司法省よりは安藤謙吉を、海軍省よりは伊集院海軍少佐を、陸軍省よりは陸軍中佐福嶋安正を渡鮮せしめて事件の真相を調査せしめたり。而して三浦梧楼は小村新公使の着任と共に公使たるの職権を停止し。十月十二、三日頃京城の日本領事館は、事件に関係ありと見做さるゝ四十余名の老士・壮士に対して二年間の退鮮命令を発し悉く之を捕縛して御用船加古川丸に搭載し、十月二十日仁川を出帆し、宇品港に於て検疫を畢るや否や数十名の正服警官は、謀殺罪・兇徒嘯聚罪の嫌疑に由りて拘留すべき旨を記したる広島地方裁判所検事局の令状を示して、同所の検事局に護送し、検事は広島監獄の未決監に留置すべきを告げ、直に之を収容せり。次いで三浦公使(職権停止中の)公使館書記官杉村濬・領事館補堀口九萬一⑨等其他も亦皆同様未決監に収容して予審に附せられ、一方楠瀬幸彦(後陸軍大臣たりしこと有り)以下公使館附武官は広島衛戍監獄に収容して、第五師管の軍法会議に附せられたり。其裁判の結果は軍法会議判決書及広島地方裁判所予審決定に詳なり。

九　鮮廷の処分

一面鮮廷は初めより目的とせる訓練隊を解散し、訓練隊長李斗璜・禹範善等は休職を命ぜられ、軍部大臣趙義淵・警務使権濚鎭等の官を免じ、事件の中心人物たる大院君も復退隠を余儀無くせられて雲峴宮に帰臥し閔妃殺害犯人としては嫌疑者三十三名を捕へ、特別法院を設けて審議の末李周會・尹錫禹・朴銑の三名を絞刑に処し、其他四人は終身流刑、更に四人には懲役の宣告を与へたり。而して尹錫禹は閔妃の遺骸を始末したる事実あれども下手人としては疑問中に在り。然れども判決文には閔妃の遺骸に手を触れて、大不敬罪を犯したりとの理由の下に絞刑に処する旨を掲げられたり。蓋し本事件の張本人は即三度摂政と為り罷めて雲峴宮に帰臥したる人なるも、[10]鮮廷は如何ともすること能はずして之を不問に附し、徒に羅織して末輩を厳刑に処したること此の如く恰も呑舟の魚を怕れて可憐なる細鱗を一網打尽之を大鑊に投じたるが如し。然れども司直が正を持して手を雲峴宮に触れんか、即又血を以て血を洗ふが如きに至り其波及する結果は更に怖るべき事態を生ぜん。

是より先或人李周會に謂つて曰く、事急なり宜しく日本に走るに如かずと。然るに周會曰く、吾歳今年既に五十三、豈他国に奔つて苟くも生くるに忍びんや、吾今之に殉じて而して国に益あらば死も亦何ぞ辞せんや、吾心皎として白日の如しと。遂に従容縛に就き自ら弑逆罪に服して絞首台に上れり[11]。

一〇 李周會及事変の追懐

三浦中将獄に在りて李周會の刑死を聞き之を弔ふ、其詩曰く。

廃沢荒山玉尚存ス　艱難ノ国歩王孫ヲ哀レム　一束青草ヲ供スルニ因無シ　涙ハ西天ニ向ツテ義魂ニ灑《そそ》グ（生蒭（ママ）一束トハ其人玉ノ如キノ云ナリ、蓋シ郭林宗ガ生草ヲ奠シテ義友ヲ弔フノ意ナリ）

師之に註す。蓋し中将の感の深きこと字句に溢れて切なりと云ふ可し。

師も亦退鮮命令の下に共に護送せられ、其船中に在つて國友重章と商議し、宮中紅の三字を韻として一詩を賦す、所謂宮中紅曲[12]の一なり、詩に曰く。

媚斌新ニ成ル明礼宮　軽羅夢ヲ引ク綺雲ノ中　寧ンゾ識ラン金飆御苑ヲ吹キ丹楓殿ニ翻ツテ玉階紅ナリ（師の自註に曰く、寧ンゾ識ラン金飆ハ原一夜商飆ヲ以テ伝ハリタレドモ後之ヲ改ム）

二　師の在獄中の書状

十月二十九日師は四人用の界紙（今の原稿用紙の如し）を用ひて、家兄佐波保輔に寄する書に曰く。

此度ハ余リノ事ニ候故音信仕マジト一度ハ思ヒキリ候ヘ共、何時マデモ隠シオホセルベキニアラズト思ヒ返シ、此界紙ノウチニ音信ノ文字ヲ記シ、痛ク兄上ハジメトシテ一家ノ目マデ御汚シ申上候。此度ハ東海散士モ同ジク入獄、同ジク謀殺トカ凶徒嘯聚トカ怖ロシキ名ニテ御座候。然レドモワレワレニ限リサル事ノアルベキニ非ズ、殊ニ散士モ私モ其頃病気ニテウチ臥シ、私ハ見物ニトモ参リタル位ニ御座候故去ル事ノ有リトスルモ大体無関係(13)ニ御座候間、不日放免ト可キャ二相成ル一ハ必定ニ御座候。何卒御心配ナク出獄ヲ御待チ被レ下レ度。又衣服ハ朝鮮ヘ御送リトモ相成候ハバ甚ダ困リ申候。一年間ハ入韓難ク二出来一候ヘバ左様御承知可ク被レ下ル、御計画ノ事モ出獄ノ上更ニ御相談可二申ク上ツ一。何レ出獄次第帰省仕リ候故、衣服ナドモ其儘ニ致シ置キ可レ被レ下候。此地ニテ差入其他万般ノ費用ハ決シテ不自由不レ仕ラ候ヘバ御安心可レ被レ下候。右ハ御報マデ如此ニ御座候頓首　明治二十八年十月二十九日

受信者　山梨県南都留郡谷村佐波保輔

発信者　広島監獄署被告人武田範之（以上は広島監獄署刑事被告人書信紙用なる一定用紙に記載　写真第九）

之を容れたる封筒は、山梨県南都留郡谷村佐波保輔殿　広島監獄署刑事被告人武田範之と記しあり（写真第十）

吁《アア》是見物か国際的朝鮮の政変を近からぬ京城まで悠々見物に行かんとは、又柴

四朗と共に病臥の身にしての見物とは、当時師の心は何れに在りしか予も亦之を揣摩すること能はず。

一二 責附出獄

十一月二十九日午後四時、広島監獄拘置監に於て広島地方裁判所より責附出獄書を請取り出獄したり。其交附状（写真第十一）は此に省く。而して撮影してその裏面に一詩（写真第十二）を記す、詩に曰く。

白浪空ヲ撃チ　舟ヲ海島ニ掠ム　乱雲天ニ漲リ　檄ヲ城堡ニ飛バス　宮紅冤有リ　身鉄縲ヲ帯ブ　汗青志ニ非ズ　心三宝ニ帰ス　肢ヲ刲《キ》リ虎ニ施シテ　何ゾ苦悩ヲ説カン　身ヲ殺シテ仁ヲ成スハ　斯レ其懐抱　蓬弧桑矢　孝道ヲ思フ有リ　軀四方ニ之キ　影慈媼ニ留ム

此詩は筆を金鰲島に起し、次は東学党関係に入り更に本事件に言及したり。而して中腹は其志を述べたるものなり。末尾孝道を思ふの情切々一読涙無きこと能はず、其兄に寄するの書と矛盾も亦甚しい哉。何となれば前者の冤に泣くが如くなるも、後者は前事を暗々裏に直叙し、更に其大抱負を暗示したるものにして悲憤の情紙外に溢るゝ如くなればなり。豈獄中獄外心理状態の差のみならんや。

明治二十九年丙申（三十四才）一月八日師が季弟三郎に与ふる書中に曰く。

（前略）他事ハ倹約ニ倹約ヲ重ヌベク唯母上ノ辺ニノミハ寧ロ贅沢ニ流ル、トモ決シテ厭フベキニ非ズ。

（中略）範之一寸草野ニ帰リ、其レヨリ広島ニテ検事ノ許ヲ得テ此山荘ニ病ヲ養ヒ居リ候。八日　範之　三郎殿

之に拠れば当時節は熱海の柴四朗の別墅磊々亭に在りて越年したるものなり。

第四節　判決及予審決定書

一　第五師管軍法会議判決書

乙未の事件に関しての嫌疑者たる現職軍人に対する軍法会議の判決は、地方裁判所の予審決定より早く一月十五日に在るを以て、事件の関係上先づ此判決書を録す。

判決書

・高知県高知市築屋敷一丁目番地不詳士族
当時東京府東京市麻布区市兵衛町二丁目八十五番地渡邉大作方寄留
第三師団司令部附　陸軍砲兵中佐正六位勲六等　楠瀬　幸彦（当一月三十六年十一月）

・山口県阿武郡萩町字江向九百二十八番地士族
第五師団司令部附　陸軍砲兵少佐正六位勲四等　馬屋原務本（当一月四十七年十一月）

・宮城県仙台市東二番町七番地士族
第五師団司令部附　陸軍歩兵大尉正七位　石森　吉猶（当一月三十七年九月）

・石川県金沢市塩屋町五十四番地平民
当時同県同市彦三二番町三十番地寄留
第五師団司令部附　陸軍歩兵大尉正七位勲五等　高松鐵太郎（当一月四十一年六月）

・群馬県南勢多郡荒砥村大字下大屋十番地平民
当時愛媛県松山市杉谷町十四番地寄留
第五師団司令部附　陸軍歩兵大尉従七位　鯉登　行文（当一月三十四年三月）

・山口県厚狭郡吉田村百五十二番地士族
当時東京府東京市麴町区元園町一丁目十八番地寄留
第五師団司令部附　予備陸軍歩兵大尉従六位勲四等　村井　右宗（当一月四十六年六月）

・山口県吉敷郡宮野村三百七十九番地士族
第五師団司令部附　予備陸軍歩兵大尉正七位勲五等　馬來　政輔（当一月四十七年八月）

・山口県阿武郡萩町字土原二十八番地士族

当時広島県広島市鷹匠町百十七番地寄留
第五師団司令部附後備陸軍歩兵大尉従七位勲六等

藤戸　與三（当二月四十六年十月）

右明治二十八年十月八日朝鮮国京城ノ事変ニ関係セル擅権及謀殺被告事件ニ関シ、陸軍治罪法第四十六条ニ依リ、第五師団長男爵奥保鞏ノ下シタル審判命令ニ従ヒ、第五師管軍法会議ニ於テ審理ヲ遂グル処。被告楠瀬幸彦ハ朝鮮国公使館附武官ヲ以テ同国軍部顧門ノ任ヲ帯ビ京城駐在中、明治二十八年九月下旬帰朝ノ命令ニ接シ、同十月二日頃告別ノ為メ公使館ニ抵リ、当時朝鮮国特命全権公使タリシ三浦梧樓ヨリ大院君当国々勢ノ日ニ非ナルヲ慨シ大ニ尽ス所アラント欲スルモ、我守備隊ノ宮城正門外ニ屯駐スルヲ憚リ陰カニ請フ所アルヲ以テ梧樓亦之ヲ翼賛シテ其意ヲ達セシメ、以テ我ノ朝鮮国ニ於ケル威信ヲ維持セントスル計画アルコトヲ聴取シ、後再タビ公使館ニ抵リ更ニ梧樓ヨリ被告ノ帰国ヲ公ケニスル後、仍ホ滞京スルハ京城ノ人心洶々ノ際他ノ猜疑ヲ惹クノ原因トナリ不可ナルヲ以テ、一旦速カニ京城ヲ去ルベキヲ命ゼラレ、因テ同月七日京城ヲ去リ仁川ニ到ルノ当夜梧樓ヨリ入京ヲ促ガスノ電報ニ接シ、即夜京城ニ帰リ当時公使館書記官タリシ杉村濬ニ遇ヒ、当日ノ計画ヲ聴キ一旦帰宅シ服装ヲ改メ軍部ニ到ルモ人影ナキヲ以テ転ジテ守備隊営ニ抵リ、終始光化門前ノ景況ヲ視察シ、且宮城内火薬庫ノ警戒ヲ守備隊長ニ注意シタリ。

被告馬屋原務本ハ後備歩兵独立第十八大隊長ヲ以テ朝鮮国京城守備隊長ノ任務ヲ帯ビ、京城駐在中明治二十八年十月六日我公使館ニ於テ、当時同国駐剳特命全権公使タリシ三浦梧樓ヨリ大院君当国ノ弊政ヲ釐正スル為メ、近日第二訓練隊ヲ率ヒ入闕スル計画アルヲ以テ、我守備隊ハ之ヲ援助シ巡検又ハ侍衛隊トノ争闘ヲ生ズルコトアラバ之ヲ鎮撫シ、且宮城諸門ノ警備ヲ為シ、外国人ヲ除ク外男女一切ノ通行ヲ禁止セシムベシトノ命ヲ受ケ、又談話ノ余波大院君入闕改革ヲ行フノ結果王后陛下ハ廃除ニ至ルモ測ルベカラズトノ言ヲ聴取シ、同月七日午前八時中隊長石森吉猶・村井右宗・馬來政輔・藤戸與三ヲ大隊本部ニ会シ公使ノ旨ヲ伝ヘ、第一中隊ハ大院君ヲ迎フル為メ孔徳里ニ向ヒ出発シ、第二中隊ハ宮城背後ノ諸門ヲ守備シ、第三中隊ハ其一部ヲ公使ノ護衛ニ供シ、他ハ光化門及其両側門ヲ警備シ、石森大尉及高松大尉ハ第二訓練隊ニ附属シ其動作ヲ監視シ、鯉登大尉ハ光化門ニ在テ訓練隊ト侍衛隊トノ間ニ於ケル鎮撫及同門ノ守備ニ任ジ、又総テ大院君ノ入闕ハ之ヲ妨グルコト無ラシメ、宮城諸門ハ外国人ヲ除ク外婦女子ト雖モ通行ヲ厳禁スベシト命令シ、而同日午時頃公使館ニ抵リ大院君ノ入闕翌八日ニ決セルヲ聴キ帰隊ノ後之ヲ中隊長等ニ告ゲ、石森吉猶ヲシテ前命令ヲ高松鐵太郎・鯉登行文ニ伝達セシメ同日午後七時頃再ビ公使館ニ抵リ、第一訓練隊モ亦此挙ニ与ルベキヲ聴キ之ヲ宮城北面ノ守備ニ充テシメ、更ニ村井大尉ニ其中隊ノ指揮ハ古参小隊長ニ託シ、第一訓練隊ニ附属シ其動作ヲ監視スベキヲ命ジ、其他公使ノ嘱托ヲ受ケ守備隊第二中隊ヲシテ梯子ノ準備ヲ為サシメ、翌日午前二時三十分頃副官ヲ従ヒ壮衛営ニ莅《のぞ》ミ諸般ノ指揮ヲ為シタリ。

被告石森吉猶、高松鐵太郎ハ共ニ後備歩兵独立第十八大隊中隊長ヲ以テ朝鮮国軍部教官ノ任務ヲ帯ビ、京城駐在中大隊長馬屋原務本ノ命令ニ従ヒ第二訓練隊ヲ監視シ、同隊ト巡検等トノ間ニ於ケル争閲鎮撫ノ任務ヲ帯ビ、明治二十八年十月八日午前二時頃第二訓練隊営ニ赴キ、同二時三十分頃孔徳里ニ向テ行軍シ漢城府近傍ニ於テ大院君ノ一行ニ値《あ》ヒ、我第一中隊モ亦孔徳里方向ヨリ来ルニ会シ、我中隊ノ一小隊及訓練隊第一中隊ヲ以テ前衛ト為シ、吉猶其訓練隊ニ属シ、訓練隊第二中隊及我第一中隊ハ共ニ後衛ト為リ鐵太郎其訓練隊ニ属シテ前進シ、敦義門ヲ入ルニ及ンデ前衛左折シテ捷路ヲ取リ、後衛ハ大院君ニ尾シテ本道ヲ通過シ、光化門ニ到ルニ及ンデ前後序列ヲ顚倒シ、大院君ヲ護衛シ入城セシメタリ。

被告鯉登行文ハ後備歩兵独立第十八大隊中隊長ヲ以テ朝鮮国軍部教官ノ任務ヲ帯ビ、京城駐在中明治二十八年十月八日大隊長馬屋原務本ノ命令ニ従ヒ、朝鮮国軍隊間ノ鎮撫及馬來大尉ト共ニ光化門ノ警備ニ伍シ、守備隊第三中隊第一小隊ヲ同所ニ配備シ警戒中、同日午前四時頃大院君既ニ光化門ニ入リ第二訓練隊亦随テ門ニ入ラントスルニ際シ、訓練隊連隊長洪啓薫之ヲ呵止シ、被告ノ之ヲ制スルヲ憤リ剣ヲ揮ヒテ来リ迫リ、被告亦之ニ応シ幾ンド刃ヲ接セントスルニ際シ銃声彼我ノ間ニ発シ、彼退却シ弾ニ中テ倒ルルヲ以テ之ヲ刃傷スルニ至ラズ。又其退却ニ際シ携フル所ノ拳銃ヲ擬スルニ発射セズ、偶々馬來政輔ノ光化門ノ兵ハ之ヲ指揮スベシト云フニ因リ同所警備ノ任務ヲ政輔ニ託シ、宮城内ニ入リ統率スル幹部ナキガ為メ稍紛擾ニ至ラントスル第一中隊第一小隊ノ秩序ヲ正シ、又侍衛隊ノ拋棄シタル銃器ノ収集ニ従事シタリ。

被告村井右宗ハ後備歩兵独立第十八大隊第二中隊長ヲ以テ京城駐在中、大隊長馬屋原務本ノ命令ニ従ヒ大院君入闕ノ用ニ供セントスル梯子ノ準備ヲ為サシメ、又明治二十八年十月八日白木中尉・武永少尉ヲシテ宮城北方ノ諸門ヲ警備セシメ隊長李斗璜ト議シ隊兵ヲ春生門及其近傍ニ配置シタルモ、訓練隊連隊長洪啓薫ノ妨グル所ト為リ、同所警備ノ任務ヲ果サズ、李斗璜ト共ニ守備隊営ニ抵リ更ニ大隊長ノ命ヲ受ケ、第二中隊ノ守地ニ到リ諸門ノ警備ニ従事シタリ。

被告馬來政輔ハ後備歩兵独立第十八大隊第三中隊長ヲ以テ京城駐在中、大隊長馬屋原務本ノ命令ニ従ヒ明治二十八年十月八日光化門及其両側門ノ警備ニ任シテ終始同所ノ警戒ニ従事シ、又当時朝鮮国駐在公使三浦梧樓ノ入闕ヲ護衛スル為メ部下ノ兵ヲ公使館ニ派シ、且大院君ノ入闕ニ際シ其用ニ供セントスル梯子ヲ兵卒ヲシテ供給セシメタリ。

被告藤戸與三ハ後備歩兵独立第十八大隊第一中隊長ヲ以テ、京城駐在中大隊長

馬屋原務本ノ命令ニ従ヒ、朝鮮国軍隊間及之ト巡検トノ間ニ於ケル争闘鎮撫ノ任ヲ帯ビ、明治二十八年十月八日午前二時第一中隊ヲ率ヒ龍山方面ニ行軍シ、漢城府近傍ニ於テ大院君ノ一行ニ会シ、率フル所ノ一小隊ヲ分チテ其前衛タラシメ自ラ残余ノ小隊ヲ率ヒ第二訓練隊ニ尾シ大院君ヲ護衛シテ入城セシメ、尚ホ部下ノ各小隊ヲ分テ城内ノ一部ヲ警戒セシメタリ。

以上ノ事実ハ判決廷ニ於ケル各被告ノ自白理事ノ各被告ニ対スル審問調書・憲兵隊ニ於ケル同訊問調書及証人蓮元泰丸・事実参考人陸軍歩兵少尉宮本竹太郎・同特務曹長牧虎熊ノ訊問調書・同三浦梧楼ノ訊問調書ノ幾部ニ照シ確実ナリトス。

右被告楠瀬幸彦以下七名ノ所為ヲ擅権罪ト為スニハ、権外ノ事ニ於テ擅ニ兵隊ヲ指揮進退シタルノ事実アルヲ要シ、又之ヲ謀殺罪ト為スニハ予メ謀テ人ヲ殺スノ所為ニ着手シ、又ハ其幇助ヲ為シ若クハ之ヲ教唆シタル等ノ事実無カルベカラズ。蓋シ楠瀬幸彦ハ自ラ兵隊ヲ指揮進退シタルコトナキノミナラズ、其他擅権罪ノ共犯タルベキ所為アルコトナシ。又被告ハ当時宮殿内ニ生ジタル殺傷ニ関シ自ラ手ヲ下シ、又ハ之ヲ幇助シタルノ所為ナキハ固ヨリ被告ノ始メテ京城八日ノ事変ヲ知リタルハ十月ノ首メニ於テ、三浦梧楼ヨリ大院君入闕ノ企アリ梧楼之ヲ翼賛セントスルコトヲ聴キタルノ時ニシテ、而其之ヲ聴キタル時ハ梧楼ノ意既ニ決スル後ニ在リ。其前ニ在テ梧楼ヲ教唆シテ何等ノ決心ヲモ与ヘタルコトナク、又其他ノ者ニ対シテモ同ク教唆ノ所為アリタルコトナシ。故ニ被告幸彦ハ陸軍刑法第七十条ニ掲グル檀権罪又ハ刑法第二百九十二条ニ記載スル謀殺罪ヲ犯シタルモノト認ムベキ所為ナキモノナリ。

被告馬屋原務本・石森吉猶・高松鐵太郎・鯉登行文・村井右宗・馬來政輔・藤戸與三ハ十月八日ノ事変ニ関係シ、兵隊ヲ指揮進退シタルノ所為アリト雖モ、馬屋原務本ハ当時朝鮮国特命全権公使タル三浦梧樓ノ命令ニ従ヒ、石森吉猶外五名ハ大隊長馬屋原務本ノ命令ニ従ヒ為シタルモノニシテ、而守備隊長ノ公使ノ命令ニ服従スベキハ、高等軍衙ノ之ニ訓令スル所固ヨリ当サニ然ルベキ所タリ。又中隊長ノ大隊長ノ命令ニ従フベキハ是亦職務上然ラザルヲ得ザルモノナリ。但上官ノ命令ト雖モ、背法不正ノ著明ナルモノニ在テハ、服行者亦其行為ノ責ニ免ルルヲ得ザルモノアリ。即チ其命令ノ国法ニ背キ、又ハ上官ノ職権外タルコトヲ知リタルトキ、若クハ其形式上又ハ実質上職権外ノ命令タルコトヲ知ラズトノ陳弁ヲ容ルルノ余地ナキトキノ如キ是ナリ。而各被告ノ受ケタル命令ハ各被告ノ陳ブル所其他当時ノ情況ニ照スニ、其源朝鮮国大君主陛下ノ至親タル大院君当国ノ弊政ヲ釐正セントスルニ出而、我特命全権公使之ヲ翼賛シ、馬屋原務本ニ対シテハ公使其職権ヲ以テ命令ヲ下シ、石森吉猶外五名ニ対シテハ隊長公使ノ命令ニ基キ命令シタルモノニシテ、各被告ノ之ニ服行シタルハ各々其命令ヲ飽マデ正当ナリト信ジタルニ由ルナリ。其命令ノ原因如此《ク》而《シテ》其形式亦相当ナルヲ以テ、各被告ニ於テ之ヲ正当ナリト信ジタルハ敢テ所信ヲ誤リタルモノト云フヲ得ズ。況ンヤ軍人ハ服従ヲ以テ素養ト為シ陸軍刑法命令ヲ下スベキ権アル上官ノ命令ニ従ハザルヲ罪トシ、擬スルニ死刑ヨリ禁錮ノ刑ヲ以テス。故ニ軍人タルモノ上官ノ命令ニ従ハザラントスルニハ、重罪又ハ軽罪ノ刑ニ処セラルルノ決心アルニ非レバ不可ナルニ於テヲヤ。故ニ仮令其命令ニ越権ノモノアリトスルモ、之ヲ知ラズシテ服行シタル各被告ヲ以テ、陸軍刑法第七十条ニ記載シタル擅権罪ヲ犯シタルモノナリト云フヲ得ザルナリ。

又各被告ハ当時宮殿内ニ生ジタル殺傷ニ関シ、自ラ手ヲ下シ又ハ之ヲ教唆シタルノ所為アルコトナシ。但馬屋原務本ノ三浦梧樓ヨリ受ケタル命令中ニ、外国人ヲ除ク外総テ男女ノ出入ヲ禁ズベシトノ語アリ、又談話ノ余波大院君入闕改革ノ結果王后陛下ノ廃除ニ至ルモ測ルベカラズ等ノ言語ヲ聴取セルヲ以テ、各中隊長ニ諸門ヲ警備セシムル命令中婦人ハ一人モ出スベカラズノ語アリ、又梯子ノ準備ヲ第二中隊ニ命ジ且其梯子ヲ供給セシメタル等ノ所為アリ、又各中隊長モ其意ヲ承ケテ諸門ノ警備ニ任ジ、殊ニ村井右宗ノ如キ梯子ノ準備ヲ為シ、馬來政輔ノ如キ其梯子ヲ供給セシメタル等ノ所為アルヲ以テ、或ハ宮殿内ニ生ゼントスル殺傷ノ情ヲ知ッテ予備ノ所為ヲ以テ之ヲ幇助シタルガ如キ跡アリト雖モ、馬屋原務本以下各被告当時ノ意思ハ一ニ上官ノ命令ニ従ヒ、若クハ其意ヲ体シ大院君ノ入闕ヲ助ケントスルニ在テ殺傷ヲ幇助セントスルニ非ズ。故ニ仮令暗ニ其情ヲ知ルコトアリトスルモ、刑法第百九条ニ所謂重罪軽罪ヲ犯スコトヲ知テ之ヲ幇助シタルモノナリト云フヲ得ザルナリ。況ンヤ嘗テ其情ヲ知リタルノ事実ナキニ於テヲヤ。故ニ各被告ノ所為ハ宮殿内ニ於ケル殺傷ノ正犯又ハ従犯タルベキモノニ非ズトス。

右ノ理由ニ基ヅキ判決スルコト左ノ如シ。

被告楠瀬幸彦・馬屋原務本・石森吉猶・高松鐵太郎・鯉登行文・村井右宗・馬來政輔・藤戸與三ノ明治二十八年十月八日朝鮮国京城ノ事変ニ関係シタル所為ハ総テ罪ト為ラズ因ツテ無罪。

明治二十九年一月十四日　第五師管軍法会議

判事長　陸軍少将男爵　大嶋義昌　印

判士　陸軍歩兵大佐　西嶋助義　印

判士　陸軍砲兵大佐　柴田正孝　印

判士　陸軍砲兵中佐　山内定矩　印

判士　陸軍工兵中佐　馬場正雄　印

理事　石川　啓　印

録事　小畠鋪太郎　印

右原本ニ依リ謄写ス

明治二十九年一月十五日

於第五師管軍法会議

録事　小畠鋪太郎

斯くして軍法会議は決定し各員は晴天(ママ)白日の身と為りたり。

広島監獄に収容せられたる被告人は多く責附出獄したれども、未だ予審決定に至らず。一月十九日在京中の柴は其別墅なる熱海の磊々亭に在る師に報じて曰く。

(前略)韓廷事件其後追々出獄者アリ月成・佐々・萩原等アリ、余ス所十二人ノミ、佐瀬モ過日無事帰京セリ、軍法会議ニ於テ軍人ハ悉皆無罪トナレリ。別紙ノ判決書大ニ三浦公使ニ不利ナルモノ有ルガ如シ。乍《ラ》レ去《リ》数日前ノ探報ニ依レバ、二十五日頃ニハ三浦公使以下無罪放免ノ説確実ナルガ如シ。孰レ数日中ニ是非遅速判明スベシ。愈々判定ノ時ハ電音ニテ即知スベシ。

散史モ早ク磊々亭ノ人トナラントノ念相湧キ居リ候モ、入監者ノ事件モアリ議会ノ事モアリ、其機ヲ失ヒ候故ニ二十五日頃ノ予審終結ノ時ヲ見ルニ非レバ、山中雪ヲ友トシ暗影疎香月下ニ杯ヲ執ルノ時機ニ達スル能ハザルヲ悲ム。(中略)山中暦日ナキ半仙人ガ夜半時計ヲ恋フトハ、獄中ノ未練ガ相残リ居ルニハ非ルヤ呵々。(後略)十九日。

二　広島地方裁判所予審終結決定書

師等四十八名に対する広島地方裁判所の予審決定は一月二十日なり、即左の如し。

予審終結決定書

・和歌山県海部郡雑賀村大字宇須居住士族
朝鮮国軍部兼宮内府顧問官　岡本柳之助（嘉永五年八月生）

・福島県北会津郡若松町大字中六日町居住平民
東京府東京市麹町区有楽町三丁目寄留著述業　正七位　柴　四朗（嘉永五年十二月生）

・熊本県山本郡菱形村大字辺田野居住士族無職業　國友重章（文久元年十一月生）

・福岡県福岡市大名町居住平民雑業　月成　光（文久二年正月生）

・熊本県飽田郡城山村大字上代居住士族農業　廣田止善（文久元年三月生）

・福岡県福岡市瓦町居住士族無職業　藤　勝顕（安政六年十二月生）

・岩手県紫波郡見前村大字東見前居住平民吉田長治四男
東京府東京市麹町区下二番町寄留新聞記者　吉田友吉（明治五年正月生）

・熊本県飽田郡黒髪村大字坪井居住士族無職業　平山岩彦（慶応三年八月生）

・宮城県桃生郡深谷村大字大窪居住平民無職業　大崎正吉（慶応元年正月生）

・熊本県託麻郡出水村大字今居住士族売薬商　佐々正之　（文久二年正月生）
・同県熊本市上林町居住士族無職業　澤村雅夫　（明治六年三月生）
・同県託麻郡大江村大字大江居住士族片野易喜次男無職業　片野猛雄　（明治六年十一月生）
・同県玉名郡大原村大字小原居住平民隈部庄作次男農業　隈部米吉　（明治元年三月生）
・千葉県上埴生郡東村大字豊原居住平民
東京府東京市下谷区上根岸寄留新聞記者　山田烈盛　（文久二年五月生）
・熊本県八代郡鏡町大字鏡村居住平民
東京府東京市麴町区三番町寄留新聞記者　菊池謙譲　（明治三年十月生）
・同県宇土郡宇土町大字宇土居住士族新聞記者　佐々木正　（明治六年二月生）
・福岡県山本郡草野町大字草野居住平民無職業武田範之事　武田範治　（文久三年十一月生）
・熊本県下益城郡海東村大字南海東居住平民農業　前田俊藏　（明治七年十一月生）
・同県阿蘇郡宮地村居住士族無職業　家入嘉吉　（明治十年四月生）
・同県熊本市長安寺町居住士族新聞社員　牛嶋英雄　（明治六年十月生）
・同県阿蘇郡内牧村大字内牧居住士族
朝鮮国桂洞小学校教員松村龍起事　松村辰喜　（明治元年十二月生）

・京都府京都市下京区東枳殻馬場七条上ル三丁目
若松町居住平民無職業　鈴木順見（明治元年九月生）

・熊本県熊本市北坪井町居住士族新聞記者　小早川秀雄（明治三年三月生）

・同県託麻郡広畑村大字保田窪居住士族雑貨商　中村楯雄（文久三年四月生）

・神奈川県愛甲郡荻野村大字下荻野居住難波惣平弟
平民薬品雑貨行商　難波春吉（元治元年四月生）

・熊本県山鹿郡中富村大字下分田居住士族農業　佐藤敬太（安政五年十二月生）

・同県球磨郡岡原村大字岡本居住平民農業　田中賢道（安政三年十一月生）

・同県山本郡田底村大字米塚居住士族新聞社員　平山勝熊（慶応三年四月生）

・東京府東京市小石川区中富坂町居住
華族予備陸軍中将　正三位勲一等子爵　三浦梧樓（弘化三年十一月生）

・同府同市四谷区四谷須賀町居住平民
公使館一等書記官　正六位　杉村　濬（嘉永元年正月生）

・新潟県古志郡長岡本町大字東神田町居住士族
領事官補　従七位　堀口九萬一（慶応元年正月生）

・長野県北佐久郡小諸町居住平民外務省警部　荻原秀次郎（慶応二年四月生）

・東京府東京市浅草区聖天町居住平民外務省巡査　渡邊鷹次郎（嘉永四年十一月生）

・鹿児島県日置郡日置村居住士族外務省巡査　成瀬喜四郎（元治元年七月生）

・長崎県長崎市今籠町居住士族外務省巡査　横尾勇次郎（慶応二年五月生）

・鹿児島県鹿児島市塩屋村居住士族外務省巡査　小田俊光（文久元年十一月生）

・同県同市西田町居住士族外務省巡査　木脇祐則（明治五年三月生）

・長崎市南高来郡神代村居住士族境勘作長男外務省巡査　境益太郎（明治元年九月生）

・鹿児島県鹿児島市冷水通町居住士族外務省巡査　白石由太郎（明治四年十月生）

・神奈川県横浜市相生町六丁目居住士族売薬商高橋源次事　寺崎泰吉（文久二年二月生）

・長崎県下県郡久田道町居住士族
朝鮮国補佐官　勲七等　浅山顕蔵（嘉永二年四月生）

・熊本県飽田郡力合村大字島新居住士族新聞記者　安達謙蔵（元治元年十月生）

・福島県河沼郡金上村大字福原居住士族佐瀬縁蔵養嗣医業　佐瀬熊鐵（慶応元年十一月生）

・熊本県飽田郡奥古閑村居住平民非職営林主事
朝鮮国内部顧問官　澁谷加藤次（安政二年三月生）

・長崎県下県郡宮谷町居住朝鮮国通訳官大浦滋彦事　大浦茂彦（万延元年六月生）

・滋賀県東浅井郡大郷村大字難波居住平民蓮元憲岳兄
朝鮮国通訳官蓮元安丸又蓮元康丸事　蓮元泰丸（慶応二年七月生）

・新潟県中頸城郡高城村大字木築居住士族晒業　勲七等

鈴木重元　（嘉永六年二月生）

・熊本県熊本市小幡町居住士族宮住守男次男

新聞社員宮住勇記事

宮住勇喜　（明治六年二月生）

右岡本柳之助外四十七名ニ対スル謀殺及凶徒聚衆事件、平山岩彦ニ対スル故殺事件等、検事ノ請求ニ依リ予審ヲ遂グル処。

被告三浦梧樓ハ朝鮮国駐劄特命全権公使ト為リ明治二十八年九月一日京城ニ就任セシ処、当時同国ノ形成漸ク否運ニ傾キ、宮中ノ専横日ニ甚シク妄ニ国政ニ干渉シ、我政府ノ啓誘ニ因リ稍ク改良ノ緒ニ就キタル政憲ヲ紊リ、遂ニ我陸軍士官ノ尽力ニ成レル訓練隊ヲ解散シ、其士官ヲ黜罰セントスル等頗ル我国ヲ疏外スルノ形跡アルノミナラズ、国政ノ進歩ヲ図リ独立ノ実ヲ挙グルニ鋭意ナル内閣員等ヲ免黜又ハ殺戮シ、以テ政権ヲ宮中ニ収メントスルガ如キ計画アリト聞キ憤慨措ク能ハズ。是レ多年我国ノ労力ト資財トヲ費シ同国ノ為メ経営セル好意ニ負キ、内政ノ改良ヲ妨ゲ国家独立ノ基礎ヲ危クスル者ニシテ、独リ同国ノ不利ナルノミナラズ我帝国モ亦害ヲ受クル少カラズ。依テ速ニ其弊害ヲ除キ後ノ独立ヲ扶植シ、幷《あわせ》テ同国ニ於ケル我国ノ威信ヲ保持セザル可ラズト考慮スル折柄会々大院君時弊ヲ憤慨シ自ラ起テ宮中ヲ革新シ輔翼ノ任ヲ尽サントト欲スルノ意ヲ致シ、陰ニ助力ヲ求メ来リタルニヨリ、同年十月三日被告杉村濬・岡本柳之助ト公使館ニ会シ、三名謀議ノ上常ニ宮中ノ為ニ忌マレ自ラ危ム所ノ訓練隊ト時勢ヲ慷慨スル壮年輩ヲ利用シ、暗ニ我京城ノ守備隊ヲモ之ニ声援セシメ以テ大院君ノ入闕ヲ援ケ、其機ニ乗ジ宮中ニ在テ最モ権勢ヲ擅ニスル王后陛下ヲ殪サント決意シタリ。然レドモ大院君他日若シ政治ニ容喙セバ其弊害却テ前日ヨリ甚シキモノアラン事ヲ慮リ、予メ之ヲ防ガザル可ラズト為シ、被告濬ハ要項四ト題スル約款ヲ起草シ、被告柳之助ハ大院君ト親善ナルヲ以テ之ヲ携ヘ、同月五日孔徳里ノ別邸ニ赴キ、方今ノ形勢再ビ太公ヲ煩スモノアラン、而シテ三浦公使ノ要ムル所如此ト該書ヲ相示シタルニ、大院君ハ子孫ト共ニ欣然トシテ之ヲ諾シ自ラ誓約書ヲ裁シタリ。

因テ被告梧樓等ハ其時期ヲ同月中旬ト予定シ、柳之助ガ孔徳里ニ到リタルハ他ノ疑ヲ惹キ事ノ露顕スベキ恐レアレバ、畢竟帰国ノ告別ニ過ザリシ事ヲ表セン為メ仁川ニ下ラシメ、被告柳之助ハ翌六日京城ヲ出発シタリ。然ルニ同月七日軍部大臣安駉壽宮中ノ使命ヲ帯ビ来テ訓練隊解散ノ事ヲ告ゲ、公使ノ意見ヲ要メタルヨリ、時機既ニ切迫シ一日モ猶予シ難キヲ以テ、被告梧樓・被告濬ハ協議ノ上同夜事ヲ挙グルニ決シ、直ニ電信ヲ以テ柳之助ノ帰京ヲ促シ、一面ハ被告堀口九萬一ニ大院君入闕ニ関スル方略書ヲ授ケ、柳之助ヲ龍山ニ待受ケ共ニ入闕ス可キ事ヲ命ジ、尚被告梧樓ハ京城守備隊ノ大隊長馬屋原務本ニ訓練隊ヲ操縦シ、且守備隊ヲシテ之ニ声援セシメ大院君ノ入闕ヲ容易ナラシメムベキ諸般ノ指揮ヲ命ジ、又被告安達謙藏・國友重章ヲ公使館ニ招致シ、其知人ヲ糾合シテ龍山ニ柳之助ト会シ共ニ大院君入闕ノ護衛ヲナス可キ事ヲ委嘱シ、且当国二十年来ノ禍根ヲ絶ツハ実ニ此一挙ニアリトノ決意ヲ示シ、入闕ノ際王后陛下ヲ殺害スベキ旨ヲ教唆シ、被告荻原秀次郎ニハ部下ノ巡査ヲ引率シ龍山ニ到リ、柳之助ト協議シ大院君ノ入闕ニ付尽力スベキ旨ヲ命ジ、而シテ被告濬モ亦被告鈴木重元・浅山顯藏ヲ招キ大院君入闕ノ事ヲ告ゲ、重元ニハ通弁ノ為メ被告鈴木順見ヲ龍山ニ遣ス事、顯藏ニハ予メ大院君ノ入闕ヲ熱望セル朝鮮人李周會ニ報知スベキ事ヲ託シ、且大院君入闕ノ趣意書ヲ起草シ被告九萬一ニ渡スベキ為メ被告秀次郎ニ交附シタリ。茲ニ於テ被告九萬一ハ直ニ馬ヲ駆リ龍山ニ赴キ、被告秀次郎ハ非番ノ巡査ニ大院君入闕ニ附私服ヲ着シ刀剣ヲ用意シ龍山ニ到ルベシト命ジ、自身モ亦龍山ニ赴キ、被告渡邊鷹次郎・成相喜四郎・小田俊光・木脇祐則・境益太郎ハ被告秀次郎ノ命ニ依リ各龍山ニ赴キ、被告横尾勇太郎ハ同所ニテ之ニ加リ、被告顯藏ハ李周會ニ面会シ今夜大院君入闕ナルベシト告ゲ、彼レガ数名ノ朝鮮人ヲ糾合シ孔徳里ニ到ルヲ見届ケ直ニ龍山ニ赴キ。被告重元モ被告順見ト共ニ龍山ニ赴キ、被告謙藏・重章ノ両人ハ被告梧樓ノ教唆ニ応ジ王后陛下ヲ殺害セント決意シテ同志者ノ招集ニ尽力シ、被告平山岩彦・佐々正之・松村辰喜・佐々木正・牛嶋英雄・小早川秀雄・宮住勇喜・佐藤啓太・澤村雅夫・片野猛雄・藤勝顯・廣田止善・菊池謙讓・吉田友吉・中村楯雄・難波春吉

・寺崎泰吉・家入嘉吉・田中賢道・隈部米吉・月成光・山田烈盛・佐瀬熊鐵・澁谷加藤次等ハ大院君入闕ニ付三浦公使ノ命ニ依リ被告謙藏・重章ガ其護衛者ヲ募ル由ヲ聞キ之ニ同意シ、其内被告岩彦外十数名ハ被告謙藏・重章等ヨリ王后陛下ヲ殺害スベキ被告梧樓ノ教唆ヲ伝ヘラレ各殺意ヲ決シ、其他右等ノ事実ヲ知ラズ一時ノ好奇心ニ駆ラレ附和セシ者ニ至ルマデ、各凶器ヲ携ヘ被告重章并ニ被告光以下三名ノ外ハ亦皆被告謙藏ト共ニ龍山ニ赴キタリ。又被告柳之助ハ仁川ニ在テ時機切迫セリトノ電報ニ接シ、即刻出発帰京ノ途次同日夜半ノ頃麻浦ニ於テ被告九萬一龍山ニ待受ノ報知ヲ得タルヨリ、直ニ同所ニ立寄リ前記ノ者共ニ相会シ、被告九萬一ヨリ梧樓ノ書面入闕趣意書ノ草案等ヲ受取リ、二、三者ト入城ノ方法等ヲ協議シ、然ル後一同ハ柳之助ヲ総指揮者トシ孔徳里ニ到リ、李周會ノ一行ト共ニ翌八日午前三時頃大院君ノ轎輿ヲ擁シテ出発シタリ。而テ被告柳之助ハ其際表門前ニ一同ヲ集メ、入城ノ上狐ハ臨機処分スベシト号令シ以テ王后陛下殺害ノ事ヲ教唆シ、未ダ其事実ヲ知ラザリシ被告益太郎外数名ヲシテ殺意ヲ決セシメ、夫ヨリ京城ニ向ヒ徐々前進シ、西大門外ニ於テ訓練隊ニ出逢ヒ姑《しばら》ク守備隊ノ来ルヲ待チ、同所ヨリ訓練隊ヲ前衛トシテ王城ニ急進スル途中被告重章・光・烈盛・熊鐵・加藤次モ相加リ、又被告蓮元泰丸・大浦茂彦ハ馬屋原務本ヨリ通弁ノ為メ、訓練隊監視ノ陸軍士官ニ随行ヲ委嘱セラレ、亦此一行ニ加リ、同日払暁ノ頃光化門ヨリ一同王城ニ入リ、直ニ後宮マデ抵リタル等ノ事実アリト雖ドモ、前記ノ被告人中其犯罪ヲ実行シタルモノアリト認ムベキ証憑十分ナラズ。又被告平山岩彦ガ右入城ノ際乾清宮前ニ於テ宮内府大臣李耕植ヲ殺害シタリトノ事モ亦証憑十分ナラズ。

被告柴四朗・大崎正吉・武田範治・前田俊蔵・平山勝熊・白石由太郎ハ本案被告事件ニ関係セリト認ムベキ証憑十分ナラズ。

以上ノ理由ナルヲ以テ刑事訴訟法第百六十五条ニ従ヒ各被告人総テ免訴シ、且被告三浦梧樓・杉村濬・岡本柳之助・安達謙蔵・國友重章・寺崎泰吉・平山岩彦・中村楯雄・藤勝顯・家入嘉吉・木脇祐則・境益太郎ハ各放免ス。

但シ押収シタル書類物件ハ各其所有者ニ還付ス。

明治二十九年一月二十日　広島地方裁判所ニ於テ

予審判事　吉岡　美秀　㊞

裁判所書記　田村　義治　㊞

原本ニ拠リ此正本ヲ作ルモノ也

明治二十九年一月二十日　於広島地方裁判所

裁判所書記

此に掲げたる判決書及予審決定書は、当時の実況を最も正確に記録したるものを以て其全部を収録したり。而して本書の謄本（蒟蒻版印刷）は其当時軍法会議に参加したる理事(法官部長)たりし石川啓の所持せることは、陸軍中将長岡外史の知るところ。而して中将は予が師の伝を編するに当つて之が必要を察し、或時石川啓と予とを其邸に招きて紹介したるに依り、予は其謄本を借りて写し取りたるものなり。其謄本には其当時我国の最高法曹界に在る白眼老吏等の最も適切なる批評ありたれども故有つて之を省けり。蓋し予は嘗て此正本を見んと欲して、師及三浦中将に糺したりしが、中将は憤怒の余り之を引き裂きたりと謂ひ、又師は必要無きもの故何れに置きたりしか見当らずと謂ひしが、其送達書のみが敗紙中に存在したるを以て之を写真せり。(写真第十三)

之に拠れば師に対する予審終結決定書正本一通は、一月二十日午前十一時四十分広島市主水町渡邊安俊方武田範治宛として広島地方裁判所書記田村義治の名を以て、同裁判所執達吏代理市川熊次郎より渡邊ミサ方白石由太郎に交附せられたるが、本人熱海へ他行中に付、渡邊ミサ方へ送達すと記載しあり。

之に依りて一時日鮮間に鬱結したる暗雲は一掃せられ、全被告人は嫌疑の黒雲霽れて一斉に青天白日の身と為れり。是法治制度の完備したるに由るものと云ふべし。

三　予審終結決定後の師

一月二十一日師が弟三郎に与ふる書に曰く。

三浦子爵以下放免セラレタリトテ、東海散士ヨリ報アリ、又白日ノ身トナリタリ。

一葉ノ梧桐飄フテ夢ニ上ル　早ニ看ル檻外商声ヲ動カスヲ　神京耐ヘズ君ノ手ヲ分ツニ　又秋風ヲ趁フテ漢城ニ入ル。

コレハ昨夏東京ニテ離別ノ席ニ、青桐ノ葉何処ヨリ舞ヒ入リタレバ口占シタルモノナリシガ、梧字檻字讖ヲ作シタリ、今トナリタレバ書シ示ス。

又宮中紅曲アリ、コレハ帰帆甲板上ニテ東海散士ノ作アリシヲ次韻シヲ敷演シテ曲ト名ヅケタリ、二首書示スベシ（媢娬新成の詩は前に在り、故に再録せず）。

仙師ヲシテ後宮ニ入ラシムルコト莫レ　雨淋鈴響御簾ノ中　宝櫝枉ゲ鎖シテ香烟暗シ　華燭偏ニ垂レテ玉涙紅ナリ。

（中略）母上ニ無罪ノ人トナリタルコトヲ上言シテ人ハ容易ニ冤死セザルモノナレバ、降慮アランコトヲ乞フベシ、余不備。

此書は師が予審免訴を知りたる即時の如し。而して尚熱海の磊々亭に在り。二月十五日李周會の事を記する文あり、文中に曰く、（漢文二千九百余言）
玆歳一月予広島獄ヨリ東海散士ノ熱海磊々亭ニ入ル、車中東海散士ト語ル、散士曰ク子李周會ノ国ノ為ニ死ニ就キシコトヲ知ルヤト、吾答ヘテ曰ク未ダ也ト。

散士曰ク人尚或ハ謂フ周會実ニ死スルニ非ザル也、韓廷極囚ヲ殺シ蒙ムラスニ
周會ノ名ヲ以テスル耳《ノミ》ト、子以テ何如ト為スト。予曰ク吾周會ノ平常ノ人ト為
リヲ知ル、豈此事有ルベケン哉ト。嗚乎我豊榮其レ死セル乎、二十六日夜夢ニ
漢陽宮ニ遊ブ、正殿中央ニ巨石ヲ安置ス大サ丈許、国王玄袞《げんこん》黻《ふつ》衣親ラ彩毫ヲ援《ト》
リテ之ニ向ヒ、文武百僚粛然環列シテ之ヲ観ル。豊榮王ノ側ニ立チ、王ノ為ニ筆
法ヲ指画ス。蘧然トシテ覚ム、豊榮ノ顔容髣髴心ニ印シテ失ハズ。乃灯ヲ挑ゲ
起ツテ而シテ危坐スレバ万境森寥唯夜雨西ヨリ来リ、蕭瑟窗ヲ敲クヲ聴ク耳、
恍トシテ鰲海夜雨ノ時ノ如ク、往事ヲ追懐シテ転タ感傷ヲ増ス。遂ニ燭ヲ剪ツ
テ五古一篇ヲ裁ス。其詩ニ曰ク。

紫宸閶闔開ケ　殿陛持戟森タリ　朝鮮ノ大君主　毫ヲ揮ツテ巨石ニ向フ　潢々
タリ李将軍　侍立親シク指画ス　筆々精神ヲ伝へ　画々石脊ヲ穿ツ　槐安夢魂
ニ驚キ　蝶羽幻迹《せき》ヲ疑フ　惨々鬼気襲ヒ　暗々灯影白シ　指ヲ屈スレバ五載ノ
前　君方ニ水泊ニ在リ　天馬蒼溟ニ駃セ　金鰲仙宅ヲ戴ク　海島関門無シ　事
ヲ謀ツテ両啞ヲ笑フ　談ハ熟ス紅蓼ノ浜　情ハ和ス紙ヲ焼クノ夕　事小人ノ為
ニ敗レ　交道義ニ依ツテ積ル　一朝風スル馬牛　東西竟ニ索莫　思フ昨中秋ノ
夜　手ヲ携フ漢陽ノ陌　往事昨非ニ属シ　今是憂転タ劇シ　杯ヲ引イテ月宮ヲ
望ミ　慨然一節拍ツ　安ンゾ羿《げい》手ノ巧ヲ得テ　嫦娥ノ魂ヲ射落セン　君ハ泉下

ノ客ト為リ　吾ハ姑ク菟裘ニ遊ブ　君未ダ窀穸ヲ安ンゼズ　夜雨西ヨリ来リ
蕭々トシテ窓隙ヲ叩ク　悲シイ君吾ガ夢ニ入ル　精神吾ト与ニ愬フ　応ニ独立
ノ碑ヲ刻シテ　磐石ノゴトク疆場ヲ固ムベシ　吁吾無似ト雖モ　豈空シク衽
席ニ死センヤ　人生意気ニ感ズ　癡《ち》夢未ダ貘ニ投ゼズ

此詩首は夢に依つて説き起し、中復其交際中の実事を叙し、末尾其意気を叙ぶ。実に五年間中のことを簡潔に直叙したるものたり。又師の自註に曰く、紙ヲ焼クハ筆談密議ノ跡ヲ滅スルニ在リ、焚楮ニ非ルナリと、国事を談ずる又難い哉。

而して二月六日柴は東京より来り、八日三浦中将を其別業（熱海）に訪ひ、始めて詳に李周會が実に刑死せることを確聞したるなりと云ふ。

二月二十五日柴は東京有楽町の邸より、磊々軒（ママ）に在る師に寄する書中に曰く。

（前略）鉄窗會昨夜相開キ、杉村・楠瀬等二十名ニテ歓ヲ尽シテ散シ申候。本日ハ朝鮮事件決議案提出、国民協会急先鋒ノ約ニテ佐々ガ提出者ナルニモ拘ラズ、反覆シテ影ヲ隠シ、国民協会ハ政府ヲ賛成セシ故ニ、百六十ト百一票ト大敗、小生ガ敗軍ノ後ヲ受ケテ独リ演説シ、焼腹ニ秘密ヲ暴露シタル丈モ設ケモノニ候。（後略）

又三月に入り柴は屢々磊々亭の師に寄する書あり其一に曰く。

（前略）明日ハ彼退韓令ヲ掃フノ議アル筈也、想フニ多分効《（ママ）》ヲ奏スルナラン、月成ハ親ノ大病ノ為帰省シ、其他ノ鉄窗連中冷々淡々、復磊々亭ノ枯魚濁酒ヲ慕ヒ参リ度存居候、御一笑々々々一新聞ニ左ノ詩アリ御次韻ヲ乞フ。

詩月且言何壮

東奥ノ逋臣尚少年　周遊ス海外ノ幾山川　佳人当日奇遇ヲ感ジ　名士如今薄縁ヲ嘆ズ　韓闕ノ腥膻悪夢ヲ牽キ　広陵ノ風雪愁眠ニ対ス　登壇慷慨言何ゾ壮ナル　気長虹ヲ吐イテ両肩ヲ聳ヤカス

案ずるに此詩は、柴が二月二十五日帝国議会に於て演説したる後のものならん。

三月二十四日又柴は海東の名を以て師に寄する書中に曰く。

（前略）佳人之奇遇ノ草稿ハ、充分ニ御作正置ヲ乞フ。

退韓取消法案モ漸ク今日衆議院ヲ通過セシ故ニ、多分貴族院モ通過シ法律トナルベシ。

社寺林ノ法案モ同様ニ通過セシモ貴族院ハ六ケ敷カルベシ。（後略）

一月より爰に至るまでは主に乙未の変に関する事なるを以て第五師管軍法会議判決書、広島地方裁判所予審終結決定書等は、凡て一字をも加除せずして原文を収録したるは、事件の真相を知るべき好資料にして猥《ミダリ》に取捨せざるを可とするが故なり。

四　朝鮮に於ける陽暦と年号

朝鮮に於ては是より先即明治二十九年一月一日（朝鮮開国五百四年乙未十一月十七日）より陽暦に依り、又始めて年号を建てて建陽元年とす、即李王治世の第三十三年なり。

五　閔妃殂後の朝鮮

蓋し閔妃の事変後朝鮮に於ける我国の勢力は急速の逆転を為し、特派せられたる井上馨も為すところ無くして帰国し、大院君は孔徳里に退院したり。此に於て李王は閔妃の位を復し、各国公使等相会して京城駐在の我兵を減ぜんことを決議し、李王之に従ふ。

六　李王露国公使館に遷さる

偶々忠清・江原両道に兵匪蜂起し、将に京城を侵さんとす、韓廷大に驚き鎮衛隊をして之が鎮定に向はしめたる為京城の兵力殆ど空しく、為に人心恟々たり。時に露国公使韋貝《ウエーベル》は機至れりと、二月十日暴民防禦を名として水兵百余人を招いて其公使館に駐屯せしめ、又騒擾を名として李範晋・李允用・李完用等と相謀り、王及王太子を露国公使館に潜幸せしめて行在所(14)とし、館内に厳留して外出せしめず。爰に於て時人大に激昂し、上書して王及太子の還御を請ふも皆通ぜず。王も亦書（漢文）を示したること有り曰く。（原書漢文　写真第十四）

朕向《さき》ニ艱棘ノ会ニ因リ貴公使館ニ移駐ス、公使韋貝尽心款洽邦交ノ素ヨリ厚キヲ徴ス可シ、殊ニ深ク寅感ス。近ゴロ臣民ノ屢々旧宮ニ還御センコトヲ請フニ因ルニ、尚貴兵官ノ資ニ富ミ実力多キニ倚リ、士卒ヲ訓練セバ藉《カ》リテ弾圧スルニ定ラン、此ヨリ両国真心友睦シテ共ニ昇平ヲ享ケン、実ニ厚望有リ、此ヲ大俄羅斯国　皇帝陛下ニ致セ。

之を見れば王も亦王宮に帰らんことを望みしなり。而して親露派の首領李範晋・李允用・李完用等は総理大臣金宏集・農商工部大臣鄭夏秉等を宮中に捕へて之を殺戮し、其死屍を鐘路街に曝して行人の虐弄に委せり。我公使小村壽太郎は、之を知つて知らざるものゝ如し。次いで親日派の大官を刑し、刺客を放つて魚允中を殺さしめ、金炳始を総理大臣とし、李允用其他親露派を挙げて重用し、全くの親露内閣を組織し、乙未の変に対する報復を親日党に加へ、露国の勢力を伸長せり。小村公使は露館に赴き、王に謁見したれども、袖手傍観するの止む無きに至れり。

七　朝鮮に関する日露の覚書

此の如くにして我国が国を賭して清国と戦ひ、戦勝の結果朝鮮より清国の圧力を駆逐して、朝鮮の改革を断行したりしも、彼の露・独・仏三国の干渉に由りて、遼東半島還付の後、朝鮮も亦我国を侮りて露国に依り、為に戦勝の優越権を喪はしめたり。此年五月二十六日露帝の戴冠式に参列の伏見宮貞愛親王の随員として、山縣有朋は露国に赴きたる機会に、朝鮮問題に関する意見書を交換し左の覚書(15)を交換せり。

第一条　日露両国政府ハ、朝鮮国ノ財政困難ヲ救済スルノ目的ヲ以テ、朝鮮国政府ニ向ヒテ一切ノ冗費ヲ省キ、且其歳出入ノ平衡ヲ保ツコトヲ勧告スベシ、若シ万止ムヲ得ザルモノト認メタル改革ノ結果トシテ、外債ヲ仰グコト必要トナルニ至レバ、両国政府ハ其合意ヲ以テ、朝鮮国ニ対シ其援助ヲ与フベシ。

第二条　日露両国政府ハ、朝鮮国財政上及経済上ノ状況ノ許ス限リハ、外援ニ藉ラズシテ内国ノ秩序ヲ保ツニ足ルベキ、内国人ヲ以テ組織セル軍隊及ビ警察ヲ創設シ、且之ヲ維持スルコトヲ朝鮮国ニ一任スルコト、スベシ。

第三条　朝鮮国トノ通信ヲ容易ナラシムル為メ、日本国政府ハ其現ニ占有スル所ノ電信線ヲ引続キ管理スベシ。

露国ハ京城ヨリ其国境ニ至ル電信線ヲ架設スルノ権利ヲ保留ス。右諸電線ハ朝鮮国政府ニ於テ之ヲ買収スルコトヲ得ルモノトス。

第四条　前記ノ原則ニシテ尚ホ一層精確且詳細ノ定義ヲ要スルカ又ハ後日ニ至リ商議ヲ要スベキ他ノ事項生ジタルトキハ、両国政府ノ代表者ハ友誼的ニ之ヲ妥協スルコトヲ委任セラルベシ。

千八百九十六年 六月九日 五月二十八日

モスクワ府ニ於テ之ヲ書ス

山縣　手署

ロバノフ　手署

当時日清戦争の戦勝国たる我国の対外政策は此の如し、之を成効(ママ)と謂はんか将た失敗と謂はんか識者の論定は夫奈何。

八　露韓の往復文書

之より後るゝこと二月にして露国より朝鮮政府に致せる書は、(漢文　写真第十五)

俄暦七月二十六日貴公使貴国政府ノ命令ヲ以テ俄文ニ繙訳シタル件ヲ見ルニ、内開朝鮮国ト俄羅斯国トハ疆土相接シ、友睦多年事ニ随ッテ商議シ、益々交誼ヲ敦フス。嗣後朝鮮如《モ》シ不虞ノ事有レバ、俄羅斯兵ヲ以テ相助ケ、或他邦ガ朝鮮ノ自主独立ノ権ヲ阻碍セバ、俄羅斯另ニ公弁ヲ行ヒ、少シモ虧《キ》損等無ク本大臣ニ因ツテ即此節ヲ将《モ》ツテ奏達シテ允ヲ蒙ラン。本大臣ハ本国政府ノ命令ヲ以テ、敬ンデ貴公使ニ告グ。玆ヨリ以往両国政府ハ交情愈々密ニ、請有ラバ必ズ準ゼン、朝鮮如シ不虞ノ事有リ、又或他邦ガ自主ノ権ヲ阻碍セバ、則俄羅斯ハ当ニ公弁幇助スベシ。貴公使此ヲ以テ帰ツテ貴政府ニ告ゲ、共ニ此信ヲ守リ永ク敦睦ヲ享ケヨ。

俄暦一千八百九十六年八月一日

外部大臣　魯発老布《ロベノフ》

露国は六月九日外部大臣魯発老布と我山縣との覚書を互換したるにも拘はらず本書を朝鮮に送りたるは覚書に抵触せざるか、又朝鮮政府は本書を得るの後、更に公使閔泳煥と魯発老布とに互換せしめたる文書は左の如し、（漢文　写真第十六）

大俄羅斯国ハ、　大朝鮮国ト疆土相接シ、　友睦多年事ニ従ツテ商議シ益々交誼ヲ敦フス。嗣後　大朝鮮国如シ不虞ノ事有レバ、大俄羅斯国ハ兵ヲ以テ相助ケ、又或ハ他邦ガ　大朝鮮国ノ自由独立ノ権ヲ阻碍スルコト有レバ、大俄羅斯国ハ別ニ公弁ヲ行ヒ少シモ虧損ノ意無カラン。今此ニ貴公使ト各々、勅諭ヲ奉ジ、互ニ相画押蓋印以テ信守ヲ昭ニス。

俄暦一千八百九十六年　月　日

大俄羅斯国外部大臣　　魯発老布
大朝鮮国特命全権公使　閔泳煥

之に依れば朝鮮は、露国の国大にして兵力の強さを信じて、如何に之に頼って国を保たんとするに汲々たるかを知り、又朝鮮事大の痼習以て見るべし。

九　爾後の師の動静

三月以後の師の行動は文書の徴するもの無く、十月二日に至り三浦梧楼・柴四朗より師に宛てたる来書に曰く。

（前略）来八日ハ一周年ニ相成リ候ニ付キ、当日ノ懐旧談話会相開キ度候ニ付御来会被下度奉祈候也匆々。
御来会ノ有無ハ、国民新聞社菊池君迄御一報被レ下サ度候、会場ハ池上松葉館、八日午後一時ヨリ開ク。

又師は尚磊々亭或は東京に在りて、東海散士の佳人之奇遇続稿に助力し、十月十四日顕聖寺に帰山せしことは、十一月一日佐波三郎に与ふる書に在り。
十月二十二日柴四朗の来書あり曰く。

拝啓屈指スレバ明後日ハ広島ニ於テ慨憤セシ一周年ニ相成申候（中略）。御申越シノシヤシールノ伝ハ一字下ニ恰モガルバルチー又ハ東山党ローハチールノ書方ニ相願度成ル丈ケ長文ニ御敷演ヲ乞フ。露ノ東方政策ハ、角逐及東方策等ヨリ参考致シ度候間、是レハ別文ニ願フナリ。（後略）

（1）雲揚号事件は明治八年八月である。明治十一年の記載は川上の記憶ちがいであろう。
（2）雲揚号事件の後に結ばれた江華島条約（丙子修好条約）は、明治九年二月である。雲揚号事件と同じく川上の記憶ちがいであろう。
（3）壬午（朝鮮）事変又は壬午軍乱と呼ぶ。壬午事変については、宮武外骨編『壬午鶏林事変』（昭和七年七月）、武田勝蔵『朝鮮事変と花房公使』（昭和四年十月）を参照。
（4）これを甲申政変と呼ぶ。
（5）日清開戦に至る外交的交渉経過については陸奥宗光『蹇々録』（岩波文庫他）を参照。
（6）大院君と閔妃の抗争については、細井肇『国太公の眦』（昭和四年八月　昭文社）同『女王閔妃』（昭和六年三月　月旦社）菊池謙譲『大院君伝』（明治四十三年十月　日韓書房）金熙明『興宣大院君と閔妃』（昭和四十二年五月　洋々社）を参照。
（7）第二十五代李氏王朝皇帝哲宗
（8）閔妃事件に関する当事者の記録として、小早川秀雄『閔后殂落事件』（謄写刷　奥付なし）がある。事件構成の人脈として、早くから漢城で新聞事業に従事していた熊本国権党グループが注目される。この時、柴に同伴して漢城入りした範之は、ニュートラルな立場であって、朝鮮浪人のどのグループにも属していなかったと考えてよいだろう。

内田良平ら黒龍会系の浪人が京城に新興勢力として力を持つようになるのは、統監府設置後数年を必要とする。朝鮮浪人に関する総合的な研究は発表されていないが、漢城における熊本国権党の流れをくむ人士の活動は、その草分け的存在であったことは記憶しておく必要がある。

（9） 堀口は詩人堀口大学の実父。杉村には閔妃事件前後の事情を記録した『在韓苦心録』（昭和七年一月）がある。

（10） 大院君を指す。

（11） 範之が創設し、住職をつとめた京城竜山の瑞龍寺（本堂の建物のみ現存）境内には昭和四年頭山満・内田良平・小久保喜七・安達謙蔵らによって、碑が建てられた。なお、現在における同碑の存在は不明である。

李周會の最後に関する日本人側のこのような解釈に対して、韓国側には次のような主張がある。

日本人の論者（菊池謙譲『近代朝鮮史』）中には、李周會の最後に対して「彼自身が事変の全責任を自らの意志と節操で決意して、すべての事変創案の責任をとって、朴銑と一緒に凶徒の令状を甘受したのである」と、同情的な言辞も惜しまなかったが、李周會が果して令状を「甘受」したか疑問である。あのような「決意」云々も事実は、日本人の造語にすぎないものであると看破されただけである。（震檀学会編　李瑄根『韓国史—現代篇』一九六三年　乙酉文化社）

（12） 権藤成卿の詩集『閉々子詩』（昭和八年十二月）の巻頭には「宮中紅曲」の韵を畳いだ詩がのっている。なお、このとき範之は事件関係者で浪人の千葉子諒（経歴不詳）を長崎にいた権藤に紹介し、千葉はこのとき、範之の宮中紅曲を権藤に伝えたという。同詩集には千葉子諒が「難を避け南肥に走る」を送るの詩がある。千葉は事件の裁判記録にその名を見い出せないが、事件の核心部分を担当していた人物である可能性は十分にある。

（13） 閔妃事件と範之のかかわり方は、直接行動者としてのそれではなかったようである。漢城における日本人浪人たちの謀議に関係していたとしても、それはあくまでも事件の傍流としてのかかわり方であったことに注目されたい。そういえば、天佑俠における範之の役割分担は「赤十字軍」という救護部門であり、直接行動を伴うそれではない。範之の本領は、むしろ全琫準ら東学側との交渉における文筆面にあったことを想起させる。ともあれ、この時期の範之の朝鮮浪人間での地位は、目立つほどのものではなく、その他大勢のうちの一人であったと思われる。

(14) これを俄館播遷と呼ぶ。ソウル貞洞のロシア公使館跡で最近、この時期に掘られたであろう秘密の地下道が発見されて、公開されている。

(15) 朝鮮問題に関する日露モスクワ議定書。

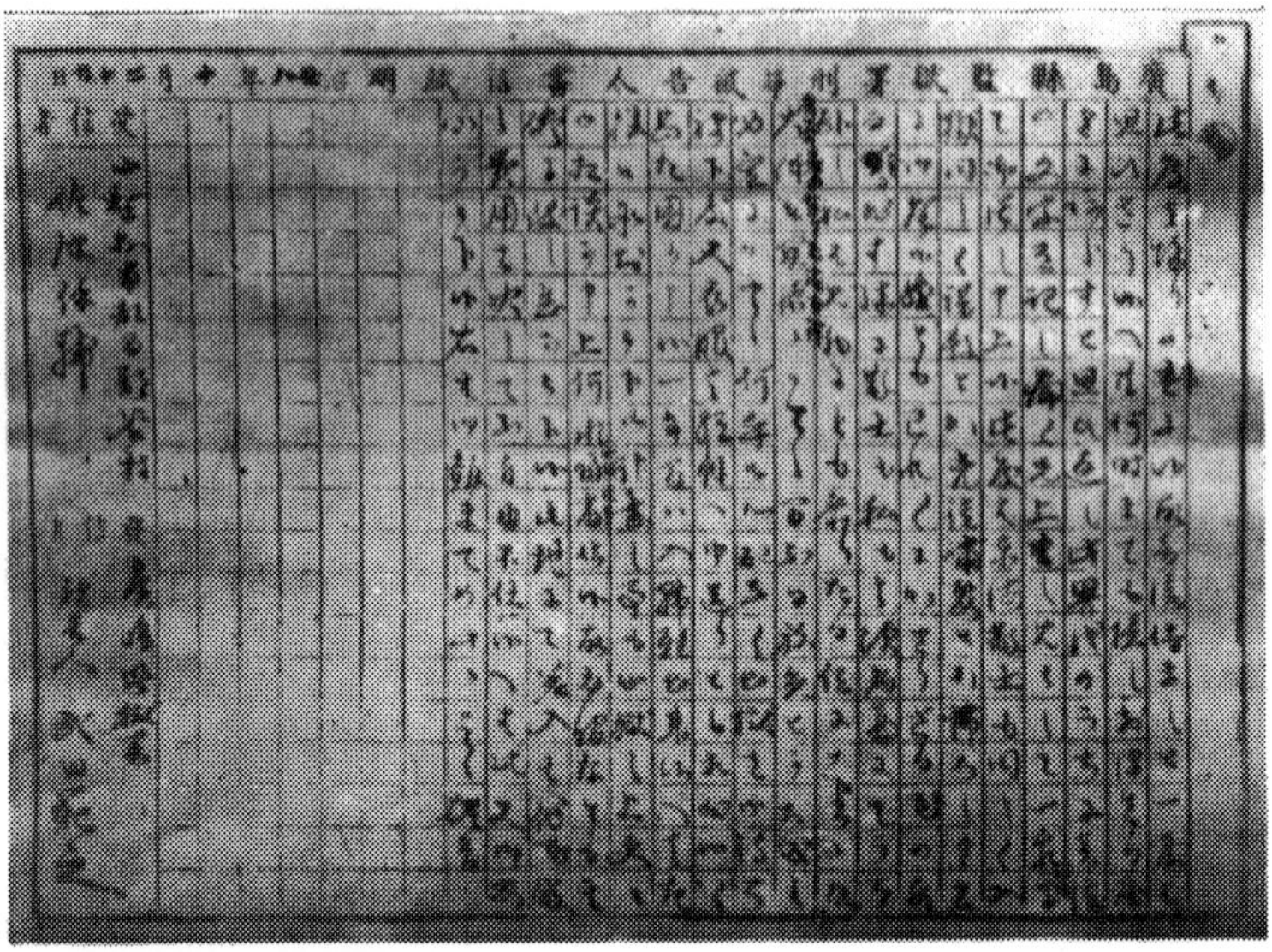

⑨　武田範之獄中の書状

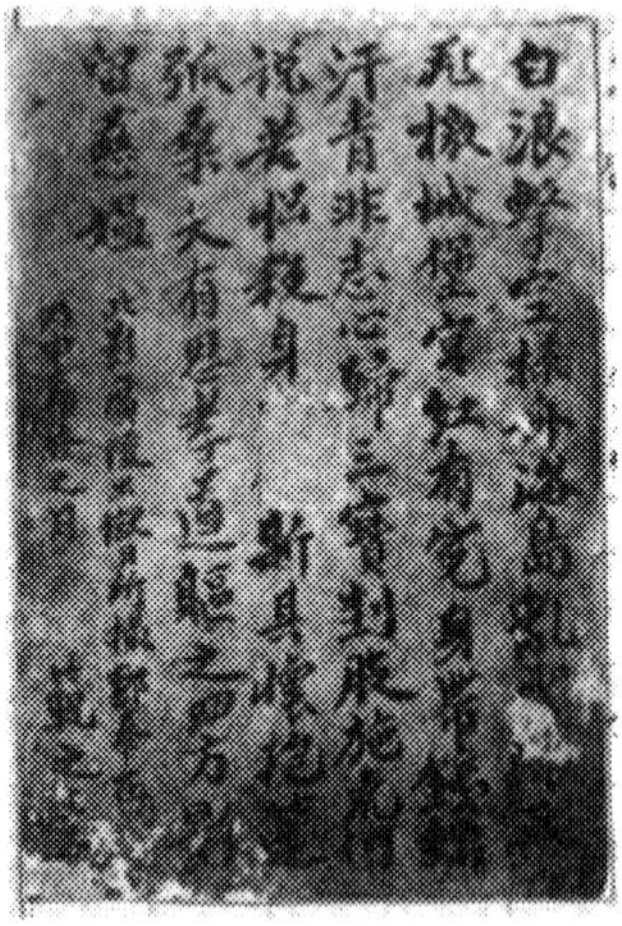

⑪　武田範之出獄時写真裏面詩

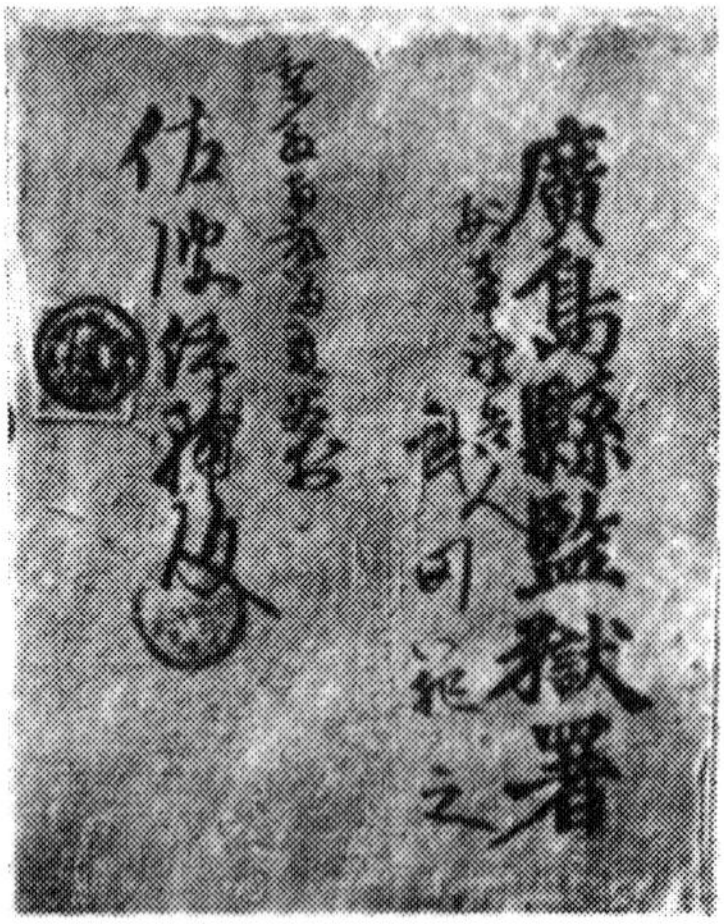

⑩　武田範之獄中の封筒

⑬　広島地方裁判所予審終結決定書送達書

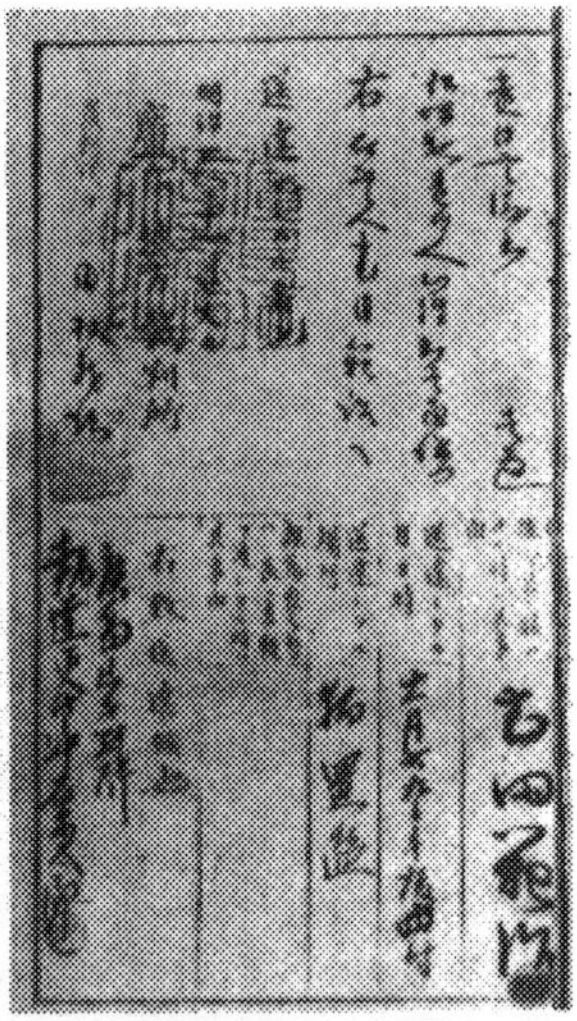

⑫　広島地方裁判所責附言渡書送達状

⑭　朝鮮王露国皇帝に贈る書案

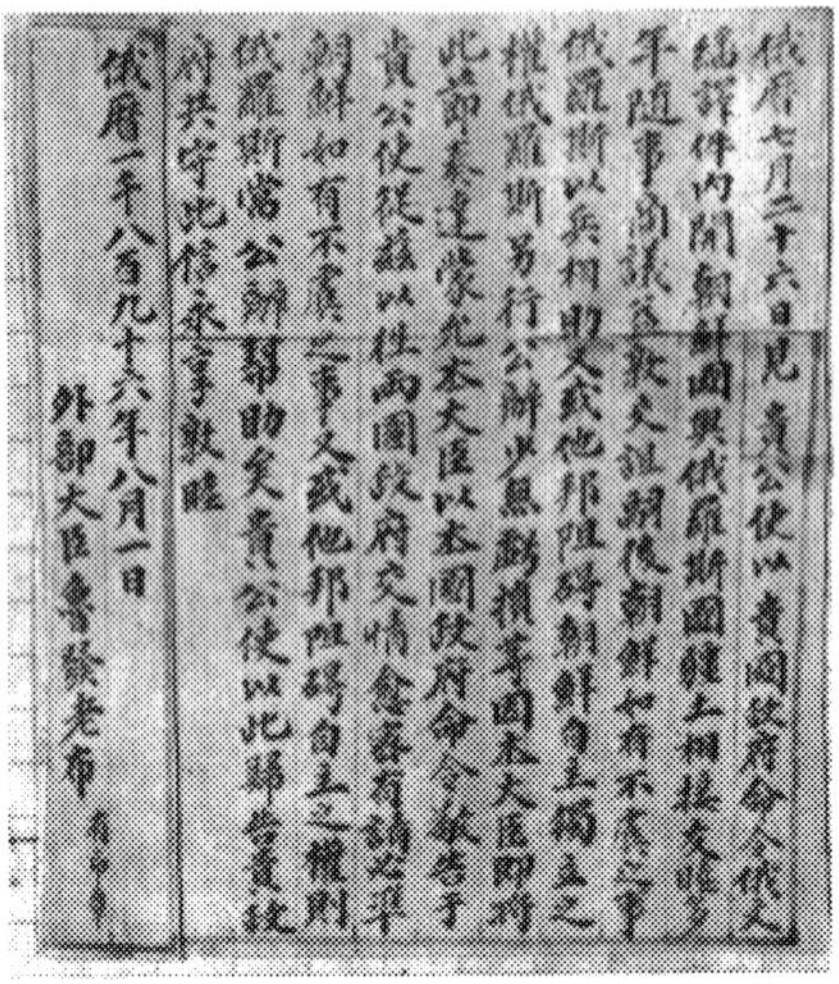
俄曆七月二十六日見 貴公使以 貴國政府命令俄文
繙譯件內開朝鮮國與俄羅斯國疆土相接友睦多
年隨事商議益敦交誼嗣後朝鮮如有不虞之事
俄羅斯以兵相助又或他邦阻碍朝鮮自主獨立之
權俄羅斯另行公辦少無虧損等因本大臣即將
此節奏達蒙允本大臣以本國政府命令敬告于
貴公使從茲以往兩國政府交情愈益有誼必準
朝鮮如有不虞之事又或他邦阻碍自主之權則
俄羅斯當公辦幫助矣貴公使以此歸告貴政
府共守此信永享敦睦
俄曆一千八百九十六年八月一日
外部大臣魯發老布

⑮　露国外部大臣魯発老布書譯本

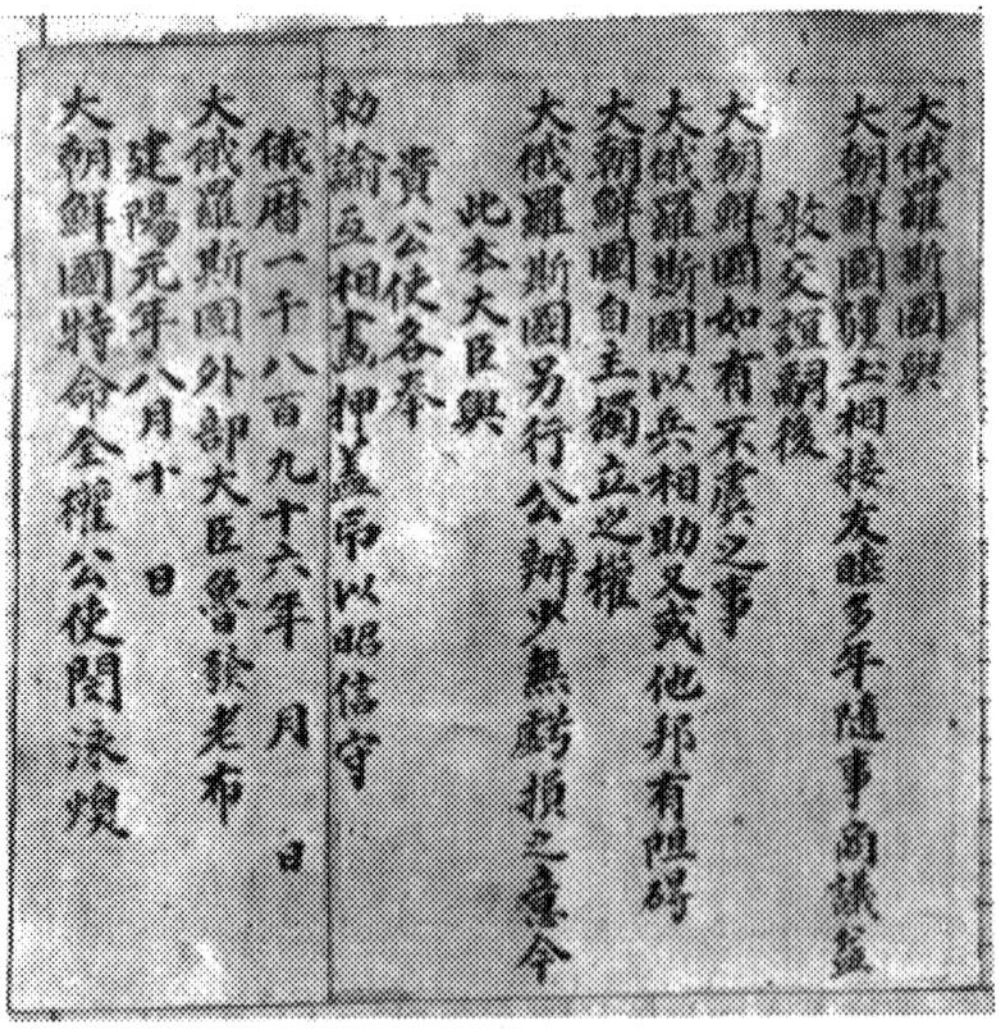
大俄羅斯國與
大朝鮮國疆土相接友睦多年隨事商議益
敦交誼嗣後
大朝鮮國如有不虞之事
大俄羅斯國以兵相助又或他邦有阻碍
大朝鮮國自主獨立之權
大俄羅斯國另行公辦少無虧損之意今
此本大臣與
貴公使各奉
勅諭互相畫押蓋印以昭信守
俄曆一千八百九十六年　月　日
大俄羅斯國外部大臣魯發老布
建陽元年八月十日
大朝鮮國特命全權公使閔泳煥

⑯　朝鮮と露国との交換書

第六章　雌伏時代

第一節　禅僧生活

一　転衣

是より後師は顕聖寺或は東林寺に在りて全く俗僧化したり。然れども柴四朗の著を援けたり。

明治三十年丁酉（三十五才）師は続いて顕聖寺に在り、三月法叔顕聖寺住職石田道牛に代つて保寧山観音瑞像記を作る。

四月三日柴四朗より佳人之奇遇編輯上の件に就き至急上京を希望し来る。

四月十八日師東京柴四朗方より石田道牛に報ずるに総持寺に於て転衣①の式を了りしことを報じ、又五月二十日石田道牛に十日乃至十五日までに帰山せんと報ぜり。

六月六日柴四朗より佳人之奇遇出版の件に就き種々照会あり。又至急其序文を作れとの申越しと、別紙の詩をも揮毫せよとの依頼あり。

六月下旬石田道牛に代りて顕聖寺方丈室壁の記を作る。

八月養家に展墓す。

二　朝鮮亡命客の保護

三浦中将の委嘱に依り朝鮮の亡命客禹範善（第二訓練隊長、後暗殺せらる）、李斗璜（第一訓練隊長、後全羅北道長官となる）、具善壽（後警務副長となる）、黄鐵（統監時代春川観察使、併合前帰化今の山口鐵太郎）等四人を伴なひ顕聖寺に帰り、其書を能くするを以て先づ同寺の大檀越たる予が叔父石田貞一郎（写真第十七）に四士の書を贈り、次いで県内有志の需めに応ぜしめたり。是一は書画（黄鐵は南画に巧なり）を以て游歴するものに扮すると、又其自活の資に供するが為なり。然れども頗る政嫌を蒙むりたるを以て之を其末寺が僻陬《へきすう》の東林寺（中頸城郡の西端なる桑取村大字東吉尾に在り師の最初の住職地なり）なるを幸とし道牛に請ふて之を同寺に伴なひ一時韜晦《とうかい》す。時に師詩あり曰く。

出家愧ヅ我却ツテ家ヲ成スヲ　廃宅嘲ケルニ堪ヘタリ井蛙ヲ学ブニ　争《イカ》デカ似《ツ》
ン住持三宝ノ実　福田荵敗桑麻ヲ長ズ
五畝ノ園三畝ノ宅　松有リ竹アリ泉石アリ　骨山誰カ道《イ》フ最モ居リ難シト　未
ダ檀家ニ向ツテ我屐ヲ投ゼズ　半窓斜ニ対ス妙高ノ峰　白雪玉成ス群嶽ノ宗
涼一味ヲ加フ禅床ノ上　黎糗《れいきゅう》相看ル亦万鐘

当時師は或は顕聖寺に在りて寺務を助け、又或は東林寺に在り、時として鮮客を導き高田に往復して其書画を周旋し、鮮客各々近県に游歴して自活の道を講じたること有り。

十月二十二日顕聖寺に於て閔妃の三回忌法会を行ふは、暗に李周會及全琫準を追弔するの意なり。時に道牛偈あり曰く。

王后ノ英才俊士ヲ圧ス　朝鮮ノ政海波浪ニ棹サス　為ニ酬フ此日三周忌　一片炉ニ挿ス解脱ノ香

第二節　朝鮮の事情及師の禅生活

一　師の動静

師は明治二十九年以後朝鮮問題に関せず。秋道牛病んで病院に在り故に師は寺務の衝に当り、又顕聖寺の境内地を復し、更に旧寺領を特売せられんことを企つ。

二　朝鮮王の還宮

二月二十日露公使韋貝《ウエーベル》は朝鮮王の還宮を諾したれども、王の帰還せられしは景福宮にあらずして露公使館に隣接せる慶運宮なり。之れ李範晉が韋貝と議して、緩急の場合露公使館と連絡の便を図りしに因るものたり。

三　改元

八月建陽の年号を光武と改元す。

四　露国軍人の傭聘

軍部大臣沈相薫は露韓密約に基づき、露国軍人を教官とせんとせしが、我政府は日露協商の趣旨に反するを以て坑議せしも韋貝公使と交迭したるスピール露公使は韓廷を威嚇して遂に九月六日露国士官及下士を傭聘《ようへい》せしむ。更に十一月五日に至りスピールは外部大臣趙秉式に迫りて露韓条約に調印せしめ、露国の極東総督アレキシーフを度支部顧問兼海関総弁に任じたるに依り韓国の兵馬及会計は凡て露人に掌握せられたるの観あり。

五　独仏両元首への親書

是より先九月二十一日独逸皇帝及仏国大統領等へ贈る親書に、緩急ノ場合ハ実力ヲ以テ相助ケシメ永遠渝ラザランコトヲ期シテ厚望ス玆ニ全権公使閔泳翊ヲシテ朕ガ意ヲ転達セシム云々　光武元年九月二十一日　陛下之良兄弟　李熙〔君主御璽〕又一は、閣下之良友　李熙〔君主御璽〕との副書は略同文意なり。

六　韓帝の即位大礼及国号の改定と各道の分割

十月十二日皇帝即位の大礼を行ひ国号を大韓に改め、全国を十三道とす。是朝鮮に於ける重大事項にして、後に関連するところ大なるを以て殊に爰に掲ぐ。

明治三十一年戊戌(三十六才)師は顕聖寺に在り。

七　日韓文書の贈答

一月三十一日我駐韓弁理公使加藤增雄は、韓国皇帝に左の公文を贈る(漢文)。曰く。

大韓国　大皇帝陛下及　皇太子殿下常ニ深ク其意外ノ変ヲ慮リ本使已《スデ》ニ旨ヲ承

ケ忠愛ヲ意フノ間恐惶ニ勝ヘズ。大日本国ト　大韓国ト益々兄弟親睦ノ誼ヲ厚フシ深ク　大韓国　皇室ノ安寧ヲ望ム。而シテ　大皇帝陛下及　皇太子殿下ノ玉体上ニ若シ危難及亡命者ノ謀ヲ售《ウ》ルコト有ラバ何時ヲ論ズルコト無ク本使心ヲ尽シ力ヲ設ケ預メ其微ニ防ギ危難ノ境ニ至ルコト無カラシメン。深慮ヲ為スコト勿レ。此ヲ以テ確言謹奏ス。

明治三十一年一月二十一日

大日本弁理公使　加藤増雄㊞

八　大院君の薨去

此の書に対して二月韓国皇帝の回答は左の如し（漢文）。

大韓国大皇帝　大日本弁理公使加藤増雄ニ回諭ス。日韓両国講好素有リ、輔車ノ託固渝ラザルヲ知ル。而シテ恐ル或ハ其間ニ薛《へい》子芽シテ、丙枕多時ナルヲ念ト為サンコトヲ。刻密奏ニ接スルニ、言已ニ懃懇事且周全貴使友誼ノ至意ヲ篤フセンコトヲ務ムルニ由ルヲ諒ス。朕庸《も》ツテ嘉尚シ、特ニ此《ココ》ニ泐覆シテ、深ク貴使ノ久シク敝邦ニ駐マリ益々心力ヲ殫《つく》シ克ク図リ終有リ後ヲ嗣ガンコトヲ望ム。外国ノ我自主ノ権利ヲ妨グルモノ有ルニ遇ハバ、貴使必ズ機ニ随ヒ略ヲ設ケ他ノ格外ノ侵損ヲ免カレシメテ以テ朕ノ厚望ニ副ヘ。

二月二日大院君薨ず。年七十七才閏三月二十六日孔徳里の我笑堂に葬る。

大韓国大皇帝の実父たりし大院君は、其撰定冊立せしめたる閔妃（後の閔后）と政権を争ひ、再三摂政の位地に立ち、其政治的手腕を振ひしが、保定の国外幽囚四年、放たれて更に十年不遇の歳月を過ごしたりしが、日清戦争に際して第三次の摂政と為り、又最後の其入城に依りて所謂乙未の変を激成したる後、終に雲峴宮に退隠し意気全く銷沈したるは、其老衰に由るか人をして転た今昔の感に堪へざらしむるところなり。而して其妃は其前年十二月十六日薨去せられ又孫李埈鎔は国外に在りて其老病を慰むるもの無し。故に其末路那波翁《ナポレオン》に似たりと称するもの有り、噫英雄の末路一掬の涙無かるべけんや。

九　韓国に於ける各国勢力の消長

当時露国は清国旅順・大連の租借の事より英国と衝突し、京城に於ける英露公使の感情も亦総税務使事件より相阻隔し、韓廷も亦露国の暴慢なるに嫌焉たるものありて排露の感情欝勃たり。故に露国は日本の英国に与みせんことを恐れ駐日公使ローゼンをして我外務大臣西徳二郎と三条の協商を議定す[2]。其要旨は、

日露両国共ニ韓国ノ主権及完全ナル独立ヲ確認シ、且韓国ノ内政ニハ凡テ直接ノ干渉ヲ為サヾル事ニ決シ、将来誤解ヲ来タスヲ避ケン為メ訓練教官及顧問官ノ任命ニ就テハ相互ニ協商ヲ経ベキコトヲ定メ、且露国ハ日韓両国商工業ノ発

達ヲ妨害セザルコトヲ約ス。

之に因つて同時に度支部顧問アレキシーフ及傭兵の武官は之を罷免せられ、英国人ブラウン総税務司と為り、露国の権勢は稍減殺せられ、遂に安駉壽一派の逮捕令と為り、親露派漸く恐慌を来たさんとす。

明治三十二年己亥（三十七才）依然東林寺住職として同寺及顕聖寺を往来して寺務に従事し、又法叔道牛の宿痾を看護す。

一〇　露公使の交替

前年日露協商後駐韓露公使スピール去つてマチューニン之に替り、一月マチューニン亦去り、嘗て北京に代理公使たりし発布魯《パブロー》の替つて来任するや、露国の対韓政策は再び活発と為り、同国人の為に咸鏡・江原・慶尚の三道に捕鯨根拠地三個所を得たり。而して我領事は領事の許可を得ざれば、韓人を我邦人の家に止宿せしむるを得ずと布令し、取締りを厳にせり。

明治三十三年庚子（三十八才）道牛の病漸く重し、師看護に寺務に大に力を竭す。

一一　孫文に代る清国革命檄

此間清客孫文（字は逸仙、後中華民国初代の大総統となる）の為に革命の檄文[3]を草す（漢文）。

欽ミテ天命ニ若《シタガ》ヒ檄ヲ万方ニ伝ヘテ我四億ノ生霊ヲ警覚ス。夫宇内同胞万国一室孰レカ親孰レカ疎、生々相存シ有無相資ク、孰レカ厚ク孰レカ薄キ、此レ宇内ノ通義万国ノ達道、蒸民ノ理乃然ル也。然レドモ人有リ斯ニ国有リ、国有リ斯ニ法有リ、人ハ人ト以テ相乖《ソム》カズ、国ハ国ト以テ相睽《ミハ》ラズ、乃人権有リ国権有リ以テ相皇張ス、亦止《タダ》此通義達道ヲ皇張スルノミ。往昔華盛頓《ワシントン》ノ暴英ニ抗ジテ、而シテ義旗ヲ揚ゲルヤ、積骨隍《こう》ヲ成シ流血池ヲ成ス、其北米合衆国ヲ建ツルヤ颺言《ようげん》シテ曰ク、米大陸ハ宜シク米人ヲ以テ自主タルベキ也、外人ノ容喙ヲ許サズト。此言ヤ此挙ヤ啻々合衆建国ノ体タルノミナラズ、実ニ米大陸万世不抜ノ根基タリ、以テ今日駸《しん》然已ム可カラザルノ文化ヲ致ス。又通義ノ皇張耳《ノミ》達道ノ皇張耳《ノミ》。何トナレバ未ダ国其主権ヲ全フセズシテ而シテ民其人権ヲ全フスル者有ラザレバ也。我愛親覚羅氏ノ主権ヲ全ウセザルヤ久シ矣、其清国ヲ御スルハ清国人ノ為ニ清国ヲ御スルニ非ズシテ、而シテ愛親覚羅氏ノ為ニ清人ヲ御ス。故ニ其治タルヤ務メテ衆目ヲ掩蔽シ、未ダ曽テ於変維雍《アヽコレヤハラグ》ノ化ヲ敷カズ、唯下民ノ或ハ宇内各国ノ形勢ニ通ジテ、而シテ己《オレ》ニ愚従セザランコトヲ恐ル。是ニ於テカ鈍愚内弱、機智外乗、終ニ各国人ヲシテ清国ハ化シ難シ、宜シク其土ヲ分割シテ以テ其愚ヲ啓発スベシト謂ハシム。是豈主権者桑土ヲ撤セズシテ自ラ侮ルノ罪ニ非ズヤ、今ヤ列国連合ノ兵大ニ北清ノ野ニ軍シ、分割ノ実《じつ》将《まさ》ニ旦夕ニ行ハレントス。而シテ愛親覚羅氏匪徒ヲ引イテ自ラ援ヒ天子蒙塵シ列国公使重囲ニ陥リテ而シテ救ハレズ、天日既ニ墜チ矣、主権既ニ喪フ矣。嗚乎愛親覚羅氏既ニ復主タル可ラズ、而シテ分割ノ難既ニ我頭上ニ莅《のぞ》ム、憂国ノ士将ニ如何シテ此間ニ処セントスルヤ。夫《それ》華盛頓《ワシントン》ノ志有ツテ而シテ後始メテ華盛頓ノ事有リ、華盛頓ノ事有ツテ而シテ後米国ノ文化始メテ煥トシテ朦ヲ発クガ如シ。故ニ曰ク非常ノ原ハ黎民懼ル焉厥《ソノ》成ルニ及ンデ天下晏如タル也ト。嚮《サキ》ニ米国ヲシテ骨隍血池ノ惨事無カラシメン乎《カ》、永ク印度タル而已《ノミ》矣、国自主タラズ民自由ナラズシテ而シテ能ク存スル者ハ天下未ダ之レ有ラザル也。亡ビテ印度ト為ランカ、興ツテ米国ト為ランカ二者ノ決転側ノ間ニ在リ、憂国ノ士生キテ分割無主ノ皁隷ト為ラント欲スルカ、死シテ中華自主ノ民ト為ラント欲スルカ。往時明朝ノ亡ブルヤ、志士慷慨義ニ就クノ惨、人ヲシテ酸鼻ナラシム、今清朝ノ自滅スル、志士何ヲ以テ之ニ死セントスル。何ゾ自ラ颺言シテ曰ハザル、中華ハ宜ク中華ヲ以テ自主タルベキ也、外人ノ容喙ヲ許サズト。夫活中死有リ死中活有リ、陰陽闔開剝極マレバ則生ク。今ヤ中華ノ剝極マレリ矣。俄国ハ蒙古附庸ノ一小酋ヲ以テ翼ヲ黒山ノ窟ニ張リ一撃高加索ノ外ニ揚リ、再搏満洲ノ野ニ翔リ、遂ニ拏攫《だかく》ヲ我渤澥ニ恣ニシ、人ヲ啄ミ因ツテ人ヲ噉《くら》ヒ心復宇内ニ人道ナル者有ルヲ知ラズ、亦復慈心有ルコト無シ。婦女ハ捕ヘテ而シテ之ヲ婢トシ、壮者ハ鉄鎖シテ而シテ之ヲ鉱坑ノ内ニ駆リ、黄耆《こうき》嬰孩《えいがい》無用ノモノハ之ヲ屠ル。此《コレ》啻ニ之ヲ高加索ニ施スノミナラズ、邈タル彼ノ東亜此惨禍ヲ蒙ラザルコト無シ。啻ニ東亜ガ此惨禍ヲ蒙ムラザルコト無キノミナラズ、琿春ハ既ニ屠ラレ愛琿モ亦残セラル、琿春城外嬰児ノ首ニ矛サシテ而シテ舞フ。故ニ俄兵ノ過ル所城市皆墟山川皆朱嗚《ア》乎《ア》蒼天東方独リ何ゾ辜アリ、西方独リ何ゾ福アル。英人亦猖狒饕餮嘗テ毒烟ヲ輸シテ我精霊ヲ魅シ、我ヲ城下ノ盟ニ屈シ、我ニ強イテ其毒烟ヲ飲マシム。宇内同胞ノ義何レニカ在ラン哉、名ヲ啓蒙ニ托シ天ヲ助ケテ虐ヲ為ス。故ニ南海ノ利ヲ放ツテ長江ノ流ニ拠リ、金獅綏々、蛇龍蜒蟺、乃権商シテ而シテ我膏血ヲ吮《ねぶ》リ、将ニ商理我ヲ制シ我ヲシテ自ラ死スルコト印度ノ如クナラシメントス。今ヤ艨艟海ヲ蔽ヒ眈々トシテ変ヲ南清ニ視ル、必ズ将ニ大商会ヲ起シテ之ニ授クルニ兵権ヲ以テシ、以テ我長江大河ヲ奪ツテ、以テ我ヲ印度ノゴトクセント欲セントスルヤ必セリ矣。之ヲ原《タツ》ヌルニ英ノ人ノ国ヲ奪フヤ商ヲ以テス、其動ヤ機其図ヤ陰。俄ノ人ノ国ヲ奪フヤ兵ヲ以テス、其動ヤ暴其計ヤ賊。二者豆大ノ小邦ヲ以テ能ク宇内ニ雄飛スル者ハ皆人ヲ殺シ国ヲ盗ミ、呑噬搏撃獣噉鳥啄、而シテ自ラ飽クノ致ス所。其雅《モト》四海兄弟ト言フハ則剽劫ノ利器而《ノ》已《ミ》否ラザレバ則何ゾ汲々焉トシテ、兄ヲ殺シ弟ヲ虐ゲ同胞ノ国ヲ奪フコトヲ之《コレ》務メンヤ。且宣教師ノ如キ改宗者ヲ呼ンデ正人ト為シ、改宗セザル者ハ目スルニ罪人ヲ以テシ、暴慢無礼人ヲ視ルコト草艾ノ如シ。郷国ノ虎威ヲ仮リテ我顓民ヲ鞭撻ス、其教会堂ハ無頼捕逃ノ淵藪タリ。而シテ官之ヲ制スルコト能ハズ、義和団徒ノ切歯扼腕眥《まなじり》ヲ決シテ而シテ起ツハ固ヨリ其所也。夫三尺ノ童子モ其面ニ唾スレバ則怒ル、今列国ノ団匪ヲ責ムルニ其怒ルヲ以テス、何ゾ其怒リヲ悪ンデ而シテ其先ヅ自ラ唾セシコトヲ忘ル、ニ異ナランヤ。兵力ヲ以テ毒薬ヲ輸スルヤ、曰ク汝我ニ威服セラレテ敢テ我ガ毒薬ヲ飲ムト雖モ、然レドモ我ハ強キモ我ヤ労セリ矣、宜シク海湾ヲ割キテ我ニ報フベシ。曰ク我《ワレ》汝ガ為ニ日本ヲ欺イテ而シテ遼東ヲ取ル、宜シク要港ヲ割イテ我ニ報フベシ。曰ク我ニ膠州ヲ借セ、曰ク我ニ鉄路ヲ借セ、曰ク何曰ク何ト。列国ノ耳目終ニ我中華ニ集リ、曰ク此国化ス可カラズ、割イテ而シテ之ヲ分ツニ若カザル也ト。朝ニ劓《ハナキ》ツテ而シテ之ヲ膾《なます》ニシ夕ニ刵《みみき》ツテ而シテ之ヲ炙《あぶ》リ、其起ツ可カラザルニ至ツテ曰ク且殺シテ而シテ其肝ヲ宰セン。之ヲ生サント欲スト雖モ既ニ生ク可カラザルノミト。此レ豈宇内同胞万国一室ノ通義ナランヤ、此レ豈生々相存シ有無相資クルノ達道ナランヤ。列国ノ我ヲ剝喪スルコト既ニ已ニ此ニ至ル、今ニシテ尚自ラ警覚セザレバ、則其南清ハ英化シテ印度ト為リ、北清ノ俄化シテ西伯利亜ト為リ、列国亦狺々《ぎんぎん》然トシテ亡骸ヲ其間ニ争ヒ、肉飛ビ骨散ジテ而シテ後已ムヤ、昭トシテ火ヲ見ルガ如シ矣。堂々タル中華三千年ノ古国一朝亡滅シテ制ヲ殊域紅毛ノ主ニ受ケ、祖朝先塋皆紅毛ノ馬蹄ノ蹂藉スル所ト為リ、生キテ丘首一杯ノ土無ク、死シテ異域鉱坑ノ冤鬼ト為ラン。否《シカ》ラザレバ残骨曠原ニ灰飛シ、其子遺老幼流離困踣憑依スル所無ク、蹌々踉々憐ヲ紅毛ニ乞フコト、猶波蘭亡民ノ食ヲ乞ヒ、印度窮氓ノ饑ニ泣クガ如クニシテ、而シテ我種族漸ク以テ跡ヲ宇宙ノ間ニ滅スルニ至ラン、亦悲シカラズヤ。勢此ニ至レバ生ノ辱ハ死ノ栄ニ若カザルコト遠シ矣。何トナレバ死シテハ中華忠義ノ鬼ト為ルモ、生キテハ則紅毛ノ狗ト為レバ也。憂国ノ士請フ細心之ヲ観ヨ、列国ノ兵ヲ出スヤ声言スラク公使ヲ救フニ在リト、而シテ俄ハ琿春・愛琿ヲ屠リ、牛荘ノ戍ヲ奪フ、英将モ亦上海ニ在リテ其艦隊ヲ逗メ、其天津ヲ陥レテ而シテ将ニ北京ニ至ラントスル者。日本軍独リ其衝ニ当ツテ而シテ連合ノ実有ルコト無シ、是其術中黄人ヲシテ相戦ハシメ、白人ハ且傍観シテ而シテ其弊ニ乗ゼントスルニ在ル也。否ザレバ則公使ハ北京ニ在ル也、南海ニ在ルニ非ザル也、琿春・愛琿・牛荘ニ在ルニ非ル也。而シテ然ル者ハ此レ黄人ヲ蚌鷸ニスル也、白人東洋ニ漁スル術、毎ニ斯ク巧手ヲ用ヒテ而シテ黄人自ラ覚ラズ、以テ互ニ相剪滅ス、亦悲イ哉。東洋ノ厄運極マレリ矣。然リト雖モ芒々タル神禹ノ域、其州四百其民四億、誠ニ志ヲ一ニシテ而シテ謀ヲ合センカ、必ズ頽波ヲ廻ラシ没日ヲ掀スルノ策有ル也。故ニ曰ク活中死有リ死中活有リ、陰陽闔開、剝極マレバ則生ク、乾坤転ゼント欲シ、東方将ニ白マントス、天道ノ好還、豈西人ヲシテ永ク陰悪ヲ暗中ニ逞フセシメンヤ。太陽一タビ出ヅレバ妖影ノ霧消スルコト竚チテ而シテ待ツベキ也。然ラバ則之ヲ策スルニ如何セン、曰ク今日ノ事一言ニシテ而シテ定マラン矣。宜シク先ヅ共和ノ主ヲ立テテ州郡ヲ連合シ、尺壌寸土外人ニ譲ラズ、東洋ノ事ハ必ズ東人ヲ以テ自ラ理ムルコト、猶華盛頓ノ暴英ニ抗ジテ、而シテ起ツガ如クスベキ也。西人我ニ聴カザレバ、則四億ノ衆死有而已《ノミ》。西人前愆《ケン》ヲ悔イテ而シテ情ヲ通ゼンカ、当ニ天包海涵シテ通義達道ヲ真際ニ発揮スベキ也。夫俄ノ兵暴ニシテ而シテ怯、且兵ヲ出ス多キコト能ハズ、亦然リ、独仏モ亦然リ、驟雨必ズ崇朝セズ。阿南ノ小民ニシテ而シテ克ク大英ヲ困シムルコト其レ果シテ幾閲月ゾ矣。白人ノ恫喝畏ル、ニ足ラズ、宜シク自主シテ而シテ動クベシ、彼ノ弄スル所ト為ルコト勿レ。唯今日神州ヲ克復スルノ業ハ、早ク先ヅ支那共和連邦ヲ建テ、以テ自ラ死守スルニ在ル而已《ノミ》矣。人々華盛頓ノ情ヲ存セバ則神州ノ転機誠ニ玆ニ在ル也。故ニ曰ク生キテ紅毛ノ狗ト為ラント欲スルカ、死シテ中華自主ノ民ト為ラント欲スルカ。亡ビテハ印度ト為リ、興ツテハ北米ト為ル。諸賢請フ之ヲ機前ニ決セヨ。宇宙ハ活ケリ矣、死活ハ唯諸君ガ方寸ノ内ニ在リ。誰カ空シク楚囚ト作《ナ》ツテ、新亭ニ対泣スルコトヲ之為サンヤ。

一二　黒龍江曲

又黒龍江曲④三闋を作る。

滾々トシテ流ル、者黒龍江水何ノ時ニカ竭《つ》キン。啾々トシテ哭スル者陰湿ノ鬼声何ノ時ニカ歇マン。恨ヲ呑ンデ血ヲ吐キ滾々トシテ流ル。闃タルヤ声ヲ呑ミ寂トシテ月ヲ吐ク。怪ミ来ル波上誰カ鉄蹄ヲシテ飛バシムル。怨ハ堅氷ヲ結ンデ山ノゴトク突兀タリ。氷山血河月一痕。鎮常照シ得タリ黒山陰鬼ノ窟。

汝誰ガ児。余誰氏。噫《アア》矣余兮《ヤ》誰ト共ニカ期セン。吾且歌ハン兮《ヤ》黒龍江ノ一曲。児曹剣ヲ抜キ地ヲ斫ッテ将ニ胡為《イカン》セントスルヤ。自ラ有リ天地江流ノ兟《スス》ム。発スルニ源無キ兮注イデ垠ヲ絶ツ。浩々タル洪波三万里。剣ニ倚ッテ眥《まなじり》ヲ決シテ雲津ヲ睨ス。渺タル兮寧古塔《ニングタ》外ノ古王国。千年ノ壮途具陳シ難シ。別ニ有リ英雄ノ意気宇内ニ横ハル。黒龍ノ江水万春新ナリ。国維レ何ゾ大ナルヤ蒙古帝。人維レ何ゾ自在天神（天神ト鉄木真トハ満音相近シト英人某氏ノ説ニ拠ル、四十ニシテ兵ヲ起スト露国参謀本部纂スル所ノ書ニ拠ル、余ハ煩ハシク弁ゼズ）。目ハ點漆ノ如ク眉ハ柳ノ如シ。手ニ神箭ヲ挟ンデ江浜ニ降ル。四十兵ヲ起ス亦何ゾ晩キ。国ヲ併スコト四十豈人倫ナランヤ。悲歌夕ニ動ク金角湾頭ノ月。汗馬朝ニ蹴ル鉄門関外ノ塵。露皇ノ祭器ハ譏ニ我皀馬ノ具ニ供スルニ足ル。未ダ肯テ許サズ独帝ガ夢ニ或ハ伯林ノ春ヲ弄スルヲ。黄金ノ胡床彼何物ゾ。歴拿ニ二傑苟モ顰ニ倣フ。茫々タル天地今古ヲ窮ム。雄図唯有リ黒龍江水ノ流レテ磷々タル。則我ヲ万虫窖ニ投ズト雖モ、手ニ日月ヲ挈ゲテ紫宸ニ歩ス。則樹穴雙鴿驚クト雖モ、手ハ両瀛《えい》ニ盥《ソソ》イデ化鈞ヲ転ズ（雙鴿ノ話、我頼朝石橋山ノ事ト一モ異ナル所無クシテ、而シテ彼ノ書ニ出ヅ、奇ト謂フ可シ、万虫窖ノ話ハ帖木児ノ事ニ属ス）。

汝誰ガ児。余誰氏。噫《アア》矣余矣誰ト共ニ期セン。綿々瓜瓞既ニ経タリ五百星霜ノ古ヲ。黒龍江ノ曲誰カ鼓吹セン。

漢文満武倶ニ已ニ忽タリ　白馬飲《ミズカ》フニ慵シ長城窟。芒々タル禹域云ニ何ゾ吁《アア》。

漠々タル烏嶺日西ニ没ス。児曹且休メヨ兮剣ヲ抜イテ徘徊スルコトヲ。八旗影青ク江月落ツ。啾々トシテ哭スル者陰湿ノ鬼声休期無シ。滾々トシテ流ル、者黒龍江水何ノ時ニカ竭キン（第一関）。

闘ハン乎手ニ寸鉄ノ以テ鋭卒ニ攖《フ》ル、可キモノ無シ。逃レン乎足ニ一葦ノ以テ洪川ニ杭《ふなわた》ス可キモノ無シ。将軍馬上ニ令シテ曰ク渡レト。背ニ血雨ヲ注グ冥河ノ前。冥河噞喁怒浪ヲ揚グ。水ニ滅ス無告ノ口六千。是独《ヒトリ》民ノミニ非ズ維何ノ辜ゾ。月ニ叫ブ黒河屯外血ヲ吐クノ鵑。眼電ヲ閃メカシ。舌燄ヲ巻ク。三頭ノ毒蚢河ノ険ヲ度ル。（単句）憐ム可シ愛琿城中赤子ノ夢。更ニ紅涙ヲシテ睡瞼ヲ侵サシム（虐殺先ヅ黒河屯ニ起ツテ而シテ哈爾賓地方ニ終ル、蓋シ某祭日一将江ヲ渡ツテ斉々哈爾ヲ囲ミ、某祭日一将薩哈連ヲ囲ンデ而シテ虐殺ス、中将ハ某祭日ヲ以テ愛琿ヲ囲ム。故ニ愛琿ハ三面囲ヲ受ケ、最モ惨状ヲ極ム、愛琿ハ黒龍江城ノ在ル所也）。

誰ゾヤ母倒レテ子ヲ抱ク車ヲ駆ル者。日本ノ少婦遽ニ綏ヲ執ル。誰ゾヤ胴丸ニ串《ツラ》ヌカレ腰纒ヲ探ル者。露帝ノ官人私ヲ行ハズト。怪ミ見ル童男童女累々縲紲《るいせつ》ニ従ヒ。姦殺シテ殊刃之ニ従ハズ。魚釜ニ泣ク兮雞樹ニ驚ク。人兮物兮子遺靡シ。汝ヲ視レバ車ヲ推シ曰ク戦利品ヲ鬻《ひさ》グト。曽テ吾ヲ剽殺スルコト猖狓ノ如シ。吾ガ嬰児ヲ攫《ツカ》ンデ空ニ擲チ喝シテ曰ク厄ト。乃吾ヲ冒褻シテ遂ニ剚鍦ス。甘キモノハ人肉ヨリ甘キモノ無シトハ何ノ謊語ゾ。汝ガ残虐ニ比スレバ何ゾ啻ニ飴ノゴトキノミナランヤ。三月灰飛ブ秦火モ尚未ダ烈トセズ。万髏臭散ズル呉坑モ尚何ゾ非(ママ)シカランヤ。虐殺古ヨリ檮杌ニ上ル。未ダ聞カズ姦殺ノ声央詩ニ施クヲ。千載誰カ洗ハン妖血ノ痕。陰燐雨ニ湿フテ江涯ニ燃ユ。矧《いわん》ヤ是吾ガ屍爛ルト雖モ骨未ダ散ゼズ。笱梁早トニ見ル胡索ノ士女笑ツテ嘻々タルヲ。維レ歳庚子秋ナラント欲スルノ時。汝ハ記セン汝勝軍ヲ禱ツテ神祠ニ賽セシヲ。汝ガ神兇悪乃是ノ如シ。吾ハ記ス愛琿城外汝敢テ覗碑ヲ刴スルヲ(哈爾賓以北概ネ清蕩セラレ、殺ス所六万ニ過グ。遂ニ愛琿等大都名邑ノ名ヲ改メ新ニ命名式ヲ挙ゲ、紀念ノ碑ヲ建テ銘スルニ永ク露有ニ帰スルノ意ヲ以テス。是等ノ事皆我友辻映君、当時満地ニ往来シテ目ニ観ル所也。惨状悉ク聴クニ忍ビズ、故ニ未筆ノ事極メテ多シ)。眼電ヲ閃メカシ。舌燄ヲ捲ク。妖蛇知ラズ路ノ夷険ヲ。(単句)吾ヲシテ頫冤徒ニ黒龍ノ曲ヲ奏セシム。何日カ鐘子期ヲシテ涙ヲ収メシメンヤ。一タビ妖蛇ノ烏拉ノ巓ヲ逸セシヨリ、尾ハ渤澥ヲ捲キ首ハ天ニ冲ス。大白ノ傘蓋何ゾ庇フ所アラン(喇摩日課持仏、名ヲ大白傘蓋仏頂ト云フ、又仏母トモ云フ、明訳ノ二本互ニ異同有り、及大和長谷伝授道場ノ大法一本、並ニ収メテ日本縮刷蔵中ニ在り)。鉄網縦横縛纒ニ任ス。鳴呼死セリ矣満洲百雄武ヲ奮フノ地。児曹啾々何ゾ乃然ル。滾々タル黒龍江ノ流レハ尚未ダ竭キズ。蓋《ナン》ゾ宇内ニ向ツテ再ビ汝ガ錦韉ヲ勒セザル(第二関)。

咄々又咄々。屈々又屈々。咄々屈々吁冤ナル哉。剣ニ倚ツテ長嘯ス黒龍江畔無限ノ月。万国ノ興亡唯一痕。天門開闔誰カ相発セン。誰カ我ヲシテ行吟沢畔ノ鬼ト為リ。徒ニ啾々トシテ陰山ノ窟ニ哭セシムル。非常ノ事ハ当ニ非常ノ人ヲ要スベシ。彼ノ垂天ノ翼ヲシテ或ハ夭閼セシムルコト勿レ。汝誰ガ児。我誰氏ゾ。噫我ガ期スル所ハ汝須ク知ルベシ。滾々タル江流東シテ海ニ朝ス。海中仙有リ青螭ニ駕ス。紫気晻靄手ニ日ヲ捧グ。汝ノ為ニ雲ヲ停ム我ガ黒龍ノ奏吹ヲ聴ケ。維其仙子帝ノ哺スル所。之ヲ金壺ニ封ジテ正ニ三千有年ノ固キヲ得。沆瀣時ニ人間ニ迸シルト雖モ、宝露檀密嫗煦ヲ惜ム。天数満ツル時ニ聖胎成リ。否運方ニ極ツテ慶祚ヲ開ク。汝聞カズヤ波斯ノ霊肆ハ万国ノ瑰珍ヲ陳ス。孤弱彼ノ如キ今誰カ顧ミン。又聞カズヤ莫科ノ太公ハ我驄馬ノ槽ヲ拝ス。華冠彼ノ如キ今何ゾ姱《オゴ》ラン。天行忽チ蹶イテ桑海ニ変ズ。汝須ク静ニ測ルベシ天彼ノ其ノ歩ヲ運ラスヲ。炎々タルモノハ滅シ暴ハ久シウシ難シ。東方豈無カラン天神ノ再蘇シテ暦数ニ応ズルコト（喇嘛ノ言ヲ為ス、蘇ハ生也、慈ハ救也、満人喇嘛ヲ奉ジ、生仏再蘇ノ説ヲ信ズ、語故ニ及ブ）。汝誰ガ児。我誰氏ゾ。余天神ト期スル所有リ。我ガ此甲冑誰ガ伝フル所。我ガ此宝刀我ガ私ニ非ズ（明代伝家ノ宝ハ、日本製ノ甲冑等タリト云フ高祖ノ披ク所也ト、又明援ヲ日本ニ乞フ、書中云フコト有リ、我家ハ源将軍ノ裔也云々ト）。愛親覚羅モ亦同出（遠ク帖木児ノ支族）。金壺逸迸ス東亜ノ豪傑幾本支。嗟乎鳳ハ蒼梧ニ棲ミ、鷲ハ岩洞ニ。物類ヲ以テ聚マリ初メヨリ統有リ。我ハ黄タル兮彼ハ皙其レ皙。既ニ其土ヲ異ニスル兮自ラ其種ヲ別ニス。南橘北柚各々処ヲ得。

厳ニ畛域ヲ画シテ通共有リ。咄々大賊謾ニ倡フ平等義。曲辞唯為ス搶奪ノ用ト。忽然乃誇ル封豕ノ雄。盗跖ノ三徳悪《アア》何ゾ頌セラレン。人ハ盗ヲ学ブガ為ニ而シテ生ズルニ非ズ。宇内豈其一二強人ノ玩弄ナランヤ。情有リ涙有ルヤ鼠ヲ相《ミ》ルニ皮有リ。曠野彼独リ黍離ノ痛ムヲ知ルコト無シ。起テ矣汝ガ大刀ヲ礪イデ起テ。起ツテ看ヨ興安嶺上月正ニ高キヲ。悪平等ノ説ハ汝須ク立ドコロニ斥逐スベシ。悪平等ノ人ヲシテ風ヲ望ンデ遁逃セシメヨ。日章精ヲ含ミ宝纛燦タリ。黄龍風和ニシテ霊　ヲ撃チ。霊鼗殷々慶雲起ル。四海浪平ニシテ仙鰲ヲ浮ベ。翠鸞金獅毒ヲ揺ガサズ。仙子鶴ニ駕シテ雲中ニ翺《かけ》ル。噫矣眸ヲ転ジテ寰区ノ芒惚ヲ瀏観スル兮。黄人ノ居幾笏ヲ余ス。若シ東海ノ金封ヲ開イテ仙子ヲ走ラスニ非ンバ。黒痣ノ地日モ亦没セン。回天ノ神籌憂転タ殷ナリ。同人目蒿気勃卒。一剣未ダ許サズ乾坤ヲ定メンコトヲ。小黒龍ノ水尚何ゾ竭クルヲ得ン（第三関）。

師が朝鮮の事に関せしことは世人之を知るもの有れども、清国の事に関せしことは未だ知られざるところ、又黒龍江曲に至つては満洲の為にせる檄の如きものたるを以て特に共に之を収録せり、以て師は雌伏中と雖も清韓問題に対して如何に関心し居たりしか其一端を窺ひ知るに足らん。

一三　禅僧の意見発表

六月十九日松村雄之進に寄する書中の一節。

（前略）近頃一頭ノ大豕群犬ノ為ニ噛ミ殺サレムト致シ居リ候趣、北地ニテハ如何ノ評判ニ御座候哉。小衲モ犬ト為リ度候ヘトモ、一片ノ何トカニ制セラレ長袖ノ内ニ手ヲ組ミ可申《もうすべく》、最早形以上ノ運動以外ニハ手足ヲ伸シ難ク相成リ候。

（後略）

書中の豕は支那を指し、群犬とは欧米各国と共に団匪事件の為に出兵したることを指す、又清国に対する師の意見の現はれなり。

一四　顕聖寺住職道牛和尚の遷化と其後董

久しく宿痾に囚はれたる法叔石田道牛は、師等看護の効無く五月十九日遂に入寂す。而して其後董推薦者の氏名中師の名は其首位に在り。玆に於て師は其遺命を空うするに忍びず、住職認可を出願し六月十三日管長より認可を得て顕聖寺住職⑤と為る。

師は元東林寺住職たりしを以て、七月十四日之を竹内仁老和尚に譲らんとして請疏を送り、仁老之を諾す。是より師は主に顕聖寺に在りて寺務に精励し、傍ら雑誌大帝国に筆を執り、又内田良平の韓露問題に尽瘁せることを援く。

一五　晋山式

八月顕聖寺に於て晋山式⑥を行ふ、其時の祝国式辞其他左の如し（漢文）。

保寧山古リ、幽叢風清シ、洞口路滑カニ、苔磵交モ横タハル、入ラント欲スルニ門無シ、門本立テズ、無位ノ真人這裏ニ趨入ス。

一茎ノ草ヲ拈シテ、尺百ノ香闉ヲ建テ、一茎ノ草ヲ拈シテ、丈六ノ金身ヲ作ル、礼拝那箇、焼香那ノ人、山上鯉魚海底蓬塵。

悦タリ兮惚タリ兮、陰陽ヲ測ルコト莫レ。惟ダ霊惟ダ寂、瑞ヲ致シ祥ヲ発ス。

我為ニ法ヲ説ク、斯山提綱。君為ニ法ヲ護ル、此山金湯。

芳ヲ連ネ欲ヲ続ギ、四七二三心々相印シ、古ニ耀キ今ニ騰ル、只這ノ一着、錯ヲ以テ錯ヲ承ク、何ヲ以テ験ヲ為ス、此ヲ以テ験ヲ為ス。

拶《セマ》ッテ孤峰ニ到ル、亦是何ノ心、纔《わずか》ニ不白ヲ見ル、全身棘林垂手一句、未ダ為ニ琴ヲ断タズ、胡馬越鳥、直ニ只今ニ到ル。

室ヲ掩ヒロヲ杜《ふさ》ギ、金仙ニ媲《ナラ》フコトヲ羞ヅ、棒ヲ行リ喝ヲ下シテ先賢ニ摸スルヲ嫌フ、祖席ヲ継グト雖モ、自カラ別伝有リ、新保寧ノ主貴ブ穏便ニ堕センコトヲ。

此一弁ノ香、根ハ忠孝ノ地ニ萠《ハジ》メ、枝ハ般若ノ場ニ茂ル、其名ヲ海蔵王樹ト曰ヒ、能ク四海ノ蔭凉ヲ作ル、栴檀沈水一切ノ名香皆及バザル所、用ハ唯転輪聖皇ノ為メニスルニ在リ。一片纔ニ燃セバ紫気微ニ颺ル。宝兵宵漢ニ踊リ、神将天潢ヨリ下ル、香雲起ル兮《ヤ》海宇尽ク祥光ヲ発ス。香雨飄《タダヨ》フ兮龍闕皆瑞芳ヲ騰グ、爇テ宝罏ニ向フハ端《タダシ》ク允《まこと》ニ神、允ニ聖、允ニ文、允ニ武ナル。我　今上天皇陛下ノ万歳、万歳万々歳ヲ祝シ延《ノブ》ル為ナリ。恭ク以《オモン》ミルニ　陛下已《スデ》ニ振古無知ノ鴻業ヲ建テ、変葉纘グ可キノ宏綱ヲ挙グ。耑《モツパ》ラ祈ル徳方国ヲ包ミ、威ハ紘ニ揚リ、須弥八万四千有旬、寿山ノ久昌ヲ致シ、華蔵一十三重世界ニ、皇業ノ無量ヲ統べ、并セテ天下ニ母儀トシテ、生霊ヲ子育シ至慈至豁、　皇后陛下及　東宮両殿下　皇太孫殿下、金輪永ク固ク、玉葉長ク芳バシク、文武ノ百僚　皇謨ヲ毘賛シ、能ク鴻慶ヲ済《ナ》サンコトヲ。

此一弁ノ香、別ニ奇特無シ。却ツテ雷同セズ。爇テ爐中ニ向ツテ、前ニ当山ヲ開キ、後ニ大中ヲ創シ、枝条蔓衍、五百余城ノ梵宮ヲ連ネ、龍虎驤々、三百余年ノ元功ヲ銘スル、我　快庵慶禅師大和尚、以至当山続燄連芳ノ諸位大和尚ヲ供養ス、伏シテ願クハ声音ヲ聆《キイ》テ而シテ出定シ、悲睫ヲ回ラシテ以テ衆ヲ済ヒ真風ヲ実際ニ煽ギ、大法ヲ無窮ニ弘メヨ。

此香烈シキコト劫焼ノ如ク、毒砒素ニ似タリ。雞林扶桑到ル処ニ埋蔵シ、未ダ嘗テ容易ニ価ヲ海商ニ問ハズ、今日事已ムコトヲ得ズ、人天衆前上堂、爇テ爐中ニ向ツテ、単ニ当山二十九代本師大和尚天通老人及三十代法叔大和尚窓外老人ヲ供養ス。敢テ法礼ニ酬ヒンコトヲ図ルニ非ズ、委ス他ノ臭ヲ弁ジ芳ヲ弁ズルニ。

此香爇テ爐中ニ向ツテ、耑ラ扶桑雞林ノ親面諸大善知識、天魔外道及十方三世賢徳ノ聖人ノ為ニ、一語半句見聞ノ恩力ニ答フ。

祖師未了ノ旧公案、子孫ヲ累倒シテ、事斯ノ如キニ至ル。寧ンゾ分雪ス容《ベ》ケン、所謂出世利世ノ事、呼ンデ第一義ト為ス、但言説有リ、都テ実義無シ、諸人若シ也《マタ》委悉セバ、山僧ノ世事畢レリ矣。其レ或ハ然ラズシテ疑有ラバ請フ問ヘヨ。祝国堂上、古ハ王者ノ勅請ヲ竢ツ、山僧今斯座ニ陞リ、姑ク寺例ヲ攀ヅ、鷂子新羅ヲ過ギ〇(不明)大丈夫タラザルニ似タリ。抑々夫レ霊山華ヲ拈シ、小室雪ニ立チ、曹渓送波ニ游ギ、一花五葉ヲ開キシヨリ、以テ梅枝天堂ノ清夢ニ入リ、猿鶴吉祥ノ紫衣ヲ笑フニ至ル、教外ノ別伝仏祖ノ宏機ヲ恢廓シ、不立ノ文字、人天ノ幽迹ヲ荘厳シ、迺チ扶桑震旦、続燄芳連、万古ノ徽猷、真風永ク墜チザラシム、然リト雖モ神機妙応、霊鑑日ノ如ク、真宗教ノ本源タリ。一代ノ気運ヲ開闔スル者ハ、還タ寥々トシテ聞クコト希レナリ、終ニ是大唐国裏禅師無キヤ久シ矣。況ヤ是耳聞イテ而シテ口説ク、之ヲ以テ王者ノ師ト為シ人天ノ眼目ト為シ、仏灯ヲ異学外道紛糾錯綜ノ間ニ掲ゲント欲ス。亦其類ヲ知ラザルヲ見ル也。今日是何ノ時節子ゾ、東西思想ノ融化、暗流ヲ空有ノ下ニ争フ、二大宗教ノ衝突、刮磨ヲ悲智ノ上ニ鋭クシ、陽炎ヲ逐ヒ、幻影ヲ捉ヘ、了期有ルコト無シ。此時ニ当ツテ、倒ニ無根樹ニ接ギ、滹沱旧日ノ風規ヲ振ヒ、横ニ海底灯ヲ挑ゲテ河北ノ斬新条例ヲ行フコトヲ為サズ。徒ニ株ヲ守リテ柱ニ膠シ、依然旧窠ニ堕シ去ル。太ダ怕ル仏祖ノ命脈、断絶スルコト瞬目ヲ俟タズ。山僧今日諸人ノ推倒スル所ト為リ、両肩万斤ノ鉄枷ヲ掛ク。此ニ至ツテ復寃ヲ呼ビ屈ヲ喚バズ。諸人ト共ニ一隻手ヲ出シテ正宗ヲ扶起シ、天関ヲ発転シ、地軸ヲ掀飜シ、特地ニ吹毛ヲ拈シテ一剣乾坤ヲ定メンコトヲ要ス。這裏新保寧保任底ノ一句、作麼生道、柱杖ヲ卓ツト云フ、室杖撑ゲテ新日月ヲ開キ、従ツテ天地ノ眼ヲシテ同ジク明ナラシメン。

範之才拙ク学薄ク、法幢ヲ建テ宗旨ヲ立ツルニ堪ヘズ。且人間ニ往来シテ這般ノ礼楽ニ関セズ。三、五年前飄然山ニ帰リ。只苟クモ性命ヲ全フシ一生ヲ閑放センコトヲ要ス。何ゾ料ラン先師範之ヲ末班ニ抽キ、嘱スルニ斯山ヲ以テス。事已ムコトヲ得ズ。遂ニ篆ヲ今日ニ視ル。只願クハ大方ノ合力ニ資シテ、幸ニ遺命ヲ忝《かたじけな》カシメザルヲ得ンコトヲ。耑ラ以ミルニ我証明師瑞峰堂上老人、特ニ法駕ヲ屈シテ鄙席ニ光臨セラル、下忱ノ至リニ任フルコト無シ。謝スル所ハ本県教道取締閣下・諸山ノ耆宿・他宗諸大善知識・末山諸位大和尚・一会ノ龍象衆。余ノ非徳ヲ怜ミ儆筵ヲ照燭セシコト、欽荷ノ至リニ勝ヘズ。次ニ本部各衙ノ長官・各村長吏身ヲ公務ニ納ル、諸官僚友及郷党ニ矜式スル縉紳諸公・当山ノ檀信徒僉位・我黒龍会ノ諸兄弟等、各々星馳雲集シテ微筵ニ合簪セラル。下情感激ノ至リニ任フルコト無シ。伏シテ以ミルニ衆悲久立珍重。

此香語以下皆師の作るところ、以て才気の縦横なるを見るべし、此れ等の作国家の事に関するに非ざれども師が僧侶としての本分を果さんと欲するの意は又窺ふに足る。而して師は主に顕聖寺に在りて寺務を董すの余作るところの詩書も亦少からざれども爰に其一斑を掲ぐるに止めん。

此年戸籍上範治の名を範之に改む。

一六　韓国々状の推移

此年三月三十日露公使パブローは、韓国政府との間に二個の条約を締結す。(7)

一、韓国ハ新ニ開港セル馬山浦ニ於テ、居留地ヲ距ル二哩以内ノ栗九味湾ニ、露国東洋艦隊ノ為ニ貯炭所及海軍病院各一個所ヲ設立スルコト。

二、露国ハ韓国ニ対シテ巨済島及其対岸陸地並ニ附近諸島ノ租借ヲ要求セザルコト。而シテ韓国ハ、露国ニ対シテ同地域ヲ他国ノ租借ニ応ゼザルコトヲ約ス。

是露国が旅順と浦塩斯徳との海上連絡の安全を図るものなり。此に於て日露間に大問題を惹起したりしが、夏に入りて清国に団匪の乱あり。各国兵を北京に送りて公使の救援を図り、日露も亦之に出兵したるに依り、韓国に於ける日露問題は、一時閑却せられたるが如きも、露国は此機に乗じ、益々大兵を以て満洲を占領し。旅順に軍港を設け、大連に築港し又西伯利亜鉄道及満洲鉄道の敷設を急ぎ、極東侵略の政策を実行しつつあり。

京仁鉄道(京城仁川間)全通す。

一七　山に在って時事の吟詠

明治三十四年辛丑（三十九才）元旦先づ璿璣一転行並に序を作る。（漢文）

在昔洪秀全ノ讖ニ云フ、今ヨリ五十年ノ後、東方ニ当ツテ大豪傑ヲ生ゼント。今ヤ秀全ノ骨已ニ朽チテ、而シテ言猶新ナルガゴトシ。堂々タル四千載ノ古国将ニ死活唯我掌中ニ在ラントス。其所謂大豪傑ナル者トハ、以テ擬ス可キニ非ズト雖モ、暗ニ我　聖天子ニ符センカ。然レドモ開国日浅ク袞職未ダ樽俎ニ嫺ハズ。故ニ　皇謨ヲ闡揚スルコト、未ダ外国ノ使臣ノ如クナルコト能ハズ。矧ヤ彼ノ鉄血宰相ヲ望マンヤ、抑々折臂ノ医ハ当ニ術漸ク精ナルベキノミ。夫済韓ノ正義、還遼ノ屈ニ敗レ、扶清ノ大道将ニ国民ノ声ニ伸ビントス。璿璣一転百歳ノ気運ヲ允《ヘジ》ム。豈忽緒ニス可ケン。蓋シ今日ノ事俄国決シテ戦ヲ欲セザル也、三譲四譲五譲ト雖モ決シテ戦フコトヲ欲セザル也。然レドモ十年ノ後ニ至レバ我六譲七譲スト雖モ、俄国決シテ和ヲ許サヾル也。何トナレバ満洲ノ経綸未ダ全ク緒ニ就カザレバ也。将ニ以テ長筴ヲ振ツテ宇内ヲ鞭笞セント欲セントス、畏レザル可ケン哉。昔漢高ノ雄スラ、尚歔欷流涕シテ鴻鵠ノ歌ヲ作ル。誠ニ夫レ羽翼既ニ就レバ、繒繳有リト雖モ将タ何ゾ施ス所アラン。坐シテ其四海ニ横絶スルヲ見、且歔欷シテ之ヲ言フノミ。我今五譲三譲ノ利ヲ得豈垂棘ノ璧、屈産ノ乗ニ非ズヤ。彼ニ在ツテカ馬令ヲ加フ、我ニ於テカ復何ノ益アラン。然ラバ則神洲安危ノ決、扶清済韓ノ正義大道、唯決シテ戦ヲ挑ムニ在ル而已《ノミ》。嗟乎《アア》古莫科《モスコー》公国ノ微ナルヤ、其笸篕ニ盛ルニ秣ヲ以テシテ、以テ蒙古使臣ノ馬ニ供ス。千載ノ辱今既ニ雪ゲリ矣、何ゾ鉄木真《テムジン》・帖木児《チムール》ノ雄図ヲ夢ミルコトヲ用ヰン。抑々世豈永ク凶虐ノ状ニ保タル、者ナランヤ。故ニ我友内田硬石⑧近者黒龍会ヲ結ブ、其情未ダ詳ナラズト雖モ、其意蓋シ知ル可キ也。乃璿璣一転行一篇ヲ賦シテ之ニ贈ル。想フニ幾万ノ貔貅再ビ海外ニ戦ハンカ、方外ノ士唯々当ニ涙ヲ揮ッテ遺骸ヲ哈爾賓城外ニ拾ハン而已。二十世紀ノ初メ、歳辛丑ニ在リ正月元辰。

璿璣一転万邦新ナリ。底《ナニ》事ゾ山人未ダ春ヲ知ラザル。雪ハ浄窓ヲ圧シテ山竹ヲ裂キ、風ハ梵閣ヲ吹イテ霊筠ヲ振フ。風ハ発々タル兮《ヤ》雪ハ弗々タリ。山人静ニ観ル物外ノ因、香ハ清鑪ニ薫ジテ何ノ字ヲ篆スル。我ニ天機有リ那ノ人ニ漏サン。君見ズヤ松花江畔蛇翼ヲ生ジ、跗下ノ伏臓価百国。神剣ヲ抜イテ直ニ妖ヲ攘ハント欲ス。衆目尚疑フ鬼虺ノ域ト。翼就リ鵬化セバ当ニ龍ヲ啄ムベシ。事機先ニ在リ蓋《ナン》ゾ淵識セザル。頭ハ渤澥ニ隠レテ尾ハ北冥。哈爾賓城ハ是其臆。又見ズヤ群犬骨ヲ争フ燕山ノ陲。知ラズ好肉誰ガ匙ニ落ツル。巨人驕梁独リ目ヲ瞋ラス。万国ノ人ハ徒《タダ》小児。安ヲ偷ミ斉ク和ス新垣衍。竟ニ魯連ガ骨ノ清奇ナルモノ無シ。況ヤ又膺懲トハ虚名已《ノミ》。天職蓋ゾ阿誰ニ在ルヲ思ハザル。憶フ昔君ト同ジク従フ済韓ノ略。嗥虎風ヲ呼ンデ雲脚忙シ。徧身瘡ヲ裹《つつ》ンデ笑ッテ刀ヲ磨ク。酡顔槊《ほこ》ヲ横ヘテ鼙落ヲ傾ク。蕉葉秋ニ傷ム夢七回。白日西ニ流レテ天風悪シ。忍ンデ君ヲシテ東西ノ人ト為ラシメ、甘ンジテ残軀ヲ将《モ》ッテ梵閣ニ侍ス。然リト雖モ方袍豈独仙郷ニ忘レンヤ。君ノ尺素ヲ得テ喜ンデ狂セント欲ス。黒龍会名最モ切実。須ラク妖蛇ヲ捕ヘテ我　皇ニ献ズベシ。山人静ニ観ル璿璣ノ転ズルヲ。千載ノ一遇進退ノ場。曰ク急曰ク破舒之ニ従フ。何ゾ金雞玉豚ヲシテ速ニ朝陽ニ煦《アタタ》マラシメザル。（自註ニ曰ク、舒破急ハ拳法ノ密語也。硬石柔道ヲ以テ一世ニ雄タリ、故ニ其密語ヲ以テ之ヲ勗ム、曰ク舒曰ク破曰ク急此正則也。今ハ須ク其ノ則ヲ倒ニシテ而シテ之ニ応ズベシト云フ也）。

一八　韓童の保護

師の上京中韓人朴震夏其二児を携へ来り、関門新報社の保護に依り黒龍会に至り師に其二児の教養を托す。朴震夏は草梁里⑨の人なるが、明治二十七年日清開戦後、師其家に隠匿したること有り、其二子も亦師の知るところなり。故に師伴なつて顕聖寺に帰る、時に師偈あり曰く。

猿ハ子ヲ抱イテ帰ル青嶂ノ外　鳥ハ花ヲ含ンデ落ツ碧巌ノ中　禅床尚有リ片雲ノ遶ル　也《マタ》人間ニ遇フテ一路通ズ

後二児を下保倉村小学校に入学せしむ。

一九　山中文墨に懐を遣る

十二月三日亡矣行並に[10]序を作る。

余昨夜亡国ノ夢ヲ獲心甚ダ快カラズ。灯下読残ノ書ヲ披キ以テ悶ヲ遣ラント欲ス。八幡童蒙訓元冠ノ条ニ至リ、恍然トシテ復夢ヲ読ムノ感有リ転タ煩憂ヲ増シ遂ニ巴曲ヲ成シ名ヅケテ亡矣行ト云フ。題名唯夢中苞桑ノ爻文ヲ誦スルニ因ル也。抑々夫余ヤ世外ノ一緇流耳《ノミ》、既ニ世ノ徒ニ非ズ。然レドモ不祥ノ事憂世客ノ夢ニ入ラズシテ、而シテ山客ノ夢ニ入ル、亦太ダ異ナラズ乎《ヤ》。余窃ニ爻兆ヲ懼ル。若シ或ハ二、三十年内ニ此夢ヲシテ唯夢ナラシメバ、則痴人ノ夢ヲ説ク亦何ゾ関心セン焉。敢テ硬石諸兄ニ質スト云フ、明治辛丑窮臘初三日。

其レ亡其レ亡苞桑ニ繋ル。此ノ如キ没日颺ル可ラズ。龍頭看ルミル変ズ蛇妖ノ尾。芳槿霜ニ消エテ早ニ已ニ黄バミ。忽チ驚ク闇中金獅ノ吼ユルヲ。頭ヲ仰ゲバ怪鳥低回シテ翔リ。妖幻怪変床褥ニ起ル。脚底ノ黄龍毒口張リ。百群ノ小童彼何物ゾ。白衣血ニ染マッテ起ッテ又僵レ。髠奴刃ヲ攢《アツ》メテ争ッテ膽ヲ抉《エグ》ル。腥風地ヲ捲イテ天日荒レ。婀娜タル宝姫皓腕ヲ扼セラル。毒霧濛々海棠ヲ罩メ。薙刀輪旋風髪ニ漲ル。巨人一拉空中ニ揚リ。諸道ノ敗聞天闕ヲ動カス。奈ンシ難シ森然タル羽林槍。廟議此ニ至ッテ空シク臍ヲ噬ム。獪奴海ヲ擁シテ徒ニ観望。憐ム可シ金甌竟ニ将ニ砕ケントス。当ニ何処ニ向ツテ遺毗ヲ托セン。山河目ヲ異《アヤシ》ム八洲ノ草。累々タル爛肉彭殤無シ。山人此時眦尽ク裂ケ。払子ヲ拋却シテ禅床ニ喝ス。一喝万雷猛燄ヲ吹キ。燄々海ヲ掠メテ天璜ヲ焚ク。怳乎惚乎夢カ真カ。俄然身ハ在リ枯木ノ堂。已ニ人間ヲ辞シテ世累無シ。此ノ如キ異夢是何ノ祥ゾ噫乎吾聞ク邦人計ヲ立ツルコト累卵ノ如シ。亡矣ヲ歌ハザレバ其レ竟ニ亡ビン。

此詩隠語多し、龍頭・蛇尾・黄龍・髭奴等は皆清国を指す。芳槿・白衣は朝鮮、金獅は英国、怪鳥は露国、宝姫・海棠・金甌等は何れを指すか。此詩直接国事に関するに非ざれども、亦山村一俗僧の為に非ざることを見るべし。

又女徳論（漢文）を草す。四千九百余言儒仏の両方面を基礎として女徳論を建てたるものなり、終に偈を繫け、曰く。大任ハ胎教、孟母三遷ス、人道ノ本、坤徳先タリ、と。

又梵嫂論（邦文）を草す。六千余言仏道仏化を宣揚弘通するには、大信心を以て上人も梵嫂も精神せよ。檀徒信徒は賛同して之を扶弼せよと云ふに在り。

此歳五月より其方丈室たる壺瀛《えい》僊府の建築に着手したるも歳暮尚竣成に至らず。即僊府を作るの詩三首を賦す。中に、既ニ功名ヲ拋ウツテ一タビ山ニ入ル、安養ノ外何ゾ取ル所アラン、心仙ナリト雖モ一残軀、残軀且未ダ小閤ニ安ンゼズ。或は、汝曽テ間却ス斬蛟ノ手、友有リ也《マタ》駕ス万山ノ外、等の句あり。是志士等が満洲・西伯利亜・露都或は支那等に潜入して其消息を伝ふることを暗示したるものにして其雄心勃々たるの情察するに余あり。

十二月三十一日曹洞宗の命ずるところの記録課兼文書課主事の職を辞す。其大意に曰く。

範之宗制宗規ノ法条ヲ遵守シ敬ンデ当職ニ従服スベキノ厳命ヲ拝ス。然レドモ範之別項ノ事端ニヨリ身ヲ起シ任ニ就クコト能ハズ。(中略)事端ノ大意。

一、任ニ現地ニ就キ、工事ヲ起シ工未ダ半ニ及バズ、寺政ノ内容ハ他人ノ覗フコト能ハザルモノアリ。此間心力ヲ専注セザレバ古林叢ヲ興復スルコト能ハザルノミナラズ、破滅ノ悲境ニ陥ラン。

一、範之嘗テ新聞紙ニ翫ヒ、或ハ交ヲ名士ノ間ニ結ビシモ、未ダ吏務に嫺ハズ、唯閑地ニ投ジテ書ヲ読ムヲ可トス、簿書倥偬ノ劇職ハ心身共ニ任ヘザラン。

一、範之ノ宗門ニ在リテハ一飯生ニダモ値セズト雖モ、俗間ニ在リテハ誤ッテ内外名士ノ知遇ヲ忝ウス。為ニ屢々政府ノ偵察ヲ煩ハセリ。今山中ノ士俄ニ輦轂《れんこく》ノ下ニ出デ顕職ニ居ラバ、再ビ疑ハレン、是宗務ヲ利スル所以ニ非ズ。

其他外人ニ二児ヲ托セラレ提挈セザルベカラザル等、区々ノ事端具陳シ難シ云々。

之を見れば師は宗教上にのみ一身を委して、俗僧と共に終始することを屑《いさぎよ》しとせざりしことを知るべし詞あり。

一臥東山已ニ七年　身後ヲ慮ラズ況ヤ生前ヲヤ　登楼独リ酌ム碌礧ノ椀　窓ニ
対シテ愛誦ス子規ノ箋　漫ニ逞ウス英雄人世ノ外　須ヒズ首ヲ回セバ即神仙
都門富ヲ合ス王侯ノ気　野味其レ別伝ヲ嘲ケルコト無カラン

前年露国が租借したる馬山浦・栗九味の地は我国の抗議に依り四月に至り露兵尽く撤退す。

明治三十五年壬寅(四十才)選ばれて曹洞宗末派総代議員と為る。

八月維皇詩並に引を作る、[11]後書して曰く。余ノ善照居士ト交ルハ此詞ニ始マル、而シテ余ノ朝鮮ニ於ケル居士ノ陰助一、二ニ非ズ、此詩以テ其始ヲ紀ス、と。斯の如く余は八月中旬、母に代りて叔父石田貞一郎に伴なはれ、顕聖寺の後山なる姻石田家の墓に展し、又顕聖寺に賽し始めて師を見る。後幾何も無く師此詩を贈り来り予を激励す。詩中紫雲起二ル茅堂一ニの句あり、予之に因りて予が居を紫雲堂と号す。

二〇　三十三年之夢の序及題詩

八月滔天宮崎寅藏三十三[12]年之夢を著はす、是前々年孫文革命を企てゝ成らず、爾来我国及各地に亡命して同志と再挙を謀る。而して本書は当時の事を記録したるものなり。故に孫文之に序す（漢文）文に之く。

世伝フ隋ノ時東海ノ俠客虬髯《きゅうぜん》公ト号スル者有リ、嘗テ中華ニ遊ビ遍ク豪傑ヲ訪フテ、李靖ニ霊石ニ遇ヒ、世民ヲ太原ニ識リ、相与ニ天下ノ大事ヲ談ズ。世民ニ許シテ天人ノ資ト為シ、靖ニ之ヲ助ケテ以テ大業ヲ建テンコトヲ勗ム。後世民義師ヲ興シテ隋ノ乱ヲ除キ果シテ唐室ヲ興ス、称シテ太宗ト為ス。説ク者謂フ初メ多クハ俠客ノ功以テ其志ヲ成スコト有リト云フ。宮崎寅藏君ハ今ノ俠客ナリ、識見高遠抱負不凡、仁ヲ懐ヒ義ヲ慕フノ志ヲ具ヘ、危キヲ拯ヒ傾クヲ扶クルノ志ヲ発シ、日黄種ノ陵夷ヲ憂ヒ支那ノ削弱セラルゝヲ憫ミ、数々漢土ニ游ンデ以テ英賢ヲ訪ヒ、其不世ノ奇勲ヲ建テ興亜ノ大業ヲ襄成セント欲ス。吾人が支那ヲ再造スルノ謀有リ、創メテ共和ノ挙ヲ興スコトヲ聞キ、千里ヲ遠シトセズシテ相来ツテ交ヲ訂シ、期許甚ダ深ク勗励極メテ摯《イタ》ル。之ヲ虬髯ニ方ブレバ誠ニ之ニ過グルコト有リ。唯愧ヅ吾人太宗ノ資無ク衛公ノ略ニ乏シク、馳駆数載一事成ルコト無ク、実ニ君ノ厚望ニ負クコト多キ也。君近ゴロ倦游ヲ以テ国ニ帰リ、将ニ其歴ル所之ヲ書ニ筆シ、以テ亜局ノ興衰ニ関心シ黄種ノ生存ヲ籌保スル者ノ為ニ資ヲ取ル所有ラシメントス。吾其用意ノ良、為心ノ苦ヲ喜ビ、特ニ此ニ序シテ以テ之ヲ表揚ス。

壬寅八月　　支那　　孫文逸仙　拝序

師も亦之に詩を題す。

三　本是名家ノ子　剣書其耽ル所　三三前已ニ爾リ　足ヲ翹ゲテ後三三
十　九九八十一　三三十ト為ラズ　不平至性ニ出ヅ　人世深笠ヲ愛ス
三　深笠飛燕子　艶情畸男多シ　他ハ説ク真ノ豪傑ト　何ゾ知ラン是張三
年　侈ナリ王侯ノ夢　醒メ来ツテ小仙ヲ羨ム　清白高明ノ士　空ク期ス五百年
夢　夢カ吁是夢　夢裏何ゾ夢ヲ尋ネン　玲玲タリ陌上ノ声　覚殺ス夢中ノ夢

桃中軒ノ席上酔余呑宇居士ト三十三年夢ノ五字ヲ分チテ相唱酬ス、調ハ滔天子ノ浪華節ナリ。

壬寅夏日　　無何有郷生

是亦滔天を通じて孫文と相知るの一因となりしを以て孫文の序と共に収録す。師の所謂雌伏時代の禅僧生活中と雖も、尚東亜興隆の熱意は燃ゆるが如く寸時も息まず。其欝積する所は発して清国革命檄と為り、黒龍江曲と為り、璿璣一転行と為り、亡矣行と為り又孫文と共に三十三年之夢に題するに至る。当時に在りては其憂世の志の急なること、唯知るものは知るのみ。

二一　露国の極東政略と露清条約

当時露国は極東発展策を進展し、愈々西伯利亜鉄道の完成を急ぎ、密に満韓に増兵或は派兵し、我国も亦一月三十日を以て日英同盟条約に調印し、二月十二日を以て発表するに至り、露清両国間に於ては四月八日を以て満洲還附条約を締結し、露国の撤兵期限を三期として声明せらる。

第一期　条約成立後六ケ月以内ニ盛京省遼河以西ヨリ撤兵シテ、鉄道ヲ還附スルコト。

第二期　次ノ六ケ月以内ニ盛京省ノ残部及吉林省ヨリ撤兵スルコト。

第三期　最後ノ六ケ月以内ニ、黒龍江省ヨリ撤兵スルコト。

之に由りて露国は第一期の末、即十月八日までに遼西地方の撤兵を実行したるも、其兵は吉林・黒龍の二省に駐屯して、益々満洲占領の基礎を固め、又マドリトフ大佐をして、ロを鴨緑江森林の伐採に藉り、一隊の兵を率ゐて韓境を脅かす。

二二　師予を激励す

明治三十六年癸卯(四十一才)一月師予が書に答へて曰く。

(前略)対岸ノ四億ノ民ハ漢文ヲ用ヰ居リ候ヘバ、有為ノ士ガ四億ノ民ヲ啓導シ、且国光ヲ輝カスニハ、漢文是非必要ニ候処。人ハ遠キヲ望ミテ足下ヨリ鳥ノタツニハ気ヅカザルモノカ、今ハ漢文ハ式微ノ時代否潜伏期トナリテ、作ルモノヨリモ読ム人サヘ少ク相成候ハ、進取ノ国民ニハ喜ブベカラザル現象ニ御座候。

（後略）


是亦師が清韓問題に重きを措くの発露に非ずや。

一月二十五日養父武田貞祐疾あり。

七月中旬上京して後熱海に柴四朗を訪ふ。

九月二十日師は葡萄の秋を賞せんと、予が家に至り、露国東方部面経営全図⑬を携へ来りて予に与ふ。予播き見れば師の序あり、更に其首に一詩を書す、曰く。

　　罷タリ矣韓ト満ト　君ノ瀏観ニ任スニ堪ヘタリ　大鵬ノ翼ヲ撃タント欲スレバ
　　灯ヲ把ツテ仔細ニ看ヨ

予は之を見て師の志の存するところを忖度したれども、如何せん予に我業の在るあり、師の志に副ふこと能はざることを告げたり。

十一月柴四朗書を寄せ、佳人之奇遇十七、八ヲ継ガントト欲スルニ依リ、添潤セソコトヲ乞フ、と此年師は主に顕聖寺に在り、十二日より上京越年す。

二三　日露の国交漸く逼迫す

此歳露国は、前年声明したる満洲撤兵の約を履まず、剰さへ旅順要塞の設備に汲々たるのみならず、韓国に迫って龍岩浦に二十五万坪の土地を租借するの条約を締結し、其海辺には砲台を築造し又鴨緑江の森林伐採に着手して、之が伐採会社員を保護せんとの名の下に九連城・鳳凰城・及龍岩浦等に一個旅団の兵を駐屯せしむる外、平安北道の森林伐採の経営を庇護して、義州の開放を迫り。又第二回の撤兵期に至るにも拘はらず、吉林・奉天方面の兵を南下して遼東附近に集中し、旅順には極東大守府を設置してアレキシーフを大守とし、専ら戦備に努む。

此時に際して、我国も亦袖手傍観すること能はず、栗野駐露公使に命じて、六個条の案文を提出せしむ。之を抄約すれば、

第一条　清・韓両国ノ独立及保全ト商工業ノ機会均等。

第二条　露国ハ韓国ニ於ケル日本ノ優越権ヲ、日本ハ満洲ニ於ケル露国ノ鉄道経営ノ優越権ヲ認ムルコト。

第三条　第一条ニ反セザル限リ、韓国ニ於ケル日本、満洲ニ於ケル露国ノ商工業的活動ヲ阻礙セザルコト。

第四条　本協約第二条ノ保護ノ目的ニテ、日本ヨリ韓国ニ、露国ヨリ満洲ニ出兵スル場合ハ、実際ニ必要以上ノ員数ヲ超ユベカラズ。且任務終了後ハ直ニ召還スルコト。

第五条　韓国ニ於ケル改革及善政ノ為、助言及援助ハ日本ノ専権ニ属スルコト

第六条　本協約ハ従前韓国ニ関シテ日・露両国間ニ結バレタル総テノ協定ニ替ルベキコト。

之に対して駐日公使ローゼン男は、旅順に赴き極東大使と商議し、左の対案を提出す。又之を抄約すれば、

第一条　韓国ノ独立及保全ヲ尊重スルコト。

第二条　露国ハ韓国ニ於ケル日本ノ優越権ヲ承認シ、第一条ニ反スルコト無クシテ、韓国ニ対スル民政改良上ノ助言及援助ハ日本ノ権利タルコト。

第三条　露国ハ韓国ニ於ケル日本ノ商工業的企業ヲ阻礙セザルコト、及第一条ニ反セザル限リ右企業保護ノ措置ニ反対セザルコト。

第四条　日本ニ於テ、露国ニ知照ノ上右同一ノ目的ヲ以テ韓国ニ出兵スル場合、其員数ハ実際ニ必要ノ数ヲ超エザルコト。且右軍隊ハ任務終了後直ニ召還スベキコト。

第五条　韓国領土ノ一部タリトモ軍用ノ目的ニ使用セザルコト、及朝鮮海峡ノ自由航行ヲ迫害シ得ベキ兵用工事ヲ韓国沿岸ニ設ケザルベキコト。

第六条　韓国領土ノ北緯三十九度以北ニ在ル部分ハ、中立地帯ト見做シ両国共之ニ軍隊ヲ入レザルコト。

第七条　満洲及其沿岸ハ全然日本ノ利益範囲外タルコト。

第八条　（日本ノ提案ニ同ジ）

我国に於ては第五条ヲ譲歩シ第六条満・韓国境ニ各五十キロメートルノ中立地帯ヲ設クルコト、第七条満洲ハ日本ノ特殊利益圏外タルト共ニ韓国ハ露国ノ特殊利益圏外タルコトを約せんことを提議したるに、露国は十二月十一日殆ど前同一の対案を固執して、我修正案を非認し来りたるを以て、我国に於ては十二月二十一日、修正案をローゼン公使に提示したり。爾来対露外交は単に形式上の手続を履むに止まり、前後五回交換せられたる両国の案は、相互一致するに至らず。而して東部西伯利亜の第一、第二軍団は南下の運動を開始し、十二月までに露国太平洋艦隊も愈々増加せり。

　韓廷も亦既に日露両国が韓国に於て開戦することの、避くべからざることを恐るゝと共に、露国の強大に依らんと欲するの情状亦昭かなり。八月十五日其露帝に贈る書（漢文）に曰く（写真第十八）。

朕ノ良兄弟タル　俄羅斯国　皇帝陛下ニ敬白ス、現ニ以ミレバ　貴国ノ軍隊満洲ニ集合スルノ一事。東洋ノ政界上ニ於テ限リ無キ恐怖ノ情ヲ惹キ出シテ、而シテ急迫セル形勢ハ曽テ未ダ有ラザル所ノ者ナリ矣。頃《コノゴロ》日本ノ報紙ニ因レバ、物議ヲ激動シテ遂ニ日廷、将ニ戦釁ヲ開カントスルヲ免レ得ザルヲ致スコト、此ニ逆覩ス可シ。早晩ノ間　貴国ト日本ト或ハ決裂ノ端ヲ成スヤ、若シ戦争ノ開張スルニ至ラバ、敝国一戦場ト成ルコトヲ免レザランコトヲ恐ル。若シ然ラ

バ則　貴軍旅ノ奏功疑無キコトハ、朕ノ預メ賀スル所ノ者也。伊来　貴我両国ノ交誼親密ナルコトハ必ズシモ贅陳セズ。而シテ将来敝国如《モ》シ危難ニ当リ多事ノ日、陛下須ク我ニ駐スル　貴国ノ公使ヲシテ、我ニ対シテ益々好ヲ恵ムノ誼ヲ修ムベシ。則　盛意ノ在ルトコロハ朕必ズ忘レザル也。日本ハ則然ラズ専ラ侵害ヲ事トス、是憤ル所。敝国ニ限リ既ニ朕ノ統轄ニ係ル。則如《モ》シ一朝事有レバ朕必ズ　貴国ニ向ツテ連結セン。然レドモ未遂ノ端有ランコトヲ恐ル、故ニ特ニ声聞ス。日本ノ守備敝京ニ在レバ、則開戦ノ初日ヨリ必ズ日人ニ牽制セラレン。且敝国兵備多カラズ亦防遏シ難キ也。若シ伊《コノ》時　陛下ノ敝国ノ世讐ヲ剿破スルコトヲ明助シ難キコト有ルニ於テハ、朕当ニ人ヲシテ日兵ノ数額挙動及其意向ノ如何ヲ探リ、将《モ》ツテ精明ニ　貴軍旅ニ報知セシムベシ。元戎以テ　貴軍ノ勢力ヲ幇ケ、且我人民ヲ飭メテ敵来ルノ時ニ於テハ、預メ将ニ財穀蔵ヲ移シ、仍ツテ山谷ノ間ニ躲避セシメ以テ清埜ノ策ヲ用ヰントスル也。幸ニ　陛下敝国ノ困難ノ情形ヲ諒センコト至祈且祝ス。今此敝械後来間事ノ時ニ於テ、朕ノ　陛下ニ対シテ深ク友誼ヲ用ユルノ大拠ト為スニ足ル也。従前　陛下我ニ向ツテ許多ノ好処常ニ切ニ感念ス。而シテ此ヨリ以往　陛下幸ニ益々善ク敝邦ヲ待ツノ地朕ノ深ク信ズル所、陛下ノ　徳化隆盛ニシテ　宝籙ノ永遠ナランコトヲ順頌ス。

光武七年八月十五日　　在京城慶運宮

陛下之良兄弟

御名　小璽

韓国は当時我国を世讐視して、深く露国と結ばんと欲するの情以て見るべし。此歳十一月二十三日に至つて、白耳義国皇帝に書を贈り曰く、韓国ニ於テ日露開戦セバ韓国ハ局外中立ヲ厳守スベキモ、国力足ラザルガ故ニ、実力ヲ以テ助ケラレンコトヲ乞フ。

二四　東京より帰山

明治三十七年甲辰（四十二才）二月五日東京より帰山す、滞京六十余日、而して曹洞宗本山より韓国布教師に任ぜられたることを、予に通知し来れり。顕聖寺の旧境内地及墓地を合せて、官林五町歩を割き無償にて顕聖寺境内に編入せらる。又曹洞宗々会議員に選挙せられたれども初めより出席せず、遂に議員の職を抛うつ。

第三節　日露戦争

一　開戦後の我軍の連捷

前年に引続き此歳も露国との国交は依然前年末の如く、一月六日に至り我修正案に対する回答到着したりしが聊か退譲の色ありしも、我が意見を容れざらんとするの方針は前回に異ならず。然れども小村外務大臣は、一月十三日栗野駐露公使に訓電して、更に修正案を提出せしめ、露国の再考を促したり。然るに露国より回答無きを以て、二月五日小村外相は、ローゼン公使に国交断絶の旨を告げ、又栗野公使に訓電して露国外相ラムスドルフに国交断絶並に露都引揚げの公文を発送し、第一軍に動員下令あり。二月十日宣戦の詔勅渙発せられたり。蓋し半歳に渉り交渉に交渉を重ね、殊に三十七年に入りては所謂一触即発の危機に瀕し、尚且彼我共に無望の交渉を為して持重せしが如きは、互に軍備戦略の関する為なるが如し。果然二月六日我海軍の旅順攻撃に端を発し、続いて二月九日仁川の露艦沈没と為り、日露両国は遂に戦闘状態に入り、久しく威力を韓廷に弄せし駐韓露公使発布魯《パブロー》は、公使館員及露兵と共に我憲兵に護衛せられ、仁川より仏艦に搭じて帰国せり。之より先一月二十三日、韓国皇帝は、兵火の韓国に及ばんことを防がんとして、開戦に先だちて局外中立を宣言したり。又我宣戦布告後欧米の列強及暹羅・伯剌西爾・墨西哥・亜然丁等も相前後して中立を宣言し、清国も亦二月十三日満洲を除くの外各省及内外蒙古の局外中立を声明せり。清国すら実力の及ばざる満洲国を除外したり。而して戦争は海に陸に着々我軍の進展と露国の予定退却とが連続したり。

二　日韓議定書

韓廷及韓人は我軍の連勝に驚き予想に反したるの感を抱かざるもの無く、我に信頼せざるべからざることを観念せるものゝ如く、此に於て韓廷は我国と攻守同盟を結び、露韓条約を破棄し、二月二十三日我駐韓公使林権助は韓国外部大臣臨時署理李址鎔と日韓議定書に調印す。

日韓議定書

（明治三十七年二月二十三日　調印）

大日本帝国皇帝陛下ノ特命全権公使林権助及大韓帝国皇帝陛下ノ外部大臣臨時署理陸軍参将李址鎔ハ各相当ノ委任ヲ受ケ左ノ条款ヲ協定ス。

第一条　日韓両帝国間ニ恒久不易ノ親交ヲ保持シ東洋ノ平和ヲ確立スル為、大韓帝国政府ハ大日本帝国政府ヲ確信シ施政ノ改善ニ関シ其忠告ヲ容ルヽコト。

第二条　大日本帝国政府ハ大韓帝国ノ皇室ヲ確実ナル親誼ヲ以テ安全康寧ナラシムルコト。

第三条　大日本帝国政府ハ大韓帝国ノ独立及領土保全ヲ確証スルコト。

第四条　第三国ノ侵害ニ依リ若ハ内乱ノ為、大韓帝国ノ皇室ノ安寧或ハ領土ノ保全ニ危険アル場合ハ大日本帝国政府ハ速ニ臨機必要ノ措置ヲ取ルベシ、而シテ大韓帝国政府ハ右大日本帝国政府ノ行動ヲ容易ナラシムル為十分便宜ヲ与フルコト。

大日本帝国政府ハ前項ノ目的ヲ達スル為、軍略上必要ノ地点ヲ臨機収用スルコトヲ得ルコト。

第五条　両国政府ハ相互ノ承認ヲ経ズシテ、後来本協約ノ趣意ニ違反スベキ協約ヲ第三国トノ間ニ訂立スルコトヲ得ザルコト。

第六条　本協約ニ関連スル未悉ノ細条ハ、大日本帝国代表者ト大韓帝国外部大臣トノ間ニ臨機協定スルコト。

明治三十七年二月二十三日　特命全権公使　林　権助

光武八年二月二十三日　外部大臣臨時署理陸軍参将　李　址　鎔

三　日韓協約成る

三月十七日伊藤枢密院議長は、慰問大使として渡韓し、韓国は法部大臣李址鎔を報聘大使として、四月二十二日入京し二十三日　陛下に謁見して親書を奉呈す。五月一九日韓廷は、露韓国交断絶の宣言書を公にし、従来の露韓条約を廃棄せり、八月二十二日日韓協約(14)成る。

日韓協約　（明治三十七年八月二十二日　調印）

一、韓国政府ハ日本政府ノ推薦スル日本人一名ヲ財務顧問トシテ韓国政府ニ傭聘シ、財務ニ関スル事項ハ総テ其意見ヲ詢ヒ施行スベシ。

一、韓国政府ハ日本政府ノ推薦スル外国人一名ヲ外交顧問トシテ外部ニ傭聘シ、外交ニ関スル要務ハ総テ其意見ヲ詢ヒ施行スベシ。

一、韓国政府ハ外国トノ条約締結其他重要ナル外交案件即外国人ニ対スル特権譲与若ハ契約等ノ処理ニ関シテハ予メ日本政府ト協議スベシ。

明治三十七年八月二十二日　特命全権公使　林　権助

光武八年八月二十二日　外部大臣署理　尹　致昊

四　韓帝の自由行動

然るに韓帝は五月十九日、七月一日、九月六日、十一月二十日の四回に渉り露国皇帝に親書（漢文）を送れり。其主なるものを挙ぐれば即左の如し（写真第十九）。

朕ノ良兄弟　俄羅斯国　皇帝陛下ノ前ニ敬白ス、曽テ奉到ノ　親書答ヲ賜ハリ、荘誦再三具サニ見ル、　陛下特ニ苦心ヲ垂レ殷々已マズ、喜ヲ傾クルノ外感激無量ナリ。此次俄日開戦以来前後諸般遭フ所ノ侵凌何ゾ名言ス可ケン、且宮中府中モ亦悉ク朕ガ意ヲ体スルコト能ハズ。而シテ幸ニ　陛下洞諒セヨ。敝国ノ情形将来幇助ノ地ヲ期図スルハ此朕ガ深ク信ズル所ニシテ、而シテ　陛下格外ノ厚意曷ゾ欽佩スルニ勝ヘン。茲ニ用ツテ貴前公使韋貝《ウエーベル》ニ縷述シテ代ツテ衷ヲ達シ、曲サニ　陛下ノ鑑諒ヲ尚《コヒネガ》ヒ望ム。朕ノ友愛情誼ハ永遠変ラズ、仍ツテ陛下ノ福寿無疆ヲ希フ。

光武八年五月十九日

在慶運宮

御名　小璽

又一（漢文）は（写真第二十）。

朕ノ良兄弟　俄羅斯国　皇帝陛下ニ敬白ス、前宵奉到ノ　親書賜覆感激今ニ至ツテ愈々久シク愈々切ナリ。朕ガ一心ノ変ゼザル所質蒼疑無クシテ而シテ　陛下殷摯遠大ノ眷念何ノ日カ之ヲ忘レン也《ヤ》。間《コノゴロ》又転補ノ付書前使韋貝ニ因ツテ之ヲ代納セシム、果シテ已ニ垂鑒セラレタルヤ否ヤ。俄日開仗五朔ノ間、時トシテ目逼淩ノ権利余地有ルコト無キヲ見ザルコト無シ。朕否徳何ゾ尤ヲ怨マン、且宮中亦悉ク朕ガ心ヲ体スルコト能ハズ。　陛下モ亦想フニ涵燭セン矣。然リト雖モ古今帝王家ノ艱棘ノ会ニ当ツテ、耻ヲ忍ビ辱ヲ含ミ遂ニ尚能ク奮発シテ自ラ振フ者比々之レ有リ。弊国四大国ノ間ニ介シテ独立ヲ維持ス、豈今日大変ノ会ニ遭フコトヲ意ハン耶《ヤ》。惟ダ北望翹竚シ、一タビ信息ヲ聞カンコトヲ願フコト甚ダ大ナリ。天道ノ好還必ズ其日有ラン、朕ハ中夜怲々トシテ壁ヲ繞リテ彷徨シ心神定マルコト靡《ナ》キ者也。矧ヤ此内外ノ全局呼吸通ゼズ、這間ノ情景亦文字ヲ以テ形容シ難ク方ニ自ラ欝悶ス。法使馮道来国ニ回ル、此使敝邦ニ駐スルコト多年、愨実公明信義相孚ス、朕ガ深ク愛スル所也。今歴閲ノ日ニ於テ朕ノ為ニ備サニ悉ク代達センコト以テ委寄ス可シ。幸ニ　陛下格外ニ召接シテ朕ガ苦誠至意ヲ声佈セシメ、心ヲ虚フシテ垂聴シ特ニ盛眷ヲ垂レ、另ニ神籌ヲ画シテ弊国ヲシテ幇助ノ鼎力ヲ蒙ムルコトヲ獲セシメヨ。益々永遠ノ友愛ヲ敦フセンコト是禱ル所、仰ギ弁セテ　陛下ノ福寿無疆ヲ頌ス。

光武八年七月一日　　　　在慶運西宮

陛下ノ良兄弟　　　　　　　　　御　名

露韓国交断絶後別に九月六日の書は露国皇太子の誕生を祝する書、十一月二十日の書は、韓国皇太子妃が十一月五日薨去の事を報ずる書があるが、何等政事上に言及せず、故に之を節す。更に十二月に至つて左の密勅(漢文)を下す(写真第二十二)。

京城ニ駐マル日本軍司令部内一切ノ秘密報道ノ人等(法・徳・英・美・日五国人五名)賞金先ヅ五万元ヲ下シテ、而シテ其成功ニ随ツテ五十万元ヲ秘密ニ賞給スル事。

光武八年十二月　　日奉

○○○

密勅

東京政府内一切秘密報道人等(法・徳・英・美・日五国人五名)賞金先ヅ五万元ヲ下

シテ、而シテ其成功ニ随ツテ五十万元ヲ以テ秘密ニ賞給スル事。

光武八年十二月　日奉

密勅

〇〇

此密勅草案は十二月の下日附を記入せず、又密勅の下に〇〇〇あるは原書の通りなり。

二月二十三日の日韓議定書、及八月二十二日の日韓協約に調印し、又五月十九日露韓国交の断絶を宣言したる韓帝は、一面に五月十九日、七月一日露帝に前掲の書を送り、九月六日、十一月二十日の両書は尚前条約国としての相互の儀礼を行ひたるものとしても、更に十二月の密勅に至つては、前後矛盾の甚しきものと云ふべきか、首鼠両端を持するものと称すべきか。兎に角国際上の信義に悖ることは勿論、国交上の条約に反することを行へる背信行為たることは其伝統的なるが如し。

開戦以来戦況は愈々進展し、旅順は包囲の中に在り、一面遼陽を占領し更に沙河の会戦を経て、我軍は益々進出し将に奉天を衝かんとす。

五　開戦後の師

二月初旬帰山以来主に寺に在りて寺務を視、戦勝祈禱文・祈禱回向文及戦死者引導語・墓誌等を作り、又同郡農友会を援けて其会報上に筆を執る等、戦時中に在りて苟くも時日を空費せず。
明治三十八年乙巳(四十三才)続いて寺に在り、又東京に在りしこと有り、旅順陥の詩を作る。

天鑱ニ嬰《ヨ》リ天鑱陥ル。我兵神武天ノ監スル所、敵ハ曰フ三歳尚何カ為《セ》ントト。十旬淪滅亦太ダ赚《アヤマ》ル、憶フ昨三千伉億ノ初ニ当テ、我民惴々恐レテ余リ無シ。国金鑱ニ有リ七千万、餓エ二万蒿廬ニ迷フ。乃波艦ノ蘇士《スエズ》ヲ超ユルニ至ッテ、更ニ恐ル洪濤ノ霊畤ヲ襄《ハラ》ハンコトヲ。獝狂戦悪ク数窮ラント欲ス。艨艟外ニ待ッテ内恃ミ無シ、月正ニ三朝捷聞ヲ伝フ。内帑或ハ得ン幾歳ノ寛。天鑱ニ嬰リ天鑱陥ル。我兵神武天ノ監スル所、骨山血河因循スルコト莫シ。覇ヲ東洋ニ称スルハ始メテ今春。

二月又餅を搗くの詩を作る。

旧臘此日ニ当リ、金遼斉々餅ヲ搗ク。餅ヲ搗テ将ニ何ニ用キントスル。将ニ以テ　聖明ヲ賀セントス。王師敵塞ニ臨ミ、杵声砲声ニ交ハル。牙城瑞秡ヲ迎へ、万方旭旌ニ変ズ。翠鷲翼東ニ折レ、暗刃西硎ヲ発ス。憐ム可シ奉天府、勇将空ク兵ヲ擁ス。於《ア》穆《ア》我　聖主、河海何ゾ晏清ナル。初杵旅順ニ搗キ、再杵何レノ城ニ搗カン。聖　堡《セントペートルスブルグ》已ニ響ヲ伝ヘ、大帝早《ツト》ニ形ヲ潜ム。彼当ニ人肉ヲ搗クベシ。我ハ独リ米精ヲ和ス、吾亦今鄙ニ在リ。餅ヲ搗イテ俗情ニ率《シタガ》フ。改歳二月ニ在リ、陰陽其正ニ非ズ。地幽ニシテ文化ニ疎シ、人薄クシテ兼併ヲ事トス。我独赤子ニ匪ズ、聖節蓋《ナン》ゾ儀刑セザラン。餅ヲ搗クコト後レタリ矣ト雖モ、且以テ太平ヲ咒ス。偏界一杵搗ク、杵声《しょせい》迥ニ鏗鎗《こうそう》。

五月九日山中夜話記を作る。其一節予が詩に曰く。

輪廻流転説窮リ無シ　真理元存ス天地中　有ヨリ空に入リ空却テ有　仏家ノ説一ニ空ニ帰ス

師乃韻を次いで曰く。

輪々転々竟ニ窮リ無シ。一物纔ニ存スレバ即中ラズ、水自ラ流ル、兮《ヤ》山自ラ立ツ、此間有ニ非ズ又空ニ非ズ。

是より師弟の約を結び、予復師に予が来路を話し往路を問ひ、将来の道を誤まらんことを恐るゝの意を告げ、大慈大悲の教を以て予が疑を解かんことを乞ふ。師曰く既に実修業に依りて自得する所あり、何《ナン》為《スレ》ぞ衲の教を俟たん、唯夫れ学に至つては衲は一日の長か、当に共に研鑽を怠らざるべきのみと。是より師との交りは尋常師弟の比にあらず、師以て此事を記する文あり今之を節す。
夏其檀徒の戦死したるもの〻秉炬（漢文）曰く。

忠勇義信居士ノ為ニ秉炬ス、劣暑吾ハ鞭ウツ薩哈連。碧蹄未ダ躍ラズ黒城ノ前、間却ス撫順街上ノ夢、薫風早《ツト》ニ見ル南天ニ起ルヲ。恭ク以ミレバ　維忠維勇維義維信、　曠古ノ大戦ニ参加シテ、進退然ルガ如シ。万夫ノ不当ヲ奮振シテ、生死遷ラズ。一片ノ丹心、霹靂山川ヲ擘《さ》キ、一壺ノ白骨英霊法筵ヲ益フ。謂フ可シ〝生亦全機現、死亦全機現〟這裏ニ到ルト。閃電裏ニ無生ノ生ヲ体得スルヲ讃ス。早ニ既ニ玄ナラズ、山僧居士ノ為ニス、如何カ薦取セン、円相ヲ打シテ曰ク。説クコト勿レ一将功成ッテ万骨枯ルト。方ニ見ル千古築キ得タリ国基ノ堅キヲ。

是一片秉炬の詞に過ぎざれども、師が其檀徒に対する情の現はれを見るべし。
此種の詞頗多く戦歿信徒の碑も亦少からず。
十二月四日国有不要存置林の内旧寺領地二十四町歩の特買許可の通知を得たり。

六　日露間の講和と韓国

此年戦況は幾たびかの激戦を経て、旅順は一月一日敵の守将ステッセルより、攻囲軍乃木司令官の下に旅順開城に関する軍使を送り来り、一月十日を以て要塞全部の受授を了し。北部方面に於ては、二月二十日より奉天攻囲戦に移り、三月十日之を占領し、長駆追撃して鉄嶺、開原を奪ひ、二十一日昌図に進出して我軍の勝利に帰し。又海軍は五月二十七日を以て、露国の第二太平洋艦隊所謂バルチック艦隊を対馬沖に邀《ヨウ》撃して、其大部分を撃沈或は捕獲し、且敵の司令長官を捕虜と為す。

六月下旬駐米公使高平小五郎の報告には、米国大統領ルーズヴェルトが直接露国皇帝に講和を勧告せりと。而して七月七日より八月中に亘り、我軍は樺太全島を占領し又北韓の露軍をも七月中尽く掃蕩したり。後れて八月十日を以てポーツマス会議が開かれ、同二十九日講和条約成立したり。

又韓国とは、四月韓国通信機関の委任契約成りてより、其通信事業は我通信機関に合併せられ、李容翊等の親露派は韓廷より逐はれたり。

十一月三日韓国特派大使伊藤博文は東京を発して九日京城に入り、十五日林公使を全権委員として新協約[15]を締結すべく、其案文を提示せしめたり。之を見て参政韓圭卨異議ありと為し、前輔国閔泳煥は遺書して自刎[16]し、趙秉世は書を各国公使に致して毒を仰ぎ、参判洪万萬其他徒死するもの有りしも、京城の治安を擾るに至らず。然れども学部大臣李完用・内部大臣李址鎔・外部大臣朴齊純・軍部大臣李根澤・農商工部大臣権重顯等は之に賛し、韓圭卨と意見を同うするものは法部大臣李夏榮・度支部大臣閔泳綺等なりしが、遂に三に対する五の賛成[17]を以て韓帝之を裁可せり。斯くて十七日の深夜（正確に謂へば十八日午前一時）新協約に調印す。

日本国政府及韓国政府ハ、両帝国ヲ結合スル利害共通ノ主義ヲ鞏固ナラシメンコトヲ欲シ、韓国ノ富強ノ実ヲ認ムル時ニ至ル迄、此目的ヲ以テ左ノ条款ヲ約定セリ。

日韓協約

第一条　日本国政府ハ在東京外務省ニ由リ、今後韓国ノ外国ニ対スル関係及事務ヲ監理指揮スベク、日本国ノ外交代表者及領事ハ、外国ニ於ケル韓国ノ臣民及利益ヲ保護スベシ。

第二条　日本国政府ハ韓国ト他国トノ間ニ現存スル条約ノ実行ヲ全フスルノ任ニ当リ、韓国政府ハ今後日本国ノ仲介ニ由ラズシテ国家的性質ヲ有スル何等ノ条約若シクハ約束ヲナサヾルコトヲ約ス。

第三条　日本国政府ハ其代表者トシテ韓国皇帝陛下ノ闕下ニ一名ノ統監（レジデント・ゼネラル）ヲ置ク、統監ハ専ラ外交ニ関スル事項ヲ管理スル為京城ニ駐在シ、親シク韓国皇帝陛下ニ内謁スルノ権利ヲ有ス、日本国政府ハ又韓国ノ各開港場及其他日本国政府ノ必要ト認ムル地ニ、理事官（レジデント）ヲ置クノ権利ヲ有ス。理事官ハ統監ノ指揮ノ下ニ従来在韓国日本領事ニ属シタル一切ノ職権ヲ執行シ、并ニ本協約ノ条款ヲ完全ニ実行スル為必要トスベキ一切ノ事務ヲ掌理スベシ。

第四条　日本国ト韓国トノ間ニ現存スル条約及約束ハ、本協約ノ条款ニ抵触セザル限総テ其効力ヲ継続スルモノトス。
第五条　日本国政府ハ韓国皇室ノ安寧ト尊厳ヲ維持スルコトヲ保証ス。
右証拠トシテ下名ハ各本国政府ヨリ相当ノ委任ヲ受ケ本協約ニ記名調印スルモノナリ。

明治三十八年十一月十七日　特命全権公使　林　権　助
光武九年十一月十七日　外　部　大　臣　朴　齊　純

是即第二次の日韓協約なり。
之より先韓国唯一の政党たる一進会(18)（尹始炳・李容九・宋秉畯等の組織したるものにして、東学党の後身たる侍天教を奉ずるものなるが、日露戦争中輸送の応援、鉄道の敷設等に貢献したるに依り、愈々我国情に通じ、常に進化の魁を為せり）時勢の推移を達観し、外交権の委任の如きは当然の帰結たるは嚮の日韓議定書に於て其根基を作りたるに因るに非ずや。今に及んで之に反対するが如きは、却つて恐る邦家自滅の惨を醸すも計り難しと。特派大使の入京に先だつこと数日、檄を全国に飛ばして左の宣言書を公にせり。

（要旨）日韓関係ニ変化ヲ生ゼンコトヲ上下共ニ疑懼スレドモ、前定ノ日韓議定書ハ外交ノ事大小トナク日本政府ノ推薦スル顧問官ニ諮問スルコトヲ明記ス。故ニ外交ノ事ヲ挙ゲテ日本政府ニ委任スルモ其差果シテ幾何ゾ、其実体ハ一ノミ只形式ノ変化ニ過ギザルノミ。大日本　皇帝陛下ノ慈仁聖徳ト、其国民ガ大道大義ヲ重ンズルコトモ亦万国ノ認ムル所ナリ。頼ムベカラザル国ヲ頼ミ、遂グベカラザル事ヲ企テ、徒ニ友邦ノ懐情ヲ添ヘ同盟ノ信義ヲ傷ツクルトキハ自ラ亡国ノ禍根ヲ招クベシ。

独立保護疆土維持ハ、大日本　皇帝ノ詔勅ヲ世界ニ公布セラレタルニ由リ疑ヲ用ヰズ、我ハ一心同気信義ヲ以テ友邦ニ交リ、誠意ヲ以テ同盟ニ対シ、其指導保護ニ依リ国家ノ独立・安寧・享福ヲ永遠ニ維持セン、玆ニ敢テ宣言ス。

一進会長　李　容　九

外　会　員

此宣言は滔々数万言に渉り大局を論じ時弊を抉剔し、凡て国家人民を思うの誠意より出でたるものなれども、其大胆露骨なる議論は排日主義者より反対を受け、為に京城の風雲急なるもの有り。又一面韓廷は之をしも民心を惑乱するものなりとして之が頒布を禁遏し、在野の政客及儒生は反対の気炎を煽げり。

蓋し師が日露戦後未だ入韓せざる時に於て一進会の所論は既に此の如し。後師が同会の師賓と為るに及んでも、一進会の方針は始終此主義の下に在つて行動したるに過ぎず。誰か師は一進会を操縦して之を利用し、以て合邦に進展せしむと謂はんや。唯其一脈の霊気と精神は日韓の同志者間に互流し、同志者は海を隔て国を殊にするも、其懐抱するところの意志は常に相一致して符節を合せたるが如きは、師等嘗て李周會・全琫準・大院君等と共に一致の行動を採りたるに見ても明白なり。加之東学党の変同じく崔時亨の下に在りて別方面に行動したる李容九が、一進会長として此宣言を為したるを見れば、李容九と師とは未見の同志者たることを知るべきなり。

七　協約前後の韓帝の文書

朕ノ良兄弟　陛下ニ敬白ス戦争化シテ和局ト為リ、大ニ幸福ヲ生命ニ造《イタ》シ、陛下ノ仁徳高厚ナルヲ讃頌スルニ禁ヘズ。敝国厥《ソノ》戦争ノ開張ヨリ以来、亟《スミヤカ》ニ艱難ヲ受ケタルコトハ　陛下ノ洞諒スル者タル也。今和成ルニ当ツテ其敝国ニ於テ原権ヲ収回スルノ地、実ニ障害多シ。故ニ特ニ　陛下ニ向ツテ悃ヲ陳ス、倘シ列邦ガ韓国ノ情勢ヲ顧ミテ、肯テ力ヲ出シテ韓国ヲ救援スルコトヲ得バ、安全ノ福ヲ享ク可キ也。仍ツテ請フ　陛下深ク平日ノ敦誼ヲ諒シ洪略ヲ　特施センコトヲ厚望ニ勝ヘズ、敬ミテ　陛下ノ康福ヲ祈ル。

光武九年十月十日　　熙　（皇帝御璽）

陛下ノ良兄弟

是即第二次の協約前の十月一日韓帝より露国皇帝に送りて其援助を求めたる書(漢文)なり(写真第二十二)。

更に十一月十七日の日韓協約に依りて、十二月二十日勅令第二百六十七号を以て統監府及理事庁官制を発布す。其官制の大要は左の如し。

統監府ハ韓国京城ニ置キ府ニ統監ヲ置ク。統監ハ親任トシ天皇ニ直隷シ、外交ニ関シテハ外務大臣ニ由リ内閣総理大臣ヲ経、其他ノ事務ニ関シテハ内閣総理大臣ヲ経テ上奏ヲ為シ、及制可ヲ受クルモノトス。統監ノ職権ハ左ノ如シ。

一　統監ハ韓国ニ於テ帝国政府ヲ代表シ、帝国駐剳外国代表者ヲ経由スルモノヲ除クノ外、韓国ニ於ケル外国領事官及外国人ニ関スル事務ヲ統轄シ、併セテ韓国ノ施政事務ニシテ外国人ニ関係アルモノヲ監督ス。統監ハ条約ニ基ヅキ韓国ニ於テ帝国官憲及公署ノ施行スベキ諸般ノ政務ヲ監督シ、其他従来ノ帝国官憲ニ属シタル一切ノ監督事務ヲ施行ス。

二　統監ハ韓国ノ安寧・秩序ヲ保持スル為必要ト認ムル時ハ、韓国守備軍ノ司令官ニ対シ兵力ノ使用ヲ命ズルコトヲ得。

三　韓国ノ施政事務ニシテ条約ニ基ヅク義務ノ履行ノ為必要ナルモノハ、統監ニ於テ韓国政府ニ移牒シ其執行ヲ求ムベシ。但シ急施ヲ要スル場合ニ於テハ、直ニ韓国地方官憲ニ移牒シテ之ヲ執行セシメ、後之ヲ韓国政府ニ通報スベシ。
四　統監ハ帝国官吏其他ニシテ韓国政府ノ傭聘ニ係ル者ヲ監督ス。
五　統監ハ統監府令ヲ発シ、之ニ禁錮一年以下又ハ罰金二百円以内ノ罰則ヲ附スルコトヲ得。
六　統監ハ所轄官庁ノ命令又ハ処分ニシテ、条約若シクハ法令ニ違ヒ公益ヲ害シ又ハ権限ヲ犯スモノアリト認ムルトキハ、其命令又ハ処分ヲ停止シ又ハ取消スコトヲ得。
七　統監ハ所部ノ官吏ヲ統督シ、奏任官ノ進退ハ内閣総理大臣ヲ経テ之ヲ上奏シ、判任官以下ノ進退ハ之ヲ専行ス。
統監ハ内閣総理大臣ヲ経テ所部官吏ノ叙位叙勲ヲ上奏ス。

統監府の定員及事務分掌と理事庁官制は略す。

又協約後の十二月二十八日韓帝再び露帝に送るの書（漢文）あり（写真第二十三）。

陛下嚮ノ函想フニ已ニ俯鑒セラレン。而シテ弊邦ノ事ヲ以テ屢々悩慮ヲ　陛下ニ貽リ、殊ニ未ダ安然ナラザルニ渉リ、朕ガ　宗社生霊存亡ノ地、徹底嗚号セザルニ至ル者ハ、是ノ朕ガ独立自由ノ四字ニ係ル也。韓日新協約脅成ヨリ以後困迫日ニ甚ダシ。惟ダ伏シテ　陛下ノ早ク神籌朕ガ独立ノ権ヲ保有センコトヲ図ラレンコトヲ望ミ日夕祝ヲ懸ク。書意ヲ尽サズ、　陛下ノ康福無疆ヲ順頌ス。

光武九年十二月二十八日　　　　　熙　（皇帝御璽）

陛下ノ良兄弟

新協約の成りし後に於てすら此の如し、之をしも国際上の信義、条約上の義務を守るものと謂ひ得べきか、是韓廷に有識具眼の真の忠臣無きに由るに非ざるか。

八　在山

明治三十九年丙午（四十四才）一月一日師の予に与ふる書に由れば、村（下保倉村）へ譲リ渡スベキ紀念林ハ三町二反九畝歩ニシテ松林ハ禁伐ノ条件ナリと。

九　韓帝の親書

韓帝より独逸皇帝に贈りたる書（漢文）あり（写真第二十四）。

大徳国　大皇帝陛下朕惟ミルニ、比来韓徳交際日ニ進ミ友誼日ニ密ナリ、朕切ニ喜ビ且永遠　貴邦ノ扶助愛護ニ頼ルコト有ランコトヲ望ム。意ハザリキ時局大ニ変ジ、強隣ノ侵逼日甚ダシク、終ニ我外交権ヲ奪ヒ、我自主ノ政ヲ損ス。朕挙国ノ臣民慟憤欝悒天ニ呼ビ血ニ泣カザルモノ無キヲ洎《シ》リ、茲ニ苦衷ヲ将ツテ　陛下ニ仰佈シ、万望ス。交好ノ誼及扶弱ノ義ヲ　垂念シ、広ク各友邦ニ議シテ、法ヲ設ケ我独立ノ国勢ヲ保チ、朕及全国ノ臣民ヲシテ恩ヲ含ミ徳ヲ万世ニ頌セシメラレンコトヲ、是切ニ祝スル所ナリ。

光武十年一月　日　　在慶運宮

陛下ノ良兄弟　　　　熙　（皇帝御璽）

又之と同文なるものを仏国大統領にも贈りたり、是第二次の協約第一条を否認せんと欲するに非ざるか。

一〇　統監府の開設

二月一日統監府を京城に開設して伊藤博文統監に親任せられ統監府の各機関備はり長官・総長・参与官等に邦人を任用す。又統監府の設置せらるゝや、先づ日本公使館及領事館を閉鎖し、各国の韓国公使館は全部撤廃して公使等は各々其本国に帰去せり。

三月二日伊藤統監京城の統監府に着任し是より統監府の機関活動を始む。

之より先内田良平[20]（元の名は甲）[19]は韓国々情調査を嘱託せられて統監に随行し、京城永楽町二丁目の官舎に入る。師之を送るの詩に曰く。

風ヲ呼ビ雨ヲ起ス十年ノ前　八道ノ山河色漸ク鮮ナリ　瀛洲瑞穂ノ苗ヲ分取シ
テ　当ニ新ニ長白ノ山巓ニ挿スベシ

五月五日予に与ふる書中に一国歌を記して曰く、友恋フマ、初メテ国歌ヲ試ミタリ云々と。

壺瀛仙府ノ春ノ夢　今何地ニテ君ハ結ブ　我友垣ノ白ツヽジ　杜鵑ノ血ニシ染マバコソ　清キ心ノ増鏡ノ池面ノ月ニ汲ミニ来ヨヤ

予が師の国歌を見たるは之を初めとす。

一一　北海道への旅行

九月下旬石川素堂管長に報告する師の書中に、御用材ハ三十万石ヲ払下ゲラルルコトニ決シ、道庁ハ便宜ヲ与フルノ約アリ。園田長官ニ会見シタル際、建築予算ガ二百五十万円ニシテ用材費ヲ三分ノ一ト概算シタルコトヲ答ヘタリと、是より先(九月十八日)予に与ふる書には、入韓ノ為発程シタレドモ南ヲ北ト変ジタルハ、本山再建ノ木材ヲ獲ント欲スル為ナリと。又十二月二日夜予に与ふる書に依れば、小生酔生夢死ノ間ニ在リテ、朝ニ北海ニ入リ夕ニ金城ニ往キ、今ハ内命ヲ奉ジテ入韓スルコト、相成リ候云々と、以て師が南船北馬の労を想ふべし。

内田良平は赴任以来七ヶ月を閲せしも官に分掌無く職に常課無し。而して一進会が東学党の後身にして、前年伊藤侯入韓の為に韓国の政情不穏の時に当り、会長李容九が率先して宣言書を発表したるを思ひ、李容九及宋秉畯に会見せんと欲すれども、宋秉畯は尚獄に在り[21]、故に先づ李容九に会して其真意の在るところを知らんと欲して之に会見す。

李容九は率直に謂つて曰く。余の素志は大東合邦[22]に在り、会を以て事を共にせんと。次いで李容九は総務委員会を開き、其決議に依りて内田良平を一進会の顧問に推薦す。良平之を領し信を表する為に短刀一口を贈る。李容九受領の誠を表せん為に左の句を書して良平に貺る。

短剣ノ受授万事深シ。盟フ可シ平常一片ノ心。　李容九百拝

此事は十月四日に在り、而して宋秉畯は同月二十日放免せられたるを以て、其次日良平は宋秉畯を訪ひ、互に意見を交換し良平は其本職以外に漸く多事ならんとす。偶々其叔父平岡浩太郎の訃到りし為帰朝し、喪事終りて師を東京に招き共に入韓の計を定め、将に十二月十九日を以て共に東京を発せんとす。

十二月十七日日記簿を調へ入韓記と名づけ其始に題して曰く（日記は凡て漢文なり、師は謂へり。漢文ハ仮名ヲ省キ得ルヲ以テ筆ヲ労スルコト少ナキノ利アリと）。

（前略）今此記ヲ作ル者具ニ日事ヲ載セテ、予ガ私ニ山ニ遊ビ水ヲ翫ブニ非ズシテ、而シテ法ノ為国ノ為自ラ駑駘ニ鞭ウツノ志業ヲ明ニシテ、以テ背面者ノ惑

ヲ解クニ在リ。予豈敢テ我北越ノ檀越ニ辜カンヤ。明治三十九年十二月十七日
洪疇範之自記。と。

第四節　韓国内閣と騒乱

一　韓国内閣の交迭

此歳韓国政府としては朴齊純は参政大臣韓圭卨に代り、内部大臣李址鎔・軍部大臣李根澤・法部大臣李夏榮・農商工部大臣權重顯・学部大臣李完用・度支部大臣閔泳綺等皆締約当時の大臣と共に、統監政治の初期における第一次内閣員たり。然るに韓帝は現内閣に反対の意見を有する前内閣員及其同志者と意を通じ、新内閣を疎外したりしが、果然李根澤夫妻は刺客の為に大負傷し、朴齊純は爆弾を送られ、不穏の空気は京城に漲るのみならず。忠清道にては閔宗植は密勅を請け、又軍陣の表章を賜はりたりとて、義兵大将と称し、兵を洪州に挙げんとし。崔益鉉(23)は全羅道の義兵大将として雲峰に在り。柳麟錫は江原道の義兵大将として江陵に在り。相約して三月及五月叛旗を飜し、我警察及憲兵の討伐功を奏せず、遂に我軍隊及韓国軍隊の出動に依りて掃蕩せり。

二　韓宮廷の粛清

不平を抱ける旧大官及不逞の徒は、韓宮廷と連絡して協約を破壊せんとし、軍

陣表章の出給及密勅の下賜等禍根漸く醞醸し、其証跡歴々たるを以て、遂に宮廷の粛清と為り。宮殿及宮門の出入に門鑑を用ひ、職務あるものに非ざれば猥に出入を許さゞるに至り、旧来の宿弊を除去せり。

（1）曹洞宗僧侶の資格の一つ。住職となることができる。
（2）韓国問題に関する日露議定書（第三次日露協約）。
（3）明治三十三年十月広州で行なわれた興中会の蜂起（恵州起義）における檄文。なお、該檄文は「同志の間に於ても既に紛失したものと信ぜられ、和尚自身も亦『鰲海鈎玄』中に、〃孫逸仙の為に檄文を草す、文今亡し〃と言ってゐるが、顕聖寺住職秋山悟庵、副住職岩崎良悟両師の努力に依って図らずも、故伊藤痴遊の筐底に之を発見することを得た」という記述が、前出井上右『興亜風雲譚』（一八三頁）にある。
（4）黒龍会機関誌『黒龍』第二・四・六号（明治三十四年六月〜八月）に掲載。
（5）保寧山顕聖寺第三十一世住職。
（6）範之の晋山式については、韜山樓「保寧山人の晋山式に臨む」『黒龍』第四号（明治三十四年八月）があり、ルポルタージュ風に纏められている。
（7）「馬山浦地所租借に関する韓露条約」「巨済島不租借に関する韓露条約」
（8）黒龍会は明治三十四年二月に結成された。なお、硬石は内田良平の号で、この時範之は顕聖寺にあって、黒竜会の創設には直接参画していないようである。
（9）釜山の草梁《チョリャン》か。このころの範之の朝鮮における人脈の範囲がうかがわれる。
（10）『黒龍』第八号（明治三十四年十二月）に掲載。
（11）明治三十五年五月、皇太子（後の大正天皇）、有栖川宮一行が、川上善兵衛の主宰する岩の原ブドウ園を訪づれた際の詩文、このとき応酬された随行諸家の詩文は、後に纒められて『紀恩帳』（明治四十二年）として出版された。
(12) 宮崎寅蔵（滔天）著『三十三年之夢』（明治三十五年八月　国光書房）。以後数種の版本がある。
(13) 〃青年遠征家の団体〃といわれた初期黒龍会が、日露戦争直前にそれまで調査・収集した情報を総動員して作成したシベリア地図。出版に要した多額の制作費は、参謀本部の大量買い上げによってその帳尻があったとは、内田良平の自伝である『硬石五拾年譜』（昭和五十三年十月　葦書房）のいうところである。なお、この地図の原物の所在は、研究者間では確認されていない。
(14) 第一次日韓協約
(15) 第二次日韓協約。また、これを後に乙巳の年に締結された条約という意味で乙巳条約という。
(16) 条約調印の可否をめぐって、韓国の廟議はもちろん、世論は紛叫した。「皇城新聞」の社長で主筆でもあった張志淵は「是日也　放声大哭」と題する論説を発表して、条約に署名した大臣たちを攻撃したのを手はじめとして、朝鮮全土に条約反対の動きがあり、多くの儒生が条約締結反対の上疏をした。そして、条約が締結されると、駐英代理公使李漢応は任地で服毒自殺し、前参判洪方植、原任議政趙秉世をはじめとする多くの両班が死をもって抗議の形をあらわした。就中、名門の出身で侍従武官長であった閔泳煥の死は、「大韓毎日申報」に公表された「訣告、我　大韓帝国二千万同胞」と題する遺書とともに、国民に多大な衝撃を与えた。著者の川上善兵衛は、これら殉国の両班たちの行為を〃徒死〃としているが、この点については再検討を要すると考えられる。
(17) 乙巳条約に調印・署名した五人の大臣を乙巳五賊と呼んで、朝鮮民族はその政治的責任を追求した。乙巳条約締結時の韓国々内の反対運動に関しては、国史編纂委員会『韓国独立運動史』第一巻（一九七〇年　ソウル探求堂）同『高宗時代史』第六巻（一九七二年十二月　ソウル探求堂）参照。
(18) 韓国一進会は日露戦争時、朝鮮軍指令官大谷少将の軍事通訳として亡命先の日本から帰国した宋秉畯が、戦後に日本の支援のもとに、旧独立協会の残党を中心に糾合して結成した維新会（後に一進会と改称）と、東学を母体とした李容九が主宰する進歩会が合同（合同一進会）して成立（光武八年、明治三十七年十二月）した韓末最大の民間組織体である。一進会はその最盛時には会員百万を傲語したが、それはあくまでも誇称である。

一進会に関して「一進会とは宋秉畯・李容九らのような野心家と内田良平らがつくりあげた実体のない幽霊団体」であるという主張（山辺健太郎『日韓併合小史』　昭和四十一年二月　岩波新書）があるが、これは史実を無視したイデオロギー偏向に基づく誤てる独断である。

合同一進会（本書の本文にいう一進会）は、漢城のインテリ政客による政治サロン的性格を多分に残した維新会を実質的に主宰した宋秉畯が、全国的規模で大衆動員力を持つ李容九の進歩会を取り込むことによって、その勢力拡大を計るため強引な方法によって合同を計ったようである。一進会の成立経緯と宋秉畯の李容九買収工作については、後出する趙恒来の研究にくわしい。合同一進会発足当日の状況を知るものとして『魚譚中将回顧録』があり、会の日誌（はじめ『元韓国一進会歴史』）も出版されている。

一進会は日韓併合後、その採用した親日という政治方針のゆえに、朝鮮民族から売国団体として、その政治的結果責任を追求され続けている。韓国の歴史事典（李弘植『国史大事典』　一九六七年　知文閣）には次のように記されている。

旧韓末の親日政党。早く閔氏の一族の迫害を受け、十余年間日本に亡命していた宋秉畯が日露戦争のとき、日本軍の通訳として帰国、日本軍の背景で政治活動を計ったが、一九〇四（光武八）年八月十八日、旧独立協会の残党である尹始炳、兪鶴柱等と維新会を組織したが、二十日にまた一進会と名称を改めて、会長に尹始炳、副会長に兪鶴柱を推戴した。

この会は発足と同時に㈠王室の尊重、㈡人民の生命と財産の保護、㈢施設の改善、㈣軍政・財政の整理等の四大綱領をかかげて、国政の改革を要求しながら、会員は全部断髪と洋服の姿をするなど、文明開化を急激に急いだ。一進会のこのような活動は、ソウルを舞台にしただけで、全然地方組織がなかったので、勢力を拡大出来ずにいる時、ちょうど、東学党の残余勢力を糾合して李容九等が組織した進歩会という団体が全国的な基盤を持っていることに着眼して、両団体の合同を推進した結果、この年十二月六日、進歩会を一進会に統合することに決定を見、李容九が十三道総会長、宋秉畯が評議員長に就任した。

一九〇五（光武九）年十一月、総会で再び会長に李容九、副会長に尹始炳、地方総長に宋秉畯、評議員長に洪肯燮を選出したし、会の活動は本軌道に乗り、日本軍から厖大な額の資金援助をもらう一方、日本人の顧問に望月竜太郎を採用して、宋秉畯がもともと抱いていた野心の通り、積極的な親日活動を展開しはじめた。この時から、一進会はつねに韓国民族の愛国運動に対抗して、日帝の韓国侵略の先頭に立つ役割をしたので、ちょうどこの年、十一月十七日に締結された乙巳保護条約に対しても、特別に売国的な支持宣言をしたし、機関紙国民新報を通じてありとあらゆる親日的妄言を広めた。

また、宋秉畯は李完用内閣と結托して、自身が農商工部大臣として入閣、ヘーグ密使事件を契機にして高宗の譲位を強要した。一九〇七（隆熙一）年七月、ついに高宗が譲位するようになり、韓国軍隊が解散されると、全国で義兵が起り、一進会員たちを屠殺したし、国民新報社も襲撃を受けたが、一九〇九年十一月伊藤博文がハルピンで暗殺された後からは、さらに売国行為に熱中。韓日合邦案を隆熙皇帝に上奏し、却下されると再び上奏しながら狂奔した。これに、当時全民族的な感情を代弁して、中枢院議長金允植等が宋秉畯、李容九の処刑を政府に建議したが、日帝の庇護で志を果せなかったし、一九一〇年八月二十二日、亡国の韓日合邦条約が締結されると、この年九月二十六日、一進会は七年余にわたる売国的所任を果して解体した。

また、朝鮮人民共和国における一進会の記述（李清源著、川久保公夫・呉在陽訳『朝鮮近代史』一九五六年大月書店）は次のようである。

日本帝国主義のきもいりで作られた反動的売国団体。一八九四年の農民戦争後、東学党の反動的指導分子らは日本に亡命し、その徒党を秘密裡に国内へ派遣して反人民的団体の組織を画策していた。たまたま日露戦争が勃発するや、売国奴宋秉畯（維新会頭目）と李容九（進歩会頭目）は、日本帝国主義の指示と積極的な援助のもとに、それから五万円の運動資金をもらい、日本人内田良平を顧問とする売国組織「一進会」をつくって、日本軍司令部の特別な保護のもとに活動を展開した。彼らは、この会にはいれば、大臣、知事、郡守などの官職を得るのはもちろん、金持になるのも意のままであるというデマ宣伝で無頼の徒をあつめたという。その組織経過をみれば、一九〇四年八月に、日本で一〇余年間放浪していた宋秉畯が野田平治郎という名の日本軍通訳として帰国し、首都に「維新会」なるものを組織して、元「独立協会」残党の尹始炳を臨時会長におしたてて背後であやつり、数日後にはそれを「一進会」と改称した。これとほとんど時を同じくして、孫秉熙、李容九が同一の綱領で「進歩会」を組織し、一九〇四年十一月には一進会に合同した。この団体の目的は、日帝の道具として軍事スパイ、軍夫徴発に奉仕し、欺瞞的な「世論」をつくりあげて朝鮮人民が「合併を希望している」かのように仮装することであった。彼らは、幾十万の朝鮮人を日本軍の軍用鉄道敷設工事や軍需品運搬に徴発し、多くのものを強制労働でころした。また、一九〇五年十一月には日本の「保護」を要請する宣言書を発表して一層露骨な売国行為を展開した。それとあわせて愛国運動の弾圧にも積極的に協力した。一九〇九年二月、宋秉畯はふたたび日本にわたって「日韓合併」運動に狂奔し、同年十二月、会長李容九は、日本統監と朝鮮皇帝および政府に「日韓合併」を要請するいっぽう、売国宣言を発表し、「大韓商務組合」、「国民同志賛成会」、「紳士協議会」などの幽霊団体の名儀でそれの支持を表明させ、人民の意志であるかのように見せかけた。こうして朝鮮の亡国を促進させた。

表現の強弱の差はあるが、一進会を売国団体であるとする評価は異なっていない。

一進会に関しては趙恒来『韓末社会団体史論攷』（一九八〇年二月　大邱　螢雪出版社）。同「日帝の対韓侵略政策と旧韓末親日団体の行跡状況研究」『韓国文教部研究報告書―人文科学系㈠』（一九七〇年）。車文燮「売国の走狗一進会」『韓国現代史』第三巻（一九六九年　ソウル新丘文化社）。李寅燮『元韓国一進会歴史』（明治四十四年七月　京城文明社）。同改題翻刻「韓国一進会日誌」金正柱編『朝鮮統治史料』第四巻（一九七〇年七月　韓国史料研究所）。魚譚『魚譚中将回顧録』参照。

(19)　黒龍会主幹内田甲（良平）は、伊藤博文の韓国統監としての漢城赴任に際して、嘱託としての資格で漢城に同行した。その前後事情に関しては、黒龍会『日韓合邦秘史』上巻（昭和五年十一月　黒龍会）九頁参照。

(20)　内田良平は統監府から与えられた官舎を「居候堂」と呼んで浪人の拠点とした。

(21)　宋秉畯が玉璽盗用事件でとらえられたこと。玉璽盗用事件と内田良平・李容九の関係については『日韓合邦秘史』上巻　四十頁参照。

(22)　樽井藤吉『大東合邦論』を指す。同書の要旨は、アジア諸国の合従連衡によって、西欧勢力の東漸に対応するというもので、同じころ「時事新報」に発表された脱亜入欧路線を内容とする福沢諭吉の「脱亜論」と好対照をなす。その経歴から見て、隣国の人間と深い交際はなかったと考えられる樽井が、アジア人連帯の大東合邦を主張し、朝鮮の留学生をはじめとする隣国人と深いつながりのあった福沢諭吉が、西欧との提携を主張したことは注目してよいだろう。樽井（森本）藤吉『大東合邦論』（初版明治二十六年八月、同再版明治四十三年六月）同覆刻『覆刻大東合邦論』（昭和五十年十一月　長陵書林）。同書には初版と再版の間に微妙な異同がある。その異同については、旗田巍『日本人の朝鮮観』（昭和四十四年五月　勁草書房）参照。

(23)　乙巳条約に反対した両班たちのなかには、閔泳煥に代表される抗議の自決をした人々とは別に、言論活動や直接行動をもって積極的な抵抗運動をした人々がいる。そのうち、義兵運動と呼ばれている直接行動を代表する人物が崔益鉉である。李氏朝鮮の官学である成均館の直講をつとめ、承政院副承旨の経歴を持つ侠儒崔益鉉は、それまで、事ある毎に排日の強硬な上疏をくりかえしていたが、乙巳条約に反対して、七十四歳の老齢にかかわらず、光武十年・明治三十九年六月、抗日の兵をあげた。日本軍の強力な火器のまえで、彼らの武力闘争は完敗したが、李朝の知識階級が示した、精神的純粋性の高さは鎮圧に当った心ある日本人を驚ろかした。そして、崔益鉉の精神は高く評価され、現代に語り継がれている。ここでは、先に見てきた親日派と目される李周會の関妃事件における対処の仕方と、乙巳条約における反日派の崔益鉉の行動にあらわれた李朝知識人の倫理の純粋性に注目しておきたい。そして、それは思想、信条、政治的立ち場のちがいを越えて、良質の李朝知識人に普遍的なものであったろう。

崔益鉉に関しては『勉菴集』（崔益鉉の文集）（一九七〇年　ソウル其刊行会）　青柳南冥「韓末孤忠の臣崔益鉉」『朝鮮史話と史蹟』（大正十五年九月　朝鮮研究会）　旗田巍「義兵将崔益鉉」『朝鮮と日本人』（昭和五十八年十一月　勁草書房）参照。

⑰　朝鮮亡命客　禹範善　李斗璜　具然寿　黄鐵等石田家に贈る書

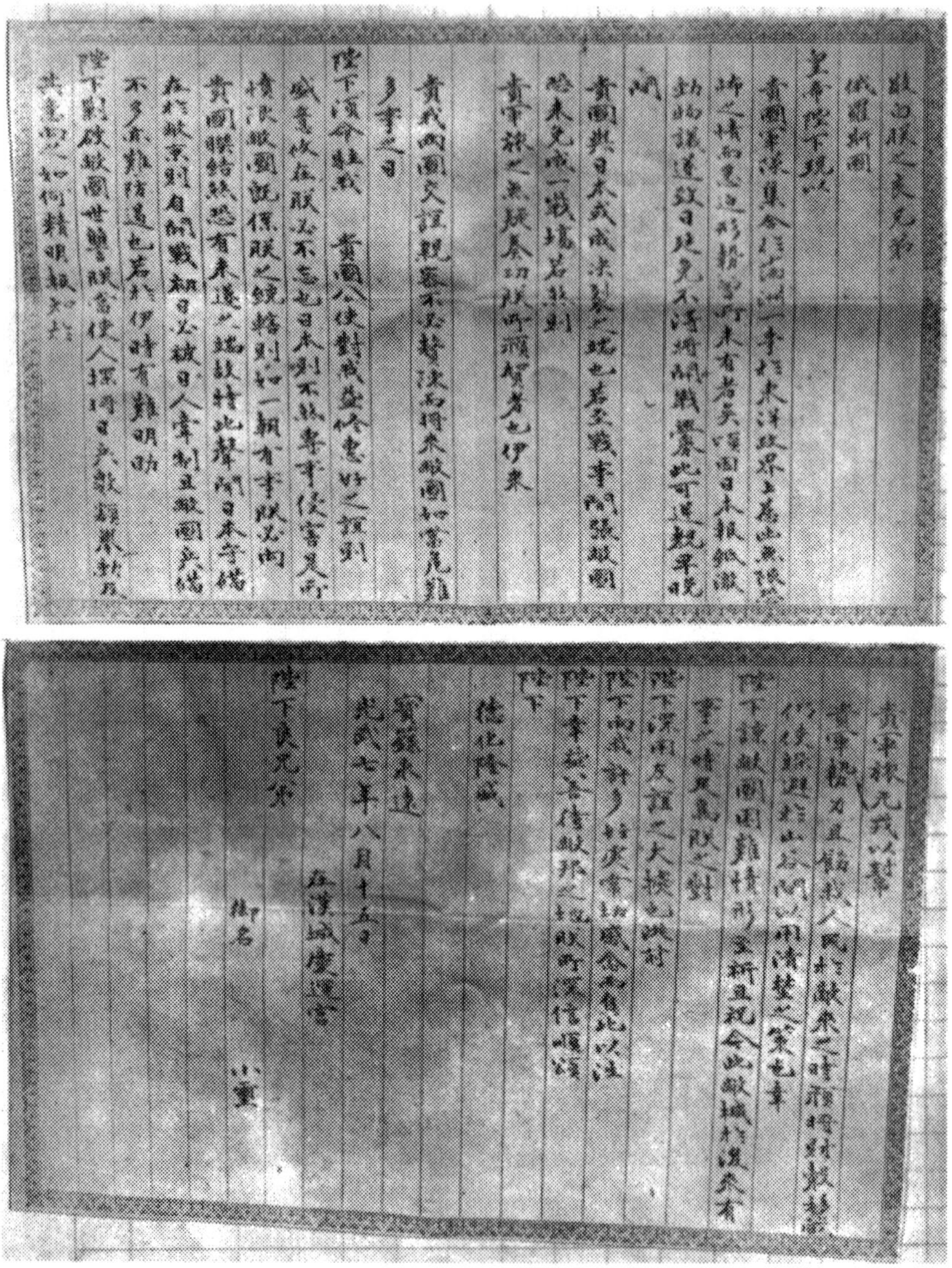

⑱　韓帝露帝に贈る副書

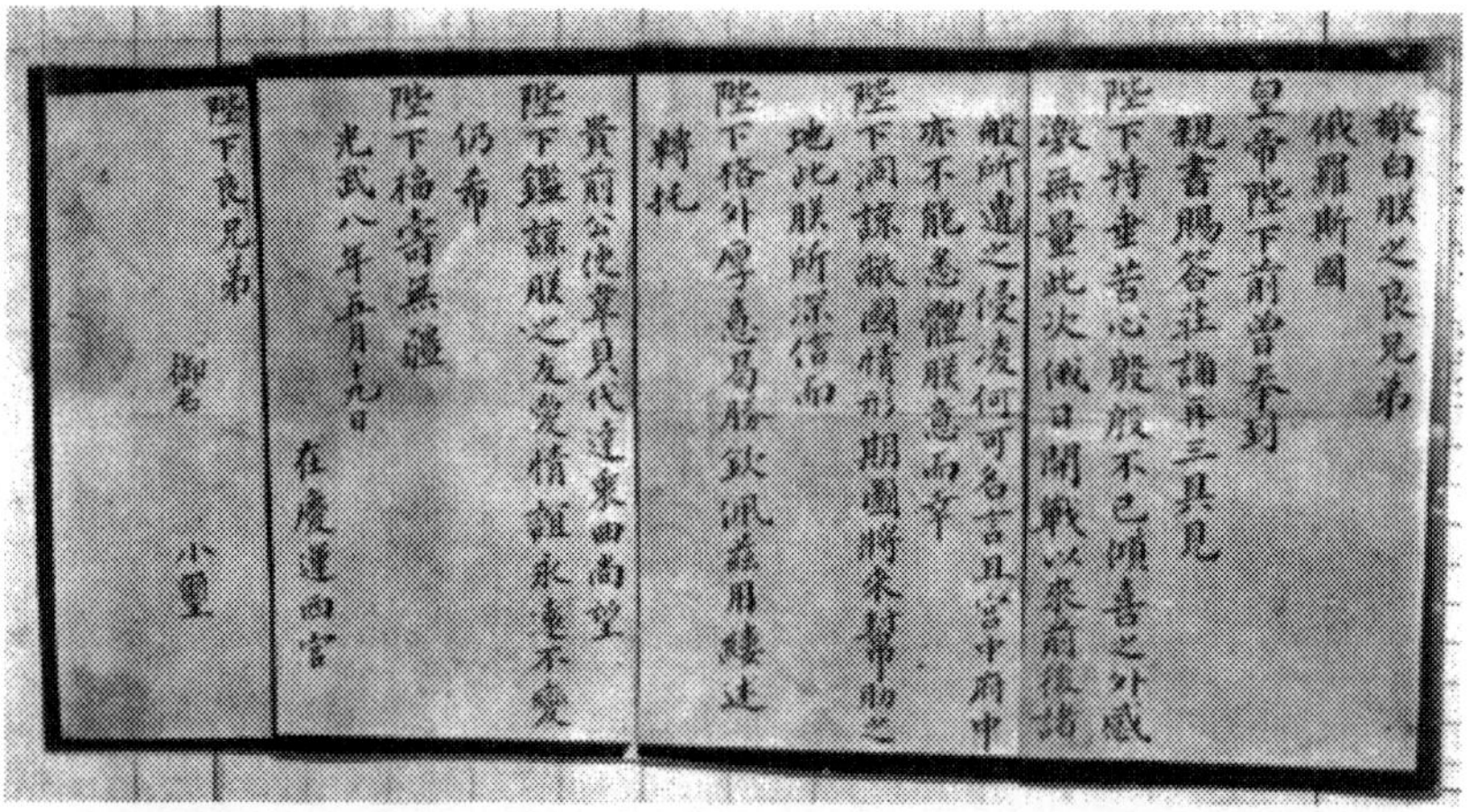

敬白朕之良兄弟
俄羅斯國
皇帝陛下前曾奉到
親書賜答並諭并三具見
陛下持重苦心殷殷不已頌喜之外感
激無量此次俄日開戰以來前後諸
般所遣之使凌何可名言且公平府中
亦不能忘體朕意而卒
陛下洞諒微國情形期圖將來討帑助之
地此朕所深信而
陛下格外厚意為肸欽佩茲用縷述
轉托
貴前公使韋貝代達東西南望
陛下鑑諒朕之允究情誼永遠不變
仍希
陛下福寄無疆
光武八年五月十九日　在慶運西宮
陛下良兄弟　御名　小璽

⑲　韓帝露帝に贈る副書

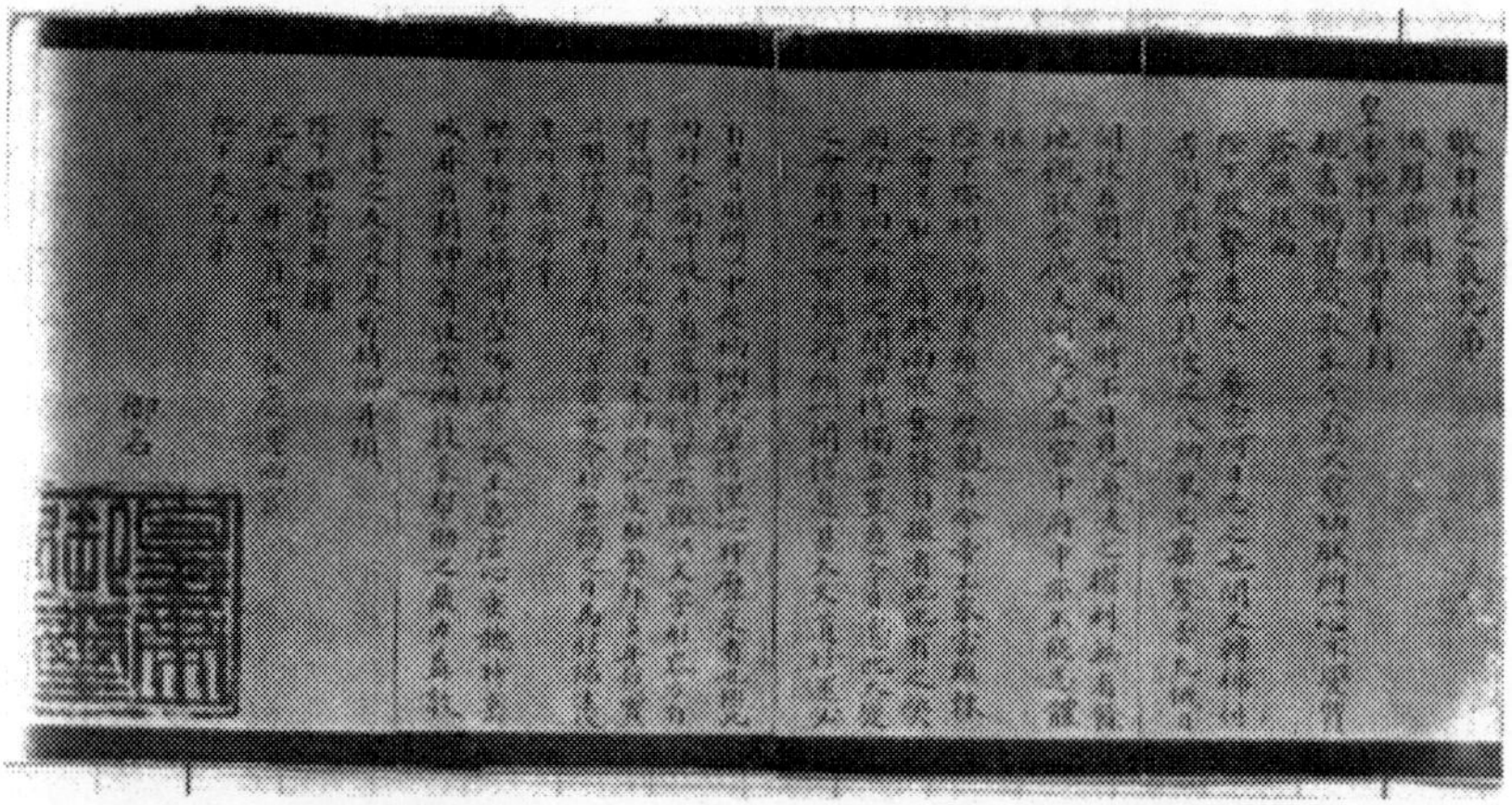

⑳　韓帝露帝に贈る副書

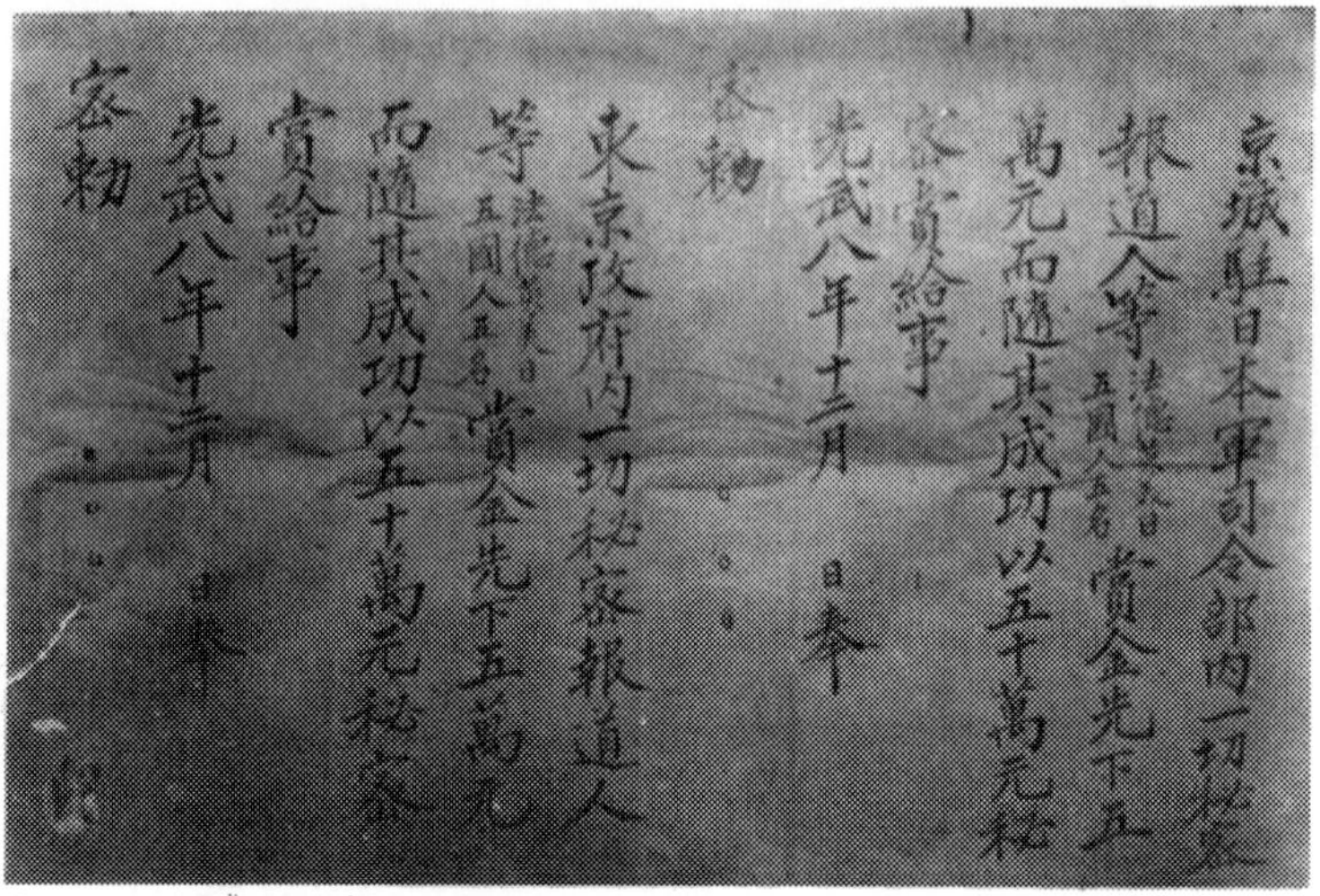

京城駐日本軍司令部内一切秘密
報道人等 法德美英日五國人五名 賞金先下五
萬元而随其成功以五十萬元秘
密賞給事
光武八年十二月 日
密勅
東京政府内一切秘密報道人
等 法德美英日五國人五名 賞金先下五萬元
而随其成功以五十萬元秘密
賞給事
光武八年十二月 日
密勅

㉑ 韓国より露国に贈る密勅案

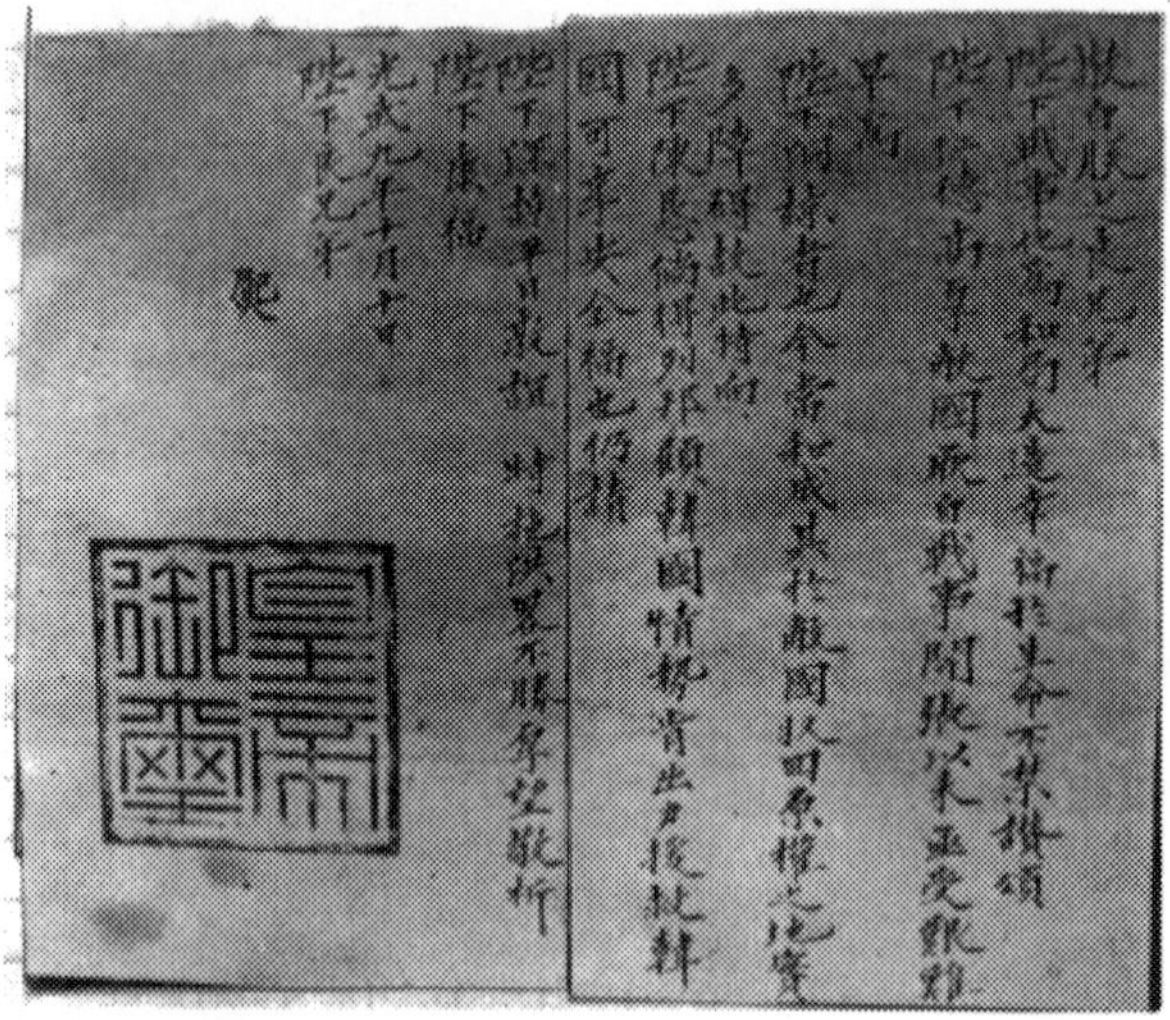

㉒ 韓帝露帝に贈る副書

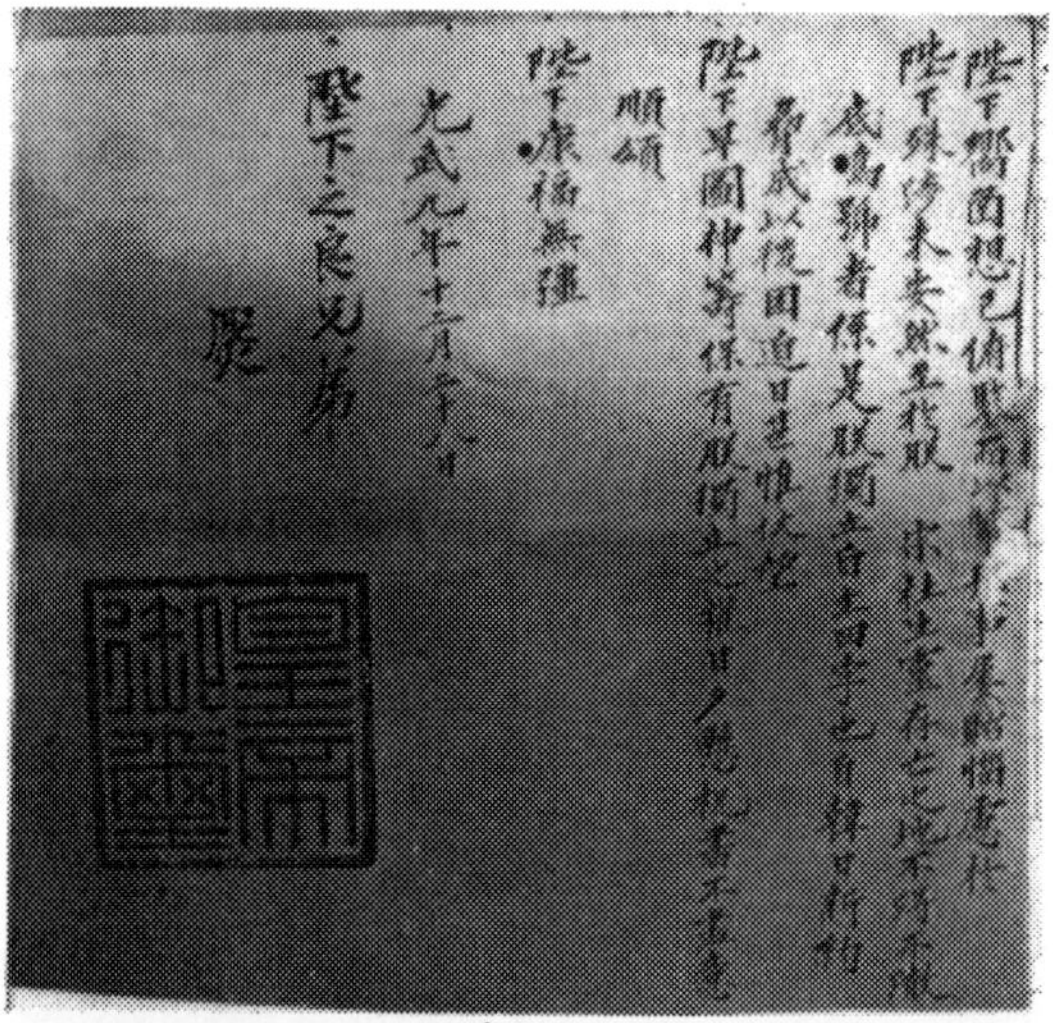

㉓　韓帝露帝に贈る副書

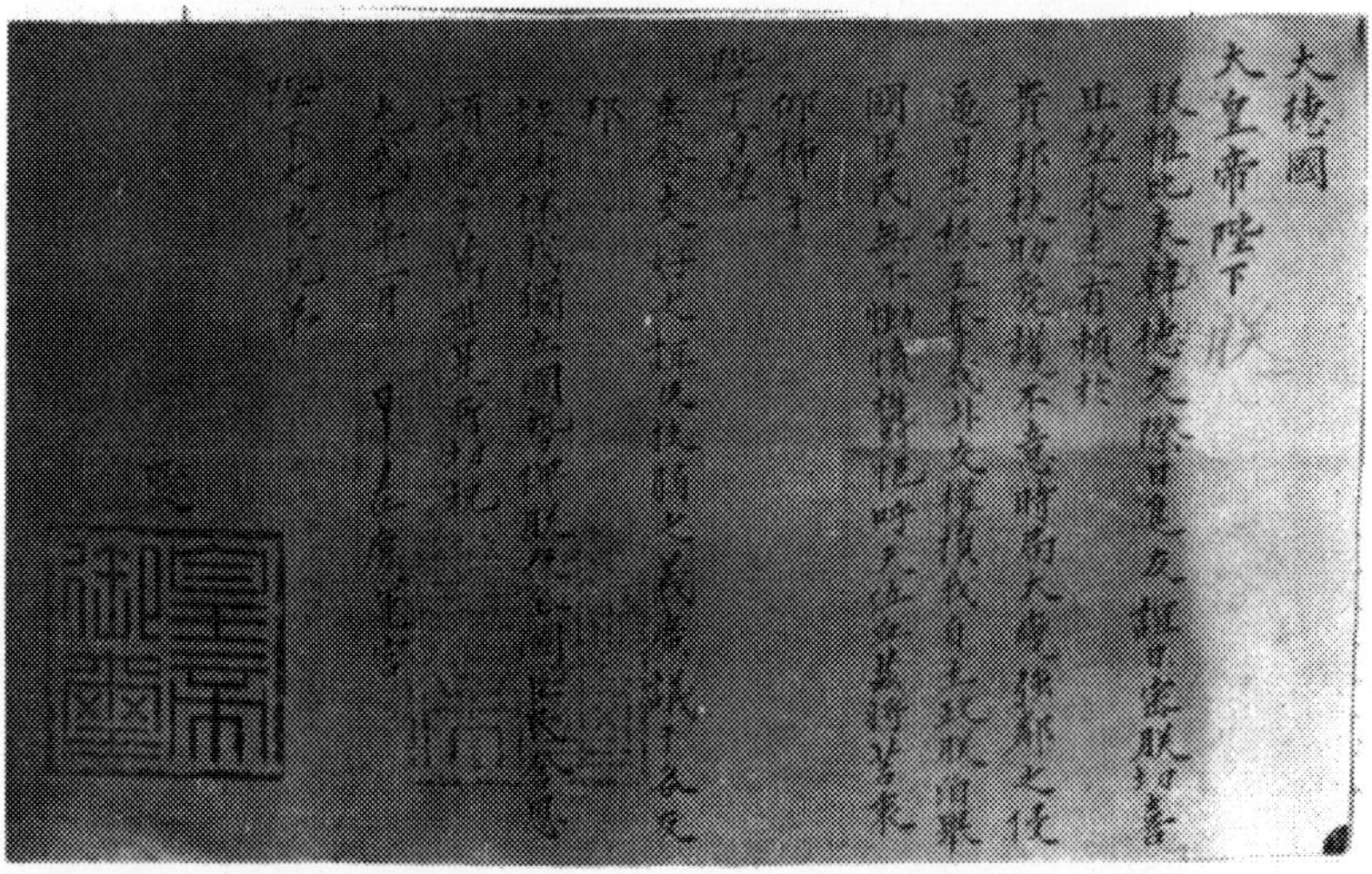

㉔　韓帝独逸帝に贈る副書

第七章　暗躍時代の一

第一節　入　韓

一　権藤成卿邸の饌宴

十二月十九日師は権藤成卿（善太郎の字）の饌宴に臨む。時に宮崎滔天（寅藏の号）川崎紫山（三郎の号）高田獏窩（名三六又無涯と号す）等来り会す。滔天は又清国革命の志士にして当時清国屈指の学者たる章炳麟（太炎と号す）(1)を導き来る。予も亦師を送らんとして此に赴く、時に師は章炳麟と頻に筆談論議す、予も亦共に筆談す。後会するもの筆を採りて各々書するところ有り、成卿之に跋して記念と為す。（写真第二十五）

二　入韓の途上

師は此日午後六時新橋駅より西下し、大阪・下関に遊び二十四日内田と共に釜山に至る、時に黄鐵も亦同船し語つて曰く柳絲郷を望めば恍として夢の如しと。当時師は四人の逋客を伴つて高田の柳絲郷（旅館兼酒亭）に在り、四人書を作り画を作れども資を貯ふるに至らず、何ぞ料らん師同宿日夜痛飲せしに由りしを。黄鐵も亦四人の一員にして南画を善くせり、而して当時協弁の職に在り。

又師が釜山に至つて最も今昔の感に堪へざりしは、十二年前甲午の乱起るや天佑俠徒と称して横行し、朝鮮の志士と事を共にしたるも、時非にして成すこと能はず、遂に官嫌に触れ天に跼し地に蹐して釜山(朴震夏の家)或は東萊(仙巌寺)等に潜匿し、又山座等に頼り、漸く逃れ帰りしも養父に容れられず各所に流浪転々し、遂に松村雄之進の策に依りて、大阪の俠客淡限に頼り、其次年渡韓して又乙未の変に際会し坐して、京城より仁川を経て海路宇品より広島監獄に護送せられて囹圄の人と為り、後放免せられたれども一時退韓令の為に如何ともすること能はず、遂に顕聖寺或は東林寺に在りて嫌を避け跡を晦まして身を葆《かく》す。然れども寺務を董《ただ》すの余、国運の進展を祈り居たりしが、機運の際会と云うべきか天佑俠徒の一員たりし内田に伴なはれて入韓したるに在り。

　此日午餐後出でて釜山の市街を歩すれば、街衢十年前に倍蓰し旧棲の梁山泊は其何処なるやを弁ぜず。更に郊外の磯村牧場に到る、内田場主を指して曰く是旧知にあらずやと、師忽ち当時其警吏たりし人にして屢々師を捕ふるの命を受けたるも、却つて毎に師を庇して逃れ還ることを得せしめたる人なりき。場主曰く当年の寂莫を以て今日の殷阜に比せば其感奈何ぞや、是皆君等が辛酸の賜なりと。師答へて曰く是天命なり、予何ぞ当らんやと、即吟じて曰く。

鰲ヲ鉤ル十六載　幾回カ霜根ヲ踏ム　国運自ラ軸有リ　太平理原《たず》ヌ可シ　手ヲ
携ヘテ郊外ニ歩スレバ　牛羊田園ニ吪《うご》ク　首ヲ回セバ烟万竈　庶ナル哉我ガ黎

元　旧棲夢安クニカ見ン　惟存ス九徳ノ尊（自註ニ曰ク九徳ハ嶺名也）

二十五日舟行絶影島より海雲台に至りて其景を賞し、深夜復釜山に帰る。

二十六日汽艇に搭じて草梁に到り、更に汽車に替へ大邱を過ぎいて其殷賑に驚き、夜京城南大門に着し迎ふるもの数十人と車を連ねて永楽町の内田官舎に入る。

二十七日統監府の新官舎成り夜内田と共に之に移る。

第二節　続いて内田官舎に在り

一　内田の文書を司どり之を援く

二十九日先づ一進会の性質なる文を草す。首《ハジメ》は東学党の事より説き起して一進会に及び、即一進会の勃興より一進会の否運を叙べ、同会が曽て我軍部に認められたることに及びたるものにして、約五千言に達するものたり。

三十～三十一日南山松譜（内田良平に代る意見書なり、爾来松譜を以て隠語となす）約四千言に近きものを草す。之等は凡て伊藤統監に呈する内田良平の意見書なり。而して深夜更に古詩一篇を賦す、中に時零ニシテ夜寥闃の句あり（十二月十九日以後の事は凡て師の日記に拠る）。

二　初めて李容九の来るに逢ふ

明治四十年丁未（四十五才）一月一日内田に代り杉山茂丸[2]に送る意見書を草す。

一月二日侍天教(3)主李容九に贈る書（漢文）に曰く。

大日本洞上沙門洪疇範之恭シク、大韓天道教主李大先生主・宋大先生主及一百万奉教兄弟斡旋ノ履端ヲ賀ス。伏シテ以《オモン》ミルニ鴻禧万福ナラン、弊衲思念スラク天ナルモノハ天無キ也、道ナルモノハ道無キ也。何トナレバ道有レバ則障有リ、天有レバ則蓋有リ、蓋無ケレバ障無ク天道以テ行ハレン。道無ケレバ天無シ、人理以テ立ツ。易ニ曰ク天ニ先ダッテ而シテ天違ハズト。天ニ後レテ而シテ天ノ時ヲ奉ズ、夫レ唯天ニ先ダツ故ニ克ク天ノ時ヲ奉ズ。夫唯天違ハズ故ニ克ク天ニ後ル。先ダツコト無ク後ル、コト無ク、以テ三五ノ枢機ヲ転ズ、是ヲ以テ天命ノ造化ヲ定ムルコトヲ知ル矣。天道ノ妙義此ニ在ルコト有ル無カランヤ。我不立ノ文字ノ宗、天道ヲ見ルコト是ノ如シ、知ラズ或ハ神契乎。敢テ請フ拝ヲ得テ玄晤セン。

之を封じて未だ発せず牛丸友佐来り之を携へ去る。前一進会長尹始炳・通訳愈鳳柱と共に来り賀す。暫にして李容九其徒数人と共に来り賀し、師に揖して通訳をして謂はしめて曰く。今貴札を拝す、宋君と与に来るべきに、宋君事あり故に生独り来り礼す、謹んで玄旨を謝すと。尹始炳を顧みて師の書を示す、衆皆之を偷視し喃々の後一斉に刺を師に通ず。之より杯を共にし皆大に酔ふ、而して卓を共にする者終に二人、風雪大に至り窓外物色を弁ぜず、師偈を作つて之に戯れ曰く。

風鬟シテ雪虐　此晦冥ヲ如何セン　悲歌互ニ相発シ　霏々調相和ス　他未ダ人事ヲ尽サズ　蒿目幾人カ多キ

と、李容九も又一偈を書して曰く。

白雪我心ト　清樽友ヲ媒シテ臨ム　無窮無限ノ意　言不言ノ間ニ深シ

酔筆龍の如し、李容九は薄暮に至つて車を回す。蓋し師が李容九と相識るは此時に始まりしと雖も従来の行動は図らずも期せずして符節を合はせたるが如く一致し、凡て韓国政治の改善と民意の伸張に在ることは其目的を一にするを以て、始めての会見より旧知の如き感ありと云ふ、是師が当時の記録に明なり。④

一月七日韓景源（京城の人、明治三十五年九月より予の葡萄園に於て葡萄の業を練習すること約一年半、次年末帰韓して密陽に留まり、三十七年同地開昌学校長孫貞鉉の下に於て葡萄を試植して実験に着手したりしが、日露開戦に際して北韓軍の通訳と為り、後李容九の通訳と為る）は師が予が家に於て嘗て知るところなるを以て予に其居を問ひ、且又予が嘗て伐り来れる浅間山産の「サビタ」樹の杖を求む。

九日李容九の答書に曰く（漢文）、

敬復スル者両度ノ恵問感荷ニ堪ヘズ、示意閲シ悉ス。而シテ本教ノ新創ハ典籍未ダ備ハラズ、故ニ未ダ　貴意ニ仰ギ副フコト能ハズ、玆ニ若干ノ文牘ヲ呈ス。俯諒セラレンコトヲ仰要ス、仍ツテ法安ヲ頌ス。

丁未一月九日　　　　李容九　拝謝

洪疇公法座下

基督教諸般ノ来歴ハ、必ズ基督教会ニ問ヘ、則其細微ノ事ヲ悉ス可シ。仏教ハ当ニ東大門外元興寺長僧ニ問フ可シ、則韓国ノ寺数僧数ト諸般ノ概要高麗時ノ諦観法師ノ事歴トハ知ル可シ矣。

儒教ハ本是教也、其現状ハ詞章ヲ習ヒ倫綱ヲ明ニス、大抵孔孟及程朱ノ遺訓ヲ尊崇スル也。

道教喇嘛等ハ、信仰者寂然トシテ聞クコト無シ矣。

両崔夫子ノ伝記ハ、八十年史乗トトモニ発刊ノ意ヲ以テ、方《マサ》ニ抄集中ニ在ル也。

姑《しばら》ク聖経大全数篇・天道教経典・天道大元経一冊・天道教典一冊ヲ呈ス。⑤

侍天教分裂理由ヲ仰呈ス、概ネ本教公示一号ニ在リ。

天道教ノ侍天教ニ対スル態度ハ、羅馬新教ノ旧教ニ対スルガ如シト雖モ、然レドモ別ニ生硬無シ。

侍天教ノ現状ハ、天道教ノ専制ニ服セズ、自由ニ之ニ帰スル者已《スデ》ニ三分ノ一ニ過グ。

教勢一般事業、平民多ク信ジ所業一ナラズ、然レドモ多ク民会ニ進ム。両教ノ組織及異同、淵源及教理同ジト雖モ、規模同ジカラズ。大抵天道教ハ、大道主事務ヲ統攬シ専制ヲ主ト為ス。故ニ大道主ハ一生遞セズ、一般任員ハ公薦ヲ以テセズシテ而シテ惟ダ特選ヲ以テス。特ニ行文ヲ黜ケ宗令ヲ以テス。侍天教ハ六任員・教長・教授・都執・執綱・大正・中正・教務ヲ分掌ス。教長主管タリ、然レドモ衆望ノ薦ムル所ハ教長ト為ル。而シテ亦遞代ノ期有リ、行文ハ公示ヲ以テス、是乃共和格也。
主長以下幹部人員数、京城本教六任員・教長一人・余各三人合セテ十六人、地方ノ大教長ノ本教会ノ六任ヲ兼帯スル者、合シテ四十九人。教徒艸別員数、方ニ天道教ト分裂ス、故ニ名簿姑ク未ダ修整セズ、其数ヲ計ラレズ。

此書は李会長が始めて師に答ふる書にして、宗教上に関する事のみなれども、其主義は衆議制と専制とに画然大別せられ、宗派より更に政論に及ぶべき根元たるを以て其始を紀する為に其全文を収録したり。

一月十四日内田に代りて杉山茂丸に寄する書は、韓国の財政論を主とし、延いて東学党より一進会の起原に及び。又目賀田[6]財政が韓国の下情に適せざることを痛論して、其改善を警告するものなるが約一万言に近し。

二十八日予が贈りたる「サビタ」杖到達したるに依り、翌日曳いて東大門に至りしこと記し、七古一篇を予に示さる、其詩中の句に曰く。

頭ヲ挙ゲテ懇ニ謝ス松居士、試ニ問フ杖ニ倚ツテ吾何ゾ停マラン。軽歩快走仙袂ヲ飄シ、飛龍ヲ御スル兮怒霆ニ鞭ウタン。且恐ル恍惚変怪ヲ逞ウシ、我ヲ江上ニ委シテ天庭ニ昇ランコトヲ。老病此ノ如シ慎ンデ逸スルコト勿レ、始終我ヲ扶ケテ保寧ニ回ラシメヨ。

等の句あり。此詩は啻に杖を得たるを謝するに止まるも、御㆓飛龍㆒兮鞭㆓怒霆㆒の句の如きは、師が自ら其抱負の一端を示唆したるものにして無意味の語に非ず。又委㆓我江上㆒昇㆓天庭㆒の句が恰も讖と為るが如きは、後に至つて想到するもの有らん。

二月二日内田に報ずる書中に、新条約ハ韓皇朕ガ意ニ非ズトシ、啣スルニ国璽ヲ以テシテ列強ニ通ジタリト、官報ハ其事ナシト弁疏スレドモ実証ハ宋ガ手ニ在リ、故ニ宋ハ内閣ヲ責ムルニ国王ノ意ニ非ザル締約ヲ敢テシタルノ大罪ヲ以テセントスト。案ずるに前年十二月二十八日韓帝が露帝に贈られたる密書及今年一月独逸皇帝・仏国大統領等に同様に贈られたる密書問題は、新聞紙上に於て其事実の有無を論争するに至りし程のことは、宋秉畯が素より知らざるところに非ず。故に之に乗じて事局を促進せんとする宋秉畯の意の有るところを察す可きなり。

二月三日李容九は通訳韓景源を伴つて師を訪ひ、清話半日に及ぶと云ふ、而して十五日に至り李容九は崔基南・玄章昊（共に北韓鏡城の人）をして師を訪はしむ。韓景源共に来つて通訳し、師に示すに侍天教典・侍天教宗旨・侍天教世乗(?)を以てす。二人は曽て韓景源と共に長谷川大将の軍に従ひたりしが、今は共に侍天教本部に在るなり。

二月十九日侍天教の訳成る。

三月初予師に島地黙雷の詩を贈る。師即其韻を歩して卻送す、其詩に曰く。

龍灯滅セント欲ス釈梵宮　只仰グ高僧法旆ノ雄　遠ク恆河ヲ度レバ砂石翠ナリ
幽ニ古仏ヲ尋ヌレバ髻珠紅ナリ　安南学会玄化ヲ知リ　海表ノ名林徳風ヲ興ス
七十ノ寿筵何処カ好キ　松蔭鶴ニ和シテ耳更ニ聡ナリ

予又之を黙雷に送る、黙雷大に喜び且其学才に驚く。

三月十日侍天教典を訳するの序中に曰く。

一善ノ桃李（一善郡ノ桃李寺ナリ）蹊已ニ没スルモ尚一人ノ金春秋アリ、文章ニ於テ薛聰・崔道詵・崔致遠等ヲ挙ゲ、又博大士ノ儒冠道履ニシテ袈裟ヲ披イテ梁武ニ朝シテ三教ノ冥合ヲ表シ、其箇要ヲ貴ブ。然レドモ我能ク之ヲ一ニスト曰フ者ナシ。新羅ハ三教ヲ存ス、高麗ハ仏ヲ宗ト為セシモ桃李ノ春ニ回リシカ、而シテ儒仙交ル、而シテ鄭夢周ヲ以テ三千載ノ第二人タリ。而シテ一以テ三教ヲ貫カント欲スルノ情ハ文教アルヨリ以来恆ニ存ス。独リ崔先生濟愚此澆末ニ当リ、三教ヲ渾ベテ而シテ無極ニ帰シテ天下ニ倡ヘ、広済ノ徳ヲ以テ組織シテ之ヲ出シ、三千載行ハント欲スル者先生能ク之ヲ行フ。乃三千載実ニ第三人ヲ得ル也。布教五年ナラズシテ刑ニ就ク、老弟之ヲ発キ青衿之ヲ揮ヒ、四十七年ニシテ而シテ教徒百万ナリ。先生ノ勇挙三千載ニ故《フル》クシテ而シテ三千載ニ新ナリ。則第三人ト曰フト雖モ、内以テ宗教ヲ統ベ外以テ人権ヲ万々斯年ノ今ニ伸ブ。其済世主ト称セラル、ハ偶然ニ非ル也。大雅ニ曰ク、有周顯ハレズ、帝命時ナラズ、文王陟降シテ帝ノ左右ニ在リト。侍天ノ意蓋シ此ニ資ルカ、故ニ至気大降浩然天地ト往ク。我其レ之ヲ定メザランヤ、何ゾ大事我其レ之ヲ知ラザランヤ。此ニ宜シク立テ、韓教ノ為ニ以テ三教ヲ化養シ、以テ百家ヲ融スベシ。故ニ予其教典四冊ヲ訳シ、序シテ而シテ諸《コレ》ヲ本国ニ伝フト云フ。明治四十年丁未三月初十先生殉道ノ日、大日本曹洞宗保寧第三十一世洪疇範之謹識。

是亦一の序文に過ぎざれども、侍天教の淵源を説き、人をして侍天教を重視せしめんと欲するの意に出でたるものなり。何となれば侍天教と一進会とは車の両輪も唯ならざればなり。

三月十二日李会長に仏教の再興を勧むる書の要旨（漢文）

（前略）㪟宗秋葉山黙仙和尚ハ、日本ニ在リテハ高僧ト称セラル、其京城ニ過ギルヤ㪟衲説クニ韓国仏教ノ再興方略ヲ以テス、和尚之ヲ領シ今現ニ通度寺ニ在リテ衆僧ノ為ニ其方略ヲ指示ス。昨夜韓君景源来ル㪟衲語ルニ此事ヲ以テス、韓君曰ク此レ妙計ナリ請フ書ヲ会長ニ具セヨ此議ヲ周旋セント、此レ亦広済ノ義ナリ。（中略）

夫三国ノ時梵僧始メテ桃李寺ヲ一善ニ創スルヤ、源派浩渺教学並ビ興リ羅麗ヲ経テ隆昌ヲ極ム。然ルニ本朝ニ至ツテ儒術ヲ崇ビ僧尼ヲ絀《しりぞ》ケ、前ニ馬頭拝ノ罰アリ、後ニ入城ノ禁アリ。積習ノ久シキ人士袈裟ヲ見ルコト糞土ノ如シ、豈浩歎ニ堪ユベケンヤ。日僧ノ人外ニ立ツ者ハ敬シテ而シテ之ヲ外ニスルナリ、韓僧ノ人外ニ立ツ者ハ擯シテ而シテ之ヲ外ニスルナリ。今上ニ及ンデ同仁ノ義ヲ尊ビ、各宗教ヲ一視ス。故ニ入城ノ禁自ラ解ケ、信仰ノ自由ハ国法ノ保障スル所ト為ル。是五百年ニシテ而シテ曇華一現スル也。僧尼タルモノ宜ク此時ヲ以テ此機ニ乗ジ、没日ヲ崦嵫ニ掀ゲテ之ヲ高麗朝陽ニ回スベシ、此レ豈千歳一遇ノ運ニ非ズヤ。然レドモ僧尼ハ足ヲ裹《つつ》ンデ敢テ城ニ入ラズ、影ヲ絶嶽ノ外ニ匿シ、三千里疆寂トシテ一法音ヲ聞クコト無キ者ハ何ゾヤ。積習已《スデ》ニ耳ヲ傾クルノ人無ク、久病既ニ高キニ拠ルノ力ヲ失フノ故也。今ヤ日韓訂盟政道一ニ出ヅ、而シテ日僧ハ則人族界最高ノ地ニ居リ、韓僧ハ人族界最劣ノ地ニ立ツ、此ニ両国ノ僧尼交際ノ程度扞格通ジ難キヲ致ス也。韓僧タル者宜ク先ヅ其地位ヲ高メ国民ヲシテ先ヅ其糞土ノ念ヲ去ラシムベシ、此レ第一義タリ。而シテ後徳布ク可キ也、法説ク可キ也。故ニ敝衲韓僧ノ為ニ之ヲ計リ、仏教再興ノ方略胸中ニ歴々タリ請フ之ヲ具陳セン。

古仏曰ク地ニ依ツテ仆ル、者ハ地ニ依ツテ起ツト、夫京城ハ仏教ノ因ツテ仆ルル所也、故ニ之ヲ起サント欲セバ唯当ニ京城ニ起スベキノミ。京城ニ起スニハ之ヲ如何セン、曰ク韓土三刹以下金剛・妙高等ノ諸山蓋シ皆山中別乾坤ヲ成シ全ク人間生活ニ異ナル、未ダ以テ民心ヲ攬《ト》ルニ足ラズト雖モ、各寺ノ積財或ハ以テ小費目ヲ支撐スルニ足ラン。故ニ主班ノ寺刹会盟僉議先ヅ合議所ヲ城内ニ開キ名ヅケテ某会ト称シ、各寺ノ俊秀時務ニ通ズルノ僧ヲ撰ビ各々其寺ヲ代表シ以テ錫ヲ会議所ニ留メ、日夜興教ノ方法ヲ講究シ、脈絡ヲ諸山ニ通ジテ計議ヲシテ相罣礙《かいがい》セザラシメ。又時ニ日本ノ高僧ヲ会務所ニ引請シ、京民ヲシテ日本ノ官民ノ高僧ニ対スルノ態度ヲ観セシメ。又有為ノ僧ヲ郡府ニ派遣シテ仏法ヲ演説シ、宜シキニ応ジテ円通ノ計ヲ出シ。之ヲ内ニシテハ各寺ヲ代表シテ其連合ノ実ヲ固メ、之ヲ外ニシテハ会所ヲ標掲シテ其上下ノ交ヲ繁クシ。以テ盈進シテ而シテ已マザレバ、則京城日韓官民ノ漸ク其志ヲ知リ以テ日僧ト伉礼スルコトヲ得ルニ至ルヤ必セリ。夫レ然ル後大中仏教学校終ニ興ルベキ也、帝者ノ師以テ出デン矣、人天ノ眼目以テ開ケン矣。

今ヤ西教肆然柄ヲ教界ニ弄シ、聞クガ如クンバ昨臘其信徒ノ顕官ニ任ズルモノ二十余人ナリト、其政界ニ於ケル教勢熾灼タリト謂フ可キ也。西教ト相匹スル者ハ唯侍天ノ一教ノミ矣。儒ハ則彼ノ如ク仏ハ則此ノ如シ、亦悲ムベキニアラザルカ。敝衲之ヲ聞ク豪傑ノ士憤世ノ徒遁レテ僧ト為ル者多シト、既ニ千歳ノ風雲ニ際会ス慎ンデ寂滅ニ入ッテ菩薩行願ニ辜負スルコト勿レ。

黙仙和尚通度寺ノ指示未ダ知ラズ、果シテ衆僧ノ心ヲ服スルニ足ルヤ否ヤヲ、外人ノ言未ダ惑無キコト能ハザル也。座下若シ鄙議ヲ以テ韓僧ヲ済フベシト為サバ、則仏儒ハ是侍天ノ範囲、請フ之ヲ扶ケテ以テ羽翼ヲ張リ、以テ西教ト頡頏セヨ、万望ノ至ニ堪フルコト無シ。

丁未三月十二日　　洪疇範之和南

此の如く師が韓国仏教の復興[8]に意を注ぐは一曹洞宗の為に非ず、韓国宗教上の国家的大問題たることを察知すればなり。本書は果然慶会楼の僧会に花を開き、後又円宗々務院開設の結果を獲たる萌芽たるものたり、故に玆に収録して始を紀す。又之に対して十七日李容九の復書あり、曰く（漢文）。

敬覆スル者、華翰ト侍天教典ノ序トヲ拝承、敬読再三、義理精微議論宏博、管見蠡測敢テ其涯涘ヲ窺ハズ。而シテ歴代人物ノ権衡、従上三道ノ溯源、現界上独歩ノ想、必ズ踽々焉タリ涼々焉タリ。孰カ景慕セザラン也哉《ヤ》。概ネ菩提ノ樹ヲ論ズレバ、天竺ニ根ザシ、支那ニ枝ハリ、高麗ニ花サキ、日本ニ果ス。風霜浩劫ノ秋、根ハ則凋ミ、花ハ則残シ、果ハ則落ツ。果ナル者ハ生々ノ仁存ス焉。故ニ千載一遇ノ春ニ適ヒ、甲《メグ》ミテ而シテ析《ワカ》レ、根ザシテ而シテ着キ、法雲油然トシテ作《オコ》リ、法雨沛然トシテ下リ、其幹固ウシテ而シテ実《ミ》ノリ、枝葉ノ繁茂、花蕊の光栄、以テ球面ヲ覆フニ足ル矣。果ヲ播シ根ヲ培スルハ妙法ノ良手ニ在ツテ、而シテ　法師ハ即其人ナリ焉。則韓ノ桃李ヲシテ不言ニシテ而シテ再ビ春ニ幾《チカ》カラシメン矣。其宗ハ即弊教範囲中ノ一機関ニシテ、而シテ尚未ダ振興セザル者ハ力未ダ周カラズシテ而シテ策未ダ尽サゞレバ也。法師方略ヲ条陳スレバ実ニ同符タリ。則姑ク黙仙禅師回報ノ期ヲ竢チテ、力ヲ協《アワ》セテ鼓動シ法意ニ仰副センコトヲ心ト為ス耳《ノミ》。下序中、三千載ノ三人ヲ屈指シテ而シテ崔夫子ノ内宗教ヲ統べ、外人権ヲ万々斯年ニ伸バスノ論、其慧眼三千載ノ前ニ超エテ、而シテ確然月旦ノ新話ト為ル矣、第《タ》ダ当《マサ》ニ教典刊行ノ日篇首ニ載セテ耳目ヲ警醒スベキ也。金春秋・鄭圃隠末葉振羽シテ、而シテ崔世主ノ放光其三ニ第シ、金・鄭ノ一、二ニ居ルハ生ノ先生ノ故而已《ノミ》。包往倡来ノ蹟ノ如キニ至ツテハ、無始無終ニ亙ツテ而シテ一人ナリ焉。鄙見此ノ如シ高明以テ如何ト為ス。孟子ガ楊・墨ヲ排スルノ功ハ禹ノ下ニ在ラズ。今泰西ノ狂瀾ハ禹ノ洪水、孟ノ楊・墨ヨリモ甚シキ也。則一家ノ力保障シテ而シテ導注ス可カラズ矣。三家ノ団体以テ无極ノ輪ヲ斡スレバ、則潮汐退イテ而シテ敢テ復《マタ》東セズ、泄シテ而シテ枯渇セン矣。千一ノ機宜《きぎ》ノ時ヲ失フコト勿カランコト万千顒望ス。余只　法体ノ康旺ヲ祝シ以テ瞻遡《せんそ》ヲ慰ス、不備謝礼。

光武十一年三月十七日　　李容九和南

洪疇禅師法座下

是李容九が師の書と侍天教典の序を見て之に共鳴し、其感想を述べて師に致せるものなり。以て宗教上の意志も亦疏通して一致せしことを知るべし。而して次日師が復李容九に復するの書あり（漢文）。

謹啓スル者《ヘ》、昨夜崔先生基南・韓景源君ト扛訪セラレ乃教書ヲ拝捧スルコトヲ獲、高明ノ論眼一塵ヲ翳セズ。乾端坤倪、呈露セザルコト無シ、豈学ノ能ク到ル所ノミナラン也哉《ヤ》。彼ノ一物ノ渾化スル所乃然ルヲ致ス也、極メテ至感タリ。惟拙序過称敢テ当ラズ、蓋シ羞愧赧面ニ勝フルコト無シ、且新刊経典中拙序ヲ附シ附驥ヲ得タルコトハ、敝衲ノ栄何ゾ之ニ加ヘン。乃今草稿ヲ出シテ之ヲ検スレバ一字ヲ脱スル有リ。曰ク実ニ三千載一人ナリ矣ト、之ノ間当ニ第ノ字ヲ加フベシ、第一人ハ是金、第二人ハ是鄭、第三人ハ是崔世主、世次ヲ以テ三人ヲ叙シ、三者ノ人物相映照ス。則崔世主ノ万代ノ一人タル也《ヤ》益々彰著ナリ矣。

一字ヲ脱スルノ故ヲ以テ意ノ晦渋ヲ致ス也、若シ刊序ノ栄ヲ得バ幸ニ請フ一字ヲ補ハレンコトヲ。

崔先生基南曰ク、仏教勢ヲ得バ或ハ侍天教ヲ阻ムコト無カラン乎《カ》ト、此レ決シテ然ラザル也、仏ト儒ト皆侍天ノ機関也、速力ノ迅疾ナランコトヲ欲スレバ須ク其機関ヲ窂ウスベシ。幾万ノ僧懶雲ノ中ニ眠定スルハ太ダ用無シ矣。其レヲシテ警醒一番无極ノ圏内ニ活躍セシメテ、政ニ駆リ教ニ使ヒ、心念口演シテ民疑ヲ解キ衆惑ヲ斥クル也、豈最鋭ノ利器ニ非ズ乎《ヤ》。

默仙禅師ノ書ニ曰ク、通度寺ニ三派有リ、一ハ浄土宗ニ頼ラント欲シ、一ハ本願寺派ニ頼ラント欲シ、一ハ曹洞宗ニ頼ラント欲シ、衆僧狐疑ノ中ニ在リ。故ニ之ニ説クニ以テシテ曰ク、宜シク依頼心ヲ休メ、京城内ニ会議所ヲ建搬シテ以テ自ラ奮起スベキ也ト。即匆々ニ而シテ去リ以テ疑ヲ招クノ端ヲ避ク、書尾ニ詩有リ敝衲其韻ヲ次イデ曰ク。不離不即ハ活如来、好シ新宮ヲ起シテ旧台ニ連ネン、若シ形勝ニ向ツテ一指ヲ染ムレバ、上人ハ還タ是匪民ノ魁ト。禅師ノ措置自ラ宜キヲ得ルコト姑ク是ノ如キ而已《ノミ》。又演説筆記十数通ヲ寄セラレ、韓君既ニ訳本ヲ作ルコトヲ約ス、願クハ遞伝ヲ煩ハスコトヲ得ン。各山刹ノ高僧意気已《スデ》ニ銷スト雖モ、豈ニ、三豪傑ノ之ニ起ルコト無カラン哉《ヤ》。合議所一起ノ後、敝衲等敢テ微力ヲ致サン、敝衲等躬ラ之ヲ遊説スルハ苗ヲ揠《ヌ》イテ而シテ之ヲ長ズルノ為《イ》ニ似タル也、勢或ハ不可ナル乎。故ニ今為ニ請フ法座下先ヅ之ヲ煽揚シテ、後儆衲等敢テ従ッテ而シテ応援セン。此レ蓋シ儆衲ニ在ッテハ則妥帖ノ策ナリ矣。而シテ法座下ノ无極ノ柄ヲ秉ル所以乎《カ》。伏シテ乞フ　高教ヲ垂レラレンコトヲ、惶悚々々不備礼上。

三月十八日

師が韓国の宗教振興に意を措くことの切なること思ひ見るべきのみならず、李容九と屢々会見するも言語相通ぜざること多きを以て、主として文書に依つて相互の意志を疏通するに努め。宗教より進んで政治問題に波及するに至り、遂に一進会の師賓と為り之を率ゐて、日韓両国の溝渠否朝鮮海峡を埋めて一家と為し、以て東亜の連繫を完からしめんとするの一歩を踏み出したるを思はしむ。師此政教の事務匆忙の際に於て予と文詩の応酬数次、皆予が精神を激励鍛錬するに非ざるもの無し、又以て師の力量襟度共に綽々として余裕あるを想はしむ。予は之を忘れたれども師の日乗之を詳記せしを見て之を附記す。

四月五日水雲崔教祖を祭るの文を草す。六日日置默仙書を寄せ韓国に於ける仏教挽回は容易ならず、座下の大悲心を以て方便化導を祈る云々の意にして一切他事に触れざるは師を宗教家として知るのみなればなり。

第三節　一進会と共に行動す

四月六日内田と共に平壌に至り各所を視る。十日金玉均の男金英鎭宅の小宴に臨む。坐上に両妓画幅を合作し、小妓数人之を歌ふて酒を侑む。坎軻盛名竟ニ身ヲ殺ス、仁雖義刻期ノ人有リ、今日君ニ逢フテ涯上ヲ懐ヒ、悲歌雨ニ和ス浿江ノ浜の詩を作り妓をして之を歌はしむるは、亡き同志を追懐するの情切なるに依るなり。十一日乙密台に上りて詩を題し又遂に平壌八詠の七律を作る。十三日帰途高麗の旧都開城を過ぎるとき李容九の示す句に曰く。夕陽馬ヲ立ツ崩城ノ下、啼鳥声中五百秋、師乃之に和して曰く。雨ハ紅桃ヲ湿《うるお》シテ暗愁ヲ帯ブ、芳魂那ノ処ニカ石橋ヲ弔ハン、汽車一馳飄トシテ見ルコト無シ、瞥地看過ス五百秋、と。午後七時帰寓す。

四月十五日内田に代り伊藤統監に呈する平壌視察報告書の要項。

情勢一般（平壌ノ）　現状ヲ呈シタル原因（三項ニ分ツ）　師団ノ撤退（排日ノ動機）西教ノ煽動　一進会支部長ノ言（一進会ハ西教ト官吏ノ迫害ヲ受ケ会員ハ三分ノ一ニ減セリ）平壌韓民ノ与論（韓民ノ半以上ハ西教ナリ、其他ノ者ノ意見トシテハ教育方針ノ改善ト旧弊ノ革祛ヲ先急務トス）／地方官ノ錯挙（地方官ニ自強会員ト青年会員ヨリ会員ヲ抜擢シタルハ、西教ヲ政治ニ利用セシム、観察ハ一モ排日二モ排日居留民ト相戻ル）　改革ノ弊害（経済施設ノ不適）等に対する全文は八千言に近し。十七日内田躬ら之を携へ往いて統監に上つる。

五月十日一進会が五月二日に議政府参政大臣朴齊純に提出したる弾劾文を直訳

す、文は十一章に渉り訳文を併せて一万数千言に達す。

二　地方巡行の二

五月二十六日黄州及平壌に於て一進会の演説会[9]を開かんとの計画に依り、師は内田及李容九等と共に南大門駅に至れば、前夜農商工部大臣に任ぜられたる宋秉畯其他会員の歓送者二百余名に及ぶ。師は李容九・内田等と同車し、車中李会長は副会長洪肯燮及総務員鄭景珠の両者を紹介し、黄州に至れば一千五百の歓迎者に擁せられ、黄州城内一進会の本部に入り次日の演題を定む。即、

風俗改良論　　　金　士　永
教育必要論　　　金　弼　用
地方政治改革論　劉　載　漢
国民合心前進論　洪　肯　燮

洪副会長師に謂へらく演題可ならんかと、師曰く知らざるなり凡て弁論は題の可否に在らずして弁士の巧拙に在り、凡題を聖論と為し聖題を凡論と為す、一に其人に存す。原理よりも愚夫愚婦の最も暁易き事を説き洽《あまね》く人心に入らしむるは妙文なり、故に之を是非せずと。

二十七日各弁士の演述後李会長一場の挨拶を述べ、多数聴衆の喝采を博し盛会裏に無事終了したり。二十八日一行と共に平壌の事務所に入り後旅館に投宿す。二十九日万寿山に於て開演し、劉載漢・金澤鉉・洪副会長・李斗秀等各々得意の

弁を揮ひ、最後に又李会長の挨拶あり、万衆粛然傾聴し、盛会裏に終了したり。

是より後師及李会長を始め一進会の一行は寧辺・義州に赴き、旧義州に陸軍大臣寺内正毅を迎へ、白馬山を踰へて平壌に帰り、師は密に李容九をして寺内大臣に見えしめたりしが、其激励を請けたりと。

三　崔基南の間島赴任を送る

一進会は嘗て統監に請ふに北間島(10)の事を以てしたりしが、統監は即統監府出張所を同所の龍井村に起し、一進会員崔基南を其内部書記官に任じたり。其赴任するに当り師は之を送つて南大門駅に至る、時に解散兵暴発し師は門楼機関銃射撃の下を過ぎりて帰る。時に雨降りて車夫は雨声を聴けども銃声を知らずして悠々として之を通過す。是真に泰然自若たるものなり、後に至つて一笑話を残すと云ふ。

師が崔基南を送る詩に曰く。

曰《と》若《と》ニ古ヲ稽フルニ神世ノ初、天孫劉覧堪輿ニ降ル、混気東ニ開ケテ万国ヲ肇ム。昆ハ瀛洲ニ留マリ季ハ扶余、君見ズヤ松花江上沃沮ヲ駆リ、皇弟戈ヲ揮ツテ旐旟ヲ建ツ。又見ズヤ白頭山頭帝子ノ居、牛頭天皇仙裾ヲ曳ク。浩々タル万古神書ヲ遺ス、日瓜韓裂事紛挐、遂ニ結ブ蝸牛角上ノ夢。間却ス滄海ニ鯨魚ヲ斬ルコトヲ。天運数有リ終ツテ復始マル、紫気天ニ沖シテ斗墟ヲ度《ワタ》ル。須ク兄也《ヤ》弟也《ヤ》ヲ提携セシメ、此ノ日諸《ヨ》月諸《ヨ》ヲ愛惜スベシ。君去テ馬ヲ立テヨ長白ノ巓、土們碑前感何如。落々タル雄心吾子ニ望ム、詩ヲ哦スルハ何ゾ必シモ灞橋ノ驢ノミナランヤ。斬蛟ノ剣、破雲ノ鋤、江浜ニ珮琚ヲ遣《ワス》ル、コト勿レ。請フ嫖姚定遠ノ策ヲ勲シ、黒水白山其レ余ヲ起セ。

崔基南大に之を喜び師の韻を歩して曰く。

粤《コ》ニ檀皇独立ノ初ヨリ、白山黒水一円輿。暦数遷ル有リ乾坤老へ、神光千載扶余ヲ歛ム。黒水ノ沿岸龍蛇ノ跡、高麗ノ将士北征ノ旗。白山ノ鳥獣草木ノ色、観音教主晧裾ヲ払ヒ、松嶽ノ寒鐘月下ニ搥《う》ツ。西京ノ老柳風前ノ絮、国都ノ年代何ゾ徴スルニ足ラン。三韓ノ古史多クハ魯魚、墓制城址鉄物ノ類。明々的々タリ韓人ノ墟。大陽ノ元気会合スル処、人事天ニ応ジ天諸《コレ》ヲ捨ツ。形ハ驥尾ニ附シテ天涯ニ落ツルモ、心ハ老師ト与《トモ》ニ真如ヲ講ズ。几ニ隠レテ幾タビカ夢ム漆園ノ蝶、覚気応ニ聴クベシ伊川ノ驢。願クハ飛錫ヲ枉ゲテ絶域ニ住《トゞ》マリ、大放光ノ処珮琚ヲ鳴セ。片碣能ク万国ノ語ヲ使《シ》テ、疑雲浄尽爾余ヲ断タシメン。

四　地方巡行の三

此唱酬に依りて師と崔基南との志の存するところ以て見るに足るべし。

李容九は七月十三日を以て師と共に一進会の幹部を率ゐて三南地方遊説の途に上らんとす、十一日夜宋秉畯の家に於て別宴を設けられ之に臨む。時に宋秉畯師に謂らく今回の演説は事局上頗る大切のものなるが故に、弁士の演説草稿は一々貴下に於て検閲せられ、他日大変革の起るに際し其伏線を張られんことを、と。蓋し宋秉畯は当時に於て、既に韓国政界に大変動の近づきつゝあるを感知し居たるを以て、殊に師の注意を求めたるものなり。又師は五月二十六日以後中絶したる日記を此日より復継続したり。

十四日演説会場たる軍部学校に至れば警護甚だ厳にして衆民入ること能はず。師観察に衆民を門内に入れんことを請ふ、観察曰く、先生其権を有せば之を行へと、師怒る。後漸く参領梁在薫計を設けて演説を妨害するの情を詳にす。皆云ふ民の為に演説するか、官の為に演説するか去れ去れと、壇を毀つて校前の小丘に就く、観察始めて周旋す。衆四、五百頭の多きに至り、洪允祖は政治革新論を、尹定植は時勢変遷論を、劉載漢は国債報償利害論を、崔東燮は教育論を演し、最後に李会長其演旨を説明す。観察及郡守は師等を犒ふ、独り梁在薫は会員と弁難百出せりと云ふ。十五日懇親会及歓迎会に臨みしも記すべきこと無しと云ふ。十六日大邱を去つて草梁に至り暗号電報を作る、事漸く急なるを知るべし。十七日夜暗号電報到る。十八日釜山桟橋に赴き松井理事に依り入韓の林外相に見ゆ、後草梁を発して馬山に至る。

此日予に寄する書に曰く。

本日林外相ヲ当駅ニ迎ヘ候ヒシガ是ヨリ三南ノ地ヲ巡説可仕候、廟廊ノ上ハ怪霧ニ掩ハレ八域ノ野ハ暗澹トシテ密雲雨フラサルノ形勢ニ御座候。二十余人ニテ排日熱ノ排除ニ遊戯神通ヲ試ムル、又一快事ニ御座候、云々。十九日更に鎮海に宿し二十日鎮海より晋州に至る。此日馬上劉載漢に示す詩あり、曰く。

連鞴二十鑊湯甘シ、此地危ヲ踏ミ又南ニ入ル。馬浦雨晴レテ紅袂惹キ、胎峰雲閉ジテ碧蹄探ル。王孫自ラ有リ哀声ノ咽セブ、八域豈無カラン霊気ヲ含ムコト。鼠輩本来大事ヲ償《サツ》ル、那ノ人カ手ヲ撤シテ龍潭ヲ下ラン。

迎ふるもの千余人篝烟相連なる。二十一日も晋州に在り。二十二日早々晋州を発して月に乗じて又鎮海に入り一進会学堂に宿す。二十三日出でて新馬山に宿し、二十四日夜京城に帰還す。而して予には帰山の日は尚未定なりと通知し来れり。

（1）当時、権藤成卿は赤坂仲ノ町の黒龍会事務所に隣接した家に住み、黒龍会の文筆関係の仕事に従事していた。権藤成卿の家には、日本亡命中の章太炎もたびたび出入りし、その際交わされた筆談録も遺族のところに残っている。また、宋教仁の日記である『我之歴史』には、このころの権藤家を訪問したという記述もある。この餞宴は、黒龍会をめぐるメンバーによって構成されたものである。

（2）玄洋社の客員的存在であった杉山茂丸は、独得の弁舌と魁偉な風手をもって明治大正期の政界を裏面から操従した。韓国統監府初代統監として漢城に赴く伊藤博文に、内田良平を推薦したのは杉山である。杉山は長州閥の政界人とよく、日露合邦運動においては、内田良平・李容九・宋秉畯らの実践メンバーと明治政府をつなぐパイプ役として活動した。作家夢野久作はその子である。杉山茂丸に関しては、夢野久作『近世快人伝』（昭和十年十二月　黒白書房）　一又正雄『杉山茂丸』（昭和五十年十二月　原書房）参照。

（3）侍天教は東学の主導権争いによる内紛と、政治的見解の相違によって、兄弟子で教主の孫秉熙に破門（一九〇五年九月十七日黜教処分）された李容九らによって創始された東学の一派である、このとき、李容九ら幹部数名を破門した孫秉熙は一進会に対抗して天道教を創始した。東学の政治団体一進会と連動した侍天教は、一進会の最盛時にはその母体である天道教をしのぐ勢があった。侍天教については、現在の朝鮮近代史では故意に抹殺されるか、過小に取り上げられているが、「侍天教創立直後は教勢益々伸張し、教徒の数天道教を凌駕するものがあった」（『朝鮮の類似宗教』）という事実だけは記憶しておく必要があるだろう。

侍天教は李容九の死後、幹部の金演局のひきいる金氏侍天教と、宋秉畯のひきいる宋氏侍天教に分派し、日本統治時代を過したが、解放後は天道教に吸収合併されたようである。侍天教については次の文献がある。細井肇『鮮満の経営』（大正十年十二月　自由討究社）同『侍天教の教旨』（大正十一年九月自由討究社）『朝鮮の類似宗教』（昭和十年九月　朝鮮総督府）幣原坦『朝鮮史話』（大正十三年十二月　冨山房）

（4）天佑俠の朝鮮半島における専制政治の打倒と、東学の反李朝の目的が合致したことを指す。李容九と武田範之が初対面の際、天佑俠時代に養った範之の東学に対する知識が両者の距離を急速に縮めたことは十分推察がつく。さらに、斗酒なお辞せずという両者共通の酒好きは、この間の障害をとりのぞくに力があったと推察される。なお、内田良平は全くの下戸で、このような酒席を通じての交渉には全くの不向きであったことを附記しておきたい。

(5) 天道教の教義書は、現在ソウルの天道教中央総部出版部をはじめとして多くの出版社から出版されている。東学・天道教の教義書の集成としては、『東学思想資料集』三巻（亜細亜文代社　一九七九年）がある。

(6) 統監政治開始後公布された「財政監査庁官制」にのっとり、韓国の財政顧問として目賀田種太郎が統監府財政監査長官の形で派遣された。

(7) 侍天教の教義書については、現在の韓国及び朝鮮民主主義人民共和国のどちらにおいても出版されていない。大東国男『李容九の生涯』の巻末には「侍天教宗繹史」が収録されており、洪疇遺績には侍天教から発行された「侍天教宗繹史」「龍潭訣釈賛」「天教正義」「侍天教祖遺績図志」がある。前出『東学思想資料集』㈢には「侍天教歴史」があるが、これは東学二代教主海月崔時亨までの記述であり、正確には侍天教になってからの歴史ではない。いづれにせよ、現在の朝鮮半島においては、侍天教はその存在すらない。

(8) 範之の朝鮮における宗教活動に関しては、くわしいことは分らない。朝鮮における宗教と範之についてふれたものとして、中濃教篤『天皇制国家と植民地伝道』（昭和五十一年十月　国書刊行会）があり、範之の宗門の布教史である『曹洞宗海外開教伝道史』（昭和五十五年十一月　曹洞宗宗務庁）には、朝鮮における範之の布教についてふれているが、それによれば、範之は曹洞宗における朝鮮の最も初期に属する布教者の一人である。なお、韓国宗務院設立の構想や、活動については、本書の記述が最も詳しいものであると考えられる。

(9) 乙巳条約・高宗の譲位・韓国軍隊の解散等にあらわれた日本の対韓政策に反対して、朝鮮全土に頻発した抗日運動に対抗して、一進会は自衛団を組織し、反日勢力の掃蕩を行うと同時に、漢城をはじめとした全国規模で演説会を開催した。なお、演説会の弁士と演題等については「一進会日誌」にくわしい。

(10) 合邦成立後、一進会を中心として間島を中心とした北満洲の地に設立される予定であった東学の千年王国、一進会（自治）財団を指す。崔基南は一進会の代表として、総監府官吏の資格で間島に赴いた。

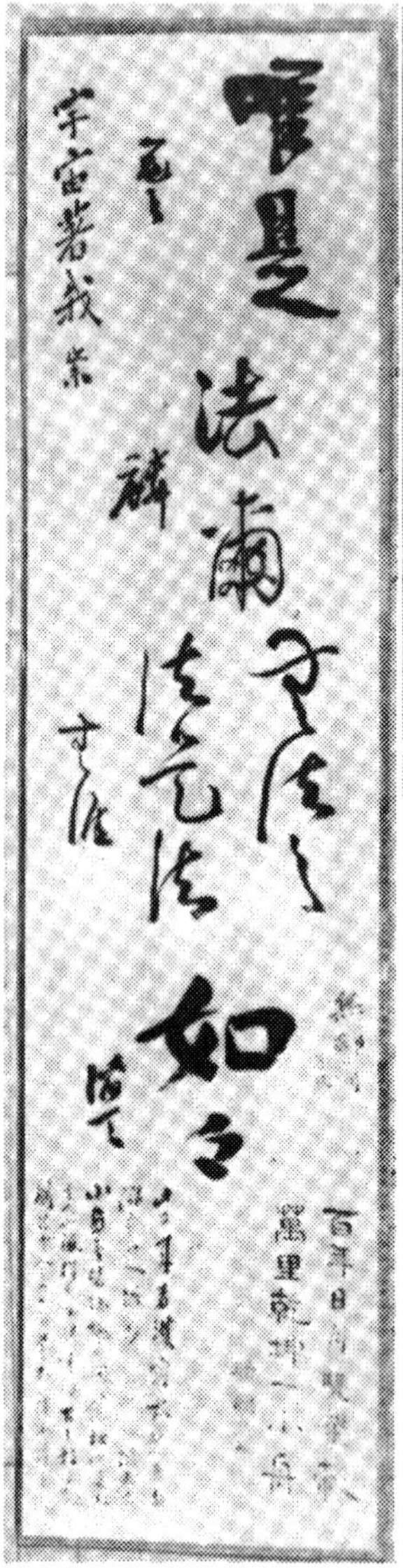

㉕ 権藤成卿宅餞宴の合作　範之は武田範之　紫は紫山川崎三郎　麟は章炳麟　無涯は高田三六　善照は著者　滔天は宮崎寅蔵　聴剣は松永安左衛門　小字の文は成卿権藤善太郎

第八章　暗躍時代の二

第一節　統監と韓廷

一　統監の治績

明治四十年（韓国の光武十一年改元後の隆熙元年西暦一九〇七年）は伊藤統監鋭意治世に励精し、韓国は各方面に於て開発進展の域に赴き殊に庶民は多年旧政治の弊政に泣きたりしが、新政の保証を得て漸く統監政治を謳歌するに至れり。爰に於て韓帝は内部大臣李址鎔を日本に特派して之を謝し、幾何も無く韓国太子は妃尹氏を納る、我国に於ては宮内大臣田中光顕を特派して之を賀したり。

二　韓国政府の組織

当時韓国内閣は議政府と称し、議政・参政・外部・内部・度支部・軍部・農商工部・法部・学部に九大臣を以て組織せられたりしも、議政大臣は久しく欠員なりしを以て参政大臣之が首班たり。而して一年有半を継続したる朴齊純政府は五月下旬辞職し、学部大臣李完用之に代りて参政大臣と為る。

三　韓国の改正内閣制度

六月議政府を改めて内閣と称し、参政大臣を総理大臣とし内閣官制を発布す。

一、内閣ハ国務大臣ヲ以テ組織ス。
二、国務大臣ハ大皇帝陛下ヲ輔弼シテ国政ヲ掌理スルノ責ニ任ス。
三、内閣総理大臣ハ国務大臣ノ首班ニシテ機務ヲ奏宣シ、旨ヲ承ケテ行政各部ノ統一ヲ保持ス。
四、内閣総理大臣ハ内閣主管ノ行政事務ヲ処理シ、必要ナル閣令ヲ発シ所属判任官ヲ専行任免ス。
五、内閣総理大臣ハ必要ト認メタル場合ニハ、行政各部ノ処分又ハ命令ヲ中止セシメ勅裁ヲ請フコトヲ得。
六、法律勅令ハ総テ内閣総理大臣及関係大臣此ニ副署ス。
七、法律案・勅令案・予算案・決算案・予算外支出・各部主管権限ノ争議・高等官ノ任命・進退・叙品・叙勲・大赦・特赦其他各部主管事項ニシテ事体稍重キモノハ内閣会議ヲ経ベシ。
八、軍機・軍令ニ関シ上奏スベキ件ハ、軍部大臣予メ内閣総理大臣ニ告知ス。
九、内閣総理大臣又ハ各部大臣事故アル時ハ、他大臣臨時承明シ該事務ヲ署理ス。

内閣官制の改正に次いで、中枢院官制及地方官々制も改正せられたり。

而して李完用を内閣総理大臣とし、任善準を内部大臣に、李秉武を軍部大臣に、李載昆を学部大臣に、高永喜を度支部大臣に、趙重應を法部大臣に、宋秉畯を農商工部大臣に任命し、(1) 伊藤統監は各大臣を統監官邸に招集して、施政の改善国力の涵養を図るべきことを注意し、日韓両国和協一致して努力すべきことを訓諭し、又統監は如何なる離間攻撃あるも両者の関係を阻害すること能はざらしむる為毎週火曜日を以て各大臣は統監邸に参集し、侯の指導を得て、翌水曜日に閣議を開くことを恒例たらしむ。

第二節　丁未の政変

一　政変の根源

之より先韓帝は露帝に贈らんとして左の書（漢文）を草せられたり、初に親書草の冒頭あり（写真第二十六）。

敬白ス朕ノ良兄弟　陛下朕ノ遭去スル所益々艱難ニシテ四顧声言ノ処無シ。而シテ惟　陛下ニ向ツテ煩陳スルコト有ル而已《ノミ》、尚《コイネガ》ハクハ　原諒セラレンコトヲ望ム。弊邦振起ノ期全ク　陛下ノ顧念ニ係ル、而シテ今万国平和会ノ開議日有リ、想フニ該会ニ於テ弊邦ノ遭フ所宲《ジツ》ニ因無キニ由ルコトヲ声佈スルコトヲ得可キ也。韓国曽テ俄日開戦ノ前ニ於テ中立ヲ以テ声明ス、　各国皆此ヲ承認スルコト有ルハ此レ即世界ノ共ニ知ル所ニシテ、而シテ現ニ情形実ニ深ク憤惋スルニ当ツテ、茲ニ良　陛下特ニ友誼及弊邦ノ故無クシテ禍ヲ被ムルノ情ヲ念ヒ、務メテ弊邦ハ形勢ヲ将《モ》ツテ、該会開議ノ際ヲ期シテ一場ニ説明スルコトヲ得セシメラレンコトヲ。万国公々ノ物議ヲ致一シテ、而シテ之ニ因ツテ弊邦ノ原権庶《コイネガ》ハクハ収回ス可シ。則此レ真ニ朕及我韓全国ノ感激、　陛下ノ恵徳ヲ忘レザル者也。第《タダ》　貴前駐韓公使巴禹路《バブロー》ニ由ツテ厚ク回去付陳ス。顒望《ぎょうぼう》ノ深衷兼ネテ該公使ニ托嘱スル処有リ矣、垂諒セラレンコトヲ望ム。専ラ此ニ敬ンデ　陛下ノ康福ヲ祈ル。

光武十年四月二十七日

此親書草案の年号及年月日を案ずれば我明治三十九年に当る。故に海牙《ヘーグ》に第二回万国平和会議を開かるゝ前年に在り。之に拠つて案ずるに会議開始の前年に於て夙に此事を計画せられたるものか、或は年度を前年とせられたるは策謀の関係に由るか、此大問題に対してのことなれば単なる誤書とも認め難し。而して本件は平和会議の開会と共に海牙より世界中に喧伝せられたり。

二　隆熙改元

前項の始終の詳細は、明治四十年七月師が政変の内容と題して記録したる隆熙改元秘事②に詳悉したるが一万五千余言の尨大なるものなり、故に爰に其要旨を抄録するに止めたり。

韓国皇帝[3]ノ密使ガ海牙ノ万国平和会議ニ現ハレタリトノ報知ヲ得タルハ七月二日ノ夜ニシテ、之ヨリ先我国ニ亡命シタル朴泳孝ハ突如帰韓シタリシガ、図ラズモ海牙事件ノ暴露シタル時ニ際シ、責ヲ時ノ宮内大臣李載克ニ帰シ、朴泳孝ヲシテ之ニ代ラシメントス。而シテ七月三日伊藤統監参内シ、退闕ニ際シテ礼式課長高義敬ヲ顧ミ、我外務省ヨリノ来電シタル海牙事件ノ電文ヲ示シ、曰ク日本ニ抵抗セントナラバ密々ナル勿レ、宜シク公然抵抗スベシ、吾之ガ敵手トナラント。高義敬直ニ之ヲ韓帝ニ奏ス、宮廷為ニ騒然タリ。六日ハ韓廷定例ノ御前会議日ナリシガ、宋秉畯ハ開議ニ先ダチテ提議シテ曰ク、御前会議ニハ各部ノ大臣ガ各部ノ任務ニ就イテ奏陳スルニ止マリ、一モ他ノ部内ニ渉ラズ、是面奏ニシテ会議ニ非ズ、自今部課ヲ問ハズ意見ナルモノハ論議スルコト議会法ノ如クセント。閣議一決シテ総理大臣之ヲ陛奏シテ韓帝ニ嘉納セラレタリ。此ニ於テ宋農商工部大臣ハ部外自由ノ発言権ヲ獲タルニ由リ、海牙事件ニ対スル処弁ノ方法ヲ議センコトヲ奏ス。韓帝曰ク是朕ガ知ルトコロニ非ズ、故ニ統監ニ事実ノ有無ヲ調査センコトヲ托スルヲ可トスト。李総理唯々ス、宋農相曰ク日露開仗ノ後陛下日本ノ信義ニ背キタマヒシコト十三回、事露ハルレバ、必ズ知ラズト宣ヒテ罪ヲ重臣ニ嫁シ、之ヲ殺スヲ見給フコト猶草芥ヲ芟《カ》ルガ如クニシ給ヘリ。今ヤ新聞事件（前年英人トーマス・べセルノ名ヲ以テ発行セル大韓毎日申報ニ、前年一月独逸皇帝其他ニ贈ラレタル韓帝ノ親翰ト同様ノモノヲ、米国大統領ルーズヴェルトニ送ランコトヲ米人ハーバートニ托セラレタル時、密ニ其写真版ヲ掲載シ大問題ヲ惹起シタリシガ、韓帝ハ朕ハ預リ知ラズト宣ヒタルモ、後ハーバートハ当時ノ統監府外務部長小松緑ニ其事ヲ語リ、且米韓協約ニ徴シテ合理的ナリト弁明セリト）ヲ合セテ十五回ナリ、統監若シ之ヲ一括シテ陛下ニ披陳セラレナバ、陛下ハ如何ニシテ責ヲ免レ給フカト。韓帝曰ク之ヲ為スコト如何ト。宋農相対ヘテ曰ク二策アリ、一ハ陛下日本ニ幸シテ日本天皇陛下ニ面謝シ給ヘト。陛下黙然タリシ後稍久シウシテ他ノ一策ヲ問ヒ給フ、宋相対ヘテ曰ク然ラバ近ク大観亭ニ幸シテ長谷川大将ニ謝シ給ヘト。苦諫此ノ如キモ、宮中ノ雑輩ハ宋相ヲ不忠ナリト讒シタルニ由リ、韓帝ハ之ニ迷ハサレ病ト称シテ復御前会議ヲ開カレズ。一面我国ニ於テハ七月十五日外務大臣林董ヲ韓国ニ向ケテ出張セシメラレタリ。又李総理ト宋農相ハ閣議ニ決セントセシモ一モ決セズ。而シテ宮内大臣ハ一進会ノ攻撃ニ堪ヘズシテ、第三ノ辞表ヲ提出シタレドモ許サレズ。

十五日ニ至リ我ガ林外相ノ入韓ノ報アルヲ機トシテ、最後ノ閣議ヲ試ミタリ。

宋農相曰ク、此問題ニ対シテ日本ハ如何ナル要求ヲ為スカヲ考ヘザル可カラズ、日本ハ合併ヲ要求スルカ、又政権ノ委任ヲ要求スルカ、事爰ニ至リシハ閣臣ノ知ルトコロニ非ズ、皆宮廷即陛下ノ自ラ招キ給ヒシ禍ナリ。故ニ陛下ハ責ヲ引キ譲位シテ以テ日本ニ謝シ給ハンカ、又今日ノ事君ヲ重シトスルカ、社稷ヲ重シトスルカ、更ニ国家ヲ重シトスルカト。皆曰ク国家ヲ重シトスト、然リ而シテ之ヲ陛下ニ奏シ、若シ聴キ給ハズンバ開戦ノ外無シ、林外相ノ入京ニ先ダチ譲位ヲ決行シ給フカ、唯維従フカ、否ラザレバ戦フノ外無シト。李総理曰ク合併ト謂ヒ政権委任ト謂ヒ、吾儕死ストモ服従スルコト能ハズ、今日ノ事譲位ノ一アルノミ、諸公以テ如何ト為スト。閣僚答フルモノ無シ。李総理又曰ク諸公ノ智、譲位以上ノ良策ヲ画セラルレバ請フ之ニ従ハント。宋農相又曰ク大事ヲ決スルコト能ハズンバ、責ヲ逭《のが》ル、ハ今日ニ在リ、交渉来リテ後ハ逭レント欲スルモ逭レ得ベキニ非ズ、請フ諸公一ヲ択ベト。趙重應曰ク此大事ニ際シテ一タビ統監ニ謀ラント。宋農相曰ク統監何物ゾ日本天皇陛下ノ代理ニ非ズヤ吾儕ハ韓国々務大臣ナリ、此責任ハ国務大臣ニ在ルニ非ズヤト。各閣員モ亦皆曰ク此ノ如クンバ良《マコト》ニ為スベキ無キノミト遂ニ散会ス。

十六日又閣議ヲ開キテ譲位ノ議ヲ決シ、夜李完用独リ入闕シテ之ヲ奏ス、陛下頑トシテ之ヲ拒ミ給フ。宋農相ハ朴泳孝ヲ清華亭ニ招イテ之ヲ図ル、朴泳孝曰ク三個月期ヲ緩フセンコトヲ請ハント。宋農相曰ク林外相ノ入京目前ニ在リ、譲位ノ事ハ日本ノ要求ヲ少ナカラシムル前計ニアラズヤト。朴泳孝固ク執ッテ聴カズ、宋農相席ヲ蹴ッテ立ツ。

十七日宋農相ハ李総理邸ニ於ケル内閣会議ニ赴キ、告グルニ朴泳孝ノ変心ヲ以テス。李総理驚キテ之ヲ信セズ。自ラ朴泳孝ニ糺セシモ朴泳孝ハ果シテ三個月ヲ繰リ返スノミ、李総理帰ツテ曰ク欺カレタリト。此ニ於テ各大臣密ニ拳銃ヲ懐ニシテ連袂入闕ス。韓帝ハ朴泳孝ヲ宮内大臣ニ任命セシコトヲ発表セラレ、各大臣ハ苦諫シテ譲位ヲ上奏ス、韓帝大ニ怒リテ曰ク朕死ストモ譲位セズト。此朝統監ハ始メテ李完用ガ昨夜譲位ヲ勧告シタル報ヲ得タリト云フ。十八日伊藤統監ハ宋農相ヲ招キ詰ルニ譲位ヲ図ルヲ以テシタリシカ、宋農相ハ色ヲ変ジテ帰邸シ、又李総理邸ノ内閣会議ニ赴キ、閣議後各大臣連袂入闕ス。之ヨリ前即十七日韓帝ハ李道宰ヲ勅使トシテ統監ノ参内ヲ請ハル、統監ハ十八日午後ニ至リ国分秘書官ヲシテ参内ヲ辞拒セシメタリシガ、韓帝ハ更ニ統監ノ参内ニ尽力セヨトノ至情ヲ以テセラル。之ニ依リテ統監ハ午後四時半参内セラル、韓帝曰ク海牙密使ノコトハ朕ノ知ラザル所ナリト。統監曰ク夫ハ世界人一人トシテ陛下ノ差遣シ給ヒシコトヲ知ラザル者ナシト。韓帝曰ク海牙ニ在ル韓人ヲ処罰スルヲ得ベキカト。統監曰ク和蘭国内ニ在ル韓人ヲ日本政府ガ処罰スルコト能ハザルコトハ、尚韓国政府ガ日本ニ在ル韓人ヲ処罰スルコト能ハザルガ如シト。韓帝曰ク近ゴロ朕ニ位ヲ譲レト言フ者アリ、統監ノ意見如何ト。統監曰ク陛下御一個ノ事ニ属ス統監ハ此ノ如キ御下問ニ意見ヲ上申スル義務ナシト。韓帝曰ク海牙、曰ク譲位ト、統監ハ勉メテ言議ヲ避ケ約二時間ノ謁見ヲ遂ゲラレタリ。一面各大臣ハ統監ノ退闕ニ先ダチテ参内シタルモ韓帝ハ其引見ヲ拒マル、然レドモ皆袂ヲ連ネテ御前ニ伺候シ、各大臣苦口丁寧譲位ヲ奏シ、且曰ク密使ノ事陛下知ラズト宣フモ、統監ハ明確ナル証拠ヲ有セリ、今日ノ時ハ社稷ヲ重シトスト。韓帝遂ニ曰ク卿等朕ヲ苦シムルコト何ゾ一ニ爰ニ至ルヤ朕死セント。宋農相曰ク願クハ死シ給ハンコトヲ、陛下死シ給ハヾ国ト宗廟ハ生キム、陛下若シ死シ給ハザレバ臣等皆死セン。（是より十六年の後、乃大正十二年四月十五日宋秉畯予が東京の寓居深川区森下町川上直隆の薬舗に予を訪ひ寛談半日余、当時のことを追懐して予に事実を語る。予宋秉畯に内閣員が拳銃を懐にして参内したる理由を追求す。宋秉畯詞を改めて曰く、若し韓帝が内閣員の諫言を納れられざれば、閣員中の同志者は自殺して以て帝の反省を促さんが為拳銃を秘したるなりと。当時の宋相の言辞を玩味すれば、既に決死の言たるを想ふべし）然レドモ臣等ノ死ハ国ニ益無ク宗廟ト倶ニ亡ブルノミ、陛下ノ死ハ以テ社稷ヲ安ンズベシ願クハ陛下ノ死シ給ハンコトヲト。韓帝辞窮マリテ曰ク、朴泳孝ヲ召シテ諮ハント。宋農相曰ク請フ之ヲ召シ給ヘト。即三度召セドモ病ト称シテ入朝セズ。宋農相曰ク此危急存亡ノ秋ニ際シテ病ト称スルガ如キ者ハ不忠ノ臣ナリ、請フ之ヲ罷メテ代ヘ給ハンコトヲト。韓帝曰ク朴齊純ト、即之ヲ召セドモ亦入朝セズ。宋農相又曰ク宮内大臣ハ須臾《しゅゆ》モ位ヲ空ウスベカラズ請フ署理ヲ命ジ給ハンコトヲ、臣ノ見ルトコロヲ以テスレバ李完用ヲシテ署理セシメ給ハヾ如何ト。韓帝之ヲ聴許。各大臣モ亦譲位ヲ迫ル、韓帝曰ク元老ヲ召シテ之ヲ議セシメント、乃召サレテ入朝スルモノ僅ニ半数。皆曰ク今日ノ形勢已ムヲ得ザラシムト。韓帝曰ク然ラバ皇太子ヲシテ代理セシメバ如何ト、各大臣皆曰ク謹ンデ聖旨ヲ奉ズト、陛下ハ事ノ意外ニ驚カレシモ如何トモスベカラズ、遂ニ代理ノ詔勅ニ御璽ヲ御セラレタリ、時既ニ十九日午前五時ナリ。宋農相ハ退闕シ他ノ大臣ハ留マリテ儀式ノ準備ニ着手シタリ、此日午後七時林外相ハ特別列車ニテ南大門ニ到着ス。

十九日鐘路ト大漢門前ニ嘯聚セラレタル暴徒ハ我邦人ヲ残害シ、巡査之ヲ制スルニ際シテ侍衛隊ハ発砲シテ多数ノ人ヲ殺傷ス。而シテ譲位ノ時日ヲ二十日午前九時ト為サントセシモ、反対者ハ今夜十二時後式ヲ挙ゲンコトヲ主張シ夜ニ入リテ決セズ。寧ンゾ期セン朴泳孝ハ李斗熙ヲシテ兵六百ヲ宮牆内（宮牆主に二重にして、内牆と外牆との中間は一道路の観あり、警手は内外牆の中間を巡邏すべく築造し有り。故に兵を伏するにも亦大に便利なるは、予が実見せしところなり）ニ伏セ、夜十二時ヲ以テ各大臣ヲ鏖《おう》殺セントスルノ大陰謀アリ。趙重應ハ統監邸ニ至リテ、前日大漢門前ニ発砲セシヲ謝シ我兵ヲ以テ秩序ヲ回復セラレンコトヲ乞ヒタレバ、我兵ハ疾風ノ如ク十二時前十分早クモ宮中ニ入リ厳戒ス。韓兵ノ十二時ヲ以テ入城スベカリシハ、所謂朝鮮時間ニシテ、一時間後レナルヲ以テ彼等ニ先ンジタリ。韓帝ハ計画ノ画餅ニ帰セシヲ覚リ、李総理ガ我兵ヲ乞フノ詔勅ハ快ク允許セラレタリ。

二十日午前九時譲位ノ式ヲ挙グ。午後二時暴徒総理ノ邸ヲ焼ク。午後五時伊藤統監ハ譲位ヲ賀スル為参内セラル。

二十一日先ニ病ト称シタル朴泳孝ハ、前夜参内シテ再ビ宮内大臣ニ任ゼラレタリ。此日モ亦参内シ反抗ノ気燄太タ熾ニシテ形勢険悪ナリ。統監府ハ真ノ譲位ニ非ザルコトヲ知リタルヲ以テ名分ヲ正シ、又朴泳孝ヲ縛スルノ詔勅ヲ請ヘドモ聴カレズ、宋農相極諫シテ遂ニ之ヲ允サル。

二十二日朴泳孝等縛ニ就キ、真ノ譲位ノ詔勅ハ渙発セラレタリ。閣員ハ事ノ一段落トナリシヲ以テ大事去レリト思惟シ、連日ノ疲労一時ニ起リ来リ皆昏睡ニ陥ル。唯李総理ト宋農相トハ然ラズ、山ノ如キ巨瀾ノ来ルベキヲ慮リ、之ニ処スベキ方針ヲ講ジツヽアリ。宋農相ハ其同志タル邦人ニ語ツテ曰ク、閣僚ハ皆譲位ヲ以テ大事既ニ定マレリト為スモ、彼等ガ腰ヲ抜カサン如キ問題ハ之ヨリ生ゼント。宋農相ハ疑懼ノ裏ニモ既ニ大観スル所アルガ如シ、果然。

二十三日午後十一時伊藤統監ハ突如宋農相ヲ招キテ統監ノ意ヲ内示シタリ。而シテ李総理以下態度頗ル強硬ナルガ、李総理ハ既ニ諦観スル所アリ、唯伴食大臣ニ対スル策ナラントハ。

二十四日文相李載昆・軍相李秉武及趙重應等ハ、伊藤統監ノ示サレタル新協約ニ難色アリシモ閣議一決シ。午後三時李総理参内上奏、韓帝之ヲ裁可セラン。午後十一時頃、李・宋両相参内重明殿ニ於テ謁見仰セ附ケラレ、十二時二十分頃退闕ス。之ヨリ先他ノ五相ハ統監邸ニ集リ李・宋両相ノ参着ヲ俟チ、伊藤統監・林外相等ノ面前ニ於テ新協約ニ彼我共ニ調印セリ。

是師の隆熙改元秘事中要点のみを抄録したるものにして、詳細に記すること能はざるを遺憾とす。然れども聊か其真相の梗概を知るに足らん。而して当時新協約④と称するものは第三回目の新協約にして其全文は左の如し。

日本国政府及韓国政府ハ速カニ韓国ノ富強ヲ図リ、韓国民ノ幸福ヲ増進セムトスルノ目的ヲ以テ左ノ条款ヲ約定セリ。

第一条　韓国政府ハ施政改善ニ関シ統監ノ指導ヲ受クルコト。

第二条　韓国政府ノ法令ノ制定及重要ナル行政上ノ処分ハ予メ統監ノ承認ヲ経ルコト。

第三条　韓国ノ司法事務ハ普通行政事務ト之ヲ区別スルコト。

第四条　韓国高等官吏ノ任免ハ統監ノ同意ヲ以テ之ヲ行フコト。

第五条　韓国政府ハ統監ノ推薦スル日本人ヲ韓国官吏ニ任命スルコト。

第六条　韓国政府ハ統監ノ同意ナクシテ外国人ヲ韓国官吏ニ傭聘セザルコト。

第七条　明治三十七年八月二十二日調印日韓協約第一項ハ之ヲ廃止スルコト。

右証拠トシテ下名ハ各本国政府ヨリ相当ノ委任ヲ受ケ本協約ニ記名調印スルモ

ノナリ。

明治四十年七月二十四日　大日本国統監　侯爵　伊藤博文
光武十一年七月二十四日　大韓国内閣総理大臣　李　完　用

猶当日両国委員は別に一の取極書を交換して新協約の各条項施行に関する細目を協定したるが、其内容は発表せられず、後日軍隊の解散が其細目中の最重要なる一項たりしことを認めらる。

二十五日新協約の発表せらるゝや、之を見て向に暴動したる自強会の如きは意外の感に打たれ、曰く要求[5]此に止まるならば徒に動乱せしを悔むと。此に至つて乙未の政変乃海牙の密使問題は一段落を画せり。蓋し之にあらずんば韓国は復治安を保つこと能はざるなり。

三　海牙密使の真相と其行動

之より先海牙の平和会議に韓帝より差遣せられし人員は元議政府参賛（内閣書記官長に当る）李相卨・前平理院検事李儁・前駐露公使館書記官李瑋鐘の三人にして、之が謀主たるものは嘗て韓帝の親書を米国大統領に伝達したるハルバートなり。彼は此陰謀の形跡を晦まさんが為に、韓人とは道を異にして先づ倫敦に赴き時機を見て海牙に入れり。而して李相卨と李儁とは四月二十日密に京城を発し、咸鏡道より浦塩に至り、西伯利亜鉄道に由りて先づ露都ペテルスブルグに赴き同地ににて李瑋鐘に会し、(当時元駐韓露公使パブローに頼つて韓帝の親書を露帝に呈せしや否やは明ならず)相伴つて六月海牙に到着しハルバートに頼つて活動したり。又李相卨は京城出発に際し韓帝に謁して信任状と渥き勅語を受けたる由にして、其使命たるものは韓国は第二回の平和会議に参列の通告を受けざりしことを抗議して列席を要求するに在りと称するも、一面遡つて明治三十八年の日韓協約は、韓帝の調印無きが故に合法的に非ずとして其無効を陳情し、列国援助の下に日韓協約を破壊せんとするものなり。先づ平和会議の議長たる露国委員ネリドフに諮りたるも、ネリドフは議長の権限を以て其請願を受容し難しとて之を拒絶せり。而して密使等は英・米・仏等の委員等を歴訪して哀訴し、更に和蘭政府に対しても日韓協約の無効を曲弁し。韓帝は自由に使節を派遣し得べきことを主張して参列を求めたりしも、外部大臣フォンテッツは之を斥けたるが為に、彼等の使命は達せられずして無効に帰したり。

爰に於て彼等は更に我国を讒誣して愈々排日の気勢を揚げたるも、何の得るところも無く、偶々李儁は病んで客死⑥したるを以て、残る二人は悄々として渡米したり。

四　海牙密使旅費の出所

旅費の出所の如き瑣事は詮するの要無きに似たれども、本事件の責任の所在に関連するを以て爰に記せん。嘗て韓帝がコールブランの京城電気会社に特権を許与せられたる時、其株式の半数を韓帝に贈呈したる関係上、コールブランは韓帝の御用金の調進を引受けたりしが、其仲介者は韓帝の甥にして一時宮内官たりしことも有りたる趙南升なるが、此時に当つて密使の旅費を帝の命に依つて引き出したるものにして、素より韓国政府の関する所に非ざること明なり。

五　韓帝の禅譲と其顚末

伊藤統監が始めて密使事件を知られしは七月二日夜にして、他は既記の二の如く。此事件の善後策として韓国側の自発的の下に韓帝禅譲⑦の事実と為りて現はれたり、其詔勅の下りしは七月十九日午前五時なり。

新帝は前帝（熙陛下）の第二子にして、明治七年三月二十五日故明成皇后（閔妃）の出にして、諱は拓、明治三十年前帝の帝称発表と同時に、皇太子に冊立せられたるものなり。而して禅譲後は前帝を太皇帝と尊称し其宮殿を徳寿宮と称す。新帝の妃尹氏（尹擇榮の女）を皇后に進封し、皇弟英親王垠殿下を冊して皇太子と為す。此寸前韓帝は閣員の切諫を拒むに由無く略々譲位決行に定まりたるも、尚元老の意見を諮ふべしとて閔泳韶・閔泳徽・徐正淳・李重夏・李容植・中箕善・李允用・金在豐（朴泳孝・朴齊純・李道宰・成岐運等は召命を受けたれども病と称して参内せず）等に譲位の可否を諮問せられたるに、元老等の意見も亦大臣と一致せしを以て、韓帝は遂に「卿等の請ふ所に従ひ朕は社稷人民の為位を退くべし。但し譲位と為さず皇太子を皇帝代理と為すべし」と勅命あり。各大臣之を協賛し兼て用意せし譲位及皇帝代理の詔勅案中の後者を採り、之に玉璽の鈐印を乞ひ左の詔勅を発したり。

韓帝の詔勅

嗚呼朕列祖ノ丕基ヲ嗣守シテ今ニ四十有四載ナリ。屢々多乱ヲ経、治志ニ徯ハズ、進庸或ハ其人ニ非ズ、騒訛日ニ甚シク、施措多ク時宜ニ乗リテ艱虞方ニ急ナリ。民命ノ困瘁ト国歩ノ岌業《きゅうぎょう》未ダ此時ヨリ甚シキコト有ルナク、慄慄危惧淵氷ヲ渉ルガ若シ。幸ニ元良ニ頼リ徳器天成シ、令誉夙彰シテ問寝視膳ノ暇裨益弘多、施政改善ノ方ハ附託スルニ人有リ。朕窃ニ惟フニ倦勤伝禅ハ歴代已行ノ例有リ、亦我先王朝ノ盛礼宜シク正ニ紹述スベシ。朕今玆ニ軍国ノ大事ヲ皇太子ヲシテ代理セシム、儀節ハ宮内府掌礼院ヲシテ磨錬挙行セシメヨ。

光武十一年七月十八日

内閣総理大臣勲二等　李完用
内部大臣　任善準
度支部大臣勲二等　高永喜
軍部大臣副将勲三等　李秉武
法部大臣　趙重應
学部大臣勲三等　李載崐
農商工部大臣　宋秉畯

韓帝は帝位に恋々として一時代理の語を以て糊塗せんと欲せられしも、誰か此児戯を嘲けらざらんや、遂に真の譲位を現出するに至れり。七月十九日種々の訛伝あり、排日党の団体たる大韓自強会・同友会等の不平政客は、愚直なる人民を煽動して排日の気勢を高め暴動相継ぎ、京城の秩序安寧全く破壊せられ、全都惨風悲雨変乱の巷と化し。十八日の夜は自強会・同友会・耶蘇青年会員其他附和雷同せる暴民二千余名、広き中央街路に集り遂に二隊に分れ、一隊は日本党一進会の機関新聞たる国民新聞社⑧を襲はんとして、同社に殺到して家屋を毀ち印刷機を破り、社員を殴打して数名の負傷者を生じ。他の一隊は慶運宮（新王城）大漢門前の十字街に集り坐して動かざるもの数百名、激越なる言辞を弄して位を譲りたまふ勿れと叫び、或は譲位賛成の閣臣を誅すべしと叫び、警察隊の厳戒の為午前二時頃より順次退散し始め黎明無事に散会したり。十九日の払暁譲位の公表せらるるや、又大漢門前に群集し遂に警官隊と衝突して負傷者あり。後韓兵は典洞の兵営を脱出し来つて銃火を浴せ警官隊に死傷者を出せり、尚我在留民にも死傷者を生じて邦人をして憤慨せしめたり。爰に於て韓帝は夜七時趙重應を勅使として南山の統監邸に差遣せられ、伊藤統監・林外務大臣・鍋島外務総長其他列席の上に左の勅命を伝達せしめられたり。

譲位ノ事ハ朕ガ衷心ヨリ出ヅ、敢テ他ノ勧告又ハ脅迫ニ出デタルモノニ非ズ。

朕ハ十年前ヨリ皇太子ヲシテ政治ノ事ヲ行ハシメントノ意ナリシモ、時節到達セザル為荏苒今日ニ及ベリ。然ルニ今日ハ即其時期ノ達セシト思考セルヲ以テ、朕ハ任意位ヲ皇太子ニ譲レリ。而シテ朕ガ此措置ハ自然ノ順序ヲ践ミ宗社ノ為賀スベキ事ナルニ拘ハラズ、却ツテ愚昧ノ臣民共其主義ヲ誤解シ徒ニ憤慨シ、或ハ暴動ヲ企ツル者無キヲ保セズ。統監ニ依頼シテ是等ノ者ヲ制止シ、或ハ事ノ宜シキニ依リ鎮圧スル事ヲ委任ス。

之に依りて我軍隊は直に京城の警戒に当れり。偶々此夜韓国侍衛第二連隊第三大隊は、宮中の非譲位派と相通じて即位式参列の内閣大臣を鏖殺し、譲位の実行を妨げんことを企て危機一髪に迫り殺気満々たりとの牒報頻至。且内閣よりも軍部大臣李秉武・法部大臣趙重應を使者として、侍衛隊謀叛の恐れあるを以て相当の措置を執られたき旨請求し来りたるに依り。十九日夜十一時五十分我兵は警備の任に就き又各要所を厳戒したるを以て大事を惹起するに至らず。而して二十日午前八時宮中中和殿に於て権停（略式）の例に依り厳かに譲位の式典を挙行せらる。

旧帝の勅語

朕譲位式ヲ終リタルヲ喜ブ、皇太子ハ政治上ノ実験ニ乏シキガ故ニ、一ニ卿等ノ忠実ナル輔弼ニ依ラザルベカラズ、卿等夫之ヲ諒セヨ。

韓国政府は之を統監府に通牒して締盟諸国に声明せんことを求め、同日午後五時宮中重明殿に於て参賀式を挙ぐべき旨を通知せしに依り、統監以下の重官等入闕参賀したり。此日統監は我外務省に之に関する公報を発したりしが、我　天皇陛下より左の御親電を贈らせらる。

天皇陛下の御親電

朕ハ朕ノ統監ノ公報ニヨリ皇帝ノ譲位ヲ受ケサセラレタルニ対シ、衷心ヲ以テ慶賀シ奉リ併セテ日韓ノ交誼及親睦ヲ益々敦睦ナラシメンコトヲ希望ス。

此の御祝電に対し、韓帝より左の答電を発せらる。

韓帝の答電

日本国皇帝陛下、朕不徳ヲ以テ此難棘ノ会ニ際シ、父皇陛下ノ明命ヲ欽奉シテ宝位ヲ承ケ、兢《キヨウ》懼ニ勝ヘズ。今陛下ノ懇篤ナル賀電ヲ承ケ深ク庸ツテ感謝シ、併セテ貴我両国間ノ厚誼及両皇室ノ益々敦カランコトヲ祈ル。

斯くして譲位に関する日韓両国の儀礼は終了せり。
二十二日宮内大臣朴泳孝・侍従院卿李道宰・弘文館大学士南庭哲・陸軍参将李

熙斗・副領魚潭・参領李甲・同林在徳等罪あり逮捕せらる、典礼違反の廉を以て笞刑八十に宣告せらる。而して李允用は宮内大臣に、閔丙奭は侍従院卿に任ぜらる。朴泳孝は治安妨害の為済州島に一ヶ年間流配の行政処分を受く。

此の日各大臣は連署して左の奏本を上つる。

奏　本

太皇帝ノ詔旨ヲ奉ジテ我　陛下、軍国ノ諸政ヲ代理セラレ、既ニ朕ト称シ詔ト称セラル、　太皇帝尊奉儀節モ今既ニ磨練シツ、アリ、大徳ハ必ズ其名ヲ得ルモノナリ。今ヨリ詔勅奏御ノ文字共ニ代理ノ称号ヲ、　皇帝大号ヲ以テ進称セラル、コト、天意民情ニ合ス、臣等拝ヲ合セ仰ギ願ヒ謹ンデ奏ス。

内閣各大臣署名

右に対し新皇帝は、上奏を容れたる批書を下されたり。

批書　大朝ノ処分ヲ承ケテ勉従ス。

此に至つて新帝は代理の称を廃し、完全なる主権を保持する韓国皇帝の名実を共に収められたり、此に至るまでの各大臣の苦心は又頗る同情すべきもの有り。

何となれば一片の奏本と雖も、大義名分を明確ならしめたることの如きは、軽々に看過すべきものならざればなり。

六　韓国軍隊の解散

由来韓国の武備は海軍を欠き、陸軍も亦外侮を禦ぐこと能はざるは暫く措き、内匪乱を鎮定するの力無きを以て、甲午の歳東学党の変起るに当って官軍之に敵することと能はず援を清国に乞ひ、清国をして天津条約に違反せしめたる結果遂に日清戦争を惹起せしめ其国権を損傷し、今次の政変に際しては其軍隊の暴動に驚き窮余援を統監に乞はしむるに至り、韓国軍隊の有害無益なることを暴露するに至れり。統監は夙に此弊を看破したるか、第三次即今回の新協約と共に軍隊解散の一項を密約したりしが、爾来我駐剳軍司令官長谷川陸軍大将・総理大臣李完用・軍部大臣李秉武等と之が実行を図り、七月三十一日深更左の大詔渙発せらる。

朕茲ニ国事多難ナルノ秋ニ方リ、極メテ冗費ヲ節約シ、利用厚生ノ業ニ応用スルハ今日ノ急務ナリ。密ニ惟フニ我現有軍隊ハ傭兵ヲ以テ組織セルガ故ニ、未ダ以テ上下一致国家完全ノ防衛トナスニ足ラズ、朕ハ今ヨリ軍政ノ刷新ヲ図リ、士官ノ養成ニ力ヲ専ニシ、他日徴兵法ヲ発布シ鞏固ナル兵力ヲ具備セントス。朕茲ニ有司ニ命ジ、皇室侍衛ニ必要ナルモノヲ選置シ、其他ハ一時解散セシム。朕ハ汝等将卒宿昔ノ労ヲ顧念シ特ニ其階級ニ従ヒ恩金ヲ頒与ス。汝等将校下士卒克ク朕ガ意ヲ体シ、各其業ニ就キ愆ルコトナキヲ期セヨ。

之に依りて韓国の軍隊は八月一日解散式場に於て解散せられ、恩金を受けて四散せり。而して一部の反抗者ありし為我警備軍との間に小衝突を起し彼我共に多少の死傷者を出せり。第二次地方軍の解散に当りても、亦多少の反抗的暴動(9)を起し我軍の寡少なりしに乗じたりしも、我軍隊増遣の為間もなく鎮静したり。

七　改元及即位式

八月三日韓帝の勅旨を奉じて年号を隆熙と改む。

八月二十日勅令を以て統監府及理事庁官制を発布せられ、統監府の組織を改正し統監の次に副統監を置き曾禰荒助を以て之に任ず。而して総務長官・次官・参与官・警視総監等に日本人を用ふ。

八月二十七日慶運宮惇徳殿に於て、韓国二十七代の帝位に就かれたる李拓陛下(10)即位の大典を挙行せられ、日韓文武百官の祝賀を受けらる。

八　師の隆熙改元歌

隆熙ノ運民ヨリ開ク。八十年前天崔ヲ降ス。此ハ是崔聖三教ヲ統ブ（崔聖トハ崔濟愚ニシテ、三教ハ儒・仏・仙）。徳を布キ衆ヲ済フ其レ韙ナル哉。太皇践祚濫ニ誅ヲ加フ（崔濟愚布教三年ニシテ大邱ニ刑セラル、実ニ太皇登祚ノ歳也）。寧ンゾ知ラン聖血八垓ニ迸リ。二十万衆百万ヲ招ク（東学ノ時二十万ト称セシガ、今ハ百万ト称ス）。教民天ニ籲ビ死灰ヲ吹キ、霊気発動撲テドモ滅セズ（李容九曰ク勢力ハ竭クルコトアルモ、霊力ハ滅スルコト無シト）。星ヲ転ズルコト四十有四回（崔濟愚滅スル後今ニ至ルマデ実ニ四十四年也）。皮肉糜ルト雖モ骨尚立ツ。重閽讖ヲ読ンデ数ノ来ルコトヲ知ル（讖記ニ曰ク九月草嫩《ヤワラカ》ナリ漢陽宮、鉄馬風ニ嘶キ江水ヲ度ルト）。維其レ始有リ終乃爾《シカ》リ。隆熙ノ因縁君聞クヤ否ヤ。吾且之ヲ歌ハン君請フ聴ケ。隆熙改元ノ一小史。維王帝ト称シ初メテ号ヲ建ツ。高義必竟誰氏ニ由ル。十有五回隣誼ニ背キ。徒ニ鉅億ヲ費シテ民髄ヲ椎ス。黄人相結ブ海ヲ鎖スノ論。崔聖三伝密旨ヲ持ス（崔濟愚之ヲ崔時亨ニ伝ヘ、崔時亨之ヲ李容九ニ伝フ、又天臣・天民等ノ密印アルナリ）。初東学ト称シ後ハ侍天（凡三変アリ、初ハ東学、中ハ天道、今ハ侍天、侍天ハ義ヲ咒文ニ取ル）。弼愚名ヲ変ジテ簪珥ヲ脱ス（李弼愚ハ老論ノ首班也、自ラ平民ト為ル、東学ニ在ツテハ祥玉ト称シ、天道教ニ在ツテハ萬植ト称シ、侍天教及一進会ニ在ツテハ李容九ナリ）。侍天ノ心ハ符ス宋秉畯。尤庵ノ家克子有リ。玉驥豈終ニ内裏ニ羇《ツナ》ガレン。日露開仗風雲ニ際シ。宋ハ日辺ヨリ下リ李ハ蒿里。契合ス一進々歩ノ会（宋秉畯我軍ノ参謀部ニ在リ。尹始炳一進会ヲ剏立ス、而シテ十三府ノ進歩会ハ則李容九之ニ長トシテ以テ相合スルナリ）共ニ万死ヲ冒シテ民ノ為ニ起ツ。百万義ヲ慕フハ一時ニ非ズ（既ニ東学ノ時有リ）。砲火身ヲ爛ラスモ心未ダ離レズ（官兵力ヲ以テ民会ヲ圧ス）。羗里ノ宋囚徳何ゾ孤ナラン。頼《さいわ》ヒニ有リ硬石ノ逞男児（宋秉畯略讙ヲ得テ獄ニ在リ、一進会将ニ解散セントス。硬石内田良平ハ一進会ノ顧問ニ推サレ力ヲ出シテ宋ノ獄ヲ解ク)。石李暗中鬼神泣ク(硬石ト李容九也)。囚衣朝ニ立ツハ期スル所ニ非ズ(宋秉畯獄ヲ出デテ農商工部大臣ニ任ズ)。陰陽開闔秘詭ヲ訝ル。巡教亦復霊気ヲ吹ク(李容九黄海・平安ニ巡遊スル也)。魴魚頳尾天ヲ燬クガ如シ。讖伝嫩草秋風宜シ(讖記前ニ在リ)。君ハ是軽タリ民ハ重タリ。若シ夫レ社稷ハ自ラ之ニ次グ。苟クモ人字ヲシテヽ《フツ》脚ヲ伸バサシメヨ(日韓ノ地形相ハ人字ヲ為ス、ノ《ベツ》ハ是日ヽ《フツ》ハ是韓)。誰カ株ヲ守ツテ瑟ニ膠スルコトヲ之レ為サン。責任内閣雲突兀(李完用・宋秉畯ノ連立内閣、責任制ヲ定メ勢奇雲ノ突兀トシテ而シテ起ルガ如シ)。海牙会上星亦奇ナリ(密使事件是也)。啻ニ是ノミナラズ也《マタ》万国ニ介ス。仏也《ヤ》露也《ヤ》既ニ力ヲ約ス。因縁復沓《カサナ》リ勢此ニ至ル。遂ニ統監ヲシテ目自ラ仄《ソバダ》タシム。皇曰ク知ラズト踪ヲ隠スニ在リ(密使ヲ遣リシハ朕ノ知ル所ニ非ズト)。監曰ク識ラズト職ヲ重ンズルニ在リ(譲位ハ内事也、外臣ノ知ル所ニ非ズト)。総理ハ白鬼宋ハ赤鬼(総理トハ是李完用、宋トハ即宋秉畯也)。暗ニ上国ニ先ダチテ遜徳ヲ行フ。是子ノ蜀帝ヲ欺クニ非ズ。民命何ゾ遑アラン社稷ヲ問フニ。落花雨急ニシテ犀蕊ヲ護リ、神秘園中涙惨惻。諫メテ云フ(諫ムル者トハ宋秉畯也)請フ今霄ニ遅ル、コト勿レ。外相将ニ厳飭スル所有ラントス。仁川ノ艨艟或ハ鉄馬。乃風ニ嘶イテ容翊ヲ学ブコト毋《ナ》カランヤ。憐ム可シ翠串ノ錦陵尉。宮腋果然大賊ヲ伏サントハ(朴泳孝先帝ノ賜フ所ノ翠串ヲ着ケ、以テ太皇帝ヲ欺キテ宮内大臣ニ任ゼラレ、遂ニ兵ヲ伏セテ大臣ヲ尽ク殺サント欲ス)。日兵機ヲ制シ皇胸ヲ拊ツツ（大臣帝ノ日本兵ニ頼ランコトヲ請フ、帝自ラ署シテ兵ヲ乞ヒ、而シテ胸ヲ拊ツテ泣ク）。朗旭豈闇黒ヲ破ラザランヤ。手ニ白刃ヲ振ツテ頭地ニ委ス。匪寇婚媾是亦天（皆謂フ日本必ズ韓ヲ併ス也ト、而シテ事意外ニ出ヅ亦天歟）。約案眉ヲ展ブ重明殿。太皇新帝玉座ノ前（宮中ノ喜知ル可キ也）。容九衆ヲ率キテ帰ツテ宋ヲ見ル。相嘘シテ此レヨリ雙肩ヲ憩フ。悪兵隊解ケテ乱未ダ熄マズ。儲弐早ニ既ニ英賢ヲ推ス。万国皆慶ス統監ノ義。又説ク韓廷事ヲ謀ルノ円ナルヲ。人種地勢口舌ヲ止メヨ（人種ハ黄人黄人ト結ブ也、地勢ハ唇歯高麗海峡ヲ占守シテ東海ヲ制スル也）。民団自治事先タリ（特ニ民団ヲ結ンデ自治制ト為スノ素地ヲ作ラントス、故ニ口舌ヲ後ニシテ実事ヲ先ニスル也）。隆熙改元ノ歌此ニ止マル。此レヨリ以往人ノ伝フルニ任ス。唯彼ノ黙シテ風雲ヲ操スル者（尹始炳・洪肯燮・尹定植等ハ皆操スル者也）。心ハ漢水ニ従ツテ自ラ悠然。

是師が当時の真相を要約して一歌行と為したるに過ぎざれども、隠約の詞を以て補足したるものなるを以て秘事の内容を窺知すべし。

九　其後の師の動静

政変一段落の後も師は尚京城に在りしが、間もなく一時帰朝したれども其日時明かならず、八月二十四日予に与ふる書中に曰く、（前略）帰京仕候ヘドモ帰山ノ日ハ確定不レ仕ラ候確定次第可ク二申シ上グ一候。葡萄ノ詩ハ更ニ十数首モ集リ候云々（葡萄の詩とは当年は、皇太子殿下岩の原葡萄園行啓五週年に当るを以て、予は記念日の詩を送りしが、師先づ韻を次ぎ、師の知るところの内鮮人（一進会副会長洪肯燮・玄章昊・崔基南其他）の詩歌二十余を獲たるを指す、予が未見の鮮人と相知るは是より始まる）。此月天佑俠の記録[11]を草す、邦文にして数千言あり。

九月二十日師の来書に曰く、（前略）二十三日出発柏崎へ直行、二十五、六日寺ニテ集会、二十八、九日頃出高可レク仕ル候云々より見れば尚顕聖寺に居らるゝ如く、柏崎に行きしは其妹の病を慰問せんが為ならん。

十月二日李容九の来書（漢文）大意に曰く。

隆煕改元ノ歌辞意切々覚エズ脳髄ニ爽然タルヲ、更ニ山中寂々惟泉石潺湲タルヲ聴クノ句語ヲ見レバ、斯レ乃風塵ノ茶苦ヲ閲シテ山水ノ薺甘ヲ想フ、亦以テ幽情ヲ暢叙スルニ足ラン。（中略）伊藤侯ノ一行明日入京セント云フ、即禅師従ツテ速ニ事ヲ看ヨ、示サレタル十五日以前ニ還駕セラレンコトヲ。（後略）

此を見れば李容九が師に信頼することの少からざるを知るべし。而して十月七日及八日顕聖檀頭石田貞一郎に、寺務を法務及小作米の事は賞泉寺住職を監守とし、願城寺住職を侍者として之と協議決行せられたしとの旨を書状に記して出発し、十月十四日予に与ふる書には十一日発京十三日午後九時南大門に着せり云々と、是明治三十九年十二月十九日に次ぐ第二次の渡韓なり。

第三節　皇太子殿下の韓国行啓

一　行啓前の状況

師の記録に曰く。

皇太子殿下　御臨幸（記録のまゝ）ノ御治定アラセラルヽヤ、統監先ヅ帰任ヲ急ガレ、内田良平ハ馳セ帰リ。又師ハ越後ノ顕聖寺ニ在リシモ、　御着ノ二日前京城ニ着シタルガ、京城ノ光景ハ　鶴駕ヲ迎フルニ忙シク、市街ハ大清潔法ヲ行ヒ、緑門ハ諸所ニ建造セラレ、商店ハ種々ノ装飾ニ意匠ヲ凝ラシ、穢キ京城モ一朝ニシテ花ノ都ト為リタル様ハ、襤褸ヲ纏ヒタル美人ガ、忽新粧ヲ凝シタルガ如キ感ヲ起サシム。

二　行啓及還啓

皇太子嘉仁親王殿下は　天皇陛下の聖旨を奉じ、有栖川威仁親王・桂陸軍大将・東郷海軍大将其他の供奉員を随へ、御見学の名を以て八月十日東京御発輦。十三日呉軍港より軍艦香取に召され磐手・常磐・浅間・対馬の諸艦護衛の下に十六日仁川に着御。午後一時三十分御上陸、御出迎の韓帝及皇太子に御会見、一帝二皇儲同車京城に着御。我　皇太子殿下は御旅館統監官邸に入らせらる。十七日韓国各大臣に勲一等旭日章を授けられ、各随員並に伊藤統監・長谷川軍司令官等を随へ韓国皇室を訪はせられ惇徳殿に於て韓帝・皇后・皇太子・太皇帝と御対面、韓帝に大勲位菊花頸飾章を、皇太子に勲一等旭日桐花章を御贈進あらせられ、御会食後御帰館。十八日韓国元老・勅任官及我文武高等官・外国領事等に賜謁、又軍司令部御視察。午後韓国皇太子の訪問を請けさせられ、御同列にて同日謁見したる内外臣僚に立食を賜ふ。十九日韓帝及同皇太子の訪問を請けさせられ御旅館に於て御饗宴あり、韓帝を送らせられし後韓国皇太子と馬車に御同乗、昌徳・景福両宮御巡覧の後、韓国皇室御訪問惇徳殿に於て韓帝及皇后に親しく御告別の上御帰館。二十日午前十時御旅館御発輦、南大門駅御発車、十一時三十分仁川着車直に香取に御乗艦、午後一時三十分抜錨供奉の五艦に護られて帰航の路に就かせられたり。此日韓帝は南大門駅に、皇太子及各皇族は仁川まで奉送、数万の官民は奉送して拝別を惜みたり。

三　行啓後の韓廷の措置

我が皇太子殿下の韓国行啓後、日韓両国の親睦は一層其度を進めたるは勿論、韓宮廷及一般韓民を啓発すること実に大なり。之が現はれとして韓国維新の二詔勅を発布せられたり。即一は皇太子坤王の太子大師を伊藤侯に定め、且太子の日本留学(12)を決し、一は国民の向ふべきところは開国進取、国富開発、紀綱振粛、内政改善、人材登庸、教育振興の実行を主とするに在り。之に由りて皇太子は伊藤大師と共に十二月五日京城出発、仁川より我軍艦に搭乗して渡日、東京麻布鳥居阪御用邸に入られ爾来我　天皇陛下の寵遇の下に勉学せらる。

四　儲皇臨韓頌

十月十六日師　儲《ちよ》皇《こう》臨韓頌及序を作る（漢文）

維　皇明治四十年十月十六日我　皇太子殿下第一艦隊ヲ率キテ韓国ニ行啓シタマフ、　皇太子ニシテ而シテ韓土ニ臨ミタマフハ、唯　胎中天皇有ルノミ。韓皇・王子英親王ト出デテ之ヲ仁川ニ邀《むか》フ。輦ヲ駐メタマフコト五日、京城ノ市民歓喜踊躍、三元ト雖モ未ダ此禎祥有ラズ。実ニ日韓未曽有ノ慶会也。眇焉タル小人、何ゾ敢テ　聖徳ノ万一ヲ賛セン。然レドモ躬空前ノ盛事ニ値遇シ感激ニ勝フルコト無シ、私ニ　儲皇臨韓ノ頌ヲ作ル。唯恐ル反ッテ　聖徳ヲ損シテ罪ヲ天ニ獲ンコトヲ。

漪タル麗水有リ。彼ノ崔嵬ヲ恃ム。武備古ヲ変ジ。維レ今海ヲ恃ム。日嗣ノ臨ムヤ。麗海彩ヲ流ス。鉄艦雲屯シ。光ヲ億載ニ揚グ。韓皇ノ邀ヘラル、。韓儲同ジク在リ。我皇電詔シタマフ。或ハ艀待スルコト毋レト。皇未ダ舟ヲ観ズ。儲皇玉蕾ヲ怯ル。斯ノ徳音ヲ伝ヘテ。上下皐《キン》ニ泣ク。弐極未ダ臨マズ。情客悔ニ存ス。弐極一タビ臨ミ。山河幡改マル。何ゾ煌々タラザラン。日嗣之光。誰カ其レ之ヲ輔クル。威仁親王。陸ニ桂侯有リ。海ニハ則東郷。景星競ヒ現ハレ。

民三皇ヲ拝ス。弐ト弐ト。鸞鳳芳ヲ連ヌ。皇ニ監ト。麟蹄香ヲ凝《コラ》ス。曄々タル儀仗。皇旆央々タリ。皇砲殷々タリ。人海洋々。帝則何ゾ識ラン。何ゾ僉《ミナ》新粧セル。万姓帚ヲ執ル。面々相慶シ。万目景仰ス。南山ノ上。皇旆高明ナリ。旻天清敞。乃方物ヲ献ズ。百万其党。乃灯列ヲ行フ。万光神往キ。誠抽《ぬき》ンデザルコト靡《ナ》シ。化夔魍ヲ格シ。阼階籩豆。颯々タル其象。何ゾ用ツテ是ノ如キ。神化漭沆。天孫己《オノレ》靡ク。物奨メザルハ靡シ。儲皇ノ去ル。韓儲漿ヲ見ル。我軍艦ヲ観レバ。鵬程鶱《ハシ》ルカト思フ。維皇至神。恵ヲ隣壌ニ下ス。一タビ玉趾ヲ挙ゲタマヘバ恩波滉瀁タリ。

師又別に太陽波上に輝く絵はがきに一詩を記して予に贈る(行啓記念印の消印)詩に曰く。

朗曦《ぎ》滄海ニ浮ビ。鶴駕始林ヲ照ス。千秋此慶ニ値《あ》ヒ。露消ス魑魅ノ心。謹ンデ半片ノ喜ヲ分チ。永ク記ス一箋ノ陰ニ。

頌は荘重典雅の辞を以て事実を謹叙したるは乃師が思想の現れと知るべく、次の短古は詞少なけれども画箋中に鶴の飛翔するに因り　鶴駕始林を照すの句は相照応するを見るべし。

五　内田に代り山県元帥に報上する書

邦文二千余言其大意は。

東宮殿下ノ御渡韓ニ際シ、区々タル物議ノ要ヲ摘メバ、
一、日本皇太子ノ御来遊ハ、文明国ノ皇儲ガ自由ニ他国ニ来往スルノ実例ヲ示ス。
一、日本ハ暴徒鎮定ノ為ニ大兵ヲ派セントスルモ、列強ノ耳目ヲ恐レ、名ヲ
　東宮ノ護衛ニ仮リテ、其実ハ増兵スルナラン。
一、殿下ガ至重ノ身ヲ以テ渡韓セラル、ハ、更ニ新約ヲ結バン為カ。
一、閔妃ノ讎ヲ復スルニ好機ヲ得タリト。
一、殿下ヲ咒詛セシモノ有リ。
然ルニ玉輅ヲ邀ヘタテマツルヤ、満城ノ士民、景星鳳凰ノ始メテ現ハレタル如キ感アリ、粛々雍々儀仗ヲ迎ヘタテマツリタルハ、　天皇陛下　皇太子殿下ノ御盛徳ノ然ラシムルトコロ畏ムノ外無シ。

暴徒ハ流賊ノ団体ニシテ、其内容ハ解隊兵ヲ基礎トシ、火賊ノ群ト、無頼ノ徒及貧民之ニ加ハリ、所謂儒生ナルモノ之ヲ利シテ陰鬱ノ気ヲ洩セルモノナリ。名ハ倡義ト称スルモ、其実ハ掠奪ヲ事トシ良民之ニ苦メリ。此際憲兵ノ増派ハ太タ事宜ニ適セルモノナリ云々。

　明治四十年十月十九日

六　一進会を誚《せ》む

師は　殿下御着の前日李会長に代り、一進会が各地の方物を統監に依りて献上するに当り、之に附する表文を草し、其浄写を一の総務員に托せしが。彼は恣に之を変改(13)し上国に対する礼辞を修めず、之を見たる師は、平素温厚寡黙なるに拘はらず勃然赫怒表を裂かんとせしも、内田傍に在つて哂《わら》つて之を刪正せしむ。然れども師は尚怒を解かず、内田に諮《はか》り十月二十二日会長に贈る書（漢文）に曰く。

敬啓スルハ向日　貴嘱ヲ承ケテ統監ニ上ツル書ヲ草シ、今献上品目録ノ序ヲ披見スレバ、即統監ニ上ツル書ハ、則全ク生ノ書スル所ノ文ニ非ズ。夫献品ノ議誰カ其案ヲ発セシカ、発議ノ精神何レニ淵源スル所ゾヤ、其淵源有ツテ而シテ其精神有リ、其精神有ツテ而シテ其献品有リ。若シ其精神無クシテ漫然タル献品ハ究意無用ナリ矣。日本ノ　皇室豈其被廃ノ物ヲ喜バンヤ。惟当ニ其廃物ヲ献ズルノ精神ヲ喜ブベシ、既ニ其精神ヲ喜ベバ、則其精神ヲ憐ムハ自然ノ情ナリ。日本ノ　皇室ニシテ而シテ一タビ　貴会ノ精神ヲ憐メバ、則　貴会ノ日本　皇室哀恤ノ下ニ立タンコト、弁ヲ俟タザル者有ル也。蓋シ　貴会ノ日本ノ　皇室ノ憐ヲ受クルコトヲ屑シトセズシテ、而シテ生ノ草スル所ノ精神ヲ棄ツルカ、然ラバ則　貴会ノ今日有ル果シテ誰ノ力ゾヤ。　貴会食セズシテ尚生クルコトヲ得ルカ、貴会死スト雖モ他ノ憐ヲ受ケザラントスルカ。抑々　貴会謂ハン自高自慢セバ、則也《マタ》畏レテ而シテ之ヲ供養センカト。空文ニ拘ハリテ実義ヲ忘ルル者ハ腐儒ノ通弊。　貴会豈此ニ学ブカ。生初メテ　貴会ノ精神ヲ知ツテ　貴会ノ諸君子ト相識ルヲ悔ユル也。　貴会ノ我　皇太子殿下ヲ頌シ曰フニ、昔呉季ノ観風ヲ仰ギ、近クハ伊儲ノ遊日ニ比シ、又　貴会ガ生ノ草文ヲ郤クルヲ以テ、益々其精神ノ真ニ然ルヲ知ル也。　貴会何ゾ乃我　殿下ヲ季札ニ比スル、韓国ハ宋周カ、日本ハ荊蛮カ、日本ハ韓ニ位シテ最モ荒服ニ卑キモノカ。諸君子罵ツテ而シテ　殿下ヲ倭奴ト言ツテ、而シテ未ダ足ラザルカ。且夫日本ナル者ハ優ニ世界ノ一等国タリ、伊太利ハ果シテ何等国ゾヤ。而シテ　貴会我　殿下ヲ蔑視スルコト、蛮酋ノ兄弟ト眇焉タル伊帝ノ子トニ過ギズ。堂々タル大日本　天皇国三千載ニシテ而シテ始メテ此大侮辱ニ遇フ也。生ガ之ヲ指摘スルニ及ンデ蓋シ已《ヤ》ムコトヲ得ズシテ而シテ之ヲ削ル、然レドモ生若シ黙シテ而シテ言フコト無クンバ則我　殿下始メテ其玉趾ヲ、其保護国ニ挙ゲテ蛮会ト為リ、未曽有ノ大侮辱ヲ蒙ムル也。　貴会ノ精神既ニ此ノ如シ、生初メテ敵ニ糧ヲ齎ラスコトヲ覚レリ矣。義復当ニ具サニ此事ヲ新聞紙上ニ書シテ、以テ生ガ不明ノ罪ヲ本国ノ同胞ニ謝スベキノミ。一進会ノ三字玆ニ以テ去就ヲ決セン。

師更に之に関して一進会が此書に対する経緯を記するもの有り、之を要約すれば、

李容九ハ此書ヲ受ケテ大ニ総務員ヲ怒リ、副会長以下総務員十余名ヲ率ヰ来リ

テ余ガ留マランコトヲ懇請ス。余ハ会長ノ命ズルトコロハ、会員是非ヲ論ゼズ一切奉行スルコトヲ条件トシテ留ルコトヲ諾シ、且懇諭スル所アリ。内田良平モ会長・副会長ヲ留メテ懇諭シタリ。余ガ斯ク激烈ナル書ヲ致セシハ、会長ノ命令ノ或ハ部下ニ沮止セラル、コトアリテ、大事ヲ誤ランコトヲ恐レシニ由ルナリト。

此事は大事に処するに当りて、苟も部下の会員が統制を紊るが如きことあれば、会及会長の威信を傷つけ又集拾すること能はざるに至らんことを慮り。師は会長及幹部員を戒飭して履轍を覆まざらしめんことを計りしなり。故に一進会は愈々団結を鞏固にして会長の統制を重んじ、而して一般会員も亦一糸乱れず会務の進行に精励したるは、会長の徳望に因ると雖も又師の指導宜しきに由るものたり。

七　李容九に代り桂侯に呈する書

行啓に供奉して入韓したる桂侯は独り留つて平壌を視察し、還つて京城に過ぎらる、時に内田良平は李容九をして桂侯に面謁せしめたり。二十四日師李会長に代りて桂侯に呈する書（漢文）に曰く。

大韓一進会長李容九恐懼再拝シテ謹ンデ書ヲ　大日本侯爵桂陸軍大将閣下ニ上ツル、荐ニ恩引ヲ承ケ屢々下問セラル、布衣ノ栄惶悚措クコト罔《ナ》シ。唯文同ジト雖モ言語同ジカラズ、区々ノ情或ハ象胥ノ間ニ悉サヾランコトヲ恐ル。是ヲ以テ敢テ鄙書ヲ上ツリ肝胆ヲ披瀝ス、願クハ鄙衷ノ在ル所ヲ諒セラレヨ。夫レ国ノ亡ブルヤ、其因一ナラズ、二ナラズ三ナラズ四ナラズ、万端尽ク喪ツテ、而シテ之ヲ一縷ニ繋グコト能ハズ、是ヲ以テ亡ブ也。一縷ハ君臣ノ情也、而シテ君臣ナル者ハ、農也《ヤ》工也商也士也ノ影ノ者。本形先ヅ隳ルレバ影将ニ安クニ存セントスル焉。故ニ古ヨリ所謂亡国ナル者ハ十世ノ沢存スルニ由無シ焉。或ハ百世ナル者、三世ノ沢ニ弥留スル者、之ヲ汗青ニ鑑ミレバ比々皆是ナリ。敝邦建国五百年矣、祖沢既ニ竭キ、一縷ノ望ハ僅ニ権柄ノ争奪ニ存シ、以テ斉ニ事ヘンカ楚ニ事ヘンカノ会盟樽俎ノ術ヲ逞ウシテ、而シテ一時ノ間ニ苟《かりそめに》モスル而已《ノミ》。其亡ヤ已業《スデニステ》ニ久シ矣。所謂一ナラズ二ナラズ三ナラズ四ナラズ、万端尽ク喪フ矣。生ノ向キニ閣下ニ謁シテ而シテ一言政治ニ及バズシテ、先ヅ二千万同胞活命ノ道ヲ聴カンコトヲ請フ者ハ此亡骸ノ為ナル而已矣。或ハ所謂志士ナル者有ツテ革敝ヲ企図セバ、唯敝ヲ以テ敝ヲ拯《すく》フコト、泥ヲ以テ泥ニ附クルガ如シ。寧ンゾ知ラン亡国ノ根、政治ニ在ラズシテ而シテ民命ニ在ル也《オヤ》。生少ウシテ教門ニ入リ、民有ルコトヲ知ツテ、而シテ所謂政治ナル者ヲ知ラズ。東学ノ暴挙ハ秕政ノ為ニ而モ発スト云フ者モ亦唯民命ノ為而已。一進会ノ躁行シテ革敝ノ為ニシテ而シテ起ツト云フ者モ亦民命ノ為ナル而已。苟《いやしく》モ民命ノ活クベクンバ則何ゾ水火モ之レ踏マザラン矣。生ノ一百万衆ノ心ヲ獲ルモ亦唯一百万民ノ其生命財産ヲ保護スルノ情ノ切ナルニ由ル而已。生別ニ徳有ツテ而シテ一百万員ノ心ヲ獲ルニ非ザル也。二千万ノ同胞ト一百万衆トハ言動同ジカラズ、䀹々胥《アヒ》譏ル。然レドモ其情ヲ原《タヅ》ヌレバ、則生命財産ヲ保護スルコトヲ得ント欲スルノ情ハ則一也。情一ニシテ志ヲ同ウセザル者ハ、尚弥留ニ迷ツテ而シテ民命ノ理ニ惑ヒ、独立ノ名ニ膠《こう》シテ、而シテ亡国既ニ久シキヲ恤ヘザルニ由ル耳《ノミ》。既ニ民命ヲシテ此極ニ至ラシメ、猶其レニ五刑シテ而シテ之ヲ人ニ宜シト曰フガゴトキ也。五百年ノ積弊、一ナラズ二ナラズ三ナラズ四ナラザル者、既ニ五刑ヲ具ヘテ而シテ今遽《にわか》ニ之ヲ人トセント欲ス。神医ト雖モ将《ハタ》安ンゾ其術ヲ施サン。何ノ幸ゾ貴邦ノ　天皇陛下ハ乃神乃聖、唯其国ヲ以テ心ト為スノミナラズ、直ニ東洋ヲ以テ其心ト為シ、遠猷宏謨蠡測ス可キニ非ズト雖モ。蓋シ古今ノ異変ヲ玄覧スレバ、攻守ノ勢其山ニ在ラズシテ而シテ海ニ在リ。力ヲ敝邦ニ併セ、東瀛ヲ扼シテ以テ東洋ノ平和ヲ保障セバ、敝邦靦面何ノ力カ之レ併セン焉。是ニ於テカ遂ニ政治ヲ貴国ニ委シ、以テ附驥共躋ヲ計ル。生等向日生命財産ノ保護ト云フ者モ、亦当ニ今ヨリ始メテ完カルベシ焉。生等復政治ニ用無シ、然レドモ其用無キヲ以テノ故ニ、喁々焉トシテ唯口ヲ仰ゲバ則韓民ナルモノハ貴国ノ附贅縣疣貴国ハ実ニ東洋ノ平和ヲ保障スルガ為ニシテ、而シテ二千万ノ遊民ヲ養フ也。則蠢爾タル蚩氓ト雖モ豈鬱陶シテ而シテ思ヒ、忸怩トシテ而シテ羞ヂザラン乎《ヤ》。区々ノ誠窃ニ以《オモン》ミルニ農也工也商也士也ノ本ニ就キ、新ニ一ナラズ二ナラズ三ナラズ四ナラザルノ敗瘵ヲ作ル。西人言フコト有リ天ハ自ラ助クル者ヲ助クト。此レ内田良平氏ニ就キ先ヅ一進会ヲ以テ自衛財団ヲ組織センコトヲ請フ所以也。願クハ貴国保護ノ下ニ立ツテ以テ貴国ノ東洋ノ平和ヲ保証スルノ一毛分ニ順応セン。其方法ノ如キ、曰ク同語也、曰ク混血也。曰ク同事也。請フ共力シテ富源ヲ発《ヒラ》キ、以テ所謂文明自治ノ制ヲ建テン、世人ノ所謂合邦連邦ハ固ヨリ択ブ所ニ非ズ、生唯民命ヲ重シト為ス而已。敢テ請フ閣下敝会ヲシテ自治財団ヲ結ビ以テ敝邦ニ隗始シ矜式スル所有リ、二千万生民ノ本ニ立タシメラレンコトヲ、千万伏シテ望ム。書言ヲ尽サズ。

此書は元より李容九の素志に出でたるものなれども、師は更に其指導的の意見を加へ、一進会が他日本書の意志を具体化せんと欲する時に際して、桂侯の意見を今より定められんことを望むの伏線を張りたるものなり。而して合邦の字面始めて此に現はるゝことを忘る可からず。

第四節　自衛団

一　自衛団の組織

是より先内田良平は一進会員を各道に派して、頻発せる暴徒[14]の動静を探知せしめんとして左の一般方略を定む。

一、暴徒ノ掠奪焼毀シタル損害ノ程度。

一、加害者ハ暴徒タルカ、又ハ討伐隊ナルカヲ区別スルコト。
一、被害者ハ暴徒ニ党セシヤ否ヤニ拘ハラズ、現状ヲ調査スルコト。
一、暴徒ハ強迫セラレテ暴徒ニ党セシカ、政事上ノ改革ヨリスルカ、新協約成立トノ関係アリシカ、無頼失職ノ為カヲ調査スルコト。
一、一般人ノ暴徒ニ対スル意向及討伐隊ニ関スル感情。
一、地方ノ物価及金融上ノ現況及一般民ノ生活状態。
一、流言風説ヲ記録スルコト。

此の如く調査要項を定め、是より内田は自衛団組織の方略を計画し、李容九をして内閣総理大臣李完用に一の建議書を提出せしむ原案は師の草するところにして左の如し（漢文）。

敬白ス此秋収ニ際シ八域繹騒商路杜絶シ生民飢ニ泣ク、就中江原・忠清ハ久シク賊巣ニ陥リ、軍隊之ヲ勦討スト雖モ未ダ軍事及政治ヲ以テス可カラズ。故ニ従ツテ滅シ従ツテ起リ此民安堵ノ期無キ也。鄙会幸ニ百万ノ人員有リ十三府ニ散在ス、区々ノ心会員ヲシテ先ヅ力ヲ出シテ地方処々ニ自衛団ヲ組織シ、匪類ヲシテ潜踪スルニ由無カラシメ、良民ヲシテ以テ聊カ頼ルコトヲ得セシメ、且以テ蚩々ノ氓ヲシテ漸ク文明自治ノ素地ヲ習成セシメン。敢テ方略ヲ献ズルコト左ノ如シ。

一、自衛団ナル者ハ一進会員並ニ地方ノ有志及郡吏等ヲシテ之ヲ各府・郡・面ニ組織シテ、節制ヲ所在駐屯軍及憲兵・警察ニ受ケシム。

一、自衛団ナル者ハ軍隊等未施ノ域ニ扞衛シ、或ハ出動中来襲ノ賊人ヲ防衛シ、警戒線路ヲ脱シテ地方ニ逃走スルノ賊ヲ詗視ス。要ハ匪類ヲシテ横行潜伏ノ余地無カラシムルニ在リ。

一、自衛団ナル者ハ団々連結シテ左記ノ事務ニ服ス。

第一　戸口ヲ調査スル事、他出ヲ察スルニ在ル也。若シ他出セント欲スルモノハ其事件ト往復日ヲ具シテ預メ団長ニ告グ。

第二　武器ヲ買収秘蔵スル事。帰順シテ武器ヲ献ズル者モ亦之ニ準ズ。帰順スレバ則之ヲ寛容ス。

第三　意ヲ軍隊・憲兵・警察等ニ承ケ其事務ヲ幇助シ地方ノ安寧ヲ保ツ事。

第四　昼夜逓羅警戒シテ以テ火盗ニ備ヘ、且行人ヲ注視スル事。

第五　常ニ賊情ヲ偵察シ、又譸張《ちうちょう》煽惑ノ徒ヲ詗知シテ之ヲ官憲ニ報ズル事。

第六　殲癸ノ余飢寒ニ瀕スル無告ノ民ヲ細査シテ之ヲ生カス所以ノ道ヲ講ズル事。

第七　団処或ハ匪乱ヲ発シテモ之ヲ預知スルコト能ハザレバ、乃勦討ニ遇ヒ玉石共ニ焚カン乎、其団其責ヲ引キ、他団及政府ノ救恤ヲ受クルコトヲ得ザル事。

第三ノ末項太ダ厳ナリ矣。然レドモ天吏ノ徳ハ猛火ヨリ烈シキ也。且在々処々風俗習慣ニ従ヒ、各々ヲシテ団約ヲ結バシメ若シ約ニ違ヒ此方針ヲ愆ル者ハ、官民ヲ問ハズ憲兵警察ニ押送シテ律スルニ違法ヲ以テシ、決シテ懦弱ヲ許サズ。寔《まこと》ニ此ノ如キカ請フ必ズ根治ニ期スル也。

右挺身建議ス。伏シテ願ハクバ直ニ裁許ヲ下スノ地ヲ諒照セヨ。

隆熙元年十一月　日　　一進会長　李　容　九

内閣総理大臣　李　完　用　閣　下

本書の措辞は主に韓国の風習に依るものなり。

十一月六日李総理は統監より自衛団の組織を認諾せられたることを語る。七日李容九は統監に謁し旨を得て帰り、一進会総務員会を開き諸般の準備成れり。而して又京城府尹張憲植・理事官三浦彌五郎・居留民長熊谷頼太郎・李根命・閔泳奎・閔丙奭・朴齊純其他知名の韓人多数（兪吉濬等まで）を発起人として自衛団援護会を作り。自衛団実行約案・自衛団組織援護経費予算（二万円）書・自衛団援護委員旅費表・自衛団組織勧誘員派遣人員及通路予定等を完成し二十三日発程に決す。十一月十一日玄章昊は書（漢文）を以て之を賛す其大要に曰く。

匪徒ノ猖獗ナルニ因リ、李会長ハ九重ノ聖憂ヲ解キ各道ノ人命ヲ保タンント欲シテ自衛団ヲ協成ス。譬フルニ稂莠除カザレバ五穀長ゼズ、疔腫断タザレバ一身必ズ亡ブルガ如シ。十千ノ不義ノ暴徒ヲシテ豈百万ノ無辜ノ良民ヲ害セシメン乎《ヤ》。感服帰化スル者ハ生命ヲ保護シ、悖逆義ニ背クモノハ鎮圧踵ヲ滅シ一春一秋戒厳セント。而シテ内田・武田両氏ハ自衛団ノ重任ナリ。生祝願シテ曰ク、国民ノ安危此一挙ニ在リ、凶徒ヲ剿討シテ広ク生霊ヲ済ヘト。

李会長曰ク、君其レ慮ルコト勿レ我ヲ知ルモノハ天ナリ、国ヲ輔《たす》ケ民ヲ安ンジ皇帝万年ト。

之ヲ賛シテ曰ク、国民ノ代表死生ヲ分トセズ、出師ノ相丞贈鞭ノ将軍能ク狂塵ヲ掃ヒ以テ慶運ヲ耀カシ、忠肝義胆国基ヲ鎮圧セン。

内田氏曰ク、高ク義旗ヲ挙ゲ韓皇以テ寧シ、功成リ他日丹青ヲ睹ルベシト。

之ヲ賛シテ曰ク、敦睦友誼両国分無シ、名東洋ニ高ク気万軍ヲ擁ス、三申ノ号令六丁ノ風雲不祥ヲ呵噤シ妖気ヲ洗滌セン。

洪疇禅師曰ク、彼モ亦人種豈天倫ニ背カン、愛国帰化セバ罪ヲ赦サン良民ト。

之ヲ賛シテ曰ク、慈悲ノ仏眼ハ善悪分ツ可シ、徳ヲ施シ教ヲ布キ義ヲ挙ゲテ軍ニ従ヒ、胸ニ花雨ヲ蔵シテ法雲ニ嘘《うそぶ》キ、手旱魃ヲ探リ穢ヲ吐キ氛ヲ除カント。

洪疇師ハ人我ノ別無ク発菩提心慈悲世界ニ苦焦ノ人世、共ニ十戒ヲ守リ不生不滅ヲ大願ス、故ニ今此ニ義ヲ挙グ、彼乃自ラ服シテ帰化セバ一丸ヲ発セズシテ而シテ期図事ヲ成ス也。

嗟爾匪徒何ゾ帰順セザル、聖運回泰帝徳宸ヲ出デ、相伝フ文武堯舜ニ非ザルハ莫シ、兵ヲ投ジテ化ヲ被ムリ金声玉振。

一進会員の自衛団を重視し、其成功を期待するの情詞外に溢れ、紙背に徹するの気以て見るべし。

十一月二十二日内田に代り桂総理大臣に上つる書を草す其大意。

李総理ト宋農相トハ確執・韓儲留学随行者・排日派ノ大韓倶楽部組織者ノ内容・暴徒ノ情況・自衛団ノ事等邦文三千余言、向キニ解散セラレタル自強会・同友会ノ徒及金允植ト亡命帰客ノ一部ガ此大韓倶楽部ナル政社ニ投ゼリ云々。

二　自衛団の視察及報告

此日内田の官舎に於て自衛団出張員の留別宴あり、列するもの内田・師及李会長等三十余名、師の詩に曰く。

当ニ明朝ヲ以テ匪軍ヲ視ルベシ。匪旗近ク動ク小東門。経天緯地頭目在リ。好シ我武ヲ揚ゲテ風雲ヲ叱セン。

同行の一人たる須佐嘉橘（滄舟と号す、視察日記の記録者）之に因みてか此韻を用ゐて一詩あり。

同人偕《とも》ニ出デン小東門。象歩何ゾ顧ミン犬豚ノ群。請フ見ヨ前程千百里。一剣ヲ磨キ成シテ風雲ヲ叱ス。

二十三日出発準備成る。李会長も亦二十三名の会員（金澤鉉・尹定植・尹始炳・兪鶴桂・韓景源其他）を率ゐ来りて内田官舎に相会し、師及内田其他一行三十名、旅装を整へ午後零時半出でて李会長の邸⑮に至り、庭前に於て記念撮影（写真第二十七）を為し、駄馬十頭に大小行李を附し大賀八三郎之が宰領と為りて共に出発し、東大門外関帝廟前に至つて武装に身を固め、師と内田及李会長は騎乗他は凡て徒歩なり。而して種々の都合に因りて日本刀組・小銃組・拳銃組の三種に分ち、乱匪の巣窟を探検し之を根絶せんことを期し楊州路に向ふ。師の詩に曰く。

也《マタ》痼疾ヲ扶ケラレテ強イテ馬ニ上ル。寒雨蕭々タリ南山ノ下。馬也《ヤ》蕭々剣也《ヤ》鳴ル。此窮陰ニ当ツテ胡為ノ者ゾ。高麗ノ周道艸也《マタ》枯ル。八域久シク希フ大雅ヲ歌ハンコトヲ。剽盗公行ス漢ノ玄菟。爹《ちち》ハ児女ヲ哭シ児ハ爹ヲ哭ス。自衛団法焦眉ノ急。極メント欲ス三千里ノ疆土ヲ。

行程僅に二里にして午後六時北漢山麓の華渓寺に宿す。又師の詩に曰く。

朝ニ発ス東大門。夕ニ到ル芚夜村。高寒雉岳近シ。風ハ巻ク吹笛ノ雲。顧眄此ニ馬ヲ下リ。草坐夕暾ヲ観ル。道説《イフナラク》華渓寺。幽境少《シバラ》ク屯《とん》ス可シ。一鞭小径ヲ指セバ。青松黄昏ニ映ズ。

二十四日楼院を過ぎり議政府に至り、自衛団組織の事を談じ更に楊州邑に着す。時に午後三時にして行程僅に四里先着員の準備せる宿舎に入り自衛団組織説明の為滞留す。師は内田の名を以て二十六日第一回、二十七日第二回、二十八日第三回の視察報告書を伊藤統監に送る。二十九日午前九時半憲兵・郡吏及邑民等百余に送られ蓮川路に向ひ、午後五時半抱川郡青松面哨村里に到り宿す。此間李容九は帰順者の状情憐むべき者の為に、之を寛典に附せんことを楊州憲兵分所に申告せり。楊州に於て二十七日師の詩。

楊州ノ古邑尚殷頑。昌徳宮高クシテ意未ダ閒ナラズ。梅軒暗ニ伏ス陰祲《しん》ノ気。
遙ニ動ク鎮東ノ宝蓋山。

三十日哨村里を去つて車灘里に至る。李容九句あり曰く。

身防牌ト作《ナ》リ心弓ト為ル。天下ヲ周遊シテ別ニ礙無シ。

師之に次いで曰く。

別ニ礙無シ大ニ障有リ。此間惟是露堂々。

師が此句讖を為すものゝ如し、幾日ならずして想到するところ有らん。午後一時半漣川邑に宿す。漣川郡主来任後暴死（前任地にて毒薬を投ぜられたりとの伝説あり）し、郡主事及書記三人は暴徒を怕《おそ》れて京城に走り書記一人を残すのみにして後任者は未だ赴任せず。此日師第四報告書を草す、中に地方政治機関と中央政治機関との連絡十分ならざるが故に、郡主其人を得るの要と、一面匪徒の主体は主に京城の遊民と、解散兵中の浮浪者たることを指摘せり。十二月一日滞在午後各面長・各洞長及村民約百名の来集者に対し、内田・李会長・守備隊長・巡査等自衛団の主旨を説明す。二日本隊二十三名は鉄原に向ひ、別に七人を分ちて軽装し嘗て匪賊の巣窟たりし宝蓋山を探検せしむ。本隊は鉄原に先着したれども、七人は難路に苦み夜半過ぐること一時にして本隊の宿舎に入れり。其実況報告に依れば宝蓋山は天然の要害にして深源寺は大坊にして食糧の豊なりし為匪賊の本拠とせられたるを以て討伐隊の為に焼尽せられ。南庵と称する尼寺に僅に残留せる老尼と僧侶を見たりしのみ、少尼は暴行を受けて他の僧と共に難を避け、附近の村落も多くは掠奪焚焼の跡歴々惨憺を極め、山腹の聖住庵は数十人を容るべき室あるも、僧侶は皆他に避難し満目荒涼たるのみにして又匪賊を見ず。徒に天険の悪路に積雪を踏んで艱苦に終始したることを訴えたり。師の詩に曰く。

宝蓋山中七人ヲ選ビ。深ク虎穴ヲ探シテ嶙峋ヲ経ル。伝説ス匪群絶険ニ屯スト。
行《ユクユ》ク篝火ヲ揮ッテ幽垠ヲ照ス。
京ヲ出デテ既ニ二十日。蹄鉄層水ヲ蹴ル。邈タリ矣弓裔王。已ニ無シ墟上ノ松。

三日各面長を集めて自衛団の主旨を述べたるが、彼等は始め一進会の党勢拡張の為ならんと誤解せしも、李容九が眼中一進会あるに非ずして唯援護会あるのみと喩して誤解を解きたり。午後七時郡衙に於て面長其他集まるもの二百余名に対し、自衛団組織の必要を説きたり。四日金化に行くべきを龍潭砂金場員の懇望に由りて此に向ふ、是同地が匪賊の要路にして向に二、三回の来襲を受けしを以て自衛団組織の必要あればなり。師が永平郡砂金場に向ふ途中の詩に曰く。

行《ユクユ》ク金穴ヲ望ンデ晨霜ヲ踏ミ。濁酒三杯意気揚ル。民団ノ公族猶年少。銃ヲ肩
ニシテ嬉戯就《ヒトシ》ク雁行ス。

行程三里半午後一時砂金場に着す。五日金化に向ひ午前剡川江を渡る師の詩に曰く。

渡頭筆ヲ舐ツテ文就リ難シ。馬上詩ヲ思フテ構未ダ工ナラズ。是夢仙ノ彩翰ヲ収ムルニアラズヤ。江山目尽キテ興窮リ易シ。

六日軍隊鹿を牽くを見て師の詩に曰く。

髪匪曽テ擾ル江靡ノ雨。米師今捲ク漢陽ノ雲。吾兵鹿ヲ獲テ賊ニ逢ヒ難シ。金化風平ナリ十字ノ幡。

此日金化に於て自衛団組織の主旨を説く、集まるもの百数十人。七日途中に一泊し、八日午後二時華川邑に入る郡主事来り迎ふ。宿舎に入りし後華川郡主趙濟均郡守と共に下僕に酒肴を携へしめて来り一行を犒ふ。趙郡守は師と日清戦時よりの旧知なり、師詩あり曰く。

十四年前ノ白面生。与民楼上剣空シク鳴ル。只今明府頭何ニ似タル。願クハ良猷ヲ以テ縦又横。

是師が日清戦時東学の残徒と共に我軍に従ひ、与民楼と称する当郡衙の楼門に上りて、清兵の囲を受けし時の感懐を深くせられたるなり。趙郡守之に次ぐ詩に曰く。

航海櫓声咿軋鳴ル。自団ハ目的トス民生ヲ済フヲ。将ニ傾厦ヲ扶ケントスルニハ先ヅ礎ヲ整フ。詎《なん》ゾ問ハン斜々縦又横ヲ。

九日午後自衛団の主旨説明前の如し。十日の日も亦此に在りて匪状を調査す。十一日朝出発馬峴の小嶺を踰え行程四里半、春川の一進会支会員は邑外一里の所まで一行を迎ふ、一行春川に宿するや観察使黄鐵来つて労を犒ふ。十二日例の如く自衛団員の演説あり、後黄鐵は一行を其官舎に招き盛宴を張る。宿舎に帰れば曽禰副統監より内田に宛てたる親展書あり、内田披き見れば書に曰く(凡て原文の儘)。

寒中御苦労御察シ申候数度御報告被レ下レ忝存ジ候陳レハ他ヨリ報告ニ依レバ貴兄方御巡視ノ直接地方ニハ非ザルモ国難鎮撫ヲ名トシ一進会ガ党勢ニ汲々タル結果時々或ハ暴行シ又ハ脅迫シ又ハ断髪ヲ強制シ良民之ガ為ニ反ツテ不安ノ念ヲ生ジ容易ナラザル形勢ニ立至リ居リ候様ニ相聞エ申シ候。是ハ既ニ貴兄方ガ御出発ノ際懇々申シ入レ候如ク己ヲ捨テ全ク国家ノ為ニ尽力セラル、ニ非ザレバ近クハ一進会ノ為ニモ相成不レ申サ候。遠キハ国家ニ尚ホ一層ノ困難ヲ可キレ残ス結果ニ終ルベク候条此辺充分ニ御考慮相成リ度候一進会員ニシテ果シテ前段ニ陳スルガ如キ処置アルニ於テハ無ク二用捨一断然タル処分ニ出ルノ外途ナキニ至ルベク候是亦十二分ニ御含ミ置キ被レレ下度候且ツ貴兄方ハ御出発前ニ小生ヨリ李用(元のまゝ)九氏ニ申入候事ヲ決シテ御忘却無ク地方ニ対シ御処置有リレ之度候又地方ノ情形ニ依リテハ一進会員ノ巡視ヲ暫時御見合ハセ可キレ然ル哉トモ存ジ候元来一ヲ得テ十ヲ失フガ如キコトハ為ニ二国家一決シテ採ラザル所ニ候此際良民ノ感情ヲ害スルガ如キ事決シテ有ルレ之間布呉々モ御銘心肝要ニ候李容九氏ト御熟談可クレ然存ジ候右申シ入レ度草々不備。

十二月九日　　曾禰荒助

内田良平殿

之を見たる内田は激昂し、李会長は慷慨悲憤し、又内見せる随行員は怒気衝天の後熱涙の迸るを禁ぜず、赤心誠衷を披瀝して却つて人の誤解を招く、天道是か非かと皆茫然自失の状あり。此時師は敢て狼狽せず、平々坦々内田に目語するが如く冷かに笑ふのみ。嚮日の句中別ニ礎無シ大ニ障有リの句は讖を為したりと謂ふものは謂へ、斯ること有らんとは師が元より慮るゝところが事実に顕はれたるに過ぎず。元来自衛団の主旨目的は李会長が李総理大臣に建議して、同大臣より伊藤統監の認諾せられたることを伝へられて、漸く之が実行に入りしに拘はらず。曾禰副統監の此書に驚くは抑々何の故ぞ、況や副統監の書は或一部の密告に拠り、一進会は党勢に汲々、或は暴行、脅迫等事実に反することを挙げ、又地方に依りて暫時見合可然と述べたるに過ぎずして、未だ全般の活動を停止せられたるに非ず。

然れども之に附加するに職権を以て云々と脅迫的の字句を以てしたるに過ぎず。故に師の冷笑するは素より当然たり。然れども一行は視察日程を変更して帰京の日を京城に電報す。十三日朝霰雨を冒して出発す。黄鐵及其部下と民衆の行を送るもの甚だ多し。一里強にして漢江を渡船し石巴嶺の険坂一里余なるところを越え、加平に於て主旨を演述すべき予定なりしも、根本の日程を変更して十四日入京すべき限度あるを以て中止、韓景源をして其旨を伝へしむ。途中匪徒が郵便逓送人を害し、電柱を切り倒し又匪徒に焚焼せられたる惨状及避難したる空屋を視、寒風を衝いて午後八時十里の行程を経て清平川に達して四ヶ所に分宿す。師は前夜より今暁に至るまでに本日まで視察調査したる実況に依り、地理的関係及匪賊が今まで跳梁したる実際に就き、之が討伐及人民救助の所見を詳述して長谷川大将に報告したり。是亦内田に代りての一報告なり。十四日烈風甚しきこと京城出発以来の最たるも又十里の道程を強行して京城に入らんと欲し鶏鳴行装を理め燭を採つて出発し、大小幾多の坂路を踏破し楊州郡金谷を経、北風に向つて電車駐留所に着し、一進会員の出迎を受け、武装を解き電車に搭じて南大門に着し、万歳の喊声を浴び出迎人に囲まれて李会長の邸に入り、会長母子の饗する祝酒を傾け、午後九時大和町の内田官舎に帰還し内田・井上両夫人と相見て共に語無し、時に天霽れて寒月高し。師は風雪中強旅行の為一時疲労困臥せしも、十六日内田の名を以て曾禰副統監に一書を上つる書に曰く。

敬ンデ白ス去十二日ノ夜春川ニ在リテ謹ンデ直諭ニ接セリ恐懼措ク所ヲ知ルナシ、遂ニ援護巡回員タル李容九ニ謀リ、一行遽ニ十余日ヲ剰セル日程ヲ変ジ行ヲ兼ネテ京城ニ馳セ帰レリ。何トナレバ無ク二用捨一断然ノ御処分トノ直諭ト、十二分ニ含ミ置ケトノ懇旨ハ、韓国刻下ノ情勢ニ対シ頗ル重大ナル事態タルノミナラズ、他地方ニ於ケル自衛団援護会派遣一進会員ノ非行ハ、急ニ本部ニ帰リテ厳査ヲ加ヘザルベカラザレバナリ。

面対ハ一時ニ止リ上書ハ或ハ百代ノ後ニ証徴セラル、故ニ敢テ進言セズシテ鄙書ヲ以テ敬対シタテマツル。

閣下ガ一進会ノ名ヲ自衛団組織援護ニ仮リテ党勢ニ汲々シ、或ハ暴行ヲ加ヘ或ハ脅迫ヲ敢テシ断髪ヲ強制ストノ報告ヲ得タマヒシハ誰ノ手ヨリ得タマイシヤ、日本官憲ノ地方ニ在ルモノハ一進会ノ現状ヲ熟視セルヲ以テ此ノ如キノ報告ヲ呈スベキ理由ナシ。倘《モ》シ此ノ如キ報告ヲ呈スルモノ有ラバ、此レ常識ヲ有セズ官憲タルノ資格ヲ有セザルモノ、所為ナリ。然レドモ中央官憲タルモノ倘シ此ノ如キ報告ヲ採納シテ敢テ　閣下ノ明ヲ蔽ヒシモノアリトスレバ、不肖ハ日韓関係ノ前途ニ於テ最モ悲マザルヲ得ズ。　閣下ニ此報ヲ致セシモノハ我官憲ナラザルコトヲ祈ル、何トナレバ韓人ハ至愚ナリ、我官憲ハ至愚ナル韓人ヨリモ愚ナルベキカ。

人誰カ死ナカラン然レドモ死ヲ畏ル、ハ生物ノ常情ナリ、刻下一進会員ハ果シテ何ノ境遇ニ彷徨セルヤ、現ニ死境ニ在ルナリ。

暴徒ガ日本人ト一進会員トヲ虐殺スルヲ名トシテ起リ、一進会員ハ日本人ト同ジク断髪セルヲ以テ直ニ標的トナリ、所在惨禍ヲ被ムリテ山中ニ跧伏スルニ至レルコト、既ニ　閣下ノ聡聴ニ達セルナラン、今ヤ会員ハ自衛ノ力スラナシ、何ヲ憑《たの》ミテ暴行シ何ノ余力アリテ人ヲ脅迫セン、況ヤ己ガ死命ノ標的ヲ以テ之ヲ他人ニ強フルノ勇アランヤ、此レ尋常最モ睹《ミ》易キ道理ナリ、請フ更ニ不肖ガ見聞セシ事実ヲ以テ之レヲ証セン。

一会員アリ暴徒ニ捕ヘラル、其会員ハ弁疏スルニ嘗テ兵卒タリシヲ以テス、暴徒ハ聴カズ兵式ヲ実習セシム、会員兵式ヲ知ラズ竟ニ虐殺セラル。一会員アリ僧服ヲ着ケテ逃ル、暴徒捕ヘテ経ヲ誦セシム、忽チ露ハレテ惨死ス、皆断髪ノ罪ナリ。

華川ニ在リシトキ会員来リテ李容九ヲ見ル、其頭ヲ指シテ鳴咽悲泣セリ。此レ妻子ト山中ニ潜伏セシモノ、李容九来リシヲ聞キテ身ヲ現ハシタルモノナリ、其頭ヲ検スレバ鬘ヲ以テ髷ヲ着ケ、網巾ヲ以テ短髪ヲ抖擻シ衣冠宛然トシテ旧態ニ仮粧セルナリ、一座為ニ惻然タリ。

金化・春川郡ノ如キモ数千ノ会員アリ、李容九ヲシテ平時ニ此地ニ臨マシメバ数百ノ会員路傍ニ整列シテ送迎ノ儀観頗ル盛ナルベキモ、会員四方ニ分剖離折セルヲ以テ僅《わずか》ニ五十余人ヲ遺セリ。且化粧冠人ニ非ザルモノハ支会長ノ外幾人モナシ。

一進会ハ韓国各郡皆一千以上ノ会員ヲ有セザルナシ、然ルニ今巡説スルノ郡多キハ五、六十人少キハ二、三十人、守備隊ノ置カレシヲ聴キテ稍ヤ来リ集ルニ過ギズ。他ノ暴行ニ耐ヘズシテ自衛ノ力スラ失ヘルモノ何ヲ以テ他ニ暴行脅迫ヲ加フルヲ得ンヤ、況ヤ人ニ死標タルベキコトヲ強ウルヲヤ。将タ自党ヲ自殺スルノ遑アラザル、誰カ党勢ノ拡張ニ汲々タルヲ譲語スルモノゾ、不肖ガ実見セシ所ハ此ノ如シ。

北韓ハ一進会主力ノ在ル所ニシテ暴徒未ダソノ志ヲ逞フスルヲ得ザルノ地タリ、或ハ党勢ヲ拡張スルノ余地ヲ存セズトセズ。然レドモ援護会員ノ派遣セラレシモノハ、全ク党勢ヲ拡張スルノ余地ナキヲ信ズ、乃各道ニ派遣セラレシモノ、報告ヲ細査セシニ、皆官憲ノ保護ヲ哀乞シ惴々焉トシテ危境ヲ踏メリ。且自衛団ノ組織ニ汲々タル何ノ暇アリテ二兎ヲ追ハン、別紙各道派遣委員ガ援護会長タル漢城府尹張憲植ニ致セル報告摘要ヲ呈ス請フ覧ヲ賜ヘ。果シテ暴行ヲ加フルノ余地アリヤ、脅迫スルノ余裕アリヤ、断髪ヲ強制スルノ余力アリヤ請フ細覧ヲ垂レタマハンコトヲ。京城政況ト地方政況トハ素ト何等ノ関係ナシ、京城官民ハ一進会ガ統監閣下ニ知ラレ、長谷川大将ニ知ラレ、現ニ　閣下ノ優遇シタマフヲ羨望シテ一進会ノ全盛ヲ疾視セルモ、胡ゾ知ラン一進会ノ根本タル地方会員ハ蕩折半ヲ過ギ惨禍ハ寧ロ各道会員ガ砲刑ニ処セラレシ時ノ情状ニ過ギタルモノアルヲ、即チ今ハ創会以来始有ノ惨禍ヲ蒙レルナリ。前日ニ在リテハ自由行動ヲ取リテ韓廷ノ暴行ニ抵抗セシモ、今ヤ我官憲ノ下ニ保護セラル、故ニ自由行動ヲ敢テスルコト能ハズ、彼等ガ義勇兵ヲ組織センコトヲ乞ヒシモ、今自衛団則ノ出ヅルニ及ビ、自ラ進ミテ死生ノ境ヲ踏メルモ洵ニ偶然ニ非ザルナリ。夫レ韓人ノ酒色賭博ヲ生命トシテ一日ノ安ヲ偷メルハ上下ヲ通ゼル習癖ナリ、且ツ党勢ヲ仮リテ他ヲ圧シ互ニ相排擠スルノ陋習ハ三百余年ノ沈痼タリ。常ニ炎附寒離シテ苟モ免ガレンコトヲ徼幸ス。然ルニ今自ラ奮ヒテ危地ニ入ルモノハ豈他アランヤ、其妻子眷族ノ団則ニ由リテ自衛セラレンコトニ熱中セルニ由ルノミ。未ダ以テ党勢ノ拡張ヲ願望スルニ暇アラザルノミ。

故ニ党勢拡張、暴行脅迫、断髪ノ強制等ハ譺構ノ報告ニ非ズシテ、事実ノ報告ナラシムルトモ、之レヲ全国会員ノ形勢ニ徴スレバ全ク特殊ノ報告ニシテ百万ノ一、二ニ過ギジ。一、二分特殊ノ報告ヲ以テ全分百万ノ総本ヲ推断セシムルコトハ、必ズ　閣下ノ取リタマフ所ニ非ザラン。然レドモ此ニ不思議ノ事アリ、趙重應ハ尹始炳ニ語ツテ曰ク一進会モ或ハ解散セシムベシト。尹始炳対テ曰ク善ヲ作スモノハ奨メラレ、悪ヲ作スモノハ退ケラル此レ通法ナリ、一進会ト政府トヲ相比セバ一進会ハ善ヲ作シ政府ハ寧ロ悪ヲ作セリ。故ニ一進会ヲ解散セント欲セバ先ヅ政府ヲ解散セザルベカラズト。此レ李容九ノ帰ルヲ待チテ尹始炳ノ語リシ所ナリ。而シテ趙重應ハ法部大臣ノ貴ヲ以テ即夜李容九ヲ訪ヒシハ此レ何ノ為ニ此高義ヲ寄セシメ、李容九モ亦知ラズト云ヘリ。

閣下未ダ聞キタマハズヤ、趙重應ノ関係セル開進教育会ハ会票ヲ入会者ニ授ケ、票ヲ有セザルモノハ暴徒ト認ムベシト声言セリ、此レ擾乱ヲ利シテ党勢ヲ拡張セルノ尤甚ナルモノニ非ズヤ。又既ニ報告ニ接シタマヒシナラン、地方ニアリテハ戸ニ耶蘇教人ノ貼紙ヲナセバ、暴徒ノ襲来ヲ免ルト称シ続々入教者ヲ募集セリ、此ノ如キハ宜ク如何ニスベキ。抑々暴徒ノ鎮定ニ苦ム所以ノモノハ、土民暴徒ノ出動ト相関知セザルノ為ヲナスニ由ル。然ルニ自衛団一タビ組織セラルレバ、交通偵察ノ途玆ニ開ケ暴徒形ヲ潜ムルニ所ナシ、此レ陰ニ暴徒ヲ煽動セル頑固党ノ最モ寒心スル所ナリ。而ルニ頑徒ノ巣窟タル楊州郡ハ、不肖等ノ説明ニ聴ヲ傾ケ帰順ヲ続発シテ今ヤ百余名ニ上リ、鉄原・金化ノ官憲ハ自衛団ノ組織ニ由リテ暴徒ノ出動ヲ速知スルノ便ヲ得タルヲ喜ベリ。勢此ノ如クナレバ頑党ノ機関タル大韓毎日申報・皇城新聞等ハ力ヲ極メテ構誣ヲ謀レリ。不肖ハ此以外ニモ政界ノ変動スベキ暗流ハ、既ニ予測スル所アリテ桂侯ニ白セリ。即チ別紙桂侯ニ上リシ鄙書ノ転呈ノ行ニ臨ミテ、之ヲ　閣下ニ呈セント欲セシモ自ラ思量スル所アリテ箪笥《たんし》ニ蔵メタリ不美ナル報告ノ　閣下ノ聴ニ達セシハ此種々ナル瑣因ニ非ズシテ、或ハ是ニ原因スルナカランヤ今併セテ電矚ニ供ス。大抵我討伐隊ガ嶮山峻水ノ間ニ暴露セルハ果シテ何ノ目的ニ出デシヤ、暴徒ガ日本人ト一進会員トヲ虐殺スルガ為ニ、之レガ保護ノ実ヲ挙ゲントシテ討伐ヲ行ヘルニ非ズヤ。今若シ暴徒ノ目的物タル一進会ヲ解散シテ鎮定ノ功ヲ奏セントセバ、同ジク暴徒ノ目的物タル日本人モ韓国ヨリ撤退セザルベカラザラン。

不肖ハ　閣下ノ親書ヲ以テ李容九ニ示スヲ欲セザリシモ、日程ヲ変更シテ帰京スルニ非ザレバ、各道ノ実情ヲ調査スルニ由ナシ、故ニ告グルニ実ヲ以テセリ。李容九ハ慷慨悲憤シ之ニ次グニ涙ヲ以テセリ。曰ク君ト始メテ相見テ日韓連邦ヲ作ルノ密議ヲ凝セシハ、誠ニ時勢ノ已ムヲ得ザルヲ知レバナリ、此密計ヲ知レルモノハ会員ト雖モ甚ダ稀ナリ、唯事ヲ挙グルニ当リテ僕ニ随行シ来ラシムルニ過ギズ。其他ノ国民ハ頑冥不霊ニシテ隣誼ヲ阻格シ、仇ヲ以テ恩ニ報ヒ日ニ善隣ノ感情ヲ害ス、善隣好意ヲ以テ我ヲ助ケントスルモ勢併呑スルニ非ザレバ、両国並ビ斃《タオ》レテ如何トモスベカラザルニ至ラン。僕ハ併呑セラル、ヲ憾ミズ我国民ノ此赤誠ヲ知ラザルヲ悲シムノミ。而シテ日本官憲ニ至ルマデ鄙夷ヲ諒セラレザルモノ多キハ痛惋ニ堪ヘザル所ナリ。半夜利刃ヲ抜キ自ラ心胸ヲ抉《えぐ》ラント欲スルモ母ノ在ルヲ如何セン、暴飲シテ飯ヲ喫セズ酒毒ニ中リテ早ク死セント欲セリ。然レドモ母ノ顔ヲ見レバ忍ビテ膳ニ就ケリ、此レ僕ガ拷ニ遇ヒテ脛ヲ折ラレシトキ、母ガ乞丐シテ僕ヲ養ヒシ昔時ノ苦ヲ追思スレバ、僕ノ死後母復タ乞丐ノ苦ニ逢ハンコトヲ怯ル、ニ由ルナリ。且文明ノ域ニ共躋セント欲シ、豪族大姓ノ同志者ノ苦境ニ沈淪セルモノ屈指スルニ遑アラズ。僕独リ死シテ此輩ヲ棄ツルコト、義トシテ忍ビザルモノアリ。彼ヲ思ヒ此ヲ思ヘバ死セント欲シテ死スル能ハズ生キント欲シテ生キル能ハズ、僕ガ現状ハ死ノ苦ニ勝ルモノ万千ナリト慷慨淋漓。不肖モ之ヲ慰藉スルニ苦ミタリ。

不肖ハ李容九ノ心事ヲ知ルモノ一朝一夕ノ故ニ非ズ、然レドモ李容九ヲ知ラザルモノハ日本ノ為ニ之レヲ知ルナリ。又一進会ノ為ニ多弁ヲ費スモノハ、一進会ヲ弁護スルニ非ザルナリ、日本ノ為ニ之レガ弁護ヲ擬スルナリ。桂侯ニ上リシ書中ニ陳セシガ如ク、一進会ハ瓦解スルモ現内閣ガ如何ニ変動スルモ、不肖ガ意トスル所ニ非ズ。我之ヲ瓦解セシメ之ヲ変動セシメテ、日本ノ政策ニ資スル所アラバ千解万変モ意トスル所ニ非ズ。要ハ名分ヲ正シクシテ内外人ノ視聴ヲ公明ナラシムルニ在リ。

不肖ガ今回李容九ト共ニ倶ニセシハ、李容九ガ統監閣下ニ不肖ヲ借サレンコトヲ乞ヒ、統監閣下ハ不肖ニ内命シタマヒシニヨレリ。官給ヲ受ケテ府員ノ出張セシモノト其撰ヲ異ニセリ。又一進会若クハ援護会ヨリシテ特ニ給与ヲ受クルニ非ズ、自力ヲ以テ同志ノ日本人ヲ伴ナヒ、一食七銭ノ韓膳ニ餓ヲ療シ、昼ハ風雪ニ毛骨ヲ竦シテ故ラニ危険ノ境ニ出入シ、夜ハ矮屋ニ臥シテ豚犬ノ如ク臭虫ト闘ヒテ眠ル能ハズ、此想像以外ナル艱辛ヲ嘗メ尽シテ抑々何ノ益スル所ゾ。唯邦家ノ為ニ知遇ニ感ズル所アリテ、万一ヲ裨補セント欲スルニ由ルノミ。故ニ直言シテ略ホ忌諱スル所ナシ、願クハ鄙衷ノ在ル所ヲ諒セラレンコトヲ。尊厳ヲ冒瀆シテ惶懼已ムナシ。

明治四十年十二月十六日　　　　内田良平

副統監子爵曾禰荒助閣下

斯く明確直截的の書を副統監に提出したるは、元来副統監は未だ良く韓国朝野の過去及現時の事情に通暁せざることを知悉したる内閣員中、内心密に排日の禍心を抱く者等の言辞を誤信して、一進会の誠意に出でたる言動を誤解し、一進会の反対の位置に在る彼等の讒誣構陥に惑はされて前途を望むこと能はざる為、往往治韓の正道に逆行すること少からず。是伊藤統監其他韓国の事情を知悉せるものと大に異なる所あるは又止むを得ざるなり。故に反間の策を弄するもの乄乗ずるところと為る。偶々《たま〳〵》伊藤統監は太子大師として韓国皇太子垠殿下を導き、宋秉畯を随へて十二月五日を以て京城を出発せられたる後なるを以て、反対者は機到れりと魔手を伸し遂に自衛団一行に妨害を加ふるに至りしものなり。而して此書は事実を具陳して其真相を抉剔し、副統監の謬見を指摘したる一論議なり。故に師は又内田の名を以て、次日更に在京中なる伊藤統監に這間《この》の事情を報告するの止むを得ざるに至らしめたり、其書に曰く。

不肖ハ先報告書ヲ呈セシ後風餐雪虐ノ苦ニ堪ヘズ、寒疾ニ加フルニ痔疾ヲ以テシ、一行モ亦困憊ヲ極メザルモノナシ。遂ニ報告ヲ怠ルノ已ムヲ獲ザルヲ致セリ。然レドモ金剛山脈ヨリ史内ニ亙レル暴徒出没ノ要路ヲ発見セシヲ以テ、先ヅ華川ニ於テ別紙報告書ヲ長谷川大将ニ呈シ、以テ命ヲ春川ニ待タントセリ。此レ大包囲行ハル、ノ日ニハ同行者中此間険要ノ地理ヲ諳ゼルモノ多キヲ以テ、進ミテ之レガ嚮導ニ任セシメ且ツ阻絶ノ境ニ就キテ自衛団ノ連絡ヲ通ゼシメントト欲セシニ由ル。然ルニ春川ニ至レバ曾禰副統監ノ書ノ到ルアリ、其全文別紙ノ如シ。是ニ於テ十余日ノ日程ヲ剰セルニ関セズ、行ヲ兼ネテ京城ニ帰リ、先ヅ第一ノ別紙報告書ヲ長谷川大将ニ呈シ、次イデ曾禰副統監ノ教書ニ対シテハ口陳ノ滅シ易ク書対ノ証スベキヲ慮リ、更ニ別紙ノ書ヲ作リテ昨日之ヲ副統監ニ呈セリ。

自衛団ノ効果ハ頗ル良好ニシテ著シク偵察ヲ迅速ナラシメタリ、討伐ニ最モ苦シム所ハ敵ノ咫尺ノ地ニ在ルモ土民皆知ラズト答ヘ、適々《たまたま》情ヲ我ニ通ズルモノアレバ言語通ゼザルノ二点ニ在リ。然ルニ前者ノ困難ハ此組織ニ由リテ全ク排除セラル、ニ至ルベク、又帰順ノ門一タビ開ケテヨリ脅従者ハ陸続良民ニ復シ、各派遣員ノ報告ヲ総合スレバ既ニ千人に達セントセリ、願クハ賢慮ヲ安ンゼサセタマハンコトヲ。巡説各地ノ報告ハ方ニ起草中ニ在リ、不日一括シテ之レヲ郵呈スベシ。

今回ノ巡遊ハ頗ル辛艱ヲ嘗メ痛ク健康ヲ害セリ、故ニ帰朝シテ暫ク温泉ニ静養セント欲シ、今月二十三日ヲ以テ発程ヲ擬セリ。余ハ　尊第ニ伺候シ謁ヲ請ヒテ拝陳セン。

十二月十七日　　　　内田良平

伊藤統監閣下

而して十八日には暴徒討伐の関係上、内田の名に依り宮岡少将に一部の報告書を送り、又杉山茂丸にも自衛団に関する略報を発す。

十二月二十日に至り、一日以後の自衛団一行の行動を伊藤統監に詳報す。其大要左の如し。

一、鎮東倡義所ノ名ヲ以テ、一進会員ノ進士金益秀ヲ捉ヘ来レ云々ノ脅迫書ヲ得タリ。

但鎮東トハ鉄原官衙ノ称ナレバ、暴徒ハ鉄原ヲ中心トセルモノ、如シ。

一、別ニ一進会員ノ惨禍ニ罹リシモノ有リ、又郵便所員ノ被害アリ。

一、暴徒ノ指揮者ハ許薦ナルコト、金益秀ノ言ニ依リテ明カナリ、而シテ鉄原ヲ中心トシテ宝蓋山ニ出没シ、二、三十人乃至四、五十人昼伏シテ夜行シ、北ニ向フテ移動スルガ如シ。

一、匪魁崔煥ノ檄文ニハ、孫秉熙・李容九・宋秉畯ヲ倭奴ノ児ト連称ス。

一、一般ニ暴徒ト称セラルヽモ其主魁ノ外ハ多クハ脅迫セラレテ之ニ伍スルモノ多シ、斯ル者ニシテ帰順ヲ乞フ者ニハ証明書ヲ与ヘタリ。

同二十一日更に自衛団援護会巡視報告要領を伊藤統監に報告す、其大要。

暴徒ト為レルモノハ

一、中央政界ニ於テ失敗シタル政客即政界ノ破落戸。二、火賊。三、解隊兵。四、地方両班及儒生ノ挾雑輩ニ誘惑セラレテ起チシモノ。五、博徒及乞丐。六、挾雑即媒介人（有職ノ遊手）。七、砲軍ノ脅従セルモノ。八、農商ノ徴発セラレシモノ等。

此ノ如クニシテ政治上ノ真意義ヲ有スルモノ無ク、群盗ノ剽劫ヲ行ヘルノミ。

此レ等ノ最モ怖ルヽ者ハ我軍憲、最苦ム所ハ我軍憲ニ密告セラルヽコトニシテ、地方行政機関ノ不完全ナルハ暴徒横行ノ余地アリ。

警察ハ微力ナルヲ以テ暴徒鎮定ノ力無シ。

以上は主なるものにして、之を改善すべき意見を詳述したり。
自衛団一行中の大賀宰領役帰京後春川にて獲たる一大瓠の半片を師に示し記念の一語を乞ふ、師直に之に書して曰く。

兵站司令官。遂ニ敵匪ニ逢ハズ。風流ナリ春川ノ邑。壺公ヲ拉シ得テ還ル（自註ニ曰ク、壺公ハ朴、赫居世ノ重臣ニシテ、朴モ壺モ瓠ノ古称ナリ）。

又師等十四日帰京するや、師の妹乙世越後柏崎に在りしが柏崎病院に於て逝くとの電報あり、実に十二月七日にして師等が江原道馬硯（華川と春川の間）を踰ゆるの日なり、師之を痛んで詩あり。

兄ハ賊窟ヲ捜シ妹ハ黄泉。雪ニ苦ミ風ニ惨《イタ》ミ思万千。倥偬タル世途情何ゾ薄キ。
一炷ノ篆烟小照ノ前。

世外人と雖も其骨肉を傷むの情人をして惻然たらしむ、今予稿此に至って愈々悽愴の情に堪へず。

第五節　日韓往来

十二月十九日師予に与ふる書中に曰く、十四日京城に帰り倥々偬々今ニ至ル、当サニ二十三日ヲ以テ発程東上セン、越山ノ雪ヲ踏ムハ或ハ二月ノ後カ。(後略)と而して師の出発は一日遅れたり。

一　送別会の唱酬

二十二日夜知己師を京城の旗亭明月館に招き送別の宴を催ふし、酒間主客唱酬の詩あり。

唱　武田範之

雙雁還《マタ》飛ブ日又韓。還《マタ》爪雪ヲ留ム海豉ノ山。知ル者ハ之ヲ知ル雲裏ノ翼。陽関一曲意自ラ寛ナリ。

酬　洪肯燮

人皆種ヲ同ウシ国韓ヲ分ツ。中属常ニ憎ム人我ノ山。明月乍《タチマチ》留ム行客ノ馬。梅花放タント欲シテ酒盃寛ナリ。

同　尹始炳

扶桑ノ高客毎ニ韓ニ遊ブ。手ヲ携ヘテ回看ス不二山。万事今宵唯酔フ可シ。願フ君酒盃海ノ如ク寛ナレ。

同契同論日ト韓ト。尋常ノ暫別モ山ヨリ重シ。交朋雪月興尽クルコト無シ。幸ニ得タリ非樽ノ意自ラ寛ナルヲ。

同　　崔　永　年

環球点墨古辰韓。杖履逍遙ス紫閣山。更ニ扶桑ノ紅日ニ向ツテ去ル。一樽ノ別意海天ノゴトク寛ナリ。

贈約　　廉　仲　模

国士経営四方ニ在リ。遠遊暮歳雪郷向フ。内田同載武田ノ船。贈約何ゾ須キン離恨ノ長キヲ。

二十三日李容九の為に太子大師伊藤統監に上つる書を草す、其要旨は　天皇陛下韓国太子を慈愛したまふに感激して謝意を表したるものなり。

二　帰朝の途に上る

二十四日師内田と共に南大門に至れば送り来るも多かりしが、将に発車せんとする時李容九は密に一紙片を師の手に握らしむ、後師之を披《ひら》き見れば書（漢文）に曰く。

開進教育会々長ノ為ニ三府褓負商組織シ、而シテ商票毎日出給シ、自己党ニ謂フ、自衛団ハ一進会ノ発起シテ掫役スル者也、若シ善ク成立ヲ成サバ則全国皆一進会ノ心腹ト為リ矣、後必ズ不便ノ端有ラント云フト。而シテ一辺統監府総・内両相ノ処ニ運動シテ相議シテ曰ク、開進教育会褓負商ヲ以テ自衛団ヲ担任セシメ、更ニ組織ヲ為サバ似ント云フ。則内大言フ自衛団ノ事各郡ニ訓令シテ久シカラズシテ忽チ変更セシメント。事甚ダ軽カラズ、先ヅ姑ク下回ヲ待ッテ次々之ヲ周旋シ、地方局長ニ説イテ実地ヲ探聞セン矣。

向きに曾禰副統監の自衛団援護会行動の異議と謂ひ、又此事と謂ふも皆反日閣員の策謀たり。副統監は赴任日尚浅きと、内閣員及其吏僚の外に頼るべき耳目を有せざるを以て、反日閣員が伊藤統監の不在を好機として籠絡の手段を弄するに乗ぜられたるに外ならず。之に対する李容九の苦心亦想ふべし。噫憂国志士の不遇艱難豈同情に堪ゆべけんや、我国の志士寧んぞ之を傍観することを得んや。

三　帰朝中の行動

明治四十一年戊申(四十六才)一月四日東京内田の家より芝区三田台町正山寺に移る。

一月二十三日内田に代り伊藤統監に呈する書を草す(約三千言)。其要旨は、

一進会ノ副会長洪肯燮ガ信天翁ノ名ヲ以テ国民ニ対スル警告文ト題セル一篇ハ、一進会ノ宣言書ニモ擬スベキコト、猶大韓毎日申報ニ於ケル大東学会ノ趣意書ノ如ク、其文意モ亦太ダ相同ジ異ル所ハ一進会ガ責任内閣ヲ作リシコトヲ標榜

シテ、侍天ノ教義ニ附会セルノ一点ノミ。之ヲ以テスレバ一進会ハ我ニ対シテ方針ヲ一変セシモノ、如シ。之ニ対スル措置。（中略）不肖ガ李容九ト計リ宋秉畯ヲ援ケシハ李・宋二人ガ常時把持セル意見ガ、日韓合邦ノ已ムヲ得ザルヲ主張セシニ由ル云々。（後略）

此処にも亦合邦の文字を見る、而して之に附するに信天翁警告文の訳文（五千余言）を以てす。所謂警告文なるものは李容九の意見に反するもの有り。是李容九が病んで会務を見ること能はざる為、洪肯燮に会務を代理せしめたる時の事たり。一進会の主眼とする合邦論は、一百万人牢として動かすべからずと言ふこと能はざれども、其領袖の言動は既に一般に認知せらるゝが故に、目するに半倭児の名を以てせられ、一般に快とせられざるは唯合邦の意見を把持するに因ればなりと、之に対して統監の善処を請ひたり。

二月より又日記あり、其首に題して曰く。十二月二十四日京城ヲ辞シテ帰朝硬石ノ宅ニ三元ヲ送リ、四日ヨリ此寺ニ入リ、洪肯燮ノ警告文ノ善後其他ノ事ニ一月ヲ間却シテ二月ニ入レリ。コレヨリ怠リシ日記ヲ再録セントノ念ヲ生ジ、昨宵ノ夢（夢語は省く）ヲ記シ又、人世ハ夢ノミ意識ノ顕晦ハ幽明ノ分ニシテ予ガ如キ不顕ナルモノハ顕中モ亦夢ノミ、然ラバ此日記ハ夢ノ迹ノミ、自後ノ日記モ亦夢ノ迹ト題ス。

日記中の一部二月二日顕聖寺に留守する祥雲晩成（後同寺に師の後董と為る）と是心に贈る詩に曰く。

朔北炎南馬又船　周歳雲ヲ逐フ天外ノ天　須ラク庭桜ヲシテ旧態ヲ粧ハシムベシ　八道垂翮倦鳥還ル

八日赤坂三会堂に於て山座圓次郎と同席し、其動作に依り君は座頭かと揄揶して其会長たるを知れり。十日山座宅の小醼を約し之に赴き酔ふて一宿すと是例なるが如し。十三日川上の書到る曰く。（前略）吾師其レ何為ゾ速ニ来ツテ地獄ノ道ヲ指授セザル、若シ路既ニ熟セバ敢テ師ノ教ヲ竢タズ。此夜夢に侍天通神の符を得たり符語に曰く。質直無偽、歩々天行、真実不疑、語々天声。次いで通符弁を作る（後略）曰く。

一夜夢ニ衆ト山中死水ノ毒湖ニ臨ム、之ニ投ズルニ枯葉ヲ以テスレバ皆沈ム、衆戦恐シテ曰ク此レ生理無シト。余意ニ謂フ吾曽テ此悪水ニ自由ナリ、何ゾ生理無カランヤト。枯葉ヲ拾ツテ而シテ之ニ篆シ、自ラ謂フ此レ侍天通神ノ符也ト、其字ニ曰ク、質直無為、歩々天行、真実不疑、言々天声ト、心念口演シテ而シテ之ヲ湖ニ投ジ且呼ンデ曰ク、海底蓬塵、山上鯉魚ト。枯葉泛々トシテ水ニ浮ブ也、波忽之ニ起リ葉倏化《タチマチ》シテ鯉ト為リ、攸然トシテ而シテ之《ユ》ク矣。蘧々然トシテ而シテ覚メ、心太ダ之ヲ奇トス。其符文記シテ而シテ未ダ忘レズ、乃急ニ侍者ヲ召シテ口授シテ之ヲ写サシム。夫レ仁者之ヲ見テ之ヲ仁ト謂フ也、智者之ヲ見テ之ヲ智ト謂フ也、勇者之ヲ見テ之ヲ勇ト謂フ也。之ヲ以テ阿部比羅夫疾ヲ興シテ、臨韓之レ秘ト陛奏シ之ノ四字ニ擬ス、亦見ヲ異ニシテ而シテ異ヲ同フスル耳《ノミ》。四字ナルモノハ行言無間也、直ナル者ハ天ト一也、無偽ナル者ハ人為ニ非ザル也。一歩是陰一歩是陽、陰陽開闔歩々雲行水流也。真者精也、実者精ヲ存スルノ充也、既ニ精既ニ充、小疑ヲ容レズ、日月是我眼、四時是我衣冠、善言悪語皆我声ナラザルハ無シ。故ニ吾声言々皆天也、噫吾ヲ見レバ則吾無シ、天ヲ見レバ則天無シ、見ル者是何物ゾヤ。周ノ文王曰ク天行剛健ト、剛健ノ物天ト言フ也、言是言而已《ノミ》、行是行而已《ノミ》、而シテ是人ニ非ズ矣。豈其レ天ノ謂ナル也耶《ヤ》、然ラバ則天地万物一モ通神ノ符ナラザルハ無シ。侍天ト云フ者ハ一百万人ノ依頼而已《ノミ》矣。嗚乎夢ヲ説クカ夢皆真、真ヲ説ク乎真皆夢、大夢一覚真妄滅ス矣。是通符ノ大機大用也。　皇太子殿下葡萄ノ為ニ而モ青鑾ヲ居士ノ家ニ駐メタマフ、居士九族ト夫レ輯熙セヨ、九族ト其レ葡萄ナル哉。若シ家光ヲ揚ゲテ以テ天ニ侍スルコト能ハザレバ、則人行堕レテ獣行ト為リ、九族並ニ夷滅セン、何トナレバ　殿下ノ天行ノ剛健ヲ礙スレバ也。聊カ更ニ通符ノ夢ヲ弁ジテ以テ之ヲ勗ムト云フ。

十四日予に与ふる書中に曰く。（前略）夢符ハ言々天声ナルモ覚メテ言々ヲ語々ト改メ候。（中略）別箋御笑覧可被下候。（後略）斯くして十三日の予書に答ふる書（漢文）に曰く。（前略）大抵地獄ノ道開クル時ニハ虚空撲落、左道是鉄右門是火、是衲ト居士トノ熟路ナラズ乎《ヤ》。之に添ふるに通符の弁を以てす。而して十五日又之を李容九に贈る、元韓民の侍天教の護身の符として作りたるものなるが故なりと云ふ。是師は一の通符弁を以て李容九と予との二人を同時に教ふるものなり、以て其用意の周到なるを知るべし。二月十九日赤坂区新町五丁目五番地に新居を定めたることを二十二日予に通知す。二十日の李容九の来書（漢文）に曰く。

拝承恵翰忙手披読ス、遽ニ夢字ノ真境ニ至ツテ覚エズ案ヲ拍テ叫喜スル也、大ナル哉夢也《ヤ》、夢豈言ヒ易カラン哉《ヤ》。斯夢也《ヤ》无極大樹ノ下ニ立ツテ人世ヲ俯瞰ス。茫々タル苦海蒼生ヲ広済スルノ道、願クハ大降ノ道、願クバ大降ノ気ト為ツテ、朽葉ヲシテ飄漾鯉ト為リ、死水変ジテ活水ト為リ、侍天通神ノ符ヲシテ、済世ノ機関ト為ラシメンコトヲ。質直無偽、歩々天行、真実不疑、言々天声ノ十六字ハ、乃聖咒文十三字ノ濶然貫通スルモノ也、豈欽歎セザラン哉《ヤ》。吾教中道《イ》フ上中下材五百有五、上材ハ一人僧也、吾儕ノ局見、意ニ謂《オモ》フ、韓僧教ニ入ル者或ハ道ノ通ズル有リ矣、无極ノ運東シ復東ス矣、洪疇禅師ハ抑々其人乎《カ》抑々其人乎。歩々天行如是ニ見、言々天声如是ニ聞ク、渾元一気乃吾ガ水雲・海月両聖ノ曽テ見曽テ聞ク者ニ無《アラ》ズ耶、済世主ノ預言今ニ至ッテ追想シ、益々済世主ノ済世主タルヲ覚《サト》ル也。現今苦海ノ人世、知ラズ幾千万ノ枯葉箇々葉々、投ズルニ侍天ノ符ヲ以テスレバ、則箇々葉々皆飄漾鯉ニ化ス可シ矣。周公ヲ見テ胡蝶ト為スハ自ラ覚ル也、侍天符鯉ニ化スルハ葉他ヲ覚ラズ也、他ヲ覚ラズノ功ハ自ラ覚ルヨリモ賢《マサ》ルコト遠シ矣。此一夢能ク東洋天地ノ大夢中ヲ済フ、豈大快ト呼バザラン也哉《ヤ》。侍天通神ノ符、天既ニ之ヲ法座ノ大手ニ属ス矣。唯望ムラクハ広ク大徳ヲ布キ、之ヲシテ家々天ニ侍シ、人々天ニ侍シ、无極ノ門ヲ三山ノ上ニ洞開セシメラレンコトヲ、則大快中尤モ大快ナラズ也哉。仰頌ス　法体節、道ヲ衛リ時ニ順ヒ康旺ナランコトヲ不備礼。

二月二十日　　　侍生　李　容　九

洪　疇　大　人　法　座　下

此の如く李容九も亦師の説に共鳴するものなり。此後予又師に質す書中に曰く(漢文)。

(前略)身未ダ緇衣ヲ着ケズ、故ニ母子弟妹ノ在ル有リ情緒特ニ纏綿、禅門帯妻セザルノ便ヲ感ズ。又思フ祁山ト綿竹ト、湊川ト四条畷ト、是皆一門国ニ殉ズ

ル者、何ゾ単身国ニ尽スニ譲ランヤ。善照ノ学ブベキ当ニ何レヲ撰ブベキカ、伏シテ一言ヲ乞フ。（後略）

之に対する三月三日の師の教書（漢文）の一節に曰く。

小毀誉ニ遇フテ而シテ出塵ノ想ヲ生ゼバ、北斗ノ柄自ラ壊レン、衆星何ヲ以テ之ト共ニセンヤ。大智禅師ノ偈ニ曰フ山ヲ下ルノ路ハ是山ニ上ルノ路。衆生ヲ度セント欲スルモ衆生無シト。是天中天ノ出山ノ真相ナリ。

又之を補ふ箇牘には、力ハ人工ヲ以テ製造シ得ベキモノニ候ヘバ、七難八苦コソ丈夫ノ撰ブベキ所ニ候ハム、併シ御信用ハ下サレ間敷候。と附記しあり、人を教ふるに意を用ふること概ね此の如し。

二月中抹血記[16]（東学の起源より一進会の創立一周年に至るまでの記録なり）邦文四万余言を草す。

三月八日麻布区龍土町長昌寺に移転す。此月黒龍改題（東亜月報とす）の辞を作り、又爾後幾たびか章炳麟と儒仏両教上に就き彼此見解を異にする点を論争す。寱語或は筆戦の題名に夢庵の匿名を以て、東亜月報に連載せる漢文は即是なり[17]。五月山座圓次郎駐英大使館に参事館として赴任せんとすることを聞き左の一詩を餞す。

皇々君何レニ往ク　笑ツテ指ザス欧羅巴　我亦是ヨリ去ツテ　廬ヲ結バン漢水ノ涯　人ハ立ツ栄辱ノ外　雨ハ風脚ヲ趁フテ斜ナリ

師当時韓国の宗教顧問として将に入韓せんとす故に三、四句之に及ぶ。山座悦んで万金の贈に値すと謂へり。師又予を山座に紹介せんと予を山座の宅に伴なひ、共に胸襟を披いて歓談痛飲夜半に至り、師又山座の宅に宿す。何ぞ図らん師と山座とは当時を以て最後の会見とならんとは。五月十六日より長野県安代温泉に浴す。五月二十五日の李容九の来書(漢文)中に曰く。硬石ト共ニ至ラレンコトヲ懐ヒ待望セシモ、今硬石独リ至リ悵情抑シ難シ、況ヤ有慎ノ報ヲ承ケ驚恐ノ極ニ勝フ可ケン、憧々ノ忱中ニ切々タリ。(中略)各地ノ攪乱尚熄《ヤ》マザルヲ以テ是甚ダ焦悶スル也。教堂ノ建築之ヲ経スル年有リ、今乃案ヲ決シテ将ニ開役セントスル耳《ノミ》。只惟フ速ニ勿薬ニ臻ルヲ候《ウカガ》ツテ、直航御渡リ以テ対謁ヲ賜ヘ、誠祝已マズ、敬仰已マズと。之に由つても如何に李容九が、師に頼り師を待つの情の切なるを知るべし。其年歯を論ずれば師は李容九より四歳二個月の長たるに過ぎざれども、師の学徳は年歯の差よりも遙に大なり、加之其未見の時より共に東学に入りたるを以て意気投合両体一心たり。故に李容九の師に対すること師父も只ならず、師を慕ふこと母の如く師を愛すること妻子に勝れり。而して共に誠敬信(東学の主旨)に依り誠意愛国の一念烈々国事に尽瘁す。六月十日顕聖寺に帰山し予を招き予著葡萄提要(18)の跋文を予と共に訂正し、寺務を視たる後、同月二十七日上京。

四　渡韓及帰朝

七月四日新橋駅発京城に直行す。

李容九は内部大臣宋秉畯（前月転任）に謀り師を韓国十三道仏教各寺総顧問に推薦す（写真第二十八）。

師海印寺主李晦光(19)の為に韓国に於て仏教大会を啓建すべき次第書案を草す其要旨（漢文）。

第一伝檄ノ事、七項。第二大会ノ事、会体、六目。会式、五目。第三代議員会ノ事、議按、大韓仏教総摂院刱創ノ事、公告事項　五目外四件。

又七月十二日李晦光に寄する書（漢文）中に曰く。

（前略）貴邦法門ノ大事今方ニ至ル矣、敝衲方ニ乏ク経年未ダ寸効ヲ見ズ、猊下請フ敝衲ニ代ツテ之ヲ天下ノ諸大善知識ニ謝セ。今大会ニ当ツテ敝衲復何ヲカ言ハン哉《ヤ》、実行ノ未ダ顕ハレザルニ万言愧ヲ招ク而已《ノミ》。唯諸大善知識、祇園竹林教団ノ結合ヲ堅固ニシテ、以テ一和合相真面目ヲ発揮シテ、寒巌枯木ヲシテ麗華ノ春ニ回ラシメンコトヲ期セヨ。仰祝仰祝。然レバ則院制願言《コ》、ニ立タン焉。寺籍僧牒願言ニ綱ヲ振ハン焉。夫天下ヲ巡化セバ王公大人風ヲ望ンデ瞻拝セザルハ莫シ、此レ教育ノ力ニシテ而シテ内寺籍ヲ整ヘ僧牒ヲ清クスルニ由ル也。今且謹ンデ内部寺管ノ法則ニ遵ヒ、宗務院ヲシテ統率スル所有ラシメバ、好事将ニ敝衲疎拙ノ手ヲ待タズシテ而シテ漸ク現ハレントスル也。(後略)

師李晦光をして宗務院[20]を京城に創設せしむ。爰に於て普賢寺に僧会を開く其時師の詩に曰く。

浮図凋落半千年　只蟬声ヲ聴ケ敗屋ノ前　曇華一現時正ニ到リ、自ラ晦光ヲシテ帝先ニ象セシム

七月二十七日李晦光等八道四十四寺の住僧四十八名に代つて韓国の仏教問題改善の請願書を草す(漢文)。

請　願　書

願人十三道仏教各寺総代五十四員代表　李　晦　光

右伏シテ以ミレバ我邦先進国ノ指導ヲ以テ万端革新文明日ニ躋《アガ》ル。晦光等斯ノ

奎運興隆庶政緝煕ノ聖世ニ値ヒ、唯纔ニ入城ノ禁ヲ解カル、而已、馬頭拝ノ罰未ダ前朝ニ解カル、ニ及バズ。而シテ赴斉応供説法度生ノ禁、未ダ近代ニ公解セラル、ヲ聞カズ。故ニ仏僧尼人倫ノ外ニ沈淪シ、文化ノ沢ニ浴スルコト能ハズ。斉ク是仏教徒也、何ゾ自ラ之ヲ棄テ、此ニ至ル矣。晦光等世界仏教ノ現状ヲ見聞シテ、慨然警覚愧怍ニ耐ヘズ。乃一心和合シ必ズ我国ノ仏教機関ヲ設備シテ幽化ヲ繁興シ、世界ノ仏教各団ニ比肩スルニ至ルヲ得ンコトヲ期ス。専ラ玆ニ左件ノ公許発訓ヲ請願ス。

左　件

一、京城ニ大韓国宗務院ヲ置キ、内部大臣ノ監督ニ直系シテ而シテ十三道ノ仏教各寺ヲ総管スル事。

一、国民自由ニ三宝ヲ崇信シ、葬祭等公然仏式ヲ遵用スルヲ妨ゲザル事。

一、僧尼随所ニ演説ヲ公開シテ法ヲ教ヘ及斎施ニ応ズル事。

一、宗務院ノ発令ハ毎度内部大臣ノ認可ヲ経由スル事。

一、宗務院円宗管長一位内部大臣薦認ノ事。

一、十三道各寺住持及宗務院部長、主事等、竝各道支院長等ハ管長其任免ヲ行フ事。

一、宗務院ハ十三道各寺ノ宝物及所管山林田園等ノ権利ヲ保障スル事。

一、十三道各寺宗務院ノ費額ヲ分担スル事。

一、宗務院若シ濫行有レバ則各寺直ニ内部大臣ニ訴フルコトヲ得ル事。
此外宗務院制・宗学院制及寺法ノ細条ヲ立テ以テ機関ヲ完備スレバ、則当ニ各方ノ情状ヲ稽査シ期ヲ刻シテ繕定シ、後内部大臣ノ公認ヲ得テ施行スベシ。然レドモ天下一日モ法無カル可カラズ。故ニ如上ノ九条急々実施ノ地炳亮セラレヨ。

隆熙二年七月二十七日　　右　李　晦　光

内部大臣　宋　秉　畯　閣下

仮設宗務院東大門外元興寺待命。参照事項十三道各寺総代左ニ列ス。

慶尚道梁山郡通度寺　許　夢　草

金　一　愚

陜川郡海印寺　金　友　雲

以下寺名及氏名略す。又一度内閣総理大臣李完用にも提出。次いで李晦光に代りて宋内部大臣に上つる書（漢文）に曰く。

謹ンデ書ヲ内部大臣宋相公大監閣下ニ上ツル、僧晦光伏シテ以ミルニ夫人有レバ必ズ死有リ、死有レバ必ズ祀有リ必ズ儀有リ。此レ宗教ノ須臾モ之レ無カル可カラザル所以ニシテ、而シテ哲理此ニ生ジ礼楽刑政此ニ原《モト》ヅク也。今世界ノ宗教、其奉祀者ノ最モ多キハ仏教ニ若《シ》クモノ莫《ナ》クシテ、而シテ耶蘇教之ニ次ギ婆羅門教又之ニ次グ。世界ノ宗教ヲ以テ之ヲ視レバ、則儒ト老トハ則誠ニ眇焉タル耳《ノミ》。而シテ国朝仏教ノ広衍博大ヲ廃シテ而シテ一《モッパラ》衰季伊洛ノ最モ眇焉タル者ニ遵フハ、何ゾ也《ヤ》、晦光甚ダ惑フ焉。抑々夫　朝廷仏教ヲ斥ケテ而シテ奮忠松雲大師有リ、蓋シ其国ニ居レバ則必ズ其国ヲ利セント思フハ宗教ノ同ジキ所也。故ニ明主ハ一宗一派ヲ斥ケテ自ラ其利ヲ喪フコトヲ為サズ、漢ノ明帝始メテ白馬寺ヲ起シタレドモ而モ其明主タルヲ喪ハズ。隋唐最モ盛ニ仏教ヲ行フモ而モ国最モ富ミ兵最モ強シ。而シテ回教モ亦隋ニ入リ、耶蘇教モ亦唐ニ入ル。并存シテ而シテ偏斥セズ、天包海涵以テ冥化ヲ補フ有リ。故ニ曰ク泰山ハ土壌ヲ譲ラズ故ニ克ク其大ヲ為ス。今我国ハ則然ラズ、教徒ハ則近日肆然トシテ一百万人ノ多キニ出デテ、而シテ仏教徒ハ敝焉拘焉未ダ半人ヲ出ヅルコト能ハズ。国家何ゾ外教ヲ待ツノ甚ダ厚クシテ、内教ヲ視ルコト猶無キガゴトキ乎。此レ仏一教ヲ偏斥シテ而シテ他教ヲ包涵スルノ故也。故ニ晦光七月二十七日ヲ以テ請願書ヲ上ツリ、以テ自ラ新ニスル所以ヲ思フ。然リト雖モ甚ダ難キ者有リ何ゾ也《ヤ》、五百年ノ故俗是也。夫宗教ナル者ハ人ノ最高精神ヲ慰藉シテ、其レヲシテ生ヲ楽ミ死ニ安ンゼシムル所以也。故ニ慰藉ノ任ニ居ル者、或ハ天使ト曰ヒ、或ハ教師ト曰フテ人倫ノ上ニ在リ。今我国ノ僧ニ於ケル之ヲ卑ムコト人倫ノ下ニ在リ。最卑下ヲ以テ遽ニ最尊上ノ事ヲ行フ、何ゾ啻ニ韓信ガ登壇シテ将ニ拝セラル、ノミナラン、猶敝鞋ヲ冠シテ法王ノ座ニ升ルガゴトシ。衆心何ゾ之ヲ仰ガン、衆心何ゾ之ヲ信ゼン、然ラバ則我国ノ仏教徒ヲ進メテ世界ノ仏教徒ト善ク比肩スルニ至ラシムルコトハ、猶河ノ清ムヲ俟ツガ如キ乎《カ》。晦光沈思反覆窃ニ難以テ易カラシム可ク、易以テ難カラシム可キ者ヲ意フ。二者ノ合否如何ニ在ル而已、何ヲカ二者ト謂フ内ト外ト上ト下トノ類是也。内其志有ツテ而シテ外之ニ応ズルコト無ケレバ則易者モ亦難也。下既ニ之ヲ推シテ而シテ上之ヲ援ケバ難者モ亦易也。晦光敢テ曰フ政府宜シク仏教ヲ偏斥セザルノ実ヲ示スベシト。政府曰フ汝ニ許シテ宗務院ヲ開キ其許可ノ件ヲ実行ス、此レ之ヲ外ニ援ケテ而シテ上之ニ応ズル也ト。晦光曰フ斥ケザルノ実既ニ示サル矣、然リト雖モ何ヲ以テ天下ヲシテ明ニ政府五百年ノ轍ヲ改メ他教ト幷存包容ノ均衡有ルコトヲ知ラシメン、此レ難事ニ非ズ。夫永禧殿ナル者ハ列聖神影ノ奉安スル所也、今国祀以外僧徒ヲシテ之ヲ祀事シ、其霊域ニ就キ宗務ヲ視セシメバ、則僧徒自重ノ心自ラ生ジ、国民猶蕪穢之ヲ視ルノ念漸ク去ツテ、而シテ政府偏斥セザルノ均衡モ亦之ヲ事実ニ徴シテ、以テ天下ニ明知スルコトヲ得ン。此レ之ニ外ニ応ジテ而シテ上之ヲ援クル也。拝壇ノ素漸ク成リ、幷存比肩ノ実将ニ漸ク行ハレントスルニ幾《チカ》キ也。而シテ　鳳駕時ニ以テ覲影シ之ニ幸シ猶日本　皇上ノ名利ニ於ケルガゴトクナレバ、則上ノ徳風下ノ徳草、草之ニ風ヲ尚《クワ》フレバ必ズ偃《なびきふ》ス、豈仏教徒敝鞋ヲ冠シテ殿陛ニ立ツヲ笑フコトヲ得ン乎哉《ヤ》。伏シテ請フ宋相公閣下絶ヲ継ギ廃ヲ興シ、桃李一善ノ華ヲシテ復　聖朝ニ開カシメラレンコトヲ。
僧晦光合掌ノ至リニ任フル無シ。

此請願書と上書とは、韓国に於ける仏教再興の建議と論文と謂ふべく、しかせざれば仏教の再興は得て望むべからず、故に師は丁寧反復論議したり。蓋し師の真意は日韓両国の国策上に顕はれたりしも、其根底は大東亜の社会政策に在りしことは、師の文書に依りて明なるところなり。然れども信教の国策及社会政策に及ぼす影響が、尠少にあらざることは素より師の大に考慮するところなるのみならず、僧籍に身を措く師は唯曹洞宗の為に尽すのみならず、特に韓国の仏教再興の為に力を添へたるは今に始まりしに非ず。一年有半前李容九に仏教の再興を勧告したることは、既に記したるところにして、三教帰一は師の一大抱負たり。故に師は如何なる時に在りても常に宗教とは不即不離終焉に至るまで一貫せり。仏教関係の文書は国策政略を主眼として見るときは蛇足に近けれども、又等閑に附すべからざるものたり。侍天教の筆講を草して水雲・海月両教祖の難行徇道の意義を説き教員を激励す。七月三十日曹洞宗韓国布教管理に任せらる（八月四日辞令到る）。八月九日京城北署嘉会坊齋洞[21]十一統七戸に転宅せしことを予に報じ一詩を附記す曰く。

日前菊ヲ採ツテ南山ヲ見ル　是ヨリ采薇北岳ヲ瞻ン　身ハ上界ニ遊ンデ人間ヲ笑ヒ　月下恍トシテ逢フ吹笛ノ客（自註ニ曰ク、吹笛ハ北岳ノ別号、新居ハ景福宮側ノ山上ニ在リテ京城ハ一眸ノ中ニ入リ風景絶佳）

八月十日祥雲晩成[22]に請疏を贈りて、保寧三十二世の祖席を纘《つ》がしめ、之と同時に顕聖寺干与人に其旨を通知す。

八月二十七日即位紀念会を景福宮中の慶会楼（嘗て大院君の摂政中建造せられたる豪華なる建造物なり）に開かれ、師及李晦光等招待せらる。師は故《コトサラ》に紫衣を抜きて之に赴き元老大臣の間に交はる。僧宮に入つて公会に列するは五百年無き所なりと云う師の詩に曰く。

景福宮中ノ慶会楼　千人寿ヲ呼ビ斉ク頭ヲ回ス　紫衣ノ小衲那ノ処ヨリ来ル

五百年間石橋ニ隠ル（自註ニ曰ク、石橋トハ天台山中羅漢遊戯ノ場、今始メテ現身スルト云ヒ了ル、亦傲ナル哉）

九月九日李容九は崔永年を帯同し、通訳を率ゐて京城を出発し渡日の途に上り十三日入京す。

蓋し李容九の此行は日本の観光に非ず、又視察見学にも非ず、主要問題は、一、

李完用内閣の更迭 二、一進会の難境救済の二なり。而して若し之を容れられざれば帰国せずと云ふに在り。何となれば一進会は上内閣(韓国内閣は宋内相を除くの外は凡て親日派一進会の反対者なり)に圧迫せられ、下会員の不平を抑することと又之を救済すること能はざればなり。故に暫く日本に滞留して形勢の推移を見んと、啻に是のみならず韓国社稷の安危韓国民の休戚は一に懸つて日韓関係の根本問題解決の如何に在るを以て、之を我当局に進言して其促進を図らんと欲するの深意を懐く。何となれば日韓両国間に於ては幾回かの協約に依りて韓国は独立国の佳名を存有すれども、其実権は既に日本に委任せられたる今日、徒に二重の国家機関を存置することは、宗主国に益無く保護国及同国民は天に二日有るが如き感を抱けばなり。上京後は内田良平に諮り、先づ伊藤統監に見《まみ》へて其衷を述べたるも容れられず。更に杉山茂丸に頼りて山縣公・桂侯・寺内子等に見ゆるに至れり。

一面師は尚京城に留まり、李容九の渡日後韓国宗教上の問題に関しては李晦光と屢々往復し、時事に就ては宋内相・具副監・洪副会長・玄章昊・金時鉉等と屢々相往復し、李容九留守中の政教両方面の事を斡旋す。九月十九日宋秉畯の為に統監に上つる書(邦文)を草す、其全文左に。

宋洞ノ北廟ニ対スル洞民ノ苦情

謹テ白ス、東小門内北村宋洞ノ関帝廟ハ、往時尤庵先生宋時烈ノ旧宅ニシテ一洞皆尤庵眷属ノ群居ニ成ル故ニ宋洞ノ名ヲ得タリ。後群居セシモノノ後昆尤庵ヲ追慕シテ其旧宅ニ関帝ヲ祭リ、併セテ尤庵ノ遺徳ヲ追慕シテ之レヲ祔祀セリ。是ニ於テ東南二廟ト相対シテ北廟ノ称アルニ至レリ。太皇帝治世中今ヲ距ル三十年前、特旨ヲ以テ数十万円ノ内帑ヲ発セラレ、大ニ規模ヲ恢廓シテ壮宏ナル改築ヲ加ヘタマヒタリ。山秀デ水清キノ境ハ輪奐ノ美ト相映発シ、楊柳大路ヲ挟ムコト数町、石橋ニ立チテ廟観ヲ望メバ恍トシテ仙境ニ入ルガ如シ。是ニ於テカ希代ノ偉人トシテ崇拝セラルヽ宋尤庵ニ対スル敬祭ノ念ヲ厚カラシメシノミナラズ、実ニ優ニ城内ノ霊境勝区タルニ至レリ。

然レドモ神若シクハ仏ノ現存セザルモノハ度支部ノ所管ニ移スヲ当然トセリ。秉畯職ヲ内部ニ忝クセシヤ、北廟等ヲ皇室ヨリ分離シテ内部ノ所管ニ移シタリ、然ルニ狭雑ノ雄タル全在珣ナルモノアリ久シク東京ニ逗留セシガ、終ニ天理教ヲ誘キテ京龍間ニ淫祠ヲ煽キ、雑輩某ヲシテ職ヲ度支部ニ奉ゼル鈴木穆ト攀援セシメ、北廟ヲ廃シテ内部所管ヲ離レシメ、度支部管下ニ毎年八拾円ノ借家料ヲ上納スルノ約ヲ以テ天理教ニ貸与シタリ。是ニ於テ天理教ハ関帝等ノ神位ヲ焚棄セントセシヲ以テ洞民ハ官家ト争フコト能ハズ、号泣シテ神位ヲ奉ジ之ヲ東廟ニ遷座合祀スルノ惨毒ヲ甚シクセリ。実ニ此レ本年七月ノ事ニ属スト云フ。尤庵ノ遺徳ハ天理教ナル淫祠ニ汚サレ、前皇ガ関帝ニ対シテ施シタマヒシ輪奐ノ丕基ハ曖昧ナル仮托宗教ノ雑輩ニ横領セラレシノミナラズ、廟内祭器宝物等一切ノ物件ハ、神位ト共ニ東廟ニ移サレズシテ天理教具ニ濫用セラレ、宗洞ノ居民ハ全ク其精神上ノ崇拝物ヲ掠奪セラレ、恨ヲ呑ミ羞ヲ含ミテ訴フルニ処ナキヲ憤レリ。秉畯今京城ニ入ルヤ、秉畯ガ尤庵ノ支族タルヲ以テ、宋洞ノ居民冤ヲ秉畯ニ訴ヘテ已マズ。秉畯ヲシテ慰藉ニ辞ナカラシメタリ。夫レ千丈ノ堤モ蟻穴ヨリ潰ユ、新附ノ民ヲ綏撫スルニ当リテハ、人心ノ機敏ヲ察シテ比干ノ墓ヲ封ズルコトアリ。今聖恩洽覃ノ時ニ当リ、官人兇人ト相結ビ、三百有余年ノ神霊ヲ廃滅シテ代フルニ淫祠ヲ以テス、決シテ民心ヲ輯和スル所以ニ非ズ。

全在珣ハ開城ノ寡婦ヲ欺キ、自ラ内部大臣タルベシト声言シテ寡婦ヨリ数千金ヲ騙取シ、京城ホテルニ豪華ヲ衒ヒシコトアリ。且拘禁ヲ受ケシコト数回、朝鮮第一流ノ詐欺師ト称セラル。比類ノ挾雑、政治方面ニ運動ノ途ヲ絶タレシヲ以テ、母国ノ宗教ノ汚穢ナル仮托神道者流ト結托シ、神宮黒住蓮門天理等許多ノ我皇室ト離ルベカラザル神祇ノ名号ヲ利用シテ愚蒙ナル朝鮮人ヲ蠱惑シ、以テ勢利ヲ其間ニ射ルニ至ラバ

神聖不犯ノ皇室ノ御名ハ誤解セラレ悪用セラレテ、道フベカラザルノ弊竇ヲ生ゼン。秉畯ガ見ル所ヲ以テスレバ、

神祇ニ仮托セル宗教ハ姑ク朝鮮ニ入ルヲ禁ジテ、先ヅ民心ヲ蠱惑スルノ弊源ヲ杜ギ、挾雑輩ニ利用セシメザルニ努メザレバ、或ハ終ニ神徳ヲ汚シ国体ヲ傷

ツクルニ至ラン。殷鑑遠カラズ全在珣ニ在リ、伏シテ以テミルニ閣下明察ヲ垂レ神祇ニ関スル一切ノ仮托宗教ヲ禁絶シテ、予メ国体ニ対スル新民ノ誤解ノ源ヲ遏《とど》メタマハンコトヲ。豈北廟ノ為メニノミ爾カ云ハンヤ、冀フ所ハ先ヅ度支部ノ非違ヲ検シ、速ニ北廟寄生淫祠ヲ撤廃シ、洞民ヲシテ神位ヲ本処ニ迎還セシメ、以テ洞民ノ心ヲ安ンジ、以テ挟雑ノ源ヲ遏メ、以テ神明ノ理義ヲ明カニシタマハンコトヲ。懇悃ノ至誠ニ勝フルナシ。

九月十九日

宋　秉　畯

統　監　宛

宋洞の由来及住民の祭神を明にして、其敬神崇祖の風を述べ、此崇信の目標を安置する神域を、暴官汚吏が己の職権を利用して之を掠奪して、我国に於て識者に指弾せらるゝことある淫祠的教派に賃貸し、其廟宇と祭器をも夫れ等に利用せしめたる非違の行為を指摘し、之に関する挾雑輩の身分をも決剔して、宋洞の祭神を復遷して洞民の意思を安堵せしめんことを訴願したるものなるが、小としては一宋洞の事に過ぎざるも、之が結果は純真なる人民の信仰心を妨害損傷して心霊の糧を絶ち、一面には淫祠を助長することゝ為り、又韓国政府としても官紀粛正と、敬神崇祖の信祖の信念保護の点に於て等閑に附す可からざる事たり。故に此書は熱誠の溢るゝところ、余勢議論に流るゝが如くなりしも、亦止むを得ざるところなるか。

九月二十日韓国の仏教に対する意見（邦文）を草す。

貧道ハ韓国十三道仏教各寺ノ総代タル五十四員ヲ代表セル、李晦光ヨリ十三道仏教各寺ノ総顧問ニ推サレ、七月二十七日ヲ以テ李晦光ヲシテ請願書ヲ内部大臣ニ提出セシメシモノナリ。然ルニ今日ハ九月十九日ナリ。荏苒三月ニ亙リテ未ダ認許ヲ得ズ。此レ当局ノ其議ヲ慎重セラルルニ由ルト雖モ、請願人タルモノハ、翹足煩悶ニ堪ヘザルノ状アルヲ免レズ。故ニ更ニ鄙見ヲ開陳シテ当局者処断ノ参照ニ資セムト欲ス。幸ニ芻蕘ノ言ニ採ラルルアラバ貧道モ亦総顧問タルノ責任ヲ全クスルヲ得テ、十三道ノ僧侶ハ永ク其慶ニ頼ラン。

請願ノ理由

請願ノ理由ハ下ノ三大綱要トス。

一ハ信仰ノ自由ヲ得セシメラルル事。

二ハ僧侶ニ人権ヲ返付セラルル事。

三ハ寺院ノ財産及ビ国宝ヲ保護セラルル事。

世界一等国ノ列ニ在ル我大日本帝国ノ保護ノ下ニ立テル大韓帝国民ガ、此ノ如キ請願ノ綱要ヲ標榜シテ我統監政治ノ下ニ哀吮スルハ、実ニ奇異ノ観ヲ呈セルモノト謂フベシ。何トナレバ此ノ如キ請願ハ、最劣ナル非文明ノ蛮国ニシテ始メテ見ルヲ得ベキモノニシテ苟モ大韓大皇帝ノ人民タルモノニハ烏有タラザルベカラザル事例ナレバナリ。然レドモ請願ノ理由ハ事実此三綱ニ外ナラザルハ、韓国仏教ノ歴史ノ然ルヲ致セルト、当局者ノ宗教観ノ最文明的ナルヲ以テ、未ダ此ニ想到セラレザリシニ由ル、請フ先ヅ歴史ノ経路ヲ略陳セン。

歴史ノ経路

韓国ノ文明ハ羅麗二朝ニ先ダチ印度僧ノ手ヲ以テ開拓セラレ、羅麗二朝ニ至リテ世界仏教史上ニ偉大ナル光彩ヲ放チタリ。元暁ノ華厳宗ニ於ケル、諦観ノ天台宗ニ於ケル、普照ガ禅ヲ以テ支那ノ国師ヲ兼ネタル、今ニ至リ世界学仏教徒ノ宗奉スル所タリ。而シテ大蔵経ノ開版ノ如キハ、釆収ノ該博ナル、勘校ノ正確ナル、実ニ世界ニ比類ナキ珍宝タリ。然ルニ麗末ニ至リ李穡・鄭夢周ノ徒一タビ朱熹ノ新学ヲ輸入シテヨリ、廃仏毀釈ノ風上ニ扇キシモ尚ホ泰甚ナル能ハズ。朝鮮ノ太祖李成桂ハ僧無学ヲ国師トシテ釈王寺ヲ建テラレタリ。然レドモ代代漸次ニ仏教ヲ抑圧シテ、太祖ヨリ二百余年ヲ経テ粛宗ニ至リ、僧尼ノ人権ヲ奪ヒテ城外ニ逐斥シ、一般人民ニ対シテ僧ニ斎ヲ設ケ及ビ説法セシムルコトヲ禁ゼラレタリ。爾来儒生ノ暴虐ヲ僧尼ニ加フルコト極度ニ達シ、僧尼ハ全ク人間外ニ屏息シテ其虐待ヲ甘受スルコト動物ニ異ラザルニ至レリ。

然レドモ後漢書ガ始メテ韓国ヲ歴史上ニ紹介セシヤ、其俗巫咒ヲ好ムト記セリ。蓋シ風土ノ然ラシムル所トシテ、韓民ハ未ダ全ク現世教タル宋学ノミニ頼リテ安心スルコト能ハズ。故ニ士太夫ノ仏教祖録ヲ愛読シテ陰ニ自ラ慰ムルモノアリ、後宮女官ノ窃ニ僧尼ヲ其家ニ召見シテ冥福ヲ禱ラシムルアリ。民間ニ在リテハ千人契・万人契ノ設アリテ、堂宇ノ修繕ヲ持続シ、念仏会アリテ信仰心ヲ鼓吹ス。特ニ歴代国王中ニハ寺院ニ親筆ノ勅題ヲ賜ヒシアリ。陽ニ異端ヲ闢クト昌言スルモ、心中窃ニ念仏ヲ唱フル士太夫アリ。特ニ讖緯ノ書ノ如キハ一タビ秦火ニ附セシモ写本ヲ以テ相伝ヘ、淫祠ハ尽ク之ヲ毀チシモ、巫覡ハ城ノ内外ニ歌舞シテ盛ニ紙銭ヲ焚ケリ。蓋シ仏儒仙ノ三教ハ国民ノ遺伝性トシテ偏斥スル能ハズ。然ルニ当朝ガ儒教中ニ在リテモ、偏狭ナル宋学ノ一派ノミヲ採用シテ尽ク他ノ宗教文学ヲ擯斥シタルハ、三教ヲシテ倶ニ向上進化セシムコト能ハズ。其影響スル所ハ世道人心ヲシテ委靡敗堕シテ殆ド拯済スベカラザルニ至ラシメシ所以ナラズンバアラズ。

然ルニ又一面ニハ二百年前後ニ於テ加特力教ノ潜入アリ大院君摂政セラルルニ及ビ其教勢ノ容易ナラザルニ驚キ、我幕府三代将軍ノ取ラレタル手段ト同一ノ手段ヲ取ラレ、羅馬法王ノ特使ヲ誅戮シ、大ニ国内ノ教民ヲ捜索シテ十余万人ヲ殺シ、墨ニ銘スルニ厳禁ノ訓ヲ以テシテ全国ニ頒タル。然レドモ海禁モ修好条規ニ依リテ解カザルベカラザルニ至リ、信仰ノ自由モ治外法権ト共ニ尊重セザルベカラザルニ至リ、加特力教モ再ビ勢ヲ得テ新教モ尋テ輸入セリ。遂ニ三十年ナラズシテ二百万人以上ノ信徒ヲ有シ、本年ノ如キハ米国宣教師ノ劇増二百余人、米国伝道会社ノ増費一百万円、而シテ其宣教ハ其本国ノ政略ヲ応用スルニ在レバ、前途寒心ニ堪ヘザルモノアリ。之ト頡頏スルモノハ我文久年間ニ起リタル侍天教ガ、仏儒仙ノ三教致一ヲ標榜シテ東洋教ヲ組織セントスルアルモ、西勢東漸ノ勢ハ一侍天教ノ力ノ能ク支フル所ニ非ズ。仙道ノ末流ハ巫覡ノ淫境ニ陥リテ益々汚下スルノミ、僧尼ハ時ニ太皇帝・厳妃・千尚宮等ノ内旨ヲ奉ジテ祈禱スルアルノミ。而シテ儒生ハ国教タル宋学ヲ以テ人心ヲ収ムルノ力ナク、却テ偏狭ノ本義ヲ固執シテ暴徒ヲ煽動スルノミ。

日露開戦ノ後一進会ノ要求ヲ以テ僧尼入城ノ禁ヲ解カレタリ。然レドモ五百年ノ強圧ヲ蒙ムリシ仏教ハ、其根柢如何ニ深固ナルモ頓ニ春風ニ遇ヒテ輙チ茁トシテ壮長スベキニ非ズ。其嫩芽ヲ保育スルニ非ザレバ争《いか》デカ其茎ヲ強健ナラシメン、其茎ヲ強健ナラシムルニハ先ヅ其障害ヲ除去スルニ在リ。其障害トハ前陳ノ三綱要タル蛮的状態ヲ撤去セラレテ、世界ノ宗教ト平等ノ権宜ヲ有セシムルニ在リ。前ノ閔妃殂落ノ後東大門外ニ元興寺ノ建立アリテ韓国仏教ノ総本山ニ定メラレ、勅允ヲ得テ管理細則ヲ編纂セシガ如キハ、外観上完全ナルガ如キモ其志僧尼ノ銭物ヲ掠奪スルノ機関ニ供セシニ過ギザリシヲ以テ、素ト法制的ノ秩序ナク忽チ衆望ヲ失ヒテ空文ヲ遺セルノミ。僧尼ハ依然トシテ未ダ人権ヲ有セズ、仏教ハ依然トシテ未ダ自由ヲ保障セラレズ。而シテ寺院財産ノ横領国宝ノ散失ハ日一日ヨリ甚シク、今年四月ニハ五十四員ノ有志僧侶ガ円宗宗務院ヲ元興寺ニ設立スルアルモ、内外ノ事情ニ昧ク、制度上ノ智識ニ乏シク、保護ヲ日本曹洞宗宗務院ニ乞ヒテ、曹洞宗管長ヲシテ統監府ニ移牒セシムルニ至リタリ。仏教ハ一仏教ニシテ国家ノ畛域ヲ画セザルモ、其行政上ニ於テ此ノ如キノ事アラシムルハ、当時ノ韓僧ガ己レノ政府ニ対シテ適従スル所ヲ知ラザルニ由ル。

当局者ノ宗教観

韓国宗教ノ現状ニ趁至セシ歴史ノ経路ハ上陳ノ如シ。然ルニ当局者ノ韓国ニ於ケル宗教観ハ、猶日本ニ於ケル宗教観ノ如ク、米国ノ放任自由主義ヲ執ラレシモノノ如シ。即チ最文明的対宗教政策ヲ執ラレシモノノ如シ。然レドモ新政漸ク整フニ従ヒ内部ニ於テ既ニ社寺課ヲ設ケラレシヲ見ルニ至リシハ、全然社廟寺庵等ヲ放任セザルノ精神ヲ興サレシヲ想像スルニ足ル。然ラバ当局者ノ対宗教方針ハ宜シク如何ナル観念ヲ以テ之レニ臨マルベキカ、請フ鄙見ヲ略陳セン。韓国ニハ元来宗教制度ナルモノナシ、其寺院制度ハ禅苑清規ニ準拠セリ。清規ノ政府ト交渉アルモノハ度牒賜黄等ノ慣例ニ過ギズ、此レ一山ノ僧規ニシテ未ダ組織的教団ヲ成セリト謂フベカラズ、故ニ今日ノ請願件ハ、韓始有ノ宗教制度実施ノ鼻祖タルベケレバ、決シテ軽視スベカラザルモノタリ。世界各国ノ宗教政度ヲ瀏覧スルニ、皆各々其歴史ノ命ズル所ニ従ヘリ。然レドモ政教ノ分離ナルモノハ疑フベカラザル真理タリ。但ダ歴史ノ命ズル所ニ由リテ其制度ニ自ラ三様ノ区別ヲ生ゼリ。英国ハ基督教民ト約シテ其国事ニ力ヲ致サシメタリ、其国教政度ヲ執レルハ契約ノ条件ヲ履行セルモノナリ。露国ガ国教制ヲ執レルハ羅馬法王ノ勢力ヨリ分立セシ結果ニ外ナラズ。仏国ガ近代ニ至ルマデ公認制即チ保護制ヲ執リシハ寺院ニ対スル損害賠償ヲ意味セリ。而シテ米国ガ自由放任制ナルハ其国民ガ絶対ニ自由ヲ愛シテ、法王ノ教権ニノミ拘束セラルルヲ欲セザリシニ由ル。此ノ如ク所謂制度ハ然ルベクシテ然リシモノニシテ強為スベキモノニ非ズ。今韓国ハ日本保護ノ下ニ在リ、制度文物ノ日本ニ模倣セザルベカラザルハ、猶ホ朝鮮ガ支那ノ属国タリシ日ニ在リテ、一ニモ大国、二ニモ大国ノ外ハ皆蛮酋トシテ之ヲ卑視セシガ如クセザル可カラザルハ、此レ貧道ガ言フベキ権域外タリ。然ラバ韓国ノ宗教制度ヲ立ツルニハ日本ニ倣フ所ナカルベカラズ、之ヲ日本ニ倣フトスレバ日本各宗中禅宗ニ倣フノ外ナシ。何トナレバ韓国ノ寺院組織ガ既ニ禅規ヲ採用シ来リタレバナリ。然ラバ禅宗中最モ制度ノ完備セルハ曹洞宗タリ、唯其両山合議制タル宗憲ヲ除キ、彼此ノ習慣ヲ取捨スレバ範ヲ曹洞宗ニ取ルヲ最便トス。此レ貧道ガ曹洞宗僧ナルヲ以テ之ヲ言フニ非ズ、今春李晦光等ガ日本ニ遊ビシヤ、曹洞宗ノ寺院組織ノ已《スデ》ニ酷似セルヲ喜ビタリ。故ニ暴徒ノ猖獗ナルニ際シ保護ヲ曹洞宗ニ請ヒシナリト語レリ。然レドモ政府ト宗教トノ関係ハ日韓正ニ反比例ヲ為セリ、此レ国情ノ已ムヲ得ザルナリ。

日本ニ在リテハ三代将軍ガ仏教ヲ以テ外教ヲ捍禦セント欲シ、宗門法度ヲ作リシヨリ、寺院ハ殆ド戸籍吏役場ニ似タルアリ。死体ニ関シテハ検証官ニ似タルアリ。又皇族其他華冑ノ子弟ヲ剃髪セシメテ寺院ヲ其安置所ニ供セリ。而シテ平民ト雖モ出家スレバ士人ノ上ニ坐シ、寺格ニ従ヒ或ハ皇族待遇ヲ受クルニ至ル。故ニ俊傑ノ士ノ門閥ニ限ラルルモノハ唯此一門ヨリ出身スルアルノミ。故ニ殆ド国教タルノ観ヲ呈セリ。明治維新ニ際シ旧慣ヲ破壊セント欲シ、先ヅ其財産ト僧位トヲ奪ヒシモ、一朝ニシテ改ムル能ハズ。政令朝暮シ枘鑿矛盾セル間ニ教部省ヲ作リ、更ニ教部省ヲ廃シテ内務省ニ分割シ、省内ニ社寺課ヲ置ケリ。憲法ノ欽定セラルルニ及ビ政教分離、信仰自由ノ実行上ヨリ、内務大臣ハ各宗派ヲシテ管長ヲ撰出セシメ、委任スルニ下ノ如キ条件ヲ以テセリ。曰ク宗制寺法ノ制定、曰ク寺院住職ノ任免、曰ク宗門ノ統治等是ナリ。此ノ如クニシテ内務ハ之ヲ監督スルニ止マレリ。自由ニ放任シテ米国ノ如クスルコト能ハザルハ、亦国情ノ已ムヲ得ザルモノアリテ、過去ノ歴史ハ今ニ至リテ僧ニ対スル特別待遇、又ハ法号下賜等アリ、寺院境内ニ於ケル免税等アリ。而シテ所謂寺有財産ニ関シテハ法人ニ準ゼラル。嚮ニ宗教法案ノ出ヅルヤ、仏教ニ対シテハ各寺ヲ財団法人トシ外教ハ社団法人トスベク提案セラレ、海内囂然トシテ遂ニ之ヲ否決セリ。故ニ日本ニハ宗教法ナルモノナク、如上ノ歴史ヲ践行シ来レルノミ。故ニ韓国ニ在リテモ日本ノ現状ト相類似セシムル程度ニ於テ相類似セシメ、内部監督ノ下ニ韓僧ヲシテ自由手腕ヲ揮ハシメ。其積弱ヲ保護シテ漸次向上セシメラルルハ、三百年間人権ヲ奪ヒタル賠償ノ義務ノ必ズ韓政府ニ在ラザルベカラザルヲ確認スルナリ。

請願件内容ノ説明

以上ノ歴史ト見地上ヨリ李晦光ヲシテ請願ヲ提出セシメタレバ、当局者ノ韓国ニ於ケル宗教観玆ニ帰一スル所アリテ方針ヲ確立セラレンコトヲ冀望ス。乃チ左ニ請願件ノ内容ヲ説明ス。

一、京城ニ大韓円宗宗務院ヲ置キ、内部大臣ノ監督ニ直系シテ十三道仏教各寺ヲ総管スル事。

韓国仏教ノ衰因ハ、城内ノ寺院ヲ毀チテ僧尼ヲ逐斥シ再ビ入ルヲ禁ゼラレシニ原因ス。古徳曰ク地ニ因リテ仆レシモノハ地ニ因リテ起ツト。韓僧既ニ京城ニ因リテ仆ル、故ニ京城ニ因リテ起タザルベカラズ。而シテ宗務院ヲ総本山トシ、通度寺・海印寺・松広寺ヲ大本山ト称シテ其下ニ属セシメ。金剛山・妙香山等ノ諸山旧慣ヲ按シテ本末ヲ明ニシ。又教区ヲ画定シ、其諸山ヨリ宗務支院長ヲ撰抜シテ、府郡枢要ノ地ニ居リ宗務ヲ執リ布教ヲ専ラニセシムベシ。故ニ本条ノ精神ハ其教団組織頭尾相貫通シテ阻滞セザラシメ、以テ内部ノ監督下ニ奮励セシムルヲ期スルニ在リ。

二、国民自由ニ三宝ヲ崇信シ、葬祭等モ公然仏式ヲ遵用スルヲ妨ゲザル事。

此件ハ既ニ陰ニ上下ニ行ハルルモ請願件中ノ第二ニ置ク所以ノモノハ公然ノ

二字ニ在リ。即此認許ヲ以テ政府ガ信仰ノ自由ヲ保障スルノ証券ニ代ヘントスル欲スルノ精神ニ出デシナリ。且儒葬ノ繁ナルハ仏葬ノ簡単ナルニ如カズ、既ニ仏ニ帰セシモノハ必ズ喜ビテ之ヲ遵用スルハ勢止ムベカラザル事情タラン、故ニ併セ請ヒシナリ。

三、僧尼随処ニ公開シテ教法ヲ演説シ及斎施ニ応ズル事。
元興寺ノ管理細則中ニ此件既ニ勅許ヲ蒙レリ、然レドモ前陳ノ阻礙ニ依リ実行セラレズシテ止ム、故ニ之ヲ再請スルノミ。

四、宗務院ノ発令ハ毎度必ズ内部大臣ノ認可ヲ経由スル事。
韓僧中或ハ挾雑ノ輩アリテ院令ヲ矯ムルノ虞アリ、故ニ発令毎ニ先ヅ内部ノ認可ヲ得ルヲ要ス、此レ監督ヲ厳ニスル所以ナリ。而シテ日本ノ現行法モ亦然リトス。

五、宗務院円宗管長一位ヲ内部大臣薦任スル事。
韓国ハ元来十余派ノ宗旨アリシモ、他一切ヲ禁ジテ禅教二派ノミヲ存セリ。此二派ヲ円融スルガ故ニ円宗ノ名称ヲ立テシハ二年前ニ創マレリ。管長ハ末派一般ヨリ薦挙セシムルノ制ヲ取ラザルベカラズ、然レドモ創業ノ際ハ曠日彌久スベカラザルヲ以テ内部大臣ノ専薦ヲ請フ所以ナリ。

六、十三道各寺住持、及宗務院部長・主事等、並ニ各道ノ支院長等ハ管長其任免ヲ行フ事。

住持ノ任免ハ本《モト》礼曹ヨリ出テ、或ハ宮内府ヨリ出テ、或ハ観察・郡守ヨリ出テ、或ハ狡獪ノ徒権門ノ書札ヲ得テ其寺庵ヲ掠奪セル自称住持アリ。故ニ日本ニ倣ヒテ之ヲ画一シ、組織ヲ整斉セシメザルベカラズ。

七、宗務院ハ十三道仏寺ノ宝物及所管ノ山林・田園等ノ権利ヲ保障スル事。

此レ最大要件タリ、宗務院ハ日本ニ倣ヒ僧籍・寺籍等ノ公簿ヲ作リテ、院ト社寺課及地方庁ニ納メシメ、宗務院ノ添書アルニ非ザレバ売買・譲与・質入・書入等ヲ為スヲ得ザラシメザルベカラズ。宝物ノ散逸、財産ノ流失日ニ月ニ甚ダシキハ、一般僧侶ノ特ニ憤慨スル所ナリ。

八、十三道各寺ハ宗務院ノ費額ヲ分担スル事。

往時ニ在リテハ僧ハ軍役ニ供セラレ、山中ヨリハ種種ノ貢物アリテ其重荷ニ任ヘズ、郡守・吏胥ノ誅求モ飽足スルコトヲ知ラズ、且寺院ヲ見ルコト旅館ノ如クス。然ルニ饗待至ラザルナキモ其代価ハ償ハレズ、今貢物既ニ廃セラレ唯客ヲ待ツノ累ノミヲ遺セリ。此ノ如キ弊モ漸次ニ除去シテ興学布教ノ費途ニ専ラニセシメザルベカラズ。

九、宗務院若シ濫行アルトキハ、各寺ハ内部大臣ニ直訴スルヲ得ル事。

此レ内部大臣ガ監督権内ニ於テ宗教裁判ヲナスモノニシテ、日本モ之ヲ現行セリ。

此外宗務院制・宗学院制及寺法細条ヲ立テ、以テ機関ヲ完備スルコトハ、当ニ各方之情状ヲ稽査シ期ヲ刻シ繕定シテ後内部大臣ノ公認ヲ得テ施行スベシ。然レドモ天下一日モ法ナカルベカラズ、如上ノ九条急急ニ実施ノ地ヲ　炳亮セラレンコトヲ。

以上ノ九条内部ニ於テ認許発訓セラレバ、全国僧尼ハ宗務院令ノ遵奉セザルベカラザルヲ知リ、宝物財産ノ宗務院ニ依リテ保護ヲ全クセラルベキヲ知リ、僧籍ヲ作リ、寺籍ヲ作ルニ便宜ヲ生ズベシ。又一面ニハ全国ノ僧侶中ヨリ各々其頭目ヲ京城ニ集会セシメ、宗務院ノ成立ヲ実見セシメ、布教ノ方針ヲ協議セシメ、興学ノ方法ヲ参画セシメ、而ル後宗制・学制等ヲ編纂セシメザルベカラズ。故ニ此九条ハ所謂法ヲ三章ニ約セルモノニシテ、宗教機関運用ノ原動力タリ。即チ此九条ハ政府対宗務院、宗務院対寺院ノ態度ヲ明ニスル所以ニシテ、教団組織ノ根本精神ト謂フベシ。一タビ内部ヨリ本願ノ認許件ヲ全国ニ発訓セラレシ後ハ、運用ノ妙ハ一心ニ存スルニ非ズシテ此九条ノ源泉ヨリ湧出スベシ。

四囲ノ状情

此請願件ヲ中心トシテ四囲ノ状情ヲ観察スレバ巫覡ノ徒(仙道)ハ固ヨリ本願認許ヲ以テ何等ノ痛痒ヲ感ズルモノニ非ズ、侍天教徒ハ独力ヲ以テ外教徒ト頡頏スベカラザルヲ知リ、仏教ヲ興シテ自ラ助クルノ念ニ切ナリ、唯儒生(儒教)ハ之ヲ喜バザルベキモ、僧ニシテ三品ノ位ヲ有スルモノアリ(妓ニモ之レ有レドモ)。太皇・厳妃ノ窃ニ仏ヲ好マセラルルアリ、決シテ反抗ノ事ナキヲ保スベシ。恐ル、所ハ外教徒ノ暗害ナルモ、地方匪徒既ニ戡定シ「ベッセル」ノ打撃以来外人稍ヤ恭順ヲ表セルヲ以テ、此認許ニ抗拒スルノ事ナケン、意トスル所ハ日本僧ナリ。

浄土宗僧平壌ニ於テ一進会ト衝突スルヤ、浄土僧ノ非行京城ニ伝ハリ、為メニ統監府令ノ出ヅルアリテ宗教ノ宣布ニ関スル規則ヲ定メラレ、大ニ日本僧ノ権域ヲ縮少セラル。日本僧モ亦陋劣ノ心アリテ韓寺ヲ横領セント欲ス、而ルニ府令中ニ日本僧ガ韓寺ヲ管理スルヲ許スノ一条アリ、此一条ハ陋劣ノ心ヲ助長セシメ、韓ノ名山・巨刹ハ日本各宗僧ノ争地トナレリ。然レドモ韓寺ニハ韓ノ仏教ノ伝統アリテ、日本ニ新開セル浄土・日蓮等ト致一スベキニ非ズ。喇嘛ガ天台山ヲ奪ヒタルガ如キハ最高道徳ヲ標榜スルモノノ最モ慎ムベキ行為タリ。然ルニ各宗争ヒテ管理ヲ韓僧ニ強請スルヲ以テ、貧道窃ニ之ヲ悲メリ。貧道ハ仏教ヲ以テ韓ノ民徳ヲ興サント欲スルモノナリ。三十九年十二月再ビ入韓セシ以来某官舎ニ客寓シテ先ヅ宗教ノ調査ニ従事シ、自ラ秘詭隠晦ニシテ模索スベカラザル侍天教ヲ研究シ、又人ヲシテ八道ヲ巡視シ山ヲ窮メ谷ニ入リテ仏教ノ現状ヲ調査セシメ、府郡ニ出テハ外教宣布ノ状態ヲ観察セシメタリ。然レドモ曹洞宗ノ一高僧巡遊シテ京城ニ入ルヤ、高僧通度寺ニ遊ブノ意アリ、貧道詳ニ日僧ノ状ヲ語リ之ニ贈リシ偈ノ転結ニハ、若シ向ッテ二形勝ニ一染メバ二一指ヲ一。上人ハ即是匪民ノ魁。ト書セリ此レ昨年二、三月ノ交ナリシガ、意ハ高僧ノ通度寺ニ干渉スベカラザルヲ規セシナリ。故ニ本年七月総顧問ニ推サルルヤ、李晦光ニ告グルニ三語アリ、一ハ団結力ノ程度ハ衆心必ズ晦光ト終始シ得ルヤ、二ハ政府ノ監督ヲ受クルヲ否マザルヤ、三ハ貧道ハ曹洞宗僧ナレドモ顧問トシテハ個人資格タルコトヲ承認スルヤト。又曰ク天ハ自ラ助クルモノヲ助ク此訓言ヲ守レト、此レ本請願ヲ提出スルニ至リシ所以ナリ。此ノ如ク自避スルモノハ横領ノ徒ニ伍スルヲ耻ヅルニ出ヅト雖モ曹洞宗ハ曹洞宗ニシテ、韓ノ円宗ハ韓ノ円宗ナレバナリ。如何ニ之ヲ横領セントスルモ、此ノ認許ノ発訓ヲ見バ管理ハ依然トシテ寄生物タルニ過ギジ。以上四囲ノ状情ヲ観察スレバ、此認許ノ何等ノ支障ナク実施セラルベキヲ知ルニ足ラン。若シ夫レ此認許ニ由リテ治外法権ノ拡張ニ対スル政策ニ供セラルルト否トハ、貧道ガ敢テ知ル所ニ非ズ。

右謹デ参照ニ供ス。

明治四十一年九月二十日

韓国十三道仏教各寺総顧問　曹洞宗僧　武　田　範　之

此の意見書は本年七月二十七日李晦光をして内部大臣に提出せしめたる請願書の説明にして、韓国仏教の再興発展を図るべき方法と、之が必要及理由を詳悉したるものなり。師は一曹洞禅僧なれども初より聊かも自己宗派の利害的意志を挟まず、全く韓国仏教興隆の為に尽さんとする念は本書のみならず、凡ての師の書と師の行動上に流露せり。而して本書は直接政治上に関連せざるも、素宗教は教育と共に国民精神の糧にして治国上閑却すべからざる所たり、故に師も亦玆に意を注ぐことの尠少ならざるを見るべし。

十月十日師は宋秉畯と相議し同夜京城を発し次日馬関に着し、十三日東京麻布龍土町長昌寺に入り、十五日予に上京の時日を問ふ。而して師は李容九及内田良平と共に政教問題に暗躍す。同十九日曹洞宗韓国布教管理者としての報告及意見書を同宗赤澤教学部長に提出す。其大要は居留民に対する布教状態、現状に処する方針、別院を京城に設くる事、韓国仏教の再興、龍巌浦・大田・釜山・京城等の布教状況等を列挙し、之に添ふるに李晦光の請願書・李晦光の私書・韓国仏教の沿革・韓国仏教に対する意見書等を以てせり。同二十日内田良平に代り山縣公に呈する書を草す、書に曰く。

謹デ白ス、曩日ハ李容九ヲ引見セラレ懇款ノ慈旨ヲ賜ハリ、李容九ハ之レヲ以テ天ノ福音ノ神来セシガ如キ感ヲ懐キ、之ヲ無上ノ慰安トナセリ。当時示シタマヒシ別紙ハ、之ヲ反覆熟読シテ漢城政界ノ弊錮ト、擠排讒構ヲ逞クセル状態ト、紙上ニ躍如トシテ悉現セル。心窃ニ其児戯ニ侔《ひと》シキ狂態ヲ笑フノミ、此等ノ事情ハ小子ガ曽テ杉山茂丸ニ示セシ隆熙改元秘事ナルモノアリ、或ハ覧ニ供セシナラン、若シ覧ニ入ラバ其書ニ由リテ明瞭ナレバ今一々陳弁セズ、且此ノ如キ構陥ノ手段ハ公使館時代ノ陳套ニシテ、今ヤ既ニ此手段ニ由リテ其術中ニ陥ルモノナカルベシ。然ルニ本邦人ノ尚ホ或ハ熒聴スルモノアルハ、甚ダ憐ムベク且ツ国ノ為ニ悲ムベシ。

彼ノ簡書ガ李忠國・韓秉直ノ名ヲ署セルモ其人アルニ非ズ、所謂李忠國ハ李氏ノ為ニ国ニ忠シ、韓秉直ハ韓国ノ為ニ直ヲ秉ルノ意ニ過ギズ、其志ハ一進会ヲ殲滅セザレバ日本ノ羽翼ヲ殺グ能ハズ、日本ノ羽翼ヲ殺ガザレバ自党ノ勢力ヲ張ル能ハズ。所謂忠直ハ其人ナキノミナラズ其志モ忠直ヲ存セルニ非ズ。蓋シ漢城政界ノ怪雄トシテ太皇無二ノ親信ヲ受ケ、一進会ノ弾劾ニ遇ヒテ露国ニ客死セシ李容翊ノ孫李鐘浩ナルモノ、皇城新報ノ鄭雲復及ビ軍官タリシ李甲・柳東説等ニ擁セラレ、日本ノ有力者ニ憑リテ宋秉畯ヲ陥ヰレント擬シ、陰計成ラズシテ日本ニ入リ、李鐘浩ト柳東説トハ毒ヲ中テント欲シテ屢々謁ヲ統監ニ請ヘリトイヘバ、今此簡書ハ其讒陥ノ一具トシテ前提セラレシヤ明ナリ。

隆熙改元秘事中ニ未ダ詳説セザルモノハ宋秉畯ト李容九トノ世家ナリ、李容九本名ハ李弼愚所謂老論ナル第一流ノ門閥ナリ、十八歳ニシテ祥玉ト変名シ、東学ノ第二祖崔時亨ノ門ニ入リ、宗教ヲ以テ階級制度ノ破壊ニ努メタリ。然レドモ其出身ノ弼愚タルコトヲ隠ス能ハザルニ至リタレバ、李完用総理ノ職ニ在リト雖モ磬折シテ之ニ下レリ。宋秉畯モ同ジク老論ノ家ニシテ、其世家ニハ宋尤庵・宋山林等ノ名士ヲ出シ、尤庵ハ朱文公ト共ニ宗廟ニ祠ラレタル五百年ノ儒宗タリ。而シテ宋山林ハ終身仕ヘザリシモ名一世ニ高ク、朝廷ノ婚嫁モ先ヅ勅使ヲ篳門ニ馳セ、山林ノ一言ヲ聴キテ廟議初メテ定マルニ至リタリ。宋秉畯ガ十六歳ニシテ父ノ債券ヲ焼キシガ如キモ、京城児童ノ亀鑑トシテ今尚人口ニ膾炙セリ。二人ノ出処卓然常流ヲ挺ケリ。故ニ趙重應ガ少論ノ家ヲ以テ宋尤庵ヲ劾シ世仇ヲ結ベルニ関セズ、宋秉畯ハ其隠害ヲ忍ビテ趙重應ヲ包容セリ。此レ傑士ニ非ザレバ決シテ朝ニ並ビ立ツコト能ハザルモノナリ。

李容九小子ニ問ヒテ曰ク、元帥閣下ノ示サレシハ何ノ書ゾヤト、小子答テ曰ク、此レ例ノ讒誣ノ書ナリ、元帥閣下ノ此簡書謗札ヲ僕ニ内示サレシハ、閣下ガ決シテ小人ノ言ニ熒聴セラレザルノ意ヲ示シタマヒシナリト。李容九小子ガ言ヲ聴クヤ感激ノ情面ニ溢レタリ。

謹ンデ奉還スルニ臨ミ粗ホ蛇足ヲ画キテ衷情ヲ披陳ス、惶懼已ムナシ。

十月二十日

小子内田良平頓首

山県老公閣下

此書は一箇牘に過ぎざれども、山縣公が厳然として徒に小人の讒誣に乗ぜらるるが如きこと無きを証拠を挙げて李容九に語り、李容九をして安んずるところ有らしめ、相互の間に誤解の生ぜんことを防ぎ、而して意志の疏通を図り、又宋秉晙・李容九の門閥地位を述べて其志操を明にし、更に反日派の策動を抉剔して公の参考に供したる重要なるものたり。之より師は内田良平・李容九等と相往来して専ら機の至るを俟ちたるものゝ如し。十一月一日内田に代り書を伊藤統監に上つる、其大要は韓国の政情に就き李容九と論議して意見を交換したる顚末なり。未だ幾日ならずして十一月十日附韓国円宗々務院李晦光が師に寄する書（漢文）あり其大要に曰く。
李根澔宗務院ニ至リ曰ク、興仁学校ニ借与シテ之ヲシテ移住セシムト。一般僧侶ヲ立地ニ逐出スルニ至レリ、故ニ之ヲ内部ニ訴フ、乃警視庁ニ申飭シ移住ノ生徒ヲ暁諭シテ撤帰セシム、然レドモ後慮無キニ非ズ、故ニ書ヲ内相ト地方局長ニ馳セテ速ニ許可セラレンコトヲ。

と而して十二月附第二書を寄せて前便の書を補修し且曰く。

李根澔云フ、元興寺ノ家券ハ太皇帝ノ下附恩賜セラレタルモノニシテ所有権確実明白ナリ、故ニ之ヲ裁判ニ訴ヘント、又日本人峰尾ナルモノハ之ヲ買収シタリト云フ、然レドモ本日内部ヨリハ八月二十四日本院請願ノ元興寺ハ安心保管セヨトノ指令到着シタリ云々。

此書も漢文にして署名は共に大韓円宗宗務院李晦光・金玄庵・姜大蓮・全寶輪・金晧應・韓龍雲・黄荷潭・李混虚等再拝、円宗宗務院総顧問武田大和尚猊下の宛名あり、以て師が韓国仏教の興隆には如何に重望を以て期待せらるゝやを知るべし。

当時予も亦上京師に伴なはれて赤坂対翠館に至り初めて李容九と会見す、師は予め予事を語りしのみならず、嘗て予家に葡萄の業を修めし韓景源は久しく李容九の通訳たりしを以て、李容九は既に予がことを詳悉し居り、聾唖の初対面も一見旧の如し。当時李容九は未だ能く日語を解せず予は韓語を知らず、故に初は通訳に依りしも回を重ぬるに随つて専ら筆談し、又詩酒唱酬共に懐を叙べ、意気投合遂に莫逆の交と為り予も亦侍天教の一員となる。李容九予に示す詩に曰く。

国有ツテ身有ラズ　危ヲ転ジテ那ゾ安キヲ得ン　隼邁《ユ》イテ秋光遠シ　龍吟ジテ
剣気寒シ　行々心已ニ定マル　蜀道復何ゾ難カラン

此詩は句短かけれども其決心を隠約の裏に包臓したるものなり、然れども当時に在つては誰か李容九が心を定めたる上は如何なる難道をも突破せざれば止まずと云ふ問題を知る者あらんや。故に予其韻を次ぎ以て李容九に視《しめ》す詩に曰く。

丹心独リ耿々　身ヲ挺シテ民安ヲ謀ル　屢々踏ム白刃ノ上　幾タビカ経ル霜雪ノ寒　一進大道ヲ歩ス　前途何ノ難キコト有ラン

是李容九の心事を忖度して其韻を歩したるものなるが、不言の裡に予が意の存するところは李容九能く之を会して喜びしは恰も禅問答の如きか。予又述懐の一詩を視す曰く。

眼中唯国有リ　心内固《モト》家無シ　苦辛二十載　憐ム此拙生涯　大道悵トシテ望ミ難シ　暫《シバラク》看ル晩菊ノ花

是李容九の所志は其達成期して待つべきも、予業の前途尚遼遠なるの意を偶せしものなり、時に崔永年見畢《おわ》つて評して曰く、結句最も神境に渉ると。李容九又予に示す詩に曰く。

四海ノ中別ニ親有リ　三家一睦最大ノ親　三家ノ中別ニ親有リ　近家ノ兄弟最モ先ヅ親ム　親無ケレバ成ラズ孰カ能ク知ラン　同志其人親ヲ言ハズ

三家とは日・韓・清、近家とは日・韓、第二句の意極めて遠大最大親の解説も禅問答の如く読者に一任す。予又此韻を歩して志を叙ぶ。

大義元来親ヲ問ハズ　六親九族豈特ニ親マン　清風明月君ノ心事　肝胆相照ス
桃園ノ親　丈夫生レテ有リ四方ノ志　天縁幸会斯親ニ逢フ

又師と共に屢々相往来し、時に夜を徹して玄を論じ機を談じ詩酒相唱酬するは筆談に代ふる為なり。崔永年も亦其得意の文才を発揮して予等の詩に酬ふるもの多きが、天寒クシテ人帰ラズ　砧ハ急ナリ白帝城　の句の如きは佳句なれども李容九の如き大決心を欠くを以て其望郷の念の現はれを見るべし。後師は十一月二十九日の玄章昊の書中雪峰上堂語を記して教を乞ふの句を示して予を試む。

竹影階ヲ掃ツテ塵動カズ　月ハ潭底ヲ穿ツテ水ニ浪無シ　玄章昊
落花流水那ノ処ニ帰スル　這裏須ク本源ヲ極ムベカラズ　著者
再三撈摝何物ヲ知ル　抉剔誰人カ本源ニ還ラン　師

師の後進に教ふること率ね此の如し。而して十二月に入りて師は李容九等の一行と共に避寒の途に上らんとす、故に共に紀念撮影したるは三十余年の前に在り、今存するものは独予のみ（写真第二十九）。

五　箱根・熱海・東京・顕聖寺等の往復

十二月初旬師は李容九等の一行と共に先づ箱根に至り、滞留一週間にして共に転じて熱海の温泉旅館玉屋別荘に淹留す。而して師独り帰京し更に顕聖寺に帰山して其後董を祥雲晩成に定め、又上京幾何も無く再び熱海に赴き、李容九等と共に表面悠遊し居たるが如きも、師と李容九とは密に日韓両国の国策に対して計画余念なかりしは人の知らざる努力なり。此間師沆瀣経(23)を作りて之に其志を包蔵せり。

沆　瀣　経

明治四十一年冬鳳庵東京ニ在リ、予京城ヨリ東帰シ鳳庵ト湘南ニ遊ブ。是ニ於テ乎侍天教ノ本義ヲ論定シテ此経ヲ作ル。所謂経ハ是体、文ハ是用、経以テ咒文ヲ註シ、文以テ道引ノ法ヲ説ク、今並ニ世ニ行ハル矣。夫沆瀣ノ二字ハ本《モト》仙書ニ出デ、儒仏ノ無キ所也、今儒仏ノ無キ所ヲ撰ンデ而シテ之ヲ題トスル者ハ、嫌ヲ聖経ノ僭ニ避クル也。何トナレバ仙書ナル者ハ凡作モ又経ト名ヅクレバナリ。且沆瀣ナル者ハ北方ノ気也、沆瀣ヲ噏《ス》フハ仙家導引ノ秘訣ナリ、水雲先生三教致一ヲ説クト雖モ、其世家崔致遠ニ出ヅ、致遠妻子ヲ携ヘテ伽耶山ニ入リ仙ト為ルト云フ。故ニ水雲先生悟ヲ行脚僧ニ得テ而シテ導引ヲ其家ニ取リ、之ヲ運スルニ儒ヲ以テス。仙字ヲ取ツテ此篇ニ冠スルハ微意ノ在ル有リ焉、奇ニ出ヅルニ非ザル也。文中ノ水雲ハ則初祖崔濟愚、海月ハ二祖崔時亨ナリ。

一篇始終克ク無言ノ言ヲ起テ、而シテ非有ノ有ヲ談ズ、固ヨリ造詣ノ深キヲ証スル也。

洪疇子鳳庵先生ト熱海ノ浜ニ遊ビ、扶桑ヲ翳シテ、而シテ玄古ヲ談ジ。沆瀣ヲ噏《ヌ》フテ而シテ無何有ノ郷ニ逍遙ス。乃海月先生ノ神ヲ降シ水雲先生ノ霊ヲ致ス。恍タリ兮惚タリ兮、本義ヲ論定シテ沆瀣経ヲ作ル。

云フ維時維機ト、恨ムラクハ下章地異ノ句ヲ提セザルニ似タリ

神明迹ヲ垂レ聖賢言ヲ立ツ、維レ時維レ機、方物ス可キ靡シ。八万ノ法門筏喩ノ如シ。我ヲ知ル者ハ即我ヲ罪スル者。道ノ道トス可キハ固《モト》ヨリ常道ニ非ザル耳《ノミ》。我水雲先生无極ノ大道ヲ昌言ス、何ゾ嘗テ天地一指ナラン。指ヲ挙ゲテ月ノ円ナルヲ指スモ、月指ニ在ラザル也。无極ト云ヒ大道ト云フ、一指二指而シテ是ノ如シト曰フ而已《ノミ》。吾霊ヲ承ク。人ヲシテ其心月ノ円ヲ見テ、以テ三才ノ和ヲ致サシメン、時也、機也、言ニ非ザル也。

粤《ヨ》客稽古ヲ稽フレバ、則黄帝ノ書ニ曰ク。谷神死セズ、此ヲ玄牝ト謂フ。玄牝ノ門此レヲ天地ノ根ト云フ。綿々トシテ存スルガ若シ之ヲ用キテ勤メズト。故ニ水雲先生常ニ心祝シテ曰ク。至気今至ル願クハ大降ヲ為セト。至気ナル者ハ沆瀣也、天地ノ根也。

今至者《ヘ》去来ノ今ニ非ザル也、故ニ大降ト曰フ、大降者《ヘ》三才ノ和也。昔者周公ノ大学ニ教フル也《ヤ》、曰ク、止マルコトヲ知ッテ而シテ後定マル有リ、定マッテ而シテ後能ク静ナリ、静ニシテ而シテ後能ク慮ル、慮ッテ而シテ後能ク得ト。竺乾ノ教ニ静慮波羅密有リ、又禅定ト名ヅク、止観ノ妙有リ、以テ中道ノ真ヲ得。礼ニ曰ク中和ヲ致セバ、天地位シ焉、万物育ス焉ト。子輿ノ所謂吾能ク我浩然ノ気ヲ養フトハ、豈至気ノ大降ニ非ズ乎《ヤ》、即沆瀣モ亦名已《ノミ》。宣尼曰ク。聖人神通ヲ以テ教ヲ設ケ、万物ノ情ヲ類シ鬼神ノ状ヲ知ルト。然レドモ門人挙ッテ曰ク、夫子ノ性ト天道トヲ言フ、聞クコトヲ得可カラザル也ト。内玄旨ヲ秘シ外倫理ヲ明カニス、故ニ子輿之ヲ賛シテ曰ク夫子ハ聖ノ時ナル者也ト。釋迦牟尼ハ四諦ヲ説キ、十二因縁ヲ演ジ、以テ六度万行ニ及ブ、唯機ニ応ズト云フ耳。故ニ曰フ四十九年一字説カズト。而シテ老聃ノ玄ヲ談ズル、宣尼之ヲ賛シテ曰ク猶龍ノゴトキカト。我水雲先生三教ノ致一ヲ昌言シ、亦人ヲシテ魚ヲ獲テ筌ヲ忘レシムル而已《ノミ》。所謂无極ノ大道トハ、楊子雲ノ所謂極々无極ニ非ズ、邵康節ノ所謂无極ニシテ而シテ太極ニ非ズ。所謂无極ノ大道ナル者ハ、浩然ト天地ト逝ク矣。

其跡ノ異ナルヲ検シテ、而シテ玄化全ク同ジ。

心仏及衆生是三無差別ト説キ得テ而シテ妙

恐クハ読者ヲシテ家醜ト言ハシメン

鳳凰千仞ニ翔リ、徳ノ輝クヲ見テ而シテ之ニ下ル。夫レ神明ナル者ハ一也《ヤ》、唯神ノ降ル也、姑ク三異アリ其形ヲ同ウセズ。曰ク時異ナリ、曰ク地異ナリ、曰ク機異ナル。舜ハ東夷ニ生レ文王ハ西夷ニ生ル。然レドモ其政ヲ中国ニ行フコトハ符節ヲ合スガ如ク、先聖後聖其揆一也、何ゾ特《タダ》我水雲先生ニ異トセンヤ。

先生ノ東学ヲ昌言スル其名ヲ必トセザル也。東方三聖アリ言ヲ立テ、惑ハズ、故ニ其徳ヲ尊シトスル已《ノミ》、若シ夫レ我真宗ハ何ゾ曽テ一法ヲ立ツル。

先生曰ク、天主ニ侍シ造化定マルト者《ヘ》何ノ謂ゾ也《ヤ》ト、天主ナル者ハ天柱也、暦数也、因果ノ彝範也。造化定マル誰カ主タル、万象ノ中独リ斯ノ身ヲ露ハス者是也。人人皆独リ此ノ霊神ヲ露ハシ、斯ノ沆瀣ヲ噏ヒ此沆瀣ヲ吐キ、因果ノ数ニ昧マズシテ、而シテ　因果ノ六龍ヲ御スル、之ヲ名ヅケテ侍ト為ス也。身外天無シ、豈天外ノ身有ランヤ。

先生曰ク永世忘レズ万事知ルト者《ヘ》何ノ謂ゾヤ、永世ナル者ハ沆瀣ノ一気也。始ニ非ズ終ニ非ズ何ノ時カ之ヲ忘レン、一念ナル者ハ万事也、未ダ始知ラザルコト有ラズ。管仲曰ク之ヲ思ヒ之ヲ思フ、之ヲ思フテ通ゼザレバ、神将ニ之ヲ通ゼントス。管仲スラ且然リ、

能ク大降ノ虚ニ非ザルコトヲ証シテ、些ノ遺憾無シ

大曼荼羅界ノ万象数字ノ間ニ躍如タルナリ

結末ニ云フ豈大同無カランヤト結ビ得テ而シテ円転感嘆々々。而シテ更ニ云フ、唯人能ク道ヲ弘ムト、

況ヤ聖者オヤ。

竺乾五通ヲ得ルノ仙有リ、阿羅漢見テ而シテ之ヲ俗トス。阿羅漢六通ヲ得、菩薩見テ而シテ之ヲ鄙トス。何トナレバ阿羅漢自ラ楽ンデ而シテ嗒然己ヲ忘ル、也。

明倫ノ教菩薩ノ行、衆ヲ済フガ為ニシテ而シテ己ヲ忘ル、故ニ神通ニ遊バザル也。水雲先生曰ク徳ヲ天下ニ布キ広ク蒼生ヲ済フト。紫陽ノ理ヲ説キ、馬鳴ノ覚ヲ論ズルヤ、紫陽ノ気ヲ説キ、馬鳴ノ不覚ヲ論ズルヤ、覚ニ依ル故ニ不覚有リ。河図洛書不覚ノ覚、洪範九疇無明ノ明、十二因縁未ダ天機ヲ究詰セズ。唯玄牝ノ門、生無ク滅無シ、永世忘レザルハ、豈宿命ノ分ナラン。神ナル者ハ一也、故ニ理モ又一也、東同西異モ亦理ノ分而已《ノミ》。或ハ黄帝ヲ現シ、或ハ釈迦ヲ現シ、或ハ大日霊女ヲ現シ、或ハ檀君牛頭ヲ現ス。凡ソ神霊ナル者ハ孰カ理ノ分現ニ非ザラン矣。崇奉ノ徒其株ニ膠ス、故ニ天ナルコト能ハザル也。釋迦曰ク無常無我ト。宣尼曰ク意必固我無シト。老聃モ亦曰ク同出シテ而シテ異名ト。

西ノ東ト殊絶スル者ハ黄白形色ノ謂ニ非ザル也、其教本モ亦江ヲ渡ルノ枳橘ナリ矣。然レドモ直線ナル者ハ円線ノ分也、豈大同ノ理無カラン乎《ヤ》。亦唯人能ク道ヲ弘ム、道人ヲ弘ムルニ非ズ。此経

乃先ヅ自ラ心月ヲ見ル二至ル。学者ニ示スニ心ヲ用キテ、而シテ内聖外応ノ意ヲ明ラカニス。世ヲ憂フルノ急ナルヲ見ル也。

ヲ読ム者先ヅ自ラ心月ノ円ヲ見ン。
乾坤杳冥広漠ノ野恍トシテ見ユ矣。一朶ノ光ハ即沆瀣経也。三聖活躍、五賢従容。縦談横論、玄妙ノ理説キ来リ、説キ去リ都《すべ》テ把捉セラル、コト無シ。況ヤ霊妙ノ筆致周荘ヲ超エ、字句潑々章語堂々、是近来稀ニ見ル所。試ニ高論ヲ評シ賛詞ヲ賛ス、請フ恕セヨ。

庚戌二月初七日　南京法隆学問寺　不東学人定胤和南

佐伯定胤僧正の批評は、年余の後同地中宮寺門主近衞尊覚尼より転示せられたるものなるが、予先づ其篤学達識なるに驚き、更に師に転送し附記して曰く、恰もX《エツキス》光線を以て師の脳裡を透視せられたるが如しと。師も亦大に驚き殊に憂世の急と評結せられたるは実に吾が心を得たりと。師始め之に附するに一詩を以てす曰く。

沆瀣経成ツテ義未ダ奢ナラズ　数車先ヅ見ル本車無キヲ　静カニ欄干ニ凭ツテ
碧海ヲ望メバ　天風吹キ散ズ白浪華

予之を見て師に謂らく、何時が沆瀣経の真意義の成るを見るの時ならん、相見て共に微笑するのみ。十一月二十七日の玄章昊の来書の一節に、之に関するところ有り故に之を節録す。

水々山々趣外ノ趣　没弦琴ハ和ス無孔ノ管　風々月々味中ノ味　甘露ノ盤ヲ携フ醍醐ノ瓶　踽々涼々独歩ノ路　春風吹キ送ル沆瀣経　喜々楽々邂逅ノ情　向陽ノ花木一時ニ栄ウ　先生ヲ見ント欲スレドモ故《コトサラ》ニ見エズ　日去リ月来ッテ真ニ壮観　智日慧月即　先生。朝々暮々迎ヘ且歓ブ(後略)

又主なる評詩中。

沆瀣経ヲ読ム　玄致　石川素童

大極初メテ開ク碧落ノ門　万有ヲ包含シテ乾坤ニ塞ガル　衆生長夜均ク露ニ霑ヒ　三家の光明月一痕

沆瀣経ヲ読ンデ

勅特賜大円玄致禅師ノ原韻ヲ次グ　従二品日本勲四等　嚴達煥

往無ク来無シ不二ノ門　有無々有乾坤ヲ洞ス　色声香味空々ノ地　盤若ノ方便痕ヲ了見ス

十二月中旬崔永年独り熱海より東京に帰り、数日にして帰韓したれども、師と李容九は熱海に於て越年し共に詩酒憂を遣る。

第六節　韓国の状態

一　統監の治績

此年（明治四十一年）前年改元の後韓国の施政改善は統監の指導監督に由りて着々進行し、国家的経理の設備は殆ど完成せるが、是より先譲位及軍隊解散に因る固陋不平の徒及失職者、相集まりて邦人を殺傷し財貨を掠奪し、韓民も亦被害者頗る多く地方民は戦々兢々たり。而して日韓官憲の鋭意戡定粛清、帰順勧奨等恩威並び行はれたる結果、大部分静穏の状態に入りしも地方に依りては尚未だ頑徒残匪を絶滅するに至らず。

二　慶運宮の親書草

一面太皇帝の侍臣は、前年の隠謀累を韓帝室及韓廷に及ぼしたるに懲りず、尚陰険なる密謀の跡を絶たず遂に此親書草を作成するに至る。書（漢文）に曰く（写真三十）

韓国　太皇帝敬問ス、良兄弟　大俄羅斯国　大皇帝安寧ナルヤ、粤《ココ》ニ使節ノ逼勢相阻スルヨリ恒ニ切ニ憤慨ス。寔ニ弊邦競ハザルニ因リ乃此ニ至ル、愧甚シ愧甚シ。猶各与国ト公議シテ或ハ能ク弱ヲ扶ケ困ヲ済ハンコトヲ俟ツ、況ヤ復壌地相接シ、唇歯ノ関スル攸《トコロ》ノ者ヲヤ。玆ニ用ツテ秘ニ信密肺腑ノ臣、朕ノ妹ノ弟ノ子、前侍従院副卿趙南升ヲ派シテ　貴国ニ前往セシメ益々敦誼ヲ結ブ。惟《タダ》冀クハ　陛下特ニ此念ヲ軫シ、　咫尺ノ地ヲ　賜ヘ、必ズ代ツテ朕ガ衷ヲ達セシメラレンコトヲ、区々ノ至統ニ堪ヘズ、希クハ淵鑑セラレンコトヲ。並ニ

貴大皇帝ノ永ク洪福ヲ享ケラレンコトヲ祝ス。

開国五百十七年五月二十日　　在漢城慶運宮

案ずるに開国五百十七年は明治四十一年にして韓国の隆熙二年戊申に当る、譲位後趙南升が露国に使せしことは明ならず、其血族関係と地位は此書に在り（此原本は明治四十三年五月、趙南升が保管せる所謂秘密金庫を警務総監部へ提出したる時、他の重要国交書類と共に其金庫中より発見せられたるものなり）。

三　親　書

前々年三月趙南升に給はりたる親書（漢文）に曰く（写真三十一）

趙南升　青島近地徳国人ノ家屋ヲ買得シテ特ニ賜給ヲ為ス爾其レ知悉セヨ。

丙午三月　日　朕自画押　花押

此親書も亦同金庫中に在りしものなり、之を以て考ふるに韓宮廷の重要書類は、

当時侍従院副卿趙南升に管掌せしめられたりしが如し、何となれば趙南升に下給せられたる文書が共に蔵置せられ、又韓帝の命令及復答書等も亦尠からざればなり。乃趙南升は如何に寵幸せられたりしかを推知すべし。

四　内閣の小異動

六月韓国内閣に小更迭あり、乃内部大臣任善準は度支部大臣に、度支部大臣高永喜は法部大臣に、法部大臣趙重應は農商工部大臣に、農商工部大臣宋秉畯は内部大臣に転任したり。

第七節　師の所在

一　熱海滞在

明治四十二年己酉（四十七才）一月初李容九の母の還暦賀詩に曰く。

啻ニ三遷ノ教ノミナラズ　更ニ有リ断機ノ勇　啻ニ喤々ノ声ノミナラズ　即有リ胎教ノ重キ　龍潭凰鳳飛ビ　海山雲月湧ク　斯ノ甲子ノ還ルニ遭フテ　堂下何ヲ以テ奉ゼン　優遊ス熱海ノ浜　豈惶悚ヲ知ラザランヤ　桑蓬男子ノ志　珠履未ダ踵ムコト能ハズ　敬ンデ頌ス大夫人　唯願フ天寵ヲ固メンコトヲ　怒ルコト勿レ遠方ニ在ツテ　遂ニ敢テ拝拱セザルヲ

之を予に示す書に曰く。

（前略）御承知ノ通リ会長御老母（金氏）還暦ノ祝ニ、寿帖ヲ製シ度候間、広ク名士ノ詩歌寿序ヲ募リ度、日韓和親ノ上ニモ有効ナルコト、存ジ候ニ付、教ノ為国ノ為御紹介御募集ノ程願ヒタテマツリ候、御事業多端ノ際恐入候ヘドモ、是非御願ヒ申シ上ゲ度候、短冊ニテ国風等ハ最モ歓迎仕リ候（後略）。

予此書を得て詩を以て寿を祝したれども、当時予知己にして李容九の心事を知る者無きを以て、遂に師の意を空うせり。

一月二十八日李容九の母金氏の来書（漢文）有り曰く。

既ニ電祝ヲ承ケ又詩賀ヲ得、多感々々、浅年当甲未ダ堂下ノ奉ヲ見ズト雖モ、一般教衆ノ尽誠供賀ハ満庭ノ彩舞ニ下ラズ、自ラ満足ヲ知ル。而シテ法座隣国ノ事、自国ノ事ノ如ク容九ト甘苦ヲ扶桑ノ浜ニ同ウス、忠ヲ先ニシ孝ヲ後ニスル惟《コレ》或ハ然ル也。法座ノ此ニ於ケル豈感嘆セザランヤ、況ヤ電祝詩賀セラレ、反ツテ坐《ソヾロ》ニ愧ヅルニ勝ヘザル也。余珠履旋踵是顒願スル所。

李容九母白

一月二十八日

武田先生道座下

此翰詞短けれども其意極めて高遠李容九の母が、忠を先にして孝を後にする惟或は然る也の語は、一字千斤《きん》よりも重し。女丈夫にして始めて此語を出すべし。予之を見て此母にして此児あるを思はしめらる。李容九をして不磨の大業を遂ぐるが為に邁進せしめたるは、母の教育の力亦大なりと謂ふべし。

此月内田に代りて漢城私研(24)を草す、其要旨は、

一、往古ヨリノ日韓関係　一、明治中葉ノ対韓政策ノ失敗　一、統監政治ノ齟齬　一、教育ノ得失　一、韓国民ノ先天的思想　一、宗教上ノ施設等ニ対スル意見

之を詳論して一万六千余言に及ぶ、其要は阿部比羅夫、清の太宗の古訓及宗対馬守の秘訣等を引証して、間接統治の有害無益なることを述べ、又神后以来の古に遡りて我対韓方針と其政策の欠点を列挙して、今は既に因循姑息の方針を変えざる可からざることを極論す。彼の沆瀣経と共に之を玩味せば、師の持論の精神を隠約の裡に窺ひ知るべし。而して李容九も亦師とは双体一心、始終渝はらざることは知る者稀なり。

二月尚熱海に在りて侍天教第三席筆講を草す。二十六日李容九と共に熱海を去つて東京に帰る。

二　単身渡韓

三月二十三日師独り退京、二十七日釜山に至り総泉寺を巡視し、又磯村牧場を視

て夜行車に搭じ二十八日朝京城南大門に到る。洪一進会副会長其他の幹部員及宗務院総務等に迎へられ、先づ管理所に入り又李容九の邸に母と嬢を見、斎洞山上の内田の宅に於て諸員の来訪を受け夜管理所に入る。次日より統監府に曾禰副統監を訪ひ内部に宋大臣を、警務総監部に具副監を訪ひ、又具副監・尹始炳（労動協会創裁《(ママ)》）李晦光其他と屢々相往来す。四月一日李容九に贈る詩に曰く。

日々又日々　何為《ナンスレ》ゾ君淹留スル　雪ヲ見又花ヲ見ル　胡為《ナンスレ》ゾ又復猶　清涼寺畔
ノ宴　莫愁ヲ歌ハザラシム

師韓国侍天教の由来を作る一万千余言に達す。四月三日李容九より、肛門周囲炎症の為入院治療の旨を病院より通知し来り、又併せて師が其母を慰藉せしを謝し、四月五日病状稍軽快なるを報ず。

四月十四日、曹洞宗韓国布教管理・各道仏寺総顧問武田範之の名を以て曾禰副統監に上つる書の要旨。

前年李晦光ヨリ提出シタル請願書ニ対シ速ニ認可セラレンコトヲ請フ、其理由トシテハ、韓僧ハ宗務上ノ統制無キガ為賊ニ投ズルモノスラ有リ、故ニ速ニ宗務院ヲ設立シ、韓国仏教ノ基ヲ立テラレヨ。

と云ふに在り。

四月十五日書を李晦光に寄せて檀越の供養を謝絶す、其書（漢文）に曰く。

敬啓スル者法趾ヲ枉ゲラレ多感多謝。昨夜副統監ニ上ツルニ宗務院ノ認可期ヲ失スル事ノ陳情ヲ以テシ、半夜始メテ車ヲ山上ニ回スコトヲ得。而シテ猊下ノ鳥跡尚在ル也、言フコト有リ曰ク、檀越貧道ヲ供養セント。愧悚々々、夫季布二諾無ク侯嬴一言ヲ重ンズ、而シテ宗務院ノ事十朔未ダ決セズ。貧道何ノ面目カ信心檀越ノ供養ヲ請ケン、豈徳ニ怍ヂザランヤ、貧道未ダ檀越ノ誰タル大姓ヲ知ラズ、唯願フ猊下善ク言ツテ其心ヲ慰藉シ、且貧道ノ為ニ語ヲ致シテ曰ヘ、洪疇ハ円宗々務院認許ノ後ニ非ザレバ、則一切ノ信心檀越ノ供養ヲ受ケズト。之ヲ以テ自ラ誓ヒ之ヲ以テ策励ス、此操守無クンバアル可カラズ。猊下請フ区々ノ鄙衷ヲ諒シ、檀越ヲシテ機嫌ヲ生ゼシメンコトヲ、余姑ク不備謝上

四月十五日　洪疇

晦光禅師猊下

斯くして師は京城に在りては殆ど寧日無し。四月二十三日李容九退院の通知と共に其詩を寄す。予も亦上京李容九を芝の信濃屋旅館の病床に訪ひし時　月天心

ニ到リ海重光　の詩と　山外山有レド山見ヘズ、水外水有レドモ水見ヘズ　の詩を書し示されたるものと同詩なり。五月四日李容九より東京の花信あり。師は五月初旬疾に罹り両眼朦朧物を見ること能はず荏苒癒えず、下旬遂に漢城病院に入り専ら療養を事とす。李容九之を聞いて大に驚き五月十一日書を寄せて慰めて曰く。

(漢文)

即承クル恵書中、眼昏症ノ卒発ヲ聞イテ甚ダ驚悶ス、而シテ医師之ヲ診察シテ虞無シ云々ト、実ニ是多幸。然レドモ想フニ必ズ元気漸ク衰フハ、酒毒虚ニ乗ジテ室ニ入ルノ致ストコロナラン。更ニ謹ンデ問フ其間差道有リヤ、若シ快蘇セズンバ即泛然タルコト勿クシテ、而シテ酷治セラレンコト仰ギ希ヒ仰ギ希フ。身外物無シ、若シ我ヲ以テ我ガ為ニスルニ非ズンバ、即万里ノ客地我ガ為ニスル者ハ誰ゾ。父子兄弟傍ニ在リト雖モ皆能ハズ、而シテ我ヲ知ル者ハ我也、我ガ為ニスル者ハ我也、我ヲ保スル者ハ我也。深ク究メテ若何《イカン》。侍生今即全快ス、而シテ帰期従近ニ在ルニ似タリ、然レドモ姑ク未ダ日ヲ定メザル也。余礼ヲ具ヘズ。

五月十一日　　鳳　生　拝

洪　疇　法　塔　下

之に次いで五月二十六日又李容九の書(漢文)有り曰く。

昨日ノ電報ニハ漢城病院ニ入リ治療スト云フ、則驚悶已マザル処也。病勢甚ダ重キヤ否ヤ、未ダ昭詳ヲ知ラザル故ニ鬱即々タル也。心煩ハシケレバ則病ノ大害之レ有リ、心慮ト為スコト勿レ、心ヲ安ンジ気ヲ順ニセバ治療従ツテ速ニ快差セン、千万希望々々。医士上等ノ学士ノ処ニ診察相議シ之ヲ治センコト切ニ企《コヒネガ》フ耳《ノミ》。侍生来月初帰国ヲ期シテ計ヲ為ス、諸般ノ事帰去後面議セン、礼ヲ具ヘズ。

五月二十六日　　　鳳生

洪　疇　法　塔　下

治療費想フニ必ズ少カラズシテ而シテ窘艱セン、然レドモ侍生帰国ノ後另《ベツ》ニ力メテ周旋セン、御安心如何。

此前後二通の書を見れば、李容九は師の疾を憂ふること己の疾を憂ふるが如く、之を慰安するのみならず、其治療費に至るまで心を尽すの情、真の師父に対するが如きは、是即相互意気に感じての交深きに由るに非ずや。而して師は七月九日退院し、十日予に与ふる書に曰く。

（前略）昨夕退院仕候、四十四日間ヲ経過、（中略）視力ハ少シク劣リシノミ、体力ハ

秋ノ朝顔ノ如キ姿ニ御座候、中毒性中ノ罕《まれ》ナル重症ニ候ヒシ由、然ルニ脳ヲ犯サレザリシ為回復ノ見込モアルヨシニ候。(後略)

書中の中毒とは酒精中毒なり。七月十二日安藤漢城病院長に贈る詩及引(漢文)は、病状を詳叙せるを以て爰に録す。

予文酒放浪三十余年、其癮痼タルハ蓋シ一朝ニ非ザル也。玆歳新ニ居ヲ龍山ニト《ぼく》ス。工事未ダ鳩ラズシテ而シテ起居益々不仁。遂ニ酒ヲ以テ自ラ抑スルコト能ハザルニ至リ、担架ニ駕シテ而シテ漢城病院ニ入ル。当時予殆ド生気無シ、諸友皆以為ク雞林ノ分野ニ将ニ一酒星ノ殞ルヲ見ントス。病院長安藤一郎先生之ヲ憫ミ自ラ手ヲ下シ極力療法モ亦常軌ノ外ニ在リト云フ。故ニ以テ死ス可シト為ス者竟ニ未ダ死セズ、以テ二月ヲ逾エテ而シテ少シク効アル可シト為ス者、未ダ一月ナラズシテ而シテ顕効有リ。在院四十有四日ニシテ人車ヲ以テ龍山ニ帰ルコトヲ得。乃喜ヲ賦シテ先生ニ呈ス、韵枕上ノ京城日報所載ノ漢城館諸大家集ニ続貂ス。

酗毒蒸スガ如ク骨然《も》エント欲ス　荒亡作ヅ我流連ヲ事トスルヲ　菊意遅レ難シ
五柳ノ節　蓮心自ラ托ス三生ノ縁　漢城幸ニ見ル医王ノ樹　金谷須ク休ムベシ雅

客ノ筵　汩々タル江流流レテ未ダ息マズ　豈無カラン国手ノ秘スル家伝

是師が体験せる病状の大要を窺ふべし。師重患中に在りても其精神系統は疾に犯されざるを以て、予が照会したることは侍者（高橋喜道）に読ましめ、答案を口授して回答を欠きたること無し。而して七月十五日予が為に記恩帖の後序を作るに至れり。

八月六日又書を曾禰統監に上つりて、韓国宗務院の認可の速ならんことを請ふ。同八日赤沢教学部長に呈する報告書は七千余言に及ぶも、凡て布教管理者の責を果すに過ぎず。

八月二十三日予に再び佐比太木《サビタ》の杖を送らんことを求む、予即時之を送る、師大に喜び予に謝するに七言長古を以てす、詩中の句を見れば師の前詩讖を為せるが如し。

（前略）良朋相会ス楽堂ノ上　琵琶曲妙ニシテ技神ニ通ズ　忽チ桃竹ヲ学ンデ浩蕩ニ没ス　之ヲ惜ミ百方復還ラズ　（中略）若シ汝ガ来ツテ再ビ我ヲ扶クルニ非ズンバ
　病累此ノ如シ誰ト共ニ往カン　桃花雨ニ湿フ漢城ノ街　深院沈々昼幌ヲ下ス
蜀魂月ニ咽ブ漢江ノ隈　孤灯寂々陰甕ニ伴ナフ　蹇脚半歳汝ヲ待ツガ如シ　睨視坐《そぞ》ロニ、覚ユ気ノ骯髒タルヲ（後略）

是一条の柱杖子の謝詩に過ぎざれども、病後の状と其懐を叙ぶる上に、前の謝詩が讖を為したるが如きは奇なり。

七月十二日予記夢の文（漢文）を草し。先づ之を成卿（權藤善太郎）に視して批正を求む、成卿の評に曰く。

予居士ニ謂ツテ曰ク、何ゾ不可思議之レ有ラント。居士曰ク、我心猶不可思議ノ在ルガ如キコト有リト。予今此篇ヲ読ンデ衲ト居士トノ熟路ノ一句ニ至ツテ、居士ノ深ク此ニ信ズル所アルヲ知ルナリ、型中型外自ラ異同有リ、予固ヨリ弁ズルコトヲ須タズ。

師之に対して曰く。

熟路ノ句ハ不可思議ニ出ヅルニ非ズ、所謂力行スル者ハ自然ニ熟路ト為ルノミ、成卿型ノ内外ヲ以テ之ヲ論ズ、世宜シク成卿型アルベキカ。

成卿又曰く。

居士情ニ勝ル故ニ其感触甚ダ尖ナリ、洪疇師独リ善ク之ヲ知ル故ニ之ヲ責ムルコト峭且烈、恰モ名工ノ病ヲ攻ムルガ如シ。師一タビ此篇ヲ閲セバ必ズ応ニ復言フ所有ルベシ矣。予賢路ヲ避ケテ而シテ待ツ。

師又之に対して曰く。

居士尖ナリト、其軟羅縠ノ如シ、何トナレバ範之之ト較セザルノ故也、彼陽ナレバ則我陰、我陽ナレバ則彼陰、陰陽錯綜愈々出デテ窮リ無シ、此レ其膠漆タル所以也。然リト雖モ亦唯誠ノ揜《おお》フ可カラザル、神ノ交々見ハル、ガ如キコト有リ。豈敢テ強イテ為サンヤ、抑々我善ク之ヲ教フト云フ乎。

師の此評を得たるは八月の中旬に在り、病後疲憊の時公私多端の際すら予に教ふるに労を辞せず、又予が性を知り予を規《タヾ》すに心を用うること率ね此の如し。

三　再び鶏籠山に登る

師病後両脚自由を欠き恰も蹇者の如きを以て、閉戸悶々高挙の情を禁ずること能はず、八月二十九日汽車に依り大田の渡邊寛治の農場を訪ひ其西園の農舎に宿す、三五は朝夕なるを以て燭を用ゐず、主客共に酒豪なれども師は病後酒を禁じたるを以て、酒に代ふるに茶を以てして月を賞し詩あり。

故人ノ情ハ只故人知ル　話セズ西窗夜雨ノ時　清涼一味茶三碗　忘了ス天心月已ニ移ルヲ

次日輿を賃して東鶴寺に詣る、詩及序(漢文)あり。

雞龍山ハ蓋シ新羅ノ僧道詮ノ名ヅクル所也。雞トハ山勢雞頭ニ似タレバ也、龍ハ七十二穴ノ帰結スル所也。長白ノ山脈東一脈ヲ抽キンデテ半島ニ盤礴スル者、此ニ至ツテ陡然白馬江ノ為ニ絶タレ江ニ臨ム。公州城ハ百済ノ古都タリ、其平野ハ古中原道ノ称有リ。伝ニ曰ク素盞雄尊白馬ニ跨ツテ斯山ニ入ルト。又曰ク山上ノ霊塔ハ是神造也ト、又曰ク塔ニ向ツテ精念スレバ則文珠菩薩本形ヲ現ハスト。百済ノ亡ブルヤ我兵五万白馬江ニ没シ、日韓関繫此レヨリ振ハズト。讖ニ曰ク、漢陽城ハ五百年、雞龍山ハ一千年ト。故ニ李成桂先ヅ都ヲ雞龍山下ニ奠《サダ》メント欲シ、既ニ工ニ就キ、後国勢ノ便ナラザルニ遇ヒ、遂ニ吹笛山下ノ地ヲ撰ビテ今ノ漢陽城ヲ起シ、五百二十有余年ニシテ而シテ亡ブ。今後雞龍ヲ千年ト為ス也、此レ朝鮮人ノ讖ヲ信ジテ而シテ疑ハザル所、韓人ノ讖ヲ信ズルコトハ理ヲ以テ解論ス可カラズ。故ニ余国社ヲ此山ニ建テテ伊勢ノ分廟ト為シ、出雲ノ大社ヲ配祀スルノ論有リ。余ノ往年東学ニ投ズルヤ、実ニ此山ニ在ツテ太平ノ歌ヲ作リ以テ風雲ヲ候《ウカヾ》フ。明治四十二年ノ春伊藤統監職ヲ罷メ曾禰副統監之ニ代リ、日韓関係日ニ以テ振ハズ。余疾ニ寝ネテ殆ド起タズ、初秋ニ至ツテ纔《わづか》ニ人ニ扶ケラレテ以テ数歩ヲ行ク。是ニ於テ昂然登嶽ノ志ヲ奮ヒ、舁ニ扶ケラレテ而シテ之ニ躋《のぼ》リ、雞龍紀遊一巻ヲ得、此詩モ亦其一也。東鶴寺本《モト》東学寺ニ作ル、後人情ニ従ツテ鶴ノ字ニ改ムト云フ。三聖ナル者ハ廟名、新元モ亦寺名ナリ。

山人山ヲ愛ス須ク山ニ在ルベシ　塵労胡為《ナンスレ》ゾ闤闠ニ於テスル　夜鶴三秋游子ヲ怨ム　蕙帳蘿月誰ガ為ニ間ナル　豈謂ハン行願本此ノ如シト　漢城病ニ臥シテ徒ニ間関。桃李花開ク春三月　薫風涼ヲ伝ヘテ魂未ダ還ラズ　安ンゾ天刖ヲ以テ乃屈ヲ訴ヘンヤ　天姥雲軺ノ攀ヅベキ有リ　一タビ顥気ヲ噏ツテ百邪闢ク　蓋《ナン》ゾ雞嶽ヲ跋《コ》エテ仙寰ニ敖《アソ》バザル　長白之山一脈ヲ抽キンデ　東雞林ニ走ツテ盤礴ヲ恣ニス　巨霊江ヲ蹴ツテ峯勢蹙ム　即雞龍ノ中天ヲ坼《さ》ク有リ　頂上ノ龍湫金明水　中峯ノ宝塔自然石　居然永ク鎮ス韓ノ中原。宜ナリ矣素雄神宅ヲト《ぼく》スル　霊境自ラ有リ英雄ノ知ル　鉄笛倒ニ吹イテ血碧ヲ見ル　天下ノ風雲本此ニ会ス　千古未ダ究メズ巻舒ノ迹　吾吾ガ輿ヲ下ツテ三聖ニ詣ヅ　彼ハ是正面此ハ是背　恨ムラクハ雞頭一鳴ヲ試ミザルヲ　尖峯月ニ挿シテ金雲湧キ　白露檻ヲ侵ス幽蛩ノ声　真ニ是団々三五ノ夜　身世又忘ル梵王城

師が病余の体を輿して雞籠山に登りしは、十五年前此山寺に入りて鋭を養ひ、(25)

全琫準と会同を約したる日を待ち機を窺ひ居たりしことを憶ひ、懐旧の情に堪へざりしに由るものなり。而して師の此文詩中雞籠を凡て雞龍としたり、然れども山名は本雞龍にして雞籠に非ざれども、師の自筆に従つて今之を改めず。

師下山して又大田の渡邊農場に入り悠遊数日にして京城に帰る。旬日の間雞龍紀游の詩あり。

四　京城雑事

九月十五日石川素堂に呈する、圓明國師の追謚を祝する書（漢文）。

謹ンデ我　太祖弘徳圓明國師ノ宝前ニ祝頌シ奉ツル、　聖上特旨　常濟大師雲仍ニ追謚シタマフ。範之等何ゾ感激ニ堪ヘン、範之任ニ異域ニ在リ、趨蹌慶ヲ致スコト能ハズ、敢テ卑偈ヲ裁シテ区々ノ衷情ヲ陳ス、伏シテ以《オモンミ》ルニ　霊鑑慈納セラレン、其偈ニ曰ク。

天書昔遇フ閬苑ニ降ルニ　玄鶴今観ル芙峰ニ翊《ト》ブヲ　韙ナリ矣　聖皇常済ノ旨
仙桐万蕚未ダ冬ヲ知ラズ

維時明治四十二年九月十五日　韓国布教管理武田範之誠惶九拝

紫　雲　台　猊　下　侍　奏

同十八日赤澤教学部長に韓国布教管理所を龍山に奠《さだ》めんことを建議す。其大要は、

一、根拠地ヲ定ムルコト。
二、其根拠地ニ就キ教徒ノ輿望ニ副フベキ設備ヲ完フスルコト。
三、各方面ニ差遣セラル、布教師ハ、本部ノ節制ヲ奉ジ自由行動ヲ取ラザルコト。

此の如くにして先づ敷地買収を先務とし之が対策を建議したるものなり。

九月二十五日李容九母の喪に丁《アタ》り華渓寺に於て喪に服す、師李容九の倚廬を問ひ之を慰めて二泊す。寺の東閣に大院君の棲鶴楼と題せる額あり、之に因みて師の詩に曰く。

屼嵂ノ間別境ヲ存ス　嶙峋而外仙寰ヲ闢ク　金気西ヨリ来ツテ秋老イント欲ス
華渓独リ住《トド》ム棲鶴ノ顔

是乙未の変、大院君と事を与にしたることを追憶せるものなり。(26)

十月二十日赤澤教学部長より、瑞龍寺の建築補助費として金五百円支給の通牒あり。

同二十三日韓国二大政党（一進会と大韓協会）の連合演説会に赴き、各弁士の所属系統及其演説要領を記して此に詳評を加へ、又各党の沿革を記述して論議する所あり、一詩を附せり。曰く。

独立門頭ノ演説台　前朝ノ策士多才ヲ恨ム　江山草偃《タホ》レテ西風急ナリ　漫ニ説ク愁雲海上ヨリ来ルト

五　密に合邦上疏文等の三文を草す

十月二十六日伊藤博文公凶変の報京城に伝わる、其時の詩に曰く。

電話驚聞ス哈賓ヨリ　蜚伝是ノ如シ夢カ真カ　悵然仰ギ見ル漢城ノ月　此夜江山色憐ノ若《ゴト》シ

二十九日南大門を発して東上し、三十一日内田良平宅に入り、予が在京中なることを知るを以て予に帰朝のことを電話す。十一月一日予師を訪ふ、師曰く今回の帰朝は秘密なり故に人に語ること勿れ、且今後一週間は急務ありて一切の面会を謝絶すと。

夫より踪跡を晦まして密に芝浦の竹芝館に入り、人を避けて書を草す。此間の消息を案ずるに、十一月三日予に与へられたる書に拠れば四日の後音問すべし、人若し衲の居所を問はゞ、何処に静養し居るか不明なりと答へよと、八日予は横浜よりの帰路試に之を訪へば、師曰く仕事は尚未了なり、両三日中更に電話せんと。越えて十日の夕に至り予に直に来れと電話せらる。至れば即上疏文・曾禰統監に上つる書・内閣総理大臣李完用に上つる書の三文稿（漢文）を示して予に意見を問ふ。予請けて之を熟読するに添删縦横字体明瞭を欠くところ少からず、一々之を糺し読了後予曰く、上疏文としては矯激に渉るに非ずやと、師曰く日韓は国体及習慣を異にす、故に斯く極言せざれば不可なりと、予又反復熟読して一字を删し一字を加ふること能はざるを告ぐ、蓋し師詩文を草するや、予を指導誘掖せんが為常に予が意見を求め、予が意を納れて其辞句を加除したること少からず、此稿も亦其例に由りしか、師曰く此文多く韓習に拠り、吾が代作したる痕跡を留めざらんと欲して頗る苦心し、用紙も亦韓製を用ゐたりと、予曰く韓紙を用ゐたりとて師の筆跡は隠すべからず、所謂頭隠して尻隠さゞるが如きのみ[27]と共に呵々、師又曰く此より之を浄書したる後、君の寓に至り木村医学博士の一診を乞はんと、十二日を約して晩餐を共にす、時に師は尚医戒を守りて酒を用ゐずして唯喫烟し、又予は禁烟したれども酒を廃せず、互に別後の病苦と心事を語り深更袂を分つ。十二日師約の如く予が寓に来り、木村博士の診断を経たる後昼餉を共にし、薄暮師俄に別意を告ぐ予之を留むれば、師曰く宋秉畯と内田は竹芝館に吾を待たん、吾外出中彼の文稿を閲覧し後更に相議せんとの約なりと、即直に車を回す。次日予又師を訪ふ、師曰く一字を加除せず、唯之を邦訳すべき労あるのみ、故に十六日夜行車にて之を携へて渡韓すべしと、予曰く之あるが為師の生命は当夏の大患の時よりも尚不安全となれりと、乃予も亦師の行を送つて訣別すべきを約す。偶偶同夜予は俄に支障を生じたるを以て更に其朝を約し師を訪ふ、師尚臥床中なりしも、予が至りし時は直に喚び起すべく命ぜられたりとて、導かれて其室に至り、終日寛晤薄暮手を別てり、時に師一詩を示す詩に曰く。

淹留已ニ幾日　幾日カ何ノ為ス所　秋高クシテ碧波遠シ　風恬ニシテ雲行遅シ
　去々坐シテ明ヲ待ツ　明朝天涯ニ向ハン

予も亦師を送ること能はざるを謝する詩あり曰く。

前日間ニ苦ミ今忙ニ苦ム　間忙来往雲ト与ニ行ク　人世縄々終ニ此ノ如シ　換尾換頭夢一場

師十六日の夜行車に搭じ京城に向ひ、同夜車中予が韻を次いで寄する詩に曰く。

忙行場裏忙ヲ憐マズ　阿轆轆スル時ニ顛《てん》倒《とう》シテ行ク　許セ他ノ休養車内ニ於ケル　夢ニ入ル華胥潰闘ノ場

乃予定の如く入韓して専ら機の熟するを俟つ。十一月二十三日京城南部水下洞十六統二戸に移転す。

（1）宋秉畯は一進会の利益代表として入閣した。この時、一進会は宋秉畯の他に会員李容九、尹始炳、洪肯燮、俞鶴柱等の入閣を望んだが阻止され、以降、宋秉畯は日韓併合の直前まで一進会の利益代表として閣内にとどまった。

宋秉畯は入閣に際して「三品大臣」を自称した。それは、古来からの慣例で朝鮮の官職において、大臣相当職に就任出来る資格が、二品以上の官吏に限られているのを、日本のバックアップで三品の官位でありながら大臣の職についたことを誇示したものであり、朝鮮古来の慣例を破った異数の抜擢は、当時としてはセンセーショナルな出来ごとであった。このエピソードをもって、当時の一進会と宋秉畯の権勢の一端をうかがうことが出来よう。

宋秉畯の入閣を契機として、以後、多くの一進会々員が官吏に任命されたり、会員官吏の昇格が実施され、上は観察使（知事）、郡守をはじめとして、下は事務員・技手に至るまで、全国的に会員が官吏として配置された。『元一進会歴史』（「一進会日誌」）から、任官した会員と地位をひろったものが、趙恒来の『韓末社会団体史論攷』にのっているが、これによって、当時の一進会の権勢のありさまを垣間みることが出来る。また、宋秉畯の入閣と、会員の官吏就任の事情については、鄭喬『大韓季年史』下巻（一九五七年、ソウル探求堂）参照。

（2）『日韓合邦秘史』出版に先立ち、大正十年に黒龍会が出版した『日韓併合始末』の第二巻として収録。後に金正柱篇『朝鮮統治史料』第四巻（昭和四十五年七月　韓国史料研究所）に収録。

（3）第二十六代李氏王朝皇帝高宗。

（4）丁未七条約

（5）一九〇七年六月、オランダのヘーグで開催された第二回万国平和会議に韓国皇帝高宗の密書をたづさえた前参賛李相卨、前判事李儁、韓国ロシア公使館書記李瑋鐘が密使としてひそかに派遣された。彼らは会議場において乙巳保護条約の不当性を訴え、特にヘーグの万国記者協会において乙巳条約の無効と、日本の対韓政策を弾該し、会見に集まった各国新聞記者の流したニュースによって、国際世論は沸騰した。

この時、密使の会議参加資格をめぐって、密使持参の韓国皇帝信任状の真偽が問題となり、事務局が本国に照会の結束、高宗の否認によって、皇帝の信任状は偽物とされ、李儁はヘーグで憤死し、密使の試みは失敗した。

その後、事件は乙巳条約違反をたてまえとした、高宗の引きおろし工作に発展した。このとき、統監府の意を体した宋秉畯は、高宗の引きおろしの急先鋒として活躍し、特に閣議では、高宗に面と向ってその責任を追求し、譲位を要求した。

（6）川上善兵衛は簡単に「客死」と記しているが、『韓国独立運動史』には「参席が拒否されると、鬱憤にたえきれずに断食していた李儁は鬱憤が激して異城万里で憤死した。李儁は臨終の瞬間目を見開き『我々の祖国を救援して下さい。日本人は韓国を蹂躙しようとしています』と最後の言葉を残して死んでいったという」とあり、明らかに抗議の自殺である。

なお、李趙に同行した李相卨、李瑋鐘は、アメリカを経由してヘルシンキに向い、救国運動を展開した。

（7）高宗の譲位と純宗の就任

（8）一進会はその機関誌紙として『一進会々報』と『国民新聞』を発行している。『国民新聞』の原本は韓国に存在しないようで、趙恒来の前掲書には「筆者の寡聞によるものか分らないが、同報が所蔵されている所はない……その記事を引用することが出来ず、具体的な内容は分らない」という記述がある。顕聖寺には原本の綴じ込みがあり、ほぼ全期間のものを収めている。

（9）韓国々軍の解散には、軍人の多くの反対があり、それは川上善兵衛がここで記しているような小衝突や多少の反抗的暴動ではない。具体的には、日本官憲の数字によると、明治四十年八月、漢城における国軍解散式当日の衝突をはじめとして、地方に拡散していった反日の実力行動の参加人員は、四十年八月には約六千名、九月には八千名、十月には五千名、十一月には一万五千名、十二月には約一千名をかぞえた。以降、明治四十一年は九万名、四十二年には二万五千名、四十三年には二千名となっている。これを近代朝鮮史では韓末義兵運動と呼んでいる。

(10) 第二十七代李氏王朝皇帝純宗。

(11) ここにいう天佑侠の記録を具体的に確定することは出来ない。

(12) 明治四十年十二月、韓国皇太子李垠は日本留学をし、教育掛伊藤博文を従えて東京に赴き、翌年四月学習院に入学した。

(13) 日本皇太子の韓国訪問に際して、一進会が献上した朝鮮各地の物産に添えられた上奏文の改竄問題については、範之執筆の上奏文のどの箇所が改められたか、具体的には明らかでない。『日韓合邦秘史』上巻　三五八頁には、上奏文改竄問題についての記載があるが、内容的には本書と大差ない。

(14) 乙巳条約・ヘーグ密使事件・高宗の退位・韓国々軍解散等、一連の日本の対韓政策に反対した朝鮮民族の抵抗運動。この時、親日的旗色を鮮明にしていた一進会は、民族派の攻撃の的となった。これに対して、一進会は地方会員救援のために、自衛団を組織して地方会員を保護しようとした。各地における一進会会員の受難については、前出『大韓季年史』下巻参照。

(15) 李容九の邸は、当時漢城の物資集散地としてにぎわった麻浦の近く、現在の地名でいうと、ソウル市竜山区清岩洞にあった。家は漢江を見おろす高台の上にあり、「永慕亭」と呼ばれていた。口絵写真の背景としての建物は、邸にめぐらされた納屋の一つであろう。なお、武田範之が住職をつとめた瑞竜寺とは徒歩で行かれる距離であり、範之は永慕亭で日なが時間をすごすことが多かったという。

(16) 「沫血記」『黒龍』第七年一号（明治四十年五月）〜第八年二号（明治四十一年二月）に連載。

(17) 黒龍会発行の漢文雑誌『東亜月報』（『黒龍』の後身）と、中国革命同盟会機関誌『民報』を舞台に行なわれた論争。具体的には『東亜月報』第二号（明治四十一年五月）、同三号（明治四十一年六月）、同四号（明治四十一年八月）。『民報』二十一号（明治四十一年六月）、同二十三号（明治四十一年八月）に収録。武田範之と章太炎の論争についての概要は、高田淳『辛亥革命と章炳麟の斉物哲学』（昭和五十九年十一月　研文出版）を参照。

(18)　川上善兵衛『葡萄提要』(『明治農書全集』第七巻所収昭和五十八年十二月　農山漁村文化協会)

(19)　李晦光については、『韓国大人名事典』(新丘文化社　一九八三年)に次のようにある。

師璿、一八四〇〜一九一一　僧侶、号は晦光、姓は李、京畿道楊州出身。一九歳の時に雪岳山新興寺の定含により得度。一八六八年乾鳳寺の宝雲によって嗣法。乾鳳寺で教学を教え、多くの禅院で活句を参究。一九〇八年円宗宗務院宗正に推戴された。

(20)　宗務院については本書の記述以外に詳かなものは見当らない。

(21)　嘉会洞は秘苑の横にあり、侍天教本部のあったところ。

(22)　祥雲晩成は、顕聖寺第三十二世住職となった人。

(23)　この時、李容九は範之の沆瀣経に応ずる内容の「侍天教勧道文」を草したといわれている。なお、「侍天教勧道文」の所在は不明である。

(24)　『韓城私研』(明治四十一年一月　黒龍会)『日韓合邦秘史』下巻に収録。

(25)　天佑俠の時、鶏龍山麓の新元寺に一時滞在していたことをいう。

(26)　朝鮮における曹洞宗布教の拠点の一つとして、明治四十二年三月に創建された寺院。現在のソウル市竜山区元暁路一街(竜山警察署うら)には、一般住宅と化した本堂の建物のみ現存する。

(27)　この点については、上奏文が発表されたとき、語法・用字等が朝鮮的でなく、日本人の執筆になるものであることが指摘された。明治四十二年十二月七日付の「大韓毎日申報」の記事に、

其の文法は韓国文法ではないし、日本人の文法と同じであるから、きっと是は、日本人の手中から出たようである。其の無礼不敬の語句は、たとえ他国の臣であっても、このようなことは敢えてやらない。

という記述がある(前掲　趙恒来論文)。

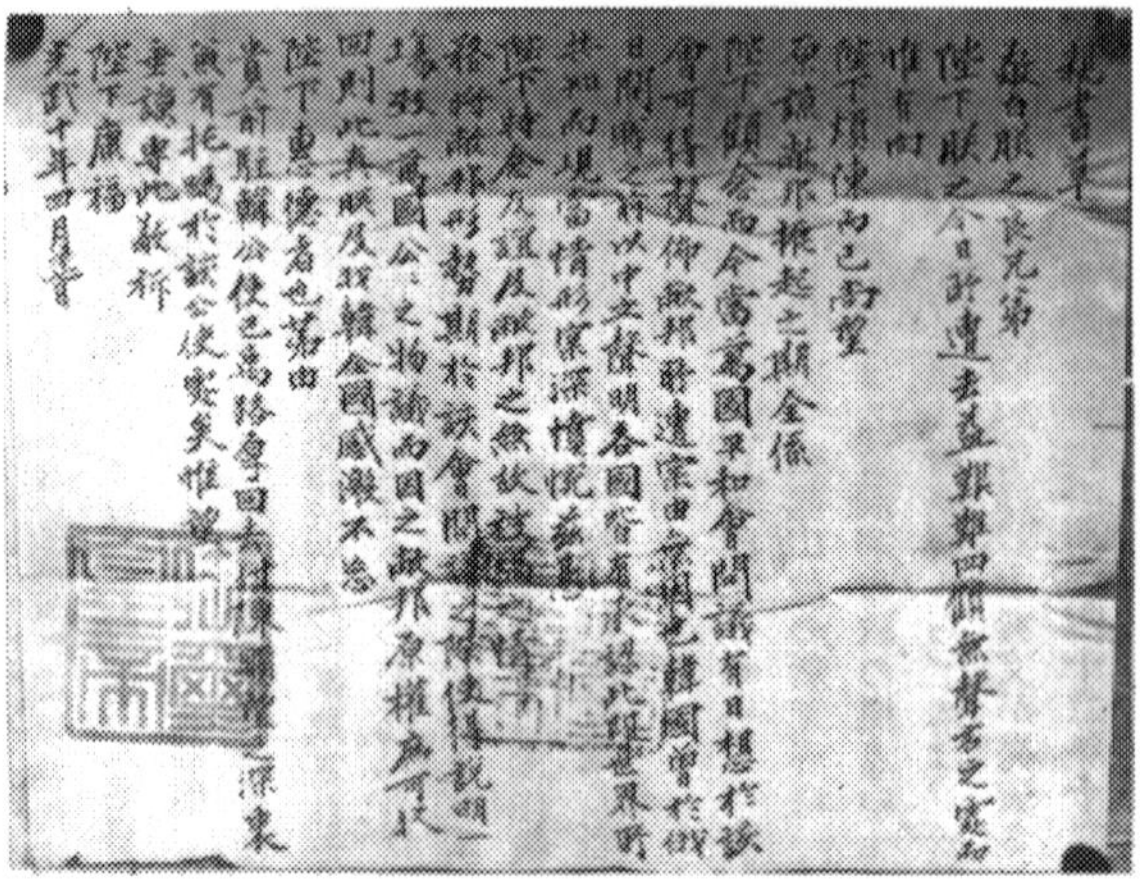

㉖　海牙の第二回平和会議に際し韓帝露帝に贈る副書

㉗　李容九宅に於ける自衛団援護会員と出張員との紀念写真　前列向って左より二番目武田範之　同三李嬢　同四李母堂　同五李容九　同六内田良平　他は同行出張員

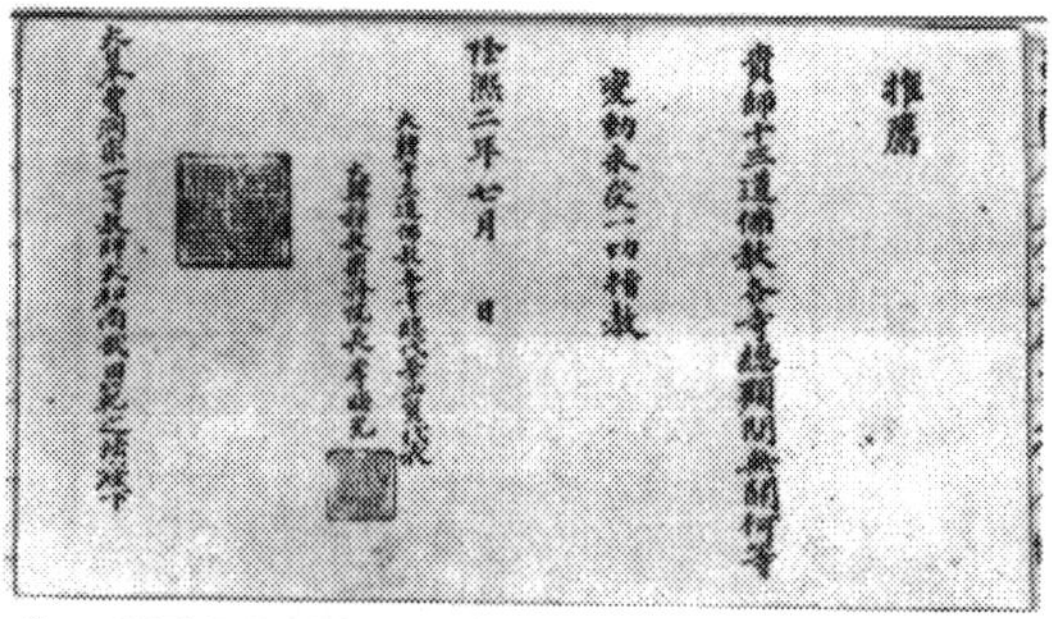

推薦

隆熙二年七月　日

⑱　韓国佛教総顧問推薦状

⑲　明治41年11月在京紀念写真　前列向って右武田範之　同左李容九　後列同右より著者　中崔永年　左通訳

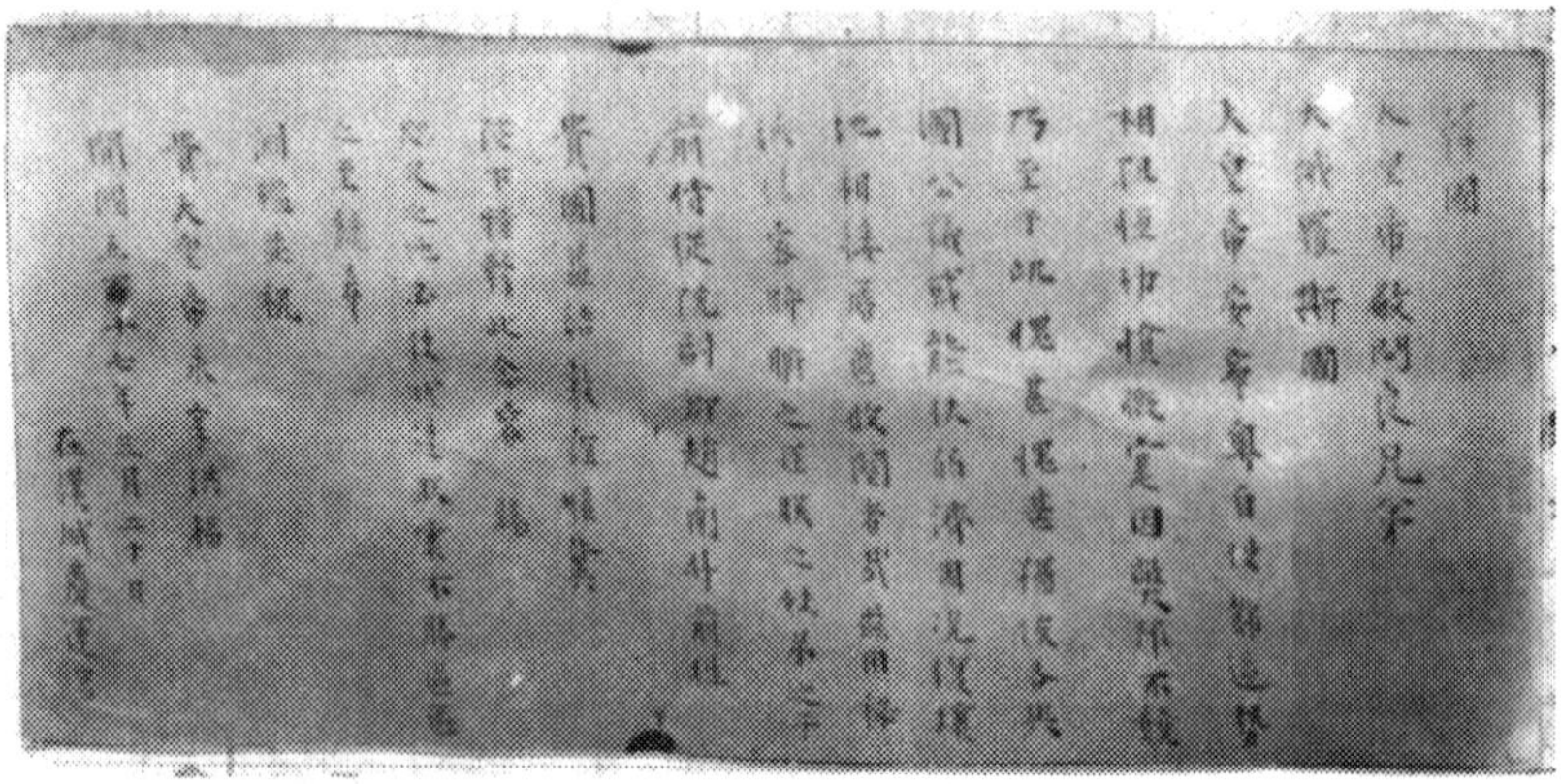

㉚ 韓国太皇帝露帝に贈る書

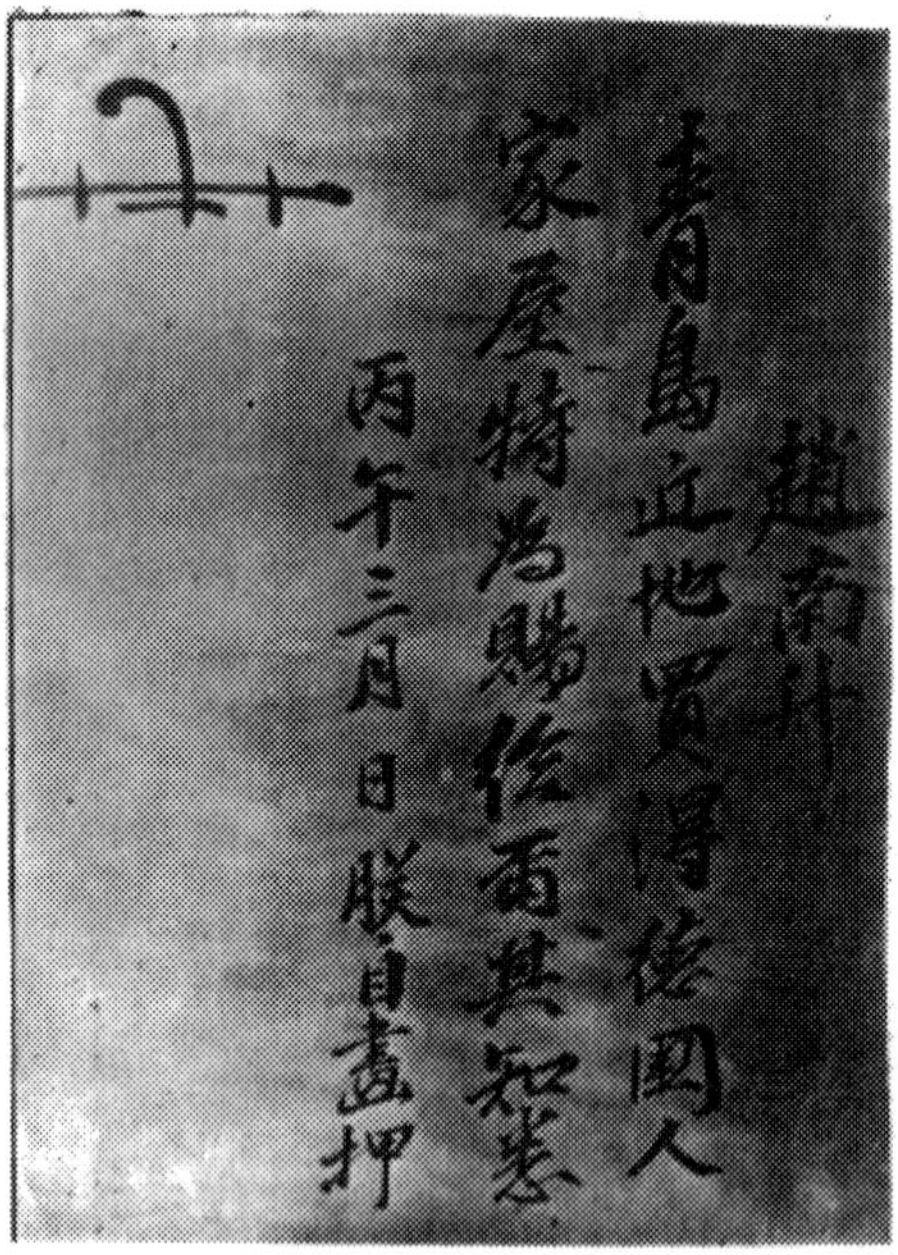

趙南升
青島近地買得德國人
家屋特為賜給爾其知悉
丙午三月日朕自畫押

㉛ 韓帝趙南升に与ふる親書

第九章　合邦提議

第一節　一進会の決議

一　一進会の臨時総務委員会

師三文の草案を携へて京城に到るや、極秘裏に李容九と相謀り之を公然表面化すべき時機を窺ひ居たりしが、十二月三日に至り一進会臨時総務員会を開き、決議して曰く四日開かんとする総会は、当に今夜午後七時を以てせんと、直に非常招集の命を発して定刻総会[1]を開く。各道支部代表者等会する者三百八十二人、会長李容九先づ日韓合邦提議の意見を演説し其賛否を議場に諮《はか》る、賛せざるもの僅に二人のみにして殆ど満場一致を以て議題を可決す。乃皇帝に上疏する書・統監に上つる書・内閣総理大臣に上つる書（原書凡て漢文）の提出を決するや、李容九は即時起草委員に総務委員崔永年と師を指名して之に任ず。師等別室に入り、師は先づ三文の草案を出して崔永年に示して曰く、草案玆に在り先生乞ふ之を批正せよと。崔永年は黙々読み了り潸々として涙を垂れ之を久うして曰く、一辞を賛すること能はずと、已にして又曰く、他の二篇は言を容るべきところ無し、唯上疏文一篇敝邦慣例有り願くは数字を改めて何如。曰く今我大韓国大皇帝の尊号、豈死戸の徒に生くるに非ずやは宜しく改めて今の　大韓国の形勢、豈之に似たること、無きを得ん乎《ヤ》に作るべし。曰く其宮に入りて其妻を見ずと、宮の字宜しく改めて室の字に作るべし。曰く既に辱しめられ且危うし死期将に至らんとす、妻其れ見ることを得可けんやと、死の字宜しく改めて危の字に作るべし、妻の字は宜しく改めて安の字に作るべしと。師曰く第一は是緊句にして他語の代る可きもの無し、第二第三は並に是聖語、尤も易ゆ可からずと。崔永年曰く然れども恐くは忌諱に触れんと、師乃之に従ひ即時崔永年の二男崔斑植を召して別室に就いて之を浄書せしむ、一夜にして三文皆成る、其訳文は左の如し（傍書は師の原稿）。

二　上　疏　文（原本漢文）（写真第三十二）

一進会長臣李容九一百万ノ会員二千万ノ臣民ヲ代表シ、誠惶誠恐、頓首頓首、謹ミテ百拝シテ大皇帝陛下ニ上言シタテマツル。伏シテ以ミルニ臣等之ヲ聞ク、人窮スレバ則本ニ反ル、故ニ憂悲愁苦スレバ、未ダ曽テ父母ヲ呼バズンバアラズ、疾痛惨憺スレバ、未ダ曽テ天ニ号バズンバアラズト。今陛下ハ我二千万同胞ノ父母ニシテ、而シテ我三千里疆ノ天也。是ヲ以テ敢テ天ニ号ブ所ノ者ヲ以テ之ヲ陛下ニ号ビ、父母ニ呼ブ所ノ者ヲ以テ、之ヲ陛下ニ呼ビタテマツル。臣等ノ分噫豈之ヲ陛下ニ呼号シタテマツルニ忍ビンヤ、唯願クハ陛下ノ至仁至慈ナル、聖聴ヲ不忠ノ言ニ垂レテ其辞説ヲ終フルコトヲ得サシメタマヘ。臣等ノ苦衷ハ実ニ死ヨリモ苦シキノ苦シミ有リ、何トナレバ死セント欲シテ死スルコト能ハズ、生キント欲シテ生クルコト能ハザレバ也。此レ唯臣等ニ在リテノミ独リ然ルニ非ズ、我二千万ノ同胞実ニ死セント欲シテ死スルコト能ハズ、生キント欲シテ生クルコト能ハズ。蓋シ夫今我大韓ヲ以テ之ヲ病人ニ擬センニ、命脈ノ絶エタルヤ既ニ已ニ久シ、臣等ノ之ニ呼号スルハ徒ニ死尸ヲ抱キテ慟哭スルノミ、人之ヲ未ダ死セズト謂ヘルハ徒ニ死尸ノ猶尚生ケルガゴトキヲ見ルノミ。今ノ我大韓国（大皇帝ノ尊号豈死尸ノ徒ニ生クルニ非ズヤ）ノ形勢ハ豈此ニ似タルコト無キヲ得ンヤ。外交何クニカ在ルヤ、陛下ノ旨ヲ以テ隣邦ト議ス可キ無キ也。財政何クニカ在ルヤ、陛下ノ志ヲ以テ下臣ト謀ル可キ無キ也。軍機何クニカ在ルヤ、陛下ノ威ヲ以テ諸ヲ寇盗ニ用ウ可キ無キ也。法憲何クニカ在ルヤ、陛下ノ仁ヲ以テ諸ヲ匹夫ニ加フ可キ無キ也。百官有司職ヲ分チテ政ヲ掌ル、其賢ヲ登《ア》ゲ良ヲ撰ブモノハ誰ゾヤ、陛下二千万同胞臣民ノ為ニ請フ之ヲ淵鑒シタマヘ。臣等二千万ノ同胞臣民ニ代リ請フ尽ク苦衷ヲ陳ベン、夫国民タル者ハ国ト与ニ生キ国ト与ニ死スルハ固ヨリ其所也。然レドモ屢々危急存亡ノ秋ニ遭ヒシニ、未ダ曽テ一タビモ皇詔ノ的確ニ国民ニ宣スルニ死守ヲ以テシタマヒシコトヲ聞カズ、陛下何ゾ早ク臣等ヲシテ国ト与ニ死セシメタマハザリシカ。陛下ノ至仁ナル二千万ノ同胞ガ胥ヒ共ニ溘死シテ孑遺有ルコト靡キヲ見タマフニ忍バセラレザルカ。朝ニ既ニ之ニ劓《ハナキ》ラレタニ又之ニ刖《アシキ》ラル、将ニ五刑ヲ具サニセラル、後ニ非ズバ則《スナハチ》即《スナハチ》死スルコトヲ許サレザラントス。譬ヘバ蚯蚓ノ蟻屯ニ困メラレテ熱沙ノ上ニ宛転セルガ如シ、其一踏殺ヲ願フヤ久シ。在昔西土ノ民其君ニ哀訴シテ曰ク、我ニ自由ヲ与ヘタマヘ否ラズバ則我ニ死ヲ与ヘタマヘト。臣等ハ豈敢テ自由ヲ求メンヤ、唯死生トモ唯陛下ノ命ノマヽ、ナランコトヲ請フノミ。陛下既ニ死ヲ賜フニ忍バセラレズ、豈亦生ヲ賜フニモ忍バセラレザルカ。二千万ノ同胞臣民ハ臲卼困極セリト謂ヒツ可シ。書ニ曰ク択ブコト帝ノ心ニ在リト、又曰ク玆《コレ》ヲ念フコト玆《ココ》ニ在リト、唯陛下之ヲ決択シタマヘ。易ニ曰ク石ニ困ミ蒺藜ニ拠ル、其室(宮)ニ入リテ其妻ヲ見ズ凶ト。甲午以降臣等熟々我国運ヲ察スルニ、毎ニ此爻象ニ泣ケリ、毋乃《ムシロ》天道ノ窮困至極セルカ、何ゾ人事ノ相周旋セザル。彼ノ日清兵ヲ交フル秋ニ方リテヤ、苟モ我ノ中正ニシテ惑ハザリシナランカ、宜シク北向ノ礼ヲ執リテ日本ト絶チシナルベシ。我若シ之ヲ以テ滅夷セラレンカ、世界誰カ亡国破家ナカラン、礼ヲ執リテ正命ニ死ナバ足レリ。太祖高皇帝ノ訓ニ曰ク北ニハ礼ヲ失ハザレ南ニハ信ヲ失ハザレト、祖訓ニ終始セバ其死モ亦栄ナラズヤ。我既ニ一夕忽爾トシテ五百年ノ礼服ヲ裂キ、飄飄乎トシテ自ラ独立ノ嘉号ニ眩セリ、石ニ困マザラント欲スト雖モ其レ得ベケンヤ。其一タビ日本ニ聴キ既ニ独立ヲ昌言セシヤ、我陸ニハ一塞兵無ク海ニハ一艦卒無シ、此レ豈国トシモ之レ名ヅクベケンヤ。宜シク一意日本ニ聴キ、更始一新シテ独立ノ実行ヲ期スベシ。而ルニ事此ニ出デズ却ツテ日本ヲ疑ヒ其徳ヲ二、三ニセリ。日本天皇陛下ノ寛仁大度ナル、我ヲ声討セズシテ克ク我ヲ弟撫シタマヘルモ、而モ我ハ唯毎事自ラ信ヲ失ヒシノミナラズ、実ニ太祖高皇帝ノ聖訓ヲ蔑棄シテ独リ其外交ノ詭変ヲ恃ミヌ、蒺藜ニ拠ラザラント欲スト雖モ其レ得可ケンヤ。故ニ国母ノ変アリテ山河憤ヲ含ムコトヲ致セリ、抑々亦誰ノ故ゾヤ。或ハ其国ヲ国トセズシテ而シテ俄館ニ租界ニ播遷アラセラレ、或ハ中立ヲ宣言シテ外交ノ巧妙ヲ喜バセラル。故ニ日俄和ヲ約スルニ先ヅ我ノ服属スル所ヲ定メタリ。而シテ我ノ外交権ヲ剝ガレシハ抑々亦誰ノ故ゾヤ、廷臣未ダ悟ラズ屢々詭計ヲ出シテ危機ニ万一ヲ徼倖シ終ニ以テ海牙事件ノ禅位委政ヲ挑発スルコトノ已ムヲ得ザルヲ致セリ。皆礼ヲ失ヒ信ヲ失ヒ自ラ招ケルノ寇ニ非ザルハ莫キ也。孔子曰ク困ムベキ所ニ非ズシテ困メバ名必ズ辱シメラル、拠ルベキ所ニ非ズシテ拠レバ身必ズ危ウシ。既ニ辱シメラレ且危ウケレバ危(死)期将ニ至ラントス、安(妻)ンゾ其レ見ルヲ得可ケンヤト。嗚乎臣等今ニ至リ斯死尸ヲ奉ジテ安クニカ適キ帰ランヤ、蓋シ其本ニ反ランノミ。曰ク礼ニ曰フ信ニ我祖訓ニ反ランノミ、誠ニ是ノ如クナラバ則外間ニ輿論ノ沸騰セル、日韓合邦シテ一大帝国ヲ新造スルノ議ハ、、二千万ノ同胞ガ始メテ死処ヲ知リ新ニ其生ヲ得ルニ庶幾カランカ。臣等請フ其由ヲ陳説セン、夫檀箕ハ邈タリ且《シバ》ラク尚論ゼザルノミ、之ヲ両国ノ史蹟ニ考フルニ其人族ノ二家ニ分ツ可カラザルヤ旧シ。日本兵ノ唐兵ト我白馬江ニ戦ヒテ敗績シ、百済終ニ以テ亡ビシニ及ビ韓日遂ニ各々其封疆ヲ守レリ。然レドモ使聘相通ジ農商相徙レリ、高麗元兵ヲ導キテ日本ヲ侵シ其辺民ヲ屠ルヤ、辺民怒リテ復讎ト称シ私カニ兵船ヲ艤シテ支那沿海ヲ侵掠シタリキ、我亦蔵トシテ其余毒ヲ蒙ラザルコト莫シ。是ニ於テカ始メテ和寇有リ。然レドモ我ヲシテ実ニ斥倭ノ風ヲ扇ガシメシハ壬辰ノ役後ニ在リ。若シ夫近代ニ至リテハ日本天皇陛下其天縦ヲ以テ開国ノ運ニ膺ラセラレ、万世一系ノ祖徳ヲ揚ゲ、二千五百年建国ノ鴻業ヲ丕ニシタマフ。其信其義山ノ如ク斗ノ如シ、我ノ清ニ没セザリシハ豈天皇ノ徳ニ非ズヤ、我ノ俄ニ入ラザリシハ豈天皇ノ仁ニ非ズヤ。而ルニ我尚未ダ斥倭ノ気ヲ戢メズ、毎ニ恩ニ報ユルニ怨ヲ以テシ徒ニ排日ヲ事トス。翻然トシテ之ヲ思ハバ豈禽獣ノ心ナラズヤ。幸ニ今我輿論ノ合邦ニ傾注セル。民彝ノ漸ク天ニ唾セシコトヲ覚レルヲ見ル可キ也。且夫往古漢唐ノ我君ヲ逐ヒ其郡県ヲ置キシヤ、山東ノ流民亡シテ我ニ入レル者ハ本土ニ関係有リシニ非ズ、督府ヲ開キ軍屯ヲ置クニ山海万里運転貲ハズ。前ニハ遠征ノ怨ヲ積ミ後ニハ黷武ノ譏ヲ受ク、故ニ武帝ハ汾河ニ歌ヒ太宗ハ魏徴ノ碑ヲ祭レリ。是ノ時ニ当リテ我半島ハ来降去叛ノ策ヲ秘シテ以テ自ラ保全シツ可キノミ。今ヤ然ラズ日本人ノ我土ニ帰スルモノ毎歳万ヲ以テ計フ、皆其本土ニ関繋有リ而シテ我民人ト利害相通ズルノ端日ニ繁シ矣。加旃《シカノミナラズ》政治経済運用皆其手ニ収メラル、此同居異治ノ勢ヲ以テ駸々トシテ六、七年ノ後ニ至ラバ、則将ニ漸ク新日本ヲ我韓土ニ建テントス。我韓民何ノ力カ善ク之ニ頡頏セン、以テ数十年後ニ陵遅スルニ至ラバ、彼ハ主ニシテ我ハ奴タラン、負フ者ハ韓ニシテ騎スルモノハ日ナラン。陛下独リ南面シテ大韓国大皇帝ト称シタマフト雖モ、新シク政ヲ出ダサセラル、コト無ケレバ、則何ノ手カ善ク自ラ陥ルトコロノ韓奴ヲ援キテ之ヲ日人対坐ノ地ニ置キタマハンヤ。之ヲ例スルニ欧米人ノ人ノ国ヲ亡ボセルハ、欧米人ノ之ヲ亡ボスニ非ズシテ、其国人ノ自ラ亡ビタル也。而ルニ怨咨シテ我梁ニ逝クコト毋レ、我笱ヲ発クコト毋レト曰フトモ、公法ハ威有リ矣。幸ニシテ我ト日本トハ本同族ニ出デ未ダ枳橘ノ迥異ヲ生ゼズ、今相鬩グコトノ未ダ甚シカラザルニ迨ビ、廓然其疆域ヲ撤シテ痛ク両隣ノ樊籬ヲ剗除シ、両民ヲシテ自由ニ一政教下ニ遊ビテ均シク同居同治ノ福利ヲ享ケシメバ、則誰カ弁ゼン此レハ兄ニシテ此レハ弟ナルコトヲ。矧《いわん》ヤ日本天皇陛下ノ至仁ナル、其我二千万同胞ヲ化育シテ、善ク同等ノ民タラシメタマハンコト必セリ矣。然ルトキハ則生キント欲シテ生クルコト能ハザリシ者、是ニ於テカ新ニ生ヲ得、死セント欲シテ死スルコト能ハザリシ者是ニ於テカ死処ヲ知ラン。祖本ニ反リテ礼義誠信ノ俗ヲ更始シ、保護劣等国民ノ名実ヲ蟬脱シテ一超シテ新大帝国世界一等民族ノ列ニ上ラバ曇華始メテ開キ景星鳳凰相見ルト謂ヒツ可キ也。此レ臣等二千万同胞ガ敢テ陛下ヲ後ニシテ己ノ利沢ヲ先ニスルニ非ズ、又君ヲ軽シトシ民ヲ重シトスルトコロノ意ニ非ズ。夫大韓ノ大韓タルコト能ハザリシハ其家珍ヲ珍トセザリシニ由ル、故ヲ以テ雲ノゴトクニ浮キ幻ノゴトクニ現ハレ、虚仮ニシテ一実無カリシ也。今自ラ省ミテ其本ニ反ランニハ唯礼ト信トヲ合セテ以テ之ヲ一方ニ専注スルノミ、矧ヤ日本皇室ナル者ハ剖判以来一胤ニシテ姓無ク、実ニ万国ノ匹無キ所ナルヲヤ。維我皇室幸ニ殊遇ヲ蒙ムリ日本皇室ト存亡ヲ倶ニシタマヒナバ、則五百年必絶ノ祀ハ却ツテ餤ヲ万世ニ続ギ、日本ト天壌無窮ナラン。此レ必至ノ菑孽ヲ以テ無上ノ景福ヲ転得シタマフ者ニ非ズヤ。故ニ臣等言念スラク合邦ヲ結成スルハ、檀箕四千有載不磨ノ大典ヲ挙ゲ、羅麗三千里疆不易ノ磐岱ヲ起ス所以ノ者ナリト。若シ夫協約ノ浮文ニ嬌リ日ニ自ラ不測ノ深淵ニ擠《オチイ》ランコトハ臣等取ラザル也。綢繆ハ須ク未ダ雨フラザルニ迨ブベシ、踆巡ハ臍ヲ噬ム所以ノミ、唯陛下二千万ノ民命ノ為ニ請フ速ニ大事ヲ決行シタマハンコトヲ。其新国ヲ欝興シテ東亜ノ局勢ヲ楷定シ、断金ヲ一天ニ利《トシ》クシ蘭臭ヲ万邦ニ和グルトコロノ盛徳大業ニ至リテハ、則陛下ト大日本天皇陛下ト其聖謨ヲ一ニシタマフノ致ス所、臣等何ゾ敢テ鴻図ニ賛セン。臣等二千万ノ民衆ニ代リ敢テ苦衷ヲ陳ス、唯仰ギ祝シテ云フ民人一等同列ノ福願クハ此ニ止マレト。臣李容九等額手翹足ノ赤誠ニ任フル無シ、臣李容九等誠惶誠恐、昧死昧死叩頭泣血、謹ミテ上聞シタテマツル。

隆熙三年十二月四日

一進会長　臣　李　容　九

同　　一百万人

三　曾禰統監ニ上ツル書

大韓国一進会長李容九等一百万ノ会員、大韓国二千万ノ民衆ヲ代表シ、恐惶頓首再拝シテ謹ミテ書ヲ大日本国天皇陛下ヲ代表セラル、韓国統監子爵曾禰荒助閣下ニ上ツル。伏シテ惟ミルニ貴大日本天皇陛下、誕《マコト》ニ天命ヲ膺ケ首トシテ宸極ニ出デサセラレ、鈞ヲ万邦ノ允ニ協ヘルニ乗リ枢ヲ東亜ノ時《コ》レ壅《ヤワラ》ゲルニ転ジタマフ。宏謨ハ天ノ如ク鴻烈ハ日ノ如シ於《あ》嚱《あ》韙ナル哉、今ヤ閣下鉞ヲ閫外ニ受ケ徳ヲ八垓ニ布キ、文武ノ化ハ沢草木ニ蒙ムリ頑嚚ノ民モ自ラ新タニセンコトヲ思ハザルモノ靡シ。此時ニ当リ李容九等抑々亦何ヲカ言ハンヤ。然レドモ今敢テ二千万ノ民衆ヲ代表シ以テ之ヲ閣下ニ訴ヘ、以テ必ズ饋声ノ天聴ニ達センコトヲ期スル者ハ、誠ニ以ミルニ邦家万世不抜ノ洪基ハ宜シク預メ之ヲ今日太平無事ノ際ニ建テザルベカラザレバ也。夫李容九等ガ昼夜寝ネズシテ以テ思ヒ、昼夜食ハズシテ以テ念ヒ、惕焉トシテ懼レ翻然トシテ悟レルモノハ、所謂日韓関繫ノ前途也。蓋シ夫安キモノハ之ヲ扶ケ、傾クモノハ之ヲ顚ジ、適者ハ之ニ生ジ不適者ハ之ニ滅ス。天演ノ理ハ今古ノ星転ニ明カニ、奔競ノ状ハ宇内ノ趨歩ニ審カナリ。而ルニ今我亜細亜ノ局面ヲ按ズルニ、寔ニ第二十世紀世界奔競ノ衝ニ当レリ。傾クモノ、顚ゼルコト洵ニ殷鑑ニ勝ヘザル有リ。嗚乎天下誰カ云ハザランヤ世界ノ文明ハ汽器ト日ニ新タニ電機ト並ビ進ミ、地ハ山海ノ阻ヲ喪ヒ人ハ遠邇ノ分ヲ絶チ、万国一室ニシテ四海同胞ナリ、各々福利ヲ享ケテ共ニ平和ヲ楽メリト。然リト雖モ利ノ在ル所ハ争ノ存スル所ナリ、欧米列国胥《アヒ》争ヒテ其国帑ヲ糜スルハ咸《ミナ》陸海軍備ニ均勢ヲ競フガ故ニ非ザルハ莫シ。其小弱ガ強大ノ為ニ呑マル、往々狼貪虎噬ノ如ク然ル者有リ、国ヲ其間ニ介スル者亦誰カ云ハザランヤ、輒々乎トシテ其レ危イ哉ト。天演ノ理ハ乃然リト云フト雖モ、若シ夫皇其極ヲ建テ其彝範ヲ叙スルニハ、宜シク是ノ如ク爪裂牙決ノ不仁ナルベカラザルカ、此レ豈世界文明上ノ一大恨事ニ非ズヤ。李容九等又反リ顧ミテ自ラ敝邦ヲ睠ミルニ道《イ》フニ忍ビザル者有リ、夫敝邦ノ地勢タルヤ東南ハ海ヲ貴邦ニ夾ミ以テ制海ノ天機ヲ隠括ス可ク、西北ハ壌ヲ二大ニ接シ以テ長白ノ地脈ヲ要扼ス可ク、三面ノ海ニ瀕セルハ以テ万方競進ノ要路ニ当ル可シ。乃其江湖ノ匯注スル所山岳ノ起峙スル所、風雨祥ヲ呈シ百穀瑞ヲ致シ、地下ニハ則金鉄無尽ノ宝蔵ヲ伏シ、水上ニハ則魚塩不貲ノ宝庫ヲ浮ベタリ。天斯ノ金城湯池ヲ以テ之ヲ二千万衆ニ附ス、二千万衆亦既ニ庶ナリ、何ヲ苦ミテ自ラ貧弱ニ泣キ自ラ奮ヒテ文明国民タルコト能ハザル。此レ抑々故アル也曰ク敝邦未ダ曽テ建国ノ国是ヲ定メザリシ也、未ダ曽テ経国ノ大本ヲ立テザリシ也。其国力ガ毎ニ強隣ノ勢ニ頼リ、其民生ガ終ニ久ウス可キノ計ナシ、小弱ニ膠株シテ自ラ剣去リ舷ヲ刻ムノ愚ヲ知ラズ。李容九等噫豈道フニ忍ビンヤ、若シ貴天皇陛下ノ至仁至徳ナラセラル、ニ頼ルニ非ザリセバ、則敝邦ノ沈淪シテ社稷墟ト為レルコト既ニ已ニ久シカリシナラン。敝君臣其レ復何ゾ天日ヲ今日ニ仰ギ、文明ヲ将来ニ望ムコトヲ得ンヤ。嗚乎敝邦ノ国ヲ開ケル悠遼ナラズトセズ、其治乱興亡ノ由リテ来ル所ヲ攷フルニ鑑ミ易キノミ。本朝ニ至ルニ迨ビ其年ハ五百ニシテ樹ツ所アルガ如シ、然レドモ亦実ニ大邦ニ臣事シ以テ纔ニ王位ヲ保チ、元傾ケバ則明ニ附キ、明亡ブレバ則清ニ附ク。清ノ我ヲ庇ハザル豈復其情ヲ払乱セザルヲ得ンヤ。李容九等噫豈復道フニ忍ビンヤ。故ニ国是ハ幻ノ如ク国本ハ雲ノ如シ、其レ将タ安クニカ一寘不移ノ根基ヲ建テ、宗社ヲ万代ニ保チ民生ヲ無疆ニ安ゼン。李容九等恐惶頓首謹ミテ按ズルニ、貴大日本天皇陛下一タビ清廷ヲ譲《セ》メタマフヤ、斡坤ノ神武ヲ奮ハセラレ、二タビ俄人ニ観《シメ》シタマフヤ旋天ノ霊機ヲ顕ハサセラレタリ。東瀛仙洲ノ桂芳ヲ揚ゲ寰宇強最ノ月冠ヲ被ムリタマフ、此レ陛下ノ広運天縦ニシテ受命違ハザルニ由ルト雖モ、抑々亦剖判象先ノ帝扆ヲ負ヒ天壌無窮ノ玄図ヲ廓ニシタマフニ由レルノミ。国本既ニ是ノ如シ噫嚱誰カ欽嚮セザランヤ、是ニ於テカ列国環視ノ間ニ在リテ敝邦ヲ保護シテ宗主ノ高義ヲ抗《ア》ゲ、赤子ヲ指道シテ委政ノ大綱ヲ提ゲシメタマフ。誠ニ夫天ノ其衷ヲ誘ヘルナリ、敝邦ト貴邦トハ利害既ニ已ニ相頼リ政教既ニ已ニ相和シ、所謂日韓関係ナル者ハ慶弔一家ナルヲ致セリ。此レ亦陰騭ノミ全ク人力ニ非ズ、宜シク此時ヲ以テ之ヲ両国ノ青史ニ照シ之ヲ宇内ノ大勢ニ鑑ミ、敝国ノ幻是ヲ破リ敝邦ノ雲本ヲ抜キ、我二千万衆ト更始シテ檀箕四千有載不磨ノ大典ヲ挙ゲ、羅麗三千里彊不易ノ磐岱ヲ起スベシ。今天下或ハ謂ハン明々タル協約天鑑ノ如キ有リ、何ゾ敝邦ノ安危ニ虞センヤト、此レ未ダ条約ナル者ハ死物ニシテ更改唯人ニ在ルコトヲ知ラザル也。夫国際関繋ナルモノ蓬々然トシテ気圧ノ高低来居スルガ如シ、離奇変幻シテ朝ハ夕ヲ謀ラレズ、若シ一朝両国相保セザルノ事情ヲ生ゼバ誰カ其空文ヲ恃マン。或ハ敝邦不幸ニシテ君臣中露ニ式微シ百姓黍離ヲ傷歌センニ、而モ協約ニ改廃セラレンカ尚何ゾ責貴邦ニ在リト曰ハンヤ。況ヤ列国競進ノ日夕ニ孔《ハナハ》ダ棘《スミヤカ》ナル、将ニ陰雨ニ綢繆スルニ遑アラザラントスルヲヤ。故ニ李容九等迺抗顔シテ曰ク、邦家万世不抜ノ洪基ハ唯宜シク之ヲ今日太平無事ノ際ニ建ツベキノミト。然ラバ則之ヲ建ツルコト如何、曰ク日韓合邦ヲ創立スルコト是也。此レ特々敝邦自保ノ為ニ爾カ云フノミニ非ザル也、実ニ維貴大日本帝国自衛ノ道也、特々貴大日本帝国自衛ノ道ノミニ非ザル也、両翼モテ身ヲ鼓シ両輪モテ輿ヲ行リ、陽ニハ以テ東亜ノ局勢ヲ支持シ、陰ニハ以テ世界列国ノ平和ヲ保任スル所以也。嗚乎敝邦ノ貴邦ニ於ケル四千有載交通絶エズ、或ハ離レ或ハ合シ或ハ睽争シ或ハ和親セリ。然リト雖モ種族本ヲ同クシ言語源ヲ同クシ、文字用ヲ同クシ習俗風ヲ同クシ、宗教趣ヲ同クシ学芸尚ヲ同ウセリ。況ヤ地理ノ相倚ル唯脣歯ノミナラズ、而シテ政治経済ノ利害一致シテ相離ル可カラザルコト、今日ノ如キヲ致セリ。固ヨリ支那・俄羅斯ノ劃スルニ長白ノ天限ヲ以テセルノ比類スベキニ非ザル也。若シ或ハ敝邦ニシテ而モ貴隣ニ孤ナランカ、猶鳥ノ隻翼ニシテ飛ブ可カラズ、車ノ片輪ニシテ行ク可カラザルガゴトケン、尚何ゾ樊籬ノ相撤ス可カラズト謂フコト之有ランヤ。嗚乎敝二千万民ノ天下ニ於ケルヤ其レ又何ヲカ思ヒ何ヲカ慮ラン、曰ク唯敝皇室ノ尊栄万世ナランコトヲ懐フノミ。曰ク唯民生福利ノ一等国ノ列ニ超入センコトヲ望ムノミ。是ヲ以テ李容九等恐惶頓首敢テ願フ大日本天皇陛下至仁至徳天涵海包アラセラレ、皇極ヲ無極ニ建テ、日韓合邦ヲ創成シタマヒ、敝君臣ヲ万々春ニ憫マセラレテ貴皇室宗臣ト一天ニ終始シ、永ク神聖無窮ノ徳沢ヲ蒙ラシメタマハンコトヲ。而シテ敝二千万ノ民衆ヲシテ公是斯レ定メ大本斯レ立テ、一超シテ聖域ニ躋リ普同シテ天慶ヲ享ケ湯池ニ瀛水ヲ灌ギ日精ヲ金城ニ輝カシメタマハンコトヲ。豈所謂檀箕四千有載不磨ノ大典ヲ挙ゲ、羅麗三千里疆不易ノ磐岱ヲ起スモノニ非ズヤ。在昔徳乙連邦分裂シテ法朗西ノ為ニ蹂藉セラレ、徳乙連邦統合セラレテ覇ヲ欧州大陸ニ称セリ、之ヲ分テバ弱木撓メ易キモ之ヲ合セバ強幹斧シ難キガゴトシ。冀フ所ハ新合邦ノ力之ヲ陽ニシテハ以テ東方治安ノ根帯ヲ深固ニシテ東亜ノ局勢ヲ支持シ、之ヲ陰ニシテハ天理人道ヲ標掲シテ世界列国ノ平和ヲ保任センコトヲ。欽ミテ斯帝命ヲ奉ジ確然トシテ万代ノ洪基ヲ開キ、以テ世界文明上ノ一大恨事ヲ銷シ、永ク彝範ヲ先進文明諸邦国ニ徇鐸セバ亦至慶至幸ナラズヤ。李容九等謹ミテ二千民衆ヲ代表シ中心ニ顒孚シテ敢テ天ニ籲ブ、唯閣下之ヲ採納シテ天聴ニ達セシメラレンコトヲ。李容九等恐惶頓首永淵ノ至誠ニ任フル無シ。

隆熙三年十二月四日

一進会長　李　容　九

同　　一　百　万　人

四　韓国内閣総理大臣李完用ニ上ツル書

一進会長李容九等一百万ノ会員二千万ノ国民ヲ代表シ、頓首再拝シテ議ヲ内閣総理大臣李完用閣下ニ上ツル。李容九等謹ミテ按ズルニ我大韓国ノ位寘ハ、大日本帝国ノ扶護ニ由リテ以テ其安全ヲ保チ、復杞憂ス容《ベ》キモノナキガ若シ。然レドモ之ヲ既往ニ推シ之ヲ将来ニ考フルニ、我大韓国ノ前途ハ脩路悠遼ニシテ転タ殷憂ニ禁エザルモノアリ。輓近宇内ノ大勢一変シ国際競争増々劇シク尤モ甚シク、之ニ勝ツモノハ興リ之ニ敗ルヽモノハ亡ブ、此レ天演ノ理必至ノ勢ナリ。印度・緬甸・爪哇・比律賓ノ亡滅セシ所以、安南・暹羅ノ傾覆セシ所以、支那ノ衰頽セシ所以未ダ嘗テ是ニ由ラズンバアラザル也。如シ甲午ノ役ニ大日本帝国ノ義克ク我急ヲ救ヒ、甲辰ノ役ニ大日本帝国ノ勇克ク我難ヲ排スル蔑《ナ》カリセバ、則我大韓国ノ宗廟社稷モ亦何ヲ以テカ今日アルヲ得ンヤ。我大韓国ノ今日アル一ニ大日本帝国ノ扶護ニ由ラザルハ靡シ、故ニ韓日協約シテ我外交・軍事・司法ノ三大権ヲ挙ゲ諸《コレ》ヲ大日本帝国ニ委任セリ。此レ亦我社稷ヲ保全シ其宗本ヲ扶持スル所以也。然レドモ我如《モ》シ斯協約ヲ恃ミ以テ太平無事ヲ万世ニ保ツ可シト謂フ者ハ、是今日アルヲ知リテ明日アルヲ知ラザル者ノミ、寧ンゾ知ラン宇内ノ大勢ハ日ニ動キ月ニ移リテ瞬時モ息マズ。若シ一朝東亜ノ平和破レ列国ノ均勢壊レ、以テ我大韓国ノ位置ヲ顚頓セシムルニ至ラバ、則君臣流亡シ社稷墟トナルノ虞商鑑遠キニ非ザル也。近ク緬甸ニ在リ、安南ニ在リ、爪哇ニ在リ比律賓ニ在リ。此レ李容九等ノ夙夜ニ殷憂シテ措ク攸罔《トコロナ》キ所以ナリ。李容九等上之ヲ天時ニ観テ下之ヲ人事ニ察シ、之ヲ我大韓国ノ前途ニ切スルニ、我社稷民人ヲ保全シテ永遠ナル可キノ道ハ唯日韓合邦ヲ実行スルニ在ルノミ。如シ別策有リトスル者ハ詭変ノ計ニシテ、時務ニ応ジ大道ニ中スル所以ニ非ザル也。請フ嘗試《ココロミ》ニ之ヲ論ゼン、李容九等愼《ツマビラカ》ニ大日本帝国ガ我ニ対スルトコロノ真意ヲ察スルニ、曰ク甲午、曰ク甲辰、未ダ曽テ其徳ヲ弐ニセズ方針一定シテ終始渝ルコト無シ。曰ク我韓国ノ社稷民人ヲ保全スル也、曰ク東亜大局ノ平和ヲ担保スル也。顒若タル其孚盎然タル其仁、迺《スナハチ》夫ノ天皇陛下ガ我皇帝陛下及皇太子殿下ヲ礼シタマフコトノ優渥ニシテ、恩愛瑩澈セルニ見テモ以テ見ル可シ。然ラバ則我大韓国ハ先ヅ今日ニ在リテ、我ヨリ之ヲ提言シ、君臣上下徳ヲ一ニシテ疑ハズ、以テ大日本天皇陛下ニ倚頼シテ合邦ヲ組成シ、日韓一家トナリ、我皇室ヲシテ永ク万世ノ尊栄ヲ享ケシメ、我人民ヲシテ共ニ一等ノ班列ニ躋ラシメ、而シテ我ノ信誓モ亦皦日ノ如クナル有ラン。大日本天皇陛下ノ誠ヲ推シタマフコト彼ノ若クナル、我社稷ニ於テカ必ズ天壌無窮ノ栄有ラン、我人民ニ於テカ同化日昇ノ寵有ラン。両翼モテ身ヲ振ヒ両輪モテ輿ヲ扶ケバ、何ゾ邦権ノ或ハ振ハズシテ東亜ノ局勢ノ担保スベカラザルコトヲ致スヲ憂ヘンヤ。夫我ト日本トハ地理上相一致セル也、人種上相一致セル也、歴史上相一致セル也、宗教上相一致セル也、文学上相一致セル也、風俗上相一致セル也、経済上相一致セル也、政治上相一致セル也。之ヲ分タバ弱木撓ムベキモ、之ヲ合セバ儼然タル一大雄邦ナラン、況ヤ日本ハ既ニ先ヅ世界一等国ノ列ニ超入セルヲヤ。在昔徳乙連邦分裂シテ法朗西ノ為ニ蹂藉セラレ、徳乙連邦統合セラレテ覇ヲ欧州大陸ニ称セリ。今者日韓合邦ナル者ハ我社稷民人ヲ保全シテ以テ東方安寧ノ根帯ヲ深固ニシ、亜細亜局面ノ平和ヲ担保シテ宇内ノ大勢ニ順応スル所以也。今ヤ我大韓国ノ位置ハ既ニ定マレリ、大日本国ノ誠信既ニ我二千万ノ民衆ニ感孚セリ。而シテ世界列国ノ日韓関繫ヲ認容セル決シテ議ヲ其間ニ挾ムコトナシ、振古無前ノ鴻業ヲ勳策スルハ唯此時ヲ然リト為ス。謹ミテ二千万ノ民衆ヲ代表シテ議ヲ閣下ニ上ツル。閣下請フ百僚ヲ代表シテ之ヲ天陛ニ執奏セラレヨ、閣下モ亦班ニ台閣ニ首トシテ鈞衡ヲ秉持セラル、其邦家安危ノ決ニ於テヤ必ズ感ヲ李容九等ノ血衷ニ同ジウセラレン。李容九等芹誠ノ至リニ任フル無シ。

隆熙三年十二月四日

一進会長　李　容　九

同　一　百　万　人

五　一進会の声明書

同日一進会は一の声明書を発表す、其大意は、

甲午ノ年日清戦役ニ依リテ韓国ハ独立シタレドモ、政治乱レテ好誼ヲ排シ、又日露戦争ノ因果ヲ作リ、又日本ニ依リテ平和ヲ維持セラレタルモ、此善隣ノ主義ニ心従セズ、反ツテ朝秦暮楚ノ弊ヲ生ジ保護条約ヲ成立スルニ至レルハ、韓国人ノ自ラ招ケル所ナリ。而シテ海牙問題ヲ生ジテヨリ事情一変、更ニ哈爾賓ノ変ヲ生ジテヨリ日本ノ輿論沸騰シ、対韓政策ノ根本的解決ヲ主唱スルニ至レルモ、亦我韓人ノ自ラ取ル所ナリ。外交ハ既ニ譲与シ、財政・軍機・通信・法案何レカ我ニ在ル。故ニ日本輿論ノ主唱セル根本的解決ノ問題ニ対シ、我　皇帝陛下ト大日本　皇帝陛下ノ天聴ニ上徹スルノ精誠ヲ以テ哀訴シ、一大政治機関ヲ成立シテ二千万民ハ同等ノ伍列ニ立チ[2]、一新回甦セバ前途ノ快楽ト他日ノ活躍ヲ得ベキハ確然明瞭ナリ。今日訴求スルハ、宗廟社稷ヲ永奠シ、民族ヲ安堵セシメントスル一片ノ公心ニ出ヅルナリ、之ヲ我二千万民ニ警告セントシテ此旨ヲ声明ス。

此声明書は韓国今日の現状は日本帝国と合邦して、以て其社稷と民族を保全永続するの外には一の国策無きを述べたるものにして、言々悲愴を極めたり。

第二節　合邦提議後の行動

一　一進会の上疏及上書の始末

十二月四日一進会が鄭呈したる上疏文と李内閣総理大臣に宛てゝ提出したる上書は、十二月八日まで何等の沙汰も無かりしが、七日統監府に於ける内閣会議の際統監が却下せよとの言に由りて却下せられたるが、李容九は八日再び提出したるに九日再び却下せられ且李容九を召致して公会・集会・演説会及檄文等を頒布することを禁ずる旨を命ぜられたり。而して李容九は十六日に至り三度之を提出したるも三度却下せられたるが、李容九は思ふところ有り更に屈せずして遂に四度提出したるが此に至つて却下せられざるに至れり。又曾禰統監に上つる書は李容九自ら齎して統監府に至る、次日統監李容九を招見し戒告して曰く須く自重謹慎して命を待つべしと。

二　師の合邦日鈔

師は十二月四日より同八日に至るまで一進会の合邦日鈔(漢文)を草す、当時の実況を詳悉するを以て之を訳載す。

十二月四日　昨日我会臨時総務委員会ヲ開キ決議シテ曰ク、明日ノ総会ハ当サニ今夜ノ下午七時ニ於テ密ニ非常招集ノ命ヲ伝フベシト、下午六時ニ及ンデ副会長洪肯燮ヲシテ政見委員十人ヲ率キテ政見研究会ニ赴カシム。洪肯燮疾ト称シテ出デズ、七時総会ヲ開ク、各道ノ支部代表者等会スル者三百八十二人、会長李容九日韓合邦ノ意見ヲ演説シテ賛否ヲ決ス、手ヲ挙ゲザルモノ二人ノミ、乃皇帝ニ上疏シ、統監ニ上書シ、内閣ニ呈議スルコトヲ議決ス。即時会長総務員崔永年ヲ指名シテ起草委員ニ任ジ並ニ合邦声明書ヲ作ル。天明クル頃皆就ル。是ヨリ先三派提携ノ成ル也《ヤ》、大韓協会独立声明書ヲ作リ、三派合同政見研究会ヲシテ会名ヲ以テ発表セシメント欲ス、西北学会ノ鄭雲復聴カズ。是ニ於テ大韓協会恣意之ヲ大韓新聞ニ発表シテ以テ同意ヲ我会ニ迫ル、我会答フルニ三日研究会上ニ於テ決答スベキヲ以テス。故ニ其十人ヲ派遣シテ産業声明案ヲ提出ス、議長大韓協会ノ呉世昌・鄭雲復ノ中ニ処テ妥協ノ契セザルヲ怒リ、政見会解体シテ三派提携破ル矣。蓋シ政見会破ル、ノ時ハ則我会合邦議決ノ時ナリ矣。初メ我総会当ニ明上午八時ヲ以テスベシ、然レドモ政府我会員ヲ買収シ、内ヨリ紛起シテ我決議ヲ破リ、若シ暴動流血セバ以テ治安ニ害アリト為シテ我会ヲ解散スルノ計有リ。故ニ非常招集ヲ以テ其計ヲ齟齬スル也。又政府ノ宮内府祇候官閔泳韶ヲシテ明五日ヲ以テ演説会ヲ開キ、国民大会ト名ヅケ、中枢院議長金允植ヲシテ我民会ヲ駁論セシムルノ計有ルコトヲ偵知ス、蓋シ以テ我会員ヲ激シテ動乱セシメ、解散ノ機ヲ招カント欲スル也。

此日昧旦我会国民新報ノ附録ヲ以テ合邦声明書ヲ広佈シ、合邦上疏及議ヲ内閣ニ郵呈シ、会長李容九ハ躬ラ総務員二名ヲ率キテ統監邸ニ詣《イタ》リテ上書ス。統監佐竹秘書官ヲシテ言ハシメテ曰ク事極メテ重大ナリ矣、須ク訳読熟慮スベシ宜シク慎重自持スベシ或ハ軽動スルコト勿レト。

大韓協会ノ尹孝定・呉世昌・權東鎭等、合邦声明書ヲ読ンデ大ニ驚キ皆会長金嘉鎭ノ宅ニ馳セ集リ、鳩首凝議シテ計ノ出ヅル所ヲ知ラズ、鄭雲復往イテ之ヲ見ル、衆議ニ曰ク日本若シ合邦セント欲セバ則今一進会ニ反対スルハ得策ニ非ザル也、何トナレバ他日我党拠ル所ヲ失ハン矣、寧ロ唯内閣ヲ攻撃スルヲ以テ名ト為シテ而シテ起タンカト。適々大垣丈夫[3]来会シテ曰ク、吾統監邸ニ詣ル統監事有リ石塚総務長官ヲ見ル、長官曰ク合邦ノ挙ハ児戯ノミ然ラバ則現内閣ヲ援クルニ如カザル也ト。遂ニ議決シテ曰ク合邦ハ尚早シト。蓋シ合邦ハ我ヲ意贅スル也、尚早ハ則政府ヲ口援スル也。

侍従嚴東桂ナル者ハ我会員也、窃ニ声明書ヲ懐ニシテ太皇帝陛下ニ上ツル、陛下垂覧シテ曰ク朕以テ心ヲ安ンズ可シト。

西北学会ノ鄭雲復既ニ週前ニ在ツテ統監ニ上書シテ曰ク、我学会志一進会ニ存スト。意フニ大韓協会ニ在ラズ、然レドモ学会ニハ学会令ノ在ル有リ焉、唯当ニ厳正中立ヲ守ルベシ、此ニ至ツテ急ニ一政社ヲ組織シテ我会ニ応ゼント欲ス。

李総理往《サキ》ニ高度相ヲシテ日本ニ之《ゆ》キ桂首相ニ大阪ニ見エシム此日還ル、李総相躬ラ二、三ノ大官ヲ率キテ之ヲ水原ニ迎フ。

五日　憲兵我会ヲ警護ス蓋シ本部ノ命也ト云フ、警察モ亦我ヲ警護ス統監ノ命ニ非ザル也。

統監会長李容九ヲ召ス李容九往イテ之ニ見ユ、統監辞色頗ル厲シ然レドモ戒飭ハ前日ニ異ナラズ、唯附加シテ云フ或ハ日本ノ群小輩ニ欺カル、コト毋レト。

李総理・趙農相統監ヲ訪フ、下午李総相邸ニ大臣秘密会議ヲ開ク。

国民大演説会開会ス、国民ニ非ザル也大官也、観光団一転シテ而シテ国是遊説団ト為ル。高義俊李総相ノ内意ヲ領シ其事ニ当ル、是ニ至ツテ元老・諸大官・縉紳諸《コレ》ヲ歴説シ、演説会ニ臨ミ冒スニ国民大会ノ名ヲ以テス。我会員傍聴スルモノ数名ノミ、大韓商務組合総裁李學宰傍聴席ニ在リ立ツテ反対演説ヲ作シ嘲罵シテ而シテ去ル。幹事○○(不明)任ヲ受ケズシテ而シテ去ル、聴ク者有リ相語ツテ曰ク此演説会ナル者ハ内閣弁護会ノミト。大韓新聞之ヲ夸説シ且曰ク、侍天教長朴衡采感激涕泣シ覚エズ叫ンデ曰フ一進会ナル者ハ国賊也ト、朴衡采ハ今現ニ教務ヲ視テ慶州ニ在ルヲ知ラザルナリ。然レドモ会場実ニ叫ブ者有リテ曰ク、吾ハ一進会員也今日退会ス矣ト、之ヲ査スレバ其実会員ニ非ザルモノ也。或ヒト曰ク李総相其レ狼狽セル哉、稠人中弁士ヲシテ排日ノ辞気ヲ出ダサシム、豈国是遊説団ノ本旨ヲ忘ル、者カト。

六日　李総相ハ人ヲシテ大韓毎日申報ヲ誘ハシメ啗ハスニ五千金ヲ以テシ、一斉ニ外教徒ヲ起タシテ合邦ニ反対セシム、聴カズ。又天道教主孫秉煕ヲ誘ツテ曰ク、合邦ハ吾ガ素志也吾実ニ之ヲ賛成セント欲スル也、然レドモ李容九ナル者ハ吾敵也故ニ力ヲ極メテ其成ルヲ妨ゲザル可カラザル也ト。又趙農相ヲシテ金ヲ大垣丈夫ニ齎ラシテ日本人間ニ周旋セシム。

七日　統監邸ニ大臣定例会及参与官会議ヲ開ク。

我会総会ヲ開キ新ニ副会長ヲ票選ス、評議長金澤鉉当選ス、評議長ニハ総務員尹定植当選ス。是ヨリ先副会長洪肯燮頗ル会員ノ望ヲ失フ、前国民新報社長韓錫振モ亦新国民社長崔永年ニ快カラズ、是ニ至ツテ李総相高義俊ヲシテ誘フニ利ヲ以テセシム、曰ク洪三千円、韓二千円ト二人遂ニ以テ退会スル也。

京城内外屢々訛伝ス李容九刺客ノ為ニ狙撃セラルト、京外ノ会員相議シテ数千人ヲ近郊ニ屯シテ以テ不虞ニ備ヘンコトヲ請フ。李容九曰ク統監ノ命有リ敢テ或ハ軽動スルコト勿レ、衆ヲ以テ自ラ備ヘバ事ヲ慎マザルニ嫌アリト、乃止ム。

八日　李総相邸ニ内閣会議ヲ開キ、我会ノ合邦上疏文及建議ヲ封還ス（合邦日鈔終）。

三　合邦提議後の報告

十二月六日師が予に与ふる書中、去ル四日ノ朝晴天ノ霹靂大騒ト相成リ居候云々と続いて八日の書は左の如し。

謹啓山中法王ノ位ヲ捨テ、乞食坊主トナリ、三年コノカタ○○（不明）辛苦セシ甲斐アリテ、開闢以来未了ノ公案タル日韓関繋ハ方ニ根本ヨリ解決セラル、ノ時機ニ到達仕リ候。只今閑ヲ愉ミテ国民新報第一千七十二号五葉丈御送リ申上候間、海東翁ヲ始メトシテ朝野ノ縉紳諸公間ヘ国論ヲ喚起セシメ被レ下候様御尽力奉レ願ヒ候。最早当方ハ大丈夫ニ御座候、即日本ノ為スマ、ニ処分ヲ相待チ申シ居リ候、要用ノミ草々不尽。

此書中国民新報一千七十二号には上疏文及上書・建議等所謂合邦に関する三文を掲載したるものにして、海東翁とは松方正義侯なり、其他の縉紳とは予が知己たる東久世通禧伯・石黒忠悳子・松岡康毅男等を暗示するものたり、故に予は次年二月（二月は病中）之を各所に持参して事情を訴え其援助を乞へり。

十二月十日内田良平に代り山縣公爵・桂首相・寺内陸相・亀井韓国警視総監等に上つる同文報告書（邦文）約三千余言なるが本書の主旨は次の合邦提議の真相と大同小異なるを以て之を節す、而して之に次いで内田良平に代りて合邦提議の真相（邦文）を草す。

合邦提議ノ真相

抑々日韓合邦問題提出ノ真相ハ初メ三派合同④ノナルヤ、大韓協会ハ其志一進会ノ力ヲ仮リテ内閣ヲ奪ハント欲スルニ在リ、合邦ハ其志ヲ達スルノ手段ニ供セントスルニ過ギズ。西北学会モ其志ハ驥尾ニ附シテ五百年間杜絶セラレシ西北人ニ仕官ノ門ヲ開カント欲スルノ中情ヨリ出ヅ合邦ハ其志トスル所ニ非ズ。故ニ二者皆内閣ヲ奪フノ目的ヲ以テ一進会ニ和同セルモノニシテ真ニ一進会ノ目的ニセルモノニハ非ザルナリ。彼等ハ内閣ニシテ奪フヲ得ベクバ如何ナル手段ヲ取ルモ択ブ所ニ非ズ、李完用ガ現内閣ヲ維持スルニ努力セル亦如何ナル手段ヲ取ルモ固ヨリ択ブ所ニ非ザルガ如シ。而シテ手段トセル合邦ノ行ハレシ後ハ、内閣ナルモノ、運命ノ如何ナルベキヤヲ研鑽スルニ遑アラズ。其心事ヲ読メバ皇室モ廃スベシ、万姓モ売ルベシ、一ノ己等ガ権勢ノ府ノミヲ存スレバ可ナリ、民心ノ如キハ固ヨリ恤フル所ニ非ズ。此レ一進会ガ六年間ニ在リテ民党ヲ組織シ、保護条約ノ訂結ヲ掩護スルニ人民ノ生命財産ノ保護ト、皇室ノ尊栄トヲ標榜シ卓然トシテ時流ニ抜ンデシ所以ナリ。

是ノ如ク一進会ハ保護条約ナル霜ヲ履ミシニ当リ、合邦ナル堅氷ノ必ズ至ルベキヲ予期セリ。故ニ合邦ハ其目的ニシテ内閣ヲ奪フト否トハ其手段ニ供セントセルニ過ギズ、且直接統治ノ下ニハ内閣ノ必要ナキヲ認メタリ。然ルニ他ノ二派ハ内閣ヲ取ルヲ目的トシ、合邦ハ其手段ニ供セントセルニ過ギザレバ、三派ノ合同ハ根本ニ於テ既ニ分裂ヲ兆セリ。此弱点ニ乗ゼル李完用内閣ハ死力ヲ出シテ三派ヲ分裂セシメントシ、其機ヲ察セル一進会ハ遷延ノ機ヲ失フベキヲ虞レテ一日モ早ク事ヲ首メントセリ、此レ李容九ガ宋秉畯若《モシ》クハ野生ガ渡韓ヲ促シテ頻々タリシ所以ナリ。野生入城ノ後大韓協会ガ既ニ李完用ニ煽動セラレ、西北学会ガ学会令ニ絆サレテ公ノ政治運動ヲ辞シ、遂ニ三派提携ノ補綴スベカラザル勢アルヲ見テ、寧ロ三派絶縁ノ後利導スルノ可ナルヲ悟リ、大韓協会・一進会ノ両会ト西北学会ノ個人ヨリ成レル政見研究委員会ニ大韓協会ノ提出セシ声明書ニ対シ、本月三日ノ夜ヲ以テ開会スベキ委員会ニ於テ、一進会ガ決答ヲナスベキヲ予約セラレアルハ、野生其決答ヲ待チテ勢ノ趨ク所ヲ確メ、而ル後一進会ガ提議セントスル合邦問題ノ発表当否ヲ決シ、以テ彼等ヲシテ過誤ナカラシメンコトヲ期セリ。然ルニ其三日ノ夜野生ハ李容九・鄭雲復等ト清華亭ニ会スルノ約ヲ履ミテ、午後五時ノ期ヲ愆《アヤマ》ラズシテ臨席セシモ、李容九ハ来ラズ、待ツコト一時間余ニシテ始メテ来レリ、且曰ク合邦ノ議ハ今夜総会ヲ開キテ議ヲ決シ明日ヲ以テ文書ヲ提出スベシ、否《シカ》ラザレバ政府ノ為ニ妨害セラレ竟ニ発表スルヲ得ザルニ至ラント。其故ハ大韓協会ハ一進会ガ決答ヲ与ヘシ後ニ非ザレバ、発表スベカラザル声明書ヲ二日ノ朝已ニ分佈シテ、既ニ断絶ノ意ヲ暗示セシノミナラズ、政府ハ一進会ガ四日ニ総会ヲ開クコトヲ探知シテ、予メ買収セシ一進会員ヲシテ其総会ニ内訌ヲ紛起セシメ、以テ決議ヲ不可能ナラシメ、若シ決議ヲ遂行セントセバ互ニ相格闘シテ血ヲ見セシメ、以テ口実トシテ解散ヲ命ズベク、而シテ六日ヲ期シテ李完用ガ機関タル国是遊説団ヲシテ国民大演説会ヲ開キ、一進会ヲ痛撃スベキ方略ヲ立テタレバナリ。故ニ明日開クベキ総会ヲ今夜ニ開キ、彼ノ計画ヲ齟齬セシメザルベカラズト云フニ在リ。而シテ非常招集ハ既ニ行ハレ、十三道ノ各代表会員八十余名ヲ合セテ参百余名ノ会員、既ニ本部ニ集屯セリト云フ。野生ハ此卒然タル李容九ガ独断ノ挙ニ出デシニ遭ヒ、愕然トシテ耳ヲ掩フニ暇ナキノ感アラシムルト同時ニ、一進会独立提議ノ薄弱ナルヲ危ミシニ、李容九ハ予メ大韓協会ノ一致セザルベキヲ察シ、各道儒生ノ有力者三十余名ヲ同意セシメ、既ニ各地ノ儒生連合ノ策ヲ取リ、又褓負商団体ノ首領李學宰ヲ賛成セシメテ三百余名ノ有力者ヲ選抜シ、既ニ部署ヲ定メテ応援ノ準備ヲ整ヘ、且基督教徒ノ有力者ヲ引キ、合邦発表ノ後教徒ノ紛擾ヲ生ゼントスルアラバ、卒然トシテ一党ヲ作リ一進会ニ賛成ノ意ヲ発表セシムルノ契約ヲ立テシメタリ。而シテ西北学会ニハ既ニ中立ヲ守ラシメ陰ニ鄭雲復・崔錫憂等ニ翼賛スル所アラシム。故ニ李容九ハ大韓協会ガ国是遊説団ト一致シテ、政府ト気脈ヲ通ジ来ルトモ恐ルヽニ足ラズ、天下翕然トシテ合邦ニ賛成セシムルヲ得ベシト確信セリ。此レ李容九ガ政府ノ秘計ヲ探知スルト共ニ、猛然独断的ノ行動ヲ取リテ機先ヲ制セシ所以ナリ。事此ニ至レバ野生ハ既ニ逡巡スルノ余地ヲ存セズ、遂ニ直ニ委員ヲ三派委員会ニ出席シテ断絶ヲ決セシメ、清華亭ニ来会セル鄭雲復ニ形勢ノ急迫セル状態ヲ告ゲ、李容九ノ一進会総会ヨリ帰来スルヲ待テリ。李容九ハ直ニ総会ニ赴キ、合邦ノ議ヲ提起シ、満場一致ヲ以テ之ヲ可決セシメ。再ビ清華亭ニ来リ野生等ト協議ヲ重ネ、直ニ散退シ徹宵シテ文書等ヲ繕成セリ。即四日ノ晨朝ニハ先ヅ合邦ノ声明書ヲ公佈シ、書ヲ内閣ニ郵呈シテ上疏ノ長書ヲ陛奏セラレンコトヲ請ヒ、又躬ラ統監邸ニ上リテ其上書ヲ手授シタリ。

野生(内田)ハ風浪ニ隔テラレテ期ニ後ル、コト一日、李容九ハ機ヲ察シテ期ニ先ダチシコト一日、準備未ダ整ハズシテ事倉皇ニ発セシモ、内閣ハ其機先ヲ制セラレシガ為ニ大ニ驚キ、李完用ハ五日ノ朝高永喜ガ日本ヨリ帰ルヲ水原ニ迎ヘ、同夜ハ秘密会議ヲ開キ、七日ニハ統監部ニ大臣会議ヲ開キ夜ニ入リテ上疏ヲ却下シタレバ、一進会ハ同夜再ビ総会ヲ開キテ願書ヲ再呈スルコトヲ決議シ、且李完用ニ買収セラレシ副会長洪肯燮ノ退会ヲ許シ、票選ヲ以テ金澤鉉ヲ副会長ニ尹定植ヲ評議員会長ニ新任シ、死ヲ以テ願意ヲ貫徹センコトヲ誓ヒ、八日ハ万人疏ノ旧例ニ拠リテ再ビ上疏ヲ郵呈シタリ(万人疏ノ旧例トハ、六タビ却ケラル丶モモ七タビニ至レバ上覧ニ達セザルヲ得ズ)。而シテ李完用ハ予定ノ如ク反対者ノ気焰充分ニ揚リ、一般賛否ノ程度判明ナルヲ俟チ、其同意者ノ各団ヲシテ一斉ニ蜂起セシメ、一挙シテ反対大多数ノ実ヲ示サントセリ。然ルニ機漸ク熟セントスルニ及ビ、昨九日ヲ以テ統監ハ一般ノ集会演説ヲ禁ジ、併セテ宣言書類似ノ頒布ヲ禁ゼラレタレバ玆ニ小違算ヲ生ジタリ。加之当地ニ於ケル日本人ナル新聞通信員等ガ、予メ合邦ノ大事ヲ諮ラザリシヲ恚《ウラ》ミ、流言ヲ放チ浮説ヲ煽ギテ日韓両国人ヲ惑乱セシメントセリ。故ヲ以テ計画ヲ変ゼザルベカラザルニ至レリ。之ヲ以テ新計画ヲ定ムルノ間ハ銃ヲ裹《つつ》ミテ故ラニ慎重ノ態度ヲ持シ、京外会員数千名ノ京外ニ於テ大会ヲ開カンコトヲ要請セルスラ以テ不穏ナリトシテ之ヲ抑止セリ。如上ノ事情ナルヲ以テ合邦ノ議発表セラル、ト雖モ、一般民ハ毫モ合邦ニ対シテ反対スルモノ無ク、唯政府ニ使嗾セラレシモノ、ミガ反対セルノミ。大韓協会ハ青天白日ニ怒雷ヲ走ラセシニ愕キ、其霹靂ニ気ヲ喪ヒ計ノ出ヅル所ヲ知ラズ、合邦尚早ノ標榜ノ下ニ極メテ曖昧ナル態度ヲ取ルニ至レリ。其心事ハ極力合邦ノ議ニ反対セシニ、万一日本ニシテ其請願ヲ入レナバ自己ノ立脚地ヲ失フニ至ルベク、然レバ内閣ニ降ヲ乞フハ既ニ衆望ヲ失ヘル内閣ナレバ為ニ会体ヲ瓦解セシムル虞アリ。然レドモ独力ヲ以テ内閣ニ反対スルノ口実ヲモ発見スル能ハズ。纔ニ尚早ノ名ヲ以テ一時ヲ糊塗シ、形勢ヲ観望シテ陰ニ毒舌ヲ玩シ、一進会ニ対スル宿怨ヲ修メントセルモ此レ亦一令ノ下ニ斂メツ、アリ。故ニ合邦ニハ真実反対シ得ルモノニ非ズ、已ムヲ得ズシテ言ヲ尚早ニ托セルノミ。其中情ハ政権ヲ握ルガ為ナラバ合邦セント冀ヘルモノ多数ニシテ、合邦後ニ於ケル彼等ヲ失ハントセル内閣ハ遮莫《サモアラバア》レ如何ナル名義ノ官吏ナリトモ獲得センコトヲ期待セルモノノミナリ。

西北学会ハ中立ヲ厳守シテ学会令ノ羈絆ニ順ヘルモ、鄭雲復ト崔錫夏トハ個人トシテ掩護ニ努メ、為ニ李完用ニ刺客ヲ放タレシトノ報ヲ聴キ、夜ハ其家ニ宿セズシテ旅館ニ投ズルニ至レリ。此一派ハ進ンデ合邦センコトヲ冀ヘルモノタリ。

元老中李埈鎔・金聲棍・李根湘等モ厳正中立ヲ守リ合邦ノ可否ヲ発表セザレドモ、個々ニ就イテ其説ヲ聞ケバ、合邦ノ不得止ヲ言明セリ。然レドモ政権ノ位置ニ立チ自ラ合邦ヲ実行セント欲セルハ大韓協会ト択ブナシ。

元老閔泳韶以下大東学会ヲ中心トセル観光団ノ一部ヲ以テ組織セラレシ、国是遊説団ノ円覚社ニ於ケル国民大演説会ハ、一進会ニ大痛撃ヲ加フベキ予定ナリシモ、事既ニ齟齬セシメラレシヲ以テ気勢多ク揚ラズ、聴衆ハ現内閣ヲ弁護スルノ具ニ供セリトシテ不快ノ感ヲ懐ケルモノ多ク、殊ニ幹事ニ推サレシ李膺鍾ハ其国民大演説会ナルモノガ高義駿ガ李完用・趙重應ノ意ヲ承ケテ已等ヲ遊説セシモノナリシヲ知リ任ヲ受ケズシテ退席シタリ。此ノ如ク現内閣ハ既ニ衆望ヲ失ヒテ怨府トナレルモ、黄白ヲ撒布シテ人心ヲ買ヒ以テ飽マデ現状ヲ維持セントセリ。

然レドモ最モ合邦ヲ頑拒セザルベカラザル儒生モ各道ニ通ジテ名ヲ知ラレタル輩モ却ツテ一進会総務員崔永年（状元第一ノ宿儒ニシテ京人ニ非ズ）ノ旗幟下ニ集マリ、儒生ヲ糾合シテ合邦ノ議ニ賛セントシ、負褓商ノ頭領タル李學宰ハ自ラ進ミテ部下ノ頭目三百名ヲ選抜シ、地方ノ愚民ヲ鎮撫スルノ任ニ当リ、更ニ彼ノ外教徒ニ至リテハ、其利権ノ関スル所必ズ其怪腕ヲ揮フベキヲ予期セシニ、事此ニ出デズシテ却ツテ其反抗ノ著書ヲ印刷セシ一万部ヲ李容九ニ買収セラレ、大韓毎日申報スラ其悪筆ヲ歇メ、新ニ教徒ノ一団ヲ作リテ合邦賛成ノ意志ヲ発表セントセリ。此レ宣教師等モ合邦ノ時機既ニ至リテ人力ノ如何トモスル能ハザル所ナルヲ悟レルニ由ルカ、抑々複雑ナル現政治状態ノ已ニ不便ヲ感ゼルコトノ多大ナルガ為カ。日本居留民ニ至リテハ固ヨリ大ニ合邦ヲ歓迎セザルベカラズ、然レドモ其意志ヲ発表スルニハ、毎ニ新聞記者ヲ先順トセリ。然ルニ野生ハ事急ニシテ大事ヲ記者ニ通ズルノ暇ナク、為ニ記者ハ其目ヲ睽《ソム》ケ其唇ヲ反シ一斉ニ排擠ノ状態ニ出デ譏誣構陥至ラザル所ナク、其私情ヲ以テ邦家百年ノ大事ヲ債《ヤブ》ラントセリ。曰ク此レ策士ノ為ニスル所アリテ然レルモノ、ミト、曰ク内田ハ我儕ノ縄張内ヲ蹂躙スルモノナリト、曰ク内田ハ日本政府ヨリ大金ヲ受ケテ来リシモ吾儕ニ頒タズト、曰ク渠ハ相場師ト結托シ京城ノ天地ヲ動乱シテ巨利ヲ博セントスルモノ、ミト。離間ノ言ヲ放チ中傷ノ策ヲ弄シ日韓人ヲ眩惑シテ虚偽ノ報告ヲ伝ヘシム。故ニ憲兵ガ他ニ対シテ弁疏シテ此レ〇《(不明)》〇〇ノ命ヲ以テ一進会ヲ警護セルナリ、決シテ圧迫ヲ加フルガ為ニ非ズト云ヘルガ如キモ、直ニ以テ野生ガ放言セルモノナリト誣ヒテ其冷罵ノ料ニ供セリ。而シテ其真意ハ合邦ヲ非トスルガ為ニ其成立ヲ妨ゲントセルカト問ヘバ渠等挙ツテ合邦ハ一日モ緩ウスベカラザル問題ナリト説ケリ。唯策源ノ己等ヨリ出デザリシガ為ニ之ヲ破毀セント欲スルニ過ギザルノミ。蓋シ人ヲ驚カスノ波ニ入ラザレバ心ニ慊フノ魚ヲ得ズ、初ノ謀ルベカラザルモ終ノ保スベキヲ期セルノミ。之ヲ綜合スルニ新聞記者ノ異論紛錯セルハ、一時ノ感情ニ出デテ合邦問題タル根本ニ関セルニ非ズ。且設シ実ニ或ハ策士ノ計ニ出デ或相場師ノ策ニ出ヅルトスルモ、其問題ノ真正ニシテ誠ニ国家百年ノ長計タルニ足ルベクバ、献策者ノ人物ハ問フ所ニ非ザラン。況ヤ本問題ノ性質ハ国家問題ナレバ一タビ廟議ニ上ルノ後ハ個人ノ容喙スル能ハザル所ナルヲヤ、如何ゾ個人ノ感情ヲ以テ即採否ヲ決セシメントスルヤ。今ヤ上ハ元老ヨリ下ハ負褓商ニ至ルマデ、時務ノ合邦ニ已ムヲ得ザルヲ感ゼルモノ多シ。政党ニ在リテハ氷炭相容レザル政敵ノ却ッテ意見ノ暗合セルアリ、学会ニ在リテモ教会ニ在リテモ上ニ已ニ具陳スル所ノ如シ。而シテ内閣ニアリテモ既ニ閣臣ノ合邦案ヲ齎シテ、我政府ノ意嚮ヲ叩キシモノアリト伝ヘラル、此レ天人ノ交感スル所ニシテ人為ノ抑遏スベキ所ニ非ザラン。唯其特ニ注意セザル可カラザルモノハ、衆論ノ合邦ニ傾注セルハ、政権ノ争奪ニ傾注セルニ過ギズ。故ニ衆論ト一進会トノ異ナル所ハ、衆論ハ一内閣ヲ存スレバ可ナリ、一進会ハ一皇室ヲ存スレバ足レリ、一皇室ヲ存セント欲スルハ、五百年君臣ノ情誼ニ顧ミテ之ヲ亡ボスニ忍ビザルト、一般民万一ノ擾乱ヲ少ナカラシムルトニ在リ。政権ノ源泉ヲ保留セント欲スルニハ非ザルナリ。一内閣ヲ存セント欲スルハ政権ヲ維持セント欲スルニ在リ。苟モ政権ニシテ維持スルヲ得ベクバ皇室ニ何カ有ランヤ、民人ニ何カ有ランヤ、此レ衆論ノ一進会ノ主唱トハ合邦ノ名ヲ同ウシテ実ヲ異ニセル所以ナリ。

往時一進会ガ保護条約ノ成立ニ賛成セシヤ、頑嚚ノ徒呼ビテ売国奴ト罵リシモ、会勢之ガ為ニ損セザリシ一進会ガ譲位ヲ謀リシヤ解兵ノ為ニ暴徒ヲ蜂起セシメタリ。其会員ノ迫害ヲ受ケシハ我兵力ノ足ラザリシニ由レリ。而ルニ其賛ト謀トハ皆目的ヲ達シテ識者ニ其聡明ヲ感ゼシメシモ、頑民ノ指嫌ヲ受ケシコトハ彼ガ如シ。此レ大事ヲ首《ハジ》ムルモノハ免ルベカラザルノ数タリ。然レドモ其目的ヲ達シタレバ指嫌モ亦甚シカラズ、所謂権勢ナルモノハ暗ニ之ヲ掩護セルアレバナリ。故ニ今合邦ノ提議ニシテ若シ日本ニ却ケラレンカ、一進会ハ忽チ軽侮ト憎疾トヲ招キ、迫害ハ会員ノ頭上ニ雨下シテ如何ナル惨況ニ陥ルヤ洵ニ測ル可カラザルモノアリ。客歳一千人ヲ僇殺セラレテ尚忍ブヲ得シモノハ日本ノ後援アルヲ以テナリ、今我政府ニシテ断然タル措置ニ出デバ唯彼等ヲ救ヒ得ルノミナラズ、以テ直ニ排日者ノ気声ヲ消沈セシムルヲ得ベシ。事若シ此ニ出デズシテ騎虎ノ一進会ヲ牽制シ以テ本義ヲ曖昧ノ中ニ葬ラバ、韓ノ上下ハ日本ヲ以テ復畏ル、ニ足ラズトシテ、忽チ其本性ヲ発揮スルニ至ラン。此レ最モ深慮ヲ要スル所ナリ。故ニ我挙国ノ輿論ヲ喚起シ、当局者ヲシテ禍機ヲ未発ニ防ギ、迷志ヲ至期ニ断タシメ、速ニ対韓問題ノ根本解決ヲ成就セシメラレンコトヲ切望ス。

本書は内田に代る邦文にして、合邦提議後半島官民の議論紛々たる間に在りて、内田に代る報告書に次いで、倉卒記録せられたるものにして、李容九に代りて起稿せられたる漢文の上書及各種の記録に比較すれば、文脈章語師の平生に似ず別人の筆に成れるが如き感あるは、時の倥偬たると慣れたる漢文に非ざる故か。然れども拠つて以て当時の事実を窺ひ知るべきを以て爰に収録す。

四　我朝野の対韓趨勢

京城に於ては一進会の提出したる合邦意見に対する賛否の議論囂々として抵止するところを知らず、殊に曾禰統監は合邦に関する運動と否とを問はず一斉に鮮人有志の集会演説等を抑圧し、併せて宣言類似の書類を頒布することまで厳禁するに至れり。此に於て李容九は日本の有志と相謀り、山縣元帥・桂首相・寺内陸相等に頼りて民論圧迫緩和の策を採られんことを要求するに至れり、此に於て桂首相は合邦意見書は之を受理し、又反対意見書は悉く之を却下せしむることゝせり。之が真相は十二月十三日附を以て寺内陸相が山縣元師に贈りし書柬に由りて明なり。柬に曰く。

拝復寒威日ニ相加ハリ申シ候処。閣下御機嫌能ク被レ成サ二御座一珍重奉リレ賀シ候。陳レバ十日夜御認メ相成リ候芳翰ヲ以テ御示論相成リ候件々、逐一拝承仕リ候。八日首相ニ面晤致シ曾禰子へ打電致シ候文案相示シ、且閣下之御示指之旨ニ従ヒ談合之結果、請願書ヲ却下スルコトナク留《メ》置クベキコトニ可《キ》取《リ》計《フ》旨、打電相成《リ》候得供、其已前、大阪ヨリ却下云々、曾禰子《ママ》ノ電報ニ同意ノ返電ヲ送ラレ候ガ、一ノ行違ト相成《リ》申《シ》候次第ニ御座候。其後九日午前ニ首相ノ意旨ヲ大久保大将ヘ含メ、急ニ帰韓ヲ促サレ同氏ハ九日夜京地出発帰任仕《リ》候。扨同氏ガ曾禰氏ニ面会致シ首相ノ意旨ヲ相通《ジ》候《ヘ》バ、曾禰氏ヨリ何分可《キ》申《シ》来《ル》事与《ト》相考《ヘ》申《シ》候。要スルニ曾禰氏ノ浅慮ト且之ニ首相ノ軽々ニ返電セラレ候ガ一ノ間違ト相成《リ》申《シ》候。折角多少之考慮ヲ尽シタル三日ノ電報ハ、寸効無《キ》之《レ》ニ相了リ誠ニ残念ニ奉《リ》存《ジ》候。其後聊《カ》係念ニモ御座候故榊原憲兵司令官ヘ別紙之通リ一昨々日打電致《シ》直ニ同人之返電有《リ》之申《シ》候事情、為《メ》御参考《ノ》別紙一括封中致《シ》置《キ》申《シ》候間御一覧相願《ヒ》置《キ》候。此数日来格別之違変モ無《ク》御座候得共、何カ通報モ御座候ハヾ不《レ》怠《ラ》差出《シ》可《ク》申《ス》候(中略)。右乍《ラ》延引御返事旁々如《ク》斯《ノ》ニ御座候草々拝具。

十二月十三日　　　　　　　　正毅

山縣元帥閣下執事下

之に次いで又十六日に至り寺内陸相より再び山縣元師に贈りたる書束。

(前略)陳《バ》大久保大将モ去《ル》十三日帰任仕《リ》、曾禰統監トモ談合致《シ》候結果、漸ク第三回目ニ李完用ヲシテ上書ヲ受理セシメ候由、別紙電報之通《リ》申《シ》来《リ》申《シ》候。是ニテ一先納リハ相付《キ》候得共、今後此反対者ハ何等乎《カ》之《ノ》手段ヲ以テ排日ノ気炎ヲ高メ可《ク》レ申《ス》、早晩之ニ対スル処分《ヲ》可《キ》レ要《ス》乎《カ》ト被《レ》レ存《ゼ》申《シ》候。電報ニ由レバ曾禰氏モ来月早々帰朝ノ筈ニ相見ヘ申《シ》候間、其際篤ト御示指必要乎《カ》ト奉《リ》レ存《ジ》候。予メ御高慮ヲ煩シ度奉《リ》レ存《ジ》候（後略）。

十月十二月十六日　　　　　　　　　　　　正　毅

山　縣　公　閣　下　執　事

之に拠れば曾禰統監は韓国の政事民情に通ぜざる為としても、如何に浅慮を以て此重大問題に直面して所処に迷ひしかを知るべく、又桂首相の速断的電報にも一違の誤見ありしことが曾禰統監を惑はしめたる一因と為れり。要するに閫外の職に在るものが、国策上に確固不抜の信念を有せざるに在ることは、古今東西を通じて同一軌なることを此問題に由りて明白にせられたり。蓋し当時現地に於て統監の重職に在るものゝ挙措は此の如くなるに拘はらず、遠く母国に在る元老及大臣・大将等は能く機微を察して国策の大方針を誤らざりしに由り、彼をして大過無からしめたるは命と言ふべきか。加之此より先有力新聞社の有力社員は、志士頭山満・小川平吉・山田奠南・権藤善太郎等と相謀り、輿論を喚起せんと欲し河野廣仲を委員長に推して朝鮮問題同志会を組織し、十二月十三日神田錦輝館に於て同会の大演説会を開き、先づ会則を設けて演話会に入り宣言書を発表す。

朝鮮問題同志会宣言書

帝国ノ韓半島ニ対スル国是定マルコト已ニ久矣。凡我半島ニ事有ル、未ダ曽テ此国是ニ準拠セザルモノナシ。二十七、八年、三十七、八年ノ両役モ亦実ニ之ニ因リシニ外ナラザリキ。

顧フニ半島ノ宗主権ノ我ニ帰シテヨリ已ニ五星霜、而カモ当局ノ政策姑息ニ流レテ国是ニ副ハズ、其為ス所ハ優柔ニ失シテ威信地ニ墜チ、徒ニ不逞ノ徒ヲシテ反噬ヲ恣ニセシメ、動モスレバ撼揺セントスルモノアルニ至ル。乃秘密社ヲ結ビ、陰謀団ヲ成シ、暴徒横行シテ良民塗炭ニ苦ム。哈爾賓ノ凶変ノ如キ実ニ之ガ一発作ニ外ナラザルナリ。

夫主権ノ所在明カナラズシテ、半島ノ民人適従スル所ヲ知ラズ、是啻ニ一千万衆ノ不幸タルノミナラズ、其余弊ノ帰スル所ハ実ニ宗主国タリ。今ニシテ早ク之ガ計ヲ為スニ非ズンバ復収拾ス可ラザルニ至ラントス。苟モ帝国ノ国是ヲ遂行シ、東洋幾億ノ生民ヲシテ、長ヘニ平和ノ幸福ヲ享有セシメント欲セバ、速ニ目下ノ姑息政策ヲ改メ、以テ半島一千万衆ノ疾苦ヲ拯ヒ、以テ我　皇ノ盛徳ヲ八紘ニ光被セシメザル可ラズ。朝鮮問題同志会於テレ是ニ乎カ成ル。是実ニ一党一派ノ私議ニアラザルナリ。四方同憂ノ士願ハクハ速ニ来リテ事ヲ共ニセヨ。

明治四十二年十二月十三日

決　議

吾人ハ韓国ノ近状ニ鑑ミ、速ニ我国策ノ大旨ヲ貫徹シテ、根本的解決ヲナスノ必要ヲ認メ、之ガ実行ヲ期ス。

此会に河野廣仲は議長に推され、福田和五郎開会の辞を陳べ高橋秀臣は宣言書及会則を朗読し、八百の会衆拍手満場一致之を可決し且決議す。又当日の弁士は大藏原惟廓・大谷誠夫・菊地武德・平松市藏・小川平吉・宮島次郎・高橋秀臣・大竹貫一等なり。

更に此より先李完用は曾禰統監に向つて、一進会の上書を韓国側が却下する場合は、統監府も亦却下するかとの問に対して、統監は然りと答へたるに由り、韓国内閣は三回の却下を断行したりしが、統監は桂首相より受理すべき旨を命ぜられたるを以て却下すること能はず。故に李完用は統監の食言を憤りつゝ、第四回目の提出に対しては止むを得ず之を受理するに至りたるものなり。統監は固より民情に通ぜず、初より李完用に籠絡せられて之を過信し、一進会の精神が元来我国の対韓方針と一致し居ることを認識せざりしことは其副統監時代伊藤統監が一進会の自衛団援護行動を認め居たるにも拘はらず、伊藤統監の帰朝中李完用に籠絡せられて其行動を中止したるが如く、一進会の現状を解せず、大勢の赴くところを察せずして一に李完用を之れ信じ親日者を圧迫す。李完用も亦合邦反対運動に腐心したれども、我内閣及有識者は既に能く一進会の情勢を知悉するを以て、彼我官民共に之と同一の方針に向ひつゝあり。

而して李完用の合邦反対運動は、曾禰統監の命あるが為に表面は静止的姿態を装へども、裏面に於ては一進会の反対党たる大韓協会を利用して種々の策謀を逞うし、一進会の副会長洪肯燮が薄志弱行なるを知りて嚮に之を買収し、其昵近者二、三名と共に一進会を離脱せしめ、又一進会の機関新聞たる国民新報の前社長たりし韓錫振をも買収し、専ら一進会を攪乱せんことを謀りしも遂に成らず。

然るに十二月十七日白耳義皇帝レオポルド二世の崩ぜられたる為に、二十二日京城駐在の同国総領事の主催の下に、京城仏蘭西教会に於て追悼式を行はれたる時、日韓の大官及各国領事等と居留民の主なる者多く参集したりしが。其散会するに当つて李完用は人力車に乗りて同教会の門を出でんとするに際し、一青年李在明なる者匕首を閃めかして群衆中より躍り出で先づ車夫に一撃を加へ、李完用が飛び降るゝを見るや其腰部を刺し、更に左肩部に斬り附け大負傷を加へたりしが、暴漢は護衛の巡査に捕へられながら、英語にて吾は我国の為に死せんとすと叫びたり。而して李完用は直に自宅に逃れ、後大漢医院に入院し二ヶ月の後全癒退院したり。李在明なるものは一基督教信者にして彼の浅薄なる思慮は韓廷が屢次の日韓協約を結びたる結果今日に至れりと為し、罪李完用に在りと為して事玆に及びたるものなりと云ふ。

五　合邦賛否の上書

而して十二月十七日には韓国縉紳儒生正三位徐彰輔等の曾禰統監に上つる合邦賛成書、及韓国内閣総理大臣に上つる合邦賛成書。十二月二十一日江原道李圭學を始めとし、黄海・全羅・京畿・忠清各道の知名人等の内閣総理大臣李完用に上つる合邦賛成建白書。同二十四日同人等の同上宛合邦賛成書。同二十九日儒生白昶基等の曾禰統監に上つる合邦賛成書。同李総相に上つる合邦賛成書。次いで金憲永の統監及李総相に上つる合邦賛成書等あり、皆一進会に共鳴す。

六　陳情及論議説明

十二月二十一日師は李容九に代りて桂首相に上つる陳情書（漢文）を草す。

謹ミテ上言ス、韓国一進会長李容九、一百万ノ会員ヲ代表シ合邦ノ議ヲ昌言スルヤ、衆目睽々争フテ之ヲ中傷セント欲ス。若シ自ラ弁ゼズンバ一百万員将ニ罪ヲ日韓両国ニ獲ントスル也。容九如何ゾ其無似ヲ以テ一百万員ノ殄《テン》喪《ソウ》ヲ坐視スルコトヲ得ン、抑々将ニ邦家ノ前途ヲ如何ニセントスル。是ヲ以テ敢テ肝胆ヲ披瀝シテ其事情ヲ陳べ、之ヲ相公閣下ニ訴フ、唯閣下明察ヲ垂レタマヘ。夫夜光ノ明珠モ暗中人ニ投ズレバ克ク剣ヲ按ゼザルモノ鮮シ矣。今合邦ヲ昌言スル天下尚暗中ニ在ル乎。抑々議卒然ニ出デ偶々以テ人目ヲ駭カス乎。然レドモ合邦ノ議以テ趙璧ニ喩フベシ、天下其レ誰カ疑ハンヤ。容九請フ之ヲ弁ゼン、閣下請フ幸ニ清聴ヲ賜ヘ。往年保護条約ノ初メテ訂結セラル、ヤ、容九首トシテ一進会ヲ組織シテ以テ其成ルヲ賛ス。乃綱領ヲ立テ、曰ク。皇室ヲ尊栄スルニ在リ、人民ノ生命財産ヲ保護スルニ在リ。詩ニ云ハズヤ彼ノ雪雨《フ》ルヲ見ルニ先ヅ集《ナ》ルハ維レ霰ト。容九等当時預《アラカジ》メ保護ハ維レ其霰ニシテ、而シテ合併ノ必漸ナルヲ見ルコトヲ知ル也。是ヲ以テ志ヲ蓄フルコト五年、漸漸ニ先ンジテ而シテ合邦ノ議ヲ発シ、亦曰ク願ハクハ以テ五百年ノ社稷ヲ保チ、累代君民ノ誼ヲ全ウセン、曰ク願ハクハ以テ民人ヲ一等国ノ地ニ安ンジ以テ福利ヲ均享スルノ素ヲ養ハント。敝会ノ保護条約ヲ賛襄スル也《ヤ》、唯社稷ヲ保チ民人ヲ安ンズルニ在リ。今自ラ合邦ヲ昌言スル也《ヤ》、亦唯自ラ漸滅スルコトヲ免ガル、ニ在リ。始終一貫精誠疑ハズ。而シテ中外流言シテ曰ク一進会ノ合邦ヲ昌言スルハ、志内閣ヲ奪フニ在リト。容九未ダ合邦ノ後内閣果シテ当ニ如何ナルベキヲ知ラザル也、此レ小人唯失ハンコトヲ恐ル、ノ情、腐鼠ヲ以テ鵷雛ヲ嚇スモノ、閣下請フ明察ヲ垂レタマヘ。噫嘻《アヽ》乎敝邦ノ独立セザル也《ヤ》旧シ矣。青史独立ノ名ヲ汚《ケガ》スハ寔ニ近ク修好ノ後ニ在リ、所謂独立也者《ナル》ハ我韓ノ産物ニ非ザル也。此レ其地勢自然タル矣耳《ノミ》。是ノ故ニ東ニ朝スレバ則以テ西ト北トノ侮ヲ禦グ可ク、北ニ通ズレバ則以テ東ト西トノ禍ヲ免ル可ク、西ニ事フレバ則以テ北ト東トノ難ヲ排ス可シ。其情ヲ斉楚ニシテ一徳有ルコト無ク、炎附寒離未ダ曽テ届止セズ。

一弱ヲ三強ノ間ニ寄セ、毎ニ三強ヲ闘ハシ以テ自保ノ計ト為ス。東亜ノ局勢ヲ審ニスル者誰カ云ハザラン、敝邦ハ東洋ノ禍源也ト。故ニ今合邦ヲ昌言スル也《ヤ》其志ニ曰ク、之ヲ外ニシテハ東洋ノ為ニ自ラ万古ノ禍源ヲ決シ、以テ埒ヲ宇内奔馳ノ場ニ放チ、之ヲ内ニシテハ民衆ノ為ニ自ラ先天ノ桎梏ヲ脱シ迷根ヲ断除シテ而シテ弱本ヲ剔去セン。故ニ曰ク合邦ハ檀箕四千載不磨ノ大典ヲ挙ゲ、羅麗三千里疆不易ノ磐俗ヲ起ス所以ノ者ナリト。此レ豈区々タル策士輩ノ私セント欲スル者ノ能ク当ル所ナラン乎《ヤ》哉。天人交感両日明ヲ合スノ能ク致ス可キ所。而シテ人容九ハ策士ニ中テラルト謂フハ、多ク其量ヲ知ラザルヲ見ル也。閣下請フ明察ヲ垂レタマヘ。且夫古ノ守ヲ為ス也《ヤ》固メハ山河ニ在リ、然ルニ彼ノ文明ノ具ハ能ク世界ノ形勢ヲ一変ス。故ニ今ノ固メヲ為ス也陸ニ在ラズシテ而シテ海ニ在リ。貴邦ハ海国タリ、敝邦ハ半島国タリ、其合スルヤ固メ其レ宜シキ也。然ラバ則長白ノ山、祲氛寸見スレバ則怪風盲雨発作時無キ者モ忽チ変ジテ霓彩ト為リ、景雲靉靆シテ蓬瀛ノ間ニ弥綸シ、祥飆颿ヲ送リ艨艟形ヲ整ヘ、以テ東亜ノ咽喉ヲ扼シテ以テ宇内ニ雄飛ス可シ。此レ軍国ノ大計、豈利ヲ得ルノ談ナラン哉。而シテ人疑ツテ以テ将ニ以テ賭ニ観ントスト為ス。閣下請フ明察ヲ垂レタマヘ。容九謹ンデ按ズルニ貴邦人ニシテ而シテ敝邦ノ宰輔タリシモノ何ゾ独リ壺公ノミナラン哉《ヤ》。昔脱解王ハ実ニ多婆国人タリ、而シテ敝邦人ノ仙籍ヲ貴邦ノ貴族ニ列スルモノモ亦止《タダ》ニ二、三ノミナラズ、今ヤ農工商賈往来織ルガ如ク、東京漢城响時相語ル。伊藤太師公曰ク利害相通ジ日韓一家ナリ矣ト。容九何ゾ偉人ノ言ヲ疑ハン哉《ヤ》。嗚呼国境ノ撤セラル、ヤ既ニ已ニ久シキ矣已《ノミ》。今猶強イテ両国ノ名ヲ存スルハ、此レ却ツテ容九ノ疑フ所、抑々何ゾ告朔ノ餼羊ノミナラン也《ヤ》。然ラバ則其名ノ美ニシテ而シテ其実無キハ、其実ノ美ニシテ而シテ其名無キニ若カザル也《ヤ》尚《ヒサ》シ矣。而シテ曰ク保護トハ汝ノ独立ヲ保護スル也ト。若シ実ニ独立セン乎、豈終ニ一家ナラン哉。此レ敝邦人ノ独立ノ約ニ迷ヒ、一家ノ訓ヲ疑ヒ恟々焉トシテ手足ヲ措ク攸《トコロ》ヲ知ルコト罔《ナ》クシテ而シテ民志ノ遂ニ断ツ可カラズ、民業ノ終ニ安ンズ可カラズ、日ニ自ラ堕廃シテ其澌滅ヲ待ツ所以也。上意是ヲ以テ下達セズ、下情是ヲ以テ上通セズ、上下交々疑ヲ懐ク、百聖人有リト雖モ焉ンゾ能ク之ヲ以テ人心ヲ定メ其産ニ就カシメン。容九ノ合邦ヲ昌言シ人ヲ水火ノ中ニ救フヨリモ急ナルハ亦唯此レガ為也。尚早シ矣トハ其本ヲ遺レテ而シテ其末ヲ逐フ者何ゾ与ニ治ヲ道《イ》フニ足ル可ケン哉《ヤ》。此レ容九ノ尚早シトノ云ヒ也《ヤ》、合邦ノ尚早シトノ云ヒニ非ザル耳《ノミ》。閣下請フ明察ヲ垂レタマヘ。容九ノ合邦ヲ昌言スル、天下或ハ疑ハン是李某ノ私言已《ノミ》ト。容九ノ最モ懼ル、所モ亦唯是已《ノミ》。容九ニハ同心百万有リ、然レドモ是亦党議已《ノミ》。故ニ以テ広詢周訪シテ預メ天下ノ人心ノ向フ攸《トコロ》ヲ察シテ、而シテ後鄙議ヲ提呈ス、是ノ故ニ嗤々タル黎氓モ且論毋キ已《ノミ》。儒林ト教苑トハ海内ノ最梗也、今翻然轍ヲ改メ容九ノ議ニ響雷シ、西北人ノ驕悍モ却ツテ其学会ヲ以テ陰ニ鄙議ヲ援ケ、負褓商社ノ八路ニ転貨スルモノモ、頭目相賛シテ既ニ其区ヲ部署シ、元老諸公・縉紳諸士或ハ其口ヲ緘シ、或ハ是非ヲ議シ、率ネ皆好爵ノ以テ其身ヲ縻グ可クンバ、則将ニ或ハ社稷民人ヲ顧ミルニ遑アラズシテ、而シテ之ニ和セントス。故ニ尚早ヲ説ク者ハ閣臣ト其徒而已《ノミ》矣。而モ且尚早ク説ク也《ヤ》、不可ト曰フニ非ザル也。儆会員ニシテ仕ヘテ侍従ト為ルモノ有リ、儆会合邦声明書ヲ発表スル也《ヤ》、侍従窃ニ之ヲ太皇陛下ニ献ズ、陛下玄覧シテ心ヲ撫シテ曰ク朕以テ安慮ス可シト。然ラバ則儆天陛モ亦既ニ鄙議ニ頷カセタマフ也、豈神人交感両日明ヲ合スルノ時ニ非ズ哉。而シテ曰フ李某ノ私言已《ノミ》ト。一李完用ノ手、安ンゾ以テ天下ノ耳目ヲ掩フコトヲ得ン矣。閣下請フ明察ヲ垂レタマヘ。尚早ト説ク者之ガ説ヲ為シテ曰ク合邦ノ議タル也《ヤ》、剖判未曽有ノ大事也、君得テ而シテ之ヲ私ス可カラズ、民得テ而シテ之ヲ己《オノレ》ニス可カラズ、三千里疆一人ノ悦服セザルモノ無クシテ而シ後始メテ以テ提議ス可キ也ト。吁此レ事ヲ解セザルノ甚シキ矣。昔者三仁去テ而シテ天下殷ノ必ズ亡ビンコトヲ知リ、二老帰シテ而シテ天下周ノ必ズ興ランコトヲ知ル。孟軻曰ク二老ナル者ハ天下ノ大老也、二老之ニ帰スルハ此レ天下之ニ帰スル也。然レドモ其事ヲ首ムルニ当ツテ也《ヤ》、一老馬ヲ叩イテ而シテ諫メ、一老鉞ヲ授ケテ而シテ膺揚ス。天下ノ至仁ヲ以テ天下ノ不至仁ヲ伐チ、之ヲ扶クルニ周公ノ聖ヲ以テシ、之ヲ翼クルニ唐・虞・夏・殷累世積善ノ遺徳ヲ以テシテスラ、而モ尚且是ノ如シ矣。況乎《ヤ》四千載ノ古国一朝ニシテ而シテ之ヲ合ハス。事固ヨリ亡ヲ興ニ救ヒ危ヲ安ニ転ズルニ在リト雖モ、然レドモ民ノ始ニ謀リ難キ、豈一人モ不平無キヲ保スルコトヲ得ン乎《ヤ》。若シ論者ノ言ニ遵ハヾ長夜曼々何時カ河清ヲ見ン哉。閣下請フ明察ヲ垂レタマヘ。或ヒト曰ク日韓関繋ハ猶孤ヲ抱クガゴトキ也。其孤也《ヤ》之ヲ保護シ其長ズルニ及ブ也《ヤ》之ヲ独立セシム、此レ一家ノ誼也ト。此レ亦国際ヲ知ラザルノ言也。両国ノ際ハ豈一家ノ私事ヲ以テ之ヲ擬ス可ケン哉《ヤ》。古ハ春秋ノ義例有リ今ハ国際公法有リ、容九ノ見ル所ヲ以テセバ則独立ノ約ハ黄葉ヲ弄シテ児啼ヲ止ムル而已《ノミ》。請フ嘗試《ココロミ》ニ之ヲ論ゼン、在昔貴邦ノ廟堂ニ征韓論有リ、二派分裂シテ西南ノ役有リ、其紛乱豈敝邦ノ故ニ非ズ乎《ヤ》。貴邦西清ト戦ヒ、北俄ト戦ヒ、位之ヲ以テ一等国ノ埒ヲ躐エ、称シテ宇内敵無シト云フト雖モ。然レドモ其兵ヲ喪フコト幾十万、財ヲ靡スコト幾十億、豈亦敝邦ノ故ニ非ズ乎。貴邦将ニ何ヲ以テ其失フ所ヲ償ハントスル乎、今保護費ノ貴邦ヨリ出ヅルモノ毎歳率ネ二千万。而シテ敝邦ノ能ク独立スルコトヲ得ルハ或ハ二、三十年ノ後ニ在ル乎、或ハ百年ノ後ニ在ランカ、而シテ其独立ノ日ニ当ツテ、保護費ノ毎歳累積スル者、貴邦将ニ何ヲ以テ其償ヲ取ラントスル乎《カ》。所謂東方三山ナルモノ豈特《タ》ダ敝邦ノ為ニ此揺銭樹ヲ栽エン乎《ヤ》。故ニ曰フ独立トハ名而已《ノミ》矣。則保護モ亦名而已矣。所謂保護ナル者ハ貴邦人ノ為ニ自ラ其土地ヲ保護シ、第三国ヲシテ指ヲ染メザラシムル而已《ノミ》矣。敝邦人ハ則永ク世界最劣保護国民ノ等位ヲ守リ以テ一等国民ト雑居シ、其生々ノ理ヲ闘ハスハ、此レ敝邦人ヲシテ自ラ阿伊奴《アイヌ》ト為ツテ而シテ後已マシムル也。今也《ヤ》敝民族生計ノ難ハ振古無キ所、豈阿伊奴ト為ルノ兆先ヅ動クニ非ザルコト無キヲ得ン乎《ヤ》。此レ容九ノ合邦ヲ疾呼スル所以也。蓋シ夫独立也《ヤ》保護也《ヤ》、此レ貴邦ガ預メ其心ヲ設ケテ、而シテ然ルニ非ザル也明カナリ矣。何ヲ以テ之ヲ言フ、容九之ヲ貴　天皇陛下ノ仁ニ見テ而シテ之ヲ知ル也。故ニ自然ニシテ而シテ独立有リ、自然ニシテ而シテ保護有リ、若シ之ヲ自然ニ委セバ将ニ自然ニシテ而シテ澌滅アラントス。此レ自然ノ数自然ニシテ而シテ然ル也。噫容九自然ニ死スルヲ忍ブコト能ハズ、将ニ造化ノ槖籥ノ上ニ狂躍セント欲セントス。故ニ訓練五年ニシテ而シテ此議ヲ出ス、未ダ卒《ニワカ》ニ同治ノ沢ヲ受クルコト能ハズ。同化ノ民ト為リ漸ク以テ均シク福利ヲ享ケ貴邦人ト二人無キニ至ランコト願フ也。若シ夫条件トシテハ則曰ク唯社稷ヲ保タン已《ノミ》、以テ政権ヲ源泉ニ執置セント欲スルニ非ザル也。曰ク唯民人ヲ安ンゼン已《ノミ》、以テ法権ヲ現行ニ猟獲セント欲スルニ非ザル也。其組織ナル者ハ一ニ先進国ガ完全無欠ノ機関ヲ設備スルニ待ツ已《ノミ》。要ハ一家同慶ノ誼ヲ顕揚スルニ在ル也。閣下請フ明察ヲ垂レタマヘ。此レ時也、此レ機也。此時機ニ鑑ミテ而シテ此議ヲ発スル也。容九之ヲ天地神明ニ質シテ而シテ疑ハズ、之ヲ今古万世ニ立テ、而シテ惑ハズ矣。相公閣下或ハ著亀ヲ俟ツテ而シテ後廟算ヲ決セン哉。然レドモ此時ニ当ツテ貴国ノ輿論ヲシテ或ハ遅疑セシムル者有ラバ、此レ貴邦人ニ有リテ敝邦人ニ有ルニ非ズ。敝邦人ハ則其志既ニ已ニ決セリ矣。而シテ貴　天皇陛下ノ天仁日智神武不殺ナル、必ズ知ル慈睫ヲ敝民人ノ焼溺ニ回ラシ赫然　聖図ヲ改メ炳焉憲章ヲ発シタマハンコトヲ。閣下元老大臣ト　玄旨ヲ奉ジ、爰ニ始メテ合邦不磨ノ宝典ヲ刊シ東洋不朽ノ洪謨ヲ垂レラレンコト。此レ容九ノ疑ハザル所也。然ラバ則此時ニ当ツテ誰カ此盛事ヲ阻ム者ゾ。曰ク容九ノ提議ハ志内閣ヲ奪フニ在リト噪呼スル者ハ誰ゾ也、策士ノ術ニ中テラルト嘲ケル者ハ誰ゾ也。賭ヲ観ルノ徒ノ為ト罵ル者ハ誰ゾ也《ヤ》。人ヲ唆カシテ尚早ト論ズル者ハ誰ゾ也。容九ノ私見トシテ天下ノ公ニ非ズト誣フル者ハ誰ゾ也。千載河清ヲ俟タシメント欲スル者ハ誰ゾ也。独立ノ死文ヲ弄シテ児啼ヲ止メント欲スル者ハ誰ゾ也。此レ皆敝邦人ノ為スニ非ズシテ而シテ貴邦人ノ敝邦ニ在ツテ觚ヲ操スル者ガ讒陥構誣蜚語流説以テ両国ノ耳目ヲ惑乱スル也。容九既ニ合邦ヲ議ス、眼中当ニ内閣有ルベケン乎《ヤ》。志ヲ蓄フルコト五年ニシテ而シテ之ヲ発ス何ゾ策士ノ教ヲ待タン。況ヤ細利ノ為ニシテ而シテ万古ノ大業ヲ企ツル者ナラン哉《ヤ》。其尚早ヲ論ズルハ鴟鴞ノ鵷鶵ヲ嚇ス也。其私見ト疑フハ三千里疆ニ瞎スル也。千載河清ヲ俟ツハ浮雲ニ酔フ也。独立ノ死文ヲ弄スルハ抑々亦小策士ナラズ乎《ヤ》。而シテ此説ヲ為ス者ノ徒私カニ相議シテ曰ク、此大事ヲ挙ゲテ而モ先ヅ我輩ニ謀ラズ毀タザル可カラザル也ト。已ニ出ヅレバ則文ヲ舞ハシテ而シテ之ヲ成シ、已ニ出デザレバ則筆ヲ曲ゲテ而シテ之ヲ毀ツ。公交何ニ於テ有ラン哉、国際何ニ於テ有ラン哉。此レ貴邦ノ操觚者ノ其徳ヲ恒ニスル所以乎。大韓新聞大垣丈夫等ノ其徳行ハ世人ノ知ル所也。以相譸張シテ幻ヲ作シ、貴邦ノ各大新聞特派員ヲ眩惑シテ虚報ヲ本国ニ伝ヘ、以テ相抵掌シテ曰ク生殺唯我ニ在リト。嗚呼苟モ機日韓両国絶後ノ一大事宜ニ渉リ、事東亜局面空前ノ最大改転ニ属ス。容九愚ナリト雖モ豈首メニ此輩ニ謀ルニ忍ビン哉。其(ママ)其心ニ快カラザルモ慎《マコト》ニ容九ノ罪ニ非ザル也。然レドモ寸管市虎ヲ化出セバ将ニ曽母ヲシテ梭ヲ投ゼシメントス。況ヤ敝政府ノ圧迫ハ明珠ヲ暗投セザル可カラザラシメタリ。是ヲ以テ貴邦人之ヲ先ニシテハ其卒然ナルニ駭キ、之ヲ次ニシテハ讒陥構誣ノ蜚報ヲ以テス、安ンゾ乎《ヤ》剣ヲ按ジテ而シテ相見ザルヲ得ン矣。此レ容九ノ惴々焉トシテ薄氷ヲ履ムガ如クニシテ、而シテ千万其不敏ヲ謝セント欲スル所以也。容九請フ尽ク其不敏ノ状ヲ白サン、伏シテ願フ其絮説ヲ斁《イト》フコト勿レ。夫曾禰統監ノ一タビ産業政策ヲ颺言スル也《ヤ》、宜シク政理ヲシテ無為ニ化セシムベシ。然ルニ起業興産ノ徒統府ニ蝟集シテ而シテ敝邦人ハ与ルコトヲ得ズ焉。李完用其一門ヲ以テ政府ヲ構造シ、顕栄ヲ一身ニ私シテ而シテ他人ハ与ルコトヲ得ズ焉。是ヲ以テ敝邦人進ンデ求仕ノ途ヲ失ヒ、退イテハ射利ノ門ヲ杜ガル。加之利源未ダ導カズ民生日ニ蹙マルヲ以テス。其蜂起シテ台閣ヲ毀タザル所以ノ者ハ政府ヲ畏ル、ニ非ザル也、統府ヲ信ズルニ非ザル也、眄々相視テ含忍シテ而シテ貴政府ノ幽算如何ヲ待ツ而已。密雲雨フラズ天乎《ヤ》既ニ泰キモ地乎《ヤ》既ニ否、若シ合邦ノ議無クンバ将ニ変ゼザレバ則通ゼザラントス。此レ敝邦今日ノ情勢也。是ヨリ先李完用敝会員宋秉畯ト並ビ立ツテ政府ヲ組織スル也《ヤ》、敝会員実ニ之ヲ擁護ス、完用以テ徳ト為サズ、却ツテ自ラ以為ク志ヲ天下ニ擅ニセント欲スルニハ、一進会ヲ除クニ在ル而已矣ト。陰ニ解兵ニ啗ハスニ利ヲ以テシ、名ヲ義軍ニ仮リテ敝会員ヲ殺虐ス。敝会員辜無クシテ僇死スル者客歳二千人ヲ追悼ス矣。敝会員ヲシテ其断髪ヲ裹ンデ而シテ其鋒ヲ避ケシム。彼私栄ノ為ニ同胞ヲ殺スコト猶草芥ノゴトクニシテ而モ顧ミザル也《ヤ》此ノ如シ矣。之ヲ以テ寵ヲ太皇帝ニ固ウシ、曰ク一進会ナル者ハ売国奴也。保護条約ヲ賛成セリ矣。宋秉畯ナル者ハ国賊也、譲位委政ノ事ヲ首トセリ矣ト。嗚乎故無クシテ俄館ニ播遷セシメタル者ハ誰ゾ也《ヤ》、鴨緑江ノ森林条約ヲ結ビタル者ハ誰ゾ也。抑々彼其志ヲ得ル也《ヤ》此ノ如シ矣。而シテ其統監ニ信用セラル、也亦此ノ如シ矣。是ニ於テ乎虎威ヲ挾ミ鴟張ヲ逞ウシ、暴戻恣睢為サヾル所無シ。往時閔泳駿ノ勢道ニ当ル也《ヤ》、天下閔族ニ非ザレバ則人ニ非ズ矣。遂ニ以テ東学ノ乱ヲ招ク。今ノ天下豈皇帝ト統監トノ天下ナラン哉。敝会ノ憤ヲ抑ヘテ而シテ敢テ発セザルハ、唯此重大事有ルヲ以テ也。合邦ノ議起ル也《ヤ》、承令院総管趙民熙悉ク敝会員ノ官ニ有ル者ヲ罷メント欲シ、先ヅ祇候官李範植ヲ罷ム。小宮次官言有リ纔ニ止ムコトヲ得。然レドモ高永喜ノ寿宴ニ警視副監具然壽敝会員ノ故ヲ以テ独リ与ルコトヲ得ズ焉。豈権門ノ下ニ非ザレバ人無キ乎《カ》。彼ノ美術工場ノ如キ、伊藤太師故サラニ駕ヲ抂ゲ、工人ノ為ニ奨励訓ヲ垂ル。

各大臣中途ニ鑣ヲ並ベテ回遁ス。資宮庭ニ出デ業敝邦ノ唯一ニ属スト雖モ、然レドモ其敝会員ガ其事ニ当ルヲ以テ忌避此ニ至ル。此レ皆李完用娼疾ノ余灼也、豈権門ノ下国無キニ非ザル乎《カ》。趙重應ハ李完用ノ爪牙ト為リ尤モ其鋭ヲ尖ラス。往日三派合同ノ成ル也、大垣丈夫ヲシテ熾ニ排日熱ヲ煽ラシメ、先ヅ自ラ独立声書ヲ作ツテ大韓協会ヲ惑ハシテ敝会ニ叛カシメ、又李甲ヲ誣ヒテ獄ニ下シ以テ西北学会ヲ激シテ、其レヲシテ怨ヲ憲兵ニ構エ以テ和ヲ敝会ニ失ハシメント欲ス。夫産業政策ナル者ハ無為ヲ貴ブ、今三派合スレバ則政論一、政論一ナレバ則政府危シ、政府危ケレバ則無為ヲ保ス可カラズ。則統府豈政府ヲ援ケザルヲ得ン乎《ヤ》哉。夫統府ナル者ハ本《モト》責任ノ在ル所也。容九若シ或ハ室家ノ好ヲ覗見セバ、豈以テ閣下ノ前ニ陳説ス可ケン哉。然ラバ則蜚語ノ由ツテ出ヅル所、流言ノ由ツテ起ル所。閣下必ズシモ容九ノ之ヲ弁ズルヲ俟タズシテ而シテ先ヅ既ニ焉ヲ明ニセン耳。此レ容九ノ衆ヲ擁スル百万ト雖モ、蝦ヲ制スルノ力ヲ有スルコト能ハズシテ、而シテ讒口金ヲ鑠シ積毀骨ヲ銷セシムル所以也。容九身ヲ此間ニ挺シテ以テ、此開闢未曽有ノ莫大莫重事ヲ昌言スル、亦甚ダ難ク甚ダ危カラズ乎《ヤ》。然レドモ事固《モト》難ニ易クシテ而シテ危ニ安キコト有リ、蓋シ勢ノ趨ク所ハ然ラズシテ而シテ然ルモノ有ル也。是ヲ以テ容九志ヲ定メ意ヲ決スルコト此ノ如シ矣。閣下請フ明察ヲ垂レタマヘ。請フ更ニ不敏ノ状ヲ白サン。容九ノ将ニ事ヲ首メントスル也《ヤ》。李完用既ニ敝会内ニ此議ヲ秘スルコトヲ詷知シ、乃計ヲ立ツ曰ク、先ヅ間者ヲシテ敝大会ヲ紛乱シ、決議ヲ見ルコトヲ得ザラシメン、若シ強ヒテ之ヲ決議セバ、間者ヲシテ格闘シテ血ヲ見テ以テ口実ト為シ、敝会ヲ解散セシメント。敝会本《モト》当ニ今月四日ヲ以テ之ヲ開クベカリシモ、而モ容九モ亦其実ヲ偵知セリ矣。是ニ於テ急ニ三日ノ初夜ヲ以テ総会ヲ本部ニ開ク。会スル者三百八十有余人、満場一決意気軒昂、四日天明ヲ待ツテ上疏及議ヲ内閣ニ鄭呈ス。李完用大ニ驚キ高永喜ヲ水原ニ要シ、即夜秘密会議ヲ開ク。青天ノ霹靂豈不敏ヲ謝セザルヲ得ン乎《ヤ》。此日容九躬ラ総務員ヲ率キテ統監邸ニ詣リ書ヲ統監ニ呈ス。統監佐竹秘書官ヲシテ言ハシメテ曰ク、事極メテ重大ナリ矣、當ニ訳ヲ待ツテ細読スベシ、宜シク自ラ慎重シ或ハ軽動スルコト勿レト。五日統監容九ヲ召見シテ前言ヲ反覆ス。内閣員ハ則国民大演説会ヲ開ク、国民ニ非ザル也官員也、六日統監邸ニ大臣会議ヲ開キ即夜鄙書ヲ却ク、蓋シ統監ニ聴キテ而シテ然ルト云フ。七日敝会評議会ヲ開ク、副会長洪肯燮・総務員韓錫振退会、相誓フニ死ヲ以テス。八日又疏ヲ内閣ニ上ツル。九日内閣再ビ疏及議ヲ却ケ、容九等ヲ警務庁ニ召シテ、厳ニ集会演説及檄文ヲ頒佈スルコトヲ禁ジテ曰ク統監ノ命也ト。然レドモ統監ハ未ダ鄙書ヲ却ケズ、又黙然言有ラズ。是ニ於テ十五日三タビ内閣ニ抗疏シテ未ダ却ケラレズ。此数日間李完用ガ加フル所ノ陰害ハ、曰ク高義駿ヲシテ洪肯燮・韓錫振ヲ説カシメテ、敝会ヲ退カシムル也。曰ク洪三千円ヲ受ケ韓二千円ヲ受クト云フ。二人素《モト》敝会衆ニ喜バレズ、二人ノ去ル却ツテ会体ヲシテ純一ナラシメタリ。故ニ又人ヲシテ地方員ヲ離間セシメタレドモ効無シ。乃復李允用ヲシテ会員数名ヲ買収セシム、会員其手書ヲ以テ警察ニ訴フ。秘詭此ノ如シ。容九ノ卒然ニ出デタル、天下或ハ少シク其不敏ノ罪ヲ寛仮セン乎《カ》。李完用又高義駿ヲシテ中枢院議長金允植ヲ説カシメ、国民演説会ニ臨ンデ敝会ノ提議ヲ駁論セシム、弁士皆元老重臣ニシテ聴者モ亦官人、強請セラル、者多シ矣。普信社ナル者有リ、京城ノ紳商二千二百四十人ノ一団ヲ成スモノ也。首メ書ヲ敝会ニ納レ鄙議ニ賛同ス。李完用府民会長兪吉濬ヲシテ之ヲ威嚇セシム、社長崔晶圭屈セズ。大韓商務組合ナル者有リ、所謂負褓商社也、往歳大院君以テ卒伍ヲ編シ非常ニ備フ、団体三百万ト号ス、客歳抄新組合ノ名籍ヲ検スレバ現在七十三万人。兪吉濬又之ヲ嚇シテ曰ク何ゾ国賊ニ与スル乎ト、頭領李學宰怒ツテ曰ク、一進会ハ以テ皇室ヲ尊栄センコトヲ求メ、以テ一等国ニ登ランコトヲ求ム、何ゾ国賊ト謂フ乎ト。啗ハスニ利ヲ以テセント欲スレドモ聴カズ。李完用黄白ト威力トヲ用ヰテ、十三道響応ノ勢ヲ阻遏ス。然レドモ儒生徐昶輔等二十人、金鍾鎭等七人相踵イデ上書シテ合邦ノ議ヲ賛シ、外教徒ハ新ニ一団ヲ作リ、貴邦人ヲ推シテ顧問ト為シ、以テ鄙議ニ応ズ。夫頑ハ儒生ヨリ頑ナルハ莫ク、囂ハ外教徒ヨリ囂ナルハ莫ク、兇ハ負褓ヨリ兇ナルハ莫シ。此三者ニシテ化ニ嚮フ、其他復何ゾ患ヘン焉。然ラバ則合邦ノ議其流行ハ水ノ下ニ就クガ如シ、壅イデ而シテ之ヲ激セント欲スル者ハ、一李完用有ル而已《ノミ》。乃憲兵ハ政府ガ刺客ヲ放ツテ李容九等ヲ伺フコトヲ探聞シ、統監ノ命ヲ待タズシテ而シテ敝会ヲ保護セラル、ニ至ツテハ、容九等恐懼曷ゾ已マン。嗚乎事ナル者ハ機也、機ノ物タル也《ヤ》、希ナリ矣、夷ナリ矣。其来ル也《ヤ》迓フ可シ、其去ル也《ヤ》跡ス可カラズ。今也合邦ノ声猶潮音ノ初メテ至ルガ如クニシテ、而シテ統監猝《だしぬけ》ニ集会演説及移檄ヲ頒布スルコトヲ禁ズ。蓋シ保安ノ為トシテ而シテ合邦ノ議ヲ桎梏スル也。夫容九十三道ノ総会ヲ開キ以テ大議ヲ決スルヤ、極メテ深ク其往来ヲ秘ス、人合邦ノ為ニシテ而シテ郷会頭目ノ潜ニ京城ニ入リシコトヲ知ル者無シ。議ヲ決スルノ明日京外請フモノ有リ数千人ヲ近郊ニ聚メテ以テ万一ニ備フ。容九統監ノ面論ヲ恪守シテ遂ニ之ヲ辞ス。京ノ内外未ダ敝会員一絲条ヲ紊ルヲ見ズ。而シテ統監猝ニ以テ治安ヲ妨グト為スハ何ゾ也。舌以テ之ヲ論ジ其意ヲ紓ブル而已《ノミ》、筆以テ之ヲ弁ジ其志ヲ通ズル而已。若シ治安ニ嫌アリトスル者ナラバ、政府ガ狂人ヲ使嗾スル是也。統監敝会ヲ罔《アミ》シテ狂人ノ伍ニ入レ、却ツテ清議ヲ箝口シテ刃ヲ狂人ニ授ク、冤ト謂フ可シ矣。然レドモ容九既ニ此積年ノ志ヲ蓄フ、故ニ恭順敢テ校《ムク》イズ。唯閣下明察ヲ垂レタマヘ。独リ悲ム此鑠金銷骨ノ勢漸ク旬月ノ後ニ弥ラバ、則貴邦国論ノ先ヅ聴ヲ讒邪ニ熒《マド》ハサレ、遂ニ帰ニ帰スルニ由無クシテ而シテ同情雲蕩シ。敝邦風ヲ望ンデ群起スル者、貴邦ノ糢糊望ミ難キヲ疑ツテ而シテ英気沮喪シ、却ツテ鋒ヲ転ジテ敝会ヲ攻ムルニ其事ヲ首ムルノ妖妄ヲ以テセン。李完用釁ニ乗ジテ而シテ其豺狼ヲ嗾セバ、則我一百万人将ニ坐シテ桎梏セラレ其殄喪ヲ待タントス矣。貴邦既ニ敝邦ノ為ニ幾十万ノ貔貅ヲ喪ヒ、近クハ又東洋唯一ノ元良ヲ殪サル敝一百万ノ草芥ハ惜ム可キニ非ザル也。然レドモ死者ハ復続ク可カラズ、逸機ハ復捉フ可カラズ。誰カ容九ニ継イデ再ビ克ク闔国ノ民志ヲ定メテ而シテ、万古初有ノ大事ヲ首メン哉《ヤ》。然ラバ則一百万人惜ム可キ也。両国ノ為ニ惜ム可キ也、東洋ノ為ニ惜ム可キ也。此レ容九ノ心血ヲ披瀝シ肝脳地ニ塗ルト雖モ、将ニ此時ヲ以テ必成ニ期セントスル所以也。唯閣下両国ノ為東洋ノ為ニ請フ、明察ヲ垂レ速ニ廟算ヲ決シ、輿情ヲ定メタマヘ。願ハクハ以テ東洋万歳、合邦万々歳タラシメラレンコトヲ。

隆熙三年十二月二十一日　一進会長　李　容　九　再　拝

大日本帝国内閣総理大臣　桂　侯　爵　閣　下

次いで京城に於ける日本人新聞記者団総会の決議に成れる宣言書⑤を読むの書を草す、即四項より成る邦文八千余言にして、記者団の強制的併合論を駁し、韓国人の自発的合邦を主張したるものなりと結論す。

十二月二十七日又李容九に代り日本の縉紳諸公に寄せて合邦を説くの書（漢文）を草す。

謹啓スル者、日月逾々邁キ歳聿《ツイ》ニ云《コヽ》ニ暮ル矣。高堂觴ヲ挙ゲ西窓燭ヲ剪ラバ往昔ノ歓今果シテ何如ゾヤ、伏シテ以《オモン》ミルニ　台下倍《マス》々《マス》明徳ヲ崇ウシ蹇々匪躬ス、曷ゾ当ニ復手ヲ握ツテ葵向ノ情ヲ擱ムベケン。遙ニ東風ニ倚ツテ一陽万福ヲ祝スル耳《ノミ》。日韓合邦ノ議一出スル也《ヤ》、貴邦ノ新聞謬伝訛説底止スル所ヲ知ルコト靡シ。両国関係最後ノ最大重事ニ於テ或ハ将ニ両国ノ耳目ヲ眩惑シ、大事ヲシテ趦趄ヲ致シ扞格シテ通ゼザラシメントス。夫敝邦ノ輿論ハ容九微ナリ矣ト雖モ、一容九有レバ必ズ以テ之ヲ一定スルニ足ル、唯好爵ニ縻《ツナ》ガルノ徒、上内閣元老ヨリ下地方観察郡守ニ至ルマデ挙ツテ一朝ノ栄ヲ懐ヒ、万代ノ計ヲ遺《ワス》レ極力民意ヲ糊塗シテ以為《オモイラ》ク、新聞ノ力ヲ以テ原燎ヲ撲滅ス可シト。何ゾ其嚮《サキ》ニ邇《チカ》ヅク可カラザルコトヲ知ラン乎《ヤ》、此レ唯之ヲ失ハザランコトヲ恐ル、ノ鄙吝、寧ロ怒ラズシテ之ヲ憫ム而已《ノミ》。然リト雖モ合邦ノ事タル也《ヤ》、利ハ敝邦ニ在ツテ而シテ貴邦ニ在ラズ焉。敝邦農ニ農産無ク工ニ巧技無ク、商ハ以テ世界ニ通ズ可カラズ、士ハ以テ千里ヲ致スニ足ラズ。江山一塞ヲ見ズ海奥一艦ヲ浮ベズ、之ヲ以テ貴邦ニ合スルハ、適々以テ貴邦ニ加フルニ貧弱ヲ以テスル而已《ノミ》。宜ナリ貴邦ノ輿論ノ揚ラザル也《ヤ》。而シテ貴邦ノ京城ニ在ル新聞記者団ノ絶対併呑ヲ決議スルニ至ル矣。夫容九蓄志五年ニシテ而シテ此大事ヲ首倡シ、将ニ以テ社稷民人ヲ万安ノ地ニ置キ、永ク一家翕楽ノ慶ニ頼ラント欲スル也。将ニ以テ四千載ノ古国、一千二百万ノ韓民族ヲ率キテ、貴邦ノ奴隷ト為ラント欲スルニ非ザル也。容九奴ト為ツテ而シテ生キン乎、一百万ノ会員、七十三万ノ褓負商・儒生・外教徒ト与ニ自ラ溝瀆ヲ経テ而シテ死スルニ若カズ矣。胡為《ナンスレ》ゾ役々乎トシテ復国利民福ヲ論ゼン哉《ヤ》。容九之ヲ熟視スレバ、往日ノ觴ヲ挙ゲ燭ヲ剪ル也《ヤ》、台下ノ志決シテ容九ヲ奴トセント欲スルノ意無キヲ知ル也、転タ弟撫ノ情ヲ加フルコト有ラントスル也。然ラバ則京城記者団ノ決議ハ、貴邦ノ輿論ニ非ズシテ而シテ貴邦ノ輿論ノ揚ラザルハ、未ダ利ヲ喩《ヨロコ》バザルコト有ルニ由ル也。容九請フ貴邦ノ為ニ之ヲ論ゼン、夫敝邦一小弱ヲ以テ三強ノ間ニ介シ、其勢炎附寒離、其情ヲ斉楚ニシ、国自強ノ意無ク、民自立ノ志無シ、是ヲ以テ東洋ノ禍機、未ダ嘗テ先ヅ敝邦ニ動カズンバ有ラザル也。若シ列国ヲシテ永ク交際無カラシメバ、則白馬江以テ止ム可シ矣。既ニ交際有ツテ厪《ワツカ》ニ二十年間ニ、世界ノ二大戦役ヲ経ル、此レ敝邦斉楚ノ情実ニ已ムヲ得ザルナル耳《ノミ》。然ラバ則合邦ナル者ハ豈東洋ノ為ニ振古不涸ノ禍源ヲ壅グ者ニ非ザル乎。貴邦ノ和柄ヲ東洋ニ秉ル、豈一世ノ不利ノ為ニ而モ万代ノ累ヲ遺《ワス》ル可ケン哉而シテ敝社稷之ヲ以テ長ク存シ、敝民人之ヲ以テ永ク毎ニ戦衢ト為ルノ苦ヲ免ル。長ク安ンズレバ則民志一定シテ而シテ動カズ矣。民志動カズシテ而シテ後自立ノ志始メテ生ズ焉。其然ル後以テ貧者ハ自ラ富ンデ弱者ハ自ラ強カル可キ也。此レ豈亦敝邦ノ為ニ振古貧弱ノ病根ヲ抜ク者ニ非ズ乎《ヤ》。且夫二強ヲ絶ツニ長白ノ天屏ヲ以テシ、之ヲ捍グニ鴨緑・豆們ノ湾口ヲ以テスレバ、則舞鶴ノ港ト天馬ノ浦ト、以テ枕ヲ高ウシテ而シテ東洋ノ海権ヲ制ス可シ。四海虜ヲ絶ツテ而シテ後民業之ニ起リ、人族血ヲ交ヘテ而シテ後民産之ニ殖ユ、兄弟既ニ翕《アツ》マリ和楽且湛ヘバ、則東洋ノ波ヲ揚ゲザル、豈万邦平和ノ吉祥ニ非ズ乎《ヤ》。今貴　今上天皇陛下堯舜ノ至徳ヲ以テ湯武ノ勲業ニ放《ナラ》ブ。其敝邦ノ為ニ四千年貧弱ノ病本ヲ抜キ、世界ノ為ニ空前絶後ノ鴻謨ヲ創スルモノハ、貴　今上天皇陛下ヲ待ツニ非ズシテ而シテ誰ヲ乎待タン哉。容九嗅呼唯時ニ及バザランコトヲ恐ル、ハ実ニ此レガ為也。台下請フ貴邦目前ノ小不利ヲ論ズルコト無ク、貴邦ノ輿論ヲ厲発シ、以テ必ズ斯開闢無前ノ洪基ヲ起サレヨ、若シ其レ合邦条件ハ唯貴　今上天皇陛下聖謨ノ丕《オホイ》ニ顕ハル、所、容九等唯一家同慶ノ寵光ヲ景仰スル而已。敢テ肝胆ヲ披瀝ス、唯　台下察納セラレヨ焉。時方ニ厳寒耑《モッパラ》祈ル　道体国ノ為ニ葆重セラレンコトヲ。

此書は李容九自署して我縉紳に送りしものにして、予にも数通を送り来り転呈を求めたり、予は之を松方侯（後の公爵）東久世、芳川の両伯及其他知名の為政家に伝呈して李容九の心事を語り、其心事を達せしむるに力を与へられんことを請へり。

七　韓内閣員と曾禰統監との問答

合邦の議論囂々人心恟々たる十二月二十八日、本年最終の内閣会議を統監邸に開かる内部大臣朴齊純は首相代理として出席し曰く、前ニ伊藤公ノ遭難アリ、今又次イデ首相モ凶徒ノ襲撃ニ遭フ、而シテ今又最モ憂フベキ現象ヲ見ル、即一進会ノ合邦論是ナリ、之ガ為人心激昂将ニ其絶頂ニ達セントス、政府ハ其責任上最早黙止スベキノ時ニ非ズ、之ニ対シ相当ノ手段ヲ執ルヲ要スと。学部大臣李容植も亦曰く、応急ノ処分トシテ直ニ一進会ヲ解散シ、主謀者ヲ処罰スベシと。曾禰統監曰く、一進会若シ不穏ノ挙動ニ出デ治安ヲ妨害スルニ於テハ、固ヨリ断然タル処分ヲ要スルヤ論ナシ、然レドモ唯言論ニ訴フルニ止マラバ、漫ニ其自由ヲ箝制スベカラズ、今日ノ策ハ所謂合邦論ニ対スル賛成派ト反対派トノ孰レヲ問ハズ、平地ニ波瀾ヲ起シ人心ヲ煽動スルガ如キ行為アルヲ予防スルニ在リ、予ハ来春早々上京スベキヲ以テ此事ニ付キ本国政府ト充分ナル打合セヲ為スベシ、各位心ヲ安ンゼヨと慰撫せり。之より先統監は新聞記者に其意見を発表し、当時帝国政府は日韓合邦の意志を有せず、仮に合邦を可なりとするも時機と国情とを考慮せざるべからず、数千年の歴史を有する国家の廃合は、容易の業に非ずと説かれたりと云ふ。

此日崔永年書（漢文）を師に寄す曰く。

伏シテ頌ス寝節康寧ナラン、生昨夜迷豚ノ放還ニ以《ヨ》ルノ余、昏倒気塞スル者凡五次、当今未ダ霽レズ施薬治療中也。悶沓々、訊問草玆ニ草呈ス。而シテ間々ノ問知未ダ詳細ヲ悉サズ、唯次序ヲ以テ書呈スル耳《ノミ》。昨日若シ　尊公ノ斡旋セラル、ニ非ザレバ、想フニ未ダ是ノ如ク快放ヲ得ザル也。此児家ニ帰ルハ実ニ尊公ノ賜也。然レドモ細砕ノ事ニ於テ検挙シテ父子ヲ拘禁シ、共ニ鍛錬ヲ受クルニ至リシハ実ニ是望外也、浩嘆々々閣上。十二月二十八日　小生崔永年。

又之に副ふるに其二男斑植の報告書（鮮文）及其漢訳（崔永年の訳）を以てす曰く。

今上午八時総監部ニ進ム、十二時量鈴木警視呼入シテ調ヲ取ル、大ニ其然ラザルヲ明ニス矣。下午四時量斑植放送セラル、初次訊問最モ硬剛タリ、生モ亦硬強答卞ス。其放還ノ時ニ及ンデ鈴木警視平和ノ色有リ、又待遇ヲ為スコト極メテ恭、此ハ是　尊公函ヲ総長ニ寄スルノ効能也、感謝僕々。訊問ノ細条　大人既ニ之ヲ知ル乎、願クハ聴ケ。初次合邦問題ノ時、統監府ヘノ長書斑植之ヲ書スル乎《カ》ト、答ヘテ曰ク然リ。再次ノ金丸紹介ノ長書斑植之ヲ書シタル乎《カ》ト、答ヘテ曰ク然リト。三次ニ曰ク、一片ノ怪書有リ、即斑植ノ言ノ内我父之ヲ命ジテ書セシ也ト云フ果シテ然ル乎《カ》ト、答ヘテ曰ク有ルコト無シト。曰ク然ラバ則君ノ子何ゾ以テ此ノ如ク納供スル乎《カ》ト。答ヘテ曰ク知ラズト。曰ク是統監府ニ上ツテ而シテ即国分自上〇〇〇（不明）名誉剝割ノ語意也、君知ラザル乎《カ》ト、答ヘテ曰ク我韓人是ノ愚昧ト雖モ、程度本人ノ知覚ハ決シテ此等ノ怪事ヲ為サズ、此問有ルニ至ツテハ遺憾ニ堪ヘズト。曰ク其子之ヲ答ヒ其父知ラズトハ何ゾ也《ヤ》ト。答ヘテ曰ク本人ノ子ニ命ズルハ則万是理無ク又是《コノ》事無シト。斑植父命ヲ承クト曰フ、則此レハ是精神損失ノ狂人也、国分ハ則一個人ノ本人、素面分無シ、且我会ノ団体又些少ノ関係無シ、則抑々何ノ心ヲ以テ人ヲシテ書ヲ呈セシメ、子ニ命ジテ之ヲ筆セシ乎《カ》、果シテ是洗耳ノ説也ト。鈴木起草シテ楼上ニ向ツテ去リ、約三時間更ニ面会ヲ請ヒ以テ探問ス、真実ノ意公ニ請フテ成レリ矣、公怪ムコトヲ為スコト勿レ、今男斑植率キ去ル好シト為ス云々ト。回路海山ヲ見レバ、則倶ニ尊公ノ周旋商量セル其中間ノ事態ヲ言フ、則送函ノ効力多大也。

是十二月三日夜崔斑植が合邦の三文を浄書したることを訊問したるものにして、鮮文漢訳中崔父子の答弁混淆するが如きも、凡て漢訳のまゝにしたり。蓋し師は素当時の若林総長を知り、又具副長とは乙未以来の知己たり。書中送函云々は師が書を総監部に致せしことを指すものたり。抑々事の起原は内閣が警務総監部に命じて三文の浄書者を追求したるものゝ如し、而して遂に三文の起草者に及ばざりしは又不思議と謂ふべきか。

十二月三十一日師除夜の詩を賦して自ら懐を遣る詩に曰く。

漫ニ志業ヲ崇ウシテ人間ヲ学ブ　許《コ》ノ裏依然世寰ヲ出ヅ　王者意揚ル経一軸
壺天膝窄《セバマ》ル即三山　窮ヲ送ツテ未ダ画カズ昌藜ノ面　食ヲ乞フテ政《マサ》ニ開ク布袋
ノ顔　諸老春ヲ煕《タノシ》ンデ還《マタ》歳ヲ守ル　吝情我病軀ノ孱《ヤワラカ》ナルヨリモ孱ナリ

（1）前出『大韓季年史』には、「十二月三日南山麓の前永禧殿前にあった本部で行なわれた一進会臨時総会は、会員数百名を集めて開かれた。初め李容九は門をかたく閉ざして、数人の腹心と密談した後、声明書を発表した。会議は紛糾したが、会則（最終の決定権は会長が持つ）により、李容九は無言で採択を決定し、会員はこれに答えなかった」とある。
趙恒来の前掲書には、この決議について「百万会員を豪言壮語する一進会で、実際に何名の会員が決議内容に賛成したかは、はなはだ疑わしいと見ることが出来る」とある。

一般会員にとって寝耳に水の合邦声明は、川上のいうようなわづか二名の反対で採択されたものではないようである。それは、合邦声明発表後、内紛が多発し、多くの会員が脱会していることによっても知ることが出来る。

（2）一進会は合邦成立後、政党組織として活動する予定であった。十二月三日の臨時総会の議決に「一進会のみ残して、其他の会は一切解散する事」という一項がある。このことは、一進会が主唱した政合邦の主旨と整合している。

（3）大垣は当時の漢城にあって、『大韓民報』をおこし、また、大韓自強会・大韓協会をひきいて、一進会・黒龍会の政治的立ち場に真っ向うから反対した。大垣については『東亜先覚志士記伝』下巻　参照。

（4）日韓合邦宣言文公表に先立って、李容九は、「国家存亡の秋に、挙国一致して国事に尽瘁しよう」というスローガンで、西北学会・大韓協会と提携して、民党三派による李完用内閣との対決を構想した。三派連合の構想は、先づ西北学会が脱落し、次いで大韓協会との交渉も決裂して不調に終った。三派連合に関しては『日韓合邦秘史』下巻。韓相一『日韓近代史の空間』（昭和五十九年五月　日本経済評論社）参照。

（5）　在漢城日本人記者団の決議した宣言書及び、一進会の合邦論に対する反対論は戸叶・楢崎『朝鮮最近史』（大正元年　蓬山堂）参照。記者団の宣言は一進会のいう「曖昧姑息なる政合邦」に反対するのであり、「世界の大勢に則り両国の合併を断行」することを主張している。

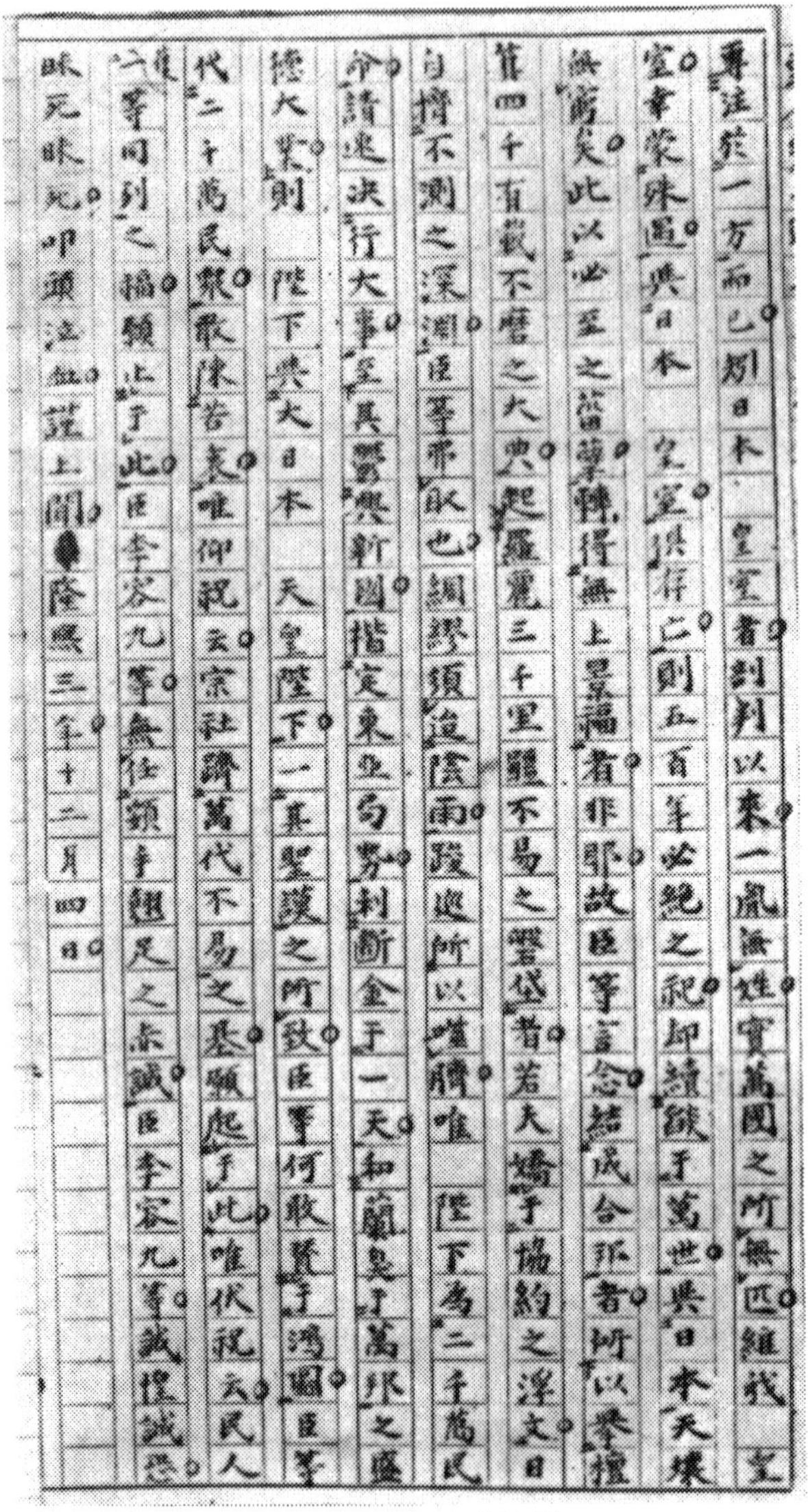

尊注於一方而已別日本 皇室者剏判以來一系無姓實萬國之所無匹維我 皇
室幸蒙殊遇與日本 皇室倶存 則五百年必絶之祀即讀續于萬世與日本天壤
無窮矣此以必至之論幸得無上景福者非耶故臣等言念結成合邦者所以奉撫
億四千百載不磨之大典起羅麗三千里疆不易之基若大婚于協約之浮文日
自擠不測之深淵臣等帶取也綢繆須迫陰雨踐迫所以噬臍唯 陛下為二千萬民
命請速決行大事至異嶼與新圖指定東亜局勢判斷金于一天和蘭息于萬邦之盛
德大業則 陛下與大日本 天皇陛下一真聖護之所致臣等何敢賢于鴻圖臣等
代二千萬民敢陳告表唯仰祝云宗社歸萬代不易之基嘱起于此唯伏祝云民人
等同列之輪類止于此臣李容九等無任頑手趣足之赤誠臣李容九等誠惶誠恐
昧死昧死叩頭泣血謹上聞 隆熙三年十二月四日

㉜　日韓合邦上疏案の一部　武田範之筆

第一〇章　合邦提議後の日韓

第一節　情報・報告及制度の研究其他

一　事前の報告

明治四十三年庚戌（四十八才）元旦より日記（漢文）を書す。一進会幹部員来り賀す、後李容九の邸に至りて正を賀し、帰って元旦歌を作る。

闔茂維歳日東ニ出デ　朗曦瞳々万邦ニ輝ク　四方衣ヲ拝シテ河嶽ニ及ブ　占夢維何ゾ蛇耶《カ》熊耶《カ》　蛇ニ非ズ熊ニ非ズ霊維異　維神霊ヲ降ス崆峒ヨリ　玄文了々忘失セズ　神霊其言霊通有リ　明々踏破ス東山ノ暁　遮胡《ナン》為《スレ》ゾ西麓ノ陰　天空雲ノ嶺上ニ生ズルコト無ク　海濶月ノ波心ヲ照ス有リ　海濶天空万事定マリ　至気大降其今ニ及ブ　神境一驚蘧然覚ム　王両連ニ縷《ツヾ》リ我襟ニ繡《ヌイモノ》ス　手ヲ額ニシテ東望スレバ仙雲聳エ　万古ノ祲気ヲ一帚シテ空シ　不老ノ天閣不死ノ者　玉塵一払彩虹ヲ迸《ホトバシ》ラセ　金甌薬ヲ煎ルニ檀木ヲ焼ク　五年丹成ツテ九宮ヲ開キ　十年脱胎シテ寿域ヲ超エ　万年斉ク唱ヘン春其レ同ジキヲ

師曰ク此歌以テ侍天教人ニ示ス也。教祖句有リ曰ク、東山登ラント欲スレバ明々タリ兮。西邦底事《ナニ》ゾ遮々ノ路ト。此ハ是歌ノ主眼ニシテ、而シテ東望仙雲。金甌焼檀等寓意知ル可キ也、韓人喜ンデ夢ヲ説ク故ニ余モ亦托スルニ夢ヲ以テス、侍天ノ符ノ実夢ノ如キニ非ザル也。

是日韓合邦して一国と為るべき前途を祝福したるものなり、其識見亦思ふ可し。

元旦の一徒作として軽々に看過すべからず。

元旦の日附を以て宋秉畯が杉山茂丸に寄する書中の要旨に曰く。

一昨々年韓国皇太子殿下御来朝ノ節、故伊藤公ハ東宮附属官舎ヲ設備シ、年々ノ維持費ヲ定メラレタルガ、其全部ヲ宮内省ノミニ負担セシメズ、之ヲ折半シテ韓国政府ニ分担セシムルコト、為セリ。而シテ此官舎ハ小生ノミノ専用ニアラズ、韓国政府ノ官吏並ニ宮内官モ皆共ニ玆ニ宿泊セシムルノ目的ナリ。然ルニ先日突然東宮大夫高義駿ハ小宮宮内次官ノ命ナリトシテ伝ヘテ曰ク、宮内省並ニ政府ハ種々ノ事情ニ依リテ官舎維持費ヲ廃除シ、一月以降韓国官舎ナルモノヲ認メズト。蓋シ伊藤公ノ計画ニ成リシモノハ、李完用単独ニ専断スベカラズ、統監ノ同意ノ下ニ之ヲ決行シタルモノナリ。又昨夏小生ハ顧問ノ職ヲ辞セリ、而シテ李完用ハ小生ニ代リテ親任式ニ列シタルコトヲ聞ケリ、然ルニ爾後幾閲月未ダ吾ニ此事ヲ報ゼズ、勿論俸給モ支給セラレズ、一ニ政見反対ノ小生ヲ迫害スルノ意志ニ出デタルモノナリ。曾禰統監ハ宮中府中ノ事之ヲ知ラズトシテ、吾関セズ焉トシテ其責ヲ免カル、コトヲ得ベキカ。是天下ノ大事ニ非ズシテ一私事ニ止マレドモ、統監ノ行為ニ対シテモ亦憤慨措ク能ハズ、愚言参考ニ供スルノミ云々。　明治四十三年一月一日　杉山賢台　宋秉畯

之に由れば両者性格の相違と政見の対立に因り、李完用が宋秉畯を疾視して迫害を加ふるの状を見るに足るのみならず、曾禰統監も亦李完用と相好きを以て、宋秉畯とは反対の意見を持して常に圧迫を加ふるの状明かなり。

一月二日師は曹洞宗布教監理の職を免ぜられ、更に顧問を命ぜられたるが、師は免職を承認し顧問の命を受けず。

一月三日朝曾禰統監、南大門駅より仁川経由帰朝の途に就く。

一月八日在京城の某より内田に寄する情報中に曰く。

記者団ノ一部ハ二千円ニテ○○(不明)府ニ買収セラレ、又或代議士ハ統監ノ委任統治論ヲ、進歩党ノ党議トシテ提出スベシトノ条件ノ下ニ一千円ヲ請ケ、又統監モ此論ヲ内閣ニ提出シテ、廟議ヲ決定セシメン覚悟ナリ。又東拓理事ニ推選スベシトノ約モアリ。而シテ統監ハ若林警視総監ガ、合邦論ニ好意ヲ持セシトテ之ヲ

含ミ、其取締リヲ不完全トシ、李完用傷害事件[1]ヲ理由トシテ、寛厚ナル長者ヲ罷免センコトヲ謀リ居レリ。云々。

即統監が李完用の言に随ひ、合邦論者を圧迫したる事実を知るに足らん、故に韓人(中枢院顧問、子爵)すら人に語るに馬鹿曾禰の称を以てする者あるに至れり。一月十日報告書第三を草す其要に曰く。

統監ノ帰朝ハ前夜九時ニ至ルモ発表セラレズ、是其前日統監以下九人ヲ暗殺セザレバ已マズト、二十三人ノ者ガ結約シテ統監府ニ投書シタルニ由ル。統監戦慄遽ニ予定ヲ変更シテ密行船ニ上ルニ至リシナリ。若林総長ノ進退。虎疫予防ノ実績挙ガラズトシテ総長ヲ責ムルモ、夫ハ組織ガ若林ヲシテ其自由手腕ヲ振フコト能ハザラシメタル罪ナリ。李完用負傷ノ件ニ対シテハ、若林ハ引責辞表ヲ提出センコトヲ乞ヒシモ、其レハ形式ニ止マルベシトノコトニテ、提出ニ至ラザリシナリ。然ルニ寧ンゾ之ヲ免黜ノ理由ト為スヲ得ンヤ。大内暢三ノ来韓。元老及大臣ニ対シテ私情ヲ挟ム反対ノ一派ハ若シ合邦セバ我帝国ハ多額ノ負担ヲ帝国民ニ強フルニ至ラン、又我外交官ハ我条約改正ニ累ヲ及ボサンコトヲ恐レテ合邦ニ反対ス、是時機尚早ノ所以ナリト云フニ在リ。大内ハ委任統治論ヲ唱ヘタリシガ、統監之ニ賛シ統監府ノ高官亦之ニ和シ、大内ハ党議ヲ動カシ議会ニ於テ相呼応セントストスト。当地ノ情勢トシテハ、統監府ノ高官ガ大内ノ委任統治論ニ共鳴スル者アリ、又然ラザル者アリ、是限伯ノ所謂武断政治ヲ憎疾スルノ余ニ出デシト何ゾ択バント、政治論モ感情ノ副産物ト為リ政治的真意義ヲ有スルモノニ非ザルハ東京ト京城トガ符節ヲ合セタルガ如シト論ジ、姑息的制度ニ由ラズシテ根本的同治ノ方針ヲ執ラザルベカラズト結論セリ。

師は之を山口に居る宋秉畯と、東京の同志に郵致せり。

十一日更に書（漢文）を宋秉畯に寄す。曰く。

謹ミテ上書ス、新禧ノ嘉礼敬シク東京ノ尊宅ニ致ス。然レドモ大事間関未ダ新禧ノ示ス可キモノヲ見ズ、唯疵瑕百出人ヲシテ多ク心ヲ労セシム。生不敏ニシテ補佐ノ能無シ、請フ幸ニ海涵セヨ。菊池兄ガ杉山兄ニ報告スルノ書、粗ボ漢城政海ノ近況ヲ悉ス。挙世溷濁ス行イテ沢畔ニ吟ズル者ハ誰ゾ也。然レドモ東京某々ノ別信ヲ見レバ、政論既ニ合併ニ定マリ、唯択ブハ首相ノ心ニ在リト。然ラバ則報告書中進歩党云々ハ、蓋シ深ク憂フルニ足ラザル也。生此間ニ在ツテ一言有ル者、曰ク委任統治ナル者日本ヲ以テ之ニ言ヘバ事等ヲ躐エズシテ而シテ名順ヲ失ハズ、何ヲカ等ヲ躐エズト謂フ、曰ク朝ニ一権ヲ委シタニ一権ヲ委シ、以テ漸ク全権ニ及ブ也。何ヲカ名順ヲ失ハズト謂フ、曰ク委任ナル者ハ未ダ敢テ其国ヲ亡ボサズ、虚名ヲ存シテ而シテ実権ヲ収ムル也。然レドモ韓民ヲ以テ之ヲ論ズレバ、其等ヲ躐エザル者モ其国ヲ滅サズシテ而シテ必ズ其民族ヲ滅スノ常軌也。名順ヲ失ハザル者ハ第三国ヲ欺クノ常例也ト。会長曰ク若シ合邦ニ聴カズシテ、而シテ必ズ異族ヲ以テ我ヲ待タント欲スレバ、則日本ハ必ズ我種族ヲ滅サント欲スル者也。夫合邦ナル者ハ合意ニシテ而シテ合併スル也。所謂政合邦ナル者ハ、国際学上ノ術語ヲ以テ之ヲ擬スルニ非ザル也。苟モ以テ社稷ヲ存シ民人ヲ安ンズルコトヲ得バ、則其委任ヲ以テ永ク両家ノ猜ヲ見ルト、其合邦ヲ以テ速ニ一家ノ誼ニ安ンズルコトヲ得ルニ執若《イヅレ》ゾ也《ヤ》。日本ヨリ之ヲ先ンズレバ則名ハ合併ト為リ、韓ヨリ之ヲ先ンズレバ則名ハ合邦タリ。合併ナル者ハ脅威、合邦ナル者ハ興仁ナリ、須ラク呑《ノミ》噬ノ名ヲ擲ウツテ、而シテ人道ノ実ヲ拾フベシ。但毫釐差有レバ天地懸隔セン耳。此千載一遇ノ会ニ於テ、閣下請フ必ズ合字ヲ固執シテ而シテ動カザレ。則生不敏ト雖モ亦必ズ筆ヲ以テ相従ハン。区々タル微衷且新歳ヲ祝頌ス、鴻禧万福ナレ。　一月十一日　宋大監閣下　武田範之再拝

一月十七日報告書新第四を草す、要は李容九をして東上せしめざりし理由は、一進会員の誤解を来たさしめんことを憂ふるに在ること。　記者団の再策。彼等の宣言は余り効果の微弱なりしを恐れ、手段を変更して合邦論は連邦を意味するもの

と誣ひ、李容九の言として日本の新聞に其捏造通信を電報し、日本の同情を失はしめんことを謀る云々。　李会長最後の決心。会長曰く統監は一進会の合邦運動は児戯の如しと公言せらる。其言の当否は必ず判明するの日あらん、之を予め当路者に注告せずんば我不明の罪を招かんと。の三項に在り。

一月二十二日師竹洞夜話記[2]（漢文）を作る其序に曰く。

初合邦声明書ヲ草スル也《ヤ》、合邦ノ上ニ一政字ヲ加フ[3]。余曰ク若シ政字ヲ加フレバ則国際法上必ズ議論ヲ生ゼント。鳳庵曰ク此レ以テ貴邦人ニ示スニ非ズ、是之ヲ以テ人心ヲ弛ムル而已《ノミ》ト。余謂フ此レ亦韓式也ト遂ニ之ニ従フ、是ニ至ツテ京城日本新聞記者団、執ツテ以テ攻撃ノ料ト為シ、大韓協会等皆争フテ之ニ和ス。余鳳庵ニ謂テ曰ク、若シ弁ゼザレバ則我提倡ノ意ハ、日韓両国人ニ誤解セラレントスト、此記有ル所以也。又満洲中立問題有リ故ニ兼ネテ之ニ及ブ。

竹洞夜話記

鳳庵先生合邦ノ議ヲ提倡シ、天命ヲ竹洞ノ居ニ待ツコト四十有九日矣。来リ候スル者毎夕座ニ満ツ、皆各道ノ領袖、其党ヲ統ブルコト多キ者ハ数万、少キ者モ一千ヲ下ラズ。甲倡ヘ乙和シ議論風生ス。此夜先生几ニ隠リ薬ヲ嘗ム、偶々童子有リ新聞紙ヲ進ム、先生標目ヲ瀏覧シ一咤シテ之ヲ抛チ、談笑スルコト故ノ如シ。既ニシテ瞿然トシテ自ラ驚キ嗒然トシテ而シテ天ヲ仰ギ、忽チ案ヲ拍チテ咨嗟シ猛省スル所有ルガ如シ。客其故ヲ知ルモノ無シ。先生座客ヲ顧ミテ曰ク、諸君満洲中立問題ヲ以テ何ノ情感ヲ動カス乎ト。一客対ヘテ曰ク、此レ日米関係而已我ニ於テ何カ有ラン哉、抑々以テ喜憂ス可キコト有ラン乎ト。先生曰ク其レ然リ噫嘻《アア》以テ喜憂ス可キ有ルコト無キ也、然リト雖モ我今将ニ合邦ヲ作ラントス、合成ノ後ニ至リ諸君亦将ニ謂ハントスル乎、此レ日米関係而已我ニ於テ何カ有ラン哉ト。殊ニ知ラズ韓満壊ヲ接シ、火隣室ニ起レルニ誰カ枕ヲ呼ンデ而シテ瞌睡スル者ゾ。而ルニ僕今新聞紙ヲ開クニ、曰ク満洲、曰ク中立、曰ク列国ト、皆以テ我情ヲ動カスニ足ル可キ無シト、一咜シテ之ヲ拋ツ亦自ラ媿ヅ可カラザル乎。僕我韓ノ先覚ノ倡首ヲ以テ自ラ居ルモ、其中情却ツテ此ノ如キ者有リ、矧ヤ嗤々タル黎氓ヲ乎《ヤ》。人心剝喪セラレテ国其国ヲ国トスルコトヲ知ラズ、此レ国其帰スル所ヲ知ラズ、民其処《オ》ル所ヲ知ラザルノ故也。誠ニ夫我韓ノ普土ヲシテ合心一定スレバ安住万世ナルノ理ヲ悟ラシメバ、則誰カ白火ノ我黄土ヲ焚キ、列強ノ力ヲ合セテ我一日本ニ迫ルヲ観テ、瞌睡シテ而シテ相関知セザルガ如クセン哉《ヤ》。諸君将ニ驚起シテ而シテ呼バントス、曰ク霜ヲ履ンデ堅氷至ル矣。一日本ノ支ヘザルハ全亜ノ保タザルナリ、嗚乎嗚乎当ニ鄰満ヲ如何スベキ、否当ニ我占有地帯ヲ如何スベキト。東京ヲ望ミテ狂奔スルコト、当ニ頭燃ヲ救フガ如クスベシ。若シ日米関係而已ト曰ハヾ将ニ其吻ヲ捩ラントス、一咜シテ顧ミザレバ将ニ其頬ヲ欧タントス。僕是ヲ以テ益々合邦ノ特ニ我韓ニ切ナルノミナラズシテ、而シテ東亜ノ局勢ニ急ナルコトヲ知ル也。衆晳ノ一孤黄ヲ媢疾シテ、再ビ難ヲ構フル也《ャ》、必セリ矣。豈心ヲ一ニシ力ヲ合セテ其強圧ヲ排セザル可ケン乎《ャ》ト。座客皆瞿然トシテ大ニ悟ル。乃曰ク一言以テ国ヲ興シ一言以テ事ヲ僨ルト、旨アル哉言也《ャ》。生等請フ先生ノ心ヲ以テ心ト為シ以テ大ニ人心ヲ啓発セント。一客又進ミ問フテ曰ク合邦ノ議一タビ出デテ人各々弁ヲ異ニス願クハ正宗ヲ聞クコトヲ得ン、敢テ問フ政合邦ナル者ハ何ノ義ゾ也《ャ》ト。先生曰ク善イ哉問ヒ也、夫今時ノ国際公法ハ猶古者ノ春秋義例ノゴトキ也、欧洲列国其君ヲ同ウシテ而シテ其政ヲ異ニセルアリ、例シテ君合国ト為ス。其君ヲ異ニシテ而シテ其政ヲ同ウスル有リ、例シテ政合邦ト為ス。其君ヲ異ニシ其政ヲ異ニシテ、而シテ其大権ヲ同ウスル有リ、例シテ連邦ト為ス。今韓ヲ以テ日ニ合スルハ此ニ一無キ也。保護国ヲ以テ宗主国ニ合スル適例有ルコト無シ。故ニ今政合邦ト謂フ者ハ、例ヲ欧人ノ定メタル所ノ公法ヲ攀ヅルニ非ザル也、彼ノ動《やや》モスレバ廃皇ヲ言フヲ悪ム故ニ、政字ヲ以テ防ギヲ立テシ也。又実ニ政権ヲ挙ゲテ宗主国ニ合セント欲スル也ト。客曰ク然ラバ則宗主国ハ、将ニ何ヲ以テ之ヲ視ントスルカト。先生曰ク宗主国ニ三説有リ、曰ク現状、曰ク委任、曰ク合併。現状ナル者ハ保護ヲ以テ推遷スル也、蓋シ統監官僚ノ苟安スル所ニシテ、而シテ我民族ノ漸ク澌滅スル所也。委任ナル者ハ鈫ヲ委シテ而シテ自ラ伐ラルヽ也、合併ナル者ハ君逐ハレ民奴タル也。而シテ我宗主国ハ或ハ当ニ合併ニ取ルベキ而已ト。座客皆色ヲ失ツテ、曰ク我皇ヲ如何ニセン、曰ク我民ヲ如何ニセント。先生哂ツテ曰ク彼ヨリ之ヲ先ンズレバ自ラ名ヅケテ合併ト為サン、我ヨリ之ヲ先ンズレバ、自ラ称シテ合邦ト為ス其合也《ヤ》一而已《ミ》矣。然レドモ合心ノ合ハ、迥ニ強手ノ合ニ異ナリ、寇ニ匪ズシテ而シテ婚媾スレバ也。故ニ我宗主国ノ　天皇陛下ノ我　天陛ヲ弟視シテ、而シテ我蒼生ヲ嬰撫シ、政治機関モ亦必ズ其材ヲ適シテ而シテ其人ヲ簡バズ、以テ必ズ一家ノ宜ヲ諧《ヤワラ》グルヲ得ル也明ナリ矣。此レ豈我党ノ刃ヲ冒シテ、而シテ請願セル所ニ非ズ乎《ヤ》。諸君請フ努力セヨ哉ト。座客皆悦ビ、天命ノ当ニ然ルベキ所有ルヲ知ル。乃記シテ而シテ後ニ証スト云フ。庚戌一月念二日夜

師が李容九を誘掖補佐するの情状は此記に於ても窺ひ知るべく、而して李容九をして一進会員を善導せしむることゝ、会員が会長の指導に従って一絲乱れず、衆心一致、日韓両国の大国策の実行に邁進するは、偶然にあらずして師が心を用うることの如何に深きやを知るべし（竹洞とは李容九の私宅の所在地名なり）。

一月二十三日川上善兵衛に柬す、四書合璧印刷の件なり書中に曰く。

（前略）一、上疏ト二書ト竹洞記トヲ合冊トシ、日韓合邦四書合篇ト題シ、署名セズシテ沆瀣経ト同ジクシ度、最モ本文ノ姓名年月等ハ一字モ加除セズ其儘ニ致シ置キ、篇者ノ名ノミニスル事（中略）。

一、小衲ハ隠ヲ以テ貴トシ居士ハ顕ヲ以テ貴トス、何トナレバ自ラ隠ル、ニ非ザレバ、道ヲ弘ムルコト広大ナル能ハズ、自ラ顕ハスニ非ザレバ、業ヲ創ムルコト悠遠ナル能ハズ。道ハ虚ニ隠レテ愈々光リ、業ハ実ニ顕ハレテ益々揚ル、遜世ノ道徳玆ニ存シ、広告ノ必要玆ニ生ズ。小衲ハ隠ヲ以テ世ヲ益シ、居士ハ顕ヲ以テ国ヲ裨ク、此レ応世隠顕ノ弁ナリ。サレバ居士ハ名ヲ求メズシテ名ヲ求メザルベカラズ、小衲ハ名ヲ求メザルノミナラズ、自ラ名ヲ辟ケザルベカラズ。自己ノ旧稿ヲ集ムルスラ、自ラ集メズシテ其人ニ托スルハ此間ノ消息ニ出デシモノニ候。依テ祥雲ハ嗣子タルノ分トシテ纂集ノ列ニ加ハルハ不可ナキモ、小衲ガ願ハ其人ニ托スルノ素望ニ叶フヲ喜バントスルモノニ御座候へバ、貴名ヲ逸去セシメ度ハ無クㇾ之候。

一、合邦四書合篇ノ広布ヲ願フハ余ノ義ニハ無クㇾ之候。此開闢未曽有ノ大業ヲ為ス李容九・宋秉畯ヲシテ小人輩ノ歯牙ニ掛リ、或ハ売国奴ノ譏ヲ受ケシメンコトヲ恐レ候。小衲ハ立案当時ニ在リテ意匠憺々タリシハ二、三ニハアラザルモ、尤モ此辺ニ注意致シ置キ候ヘバ、其広布ハ二人ノ徳ヲ傷ケシメサル一ノ予防線ニ御座候(後略)。

二十三日ノ夜　松心院様御尊前　範之和南

師の書中日韓合邦四書合篇の表題は、事実を表現するに可なれども、余り露骨なるを以て師に図りて、李鳳庵四書合璧④と改題せり。又師は応世隠顕を弁じて予を導くが如く、常に惇々として予に教えて倦まず。又予は師との関係に於て名を現はすことを欲せざりしも、師の此書に依つて遂に師の意に従へり。而して師は此書の紙末の余白に書して曰く。(不明)○○ヘノ御添書難クレ有リ拝見仕リ候、併シ大酒呑ノ放埒モノ、戒モ律モアキレテ遠方ヨリ見物致シ居タル程ニ御座候ヘバ、今更慙愧千万ニ御座候。との風刺的文字あり。大事に参画して日夕繁劇の事務を処理するの上、猶此滑稽事を記する師は尚綽々として余裕あるを思はしむるものなり。

師が此日菊池忠三郎[5]に寄する第一信。

諺訳ノ質駁記者団宣言書ハ昨日ヲ以テ掲載ヲ終リ、漢城政界ニ大感動ヲ与ヘタリ。特ニ一進会本部ニテハ、一小冊子ニ製本シテ発売セシメントセリ、会員トシテハ麻姑掻痒ノ感ニ堪ヘズ、滬東先生ハ当代ノ魯仲連ナリトマデ評セラレ、崇拝ノ熱ハ兄ガ東上ニ対スル期待ト共ニ昂騰セリ。魯仲連ノ排難解紛ノ手腕ハ、果シテ神龍ノ絳霄ニ巻舒スルガ如キ妙手段ヲ実現シ得ルヤ否ヤ。先生ハ既ニ此興望ヲ負ヘリ、無約束ノ責任程懼ロシキモノハイラザルナルベシ。

六団体ノ儒生ガ一致シテ桂首相ニ呈セントセシ書面ハ、統監ヲ擱クハ不当ナリトテ警察ヨリ干渉シ、郵便局ニ打電シテ繳還セシメシトイフ。然レドモ儒生ハ益々激昂シテ、其団体ハ最上級ノ儒林ニマデ波及シタリ。即チ別紙ノ内閣ヘノ第七団ノ上書ハ是ナリ、其二人ハ李完用ノ親族ニテ他モ皆名門トシテ、累代大臣ノ椅子ヲ交換シ来リタルモノ、子若クハ孫トシテ一般ニ尊重セラル、人々ナリ。此人々ノ率先ニテ、優ニ国是遊説団ニ対抗スルニ足ルベキ同志賛成会ナルモノ、組織、近ク発表セラル、ニ至ルベシトハ、下ハ山林ヨリ上ハ翰苑ニ至ルマデ全ク会長ノ手ニ収メラレタリト謂フベシ。

老爺再来如何ナル饅頭ヲ持チ来ルモ決シテ喫セザルベシ。昨夜ノ長電ニ接シテ（馬関ヨリ電一書一ハ既ニ接手セリ）午前一時マデ会長ト談話シタリ。会長ノ東上セザリシハ天与トモイフベキカ、部下ノ訓練ハ別紙一文ニテ其内容ヲ彷彿シ得ベシ。此文ハ国民新報紙上ニモ掲載セラレテ、合邦提唱ノ心事ヲ公明ニ表白スベシ。此レ他日ノ運動ノ素地ヲ一般ニ予告シテ、卒然ノ疑ヲ起サシメザラントスルニ在リ。内地ノ新聞ニハ必ス掲出セシメラレンコトヲ請フ。

昨日長風来レリ、長風ハ筆ヲ以テ大韓ヲ揄揶セリ、長風ハ東天ヲ望ミテ一日モ早ク利剣ヲ授ケラレンコトヲ願ヘリ。鮎貝モ半金以上ハ出資スルノ約アルモノノ如シ。三浦理事ハ長風ノ為ニ大韓ニ罵ラル。添属書　一、儒生上《ツル》㆓内閣㆒書。二、竹洞夜話記。二十三日　滬東大兄　洪疇生

次日又菊池忠三郎に第二信を寄す。

第一信ト相踵キテ儒生ノ一団又現レ、別紙ノ建白書ヲ提出セリ。是ニ至リテ儒

生ハ八個団ヲ得テ、四十九日間ニ八団体ノ建白書ノ内閣ニ裊積スルニ至リタルナリ。

今電報セシ如ク漢城政界ニハ一異現象ヲ呈シテ国民同志賛成会ナルモノ、成立ヲ見ルニ至レリ。即別紙趣旨書及ヒ記要ノ如ク、本日ヲ以テ発会式ヲ挙ゲタリ、其発起人ハ先進縉紳先生タル百五十人ニシテ純然タル最高級両班ノミノ一大団体タリ。十三道ノ小両班ハ風ヲ望ミテ此賛成会ノ旗下ニ跪拝シ幾十万ノ大勢力ヲ団結スルヲ得ルニ至ルヤ期シテ待ツベキナリ。噫厳酷ナル階級制度モ是ニ於テカ全ク藩籬ヲ撤セラレ、貴族ハ終ニ民党ノ提唱ニ賛意ヲ表シ、合邦ナル大纛ノ下ニ各連隊旗ヲ樹テ、戦列ニ立チタレバ、上下一心挙国一致ノ形已《スデ》ニ成レリト謂フベシ。此会コソ真ノ大韓協会（人民ヲ代表セルモノハ両班ナル貴族ナルガ故ニ）ニシテ彼ノ烏合雑輩ヨリ成レル現大韓協会ノ如キハ、後車ノ塵タモ望ムコト能ハザラン。高義駿等ニ欺カレテ国民大会ノ会長ニ推サレシヲ悔ヰ、十余日前ニ脱会セシ閔泳韶ノ如キモ、暗ニ秋波ヲ此賛成会ニ送レリト云フ。此日ハ維レ何ノ日ゾ斯ノ発会ノ吉報ニ接ス。請フ祝杯ヲ玄機庵主ニ献ゼラレンコトヲ。木内・小宮ハ倶ニ憂色アリト云フ、若林ハ賛成会ノ臨時会長等ヲ召喚シ、賛成ヲ賛成会ニ表セシトイフ。

添属書一、李種春等書。一、同志賛成会趣旨書（附記要）。十一月二十四日

滬東兄　洪疇

此二書を案ずるに、兼ねて京城に在って師の事務を援けたる滬東即菊池忠三郎が、東上以来師との間に文書の往復頻々たるが、就中師の第一信は、滬東が東上直後の京城の風雲を報じたるものなり。書中老爺とは暗に曾禰統監を指すものにして、電一書一とは滬東の発せしものたることは師の日記に由りて明かなり。又別紙一文とは師が自ら竹洞夜話記を指したるものなり。第二信に於て又同志の一団を加へて、合邦同志者が八団と為りし喜びを報ずるものたり。此れ等の簡牘は一私信に過ぎざれども当時の状況を詳にし、合邦に対する韓民上下の有識者の合邦に対する意志の帰趨を表示せる一気圧計の示度を報告して、而して同志に対する注意を促さんと欲するに出でたるものなり。

一月二十五日宋秉畯に寄する書（漢文）に曰く。

政合邦論一タビ人吻ニ上リ、韓人或ハ解シテ以テ一部ノ政合ト為ス、此レハ対等ヲ以テ相見レバ也。日人モ亦或ハ一進会宣言ノ無識ナルヲ嗤ハン、故ニ竹洞夜話記一篇預メ其異解ヲ弁ズ両国人政字ノ由ッテ出ヅル所ヲ知ラン。菊地ガ記者団ノ宣言書ヲ質駁スル一篇ハ大ニ人心ヲ感動ス、国民新報紙上既ニ尊覧セラレン。

国民同士賛成会組織既ニ成ル、趣旨書一本仰呈ス、閔泳韶ハ秋波ヲ送ルノ情有リト云フ、民党合邦ヲ唱ヘテ而シテ貴族之ニ和ス、民党万歳ヲ呼バザル可カラズ。抑々上下一心ノ形将ニ成ラントス、祝ス可ク祝ス可シ。一月二十五日　宋大監閣下　洪疇再拝

一月三十一日川上善兵衛に与ふる手束の一節に曰く。

（前略）小衲ノ事ニ付遺憾ナク御世話被レ下サ候段奉リ二深謝一候、殊ニ海東翁ノ命大事ノ御言葉ハ感激ニ不レ堪エ候。小衲ハ元来命冥加ニ生レ付キタルモノト相見へ、幾度カ死地ニ陥リ候ヘドモ全身ニ刀痕トテハ（年少ノ時）一ケ所アルノミニ候。合邦ヲ唱ヘナガラ、一般韓人ニ愛セラレ居ルハ不思議ニ候。小衲ガ国民新報紙上ニ掲ゲシメシ約万言ノ論文ハ、頑固輩ニ大感動ヲ与へ候由、一進会ニテ近々出版シテ広布セシムル筈ニ相成居候。李完用モ小衲ラ寺モナク家モナキ乞食坊主ト罵リ居リ候ヒシ由ナルガ、近頃ハ小衲ガ言論ノ理ノ当然ニシテ、涙ヲ以テ両国ノ為ニ極メテ公平ナル合邦ヲ唱道セルモノタルコトヲ悟リシヤニ被レ存ゼ候。故ノ閔妃ノ父タル閔泳駿始メ今ハ味方ト相成リ居リ候。（中略）此地ニテハ小衲ガ起草セシコト一般ニ相分リタル様ニ候ヘバ、当地ニテ之レヲ版ニスルコトハ宜敷カラズ候。

女美悪ト無ク宮ニ入レバ妬マルト申シ候ヘバ、日本人ニテ合邦ヲ提唱センモノ

ハ何人ニテモ必ズ中傷セラルベク。殊ニ源太ノ箙ノ梅ガ枝一寸目立チテ衆目ヲ仄《ソバダ》テ、万口ヲ反唇セシメシモ道理至極ト存ジ居リ候。此○○《（不明）》出シタモノハ引込マスル訳ニ参ラズ、覆水盆ニ帰ラズニ候。出サレシモノハ何トカ処分ヲセザルベカラズ、茄帯ハ瓜ヲ結バズニ候。一進会ハダルキ手ヲ引キサヘセザレバ、即輿論ノ喚起ニ益々尽力シテ、韓国側ニ挙国一致ノ不動心ヲ団成セシムルコトニ努メサエ致シ居ラバ、必ズ解決ノ期ヲ見ルニ至ルベク候、矢張リ忍耐ガ第一ニ候。

（後略）　松心居士前虎皮下　範之和南

此書中小衲が起草云々とは上疏文等の合邦三文を指すものにして。一進会がダルキ手云々とは、一進会は負荷に苦しむが、其堅忍不抜の力を緩めざらんことを示唆せるものなり。

二　杉山茂丸の報告書及之に関して

本日桂侯爵ヨリ拙者ヘ左ノ内訓アリタリ。

一、一進会及其他ノ合邦意見書ハ其筋ニ受理セシメ、合邦反対意見ハ悉ク却下シ居ルコトヲ了解スベシ。

二、合邦論ニ耳ヲ傾クルト然ラザルトハ、日本政府ノ方針活動ノ如何ニアル事故、寸毫モ韓国民ノ容喙ヲ許サズ。

三、一進会ガ多年親日的操志ニ苦節ヲ守リ、穏健統一アル行動ヲ取リ、両国ノ為尽瘁シ来リタルノ誠意ハ能ク了得シ居レリ。
四、右三条ハ尚ホ当局ノ誤解ナキ様其筋ニ内訓ヲ発シ置クベシ。
右ノ内訓ヲ聞クト同時ニ、拙者ハ一進会ニ左ノ事ヲ開陳スベシ。
一、一進会ノ誠意ハ、已ニ十分日本政府ニ貫徹シ居レルヲ証スルト同時ニ、頗ル同慶ノ意ヲ表スベシ。
二、一進会ガ政府ヲ批議スルノ状態ハ、過慢放恣ニシテ毫モ保護国民ノ姿ナク、其不謹慎ノ言動ハ、頗ル宗主国民ノ同情ヲ破壊スルノ傾アリ。
三、常ニ党与ノ間ニ動揺ノ状態ヲ以テ、間断ナク空論ニ属スル政治意見ヲ提ゲ、総テ不遜ノ言動ヲ以テ、政府ノ政治方針ヲ己レノ意見通リニ左右セントスルノ観ヲ示スハ、戒勅ヲ要スベシ。
四、政治ヲ論議スル志士ニシテ、官吏ニ対スル感情ヨリ常ニ慷慨ヲ説クハ、耳ヲ傾クルノ価値ナキヲ自覚セラルベシ。
一進会ニシテ右等ノ事ヲ知了セズシテ、尚ホ言動ヲ擅マヽニセント欲セバ、拙者ト関係ヲ断チ、自由ノ行動ヲ執ラルヽハ随意タルベシ。

明治四十三年二月二日　　杉山茂丸

之に拠つて見れば我廟堂の方針も漸く定まり、一進会の社会的目的も内外に重視せらるゝ気運に向ひたることを察すべし。唯杉山の私言中の二、三は其言の如き事実無きを以て当らず。而して一進会の名を以てする文書の多くは師の手に成れるものにして、之を一進会の意見と云ふよりも寧ろ師の意志より出で、夫も我当局に忠告せんとするに外ならず。且其論議の文脈は杉山が素より知る所なるにも拘はらず、彼が敢て此言を為すは、師をして一進会を誡飭せしめんと欲するの意の在ることを知るべし。

二月五日一進会に代り北斗会長田代宏成に寄する書（漢文）に曰く。

韓国一進会長李容九、謹ミテ書ヲ大日本北斗会長田代宏成貴下ニ復ス。爰ニ貴〇(不明)ヲ蒙ムリ何ゾ感謝ニ堪ヘンヤ、容九等敢テ叨ニ自ラ図ラズ、主トシテ合邦ノ議ヲ提倡スル者ハ、此レ容九等ガ之ヲ提倡スルニ非ザル也。時ト勢トノ容九等ヲ仮リテ而シテ之ヲ首倡セシムル也。然レドモ容九等不徳ニシテ未ダ事ヲ天職ニ奉ズルコト能ハズ、此レ偏ニ惶悚スル所、何ゾ以テ貴〇(不明)ヲ蒙ムルニ堪ヘン。伏シテ望ム貴下其斗柄ヲ転ジ、貴邦ノ輿論ヲ敝邦ニ傾注シテ而シテ翕成ニ期セシメバ、則豈唯合国ノ慶ノミナラン哉《ヤ》。洵ニ是東洋ノ急務也。書ニ臨ミテ延佇ニ堪ヘズ、恭シク道体ノ康旺ヲ祝ス。隆煕四年二月五日　北斗会長田代宏成貴下

一進会長李容九

二月八日宋秉畯に寄する書（漢文）。

拝報スル者ハ、国民同志賛成会ノ警告文併セテ之ヲ訳シ呈上ス。此文官ノ押収スル所ト為ル、故ニ日本各新聞ヲシテ先ヅ之ヲ掲載セシメ、而シテ韓新聞紙上ニ之ヲ転載シテ、両国人ヲシテ普ク知ラシメンコトヲ冀フ也、東京ヘモ亦已ニ五本ヲ函送セリ。

順川ノ民擾、之ニ継グニ黄海ノ匪乱ヲ以テシ、民生窘迫政治措ク無シ、将ニ自然ニ窮狗ノ勢ヲ激成セントス、噫。

李総理一身外天地万物有ルコトヲ知ラズ、今疾少シク間ナルニ及ブ也。乃自ラ意フ身一タビ既ニ死スルナリ矣、将ニ罪銅幾百千万ヲ放擲シテ、以テ尽ク不平人ノ心ヲ買ハントス、第一着手既ニ耶蘇教徒ニ在リト云フ。

今夜当ニ菊池ヲ迎フベシ。

二月八日　宋蓮史大監閣下　二月八日　洪疇生再拝

此書の末に菊池の入城を待つとは、二日付杉山の書を待つことを指すなり、果然菊池は前掲二日付の杉山の書を齎《モタ》らし来れり。之に対して二月十一日一進会長に代りて杉山に修する書（漢文）に曰く。

敬啓スル者候回律ニ在リ天地氷合ス、伏シテ以ミレバ道節康万福ナラン、合論一倡ノ後先生ノ心肝之ガ為ニ摧裂シ、高明ノ徳宜シク如何ニ景仰スベキカ、怵惻ノ情人ヲシテ其身ヲ百ニセント欲セシム。何ゾ感ジ、何ゾ謝セン、辞ノ措ク攸ヲ知ルコト罔シ。首相閣下四条ノ矢言ハ果然敝会ノ鉄券ナリ、而シテ先生四条ノ訓戒ハ乃是敝会ノ金科玉条ナリ。容九等唯当サニ眷々服膺シ、口言無ク身動クコト無ク、以テ先生ノ左右是命タルベキ矣耳《ノミ》。謹ミテ一百万人ニ代リテ鄙書ヲ厳修シ、敢テ先生ノ恩徳ヲ頌シ、且以テ血衷ノ他靡キヲ表ス。永ク言《コ》ニ慈睫ヲ垂レヨ。

隆熙四年二月十一日　　一進会長　李　容　九　再拝

後師之に附記して曰く（漢文）。

所謂内訓ナルモノ、一ハ須ラク合邦ノ上書ハ既ニ之ヲ受ケ、合邦ヲ非トスル上書ハ現ニ之ヲ却クルヲ知ルベキ也。二ハ合ト非合ト挙ゲテ皆政府ノ方針ニ存シ、毫モ韓人ノ容喙ヲ許サズ。三ハ政府ハ一進会積年ノ誠意ヲ諒ス。四ハ如上ノ内訓ヲ発シ、官憲ヲシテ誤解無カラシム。一進会此内旨ヲ承ク、故ニ此書政府ニ誓フ所以也。唯直接ニス可カラズ、故ニ玄機庵ニ誓フ。

此書は重大要件たるを以て、李容九と玄機庵（杉山茂丸の号）とに、共に責任を執らしむべく師が代修したるものにして、特に内訓を漢訳したるは、李容九に示すが為のみならず、他日相互に誤解無からんことを期したる為なり。

此日予にも之を内示し、又一進会の近状を詳報せらる柬に曰く。

（前略）韓人トシテ合邦ニ対スル請願運動ハ既ニ目的ヲ達シ、此ヨリ以上ハ日本政府ノ実行ノ責任ニ遷リ候ヘバ、昨夜総務員会ヲ開キテ大晦日ニモ関ハラズ万歳声裡ニ祝杯ヲ挙ゲ、小衲モ平生ノ禁ヲ破リテ祝杯ヲ受ケ、午前四時過寝ニ就キテ今朝目ヲ開ケバ上奏書類ハ舞戻リ来リ居候。人目ヲ忍ビテ苦辛惨憺タル中ニ、纔ニ公表セラレタルモノガ、首相ヨリ外交的ニ覚書ヲ徴スルニ至リタル結果ヲ収メテ一段落ヲ告ゲタル此元日ニ此文ヲ校訂セシハ、快感ヲ禁ズル能ハザル次第ニ御座候。此草案ハ実ニ一タビハ地中ニ埋メ、此世ニ出デシ後ハ直ニ焼キ棄テラルベキモノニ候。竹洞夜話記ト共ニ居士ノ御情ニテ、天地ノ間ニ留マリ居ルコト、相成候ハ慶幸ノ至リニ奉リレ存ッ候。（後略）　十一日　松心居士前侍曹　範之和南

書中の上奏書類とは上疏と統監及韓国首相に上つる三文なり、予は之を師の許に却送して、誤謬の訂正を求めたるものなり。又大晦日、元日とは韓人の尚因循

旧暦に依るもの多ければなり。

二月十五日師李容九の旨に依り、予に与ふる書中の一節に曰く。

敬啓御萱堂還暦ノ御祝儀ヲ表スル為、李容九ヨリ微忱ヲ致シ度、当国美術工場ニ於テ製造セシ織物、御一覧ニ供シ候間、御受納被成下度、同氏ヨリ祝辞差上グベキノ処、只今ヨリ釜山ヘ密行スルナド多忙ノ折柄、小衲ヨリ申上ゲ呉レトノコトニ御座候（後略）　二月十五日　川上善兵衛様　武田範之

当時李容九は空前の重大時局に際して、多事多端夜を以て日に次ぐの時に在りても、猶予が母の還暦の齢に丁《あた》ることを忘れず、遙に寿儀を贈るは、一朝一夕の知己に非ざるに因ると雖も、其性格の真摯なるを知るべし。

二月二十一日新潟毎日新聞創刊の祝辞に曰く。

余ハ韓国ノ開導ヲ以テ自ラ任ジ、念々玆ニ在リテ他ヲ顧ミルニ遑アラザルモノナリ、然レドモ長安一片ノ月ハ三笠山頭ニ出デ、白山社頭ノ風ハ自ラ漢陽城辺ニ通ズ。等シク是レ人ナリ誰カ青草ノ夢ニ驚キ、双鯉ノ信ニ跪カザランヤ。余ハ川上善兵衛氏ノ紹介ヲ経テ、謹ミテ貴新潟毎日新聞ノ開刊ヲ祝ス。夫レ新聞ハ社会ノ木鐸ナリ、余ハ余ガ冀望ノ一端ヲ以テ、木鐸タル貴新聞ニ訴ヘン。貴新聞

請フ余ガ華祝ヲ併セテ鄙議ヲ採納セラレンコトヲ。

我北海岸ノ地タルヤ之ヲ南海岸ニ比スルニ、風気著シク開ケズ、人之レヲ緯度ノ制スル所ニ帰シ、要港ノ拠ルベキナキニ帰シ、之レヲ天為ニ委シテ、周旋スルニ人事ヲ以テセズ。嗚呼人能ク道ヲ弘ム、道豈ニ人ヲ弘メンヤ。

余ハ郷ニ在ルノ日、人ノ布哇ニ移ラントセシヲ諫メテ、元山ニ遣リタルコトアリ。曰ク北越人ニシテ居ヲ韓国ニト《ぼく》セント欲スルモノハ、宜シク元山方面ヲ選ブベシ、何トナレバ出雲崎ト元山トハ日本海ヲ相擁スレバナリ、十年ノ後ハ必ズ験アラント。其人余ガ命ニ若《シタ》ガヒ元山ニ留マルコト既ニ七年、想フニ京元鉄道成ルノ日ハ、元山新潟間ノ定期航海開カルベキノ日ナラザルベカラズ。余ガ約束ハ尚ホ三年ヲ剰セリ、三年ノ後ハ其人必ズ馬関ニ道セズシテ、直ニ新潟ニ葦航シ以テ父母ニ帰省スルヲ得ベキヲ楽メリ、知ラズ予期ノ如クナルヲ得ベキヤ否ヤ。此レ人事ノ周旋ニ待タザルベカラザル所ナリ（其人ハ元山田口貿易商店長タル高橋ナルモノナリ）。夫レ長崎ト上海ト其航程幾何ゾヤ、新潟ト浦塩斯徳ト其航程幾何ゾヤ、五港既ニ開クルモ長崎ノ繁華ハ依然タリ、西比線ノ連絡港ハ何ヲ以テ敦賀ニ奪ハレシヤ。横浜ヲ南関トシテ米大陸ヲ納レナバ、新潟ハ北関トシテ西比ニ拠レル欧洲ヲ納ル、能ハザルカ。我国ハ四面皆海、宜シク八面玲瓏トシテ向背陰陽ナカルベシ。天豈南岸ニ厚クシテ北岸ニ薄クセンヤ、天ノ時ハ地ノ理ニ若カザルモ、地ノ利ハ人ノ和ニ若カザルナリ。貴新聞請フ木鐸ヲ徇ヘテ我郷人ヲ警メ、早ク余ヲシテ出雲崎ヲ望ミテ帰省スルヲ得セシメラレンコトヲ。
此レ豈北海岸風景開展ノ一道ニ非ズヤ。聊カ冀望ヲ陳ベテ祝辞ニ併ス。

本書は一の祝辞に過ぎざれども、当時に於て師は既に新潟が裏日本の通商上の要港たるを説き、之と北鮮との航路に着眼したる識見も、当時に在りては之を空想として哂笑せるもの有りしが、二十余年の後果然之を実現したるのみならず、更に重要なる満洲航路と為り、新潟は日本海の要港たることを実現せり。

三　祥雲晩成に代る晋山式法話

三月九日旧住顚聖寺の後継者祥雲晩成の為に、晋山式の法話を作るべく、其材料を送附せんことを命ずる柬に曰く。

結制ノ法話ハ其順序ヲ思ヒ出スニ面倒ニ候。此前ノ分モ思ヒ出スニ苦心致シ候ヘバ、其順序ト材料トヲ御申送リ被レ下度候。当方モ盗人ヲ捉ヘテ縄ヲ綯フ底ノ忙ガシサニ御座候、前ノ開堂ノ時ノモノ保存セラレ居ラバ其写ヲ御送リ可クレ被ルレ下候。順序ハソレヲ見テ思ヒ出シ体制モ同時ニ記臆ヲ呼ビ起スベク候。材料ハ寺ノ由緒、山号寺号ノ出処、開山ノ略歴、法系、当人ノ嗣承、当人ノ略歴、当人ノ法号法諱、当人ガ上堂ニ対スル述懐ヲ御申シ送リ可クレ被レ下サレ候（中略）。作詩ハ未ダ三十代ナレバ決シテ遅カラズ、川上氏モ三十七、八位ヨリ忙之又忙

ト云フベキ身ニテ詩学ヲ初メラレ候。爰元ニテハ四十二ニテ学ビ初メシ人モ有リ
之候。早老ハ宜シカラズト存ジ候、法語ヲ韓国マデ頼ミ越スハ誉メタルコト
ニアルマジク候。衲僧ノ家常茶飯ヲ韓国ヨリ運ビ取ルトハ気長ナリ（後略）。
九日　保寧主前　洪疇草具日

晉山式（漢文）

(一)山門　潺湲トシテ佩玉ヲ鳴ラス。那箇ノ因縁火車ト名ヅクル。翠微峯高々。四百余年ノ旧仙家。然モ恁麼ナリト雖モ。入ラント欲スルニ門無シ。喝、這裏ニ先蹤有リ。相随来那《ソウズイライナ》。

(二)仏殿　古仏去ル兮《ヤ》新仏来ル。来去恁麼ニ跡ナシト雖モ。毛端還ツテ列ス千ノ蓮台。

(三)祖堂　非思量定ヲ驚破シテ。不回互事ヲ拈起ス。四七二三吾知ラズ。儘任ス他ノ三摩地ヲ説クニ。孤峯頂上慇懃ヲ休メヨ。舌ヲ吐クノ人ハ是無舌ノ人。

(四)土地堂　法ヲ護シ人ヲ護スルコトハ。本ト祖旨ヲ受ク。福ヲ増シ威ヲ加フルコトハ吾ガ事ニ非ザルニ非ズ。多感多謝。汚邪満車《オヤマンヤ》。

(五)拠堂　道イハズ祖席ヲ継グト雖モ。亦是自ラ別伝有リ。新保寧ノ主。旧ニ仍テ

貴ブラクハ穏便ニ堕スルコト。

(一)拈　衣　者箇ハ恩賜ノ御衣ニ非ズ。檀越ノ施物ニモ非ズ。依然タル吾ガ家ノ糞掃衣。即今披着センニ。如何カ着語セン。（良久）　亦幸ニ免得ス猿鶴ノ笑。

(二)拈　黄　先ニハ黄紙ヲ賜ヒ。後ニハ白紙ヲ賜フ。吾ニ黄白ニ非ザル一紙有リ。如何カ拈起シテ。覿面ニ露布セン。「出広長舌相。偏覆三千大千世界」好箇一枚ノ色紙。

(三)拈　疏

(一)山門　仁ニ当リテ譲ラズ。非徳位ヲ忝フセンヤ。闔山謬リ伝ヘテ。我ヲ晩成ノ器ナリト云フ。

(二)同門　鳥ハ鳥ト飛ビ。魚ハ魚ト以《トモ》ニ行ク。身世何事ゾ。雛鳳ニ随ッテ翔ラントハ。

(三)道旧　江湖相忘ル。魚カ水カ。此ノ高山流水ノ曲ヲ抗《ア》ゲテ。聊カ酬イン平生一片ノ志。

(四)登須弥　高々々処ニ立チ。深々々処ニ行ク。

(五)祝　国　此一瓣香ハ、根ヲ空劫ノ前ニ托シ、枝ハ十虚ノ外ニ垂ル、其名ヲ無影樹王ト曰フ。百千ノ閻浮樹モ、以テ其ノ一枝ニ比スル無シ。斫リ将テ香ヲ作ル、其名ヲ無量寿香ト曰フ。之ヲ用キルコトハ唯帝釈輪王ノ為ニス。一篆微《カスカ》ニ薫《カホ》レバ、四境ノ民ヲシテ永ク老イザラシム。即今根枝ヲ斫リ尽シテ、宝鑪ニ爇向ス。耑《モッパラ》祈ル。

今上天皇陛下聖寿万歳万々歳。恭ク惟ミルニ　陛下神武維レ揚リ人力ノ到ル所、威光ヲ仰ガザル莫ク。聖徳維レ崇シ。血気有ルモノ、仁風ヲ挹《ク》マザル靡シ。伏シテ願クハ生々ノ化、旧新ナルコト刀ノ硎ヲ発スルガ如ク。更始ノ政月ニ陟《ボ》ルコト藍ノ青ヲ出スガ如ク。三山ノ霊草長ヘニ黎甿ヲ牧シ、一脉ノ宏基霄壌無疆ナランコトヲ。

(六)祖　香

此ノ一瓣香ハ。臭モ無ク又芳モ無シ。又烟ノ揚グ可キモ無シ。惟ダ敬フテ宝鑪ニ爇シ、以テ草ヲ保寧ニ撥ヒ、極ヲ大中ニ建テ、瓜瓞緜々トシテ、五百余城ヲ連ネタマヒシ我(高唱)開山大和尚快庵慶禅師(余韻)及奕葉芳ヲ揚ゲ、逓代燈ヲ挑《カ》ゲテ、(高唱)歴住諸位大和尚禅師ヲ供養シタテマツル(余言)。伏シテ願ハクハ三十二座ノ霊塔斉ク法光ヲ放チ、四百余年ノ水木、普ク青陽ニ回ランコトヲ。

(七)嗣　香

這香ハ脳裏ニ秘蔵シテ曽テ劫々灰ヲ経、髄中ニ密韞シテ、乃チ海々ノ涯ヲ超ユ。人天衆前、未ダ曽テ自ラ售《ヒサ》ガス。今日事已ムコトヲ得ズ。嚢底ヲ傾尽シテ、宝爐ニ爇向シ、単ニ為ニ当山三十一代恩師大和尚韓国教監洪疇大師及本師大和尚瑞天応老人ヲ供養シタテマツル。豈敢テ慈旨ニ酬フト謂ハンヤ、又惟行茶一回スルノミ。

(八)普香

此香ハ現一切色身三昧香ト名ヅク。爐中ニ爇向シテ、専ラ親面ノ諸大善知識、以至天魔外道、及十方三世ノ賢聖ノ為ニシタテマツル。一語半句見聞ノ恩力ニ答ヘンコトヲ。

(九)諸法香

(十)白槌

(十一)釣語

此ニ一物有リ霊々トシテ昧カラズ、昭々トシテ常ニ知ル。諸人呼ンデ這《コ》ノ何トカ做《ナ》ス、道《イ》ヒ得ル底ノ者有ラバ、出デ来ツテ相見セヨ。

(十二)商量

(十三)提綱

夫レ仏法ハ心ヲ以テ求ム可カラズ、身ヲ以テ求ム可カラズ、所以者《ハ》何《ナンゾ》トナレバ、実ニ一法ノ求ムベキ無ケレバ也。在昔《ムカシ》竺乾九十六種ノ論師、紛綸トシテ而シテ論理ヲ争ヒ、六十四道ノ魔情、混沌トシテ而シテ尋伺ヲ逞クセリ。我大覚世尊菩提樹下ニ、一切成ヲ証シタマフニ、這ノ何ノ言説カ有ル、楔ヲ以テ楔ヲ抜キ、四十九年、一字モ説カズ。是ノ故ニ嫡伝ノ正宗、達磨ニ至リテモ還《マ》タ不識ナリ、二祖ヲ得テモ而モ不可得ナリ。曹渓ニ及ビ一花五葉ヲ開クト雖モ、還タ只本来無一物ノミ矣。黄梅天童ノ夢ニ入リ、曹源ノ血滴、東海ノ天ニ滔《ハビコ》ルヤ、諸人皆謂ヘリ、別ニ一段奇特ノ事有リト。何ゾ料ラン、心身ヲ脱落シテ、而シテ帰リナン歟ヲ歌ヒ、末後ニ活シテ黄泉ニ陥ル、是ノ如キ已《ノミ》、切ニ望ム諸人此ヨリ菩提心ヲ放擲シ、肆意手ヲ分チテ而シテ去ラレンコトヲ矣。這裏ニ到リ、方ニ始メテ入仏知見ノ正路ヲ得ン。

(十四)自　叙

山僧幼ヨリ学林ニ入リ、唯魚隊ヲ逐フテ、等閑ニ他ノ鸚鵡ヲ学ベリ。仏法ノ分際ニ於テ、未ダ夢ニダモ正信ヲ起スコト能ハズ。例ヲ攀ヂテ業ヲ卒ヘシモ、依然トシテ腹転タ飢ヲ覚フ。迺チ錦嚢ヲ披イテ、香飯ヲ摶セント欲ス。自ラ意ヒラク嚢中既ニ百味ノ飲食、山海ノ珍饈ヲ貯ヘタリト矣。目前ニ羅列スレバ、金玉燦爛タリ。心悦ンデ之ヲ啖フ、口ニ入レバ忽チ砂ト化シ去レリ。豈料ランヤ一担ノ錦嚢、砂ヲ満テ、而シテ帰ラントハ。之ヲ以テ堂下ニ拝シ、業ノ成リシコトヲ告ゲ、強ヒテ惺々トシテ父兄ヲ瞞ス。父兄ヲ瞞スルハ尚可ナリ、自ラ欺クヲ奈《イ》

(十五) 謝語

何《カン》セン。諸方参玄ノ士、山僧ガ述懐ニ似タル者必ズ多カラン矣。慧ハ則自ラ邪慧ヲ逐ヘルコトヲ悟ラズ、定ハ則邪定ヲ貪リ、戒ハ則皆無ナリ。三学地ヲ掃ヒ、仏法滅セント欲ス。是ノ時ニ当リ、山僧方面ノ印ヲ帯ビ、法王ノ座ニ陞ル、方ニ覚フ鉄鎖万斤双肩ニ加ハルコトヲ。何ゾ此重荷ニ勝ヘン。諸人請フ努力シテ、山僧ガ与《タメ》ニ箇々分担シ、邪ヲ闢キ正ヲ扶ケ、仏祖嫡伝ノ真宗ヲ挙揚セラレンコトヲ、他ハ任他《サモアラバアレ》、即今新保寧任底ノ一句、如何ンカ道破セン（卓柱杖）巨鼇海ヲ負フテ三山坼ケ。夜鶴空ヲ擘イテ五岳開ク。

晩成才非ク徳薄ク、亦学識ノ人ノ師範タルニ堪フル無シ。先住大和尚、誤ッテ晩成ヲ刀筆ノ中《ウチ》ヨリ擢《ヌ》キ、授クルニ此方面ノ大任ヲ以テセラル。蚊ノ山ヲ負フ、適《マサ》ニ其類ヲ知ラザルヲ見ル。然リト雖モ願クハ大方ノ合力ニ資シテ、幸ニ厳命ヲ辱ヅカシメザルヲ得ン、耑ヲ以ミルニ我西堂大和尚、大広堂上老人特ニ法駕ヲ枉ゲ、鄙席ニ光臨セラル。下情感激ノ至リニ勝フル無シ。謝スル所ハ楞厳宗所長閣下・光榮堂上老師・宝台堂上老師・太岩堂上老師及諸山ノ耆宿各老師・他宗ノ諸大善知識・末山諸位大和尚・一会ノ龍象衆各々余ガ迂拙ヲ憫ミ、弊筵ニ照燭セラル。欽荷ノ至リニ勝ヘズ。特ニ懇重スル所ハ、本郡各衙ノ長官・各村ノ長吏・郷党ノ縉紳諸公・当山ノ檀信僉位・雲集霧聚シテ、微儀ニ賛化セラル。感佩ノ誠ニ任フル無シ。

㈥拈　提

記得ス、往昔《ソノカミ》世尊陞座、文殊白槌シテ曰ク。諦観法王法、法王法如是ト、世尊即下座我家自ラ此風流有リ。善ク無口ノ口ヲ鼓シ、善ク無脚ノ脚ヲ行ス。古徳頌シテ曰ク、太平ノ治業ニ象無シト。此ハ是無口無脚底ヲ頌シ得テ正ニ好シ。然リト雖モ未ダ以テ鼓スル底、行スル底ノ消息ヲ通ズルニ足ラズ。纔ニ半面ヲ描キ得タリ。鼓スル底、行スル底ノ消息還タ且《シバラ》ク如何。古徳頌シテ曰ク、綿々トシテ化母機梭ヲ理スト。此レ鼓スル底ノ辺トノ那一面、行スル底ノ辺ノ那一面。頌シ得テ妨ケズ、奇特ナルコトヲ。若シ更ニ那ノ半面ヲ将《モッ》テ、這ノ半面ニ就ク、二面打成シテ一面ト作サバ、一段ノ真風ヲ、如何カ打成一面底。古徳頌シテ曰ク、織成スル古錦春象ヲ含ム、惚乎トシテ全面不覆蔵。東君ノ漏泄ヲ奈何トモスル無シ。然モ恁麼ナリト雖モ。従上ノ説話ハ、未ダ正令ヲ全提セズ。山僧即今案ニ拠ッテ正令ヲ全提ス。諸人新保寧ガ処分ヲ聴ケ、文珠道也、箭新羅ヲ過グ。世尊下座、遅了八刻。更ニ問ハント要サバ即打セン、伏シテ以ミルニ衆慈久立珍重。

(七)白　槌

(八)当晩小参

(一)釣語　一ヲ以テ一ニ加フレバ、二箇ヲ成得ス。二ヲ以テ一ニ加フレバ、三箇ヲ成得ス。如今無ヲ以テ無ニ加フルコトハ、姑ク問難セズ。若シ其レ無ヲ以テ無ヲ除スレバ、何ノ数量ヲ打得スルカ、算有ル者、出デ来ツテ相見セヨ。

(二)提綱　数句ハ数句ニ非ズ、牟尼ノ寂光、遠離ヨリ生ズ。大抵有ト云ヒ無ト云フハ世間諦ノ事。這裏有無ノ論量ス可キ無シ、故ニ曰ク、不増不減ト。然モ恁麼ナリト雖モ、既ニ不増不減ト云ヘバ、不増不減ヲ以テ定盤星ト為シ、己ノ定盤星ヲ以テ、彼ノ無ニ加ヘ、此ノ無ヲ除ス、此ハ是定盤星ノ不増不減、我ガ不増不減ニ非ザル也。諸人日々無見頂相光裏ニ在リテ、万行首楞厳経ヲ転ズ、何ト為テカ直ニ己見ヲ忘シ、真妄ヲ息メ、那ノ機位ヲ離レザル。「木人夜半鞋《ハイ》ヲ穿テ去リ。石女天明ニ帽ヲ戴イテ帰ル」邪解スル者ハ即打セン。衆慈久立珍重。

山門疏

翠色蓋ヲ擁ス。保寧万緑ノ巓《イタヾキ》。―以テ霊関ヲ開ク可シ。涓声玉ヲ鳴《ナラ》ス。最乗千飛ノ泉《イズミ》。―以テ玄仙ヲ迎フ可シ。新命大和尚（天地晩成）岐嶷風成。―其器瑚璉、「業ヲ大学ニ受ク。」淇澳ノ竹、―之ニ羽シ之ヲ銛セリ。菁莪其翹楚ヲ擢キンヅ。―固ヨリ深キモノ之ヲ高クセント欲ス。「務ニ院事ニ服ス」冀北ノ馬。―之ニ題シ之ニ雕ス。翰林ニ其叢脞ヲ撰ンデ、―誠ニ精ナル者ハ之ヲ練スルニ在リ。天授ノ顓材、錐ヲ嚢ニ盛ルガ如ク。宝肆ノ珍味、―光ヲ匱ニ韜ミ叵《ガタ》シ。玆旧王ノ海ニ入ル、―特ニ紫綬ヲ授ク。迺チ新主ノ山ニ晉《スヽム》ム、―首トシテ宝篆ヲ視ル。何ゾ啻ダ十有七門葉、―其喜色ヲ新ニスルノミナランヤ。三十ノ支派、―願クハ其涼ニ蔭セン。豈止《タヾ》三十一ノ世業、―其宏基ヲ恢ニスルノミナランヤ。万代ノ壮図、請フ其端ヲ肇メン。山門端ヲ発セリ、―其レ或ハ謙スル勿レ。

維時明治四十三年　月　　門主賞泉寺住職良観等　謹疏

同門疏

列聖ノ丕顕スル所、―必ズ其人ヲ待ツ。群雄ノ具瞻スル所、―宜ク其仁ニ帰スベシ。

新命大和尚諱ハ晩成、温トシテ其レ玉ノ如ク、蘭ノ其レ秀デタルガ如シ。教鸞業ヲ卒ヘテ、特ニ留学ヲ命ゼラレ、総府ニ職ヲ授ケラレテ、首トシテ秘書ヲ視ル。乃是宗門ノ俊傑、曷《ナン》ゾ止《タダ》上越ノ英髦ノミナランヤ。其俊英ヲ以テ、斯ノ望刹ニ拠ル。其レ孰カ其異数ヲ疑ハン、我将ニ其同慶ニ頼ラントス。懸珠舜ニ非ザレバ以テ堯ニ受ケ難シ、啓ニ非レバ以テ禹ニ纘グコト莫ケン。開堂ノ辯、師ガ錦繡ノ腸ヲ慕ヒ。曜電ノ応ハ、喜ブ師ガ縦横ノ機ヲ。今日開堂シテ演法ヲ請ズ。宜シク慈雲ヲ布キ甘露ヲ澍ギ、祖師ヲシテ再蘇シ、曇花ヲシテ重現セシムベシ。同門斉シク丹轂ヲ推ス、其レ玄輪ヲ転ズルニ吝ナルコト勿レ。

維持

光榮　宝壽　雲門等

道旧疏

兄兮《ヤ》弟兮《ヤ》、骨肉ハ兄弟ニ非ズ。仁兮《ヤ》義兮《ヤ》。人情ハ仁義ニ非ズ。

騰々兮《トシテ》古今ニ騰ル、誰カ伯牙ノ琴ヲ援《ヒ》カン。堂々兮《トシテ》祖風ヲ揚ゲ。同人適《マサ》ニ一雄ヲ得タリ。

新命大和尚法諱ハ晩成、温良恭謙、宿徳深厚。学田ニ文ヲ芸《クサギ》リ、曽テ金ヲ擲ウツノ燥無シ。奎竇ニ帙ヲ繙《ヒモト》キテ、夙《ツト》ニ席ヲ割クノ勇有リ。金ノゴトク展シ玉ノ如ク転ジテ、文思四通シ。英ヲ含ミ華ヲ吐イテ、弁方八達ス。豈祖門ノ頴脱ニ非ズヤ、ー何ゾ同窓ノ碌々ニ比セン。宜ナリ矣洪疇老人ノ知ニ遇ヒ。今也《ヤ》頸東望利ノ篆ヲ視ル。諸老モ至リ喜ビ、ー兄弟モ来リ慶セリ。此レ法誼ニ非ズ、ー真ニ祖道ヲ敬フナリ。請フ毘盧ノ宝壇ニ陞リ、ー快ク微妙ノ法要ヲ談ゼヨ。

維時

道旧　徳泉寺住職　田浪龍本謹疏

之に付する師の注意書

(五)拠堂ノ末。土地堂ニ限リ行香ノミニシテ拝スベカラズ、又総代ガ視篆ノ後ニ請拝スル時、曲頞ニ拠リ黙然合掌シテ其三拝ヲ受クベシ、低頭スルスラ不可也。

。ハ説明、・又△ハ韻脚、ー右傍ハ音読、左傍ハ訓読。

山門疏ノ末。ーハ連句ノ符トス、ーナキハ単句ニテ、隔句対トナレバ注意ヲ要ス。

之を見れば師が後進を誘掖指導するの情又知るべし。而して之を書し終つて感を書して曰く。

文彩間却已ニ三年　清規ヲ繹ネント欲シテ後先ヲ失フ　撈シ来ツテ自ラ笑フ壺中ノ月　夢ニ保寧ニ返ツテ旧編ヲ読ム

是師が明治三十四年自身晉山式の時に作りしことを想起したる意を表現したるものなり。而して夫と対照するに、師が入韓以来倥偬の際に於ても、尚一禅僧たるの職責を緩うせざりしことゝ、其学徳の逾々真境に向つて進みつゝありしことを知るべし。

四　韓国の両班

之より先即三月八日より師は両班論⑥を起稿す、頗る浩瀚なるを以て爰に其論点の要項を採録す。蓋し両班とは文班武班の総称なり。

本論ヲ草スル理由

統監府ハ両班ノ調査ニ手ヲ下シタルハ、他日我明治維新ノ際、士族ニ食禄ヲ給ハリシ如キ場合ヲ考慮セラレシニ由ランカ。然レドモ韓国ノ両班ハ、我国ノ華士族トハ全然其根底ヲ異ニスルヲ以テ、之ヲ明ニスルニ在リ。

国体上ヨリ日韓両班ノ性質ヲ殊ニスル所以ヲ論ズ

日本ハ紀元以来皇統一系、有司亦世々其職ニ従ヒ、一大家族的一国ヲ構成ス。然ルニ韓国ハ異人種ノ殖民地ニ成リ、十済・百済・馬卞辰ヨリ新羅ノ統合ニ至ルマデ、国ト名ヅクルモ不完全ナル社会組織ノ状態ナリ。而シテ王公相将豈種アランヤノ言ノ如ク、乃一土民ノ家ヨリ出デテ補相タル李完用ノ如キ有リ。此ノ如ク韓国両班トハ其国体上ヨリ其習性ヲ馴致シ、日本ノ両班トハ恰モ、松柏ト桃李ト其性質ヲ同クセザルガ如シ。

制度上ヨリ日韓両班ノ性質ヲ異ニスルヲ論ズ

日本ハ封建制度ニ依リ、益々族制的関係ヲ牢固ナラシメタルモ、韓国ハ開闢以来封建制度タリシコトナク、遠キハ隋唐近キハ宋明ノ郡県制度ヲ執リ来レリ。而シテ韓人ハ童子ノ時ヨリ好ンデ浩々ノ歌ヲ習誦シ、「君見ズヤ子陵足ヲ横ヘテ帝腹ニ加フ。帝敢テ動カズ豈敢テ呵センヤ。」等ノ句ヲ喜ブ。然ルニ日本ニ於テハ菅原道眞ノ、「去年ノ今夜清涼ニ侍シ。」ノ詩ヲ愛誦スルニ比スレバ、其習性ノ異ナレルトコロヲ知ルニ足ルベシ。又韓人モ身ヲ立テ名ヲ揚ゲ其親ヲ顕ハスヲ孝ノ定義トスレドモ、日本人ガ君国ノ為ニ身ヲ殺スコト、蛾ノ燈火ヲ撲ツガ如キニ比スレバ、其性質ノ異ナルコト明カナルニ非ズヤ。

韓国ノ両班制度ト其ノ沿革　上

清ノ属国時代ノ王族ニ在リテハ、
世子＝今ノ皇太子、大君＝今ノ親王、君＝大君ノ子及孫ニ至リテ止ム（君三世ト称スルハ是ナリ）。都正（大君ノ曽孫ヲ称ス）、副正（五代ノ孫）、令（六代ノ孫）、
大院君＝（君主の生父）、

韓国ニ於ケル世禄ノ家ハ以上ノ皇族ニ限リ、結税ヲ賜給セラレ、七世ノ後廃止セラル。

皇戚ハ、

府院君＝皇妃ノ父、公主＝正宮所生ノ女、翁主＝後宮所生ノ女、郡主＝太子ノ女、県主＝太子ノ孫女、府夫人＝府院君ノ配。

府院君ニハ秩禄無クシテ爵禄即月俸アリ、三世ニシテ廃止セラル。

以上ハ皇室典範ノ範囲ニ属スルモノニシテ、所謂両班ニ非ズ。

韓国ノ両班制度ト其ノ沿革　下

所謂大家名人ナル者、定論ノ動カスベカラザル者。

六忠臣　死セル六臣　朴彭年・兪應孚・李塏・河緯之（ママ）・成三問・柳誠源。

　　　　生ケル六臣　李孟專・趙旅・金時習・南孝溫・伐（ママ）冊壽・李（ママ）。

三学士　洪（ママ）命耉・尹集・呉達濟

四大臣　趙泰采・李頤明・李健命・金昌集。

以上ノ子孫ハ世々仕籍ニ調用セラレ、賜牌ヲ受ケシ者ナリ。

之ニ次グ者ハ、

録勲臣・儒賢・先正。

以上ノ六目ニ入レル所謂大家名人ノ宗孫、即嫡嗣相承ケ来リシ家ヲ純正ノ両班トス、其数多キガ故ニ其家譜ヲ精査セザレバ、其頭数ヲ概挙スルコトスラ難事ナリ。

此六目ノ正宗ヨリ旁出セシモノニ、又三種ノ目アリ。

儒班・士班・郷班。

此ノ以外ハ農工商一般ノ常人ナリ、常人ノ外ニ七般ノ賤人ト称スルモノ有リ。

胥吏・駅卒・倡優・僧侶・婢僕・屠担・巫覡。

此ノ如ク各般ノ階級ニ亙リ、所謂両班ナルモノハ韓国全人口ノ三分ノ二ニ居ル。

韓国両班ニ対スル方法

一、皇家ノコトハ論外タル事。

一、両班ノ名称ヲ廃シ、万姓平等ノ権利義務ヲ有セシムル事。

一、国事ニ殉ジ、若シクハ功勲ノ録スベキモノニ対シテハ、日韓関係ヲ主眼トシテ調査シ、日本ノ現賞勲法ヲ根拠トシテ合邦後ニ行ハル、事。

一、新羅・高麗及本朝ノ名賢ニハ、調査ノ上随時ニ恩典ヲ加ヘテ人心ヲ奨励スル事。

一、現ニ名門大家ト称セラル、両班ニハ、日韓関係ヲ除ク外叙授ヲ加ヘザル事。

一、多額ノ基本金ヲ以テ、全国ノ産業奨励機関ヲ設ケ、一面ニハ浮浪人、即両班ニハ厳密ナル禁制律ヲ実行シ、産業ヲ作振シ、日本ノ民度ニ企及セシコトヲ期図セシムル事。

結　論

腐敗堕落ノ極ニ達セル両班ノ皮殼ヲ蟬脱シテ、新生命ヲ甦得セシムルハ、両班救済ノ良法ニシテ、遊手ノ民ヲシテ無意義ノ福禄ヲ夢思セシム可カラズ。

師は東学党蜂起前より入韓し、東徒の擾乱に際しては、意気の投合せる為之に投じて事を共にしたるの因縁に由り。其後身者たる一進会長李容九と相知り、遂に其師賓として之を補佐指導したるを以て、韓国朝野の事情に通暁し、又一進会の調査機関をして、精査探究せしめて得たる資料に拠つて論旨を立つるに依り、議論正確にして時事に剴切なること又他の及ぶところに非ず。

五　宋秉畯の意見書

之に次いで三月十二日、宋秉畯も亦合邦後の韓国制度に関する件に就き、桂首相に差し出したる意見書の要目は左の如し。

統監府及韓国内閣ヲ廃止シ総督府ヲ新設ス。総督府ニハ、総務局、内務局、大蔵局、農商務局、文部局、逓信局、司法局トシ、警察ハ憲兵隊ニ専任セシム。教育制度ハ全ク日本ノ現制度ニ倣フコト。其他韓国旧慣調査会・政務調査会等ヲ設置シ、最高地位ノ官吏ハ日本人トシ、以下韓国人ヲ採用スルコト。

別ニ日韓合邦ノ先決問題トシテ、

第一、韓国皇室ノ待遇。

第二、両班ノ処置
第三、地方軍隊ノ増設。
第四、地方税ノ免除。
第五、憲法ノ施行ニ猶予ヲ与フルコト。
第六、太皇帝陛下ヲ東京ニ移シ奉ル事。
第七、韓国ノ高等警察ハ、之ヲ憲兵隊ニ監督セシムベシ。
第八、韓人ヲ下級官吏ニ採用スルコト。
第九、通訳撰択ノコト。
第十、韓国警署ノ支部ヲ東京ニ置クコト。
第十一、合邦問題ハ現内閣ヲシテ処分セシムルコト。

以上の十一項目に就き、精密なる観察の下に、周到なる理由及法方等を詳述したるが、素より師とは予め何等の交渉も無きに拘はらず、期せずして其要領は師の意見に大同なり。殊に両班の処分に関しては、殆ど師の説と同一軌なり。又両班の授産方法として百個所の特別就産所設置案を添へたるが、其事業を養蚕・製絲・染色・織物等の四種とし、一就産所に百名宛の生徒を収容することゝし、生徒は両班の志願者にして、十五才以上二十五才未満のものを地方官の推薦に依りて採用し、志願者の定員に満たざるときは、一般鮮民中より募集することゝし、更に之が予算案をも添附したり。

宋秉畯は本韓国名門の家に生れ、弱冠にして武科に及第して武官と為り、一時侍従武官に進みたりしが、中年時代文官に転ぜしこと有り。日本に来りて北海道より台湾にまで周遊して、種々の産業を視察し次いで妻子を率ゐて山口県に入り、蚕桑・繰絲の業に従事して日本に留まり、野田平次郎と称す。日露戦の起るや、第十二師団司令官大谷喜久藏に招かれて北進軍隊に従軍し、三十七年八月京城に於て李容九と相知り、共に一進会を剏立したり。四十年五月韓国内閣に入り農商工部大臣に任ぜられ、翌年六月内部大臣に転任したるが四十二年二月之を罷め、東京に来りて王世子に侍し、傍ら一進会の事務を陰助大に努め、李容九及師と三体一心共に合邦に力を尽せり、故に両班の授産計画の如きは、最も精細適切なるを見る。故に予は師の両班論と、之に関連する宋秉畯の意見書は他日其全文を発表せんと欲す。

蓋し大院君は韓国近代の偉人たることは人の知るところなれども、大院君の称は彼偉人大院君の専称にあらざることは、両班の由来を理解するものゝみの知るところならん。誰か知らん偉人大院君は、懿皇帝の曽孫にして、光武帝熙の実父なることを。而して姓は李、名は是應、字は時伯、石坡と号す。両班論に因み爰に附記す。

三月十七日師は京城北部斎洞十七統二戸に、移居せることを予に通知せらる。

之より先曾禰統監は一月帰朝以来、宿痾を相州片瀬の別荘に養ひ居りしも、胃癌なるが為少しも回復せず。故に其職を曠うすること久きに渉るも尚職に止まる。当時は日韓両国共に合邦問題の囂々たる時に当って、縦令病気の為とは云へ統監の無為は官民共に最も焦慮するところたり。而して時恰も第二十六回帝国議会の終りに近づかんとするを以て、政府の与党たる中央倶楽部員近江谷榮治代議士⑺は、一の質問書を提起せんと、同倶楽部の総会に図る其案左の如し。

韓国統監ノ責任ニ関スル質問主意書

一、従来統監帰朝ノ場合ハ統監代理ヲ置キ、緩急ノ事務ヲ処理スルノ例ナリシガ、現統監曾禰荒助君ハ、帰朝既ニ二箇月以上ヲ閲《ケミ》シ、代理ヲ置カザルノミナラズ、病軀任ニ耐ヘズ、重職ヲ曠ウスルノ観アリ。事務多端ナル韓国ノ現状ニ対シ、政府ハ尚之ヲ放置スルヤ否ヤ。

二、一進会ガ合邦ノ提議ヲナセシ際、統監曾禰荒助君ハ韓国大臣会議ヲ開カシメ、其提議ヲ却下セシメ、押シ返シ提議三回ニ及ビ漸ク之ヲ受理セシメタリ。而シテ合邦反対ノ提議ハ当初ヨリ之ヲ受理シ、本邦政府ノ命令アルニ及ビ始メテ之ヲ却下セシメタリ。統監ノ措置其日本政府ノ方針ト反対ニ出デタルハ明確ナル経過ニシテ、当然其責任ヲ負ヒ処決スル所ナカルベカラズ。政府ハ之ヲ黙認スルヤ否ヤ。

三、韓皇室ト米国人コールブラントノ共営ナリシ京城電気事業、曩ニ日韓瓦斯会社ノ買収約束履行ニ際シ、統監曾禰ノ副子曾禰寛治等ノ瓦斯会社重役ハコールブラント共謀シ、其日韓瓦斯会社ヨリ払ヒ渡スベキ金員ヲ、コールブラン独自ノ手ニ捜取セント擬シ、韓皇帝ノ御璽ヲ押シタル文書ヲ提出セシモ、其御璽ハ形状ヲ異ニシ偽証ノ疑アリ。之ガ為今ニ同事件ノ落着ヲ見ズ。政府ハ之ニ対シ如何ナル処分ヲ取ル方針ナリヤ。

四、昨年初夏宋秉畯ノ中枢院顧問新任ノ際ハ、李完用其代理トシテ辞令ヲ受領セリ。而シテ今日ニ至ル迄辞令書及俸給ノ下附ナシ。当然統監ノ管掌スベキ大官ノ任命待遇ニ対シ、是ノ如キ現状ニ関シ政府ニハ如何ナル処分ヲナスカ。

総会は之を採るに決議したるに拠り、議会の問題とならんとしたりしが、近江谷は先づ之を桂首相に質さんと欲し、宮崎県の肥田景之・熊本県の安達謙藏両代議士と共に其委員に選ばれ、三月二十一日貴族院控室に於て桂首相に会見して之を質したりしが、首相は質問の箇条を悉く承認して其断行を誓約したるを以て、遂に本会議に提出するに至らざりき。此時に於ける首相の態度は異例に徹底的なりしは、其前日山縣公と寺内子が相携へて首相を訪問したる事も其一因たりしか。二十一日首相と会見の真相は、其翌々日の新聞紙上に公にせられたるを以て、天下驚動し新聞界の輿論は一変して、翕然合邦の急切なるを論ずるに至れり。

七　京城の報告

三月二十五日師が菊池忠三郎に寄する手翰の一節に曰く。

(前略)韓ノ天下ノ人心ハ既ニ九分九厘マデ相定メ、李完用一族ハ孤立ニ陥リ大韓協会ハ自滅旦夕ニ迫リタルニ一曾禰ノ為ニ九仞ノ功ヲ一簣ニ虧クニ至ラバ、今後再ビ日本ノ為ニ労ヲ取ルモノハ出デザルベク候。小衲モ最早此レ迄ニ候ヘバ、生死ノ二途トモ機ヲ見テ潔ク自決可クレ致ス候。就テハ彼将軍ヲ頼ミニ棹尾ノ一躍ヲ試ミ、其レヲ小衲一分ノ韓国ニ対スル最後ノ名残リト可クレ致ス候。事既ニ此ニ至レバ大兄ノ二通ノ秘密報告書ト、会長ノ秘密陳情書モ、将単ニ提供スベケレバ事後御承諾可クレ被ル二成シ下一候。会ノ方ヨリモ材料蒐集中ニ御座候。

別紙中李根命ハ前総理ニテ、其他モ総理ニ擬セラル、モノ、又ハ元老ト称セラル、モノ頭ヲ並ベ、李載克ノ如キハ義親王ヲ除ケバ皇族ノ首班ニ候。合邦ノ賛成モ此ニ至リテ挙国一致ト可クレ申ス、李完用ガ如何ニ孤立ノ形ニ在ルカハ論外ニ候ハズヤ。日本ヲ代表セル曾禰統監トイフ空器ナクバ、李完用ハ身ヲ隠スニ処ナク、怨民ノ為ニ啖ヒ殺サレ可クレ申ス、現ニ両三日前ノ例ノ儒生ノ上書中ニ天下欲スレ食ハントニ其ノ肉ヲ一ト書キ居リ候(後略)。

三月二十五日　菊池大兄　範之

書中彼将軍とは暗に三浦中将を指すなり。
三月二十八日三浦中将に呈する書（漢文）を浄書し、附属書類を整備す。

謹ミテ上書ス、日彼岸ニ至リ春風漸ク嫩《ヤワラカ》ナリ。伏シテ以ミルニ観樹将軍閣下道節万福ナラン。小乞士幸ニ未ダ死セズ、苟《カリソメ》ニ残軀ヲ坎壈ノ間ニ保ツ、幸ニ以テ尊慮ト為スコト勿レ。抑々敢テ以テ尊慮ヲ労スル者ハ、国家百年ノ大事目睫ニ迫ル是也。夫レ乞士当ニ乞士ノ分ヲ守ルベシ、然レドモ苦ヲ抜キ楽ヲ与フルハ菩薩既ニ大願有リ、迷ヲ転ジ悟ヲ開クハ豈仏陀ノ本行ニ非ズ乎《ヤ》。是ヲ以テ去年元朝敬ミテ玄旨ヲ言外ニ承ケ、沆瀣ノ一経既ニ微意ヲ毫端ニ露ハス。皆世界上最モ憐ムベキ民族ト、迷津ヲ彼岸ニ度《ワタ》ラント欲スルノ鄙意ニ出デザルハ靡《ナ》キ也。爾来小乞病ニ臥スルコト一歳、神少シク甦ルト雖モ未ダ全ク蘇セズ。而シテ両隣牆ヲ撤シ、牖戸ヲ東洋ニ綢繆シテ、主一無適、以テ侮ヲ西人ニ禦グノ機、哈爾賓ノ凶変ニ観《アラ》ハレ逾《イヨ》々天歩ノ急促スルヲ見ル也。是ニ於テ病ヲ扶ケラレテ諸君子ノ後ニ従ヒ、敢テ合邦ノ大議ニ参ス、此レ亦悲願本行ノ分端。誰カ隠逸ヲ以テ苟モ名ノ高キヲ時俗ニ衒《テラ》ハン哉《ヤ》。眇焉タル小乞一身栄辱ノ外ニ在リ、神志誠ニ死生ヲ以テ渝エズ。此事唯韓人李容九有リ、其志ヲ同ウシテ而シテ以テ心事ヲ白《アキラカ》ニス可キ者天下唯閣下有ル而已《ノミ》。今合邦ノ前途険難ニシテ称説ス可カラズ。誠ニ国家ノ為ニ難ヲ排シ紛ヲ解ク者、亦閣下ニ哀求スルニ非ズシテ而シテ誰ニカ望マン焉《ヤ》哉。閣下請フ一タビ趾ヲ挙ゲテ此難極ノ機ヲ斡転セヨ。小乞実ニ菩薩ノ大願仏陀ノ本行、劫々値遇ノ玄縁ニ冥期スルコト有ル也。紛難已《スデ》ニ迫ル、左ニ其情状ノ綱要ヲ条挙ス、伏シテ以ミルニ炳亮セラレン。

一　李容九矢《チカ》ツテ他心靡キ事

保護ノ現状ハ徒ニ国財ヲ糜《ツイヤ》シ、却ツテ韓人携弐ノ心ヲ養ヒ、韓民族ヲシテ日ニ自ラ乱シ、日ニ漸ク滅セシム。閣下ノ高見豈此《コヽ》ニ有ルコト無カラン乎《カ》。李容九矢ツテ他心靡キ也。合邦ナル者ハ両隣千古ノ禍根ヲ断チ、東洋悠遠ノ和平ヲ保障シ、死ニ瀕スル韓民族ヲシテ新生命ヲ甦得セシム。閣下ノ高見豈此ニ在ルコト無カラン乎。李容九矢ツテ他心靡キ也。其精誠畢ク別冊第一李容九ガ桂首相ニ上マツル陳情書ニ見ユ、伏シテ電矚ヲ乞フ。

二　曾禰子其本ヲ二ニスル事

協約ナル者ハ政府ノ事也、必ズシモ民意ヲ恤ヘズ。産業ナル者ハ国民ノ事也、必ズ民心ノ先ヅ之ニ安ンズルヲ待ツ。曾禰子内閣ニ臨ムニ協約ヲ持スルノ心ヲ以テシ、統監府ニ標スルニ産業政策ヲ以テシ、両端既ニ其措ク所ヲ異ニス。故ニ（別冊第二）統府内閣相反目ス。（第二ノ一）以テ其朕兆ヲ管窺ス可シ。官紀振ハズ。（第二ノ二）以テ其一端ヲ蠡測ス可シ。此レ特《タマ》其細微ナルモノヲ挙ゲテ、之ヲ左右新聞紙上ニ証スルノミ。其大故ニ至ツテハ則小乞ノ見聞スル所ハ、魍魎党ヲ結ビ魑魅昼現ル。而モ新聞紙ハ法ヲ懼レテ敢テ書セズ。是ヲ以テ内閣ナル者ハ面従腹非、国民ナル者ハ適帰スル所ヲ知ラズ。（別冊第三、金炳熏、総理大臣李完用ニ上ツリ、辞職ヲ勧告スルノ書ニ斯言有り　）兵馬ノ威有リト雖モ、従ツテ靖《オサ》マリ従ツテ乱ル、何日カ撥正ニ帰セン。（第二ノ三）民生困瘁ス何処ニカ其産業政策ヲ施サン。（第二ノ四）此レ基本ヲ二ニスルノ故ニ非ズ乎《ヤ》。

三　李完用民心ヲ失フ事

李完用勢道ニ当ルコト既ニ四年矣。其族類ヲ以テ政府ヲ組織シ、血肉華班ニ列スルモノ八十余人、田園畓ニ天下ニ半バナルノミナラズ、蓋シ我朝ノ入鹿・清盛、或ハ栄ヲ往代ニ比スレバ、近クハ唯閔泳駿ノ纔ニ之ニ肩従スルコトヲ得ル有リ。而シテ泳駿実ニ之ヲ以テ日清役ヲ怨民ニ啓ク也。抑々我　天皇陛下ノ代表者トシテ其保護国ヲ統監シテ入鹿・清盛ノ暴ヲ行ヒ、将ニ泳駿ヲシテ復国難ヲ招カセントセシム。我代表者タル者、乃罪ヲ韓民ニ獲、徳ヲ我　天皇陛下ニ傷ツクルコト無カラン乎《カ》。虎兕柙ヲ出デ亀玉櫝中ニ毀タル、此レ誰ノ過ゾ也《ヤ》。完用ヲ放ツテ此悪ヲ行ハシムル者ハ統監也。完用モ亦自ラ言フ此レ皆日本ノ政略也ト。別冊第三金炳熏等ノ勧告書ハ豈冥府ノ金札ニ非ザル乎。韓民完用ヲ怨望シテ以テ大懟元兇ト為スハ、則統監ヲ怨望スルノ尤モ甚シキ心中挙ツテ曰ク、曾禰ナル者ハ大懟ノ大懟元兇ノ元兇也。唯畏レテ而シテ白《マウ》サズ。桂首相是ヲ之レ察セズシテ曰ク、曾禰罷ム可キノ過失無シト、何ゾ思ハザルノ甚シキ矣。若シ夫偉人兇手ニ殪レ、水標橋上匕首ノ横行ヲ見レバ姑ク未ダ責ムルニ足ラザル耳《ノミ》。

四　李容九人心ヲ得ル事

李容九二十有余年、徳ヲ民心ニ種ヱ其深根既ニ百万ヲ培フ。今合邦ヲ倡フル也《ヤ》三千里彊響応雷同シ、上皇族ノ首班・元勲老臣ヨリ、下負褓商ニ至ルマデ、全国既ニ十ノ八九ヲ収メ、余ス所ハ唯李完用ノ一門ノミ矣（其機関ハ国是遊説団・国民演説会・大韓協会ニシテ皆解散ニ幾シ、別冊第七ノ四以テ其一ヲ証ス）。其確証ハ別冊第四ノ合邦提倡以来ノ賛成人員表以テ見ル可シ。

五　紛難盤錯自ラ帰スル処有ル事

李容九ノ合邦ヲ説ク也《ヤ》、日タル既ニ久シ矣。昨春ニ迨ツテ〇（不明）々乞屢々之ヲ促ス。李容九身或ハ東京ニ在リ、或ハ帰ツテ山荘ニ在リト雖モ、人ヲシテ秘密ニ之ヲ籌画セシム。伊藤公国葬ノ会ニ及ンデ小乞実ニ潜ニ帰リ、宋秉畯ニ東京ニ見ユル也《ヤ》、而モ李完用モ亦趙重應ヲ会葬セシメ、桂首相ニ見エテ大事ヲ謀ル。此レ李完用ハ李容九ガ必ズ当ニ合邦ヲ提倡スベキヲ知リ、先ヅ自ラ国ヲ売リ窃ニ以テ身ノ計ヲ立テント欲スレバ也。故ニ其条件ニ曰ク、一廃皇、二韓民ヲ日本ニ籍ス、三華族ヲ封立ス、四両班ヲ賑恤ス、五民福ヲ増進スル是也。李容九ノ請願ハ則曰ク、宋祀ヲ保ツニ在ル也、民人ヲ安ンズルニ在ル也、其合邦条件ハ唯一ニ日本　天皇陛下ノ宸襟ニ頼ル也。其国民ニ声明スル也《ヤ》、曰ク政合邦ト、民心ノ廃皇ニ乱レンコトヲ懼ルレバ也。標シテ曰ク、皇室ノ尊栄、人民一等国ノ待遇ト、示スニ併呑ノ奴隷亡国ノ氓ト為ルヲ免カル、ヲ獲ルコトヲ以テスル也、其志矢ツテ他心靡シ矣。故ニ国人李完用ガ国ヲ売リテ自ラ私スルノ心ヲ疾ミ、李容九ガ高明ノ義ヲ慕ハザルモノ靡シ。別冊第五両班論ハ論小乞ニ出ヅト雖モ議ハ李容九ニ合フ、以テ其志ノ私無キヲ見ル可シ矣。然ラバ則日本ナル者、将ニ桀紂ヲ援ケテ民心ニ逆ヒ、以テ人ノ国ヲ奪ハントスル乎《カ》。将桀ヲ放チ民ヲ悦バセ以テ其徳ヲ一ニセントスル乎《カ》。其帰処論ズルコト亡クシテ明ナル而已《ノミ》矣。

六　曾禰子宜シク自決スベキ事

曾禰子蓋シ自ラ謂フ我慎《マコト》ニ罪無シ矣、何トナレバ李完用ヲ寵シテ而シテ、李容九ヲ疎ンズルハ讒邪之ヲ間《ヘダ》ツレバ也ト。然レドモ自ラ李完用ヲ寵スルハ已代ツテ怨府ト為ル所以ヲ知ラザル也。李容九ヲ疎ンズルハ却ツテ国論ヲ蔑棄スル所以也。今也《ヤ》韓民曾禰子ヲ怒ル、桀ヲ助ケテ虐ヲ作スヲ以テ曾禰子ヲ怨ム。民論ヲ桎梏スルヲ以テ而シテ心窃ニ其無為欺キ易キヲ侮リ、其怯恇脅シ易キヲ慢《アナド》ル。鉄牛ノ機有リト雖モ復已墜ノ威信ヲ回ス可カラズ。曾禰子ニシテ而シテ任ニ帰ランカ、民心曾禰子ニ失ハル、ニ非ズシテ而シテ日本ニ失ハレン矣。然ラバ則七花八裂、復一人ノ再ビ合邦ヲ言フモノ無ク、駆ツテ而シテ米国ニ入レン。中立ノ論肆然滔天ノ勢ヲ逞ウシ、海牙ノ旧夢、国権恢復祈禱会ト与ニ其悪応験ヲ顕ハサン。之ヲ別冊第六ニ記スル所ニ徴スレバ、端兆歴々然トシテ将ニ民瘧ヲ百世ニ遺サントス。韓民ノ惨禍是ヨリ滋《マス》々甚シク、血雨腥風鉄十字架ヲ吹カン矣。小乞想フニ曾禰子必ズ自ラ勢ノ既ニ此ニ至リシヲ意ハザル也。故ニ小乞惴々焉タリ。唯恐ル曾禰子一朝ノ忿其身ヲ忘レ、以テ累ヲ国家百年ノ大計ニ及ボサンコトヲ、此レ小乞ノ閣下ニ哀乞スル所以也。

七　合邦提倡以来ノ概況報告ノ事

千古ノ禍根ヲ断チ、東洋悠遠ノ和平ヲ保障センニハ、其組織ノ初ニ当ツテ、宜シク文ヲ武ニ寓シ、寛ヲ猛ニ用ウベキ也。韓ノ諺ニ之有リ曰ク、神ノ始メテ人ヲ作ル也《ヤ》、先ヅ桑木ヲ作ル、桑木ナル者ハ以テ鞭ト作ス可キノ謂也。然ラバ則新合後ノ組織政体知ル可キ已《ミ》。然レドモ曾禰子ヲシテ一タビ任ニ帰ツテ、而シテ後組織ニ従ハシムルハ、小乞決シテ不可ト曰フ也。況ヤ或ハ、子ヲシテ留連セシムルヲ乎《ヤ》。別冊第七略ボ合邦提倡以来ノ概況ヲ記ス。願クハ以テ閣下ノ趾ヲ挙ゲテ斡転スルノ一料ニ資セン。曾禰子ヲシテ若シ合邦ノ九仞ニ功ヲ一簣ニ虧クコト有ラシメバ豈千秋ノ恨事ニ非ズ乎《ヤ》。曾禰子ヲシテ翻然改悛復韓国ヲ語ラザラシメバ、小乞豈独リ閣下ノ世々生々ノ値遇ニ感ズト云ハン哉《ヤ》。

明治四十三年三月二十八日　　武田範之　恐惶頓首

観樹将軍閣下

師之に附記して曰く、

此書漢文ヲ用イルハ言々鳳庵ヲシテ其責ニ任ゼシムルノ故ナリ。既ニ鳳庵ニ示セバ鳳庵之ヲ賛ス、而シテ後将軍ニ郵ス。兼ネテ各々一篇ヲ宋蓮史ト杉山玄機ニ寄セ、別ニ善照居士ニ寄ス。又三浦中将ニハ別冊トシテ。

第一　李容九桂首相ニ上ツル陳情書（前に在り）
第二　新聞紙剪綴
第三　金炳壽、李完用ニ上ツリ辞職ヲ勧告スル書
第四　合邦請願以来ノ賛成人員一覧表
第五　韓国ノ両班ヲ論ズル書
第六　新聞紙剪綴
第七　報告書上下二巻　国民党宣言　附党則　国民協成同進会趣志書　新聞剪綴

以上

第一より第七までの内容

第一　李容九桂首相ニ上ツル書（前に有リ）
第二　新聞剪綴（凡テ三月中ノ掲載）

二十五日　東洋日報　統監府員ノ悪癖
二十六日　京城新報　韓国政府ノ官報
二十五日　朝鮮新聞　寸鉄
十八日　朝鮮日の出新聞　新税ノ得失
二十八日　大韓日報　姑息ナル徴税法
二十七日　京城新報　竹槍隊ヲ編成ス（慶州延日方面ノ洞民）
二十三日　朝鮮日々新聞　甘言苦語
二十七日　京城日報　京城ノ韓人

新聞記事は浩瀚なるを以て其題目のみを掲ぐるに止めたり、而して之に附記せる師の書（漢文）に曰く。

二ノ一ハ統府内閣相反目スルヲ証ス。二ノ二ハ官紀ノ不振ヲ証ス。以下寸鉄及結托ハ一波万波ノ状ヲ証ス。税論二章モ亦以テ統監粉飾ノ治容ヲ徴ス可シ。如是ニシテ而シテ又、彼ノ鳴ル者官ノ為ニスル乎私ノ為ニスル乎。二ノ三ハ武力ノ用ウル所無キヲ徴ス。二ノ四ハ産業ノ施ス所無キヲ証ス。二其本ノ影響其戸ヲ傪《ヘツカ》シメテ其心ヲ戢メズ。新聞紙皆其最新ナルモノヲ撰ンデ、而シテ官民ヲ撰バズ。唯東洋日報ハ稍放胆ナリ、故ニ辞職勧告書ヲ掲ゲテ而シテ憚忌セズ。其他ハ則惴々焉トシテ唯逆鱗ニ攖レテ退韓ヲ命ゼラレンコトヲ恐ル。而シテ疵瑕ノ掩フ可カラザルコト此ノ如シ矣。

第三、三月二十六日　東洋日報掲載　痛切ナル儒生団ノ辞職勧告（李総理ニ対シ）

一進会ノ合邦請願一度出デテヨリ、一進会ヲ中心トシテ、儒生個々ノ団体ヨリ、統監及ビ内閣ニ対シテ其組織ヲ催ガスモノ、冠蓋相望ムノ勢アリ。然レドモ時事ニ通ゼザル儒生ノ言議ハ、却ッテ日本人ヲシテ其措辞ノ上ニ対スル、悪感情ヲ起サシメシモノナキニシモ非ズ。然ルニ左ノ一篇ハ、曩キニ同志会ノ発表セシ宣言書ト相比シテ、最モ時事ニ痛切ナルモノナレバ、本社ハ特ニ訳載シテ大方ノ覧ニ供スルコトトナセリ（国民新報三月十九日第一一五四号掲載）。合邦組織ヲ遷延スルノ不利ナル、之レヲ以テ立証スルニ余リアリ。

伏シテ以ルニ閣下ハ一国首相ノ位ニ居レリ、国家ノ存亡ハ閣下ノ責ナリ。初メ五条件ノ陰謀ヲ発シテ、敗亡ヲ期図セラレシハ抑々何ノ心ゾヤ。再ビ政合邦ノ大計ニ抗ジテ、保存ヲ方拒セラレシハ抑々何ノ心ゾヤ。終ニ第三者ノ密計ヲ煽ギテ排日ヲ慫慂セラル、ハ抑々何ノ心ゾヤ。百爾思量スルニ閣下入閣セラレテ今玆ニ四年ナリ。隆熙ノ政変ニハ改革ト声言セラレシモ、其位中書ヲ冒カスニ及ビ、大寮ヲ組合シテ奸細盤結スルニ非ザルハナシ、重要ニ列拠スルハ皆之レ家族ノ延蔓ナリ。帑蔵ヲ奪ヒ暗賂ヲ釣取シ、私蓄ヲ殖産シテ一国ニ遍ク、鷹犬ヲ頤使シテ四方ニ列セシメ、耽々トシテ権至尊ヲ傾ケ、営々苟々トシテ富王室ニ擬ス。何ノ心ニ満タザルアリテテ其国ヲ亡ボスコトヲ期セラル、カ。自身ノ危ウキヲ防グコトヲ国防ヨリ急ニ、計疑懼ニ出デテ軍隊ヲ解潰シ、内ハ藩籬ヲ撤シテ外ハ雀雛ヲ駆リ、血雨腥風今ニ弥リテ霽レズ。闔国騒然トシテ水火ニ胥ヒ溺ル、モ、猶ホ心ニ快カラズトシテ其国ヲ亡ボスコトヲ期セラル、カ。人民ヲ仇視シテ魚肉ヨリモ甚シク、之ヲシテ業ヲ失ヒ踉蹌トシテ顚倒セシメ、之ヲ艱食ニ駆リテ窮餓死亡セシメ、手足ヲ束縛シテ呼吸ヲ得ザラシム。加之雑税苛斂枝節ヲ層生シ、全国ノ人民死ヲ求ムルトモ贍《タスカ》ラズ。足ヲ側テ、亡ヲ待チ、一日ヲモ支エ難カラントス。何ノ心ニ足ラザルアリテ其国ヲ亡ボスコトヲ期セラル、カ。其他百孔千瘡枚挙ニ勝ヘザルモノアリ。不審ナリ閣下何ノ祖国ニ怨毒アリ、何ノ人民ニ冤業アリテ、是ノ若ク疾甚ニ血讐ヲ報ズルガ如クナルヤ。仮使《タトイ》其国ヲ覆亡スレバ閣下ノ志願必ズ售ラルレバ、閣下一人ノ前途ハ将ニ今日ノ富貴ヲ永遠ニセムトスルヤ。噫郿鄔ノ財ハ必ズ漢亡ビルノ前ニ覆ヘリ、秦檜ノ戮ハ宋亡ブルノ後ニ遺サズ。天理孔《ハナハ》ダ昭ナリ。人心畏ルベシ。閣下胡ゾ此ヲ諒トセザル。況ヤ今日韓ノ関係ハ但日韓両邦ノ利害ノミニ非ズ、東洋ノ大勢此ニ係リ、黄種ノ将来此ニ係ル。日韓ノ一家血胞ノ如クナラザルヲ得ザレバ免レ難キ所ニアリ。閣下今日ノ施設ハ固ニ当ニ如何ニシテ此両邦ノ関係ヲ保ツベキヤ、唯ダ閣下外面ニ阿諛スルコト狐媚ヨリモ甚シク、中心ニ背馳スルコト鷹飽ニ近似セリ。一モ真誠ノ相推スナク、或ハ国勢ノ岌業ト民生ノ困悴トヲ以テ閣下ニ語及スレバ、輒《スナハ》チ曰ク此レハ是日本ノ政略ナリ統監府ノ命令ナリ、豈我ニ在ラムヤト。此レ何ヲ以テ我ニ非ズ、兵ナリトイフニ異ナラムヤ。然ラバ日本ノ徳恵信義ハ虚地ニ帰シ、国命民脈ハ日ニ墜チテ余ナキノミ。閣下此レ何ゾ斯ヲ忍ベル。大日本天皇陛下ノ聖徳ト、及其内閣ノ紆籌良策ハ、韓ヲ見ルコト傷メルガ如ク、韓ヲ憫レムコト己ノ如シ。近ゴロ聞ク日本内閣ニハ合邦ヲ凝議スルノ案アリト、或ハ云フ覚書已ニ発セラルト、或ハ云フ電信已ニ到ルト。其自計ノ售ラレザルヲ嫉ミ、其自位ノ未ダ保タレザルヲ恐レ、若干頤使ノ演説会ノ長書ニ反対セシモノ、流ハ、之ヲ芭籬ニ棄テ、陰党ヲ締結シ、第三者ノ密謀ヲ煽起ス。朝秦暮楚ハ閣下ノ本領ニシテ、改ムベカラザルナリ。此日ニ迨ビテヤ只ダ閣下ノ一身ヲ謀リ、国家ヲ幼弄スルコト球ヲ転ズルガ如ク、善隣ヲ背斥スルコト掌ヲ反スガ如シ。国家ノ亡ブコト余日ナシ、縦《たと》ヒ閣下ノ志願ト云フトモ、全局ノ大勢変動モ亦閣下ノ手腕ニ出ヅルヤ。若シ生等ガ前後ノ言ヲ以テ、之ヲ構誣ニ帰セントセバ、生当ニ其明証ヲ挙ゲテ之ヲ新聞ニ佈《レ》キ、之ヲ公判ニ質スベシ。閣下ハ此レ何ゾ斯レヲ忍ベル、窃ニ閣下ノ為ニ慨然タルナリ。廉無ク恥ナキハ禽獣モ且忍ビズ、閣下ハ国ニ於テハ禍タリ民ニ於テハ害タリ、而モ猶靦然タル面目人ヲ視ルコト罔極也。今又陰謀ヲ首唱シテ晏然トシテ蹲冒セラル、是豈廉恥アリト謂フベキカ。廉ナク恥ナク奪ハザレバ厭カズトハ閣下ノ謂ナリ。此レ生等ノ私言ニ非ズ、抑々亦天下ノ公評ナリ。幸ニ閣下自ラ身ノ為ニ謀リ、急流ニ勇退セバ、其亡ビルノ国ハ以テ保存スベシ。閣下ノ一人ヲ以テ、我四千年ノ祖国ヲ亡ボシテ可ナランヤ。我日韓ノ関係ニ反対シテ可ナランヤ。我東洋ノ全局ヲ変動シテ可ナランヤ。閣下亟ニ去就ヲ断ジ、一日ヲ遅《マ》ツナクシテ、禍害ヲ加フルコトナクバ幸甚幸甚。瀝血讜言ス。伏シテ惟ミルニ燭亮セラレヨ。

隆熙四年三月十六日　　縉紳儒生代表　正三品　金　炳　壽

金炳壽ノ外連署人姓名

正三品　宋喆憲、忠州　正三品　洪禹馨、瑞山　前議官　権榮洙、原州　前郡守　朴正夏、古阜　前参書　李海年、尚州　前参奉　趙敦夏、金海　前主事　蔡基學、鏡城　六品　李能宇、水原　六品　尹秉吉、前進士　鄭宜東、広州　幼学　韓禹錫、密陽　朴海龍、安山　崔康植、平山　鎭兪海、高陽　李鍾〇、（不明）定州　金龍鉉

内閣総理大臣　李　完　用　閣下

師の附記（漢文）に曰く。

五条件ナル者ハ本文中既ニ其目ヲ挙グ。合邦抗拒者モ陳情書ニ既ニ其状ヲ悉ス。第三者トハ密計者ナリ世人未ダ悟ラズ、欧米人相結ンデ将ニ中立ヲ謀ラントスル也。

第四、合邦請願以来ノ賛成人員一覧表（年号ハ凡テ隆熙ナリ以下年号ヲ略ス）。

年　月　日	送函所	身　分	氏名人員
三年十二月　十三日	一進会ニ誓約	大韓商務組合部長少論大家	李學宰等三名

師ノ附記ニ曰ク。負褓商三百万、開国以来負商褓商ノ自由団体也。四百八十六年、恵商公局ヲ刱立シテ、商売ヲ管理ス。其後商理局ト改称ス。甲午以後革罷シ、隆熙二年商務組合所ヲ新設スル也。古今国事ノ為粮ヲ負ヒ軍ニ饋リ、盗賊ヲ跟捕シテ多ク功有リ。

年　月　日	送函所	身　分	氏名人員
三年十二月　四日	一進会主唱政合邦	組合任員	金恆培等三十三名
三年十二月　十一日	一進会ニ誓約	漢城普信社長前軍人参尉	崔晶圭等二十五名

師の附記。漢城五部内各坊洞、家屋売買仲介人組合社会普信社ト曰フ。

年　月　日	送函所	身　分	氏名人員
三年十二月　十七日	統監府ニ上書	前郡主有志紳士	徐彰輔等九名（内ニ前主事アリ）
三年十二月　二十日	統監府ニ上書	幼学新学問注意	李圭學等八名
三年十二月二十九日	統監府ニ上書	幼学有志文明	白昶基等五名
三年　同月　同日	内閣ニ上書	幼学	韓復履等三名
三年十二月二十四日	統監府ニ上書	幼学時局有志儒生代表	金憲永等十四名

三年十二月二十四日	一進会ニ誓約	幼学儒生代表	李學鎭
同年 同月 同日	内閣	同	河在弘
四年 一月 十三日	日本内閣ニ上書	同	辛在瑛等十名
四年 一月 十二日	内閣	同志賛成会長文 正三品老論大家	李範贊等十六名（内ニ前郡主、六品アリ）
三年十二月二十五日	一進会ニ誓約	郡主事有志人士	梁柱東
四年 一月 七日	同	軍人前副尉	閔潤植
三年十二月 三十日	統監府	前郡主	朴玟圭等六名（内ニ正三品アリ）
同年 同月 同日	内閣	正三品	金正德等四名
四年 一月二十一日	内閣	老論大家従二品	李稱翼等九名（内ニ前主事、都事有）
四年 一月 四日	統監府ニ上書	幼学守操雅士	朴東澣等五名
同年 同月 同日	内閣ニ上書	同	張錫柱等三名
四年 一月 十八日	一進会ニ誓約	幼学博学志士	姜容臺等十七名
四年 一月 十五日	同	進士勧学有志西間嶋韓民代表	朴鳳奎等十四名
四年 一月二十一日	内閣	前主事	李鐘春等四名（内ニ前参領アリ）

四年	一月　十五日	一進会ニ誓約	幼学	朴大鉉等七名
四年	二月　十七日	内閣	正三品有志紳士	金在龍等四名（内ニ六品アリ）
四年	二月　二十日	統監府	幼学	安錫範等二名
四年	二月　十八日	一進会ニ誓約	幼学志士	尹宗澮等五十二名
四年	三月　十六日	内閣	正三品文忠后裔	金炳壽等十七名
同年	同月　同日	統監府	正三品士族	洪禹馨等十五名（内ニ前議官、前郡守一、前参書二、前主事一、六品二、進士一、幼学六アリ）
四年	三月二十一日	同	正三品士族	
四年	三月二十一日	内閣	正三品士族	姜鳳熙等二名（共ニ正三品）
同年	同月　同日	統監府	六品	李宣畯等七名
同年	三月二十四日	内閣	六品	鄭奭鎭等二名（内六品二、進士、幼学）
同年	一月二十五日	同	幼学武家巨族	張圭煥等二名
同年	一月二十四日	賛成会趣旨発表	会長	李範贊（会員七百八十六名）
同年	二月　七日	内閣	賛成会幹事	金思鼎等二名（共ニ幹事）
同年	同月　同日	統監府	前正尉同	趙悳夏等二名名
四年	三月　十三日	同	前参領	李秉奎等十二名（内前参領八）

四年　三月二十六日　政合邦協成会

前議政大臣雅正　李根命等
元老
（内ニ前議政大臣閔泳奎、前宮内大臣淳懿、皇族李載克、前吏曹判書李正魯、武兵使尚稷鉉、○文承旨務李範錫、武兵使李丙甲、同幼学李鍾漢等アリ）（○印不明）

第五、韓国ノ両班ヲ論ズル書（前ノ四ニ要綱アリ）。

第六、新聞紙剪綴

二十三日　大韓日報　国権恢復祈禱。基督教々師等韓人ノ排日思想ニ乗ジ信徒ノ増加ヲ計ル。

二十五日　大韓日報　鐘路青年会ノ密会。無謀ナル耶蘇教徒等ノ集議。負褓商ト耶蘇教。

十七日　朝鮮新聞　青年会ノ活動。基督青年会ハ高官ヲ教徒タラシメン為ノ運動。

二十七日　朝鮮日々新聞　甘言苦語。耶蘇教徒百万人出来レバ独立出来ル云々。

二十六日　大韓日報　清濁併呑。宣教師ハ負褓商ノ利用ヲ謀リ買収ヲ企ツ。

同　日　京城新報　百万人伝道。大挙々行セラル。

師ノ附記ニ曰ク。

其陽此ノ如キ乎《カ》其陰則彼ノ如シ矣、其陰此ノ如キ乎《カ》其陽則此ノ如シ矣。其霊応ニ至ツテ也一ナリ矣。海牙ノ悪夢今方ニ闌ニシテ、未ダ人ノ繡帳ノ中ニ入ツテ之ヲ驚カスヲ許サズ。故ニ新聞記者モ皆此大秘団ヲ成スヲ信ゼズ。

第七、報告書上下二巻、国民党宣言附党則、国民協成同進会趣志書等ヲ省略シ、新聞剪綴ノミヲ此ニ掲グ。

二十五日　東洋日報　大韓協会ノ末路。三派合同分裂後ノ合邦問題ニ対スル態度曖昧。

十七日　朝鮮新聞　合邦問題ノ影響。排日派ハ頗ル憂色アリ云々。

二十五日　大韓日報　合邦記事禁止ノ反響。合邦反対ノ徒ハ冥々ノ内ニ却ツテ大悟徹底シテ、合邦ヲ希望スルニ到レルハ、奇ナル反響ナリ云々。

此の如く新聞切抜きに拠りて其当時の韓国与論の大要を挙げ、以て合邦賛否の事情を明らかにし、又上書に依りては韓民中の有識階級者の意向を確めたるものにして、而して合邦の急務たることを訴へ、中将の援助を乞ひたるものなり。予は後中将に面したるとき、本書は覧後山縣元帥の許に送附せりとの言を聴けり、是前年鉄窗会の関係に因み中将の宿志も亦師の本願と契合するに由ればなり。

当時に在つては韓国の種々なる団体は既に頗る合邦論に傾きしも、李完用内閣は大韓協会と共に種々の陰謀を恣にし、新聞記者に喰はすに利を以てして合邦に反対の言論を掲げしむ。而して之に従事するものは啻に韓人のみならず、非国民的邦人の其行動を共にするもの有るに至っては慨す可きに非ずや。

更に我国に於ても大政治家と目せらるゝ大隈伯も言へり、韓国ノ内治外交ノ実権ガ我ガ手ニ収メラレタル今日合邦ヲ云々スルガ如キハ迂ノ極ナリ、合邦ハ事実上既ニ成立シテ残ルトコロハ只形式ノミナリと。当時韓国には尚韓国皇帝在り韓国内閣の存する在り。統監は之を統監するの職にして、保護国と被保護国との限界線に画せられて、名実共に合邦の成立したるものと謂ふ可からず、又二千万の韓国民は韓国皇帝の子民にして、日本天皇の子民に非ざるに於てをや、然るに之を合邦の成立したるものと謂ふ可きか。而して師が之を隈伯の老論と評せしは当時の我政党政派の内情と其経緯とを明にせざりしに由るか。当時桂内閣を支持する政友会及其他の政治団体の意見に合流することに嫌焉たるが為に徒に此の如く云々したるものに非ざるか。何となれば当時の国民党（民政党の前身）は勢力微弱にして意気揚らず、政友会の大勢と之と一致の行動に出づる団体に対抗すること能はざれども、尚凡ての問題に臨んでも対立の位置に立ちたればなり。又板垣伯の如きも其李容九の書に答へたる書中に、若シ韓国ノ輿論ニシテ一ニ帰セバ其境域ヲ撤シテ合邦スルモ亦可ナリ、豈遽ニ貴一進会一部ノ言ニ聴イテ軽々シク之ヲ断ズ可ケンヤ、足下夫レ焉ヲ思へとの語あり。之に依れば板垣伯も既に老境に入り、往時職を賭して西郷隆盛等と共に征韓論を唱へたる時代の気魄は如何にせしか、国会開設を叫んで志士を糾合し指導したる時の信念は伯の脳裏に存せざるか、日韓の志士を指導して敢然起つて日韓合邦を唱道したる者の眼より見れば、真の老論家と称すべきのみ。隈・板両伯の外にも日韓合邦ハ未ダ其時機ニ非ズ、何トナレバ之ガ為ニ徒ニ我ニハ負担ヲ増シ彼ニハ紛擾ヲ醸シ、両損アルモ隻益ナシ、寧ロ仮スニ年所ヲ以テシテ両国民ノ融和ヲ俟ツニ若カズとの言を為す者あり。此の如きは所謂百年川の清むを待つが如きものなり、然れども此等の多くは孰れも政党政派に根拠を措きて政権の争奪を是事とし、韓国の現状が如何に推移し来りたるかの認識に乏しき所以に帰せざる可からず。然れども大隈伯は後に至つて合邦論に左袒するに至れるは、即大勢の然らしむるところにして隈伯先見の明に帰すべきに非ず。

四月に入りても師は依然合邦の促進を図り、合邦反対を唱ふる新聞に向つて論駁せり。

第二節　仏教関係

一　通度寺問題

朝鮮新聞の載する所に依り横山事務官の暴横に就いての論を草す其大意。

慶尚南道梁山郡通度寺ハ韓国三刹ノ一ニシテ即仏刹、法印寺ハ法刹、松広寺ハ僧刹ナリ。而シテ海印寺ノ主管タル大宗正（韓国宮内府管理規則時代法定ニ依リテ得タル称号）李晦光ガ多頭制即三名刹対立ノ非ヲ悟リ、自ラ本山株ヲ通度寺ニ嫁セシムルノ苦衷ト通度寺モ亦李晦光ノ徳望ニ倚リ宗務院ヲ設立セシメテ李晦光ニ教権ヲ委セントスルノ状アルコトハ事実ニシテ、全国寺院ガ中央ニ教堂ヲ新築スベキコトヲ決議シタレドモ、寄附金募集ハ全ク性質ヲ異ニスルモノタリ。然ルニ之ヲ誣ヒテ妖僧ノ寄附金募集ト称スルハ事実ニ非ズ、名僧ニ冠スルニ妖僧ノ汚名ヲ以テスルハ新聞ノ誤伝ニ非ザルカ。宗教上ニ蒙ムリタルハ大損害ニ対スル善後処分ヲ瞻望シ、通度寺ノ為李晦光ノ為雪冤ノ地位ニ立ツ可シ云々と論駁せり。

二　高麗大蔵経及版木の由来

慶尚南道陜川郡伽耶山海印寺に存する高麗大蔵経版⑧の沿革及其古実を記するもの有り、題して世界無類の珍宝なりと、師は其由来を詳叙したるものなるが其大要に曰く、

高麗大蔵経版ハ八百八十年（明治四十三年ニ至ルマデ）前ノ古宝ニシテ其内容ヲ五項ニ分チテ詳述ス、即

第一、版木ノ実質
第二、版木ノ経久及偉物ノ保存
第三、考証
第四、高麗蔵録版ノ縁起
第五、余ト高麗蔵経ノ因縁

各項に就いて記述せられたる全文は六千余言に達す、即世界無類の珍宝たる理由を首とし、国家として永く之を海印寺に保存せしむべきことを強調し、曾禰統監に之を注意したりしも更に信ぜられず、且又毫も顧みられざることを慨嘆せり。

三　千空心尼

元女官たりし千空心なるものゝ求めに因りて一進会員金永基に伴なはれて之を訪ひ、仏法上に就き意見を陳べたること有りしが、後千氏の書（鮮文）あり金永基之を訳す曰く、

（前略）御慈容ヲ拝シ得タルコトハ永久ニ忘レ難シ、金永基ヨリ承レバ宗務院ノ為、又韓国仏法ノ為、熱心ナル御尽力下サルコトハ、在家ニアルモノモ誠ニ感謝ニ堪ヘズ、広大ナル本願力ヲ以テ韓国ノ仏教ヲ中興セシメ、第一世ノ御開山ノ事業ヲ無障成就セラレンコトヲ祈リ候（後略）。

隆熙四年四月十六日

千空心　謹拝

武田大法師　座下

師は合邦賛否の議論囂々たるの時に在つて、之が対策に就き極めて繁劇の際なるにも拘はらず、斯る仏教上の事にまで意を注ぐの状は率ね此の如し。

第三節　負褓商考

一　負褓商の由来

四月十六日負褓商考⑨の稿成る、蓋し負褓商の名の因つて来るところは、本《モト》負商と褓商の二者より成るを知るべし、即白衣の漢、白笠を戴き龍頭の息杖を植てゝ、背に土器・木器・銅鉄器の類を負ひて行商するものを負商と名づけ、又腋下に裒然たる褓を掛け、或は斜に背に掛けて褓中の雑貨を行商するものを褓商と名づく。今（明治四十三年）より七十五年前の憲宗の朝に創まりたる団隊的商隊にして、此れに入る者は誓約書を作り、骨肉の兄弟よりも重き義約を結び、患難相救ひ義を重んじ生を軽んじて、誓約を死守することを盟へるものたり。而して元来兵備の整はざる韓国に在つては、負褓商団が平時貨物を各道に行商するに依り、体力強健にして能く各地の地理及豊歉等の如何を知悉するを以て、之に軍制を施せば以て用ふるに堪ゆ。故に向きには東学党に抗じ、後には独立協会と戦ひ、一時京城を無秩序に陥らしめたることすら有り。両班の如き階級或は世襲的のものに非ざれども其勢力侮るべからざるもの有り、而して未だ全く解体するに至らず、故に師は此考証を作る。

負褓商考

第一、負褓商ノ起原（ママ）
第二、負商特類ノ組織
第三、恵商公局ノ弊害
第四、負褓商社ノ結解
第五、負褓商ノ現状

此の如く之を五項に分ちて詳説し約五千言に達す。

二 負褓商に対する私見

四月十七日負褓商に対する私見を草す、即負褓商社の内容と其改革の鄙案との二項に分ち、負褓商が党争の機関と為り、統一し難きを以て行商営業取締規則を立て、行商者には鑑札を下附し、組合規約を定めて組合に統率せしめ、警察署をして之を監督せしむるを可とするものなり。

第四節　合邦に関する同志の往復文書

一 杉山と李容九との書柬及師の論文

四月二十一日杉山茂丸の来書に曰く。

日韓ノ関係紛糾麻ノ如ク藐矣タル薫章ニ接ス、響動鐘ノ如ク震驚益々切ナリ、日韓ノ大変機ニ処スルノ英傑ハ生之ヲ解ク豈尋常ノ能クスル事ナランヤ。抑々日韓ノ大変機ニ処スルノ英傑ハ生未ダ古今ニ其儔ヲ見ズ、会長独リ其衝ニ当リテ苦胆今日ニ至ル其労ヤ又古今其比ヲ見ズ。此時ニ当リテ生敢テ一言ヲ呈セントス、君乞フ生ガ為ニ之ヲ伝ヘヨ。窃ニ惟ミルニ古ヨリ禍機ニ処スルノ英雄慷慨ニ効ナク忍耐ニ果アリ、天祥ノ慷慨壮烈鬼神ヲ泣カシムルモ宋朝忽緒タリ、楠廷尉慷慨ニ死シテ百世ノ士気ヲ震駭セシムルモ南朝倏チニ迹ナシ、寗武不可及ノ愚ハ豈忍耐ノ礎ナクシテ能クスルノ事ナランヤ。会長百難ノ衢ニ横臥シテ機変ノ来往ヲ待ツ、素ヨリ尋常ノ耐フル能ハザル事タルヲ知ルト雖モ、生ノ非力ト日本帝国ノ国情ハ会長ノ至情ニ伴フ能ハザルヲ憾トス。然リト雖モ天下ノ事妙機ノ転通スル処又不可思議ノモノアリ、輓近宋氏ノ運籌忽チ静馬ノ苛鞭トナリ、一噺奔騰ノ気勢ヲ添ユルニ至レリ、或ハ伯楽柳下ニ佇立シテ向風ノ奔馬ヲ見ルノ時近キニアルヤヲ想見ス。此時ニ当リ忍耐機ヲ待ツヲ英雄ノ姿トス豈憂倒シテ秋草ト観ヲ同ウス可ケンヤ。今ヤ廟議梭ノ如シト雖モ其決スル処或ハ処期ニ庶幾カラン乎。生須ラク鈍豚ノ如ク敢テ獅虎ノ士ト共ニ高月ニ吼ユルノ資ナシ、只蠢々乎トシテ塵芥ヲ穿ツノミ庶幾クバ一笑ヲ垂レヨ敢テ復酬ニ似ス頓首。

四月十七日　　　　　　　　　　　　茂　丸

武　田　老　兄　侍史

是四月十二日師が杉山に李容九の心事と京城の政況が、曠日弥久の為悪結果を来たさんことを憂ひて之を報告したる書に答へ来りしものなり。而して此書や慰むるが如く誡むるが如く、又嘲るが如く笑ふが如く、其真意の存するところを捕捉し難きが如し。然れども宋秉畯の運籌云々は統監交迭の内情を予め隠約の裡に、又我廟堂の風色が内定し居ることを機微の間に暗示して其意を安んぜしめたるものにして杉山の本色なり。明石少将と同郷なりと云ふが其言行も亦相肖たるが如し。師は其性行を知悉せるを以て直に其真を諒し、李容九を訪ふて之を示したる後、左の書を草し李容九と同署して杉山に寄す（漢文）。

（前略）恭シク慈訓ヲ奉ズ切ニ忘醜ノ愍ヲ垂レラル、何ノ感ゾ何ノ荷ゾ。範之躁心軽告敢テ大人ニ加ヘテ以テ怵惕ノ情ヲ増サシム、此レ範之ノ罪也。華翰敬手李会長ト同誦ス、李会長不安ノ色有リ、範之ヲ顧ミテ曰ク何ゾ大人ヲシテ賢労此ニ至ラシムル乎、宜シク書ヲ呈シテ李容九他心無キヲ矢ヒ、静ニ大人ノ按排ヲ待ツノ意ヲ告ゲ、以テ大人ヲシテ玄慮ヲ安ンゼシムベシト。是ヲ以テ同名敢テ此鄙書ヲ呈ス（後略）。

四月二十一日

李容九同拝
武田範之敬白

李容九の杉山茂丸と相識ることは未だ師に若かず、故に師と共に此書を杉山に送る、其互に心を用らることの苟もせざること以て見るべし。

四月二十三日脣歯弁（漢文）を作り、日韓関係より延いて清露関係に及び、之を脣歯齟より肛門に及ぶまでの譬の下に日韓清露一体と為り大陸の共栄せざる可からざることを論ず。

二　師の私見

四月三十日師の私見に依る報告書を作る其内容は

一、一進会政務調査会ノ近状（統監ノ非難）。
二、合邦組織ニ対スル韓民一分ノ自衛的唱道（韓民ノ希望）。
三、曾禰統監ニ対スル不信案ノ内決（八項ノ非違ヲ列挙ス）。
四、政党ノ近状（大韓協会・西北学会・政友会等ノ内情）。
五、舌人ノ舌権（通訳参政ノ弊）。

以上の各項に就き論議し、既往現時の実状を述べて対策を講じたるものなり。

三　秘密鉄匱の発見

五月十一日杉山茂丸・李容九・宋秉畯・具然壽等に宛つる同文報告書を草す。

韓国警察アリテヨリ始有ノ功勲ト称スベキ一大奇功ハ警視副監具然壽ノ手ニ奏セラレタリ、事固ヨリ秘密ニ属スルヲ以テ之ヲ公表スベキニ非ズ、然レドモ重大事件ノ或ハ真相ヲ失ハンコトヲ恐ル故ニ左ニ概要ヲ報告ス。

警視副監具然壽ハ閔妃事件以前ヨリ小衲ト交ハレリ、故ニ機事ト雖モ小衲ガ機密ヲ漏泄スルノ虞無キヲ信ぜり。是ヲ以テ本件ノ重大ナルモ之レヲ小衲ニ隠ス所ナシ、決シテ自ラ功トシテ之ヲ人ニ誇説セシニ非ズ。而シテ小衲ガ之ヲ老台ニ報ズルハ、小衲モ予メ其真相ヲ老台ノ密聴ニ達スルノ要アルヲ信ズルニ由ル。

本事件ノ発端

本件ハ「コールブラン」ト太皇帝トノ関係上ヨリ生ジタル疑獄事件ナリ、而シテ訊問ノ進行中ニ発見シタルハ、本大事以外ノ大事件タル太皇帝ノ秘密ノ鉄匱是ナリ。

「コールブラン」ト韓美鉄道トノ売買金授受ニ関シ、太皇帝ヨリ正式ノ委任状ヲ受ケテ其事ニ参加セル金時鉉ハ、太皇帝ノ皇侄趙南升ガ玉璽ヲ偽造シテ「コールブラン」ヨリ、其売買金ニ不正ノ授受ヲナシタル形跡アルヲ発見シテ趙南升ヲ告発シタリ。此レ疑獄ノ原因ニシテ四月十五日ヲ以テ趙南升ヲ逮捕スベキ命令ハ発セラレタリ。然ルニ趙南升ハ既ニ逃匿シテ如ク所ヲ知ラズ、其族戚連累者トヲ拿囚シテ徧ク之ヲ究問スレドモ其情ヲ得ズ、金時鉉ハ力ヲ具副監ニ協セテ之ヲ探索シタリ。

皇侄趙南升ノ逮捕

二十日午後九時具副監ハ岩井警視ノ餞宴ニ列シ家ニ還ルヤ、趙南升ガ恵陵ノ地ニ潜伏セリトノ報ヲ聞キ、即夜雨ヲ冒シテ京外五里ナル陵下ノ村里ニ向ヒ率ヰシ所ノ巡査ヲ指揮シテ民家ヲ捜査セシニ、趙南升ハ既ニ已ニ逃走セリ、是ニ於テ趙南升ノ弟趙南益ヲ捕ヘテ京城ニ帰リ、其兄ヲ隠匿セシ情状ヲ得タレバ、二十四日坡州文山浦徳室里ニ於テ趙南升ヲ逮捕セリ。二十六日具副監ハ礼ヲ厚ウシテ趙南升ヲ招致シ、若林総監ト共ニ和顔婉辞ヲ以テ三時間ニ亘ル問答ヲナセリ。趙南升其礼意ニ感ジ尽ク太皇帝ニ関係セシ自己ノ事歴ヲ語リタリ。

無端ノ発見

趙南升ノ言ニ拠レバ往年日韓新協約ノ成立シテ外交権ヲ日本ニ委任セラル、ヤ、皇帝ハ趙南升ヲシテ一鉄匱ヲ鐘峴ナル仏蘭西教会堂ノ外僧ニ托セシメタマヒタリ。韓国ノ外交文書ハ悉ク収メテ其鉄匱ノ内ニ在リテ厳ニ秘鑰ヲ施セリト。蓋シ統監府外交権ヲ授受スト雖モ一ノ文書ノ旧章ヲ存スルナク、伊藤公ハ焦慮シテ密ニ之レヲ探索セラレシモ、韓国ノ外交文書ハ早クモ秘密ノ鉄匱ニ封ゼラレ、一皇侄ノ手ニ隠レテ仏人ノ掌中ニ落チタリシヲ発覚スルコト能ハザリシナリ。

秘匱ノ授受

是ニ於テ具副監ハ累日教会堂ノ外僧ト交渉セシモ要領ヲ得ズ。五月七日竟ニ趙南升・金祚鉉ヲ教会堂ニ遣ハシ、外僧ト面会シテ始メテ鉄匱ヲ還納セシメタリ。是ニ於テ若林総監ハ鉄匱ヲ坼キテ之レヲ検シ、一々目録ヲ作リ内部ヲ経テ内閣ニ護送シタテマツリ、内閣ハ正式ヲ具シテ之レヲ統監府ニ授受シタリ。

鉄匱ノ内容

鉄匱ノ長サハ三尺余ニシテ高サハ二尺余ナリ、金線玉牒人目ニ燦然タルモノ其内ニ充満セリ、即各国主権者ノ親章批準アラセラレシモノニシテ、我日本トノ条約ハ明治九年ヲ最初トシテ十八年政変後ノ再結等アリ、我　天皇陛下ノ御親書スラ拝シタテマツリテ、若林総監ハ恐惶シタテマツリシト云フ。其他英・仏・米・露・清・伊太利等ノ開港条約等皆真本ヲ蔵セリト云フ。

大官ノ事件ニ対スル所感

然ルニ韓国大官ハ此宝匱ニ対シ、唯タ内部大臣朴齊純カ此レ耻ヅベキノ事ナリト云ヒシノミニシテ、趙重應ノ如キハ此レ故紙ナリ何ノ用ヲカナサントノ冷言ヲ放チ、一般ニ重大視スルモノ無キハ此レ韓国ノ外交ガ、竟ニ鉄匱ニ封ゼラルルニ至リタル理由ヲ説明セルモノナリト謂フベキカ。

疑獄ノ本事

小衲ハ韓国警察ノ此大秘密ヲ発見シ得タルノ功績ヲ老台下ニ密報スルガ為ニ、此報告書ヲ作レルモノナリ。然レドモ本事タル疑獄ノ真相モ左ニ其進行ノ概要ヲ記シテ参考ニ資セン。

趙南升ガ玉璽偽造ノ嫌疑ハ其内容ヲ其陳述ノ言ニ窺ヘバ「コールブラン」ト趙南升トヲ対質セシムルニ非ザレバ其情ヲ得ル能ハズ、趙南升ノ陳述ニ曰ク、

初メ太皇帝ハ高価ニ電鉄株券ヲ売下セントノ御意アラセラレシモ、「コールブラン」ハ其自由ニ任セ横浜・東京甚シキ下落ヲ呈セルガ故ニ、七万五千円ヲ以テ売下センコトヲ請ヒタリ。趙南升ハ抗争二日ニ及ビ遂ニ太皇帝ニ奏上セシニ、知悉トノ御一言アラセラレシノミナリシ。今日ニ至リ南升ハ太皇帝ニ対シタテマツリテ、全ク面目ナク惶悚ニ地ナシ

ト。然ラバ太皇帝ニハ七万五千円ト称シ、日本人ニハ百五十万円ト称セシハ、「コールブラン」ニ在リテ趙南升ニ在ルニ非ザルニ似タリ(「コールブラン」ハ七十五万円ハ韓皇ヨリ七十五万円ハ米人ヨリ出資シタリト称セリト云フ)。

小衲ガ所感

伊藤侯ノ手腕ヲ以テスルモ収ムルコト能ハザリシ外交文書ノ真本ガ、我一進会ノ一員タル金時鉉ノ告発ト同ジク、会員タル警視副監ノ勤労トニ由リ、玉璧ヲ完クシシテ之レヲ我手ニ収ムルヲ得シハ、一進会ノ面目トシテ慶祝セザルベカ

ラズ。「コールブラン」ニ対スル疑獄ノ如キハ、重大ナラザルニ非ザルモ、寧ロ此擬スベキノ価ナシト夸張スルヲ得ン。

右特ニ密報ス。

明治四十三年五月十一日　　武田範之

杉山老台下

当時の韓国警視総監は若林資蔵（今の貴族院議員）にして、警視副監は具然壽(10)（明治二十八年禹範善と共に閔后事件に関して難を日本に遁れ、三浦中将の依頼に依り師の住職寺たる東林寺及顕聖寺に居たることある人）たるを以て、師の許に内報せられたるものなり。之より先漢城電気会社の所有権に関して、韓帝室は米国人コールブラン・ボストウキックに対して提訴したるが、光武帝の印璽は趙南升が偽造したるや否やを考査せんが為に、南升を文書偽造罪の嫌疑の下に引致取調べたりしが、其文書は南升が作成したるものなれども、当時光武帝(11)は海牙へ密使派遣費に宛てんが為に自分所有の株式を売却したる事実に拠り、光武帝が黙認し居られたること判明したるを以て、南升は放免せられたり。蓋し南升は自己の嫌疑を霽らす為に鉄匱内の書類の検査を行ふこと〻為り、預け主名義人たる南升は仏蘭西教会より此金庫を取り出して、警視庁に提出したるものなり。

其内容は師の報告書中列挙せる各国との国交文書の外、我国を始め白・仏・独

・露等各国の皇帝及元首並に米国大統領等に贈る詔書の副本を蔵し、就中露帝に贈りたる副本は最も多く、殊に海牙に於ける第二回万国平和会議に際して、国権回復を図らんとして贈られたる親書草案も亦此中に在り、更に種々の秘密文書を蔵するもの多し。而して鉄匱の内容物は、後若林総監之を寺内統監に引継ぎたりという（若林資蔵の直話）。

韓帝の寵幸を受けたる彼れ南升は、自己の嫌疑を霽さんが為に韓帝室の重大なる秘密を暴露す、此の如きものも亦韓帝の忠臣か。

四　師の意見及報告

五月十四日雲幻鈔成る、是亦時事を論ずるもの（一を欠けども尚邦文六千余言に達す）にして全篇五項より成る要旨左に、

雲　幻　鈔

一、欠

二、皇叔ノ述懐

宮内官權藤四郎介(12)（權藤善太郎ノ弟）、完興君（大院君ノ長子ニシテ太皇帝の兄、今帝の伯父ナリ）、李載冕ニ見エ書ヲ乞フ、君即素帛ニ一絶ヲ書ス詩ニ曰ク。

水流彼此無ク　地勢自ラ西東　若シ分時ノ異ヲ識ラバ　方ニ知ラン合処ノ同ジキヲ

ト無題ナルモ其詞意ヲ翫味スレバ、天地人情ノ推移シテ自然ニ合流シテ一ニ帰スルニ任ゼント欲スルノ情掬スベシ。当時太皇帝モ亦前非ヲ悔ヒ今是ヲ意トシ、一ニ宗祀ヲ安ンジ民生ノ福利ヲ図ランコトヲ念トセラル、如ク恰モ画龍点睛ヲ残スノ状ニ在リ、焦明子（師ノ別号）亦完興君ノ詩ニ因リ一詩アリ。

東海彊界ニ非ズ　羅麗故城ヲ没ス　千古同力ヲ撥シテ　画龍初メテ点睛セン

三、隈伯ノ老論

隈伯ハ合邦ヲ冷視シテ熟柿ノ墜ツルヲ待テト謂ヒ、又日韓関係ハ英国ノ愛蘭ニ於ケルガ如クス可シト謂ヘルモ、現今ノ韓民ガ統監政治ヲ悦バズシテ日本国ト共ニ同治ノ慶ニ頼ラント欲スルノ念切ナリ。是合邦上疏ノ起ル所以ニシテ、合邦賛成論ノ熾ナル理由ナリ。隈伯ハ統監政治ヲ合邦ニ同ジト称スルモ、尚政令一ニ出デズ何ニ依ッテ韓民ハ共済共栄ノ慶ニ浴センヤ、日本モ亦如何ニシテ之ヲ同治同化センヤ、故ニ合邦ハ日韓両国民ノ共ニ冀望スルトコロタリ。隈伯尚之ヲ察セズ故ニ之ヲ老論ト謂フ。

四、殷頑

殷・周興亡ノ跡ヲ見ルニ、微子ハ祭器ヲ抱キテ周ニ走リ、比干ハ諫メテ死シ、箕子ハ佯狂シテ囚ハルト雖モ洪範九疇ヲ文王ニ伝フ一去一来是ノ如シ。孟子曰ク伯夷ト太公望ハ天下ノ大老ナリ、二老之ニ帰スルハ天下之ニ帰スルナリト。然ルニ牧野ノ戦ニ臨ミ伯夷ハ馬ヲ叩キテ武王ヲ諫メ、太公望ハ鷹揚シテ黄鉞ヲ武王ニ授ク、一去一来又是ノ如シ。周ノ鼎ヲ定メタル後ニ至ツテモ、殷ノ頑民ハ周ノ治化ニ浴スルコトヲ欲セズ、其一ハ山東ノ野ニ散居シ周ノ文化ヲ沮格シテ而シテ故国ノ文明ヲ退歩セル結果斉東野人ト目セラル、ニ至レリ。而シテ此レト朝鮮トハ自ラ連鎖ノアルガ如ク、山東ノ流民若シクハ亡民ハ朝鮮ヲ第二ノ故郷トスル者多ク、箕子ガ朝鮮（今ノ遼東）ニ封ゼラレテヨリ、殖民ノ実ヲ挙ゲ礼義ノ俗ニ化シタルモ、韓人ガ今ニ至ルモ尚自己ヲ頑守スルノ理性ハ其由来スル所久シト言フベシ。故ニ焦明子ハ韓民族因習ノ久シキ頑民ノ絶滅ヲ俟ツハ国策ノ得タルモノニ非ザルコトヲ倡言ス。

五、教民

外教ノ伝道者ハ甘言ヲ以テ無智ノ韓民ヲ誘ヒ、人民ノ福利国権ノ回復ヲ標榜シテ宣教ノ資ト為シ、教堂ハ陰謀ノ渕藪ト為リ、其教民ハ排日ノ先鋒ト為ル。合邦ニ百年ノ憂ヲ遺スモノハ李家ノ臣民ニアラズシテ、教権下ノ新民ナラズンバアラズ、伝道者ハ天父ノ二字ヲ以テ教民ヲ鍛錬スルニ、自由独立ノ烘鑪ヲ以テス。故ニ人々李在明・安應七ト為ルニ非ズンバ休マザラントス、此レニ臨ムニ政府ハ何ノ妙算カアル。

五月十七日京城政界の情報として三項の事実を報告す之を左に要約列挙す。

一、兪吉濬東上ノ内容

韓国内閣員ハ兪吉濬ヲ東上セシメテ運動スルノ便宜上、其身分ヲ作ルノ必要ヲ認メ之ガ叙勲ヲ図リ先ヅ大臣資格ヲ具ヘ、曾禰子ノ与ミシ易キヲ利用シテ非合邦ヲ唱ヘシメ、自派ニ有利ナル金名植ニ内閣ヲ組織セシメテ其実権ヲ握ラント欲ス。

一、一進会勢力ノ疑問

外間ヨリ一進会中傷説多シ、曰ク一進会ハ内訌起リテ収拾スベカラザルニ至レリト、曰ク一進会ノ幹部ハ血ヲ刺シ死ヲ決シテ誓約スル所アリト。然レドモ一進会ノ団結ハ依然鞏固ニシテ微動ダニモセズ、会員一意合邦ノ速ナランコトヲ望ムノミナリ、誣言モ亦甚シキ哉。

一、統監交迭ノ風説ニ対スル批評

統監交迭ノ風説ハ府員ガ禁遏ヲ加フルガ為、却ツテ其事実タルベキコトヲ信ゼシメ、互ニ口語耳伝シテ密ニ後任者ヲ憶想批評スルニ至レリ。先ヅ第一ニ桂侯次ニ寺内子(陸軍大臣)ヲ云謂スルノ状アリ。之ニ対シテ範之ハ些ノ己見ヲ挾マズ、唯耳ニシタル所ヲ直叙シテ報告ス。

五月十八日以後師の日記を欠く。

五月三十日の報告書は、一内閣員が国民新報の一雇記者にして一進会の下級会員たる金丸なるものに餡はすに大金を以てして一進会に離反せしめ、更に内部を攪乱せんことを謀りたるものなり。金丸の声明書中に曰く、一進会は独立国たる韓国を降格して被保護国と為し、二千万種族の殄滅を免るゝこと能はざる境遇に陥れたり、是韓民の自ら甘んずる理由なく之に反対するは定理なりとす。然るに日本は韓国人民も自ら被保護国たらんことを求むと称して、世界を瞞着せりとは是国民の輿論なりと強調し、更に宋李二人を譏誣して国賊と称したる陋劣なる文字を羅列したるに過ぎざるものなり。

以上の報告に依れば以て合邦賛否の趨勢を知るべく、又反対者の情実と其細策の状を見るべし、然れども機は暗中に推移しつゝあり、乃唯知る者ぞ之を知るのみ。

第五節　統監の交迭

一　統監の交迭後

五月三十日曾禰統監辞職し、陸軍大臣寺内正毅に統監を兼ねしめられ、山縣伊三郎は副統監に親任せられたり。

此日前年十二月負傷したる李完用は創痍の癒えたるを以て韓国内閣総理大臣の職に復す。

又此日師は予に寄する書あり曰く、明日ヲ以テ京城西部積善坊工后洞十六統六戸ニ移転可ク仕ル候、統監交迭ノ号外只今配布セラレ候、序幕初メテ開ケタル心地仕リ候云々。

六月一日一進会に代り、寺内統監及山縣副統監に上マツル書、並に杉山茂丸に寄する書を草す。

寺内統監ニ上マツル書（漢文）

一進会長李容九等一百万会員謹ミテ書ヲ、
韓国統監陸軍大臣子爵寺内正毅閣下ニ上マツル、慶雲爰ニ興ル、以テ琴絃ヲ調フ可シ。南風始メテ薫ズ、以テ民慍ヲ解ク可シ。伏シテ以ミレバ
閣下鷹揚授鉞ノ重ニ在リ、制ヲ閫外ニ専ラニシ、巌廊臣鄰ノ和ヲ以テ化ヲ法外ニ宣ス。
帝命維時神人倶ニ依ル、威武懐フ可シ、仁徳曷ゾ已マン。生容九等霓望ノ渇想既ニ医シ、一タビ甘霖ノ霈下ヲ仰グ。則側陋ニ在リト雖モ、焉ンゾ八路ノ蒼生ト与ニ髀ヲ拊チ雀躍シテ華祝ヲ擬呈セザルヲ得ンヤ。生容九等一百万員書ヲ奉ジテ、欽抃ノ葵誠ニ勝フコト無シ。

隆熙四年六月一日

一進会長李容九等再拝敬疏

山縣副統監ニ上マツル書（漢文）

一進会長李容九等一百万会員謹ミテ書ヲ、

韓国副統監山縣伊三郎閣下ニ上マツル、八垓弐ヲ〇（不明）ツテ已ニ久シ、九衢母ヲ懐フコト徒ニ切ナリ。寔ニ夫レ撫字其仁有ラズンバ、何ゾ以テ赤子ヲ保ツコトヲ得ン。伏シテ以ミレバ

閣下欽ミテ

皇詔ヲ承ケテ親ヲ妶ノ土ニ莅ミ、専ラ補袞ノ任ニ充リ、兼ネテ囂訟ノ道ニ当ル。誠ニ卓偉ノ才ニ非ズンバ、豈斯ノ重職ニ膺ルコトヲ得ンヤ。伏シテ願クバ半歳ノ雲霧一靡シテ而シテ蹤無ク、一天ノ赫日瞬目ニシテ而シテ暉ヲ重ネン。生容九等一百万員仰イデ拊鞠ノ至情ヲ懐ヒ、莪蒿ノ深念ヲ抱カン。焉ンゾ鄙悰ヲ奉ジテ抃舞ノ私慶ヲ伸ベザルヲ得ンヤ。敢テ　尊厳ヲ冒瀆ス、伏シテ乞フ賤情ヲ諒納セヨ。生李容九一百万員ヲ代表シテ謹ミテ賀シ奉ツル。

隆熙四年六月一日　　一進会長李容九等再拝敬疏

杉山茂丸に寄する書（漢文）

敬啓スル者統監及副統監既已ニ公表セラレ、素願ノ基址既已ニ建立ス。一百万ノ会員ガ二千万ノ生霊ノ為ニ隠忍半歳ノ久シキヲ持シタルノ效竟ニ験ハレタリ。一百万ノ会員此時ニ際シテ二千万生霊ノ為ニ黙々トシテ止ムコトヲ得ザル也。故ニ謹ミテ賀書ヲ裁ス。若シ老台下ニ頼ツテ幸ニ統監及副統監両閣下ニ達スルコトヲ得バ、則何ノ慶カ之ニ加ヘンヤ敢テ進止ヲ請フ、額手ノ喜ニ任フル無シ。

六月一日　　　　　　　　　李　容　九　再拝

六月二日再び李容九に代り杉山に寄する書（邦文）

敬啓スル者古云フ豺狼道ニ当レバ狐兎ヲ問フニ遑アラズト。今敝会ハ東洋百年ノ長計ノ為ニ、両国千歳ノ宏図ノ為ニ、戒慎持重シテ命ヲ俟テリ。是ノ時ニ当リ敝会小利害問題ノ為ニ或ハ内閣ト争フハ万々謂レナキノ事タリ。然ラバ直接之ヲ統監閣下ニ訴ヘ以テ其急ヲ救ハンカ、心ニ於テ慚愧スル所誠ニ敢為ニ忍ビザルモノアリ。然レドモ小利害ナルヲ以テ隠黙セバ、勢一タビ去リテ復回ス可カラザルニ至ルヲ恐ル。故ニ其小利害問題ナルモノ、関係セル顚末ト性質トヲ詳記シテ別冊ニ具シ、之ヲ　老台下ノ覧ニ供ス。伏シテ願クハ　老台下ノ内意ヲ以テ、桂首相閣下ト寺内新統監閣下ト山縣副統監閣下トノ前ニ於テ談余ニ一声ヲ労セラレ、敝内閣ニ命ジテ荒井次官ニ伊藤統監閣下ノ遺恵ヲ復蘇セシメラルルヲ得ンコトヲ。以テ　老台下ヲ煩ハスハ、惶慄ノ情ニ堪ヘザルモノアリ、唯老台下鄙衷ヲ炳諒セラレンコトヲ。

六月二日　　　　　　　　　李　容　九　再拝

杉　山　大　人　老　台　下

一進会は早く曾禰統監の去り、有力なる統監の来つて合邦の速ならんことを企《コイネガ》ひ居たりしが、五月三十日の曾禰・寺内旧新統の交迭と、山縣元帥の嗣たる山縣伊三郎が副統監に任ぜられたるを喜び、其目的の貫徹せらるゝの望を繋げ、李容九等一進会員の誠意を披瀝して空前の盛事を賛襄せんと欲するの一念は、此等の書に溢れたるたるを見るべし。

六月三日金丸の件に就き憲兵隊清水熊藏よりの照会。

謹啓今朝左ノ報告ニ接ス、事実アルヤ否至急御取調ベノ上御報相煩シ度、此段御願ヒ申シ上ゲ候拝具。

追テ金丸ヨリ一進会ニ対シ果シテ長書セシモノナレバ、該長書ノ写一葉御交附被レ下度候。

六月三日

一、金丸ハ除名セラレタルハ不法ノ処置トシ、金鐸玄ニ対シ名誉回復ノ訴ヲ為スト云フ。

一、評議員李範喆ハ日本ニ行クト云フ果シテ事実ナルヤ、内容等承知致シタシ以上。

秘

小生ヘ昨夜来東電頻繁タリ、内容ハ御面語ノ上事頗ル秘密ヲ要スルモノナリ。

是に対して師の稿を留められざれども五月三十日の報告書に記したる事件に外ならず。

六月七日師予に与ふる書中の一節。

（前略）訳文（四書合璧）ヲ読ムノミ、今頃ハ連榻談笑ノ楽ヲ得ムト予期セシモ京城ノ芝居ハ序幕ノ開カル、準備中ニテ一息ツクハ何時ノコトヤラ（中略）、昨日ハ病院ノ催ニテ舟遊仕リ候。

去年ノ今日病ンデ啾々　放浪寧ンゾ料ラン桂舟ヲ泛ベンコトヲ　漢城昨夜宵ノ如キ雨　洗ヒ出ス江山第一ノ楼。

江山第一楼ハ漢江ノ畦上ニ在リ風景絶佳ニ御座候、今日ハ終日会長参リ居リ候、憲兵隊巡査ノ護衛ニモ最早馴レ申シ候、御著述ニ対シテモ御礼状ヲ呈スベク申上居リ候（後略）。七日　松心院様御前　範之和南

之に依れば前途の見込も漸く附きたるもの丶如きを以て、漢城病院の招きに依り、李容九と共に一日の舟遊に欝を散じたるは、胸中尚綽々余裕あるを示したるが如し。

六月八日李容九に代りて河野・小川・長谷場・杉田・箕浦・林田・菊池・長谷

川〇〇《(不明)》〇〇等の諸氏に寄する書を草す。

(漢文)謹啓スル者《ハ》錦城花開キ子規腸廻ル、是ノ時ニ当ツテ　老台下道節何如ゾヤ。伏シテ惟ミレバ万福ナラン、生合邦ヲ提唱セシヨリノ後既ニ半歳ノ久シキヲ踰エ、唯衿持シテ敬ンデ天命ヲ待ツノミ、近ク将ニ祥風飄ヲ送リ瑞雲慶ヲ呈スルヲ見ントス、此レ豈　老台下同道唱和ノ力ニ非ズヤ、感謝曷ゾ已マン。唯斉声合力大目的ノ必ズ達センコトヲ期スルニ致サンコトヲ祈ル。敢テ素願ヲ陳ベ且　道体ヲ祝候ス、東亜ノ時局ノ為ニ千万攝護セヨ。

六月八日　　　李容九

是前年来一進会の行動を援助したる、我国の有志に対する一謝状と見るべし。

六月十一日一進会に代り寺内統監に上つる書(邦文)。

一進会長李容九謹ミテ斎沐百拝シテ鄙見ヲ　統監子爵寺内陸相閣下ニ上ツル。

閣下　大命ヲ奉ジテ新ニ重任ニ膺ラル、ヤ、敝邦ノ人民欣抃舞踏シ手ヲ額ニ加ヘテ咸《ミナ》其レ蘇セント曰ハザルモノナシ。挙国ノ渇望大旱ノ甘霈ヲ待ツガ如ク然リ、此レ其故何ゾヤ。伏シテ揣ルニ　閣下ノ宏謨鴻略既ニ定算アリテ、千瘼必ズ祛キ百度従ツテ新ニシ以テ玆土ニ来蘇セラレンコトヲ懐ヘルナリ。然ラバ則容九何ゾ敢テ放恣ニ蠡見ヲ崇威ノ下ニ肆陳センヤ。然リト雖モ古人云ヘルアリ、心ニ愛セバ何ゾ言ハザラン、中心ニ之ヲ思ハヾ何レノ日ニカ之ヲ忘レント。夫レ敝邦ノ積痒痼ヲ成シ官民相仇セルヤ久シ、而シテ容九ノ最モ中心ニ忘ル、能ハザルモノハ、第一民ノ倒懸ノ惨状ハ雑税ニ如クハナク。第二士ノ恐惶ノ情跡ハ逋租ヨリ大ナルハナキコト是ナリ。故ニ　閣下新政ノ初ニ当リ言ハザラント欲シテ自ラ抑フル能ハザルモノハ亦唯此ニ大事ナリ。閣下請フ蕘蓩ノ言ヲ採択シ献芹ノ誠ノ敢テ斧鑕ノ威ヲ犯スヲ寛仮セラレンコトヲ。伏シテ二大事ノ因由ヲ具陳セン。

原ヌルニ夫レ敝邦ノ民瘼ハ一朝一夕ノ故ニ非ズ、政綱ハ党錮ニ弛ミ民生ハ誅求ニ窘ミ、八路ノ赤子ヲシテ虎狼ノ噉飽ニ任セシコト五十年ニ垂ントセリ。其源委ヲ討ヌルニ制弊ヲ膠株シテ、文武ヲ弛張シ治具ヲ更新スルコトヲ知ラザリシニ由レリト雖モ、抑々党人上ニ争ヒテ下意ヲ民業ニ注グニ遑アラズ、手ニ随ヒテ民産ヲ打チ以テ党争ノ用ニ充テシ結果ニ外ナラズ。

故ニ大院君ノ政ヲ執リタマフヤ、民怨ハ地方官ニ帰シテ前朝ヲ慕ヒ偏ニ君ノ不察ヲ悲ミタリ。閔妃ノ代リタマフニ及ビ新政ノ必ズ民ノ倒懸ヲ解カルベキヲ喁々セシモ、誅求ノ前日ヨリ甚シキニ遇ヒ民怨ハ閔族ニ帰シテ、大院君ノ旧ヲ懐ヒ東学ノ徒ハ遂ニ民旗ヲ竪ツルニ至レリ。太皇帝政ヲ親ラシタマフニ至リ官途ヲ化シテ市場トナシ、民怨ハ宮府ニ鍾マリ却ツテ閔妃ヲ哀ムノ切ナルヲ致セリ。

豈官民相仇スルモノニ非ズヤ。而シテ此レ党争ノ故ニ非ザルハナキナリ。

伊藤侯東洋ノ才ヲ以テ敝邦ヲ統監シ隆熙ノ運ヲ改メラレシモ、公ノ英邁ニシテ奇異ナル敝国ノ国情ヲ察スル能ハズ、力ヲ皇室ノ尊厳ニ努メテ、却ツテ怨府ヲ煽ケルコトヲ思ハレズ。意ヲ文明ノ制度ニ留メテ、却ツテ民瘼ノ由ル所ヲ忘レラル。故ニ民怨ハ統監ニ帰シテ、却ツテ太皇帝ノ虐政ノ旧ニ甘ンゼンコトヲ冀フニ至レリ。

曾禰統監ハ産業政策ヲ標榜セラレタリ、以テ日本在住民ノ産業ヲ振興セラレシヤヲ知ラザルモ未ダ一事実ノ韓民ノ頭上ニ現レシヲ見ズ。士人ハ仕途ヲ失ヒテ野ニ嘯キ民人ハ苛税ニ桎梏セラレテ四方ニ流亡セリ。飢ニ迫ルノ民ヲ執ヘテ且耕シ且種ヱ、其熟スルヲ待チテ初メテ穫リ初メテ爨キ、而ル後始メテ腹ニ飽カシメントス。以テ山海ノ珍羞ヲ陳スベシト雖モ、飢ヲ救フノ術ニ非ザルヲ奈何セン。是ニ於テ八路ニ塡テル気息奄々タルノ民ハ、死ヲ以テ曾禰統監ヲ怨望セリ、積瘁ノ痼ヲ成セル、尋常政法ノ率スベキナシ。

回顧レバ四十有余年倒懸ノ楚毒ニ呻吟セル韓民ハ新政ノ革マル毎ニ必ズ喁ロシテ蘇息ヲ思ハザルナシ。然ルニ後政ハ前政ヨリ虐ニシテ今日ノ罷困ハ前日ノ罷困ヨリ幾倍ス。自暴自棄ノ民タラザラント欲スト雖モ其レ得ベケンヤ、八路不穏ノ状アラントスルハ此レニ由ル。

今ヤ　閣下鉞ヲ閫外ニ受ケタマフ、一千五百万ノ民命ハ死生唯閣下ノ一喜一怒ニ在リ。惴々焉トシテ敢テ事ヲ白ス所以ノモノハ、誠ニ此一千五百万瀕死ノ民命ノ為ナリ。衣食ノ自ラ足ル能ハザル竟ニ礼義ヲ知ルニ暇アラザルノミ。伏シテ願クハ　閣下新政ノ初ニ当リ、敝韓民四十余年ノ倒懸ヲ解キ、敝韓民ヲシテ一大蘇息シテ昏懵セル心気ヲ一新セシメ、大日本天皇陛下ノ至仁至徳ノ掩蔽セラレテ敝民心ヲ照サヾリシモノ、　閣下請フ其障遮セル物ヲ除去シテ赫々タル天日ノ光ヲ仰ガシメタマハンコトヲ。古云フ一利ヲ興スハ一害ヲ除クニ若カズト。雑税ヲ廃シテ一千五百万民ノ倒懸ヲ解キ、犯逋ヲ免ジテ二千余人士林ノ恐慌ヲ靖ンズ、此二者ノ障遮物ヲ去ル是韓ノ士民ヲシテ初メテ大日本天皇陛下ノ仁徳ノ光ヲ仰ガシメ、　閣下ノ新政ヲシテ依頼スル所ヲ知ラシメタマフ所以ナラズヤ。夫レ雑税ノ歳額ハ六十万円ヲ算スルニ過ギズ、犯逋額ハ三百万円ト称スト雖モ公入ノ算ナキモノタリ。此瑣々ノ費額ヲ以テ一千五百万民ノ倒懸ヲ解キ、二千余名ノ士流ヲシテ自新ノ途ヲ開カシメ、此ニ大除障ヲ以テ、敝国ノ上下ヲシテ翕然トシテ新政ニ嚮フコト、水ノ卑キニ就クガ如クナラシムベキハ、所謂民ノ虐政ニ憔悴スル是ノ時ヨリ甚シキハナキニ当リテ、事ハ古ノ人ノ半ニシテ功ハ必ズ之ニ倍スルモノナリ。敝国民タルモノ皇極ノ始政ヲ謳歌セザラント欲スルモ其レ得ベケンヤ。

此二大除障ガ直ニ歳入ト相関スルハ固ヨリ論ヲ俟タザルモ、若シ財源ヲ論ズレ別ニ自ラ処アリ、決シテ此苛法ヲ労スルヲ須キズ。謹ミテ二大弊害現状ノ調査案件ヲ別録シテ参照ニ供シタテマツル。伏シテ願クバ　閣下新政ノ威烈ノ下ニ先ヅ鄙見ヲ採納シテ確然民心ノ向フ所ヲ定メタマハンコトヲ。容九豈特リ一千五百万民ト二千ノ士ニ　閣下ノ恩徳ヲ銘セシムルガ為ニ爾カ云ハンヤ。尊厳ヲ冒瀆シテ惶悚ノ至ニ勝フルナシ。

隆熙四年六月十一日　　一進会長　李　容　九

統監子爵　寺　内　正　毅　閣下

之に副ふるに地方官吏逋租案を以てす。

地方官吏逋租案

甲午(日清戦役ノ歳)以来地方官吏ノ逋租犯ハ二千余名ニ達シ、逋租総額ハ三百万円ニ至レリト云フ(或ハ云フ三千余名七百万円ト)、度支部ニ在リテハ未ダ其実数ノ正確ナル調査アルヲ聞カズ。全国ノ喧伝スル所ニ拠レバ此レニ関スル処理方法ハ尚今未決ニシテ一大問題トナルニ至レリ。此問題ニ対シテ一論センニ猛烈ナル手段ヲ以テ之ヲ清刷スベキカ、寧ロ広蕩ノ恩典ヲ用キテ之ヲ免除スベキカ是ナリ。蓋シ田租ハ国家ノ正税ナリ。一年経常ノ歳入歳出ハ予算ニ編入セラル、一銭ノ縮減アレバ随ツテ予算上ニ一銭ノ欠点ヲ起スヤ疑ナシ。

地方官吏タルモノハ観察使及郡守ハ勿論、出納清帳ノ大責任ヲ負担シタル命吏タルモ、国土税納ヲ奇貨トシ、所謂駄賃ナル名目ニ由ツテ弊源ヲ発生シ、公納金ヲ商人等ノ請求ニ応ジテ出給シ其駄賃ト請求ノ頭銭トヲ私嗉ニ充ツルヲ以テ風潮ヲ作《オコ》セリ。又商人等ハ此公納金一タビ手ニ落ツレバ、布木穀物等ヲ貿易シテ射利的計画ヲナシ、二、三回貿易販売ヲ経営スレバ自然半年或ハ一年ヲ経過スルモ国庫ニ納入セズ。故ニ屢々督責スレバ已ムヲ得ズ零瑣ヲ納入シ、若シ不幸ニシテ商売ニ失敗スレバ逃亡シ、遂ニ官吏逋租トナルニ至ル。

駄賃廃止後ニ至リテハ葉銭白銅貨ノ両替打歩ノ倍ニ過ギルガ為ニ、官吏ノ射利ハ駄賃時代ヨリモ十倍ノ利益ヲ得ルニ至レリ。故ニ益々慾火ヲ熾盛ナラシメ、差人ト名ヅクル腹心ノ人ヲ私定シ、公納金ヲ出給シテ貿易ヲ経営セシム。郡主ハ其打歩即加計金ノミヲ坐食スルモ利得トナリタリ。仮令バ葉銭一万両ノ上納ヲナスニ、白銅貨一千円内外ヲ度支部ニ納ムレバ、其余分一千円内外ハ私嚢ニ帰スルヲ得ベシ。故ニ郡守ノ利益甚ダ膨張シテ垂涎スルモノ随ヒテ多ク、又各権臣ノ家ヨリ京差人ナルモノヲ各地方ニ送リ、或ハ観察府ヨリ劃去シテ其利益ヲ折半スル例ヲ作リ一特競争場トナレリ。而シテ其所謂差人ノ上納ナルモノハ、七零八落シテ国庫ニ納入スルコト年毎ニ減縮スルニ拘ラズ、郡守ハ度支部ノ帳簿ニハ、差人出給又ハ観察府劃去或ハ民未収等種々不正当ノ文句ヲ注記セリ。所謂差人ハ郡主ノ私定人ニ過ギズ、官庁帳簿ニ差人出給ト注記スルハ謂レナキコトタリ。又観察府劃去ト注記スルハ当時勢力ノ圧勒セシ所タリ。又京差人ナルモノハ権奸ニ阿府セルモノナレバ、已ムヲ得ズ公納金ヲ一手ニ劃給スルモノナリ。又面逋(面長ノ逋租)、吏租(郡吏ノ逋租)等ハ之ヲ民未収ト昌称シテ、或ハ再徴ニ徴スルノ弊害スラ加ヘタリ。此ノ如クニシテ全国ノ公納ハ観察使、郡守ノ濫弄手段ニ陥落セリ。此レ一タビ観察使・郡守ノ任ヲ経レバ、良田広宅錦衣玉食美妾嬌姫ヲ弄シテ一代ノ石崇トナル所以ナリ。仮令観察一窠ニ四、五万円、三南郡守一窠ニ一、二万円ノ賄賂ヲ行フト雖モ市場ノ如ク競争スルモノモ此ニ職由ス、打歩ノミナラズ単純ノ公貨ヲモ瓜ノ如クニ咀嚼シテ巨額ノ公逋ヲ生ゼシメ、観察・郡守ノ膏腴ヲ沾潤スルノミニシテ無限ナル巨害ハ国庫ニ帰シタリ、之レ実ニ無憚無法ノ極ナリ。

而シテ度支部ハ全国ノ公納ヲ収入スルノ責任アリ、若シ滞納ノ郡守アレバ直ニ司法ニ付シテ一々清刷セバ、各郡ノ逋租豈年増歳加シテ二千余名二、三百万円ノ逋租ヲ出スノ理由アランヤ。然レドモ只額面ニ拘碍シ請嘱ニ寛徐シテ日月ヲ遷延シ、或ハ家計饒足ナルモノ或ハ勢力膨張セルモノニハ何等ノ処分スル所ナク、或ハ一、二個人ヲ招問シテ司法ニ付スルコトアルモ又何事ノ事体ナルヲ知ラシメズ。一言之ヲ蔽ヘバ度支部ハ責任ヲ失ヒテ多数ナル逋租犯ト、巨大ナル逋租学トヲ養成セシモノト謂ハザルベカラズ。然ラバ現今一々逋租犯人ヲ捕縛シテ、其動産ト不動産トヲ問ハズ一切執行ニ附シテ相当ノ法律ヲ猛施シ、以テ国庫ノ公納ヲ清刷シテ無憚無法ノ観察・郡守ヲ大懲励スルハ、国家ノ憲章当然トスル所ナルモ、現今逋犯二千名中田宅家屋等ヲ有スル者ハ僅ニ二百余名ニ過ギズ、其他ハ皆流離渙散シテ殆ド餓死ノ境遇ニ瀕セリ。以前ハ無憚無法ニシテ莫重ノ公納ヲ幻弄シ、多大ノ一利益ヲ得テ豪奢ノ風ヲ効ハントセシモ、今ニ到リテハ殆ド溝壑ニ転塡スルノ哀ムベキ境遇ニ逢ヘリ。縦令司法ニ付ストモ一塊ノ肉体ヲ糜滅スルノミニシテ、国庫ノ清勘ハ終ニ期スベキノ期ナシ。然ラバ彼等ノ罪案ハ刑殺スルモ尚足ラザレドモ、今ヤ革新ノ劈頭ニ当リ若カズ恩波広蕩ノ大典ヲ用ヰテ、飢寒困窮ノ惨境ニ陥レル二千余名ノ父母妻子ヲ幷セ、其一万ロヲミテ再生ノ恩霈ニ沾蒙セシメ、此ヲ以テ士林自新ノ路ヲ開カンニハ、亦腐ヲ化シテ新トナスノ一術ナラズヤ。伏シテ惟ミルニ甲午已後隆熙以前ニ限リ、特ニ逋租ヲ賜フノ恩典ヲ挙ゲラレンコトヲ。

又之と共に雑種税法の実行し難き現状、及雑税に対し人民の困難等の意見を開陳す。

雑税法ノ履行シ難キ現状

雑税トハ地方税及三税ナリ、地方税トハ市場税ニシテ、三税トハ酒・烟草及新定家屋税ナリ、其税法ノ履行シ難キ現状ノ弊害ヲ概記スレバ左ノ如シ。

金融ノ不通

徴税ノ旧方法、徴税即税金収捧ノ時ハ、観察使・郡守・税捧書記（収税吏）等牟利（本金）ヲ鱗次シテ自己ノ差人ヲ市港其他衝要ノ地ニ遣ハシ、貿賤売貴ノ営業ニ従事セシメ、地方ノ現金ヲ京城ノ商人ニ交附シ、之ヨリ得タル乎票ヲ持シテ地方ニ赴キ、市場及村間ノ土産物ヲ貿易シ、或ハ物々交換シテ、此レニ関係スル行商・坐賈・客主等ヨリ換銭上多少ノ利益ヲ獲得シ、或ハ利附キノ貸借ヲナシ、地方各郡ヨリ京城本金庫ニ納入スルマデニハ四・五所乃至十余所ヲ経由スルヲ以テ、税金ハ金融機関ノ働キヲ為セリ。

徴税ノ新規則、人民ヨリ直接徴収シタル税金ヲ直ニ中央金庫ニ納入ス。金融機関トシテハ農工・銀工・金融組合等各地方ニ多数設立セラレシモ、所謂実業者・大商人少数ノ外ハ担保物ヲ有セズ又連帯法ニ慣レズ。故ニ之ヲ利用スルコト能ハズ苦迫スルニ際シ、地方税及三税ノ施行ニ由リ、細民ニ及ボス所ノ弊害ハ実ニ多大ナリ。

雑税ニ対シ営業者ノ消削

人造物ノ麁劣、工業未発達ノ為製作物品麁劣ニシテ其種類モ亦多カラズ、本来会社、組合等ノ組織ナク、各個人ガ利子過重ノ小資本ノ下ニ随時造成スルモノニシテ、陶器・沙器・木器・鉄器・農器・蓆子・木（木綿）苧等、皆便益ナル機械ノ使用ヲ知ラザル為、多ク時用ニ適セズシテ価格低落シ、一面重税ヲ課セラル、ニ由リ廃業スル者多シ。
負戴ノ行商、男女負戴シテ前項ノ物品ヲ今日此市ニ買ヒ明日彼市ニ売リ、逐日奔走労苦多キニ反シ所得僅少ナルモ苛税ヲ課セラル、ヲ以テ、遂ニ行商ヲ廃止スル者多シ。

市場ニ於ケル酒及烟草商、市場ナルモノハ行商及其附近ノ村人ガ五ケ日毎ニ会集シテ、物品ノ交換又ハ売買スル所ナリ。而シテ坐賈及酒・烟草商者ハ各市場所在地ノ家屋所有者其過半数ヲ占ム。而シテ其十中ノ八・九ハ一円及至五円ノ債務ヲ以テ資ト為シ、其利益ヲ以テ債務ヲ償ヒ其余利ヲ以テ譏ニ口ヲ糊スルニ過ギズ。故ニ多大ノ課税ニ堪ヘズシテ廃業者ヲ簇発ス。

農家ニ於ケル烟草ノ栽培、烟草ハ営業トシテ栽植スルモノ少ク、多クハ農人自家ノ垈田・庭畝ニ若干播種シテ、半年或ハ一年間ノ自家用ニ充ツルモノナルガ、新税発布後ハ税金ニ畏縮シテ種植セザルモノ多シ。

村家ニ於ケル営業、大概男子ハ蓆ヲ織リ履ヲ綑ミ婦女ハ布ヲ織ルニ過ギズ。而シテ一ケ月ノ製作ハ僅ニ布一疋蓆一枚ニ出デズ、故ニ到底之ヲ営業ト称シ難シ、為ニ税金ニ堪ヘズシテ廃業スルモノ多シ。

臨時ノ酒商、元来村家ノ営業ハ一年ノ内一ケ月乃至数ケ月ノミナルモノ多シ、仮令バ無資無営業ノ者ハ債金或ハ外来ノ現物タル米麺等ヲ資トシテ或期間ノミ(一年中一度或ハ数度)酒商ナル営業ヲナス者ナリ。然レドモ税ハ一年ヲ通シテ賦課セラル、故ニ営業ノ実ナクシテ納税スルコト能ハズトナシ、為ニ廃業スル者多シ。

祭酒及農酒、村家ノ人民父母或ハ祖先ノ祭需又ハ農事ニ農夫ノ慰労ニ供用スル為、一年中一度或ハ数度二、三升或ハ一、二斗ノ米麺ヲ以テ臨時醸酒スルモノハ、税金ニ堪ヘズシテ廃業スル者多シ。

感情的廃業、政府ハ営業発展ノ指導ヲナサズシテ、若干ノ醸酒及烟草種植其他些少ノ営業ニ至ルマデ、前例無キ税法ヲ新刱セラレシニ由リ税額ノ多少ハ姑ク措キ、悪感ヲ惹起シテ廃業スル者多シ。

各税外ノ民弊、家屋税（戸数割）酒税・烟草税ノ外ニ、虚ト加結（即無名ノ附加税）面長・里長・里傭等ノ手当金又ハ面中・里中ノ経費（村費）等ノ許多ノ費用ニ因リ離散スル者多シ。

之ニ由リ全国人口ノ十分ノ七、八ハ直接ノ損害及生活ノ困難ヲ来タシ怨声澎湃ス。其例ヲ挙ゲンニ村家ノ一農夫ガ他人ノ田・水田数十斗落ヲ畊作シテ一年所得ノ穀数ハ僅ニ十石乃至二十石ニ過ギズ、而シテ其半分（五石乃至十石）ハ田主ニ納附、残穀ハ春夏間ニ於ケル農用ノ債務ヲ報償セザルベカラズ、其残ル所ノ穀ハ幾何ナルカ知ルベキノミ。然ルニ烟草数十本ヲ種植シ祭酒或ハ農酒数升ヲ醸造シ、綿花数畝ヲ種植シ布木数疋ヲ織リテ、斯ノ如キ些々ノ末ニ至ルマデ各々其税ヲ徴収セラレ、更ニ面長・里長・里傭等ノ手当金、面中・里中ノ経費其他各項ノ排斂頗多ク、且煩ハシキハ到底農民ノ堪当シ得ザル所ナリ。此等ノ者ハ、全国人口中十分ノ七、八ニ居ル、故ニ八道ヲ通シテ民業日ニ消削セラレ、商旅日ニ稀少シ市場日ニ荒衰ス。其影響シ関係スル所ハ生活ヲ切迫セシメ、更ニ税法ノ苛察ヨリ生ズル人民ノ困難ハ道フニ堪ヘザルモノ有リ。

雑税ニ対シ人民ノ困難

五戸或ハ十戸ノ酒牌、財務署官吏其他ノ関係者等ガ、村家ノ醸酒者及其数量ヲ調査スル能ハザルヲ以テ、規則ヲ外ニシテ恣意ニ仮定シ、各村ニ於テ毎五戸或ハ十戸ニハ必ズ準牌一個ヲ分配シテ一円以上ノ酒税ヲ勒捧セシム、此レ官吏ノ処理ノ不適当ヨリ生ズル弊端ナリ。規則外ノ濫税、酒税法原則中醸成酒五石以内ニ付キ税金一円シタルヲ格外ニ二円乃至四、五円ヲ濫捧スルノ弊ヲ出ダセリ。不醸酒者ノ怨声、上項ノ如ク村民ノ醸酒不醸酒ヲ問ハズ、面里ノ大小ニ依リ酒牌ヲ分給スルヲ以テ一村内一升ノ酒ダモ醸サズシテ二十銭以上ノ税金ヲ逐戸排斂セラル、ニ至ル是即不飲者ノ怨声絶エザル所以ナリ。百二ノ市場税(甲辰以前ニ百一税ト名ヅケシ悪税ナリ)、仮令バ一物ノ価十銭乃至四、五十銭ニ過ギザル者ニモ必ズ税金一銭ヲ捧ズ、是百一税ニ非ズシテ百二税ト做了セルナリ。預売ノ民弊、仮令バ財務署吏ハ一開市中ニ牛幾頭米幾石ト推定シテ予メ請願セル者ニ都売ス、而シテ其都買シタル者ハ市民ニ対シ恣意濫捧スルノ弊害多シ。

専権都買、面長或ハ有力者ニシテ一面内ノ醸酒ヲ専買シ、此レヲ面内多数ノ醸酒業者ニ分売シ、或ハ収税スルガ故ニ数外ニ濫捧スルノ弊多シ。未売物ノ徴税、市場内ニ輸入シタル物品ニシテ売買ヲ確知シ難キモノ或ハ些少物品ニハ一々売買以前ニ収税スルノ弊多シ。一物ニ於ケル畳税、前ノ市日ニ徴税シタル未売物品ヲ、次回ノ市日ニ再出スレバ更ニ徴税セラル。

税金ノ隠漏、市場管理人受領員等ニシテ市場或ハ村民ヨリ已収シタル税金ヲ隠漏シテ私嚢ヲ充タスノ弊アリ。又其親知人ニ在リテハ市場輸入物品税ヲ毎々軽減シ或ハ免税セシメ、以テ傍観者ノ悪感ヲ惹起スルノ弊多シ。

人民ノ生活上無前ノ恐惶ヲ起セルニ当リ正税（家屋税）スラ堪ヘ難ク、幾十銭ノ未納ニ困リテ家屋ヲ封鎖セラレ或ハ産物ヲ押収セラレ、婦女童幼涙袖龍鍾タリ。此時代ニ於テ雑税及濫捧斯ノ如ク、民心ノ騒擾極メテ甚シ。

雑税ニ対スル民心ノ騒擾

甲辰（明治三十七年）以前ニ於テハ百一税・無名雑税ノ名称ヲ立テラレタルアリ規模一ナラズ、挾雑層生シ、其悪政治ニ由リテ民命保シ難ク、民擾市擾郡市トシテ之無キハナカリシナリ。今ハ却ツテ其部分ヲ復興セルモノニ非ズヤ、故ニ民心ノ騒擾ヲ致セルコト左ノ如シ。

過去ノ騒擾、甲午（明治二十七年）以前以後ニ在リテハ上項ノ如キ各件固悴ノ事ニ由リ、市擾・郡擾・道擾等殆ド安静ノ日無カリシ。而シテ上政府ハ圧迫ヲ事トシテ民命ヲ支保スルコト能ハズ。是ニ於テカ日清戦争ノ起ラントスルニ際シ、東学ノ徒義旗ヲ樹テシニ此弊瘼ヲ改革シテ生命財産ノ保安ヲ希望スルモノ、其一部分ニ投ジテ学徒ニ加入シタリ。

現時ノ騒擾、今ヤ上項営業ノ消削ニ陳ベタルガ如ク若干資本ヲ有スルノ人民ニシテ税款ニ応納スルコト能ハザルニ及ビ、万死一生ノ計ヲ以テ市場其他応税人等ト官庁ニ呼訴スレドモ、啻ニ伸冤ヲ得ザルノミナラズ、返ツテ其圧迫ヲ受ケ、且日本官吏ノ言語若シクハ意見ノ相通ゼザルニ由リ、西・北道ニ於テ数三所ノ市擾起リタル其漸スル所ヲ徴セザルベカラズ。

将来ノ騒擾、以上ノ如キ騒擾ハ但市場ノミニ止マラズ、村巷人民ハ困瘁ニ陥リ村々人々ノ怨声益々滋生スルニ至ラバ、畢竟全国ニ跨リテ不穏ノ状態起ルコトアラン。

雑税ニ由ル暴徒ノ滋蔓

前各項失業ノ人ハ他営業ニ就クコトヲ思ハズ、且知ラザルノミナラズ、債務及糊口ニ堪ヘ難キニ由リ止ムヲ得ズシテ暴徒ニ投入スル者多シ、其性質ハ種類ヲ区別スレバ左ノ如シ。

飢餓ニ由ルノ暴徒、他人ノ債金ヲ以テ若干ノ営業ヲ設ケシモ、税金ノタメ遂ニ廃業シタル後ハ、恒ノ産ナク飢餓ニ逼ラレテ暴徒ニ投入スル者。

感情ニ由ル暴徒、全国民心ノ騒擾スルニ際シ官吏ヲ怨謗シ、又ハ政治ヲ憤慨シ、悪感情ノ為ニ徒党ヲ嘯聚シ暴徒ニ携入スル者。

犯罪ニ由ルノ暴徒、刑法ノ大要スラ解セザルノ輩到ル処条科ニ抵触シ、国禁又ハ刑法ニ問ハル、ヲ恐レ、脱身ヲ計リテ暴徒ニ投入スル者。

右如何トモスベカラザル状態ニ陥レルコト此ノ如シ、如何トモスベカラザルモノハ直ニ如何トモスベカラザルノミ。伏シテ願クバ断然此ノ如キノ苛法ヲ廃除シ、洪誥ヲ煥発シテ君子ノ過ノ日月ノ蝕ノ如クナルヲ仰ガシメラレンコトヲ。

之と共に酒及烟草の税率（税率省く）を挙げ之を廃除すべき意見を述べたり。而して此調査は一進会の手に成るものにして、此の如く民情旧慣及生活程度等を考慮せずして施行せる税法は、税額の多少に拘はらず韓民の生活を脅かし且感情を損ひ、畢竟瑣少の収税を図る為に統監政治を咒咀せしめ、統治上の支障を来さんことを憂ふるの余に出でたるものにして、将来国家の大税源たる重要間税の基礎たるべきものたることに想到せざる感を抱かしむ。又同時に山縣副統監に上つる書あれども之を節す。

六月十二日李容九に代り寺内統監に上つる書と共に宣恵倉と一進会との関係を調査して、之を善処せられんことを請ふ、玆に上書を省略し宣恵倉の関係を略記す。

宣恵倉と一進会トノ関係

第一章　宣恵倉
一、宣恵倉ノ意義。二、宣恵倉ノ使用権。三、宣恵倉ノ伝承。
第二章　一進会ガ認可セラレタル宣恵倉
一、一進会ハ何故ニ宣恵倉ノ認可ヲ受ケシカ。二、第一ノ原因。三、第二ノ原因。四、伊藤侯及荒井度支部次官ノ意見。五、内閣ト度支部会計課トノ金時鉉ニ対スル態度。六、会計課ノ謬見。
第三章　結論
一、官業ト民業。二、宣恵倉ノ帰処。

以上三章中第一、第二の二章の各項下に其意義使用権・伝承及一進会の認可を受けたる理由・原因・前統監・度支部次官の意見・内閣と度支部会計課の意見及其謬見等に就き詳述し、第三の一は民業を奪つて一蔵敷業を官営とするの非を挙げ、其二は宣恵倉の帰処として曰く、

度支部ハ宣恵倉ノ焚ケシヲ機会トシテ宏壮ナル煉瓦館ヲ新築シ、一切度支部ノ官営ヲ以テ市場ノ利ヲ見ントセリ。金時鉉（一進会ノ宣恵倉管理名儀人ナリ）ハ威嚇セラ

レテ手足ヲ措ク所ヲ知ルナシ。現状ヲ以テ推移セバ度支部大臣ハ蔵敷業ヲ営ムニ至ルベシ。

然レドモ物自ラ帰処アリ強為スベキニ非ズ、伊藤統監ノ前諸度支部次官ノ提案ハ此レ天下ノ公論トシテ万目ノ視ル所ナリ。感情ヲ以テ之ヲ妨碍スルモ天定マリテ人ニ勝ツハ理ノ当然ナリ、故ニ一進会ハ敢テ暴政府ト抗争セズシテ静ニ天命ノ至ルヲ俟テリ。

六月十六日杉山茂丸に寄する報告書の大要に曰く。

各方面ノ報告ト実地目撃スル所トヲ照合スレバ、山雨来ラント欲シテ風楼ニ満ツルノ概アリ爽快ノ感ニ堪ヘズ。

寺内統監・宋秉畯・李容九等ヲ暗殺スルベシトノ張リ札ハ、憲兵ノ警邏ト相反映シ日本官吏ノ狼狽ト両班ノ狂奔シテ猟官ニ熱中セル状トハ頗ル陋態ヲ極ム。

(中略)李会長ハ韓人ヲ以テ韓民ヲ治ムルヲ原則トセンコトヲ冀ヘリ、故ニ幹部ヲ除キ韓人ヲ登用スルノ多カランコトヲ欲セリ。小衲謂ラク地方ニハ地方ヨリ参与官ヲ挙ゲテ地方官ノ幹部ニ参加セシムルヲ要セン。

(中略)李会長曰ク我ヲシテ三千万金ヲ散ゼシメバ、兵備此ノ如ク厳ナルヲ要セズ統監ヲシテ垂拱シテ大業ヲ成サシムベシ。先ヅ内閣ヲ組織セシメテ犯逋ヲ免ジ雑税ヲ除ク等諸般ノ民心ヲ歓バシムル施設ヲ行ヒ、士ニハ金ヲ分チテ不平ヲ唱フルニ道ナカラシメ、民ニハ業ヲ授ケテ不安ノ念ヲ絶タシメバ、合邦形式ハ之ヲ初ニ行フモ可ナリ之ヲ後ニ行フモ可ナリ、要ハ人民ヲ悦服セシムベキノ善政ヲ行フニ在ルノミト。小納謂フラク李会長ノ志ハ善政ヲ以テ民心ヲ服セシムルニ在リテ、其手段方法モ以テ民心ニ投ズベキハ必セリ。日本官吏ガ幼児ヲ鞭撻シテ壮丁ノ列ニ就カシメントスルガ如キノ愚ヲナサヾルコト疑ヲ容ルベキナシ。然レドモ韓民ヲシテ己ノ国ヲ忘レ、己モ亦日本人ノ一部分ナリトノ観念ヲ有スルニ至ラシムルハ、善政ノ手段ノミヲ以テ能クスベキニ非ザルハ明瞭ナリ

（後略）。

六月十八日師が予に与ふる書中に、駐劄憲兵司令官ノ新任セラレシヲ自祝否国家ノ為ニ慶祝仕候。又合邦意見ノ要旨ヲ採用セラレタルヲ喜ビ居[13]リ候。採用ト暗合トハ問フ所ニ非ズ候云々。の語あり。司令官とは旧知明石元二郎を謂ふなり。

二　明石元二郎の入韓

明石元二郎は是より先明治四十年十月陸軍少将に任じ第十四憲兵隊長に補せられ、同九日韓国駐劄憲兵隊と改称し任に韓国に在り。明治四十一年十二月本職を免し韓国駐劄軍参謀長兼韓国駐劄憲兵隊長に補せられ、後明治四十三年六月十五日又本職を免じて、韓国駐劄憲兵隊司令官に補せられたるも偶々東京に在り。而

して六月十四日を以て韓国警視総監若林賚藏は奈良県知事に転任す。

寺内統監は韓国警察権接収の必要なるに依り、其委任案文と臨時統監府総務長官事務取扱の統監府参与官石塚英藏に宛てたる内訓を明石少将をして携へて帰任し直に其実行に取りかゝらしめんとす。

三　韓国警察権の委託

明石少将は寺内統監の命に依り十七日出発二十日初夜京城に帰任し、翌二十一日統監の内訓を石塚長官に提供す。之に由りて石塚長官は、二十二日韓国内閣総理大臣署理朴齊純・農商工部大臣趙重應を始め各大臣を其官邸に招き内訓を示す。各大臣等は即答を留保し、翌二十三日の定例閣議に於て決定すべしとて辞去したり。翌二十三日の閣議にては度支部大臣高永基・学部大臣李容植両者の反対ありて決議に難色ありしも、同夜八時三十分遂に同意して左の覚書を交換し各責任者の署名捺印を了せり。

日本政府及韓国政府ハ韓国警察ヲ完全ニ改善シ、韓国財政ノ基礎ヲ鞏固ニスルノ目的ヲ以テ左ノ条款ヲ約定セリ。

第一条　韓国ノ警察制度ノ完備シタルコトヲ認ムル時マデ、韓国政府ハ韓国警察事務ヲ日本政府ニ委託スル事。

第二条　韓国皇宮警察事務ニ関シテハ、必要ニ応ジ宮内府大臣ハ当該主務官ニ臨時協議シ、処理セシムルコトヲ得ルコト。

右各其本国政府ノ委任ヲ受ケ覚書日韓文二通ヲ作リ、之ヲ交換シ、後日ノ証拠トスルタメ記名調印スルモノナリ。

明治四十三年六月二十四日

統監　寺内正毅

韓国内閣総理大臣臨時署理　朴齊純

此外に警察権委任に伴なふ経費に関する別約の内容は、韓国政府が現に警察機関の為支出し居る全額（同年予算に依れば概算二百五十万円）を毎年警察権委託の経費として日本政府へ交附することを契約したるものなり。之に依り六月三十日を限りて韓国警察官制を全廃し、同時に日本政府は勅令第二百九十六号を以て統監府警察官署官制を公布し、更に新警察官署は憲兵本位の組織なるを以て、韓国駐剳憲兵条例を制定したり。

六月三十日杉山茂丸に寄する意見書の大要。

一、時期ノ問題、新統監渡韓ト共ニ大事ヲ断行スルヲ可トス、而シテ善政ヲ施スハ合邦後ニ於テスルコト。

二、当局者撰択ノ問題、李完用ハ一族ヲ以テ内閣ヲ組織スルヲ以テ、韓国ヲ代表スル資格ナシ、合邦提議ニ主謀者タリシ宋秉畯ニ内閣ヲ組織セシメ、韓ノ天下ノ衆望ヲ負ヘルモノヲ網羅シテ、合邦ノ義挙ニ参与セシムベシ。

三、善後ノ問題、凡テ善政ノ二字ニ帰宿ス、其方略ハ粗ボ一進会ヨリ提供スル所アルベシ。

七月一日韓国駐劄憲兵司令官陸軍少将明石元二郎をして統監府警務総長を兼ねしめ、首府の警察は総監部の直轄とし、各道に於ては従来文官たる警視を以て警察部長に補職し、憲兵分隊長たる武官中少佐を以て警務部長を兼任せしめ、統一的新警察制度を樹立す。

七月五日一進会に代りて寺内統監に上つる書を草す。其要旨は韓民の民力と生活の程度に依つて施政の方針を定められんことを請ふものにして、先づ

第一　法律ノ弊害ト其矯捄。第二　教育ノ不振及感情ト其救弊。第三　実業ノ衰頽及原因ト其発展ノ方針。

以上三点に就き其内容を多数の項目に分ちて弊害の由つて来る原因を挙げ、之が救弊方法の意見を詳述したるものにして、一万数千言に達す。是一進会が調査して師に提供したる資料を基礎として而して之に師の意見を附したるものなり。

七月十日内田良平に寄する書。

敬復狡兎竭キテ良狗烹ラル、ハ人事ノ常ナリ。其然ルヲ知リテ然ルモノハ身ヲ殺シテ仁ヲ成スノ個人的活動ニ非ズシテ、真ニ身ヲ殺シテ国ニ殉ズルノ公的活動ニ出ヅ。故ニ小衲ハ私ニ於テ其処ガ我兄ヲ烹ントスルヲ悲メドモ、小衲ハ轍ヲ改メテ姑息ノ忠告ニ従フ能ハズ、小衲ニハ私ナシ公アルノミ、公ノ為ニ行ヒ斃レテ後已マンノミ。我兄ガ事ニ臨ミテ勝負ヲ主トシテ国ノ為ニ己ヲ捨ツルコト能ハザルハ烹ラル、所以ナリ。小衲ハ己ナシ無キモノヲ烹ル能ハザルベシ、小衲ハ鼎側ニ立チテ烹ルモノハ即烹ラル、モノタルベキヲ悲メリ。此悲ハ個人ノ烹ラル、ヲ悲ムニ非ズ国ノ為ニ悲ムナリ。小衲往年侍天ノ符ヲ夢得シタリ、正真ト云フノミ、正真ハ詐民ニ臨ムノ術ナリ。此無偽無私ヲ見地トシテ韓国ノ現状ヲ公論スレバ、李完用ニハ衆望既ニ去レリ、纔ニ舌人ノ糊塗ヲ以テ日人ノ耳目ヲ掩ヘルノミ。今ハ外交ノ時ニ非ズ内治ノ時ナリ。故ニ今日ノ問題ハ韓ヲ収ムルノ美名ニ非ズシテ韓ヲ治ムルノ実際ニ在リ。合邦形式ノ問題ニ非ズシテ韓ノ民心ヲ輯睦皇化セシムルノ問題ニ在リ。李完用ヲシテ大事ヲ決行セシメ以テ善後ノ政策ノ民心ヲ服セシムルヲ得ベクバ、小衲喜ンデ国ノ為ニ之ヲ賛セン、此レ不可能ノ事ナリ、李完用ハ国ヲ売リ我ハ国ヲ買ヒタルモノニシテ我　天皇ノ徳化ニ非ザルナリ。何トナレバ完用ノ一族ト天下ヲ授受スレバナリ。此時ニ当リテハ韓民族ノ代表者タルモノニ因リテ天下ヲ授受スルヲ要ス。故ニ金允植等ノ故老ヲ網羅シテ内閣ヲ組織シ、韓ノ天下ノ衆望ヲ代表セシメザルベカラズ。宋秉畯ヲ推ス所以ノモノハ我　天皇ノ忠臣ニシテ衆頑ヲ監視スルノ実力アル人ナレバナリ、一進会タルガ為ニ非ザルナリ。小衲ハ別紙ノ如ク意見書ヲ作リテ杉山先生ニ報告シタリ、然レドモ此意ハ既ニ行ハレズ、故ニ最後ノ窮策ハ善後ノ怨恨ヲ少カラシムルガ為ニスル時期ノ問題ノ一案アルノミ。時期ノ問題トハ大雨一下ノ後ニ、民心ヲ悦バシムルノ善政ヲ布クコト是ナリ。大雨ノ一下ハ迅雷耳ヲ掩フニ及バザルノ挙ニ出ヅルヲ要ス。統監閣下ノ入城ハ迅雷タラザルベカラズ、驟雨タラザルベカラズ。此時機ノ問題ハ眼中ニ一物ナカラシメ、以テ一切ヲ把断シ得ルノ臨時的神聖手段ナリ。尋常人ノ能クスル所ニ非ズ、陸相ノ威望アリテ之ヲ行フトキハ始メテ善後ノ活路ヲ開クヲ得ン。然レドモ宋秉畯ノ監視ハ決シテ必要ナリトス。然ルトキハ宋氏ハ李完用ニ対スル公私ノ憤怨ヲ解キ、合邦ノ提唱者ハ原動力トシテ、政府ハ被動者ノ地ニ立チ、吏党民党一致ノ勢ヲ以テ大事ノ決行ガ韓国ノ輿論ノ和タルコトヲ韓ノ天下ニ表章セシメザルベカラザラン。此レ李完用ヲ去ルガ如クナル効果ヲ収ムルヲ得ズトモ、以テ後害ヲ少クスルニ足ラン。而シテ内治ヲ論ゼズシテ対外ノ美名ノミノ為ニスルニハ、却ツテ妙誉ヲ馳スルヲ得ン。二通ノ貴論ハ謹ンデ之ヲ領セリ、今ハ李容九ハ天命ヲ待ツノミ、政府ノ烹ルニ任スルコトヲ決心セリ。政府若シ事ヲ誤リテ一進会ヲ土崩瓦解セシムルニ至ラバ、小衲ハ韓ノ百年ノ後ヲ憂ヒテ国ノ為ニ悲マンノミ。悲ムト雖モ国運奈何セン、小衲等ノ罪ニ非ザルナリ。建言スベキモノハ既ニ建言シタリ、既ニ撤回スベカラズ、今ヨリ後ハ一進会ヲシテ枯木死灰ナラシムベシ。李容九ハ命ヲ知レリ、幸ニ慮ヲ安ンゼラレンコトヲ。成卿ノ文ニ怒リシハ此文ヲ作ラシメシ時ノ事ヲ怒リシナリ、公怒ナリ私怒ニ非ズ。又一進会ノ立脚地ノ為ニ怒リシニ非ズシテ当局ノ時事ニ不明ナルニ怒リシナリ。幸ニ衷情ヲ諒セラレンコトヲ。

七月十日　　範之和尚

硬石盟兄

次いで七月十四日一書を杉山茂丸に寄す曰く。

(前略)木内氏ノ立案ニ係ル金玉均等へ進贈ノ事ハ李完用ノ手腕ナリトテ此事ニ限リ大ニ人心ニ深甚ナル感服ヲ与へ候。此ハ合邦後ニ於テ我　陛下ノ御恩徳ヲ韓民族ニ記セシムル一端ト為スベキ好資料ヲ李完用ニ乱用セラレタルハ遺憾ノ至ニ御座候。此美挙ヲ新統監ノ手腕ト感ジ居ルモノスラ一人モ無レ之候、思フニ務本ヤ立道生トノ古訓ハ此辺ノ消息ヲ通セシモノニ候ハン、折角ノ美挙モ本末ダ立タザルニ施シタレバ敵ニ糧ヲ齎ラシ候。

木内氏ヲ総務長官ニ抜擢シ、明石司令官ト共ニ韓治ノ実行ニ当ラシメザリシハ当局ノ失敗ト存ジ候。通訳ヲ通訳トシテ蓄音機同様ニ使用セズ、秘書或ハ参与等ノ政務ノ一員ニ備ヘラル、ハ失敗ノ大原因ト存ジ候。洋々乎トシテ大ナル哉礼儀三百、礼儀二千、其人ヲ俟ツテ後行ハル、ト申シ候。江原道ノ春川（観察府在地）ニテハ我兵野営ヲ張リ空砲ヲ発シテ目ニ見ヘヌ暴徒ヲ威嚇致シ居リ候由、人身ハ撃ツベク斬ルベキモ心ヲ剪ル器ハ銃剣以外ニ存在スベシトハ、昨夜春川ヨリ帰リ来タリシ韓人ノ談ニ有リレ之候。明石・木内両氏ニヨリテ会長ヲ慰撫シ居リ候、今ヤ会長ハ苦境ニ立チ居候ヘバ、小衲ハ両氏ノ力ヲ借リテ慰藉ニ努メ可キレ申ス覚悟ニ御座候。大人ヨリモ新暗号ニヨリテ霊力ヲ与ヘ被レレ下度奉リレ願ヒ候。

十四日　　　　　　　　範之和尚

杉山大人閣下

此れ等の文書を総合検討すれば、師は合邦首唱の卒先者たる李容九・宋秉畯等をして民衆的韓国内閣を組織せしめ、之に依りて合邦を実行せしむるの有利なることを主張せる形跡は以て窺ふべし。而して師及李容九等は合邦の速に実現して、長く民心に不安の念を懐かしめざらんことを主張せり。

（1） 乙巳保護条約締結時の総理大臣で、乙巳五賊の一人として売国奴の筆頭にあげられていた李完用は、明治四十二（隆熙三）年十二月二十二日、明洞のセブランス教会で行なわれた、ベルギー皇帝レオポルド二世追悼式会場で、李在明により刺撃され重傷を負った。
（2） 竹洞は南山麓の地名。現在のソウル市中区仁峴洞。この近く永禧殿前には当時一進会本部があり、さらに李容九は竜山の本宅の他に、竹洞に別宅を持っていた。
（3） 一進会の合邦運動を考える時、合邦の上に加えられた政の一字は微妙な意味を持つ。すなわち、武田範之の反対にもかかわらず、李容九がゆづらなかった政合邦は、『大東合邦論』の構想にのっとった両国の政体の連合であり、日本政府当局者の意図した朝鮮の併呑とは根本的に異なる。この区別に関しては、前掲趙恒来論文には次のような記載がある。

一進会の合邦声明提請に関する意見が論議されるとき、李容九と宋秉畯間に若干の差異があった。すなわち、李容九の主張は所謂、大東合邦論によって韓国と日本が互いに連邦を作ろうという政治的な合邦、彼らが表明した政合邦をいうものであり、これに対して、宋秉畯の場合は、韓国を全的に日本に併合させようという、名実ともに伴なった合邦をいうのである。彼ら一進会が出した声明書は、政合邦を主張したものとして、李容九の意見が反映されたものである。

（4） 洪疇遺績には、「李鳳庵四書合璧」「同訳本」がある。
（5） 菊池忠三郎は杉山茂丸の秘書として、合邦運動の枢要にあった。菊地忠三郎については『東亜先覚志士記伝』下巻 参照。
（6） 洪疇遺績に収録。
（7） フランス文学者小牧近江の叔父。
（8） 武田範之の海印寺高麗大蔵経々版保存運動に関する記述は、現在の海印寺からは出版されていない。範之が高麗版大蔵経々版に関係していたことは、顕聖寺所蔵の寺内正毅の序文のある大蔵経や大屋徳城「寺内総督の海印寺大蔵経板印成に関する史料に就いて」『書物同好会会報』第十二号（昭和十六年七月 京城書物同好会 同覆刻 昭和五十三年八月 龍渓書舎）に、武田範之稿「世界無類の珍宝」の記述があることから推察出来る。

(9) 範之が負褓商に注目したのは、それが東学と同じく全国的にネットワークを持つ固い結束で結ばれた組織であったからである。一進会が合邦声明を公表した時いちはやくこれに賛成したのが李学宰のひきいる大韓商務組合であった。負褓商と李氏王朝の政治的依存関係については、『大韓季年史』上巻参照。

(10) 具然壽は併合後も朝鮮側警察の最高責任者として君臨した。具然壽の履歴については『東亜先覚志士記伝』下巻。国史編纂委員会『韓末官員履歴』(一九七二年十二月 ソウル探求堂)参照。

(11) 第二十六代李氏王朝皇帝高宗を指す。

(12) 権藤四郎介は範之の盟友権藤成卿の実弟。併合当時李王職につとめていた。

(13) 韓国駐剳憲兵司令官明石元二郎は、福岡の出身で玄洋社々員。伝記に小森徳治『明石元二郎』(昭和三年四月 台湾日々新報社)がある。

第一一章　併合事務の進行

第一節　併合の準備

一　我当局の準備及師等の行動

内外の大勢を観取せる我当路者に於ても、併合の大方針の下に種々の法律規則の制定に従事し、七月八日併合実行方法細目二十一を決定したり。

明治四十三年七月八日決定併合実行方法細目

第一　国称の件

韓国ヲ改称シテ朝鮮トスルコト。

第二　朝鮮人ノ国法上ノ地位

朝鮮人ハ特ニ法令又ハ条約ヲ以テ別段ノ取扱ヲナスコトヲ定メタル場合ノ外、全然内地人ト同一ノ地位ヲ有ス。

間島在住者ニ付テハ前項ノ条約ノ結果トシテ、現在ト同様ノ地位ヲ有スルモノト見做ス。

外国ニ帰化シ現ニ二重ノ国籍ヲ有スル者ニ付テハ、追テ国籍法ノ朝鮮ニ行ハルハ迄我国ノ利害関係ニ於テハ日本臣民ト見做ス。

第三　併合ノ際外国領事裁判ニ繋属中ノ事件ノ処理及領事庁ニ拘禁中ノ囚徒ノ処分

外国領事裁判ニ繋属中ノ事件ニ付テハ、其ノ終局判決迄裁判ヲ継続スルコトヲ得セシムルコト。

領事庁ニ拘禁中ノ囚徒ハ刑ノ執行ヲ了ル迄其拘禁ヲ継続スルモ、其ノ本国ニ連レ帰ルモ、又ハ便宜上我監獄ニ引継グモ当該国ノ任意トシ、必要ノ場合ニ於テハ制令ヲ発布スルコト。

第四　裁判所ニ於テ外国人ニ適用スベキ法律

外国人ハ裁判上内地人ト同一ニ取扱ヒ内地人ト同一ノ法律ヲ適用スルコト、シ必要ノ場合ニ於テハ制令ヲ発布スルコト。

第五　外国居留地ノ処分

清国居留地及各国居留地ノ行政事務ハ併合ノ際ハ、警察ニ関スル事項ヲ除クノ外現状ノ儘トナシ置キ、追テ当事者ト協定シテ成ルベク速ニ之ヲ整理スルコト。

第六　居留民団ノ適用ニ関スル件

居留民団法ハ併合ト同時ニ朝鮮ニ於テ適用ヲ失フモノトス、故ニ其ノ処理ノ為相当ノ規定ヲ要ス。

第七　外国人土地所有権ノ将来

外国人ノ土地所有権ハ当分ノ内現在ノ状態ヲ維持シ、他日其方針ヲ決定スルコト。

第八　外国人ノ有スル借地権ノ処分

永代借地権ハ借地権者ノ希望ニ依リ、之ヲ所有権ニ代ヘシメ、右ノ希望ヲ表明セザル場合ニハ、依然永代借地権トシテ之ヲ存続セシムルコト。

第九　朝鮮開港間及日本開港ト朝鮮開港トノ間ニ於ケル外国船舶ノ沿岸貿易

右ノ沿岸貿易ハ当分ノ間従前ノ通リ之ヲ外国船舶ニ許スコト。

第十　日本内地ト朝鮮トノ間ニ移入スル貨物ニ対スル課税

日本内地ヨリ朝鮮ニ移入スル貨物ニ対シテハ、当分ノ内移入税ヲ課シ、其ノ税率ハ従前ノ輸入税ト同率トシ、朝鮮ヨリ日本内地ニ移入スル貨物ニ対シテハ、当分ノ内朝鮮ニ於テ移出税ヲ課シ其ノ税率ハ従前ノ輸出税ト同率トシ、日本内地ニ於テハ右移入貨物ニ対シ、関税法同率ノ移入税ヲ課スルコト。

前項ニ付テハ左ノ趣旨ニ依リ緊急勅令又ハ勅令ヲ公布スルコト。

一、開港ヲ経由セシムルコト。

二、其税率ハ関税定率法ニ依ルコト。

三、移出入ハ定率法関税法ニ準ズルコト。

四、外国ニ輸出スル貨物ニ対スル戻税ノ規定ハ、朝鮮ニ移出スル貨物ニモ適用スルコト。

第十一　外国ト朝鮮トノ間ニ輸出入セラル、貨物ニ対スル課税

朝鮮ヨリ外国ニ輸出セラレ、又ハ外国ヨリ朝鮮ニ輸入セラル、貨物ニ対シテハ、従前ノ率ニ依リ輸出入税ヲ徴収スルコト、シ、之ガ為必要ナル制令ヲ発布スルコト。

第十二　清国人ノ居住ニ対スル制限

朝鮮ニ於ケル清国人ノ居住ニ対シテハ、制令ヲ以テ日本内地ニ於ケルト同様ノ制限ヲ加ヘ、大体明治三十二年勅令第三百五十二号ノ如キ規定ヲ設クルコト。

第十三　朝鮮ノ債権債務

朝鮮ノ債権債務ハ総テ帝国政府ニ於テ之ヲ引受ク。

帝国政府ヨリ旧韓国ヘノ貸付金ハ併合ノ結果トシテ消滅スルコト、但シ預金部ノ借入金ハ之ヲ存シ朝鮮特別会計ノ負担トスルコト。

第十四　韓国勲章ニ関スル件

韓国勲章及記章ハ当分ノ内其佩用ヲ允許スルコト、シ、必要ノトキハ相当ノ規定ヲ設クルコト。

第十五　官吏ノ任命ニ関スル件

併合後当分ノ内従来ノ韓国官制ニ依ル官吏ハ成ルベク之ヲ任命セザルコト。

第十六　韓国ノ皇室及功臣ノ処分

一、現韓国皇帝タル李家ハ世襲トシ、其正統ヲ太公、其世嗣ヲ公トシ、現太皇

帝ニハ其一代限リ特ニ太公ノ尊称ヲ授ケ、孰レモ殿下ト称セシム。

太皇帝・現皇帝・皇太子ニ対シ一ケ年百五十万円ヲ給スルコト、但シ将来ニ於テハ李太公家（正統）ニ給スル定額トス。
一、義親王以下李朝ノ皇族ニ対シテハ其班位ニ応ジテ皇族ノ待遇トシ、又ハ公侯伯（朝鮮貴族）ヲ授ケ相当ノ公債証書ヲ下賜セラル、コト。
一、功臣ニ対シテハ伯爵（朝鮮貴族）以下ヲ授ケ、相当ノ公債証書ヲ下賜セラル、コト。
一、両班中ノ耆老ニハ尚歯ノ恩典ヲ賜フコト。

朝鮮貴族令（皇室令）

朝鮮貴族ノ爵ヲ分チ公侯伯子男ノ五爵トシ、其授爵ハ勅旨ヲ以テ宮内大臣之ヲ奉行ス。

朝鮮貴族ニ関シテハ華族令ヲ準用ス。（註日本華族ノ有スル参政権ヲ与ヘザル趣意ナリ）

第十七　立法事項ニ関スル緊急勅令案

第一条　朝鮮ニ於テハ法律ヲ要スル事項ハ、朝鮮総督ノ命令ヲ以テ之ヲ規定スルコトヲ得。
第二条　前条ノ命令ハ内閣総理大臣ヲ経テ勅裁ヲ請フベシ。
第三条　臨時緊急ヲ要スル場合ニ於テ、朝鮮総督ハ直ニ第一条ノ命令ヲ発スルコトヲ得。

前項ノ命令ハ発布後直ニ勅裁ヲ請フベシ。若シ勅裁ヲ得ザルトキハ、朝鮮総督ハ、直ニ其命令ノ将来ニ向ッテ効力ナキコトヲ公布スベシ。

第四条　法律ノ全部又ハ一部ノ朝鮮ニ施行スルヲ要スルモノハ、勅令ヲ以テ之ヲ定ム。

第五条　第一条ノ命令ハ、第四条ニ依リ朝鮮ニ施行シタル法律及特ニ朝鮮ニ施行スル目的ヲ以テ制定シタル法律及勅令ニ違背スルコトヲ得ズ。

第六条　第一条ノ命令ハ制令ト称ス。

附　則

本令ハ公布ノ日ヨリ之ヲ施行ス。

第十八　朝鮮総督府設置ニ関スル勅令案

朝鮮ニ朝鮮総督府ヲ置ク。

朝鮮総督府ニ朝鮮総督ヲ置キ、委任ノ範囲内ニ於テ陸海軍ヲ統率シ一切ノ政務ヲ統轄セシム。

統監府及其ノ所属官署ハ当分ノ間之ヲ存置シ、朝鮮総督ノ職務ハ統監ヲシテ之ヲ行ハシム。

従来韓国政府ニ属シタル官庁ハ、内閣及表勲院ヲ除クノ外、朝鮮総督府所属官署ト看做シ当分ノ内之ヲ存置ス。

前項ノ官署ニ在勤スル官吏ニ関シテハ、旧韓国政府ニ在勤中ト同一ノ取扱ヲ為ス。

附　　則

本令ハ公布ノ日ヨリ之ヲ施行ス。

第十九　旧韓国軍人ニ関スル勅令案

朝鮮総督府設置ノ際ニ於ケル韓国軍人ハ、朝鮮駐剳軍司令部附トシ其取扱ハ帝国軍人ニ準ズ。

前項軍人ノ官等・階級・任免・分限及給与等ニ関シテハ、当分ノ内従前ノ例ニ依ル。

附　　則

本令ハ公布ノ日ヨリ之ヲ施行ス。

第二十　旧韓国政府ノ財政ニ関スル緊急勅令案(憲法八条及七十条)

旧韓国政府ニ属スル歳入歳出ノ予算ハ従前ノ儘之ヲ襲用ス。

前項ニ属スル会計ノ経理ハ当分ノ内従前ノ例ニ依ル。

附　　則

本令ハ公布ノ日ヨリ之ヲ施行ス。

第二十一　朝鮮ニ於ケル法令ノ効力ニ関スル制令案

朝鮮総督府設置ノ際其効力ヲ失フベキ帝国法令及韓国法令ハ当分ノ内朝鮮総督

ノ発シタル命令トシテ尚其効力ヲ有ス。

附　則

本令ハ公布ノ日ヨリ之ヲ施行ス。

之に次いで七月十二日桂首相より寺内統監宛左の通牒を発せらる。

憲法ノ釈義

韓国併合ノ上ハ帝国憲法ハ当分此新領土ニ施行セラル、モノト解釈ス、然レドモ事実ニ於テハ新領土ニ対シ、帝国憲法ハ当分各条章ヲ施行セザルヲ適当ト認ムルヲ以テ憲法ノ範囲ニ於テ除外法規ヲ制定スベシ。

韓国併合実行ニ関スル法（ママ）針

一、朝鮮ニハ当分ノ内憲法ヲ施行セズ、大権ニ依リ之ヲ統治スルコト。

一、総督ハ天皇ニ直隷シ朝鮮ニ於ケル一切ノ政務ヲ統轄スルノ権限ヲ有スルコト。

一、総督ニハ大権ノ委任ニ依リ法律事項ニ関スル命令ヲ発スルノ権限ヲ与フルコト。但シ本令ハ別ニ法令又ハ律令等適当ノ名称ヲ付スルコト。

一、朝鮮ノ政治ハ努メテ簡易ヲ旨トス、従ツテ政治機関モ亦此主旨ニヨリ改廃スルコト。

一、総督府ノ会計ハ特別会計ト為スコト。
一、総督府ノ政費ハ朝鮮ノ歳入ヲ以テ之ニ充ツルヲ原則ト為スモ、当分ノ内一定ノ金額ヲ定メ本国政府ヨリ補充スルコト。
一、鉄道及通信ニ関スル予算ハ総督ノ所管ニ組入ル、コト。
一、関税ハ当分ノ内現行ノ儘ニナシ置クコト。
一、関税収入ハ総督府ノ特別会計ニ属スルコト。
一、韓国銀行ハ当分ノ内現行ノ組織ヲ改メザルコト。
一、併合実行ノ為必要ナル経費ハ金額ヲ定メ、予備金ヨリ之ヲ支出スルコト。
一、統監府及韓国政府ニ在職スル帝国官吏中不用ノ者ハ帰還又ハ休職ヲ命ズルコト。
一、朝鮮ニ於ケル官吏ニハ其階級ニ依リ、可成多数ノ朝鮮人ヲ採用スル方針ヲ採ルコト。

斯くして韓国に対する廟議は既に決定したるが如し。

二　寺内統監の赴任

寺内統監は七月二十一日東京を出発し宋秉畯には馬関に滞留せしむ、[1]是李完用内閣の如何に依ては直に宋秉畯をして善後策を講ぜしめんとするの方寸にあらざるか、統監は軍艦八雲に搭乗して、二十三日海路仁川港に上陸す。此日韓国皇帝及太皇帝は特使を埠頭に派し、日韓文武官と共に新統監を出迎ひせしめらる。統監は即日京仁鉄道特別列車に搭じ、出迎ひの文武官と共に京城に到り、黙々として統監官邸なる緑泉亭に入る。

寺内統監は初代統監伊藤侯の弁舌爽なると、二代統監曾禰子の風采に比しては、寡言沈黙にして威風堂々満城を圧する概あり。故に韓人等私語して曰く是沈黙せる臥虎なり、一たび起ちて咆哮せんか即大革命の到る秋なりと。又統監着任前後、燕大将蔡應彦は平安道に、天道教主孫秉熙は北韓に在つて排日を企て、基督教徒は京城に横議し、青年死団会は秘密に結合し、蜚語紛々人民其堵に安んぜざるの状態に在り。然れども警察の威令能く行はれて無事なり。而して統監は翌二十四日も官邸に在りて沈黙す。二十五日始めて官邸を出で韓国皇帝及皇后を昌徳宮に、太皇帝と厳妃を徳寿宮に往訪して新任の辞令を為したるに過ぎず。而して二十九日韓国皇帝は、先例になく親ら答礼の為に車駕を統監府に枉げらる。二十九日兼ねて創痍の為久しく温陽温泉に静養中の李完用は、突如京城に帰り、内部大臣朴齊純が臨時内閣総理大臣署理の兼職を解きて自ら首相の印綬を帯びたり。

三　明石少将と師との往復及上書

七月下旬明石少将は師を介して李容九に一書（此書月日の記載なきを以て正確なる月日は明ならざれども、李容九と師とは七月三十日より仁川に避暑せしより推考すれば、其前の数日間中に在りしものならん）を示す。

拝啓武田師ニ面晤概ネ閣下ノ意ヲ聞知ス、弟杉山氏ト同郷交深シ、嘗テ東上ノ時杉山弟ニ語ルニ一進会若シ紛事アラバ陰ニ助力スベキヲ以テス、武田氏今ヤ閣下煩悶ノ状ヲ見苦慮措ク不レ能、窃ニ弟ニ告グルニ一進会興敗ニ関スル甚大ナルヲ以テス。弟驚愕窃ニ閣下ノ苦悶何ゾ到ルレ此ニ乎カヲ詳ニスルヲ不レ得。夫レ合邦ノ事元ト一進会ノ提唱ニ出ヅ、一進会十年ノ苦節何人カ之ヲ不ランレ知ラ哉ヤ。会員百万ノ熱誠何人カ之ヲ不ランレ知ラ哉ヤ。今合邦ノ議漸ク日韓ノ輿論ヲ成シ、天下挙ッテ其成立ヲ翹望スルノ時、閣下独リ快々不ルレ楽マ者ハ弟ノ不ルレ解セ所ナリ。若シ夫レ閣下ニシテ一朝会員ヲ棄ツルノ時アラバ、一進会ハ忽チニ瓦崩解体支離滅裂シ、永ク敵者ノ笑ヲ遺サン。於テレ是ニ一進会ニ宿怨アル者、手ヲ拍テ欣舞セン。思フニ閣下ノ賢豈不ランレ知ラレ之ヲ哉ヤ。而シテ憂悶動モスレバ其常軌ヲ逸セントスルモノ、閣下ノ憤余ニ出ヅルナキヲ得ンヤ。閣下ノ一進一退ハ実ニ一進会活殺ノ機ヲ成ス、若シ閣下静思善ク時事ノ変転ヲ察セバ、一進会ノ光彩ハ寧ロ方ニ閣下憂苦ノ時ニ包蔵シアルヲ思ハザルベカラズ。閣下ガ武田師ニ洩ス所ノ言辞ハ弟ノ切ニ諫止セント欲スル所ニシテ、憶フニ閣下在東ノ同志宋・杉山等閣下ニ望ム所甚大ナルノ時ニ当リ、閣下ノ堅忍時局ニ処スルハ弟ノ希望ニ堪ヘザル所ナリ。

閣下ノ手書具ニ拝誦ス、其言理ナキニ非ザルモ然レドモ時運ハ猶ホ理想ニ伴フ能ハズ、一弛一張固ヨリ免レザル所、徒ラニ形勢ヲ悲観シ挙措ヲ失フハ決シテ大丈夫ノ事ニアラズ。閣下豈不ランレ知ラレ之ヲ哉。憶フニ憤怒時ニ因リ発作スルナキヤ、面陳心情ヲ尽サント欲スルモ、弟也亦閣下ト同ジク衆人注目中ノ人タリ、後害ヲ残スヲ恐ル。書中意ヲ尽ス能ハザルヲ恨ム、武田師ノ布演伝述ニ委ス百拝。

　　李　容　九　閣　下　侍　史　　　　　　明　石　元　二　郎

此書読過後武田師ニ因リ返附ヲ乞フ。

師は此書を李容九に示したる後返附に先だつて之を自《ミ》ら写し取られたるものなり、故に之に依りて爰に収録し、又之に対して師が明石少将に回示せられたる書の控書（月日を欠く）は左の如し。

拝啓昨宵ハ深更マデ御邪魔仕リ候段御海恕可クレ被ルレ下候。

只今御尊翰ヲ会長ヘ相示シ候処、初メテ御同情ノ厚キヲ感得仕リ候得共、李完用ヲシテ事ヲ成サシメバ、渠功ニ夸リテ益々権勢ヲ弄スルニ至リ、民心ハ益々瓦解スベシトノ杞憂ヲ抱キ候故、小衲ハ功成リ身退クハ必定ナリ、其時ニ至リ李完用若シ退カザルトキハ小衲ガ首ヲ斬レト申シ候。会長ハ明石閣下ノ言ニヨリテ保証スルカト申シ候ニ付、小衲ハ閣下ノ言ヲ聞キシニ非ズ、閣下ノ言ヲ読ミテ此確信アルナリ。又合邦成立後ハ韓内閣ノ名ハ消滅スルコトモ、最早疑ヲ容ル、ノ余地ナシト申シ聞ケ候。然ラバ合邦成立後コソ、吾等ガ善政ノ下ニ活動スベキ時期ノ至ルニ非ズヤト云フニ至リ、会長ハ語ヲ転ジテ左ノ如キ談話ヲ開始仕リ候。

新統監来着十日間ヲモ猶預スルナク、疾風ノ勢ヲ以テ直ニ合邦ノ大事ヲ断行セラレナバ、人心ノ動揺ニ先ダチテ大事既ニ定マリ、動揺セシ頃ニハ既ニ着々新政ノ面目ヲ革新スルアリテ民心ヲ悦服セシムベケレバ、前途大ニ憂フルニ足ラザルベシ。之ニ反シテ形勢ヲ望観シ時機ヲ待タレナバ、伊藤公ノ覆轍ヲ履ミ排日ノ虚声四起シテ如何トモスベカラズ、一進会モ自ラ会員ヲ連合シ難キ苦境ニ陥ルベシ。此緩急寛猛ノ幾微ハ切ニ明石閣下ニ忠言ヲ呈シ置カレ度シト申シ候。又木内氏ニ謀リテ副統監ヲ訪問スルノ可否ヲ問合セ置キ呉レト申シ候。

御蔭ニヨリ是レニテ小衲ガ会長ニ対スル苦心ハ全ク相解ケ深感深謝仕リ候。


此れ等の文書を綜合するに、師は李容九と共に合邦の速ならんことを焦慮主張し、自己の理想が一日も早く実現せんことを思ふの念切なるを知るべし。

之に関し八月一日杉山茂丸に報告するの書あり。


七月三十日小衲ハ李会長ニ従ヒ、暑ヲ仁川ナル八景園ニ避ケタリ。

事ノ此ニ至リタル経過ヲ概括シテ左ニ之ヲ報告ス。

警察権ノ委任セラレ警備機関ノ整頓セラレントスルニ際シ、会長ハ一進会ノ前途ニ深大ナル憂惧ヲ懐キ、将ニ自決スル所アラントシテ密ニ之ヲ小衲ニ漏ラシタリ。

小衲ハ之ヲ大人ニ報告シテ徒ニ大人ノ心ヲ労セシムルヲ恐レ、密ニ明石少将ノ門ヲ叩キテ少将ノ李会長ヲ慰藉セラレンコトヲ請ヒタリ。

小衲ガ明石少将ニ面スルハ、明石少将ノ同窓仁田原少将ガ小衲竹馬ノ友ニシテ、明石少将ハ小衲ヲ知ルコト既ニ久シク、引見ヲ求ムルノ意ヲ通ゼラレシコト、此事前ニ在リタルニ由ル。

少将ハ大人ノ内嘱ヲ重ンジテ李会長ト会見セント欲セラレシモ、事体ハ少将ガ会長ト会見スルハ世人ヲ誤解セシムルノ嫌アリ。故ニ小衲ハ会長ノ意見ヲ会長自書セルモノヲ齎シテ少将ニ致シ、少将ハ小衲ガ面前ニ於テ慰藉ノ書ヲ自書セラレ、此文書ノ交換ヲ以テ纔ニ会長ノ心ヲ慰ムルヲ得タリ。

会長ノ書及小衲ガ少将ノ書意ヲ演繹シテ会長ト問答シ、其顛末ヲ少将ニ報ゼシ書トハ事昨夢ニ属スレバ煩ヲ厭ヒテ添付セズ。

此交渉中ニ木内次官入城セリ、小衲ハ次官ヲ訪ヒ宋氏ガ会長ニ注意スルニ、次官ニ事ヲ謀ルベキノ意ヲ以テセラレシヲ以テ、会長ガ副統監ヲ訪フノ可否ヲ決セラレンコトヲ請ヒタリ。又次官ガ会長ヲ慰メラレンコトヲ請ヒタリ。

小衲ハ明石・木内二氏ヲ一進会ノ内密ナル顧問ニ擬シテ、瑣事ニ至ルマデ其指道ヲ陰中ニ受ケツ、有リ。

大人ノ暗電ハ菊池ノ明示ニ依リテ会長ニ伝ヘタレバ、会長ハ深ク尊意ヲ感佩セリ。

会長ガ新統監ニ会見ノ結果ハ、頗ル好成績ナリシヲ以テ左ニ要領ヲ報告ス。

会長ハ児玉秘書官ニ依リテ新統監ヘ進見ノ期ヲ約セラレ、期ニ至リ会長ハ通弁ヲ帯同セザリシ、統監モ亦国分参与官ガ会見室ニ入リ来リシヲ退ケ、更ニ別室ニ引キ対坐ヲ以テ久濶ノ話頭ヲ開カレタリ。統監ハ逋租及雑税ニ関スル一進会ノ建議ヲ採納スルノ意アルヲ語リ、又各地ニ病院ヲ設ケ仁術ヲ宣教師ノ手ノミニ委セザルベキヲ語リ、合邦ニ対シテハ人心ヲ調査スルガ為ニ決行セズシテ、少シク時間ヲ要スベキノ意ヲ語ラレタリ。

会長ハ調査ニ対シテハ調査ノ要ナカルベキヲ進言シタリ。

其趣旨ハ凡ソ進言スルモノハ皆自ラ為ニスル所アル挾雑及両班輩ノ進言ナレバ、事実ヲ顚倒シテ公明ノ見ヲ立ツル能ハズ。日本官吏ハ此少数野心家ノ言ニ聴キテ調査ノ基礎ヲ立ツルヲ以テ、伊藤公ヲ誤リ曾禰子ヲ惑ハシタリ。合邦ノ事ハ既ニ人心ヲ調査スルノ要ナシ、容九ハ些ノ野心ナク韓民ヲ瀕死ノ状ヨリ免ガレシメントスルノ外、復余念ナキヲ以テ公明ノ見ヲ立ツルヲ得ルナリト。

又会長ハ時機ノ問題ニ於テ左ノ如ク進言セリ。

伊藤公ノ着任セラレシヤ、韓民ハ皆畏慴シテ必ズ合併セラルベキヲ予想シ、既ニ已ニ自ラ分トシテ自ラ倒レントセリ、然ルニ公ハ親日党ヲ退ケテ排日党ヲ懐柔セラレシヲ以テ、既ニ倒レントセシ人心ハ再ビ起チ侮慢ノ情ヲ以テ統監政治ヲ迎フルニ至レリ、此レ時期ヲ愆リタル第一次ナリ。譲位ノ挙アルヤ人心ハ再ビ合併ヲ予想セシニ、亦其事ナシ。是ニ於テ益々侮慢ノ情ヲ恣ニシ、暴徒肆然トシテ蟷斧ヲ弄スルニ至ル、此レ時機ヲ愆ルノ第二次ナリ。今第三次ニ及ビ閣下ノ威名ニ慴伏シテ既ニ必倒ヲ分トセリ、然レドモ遷延日ヲ曠シウセバ既倒ノ人心ハ遂ニ復起ツニ至ラント。

又恩威ノ説ヲ陳ベテ曰ク、先ヅ善政ヲ施シテ後ニ合併ヲ行ハヾ、善政ナル恩ノ為ノ餌ナリト誤ラレテ恩ヲ以テ怨ヲ買ハン、必ズ威ヲ先ニシテ而ル後ニ恩ヲ施ス、此レ恩威ヲ並行スルノ順序ニシテ必ズ民心ヲ悦服セシメント。

統監ハ言々善聴セラレタリ、是ニ於テ会長ハ仁川ニ療養スルノ意ヲ告ゲシニ、統監ハ良《ヤヽ》久シウセラレシ後事アラバ通知スベキヲ以テ、療養シテ身体ヲ自重スベシト慰諭セラレタリ。

統監ノ龍山邸ノ招宴ニハ副会長ヲ出頭セシメ、其日ヲ以テ仁川ニ下レリ。小衲ハ前夜ヲ以テ明石・木内ニ別意ヲ通ジタリ。

右報告ス。

八月一日　　武田範之

杉山大人格(ママ)下

此日又予に与ふる書中の一節に曰く。

（前略）小衲ト鳳庵トハ何ノ因果カ、湘南ニ避寒セシカト思ヘバ、仁川ニ避暑イタシ浮世ノ外ニ訂盟シテ形影相従フコト、相成リ候。最早合邦モ近キニ在ルベク万丈ノ塵縁ヲ海浜ニ濯ヒ清メ度ト存ジ候。（中略）風雲次第ニハ候ヘドモ一ケ月間モ滞在スルヤ斗リ難ク候。（後略）八月一日　松心院様侍史下　範之和南

此に依れば師が李容九を補導し又之を慰諭するに、如何に苦心せしやを想ひ見るべし。

八月二日師は明石少将・木内次官・具警務官に急報して曰く。

宋秉畯氏秘書アリ、氏ハ本月二・三日間ヲ以テ東京ヲ発シ十日ニ入城スベシ。而シテ会員ニモ之ヲ秘シ当日南大門駅ニハ人ヲ迎ヘシムル勿レ。若シ其間ニ在リテ応答ヲナスベキコトアラバ、馬関大吉楼ニ於テセントノ書意ナリ。帰韓ノ意ハ面晤ニ非ザレバ言ヒ難シト云ヘリ。右密報ス。八月二日夜

八月六日一進会に代り寺内統監に上つる書。

一進会長李容九謹ミテ鄙見ヲ上ツル、

人ヲ挙グルノ道ハ適材ヲ適所ニ置クニ在リ、夫物其平ヲ得ザレバ鳴ル、人ヲシテ自ラ暴棄シテ其不平ヲ鳴ラサシムルト、其ヲシテ自ラ新ニシテ其平ヲ鳴ラサシムルトハ、寔ニ当局者ノ手腕ニ存ス。

今ノ排日ヲ囂々スルモノ之ヲ大別スルニ三類アリ、第一ニ類ヲ国内ニ遍満セル排日思想トス。此レ国際上ノ誠ニ已ムヲ得ザルモノタリト雖モ、其実ヲ究ムレバ其本ノ抜クベカラザルモノアリテ然ルニ非ズ、附和雷同シテ草偃セルノミ、之ニ雄風ヲ加フレバ庶民ノ雌風ハ自伏セン。第二ハ類ヲ両班・儒生及挾雑輩ノ排日思想トス。此輩ハ已ニ自ラ排日ノ非行タルヲ覚悟セルモ、為ニスル所アリテ故意ニ排日シ、以テ自ラ利スル所アラントスルモノナリ。衷情ヨリ排日スルニ非ズ。導クニ利ヲ以テシ制スルニ威ヲ以テセバ、泛トシテ其レ左右スベキノミ。第三類ヲ学生ノ排日思想トス。夫韓人ノ思想ハ日人ノ思想ト迥異セリ。其功名ノ為ニ蛾ノ燈ヲ撲ツガ如クナルヲ見ル、真ニ忠孝ノ為ニ死スルモノアルヲ聞クコト罕ナリ。故ニ家庭ノ教育ハ科学ヲ淵源トシ、人生ノ至願ハ昼錦ノ一栄ニ在リ。学資ノ為ニ家産ヲ蕩尽シテ足ラザレバ指ヲ断チテ号哭ス、此レ豈国ノ為ニ然ルモノナランヤ。一官ヲ得テ郷党婦女ノ憐ヲ受ケント欲スルニ過ギザルノミ。然ルニ彼等学成リテ帰ルヤ某々学士ノ称号ヲ抱キテ荆山ノ璞玉ニ比スルモ、進ムニ朱門ノ以テ履ヲ躡ムベキナク、退キテ隴畝ノ畊ヲ啜ムベキ地ナク、徒ニ窮措大ヲ歎ジテ江湖ニ放浪シ、遂ニ化シテ燕趙悲歌ノ客トナル。此一類ノ排日ハ韓治ノ前途ニ於テ真ノ腹心ノ憂ヲナスモノタラン。何トナレバ儒生両班ハ老朽シテ気力ナク以テ天命ニ安ンゼシムベキモ、少年子弟ハ気旺ニシテ急躁ナレバ往々狂凶ヲ行フニ至レバナリ。況ヤ此一類ハ第二世ノ儒生両班ニシテ、今後ノ韓民族ヲ代表スベキモノタルニ於テヲヤ。当局者ハ今ニ於テ宜ク之ガ処ヲ為サザルベカラザルナリ。

生ガ見ル処ヲ以テスレバ外国学生ト、内国ノ某々学校ヲ卒業セシト其頭数無慮三千人ニ幾シ、願クバ此輩ヲシテ未ダ尽ク其処ヲ得セシムル能ハザルモ、閣下ノ方寸中ニ於テ其処ヲ得セシメタマハンコトヲ。閣下ノ方寸中ニ於テ其処ヲ得セシムルノ道ハ他ナシ、日本人官吏ヲ減ジテ韓人官吏ヲ増スコト是ナリ。日本人官吏ハ指導・監督ノ任ニ立タシメ韓人官吏ヲシテ執行ノ事務ニ当ラシムルコト是ナリ。夫鷦鷯深林ニ巣クフモ一枝ニ過ギズ、鼴鼠河ニ飲ムモ腹ニ充ツルニ過ギズ、昼錦ノ一栄ハ先ヅ吏治ニ試ミラル、ニ在リ。閣下ノ方寸ニシテ定マル所アランカ、三百郡ノ主事ハ三千人ヲ容ル、能ハズ、各部ノ技能ヲ以テ撰取スベキモノハ固ヨリ彼等ノ全部ヲ収容スル能ハザルモ、閣下ノ方寸ノアル所ハ、其影響スル所自ラ不平学生ニ其仁徳ヲ体得セシムルニ至ルハ、所謂信豚魚ニ及ブノ感応ノ理タリ。然リト雖モ文武ノ道ハ一張一弛シ、治化ノ要ハ一威一恩ス、是ヲ以テ善政ノ下ニハ悪人ナク名医ノ手ニハ毒薬ナシ。本案件ハ自ラ謂ラク至治ノ要道ナリト。然レドモ張ラズシテ之ヲ弛ヘ威セズシテ之ニ恩スルハ自ラ侮ヲ招キテ反ツテ其毒ヲ揺カサシムル所以ナリ。伏シテ願クバ　閣下ノ時機ニ応ジテ此要術ヲ施シタマハンコトヲ。某々ノ煽動ニ属スル排日学生アリ、某々ノ鼓吹ニ属スル排日学生アリ、源涸レザレバ流レ遏ムベカラズ。而シテ学生ノ思想一タビ窘蹙シテ真ニ自ラ排日ノ非ニ懲悲シ、豁然トシテ世界大勢ノ趨ク所ヲ悟リ、東洋自保ノ必然ヨリシテ日韓関係ノ新展開ヲナサヾル可カラザルノ真意義ヲ体得スルニ至リ。所謂寒一番徹骨スルノ後ニ於テ、始メテ本義ヲ運用セシムルノ妙ヲ見ン。語ニ曰ク卵ヲ見テ時夜ヲ求ムル之ヲ早計ト謂フト、鄙議固ヨリ早計ナリト雖モ事前ニ定マレバ跲《ツマヅ》カズ。容九鄙意ノアル所ハ敢テ以テ白サヾルベケンヤ、書ニ臨ミ氷渕ノ至ニ任フルナシ。

八月六日

李　容　九

寺　内　統　監　閣　下

八月八日又一進会に代り寺内統監に上つる書あり。

一進会長李容九謹ミテ白ス、伏シテ以ミルニ琴ノ調セザル甚シキモノハ必ズ之ヲ更張セザルベカラズ。而シテ六律六品ノ諧和ハ固ヨリ之ヲ更張ノ後ニ待タザルベカラズ。故ニ非常ノ事アリテ而ル後ニ非常ノ功アリ。非常ノ人ニシテ而ル後ニ非常ノ事ヲ行フヲ得ル、此レ豈天則ノ縄規ニ非ザランヤ。今ヤ敝民族ノ状態ハ更張セザルベカラザルノ時ニ際セリ、其六律六品ヲ調スル尋常弾撥ノ能クスベキニ非ズ。語ニ曰ク人ヲ駭カスノ波ニ入ラザレバ心ニ愜フノ魚ヲ得ズト、今ノ時ハ尋常ヲ以テ律スベキノ時ニ非ズ。夫人ノ自由ヲ束縛スルハ人道ノ容レザル所ナリ、然レドモ地震海嘯ノ為ニ死セルモノハ其天然ヲ怨ムモノナシ。義戦ノ為ニ死セシモノハ其殺セシモノヲ讐視セズ。要道ノ為ニ人ノ自由ヲ束縛スルモ束縛セシモノヲ悪マザルハ、要道ノ往来ニシテ束縛ヲ解クガ為ニ束縛スルモノナレバナリ。今ヤ韓民ノ奢侈ハ宜シク束縛ヲ加ヘテ之ヲ禁止セザルベカラズ。古曰フ兵ハ之ヲ撤セン、食モ之ヲ撤セン、民ハ之ヲ信ニセザルベカラズト。信ハ食ヲ足シ兵ヲ足スノ策源タリ。故ニ信ヲ以テ奢侈ヲ禁止シ信ヲ以テ其禁条ヲ実行セシメテ、韓民族ヲシテ食ナクシテ瀕死セントセルノ状態ヨリ救出スル、此レ不調ノ琴絃ヲ調スル非常手段タラン。

今ヤ韓民ノ今日ニ至リシ状態ヲ探求スレバ、競的情緒ノ亢進シテ不治ノ難症ニ陥レルモノト謂ハザルベカラズ。

尺寸ノ木ハ以テ岑楼ヨリ高カラシムベカラズ、然レドモ敝皇帝陛下ハ其本ヲ揣ラズシテ其末ヲ斉ウセントシタマヘリ、故ニ世界ノ貧弱国ヲ以テ東洋無比ノ石造ノ宮殿ヲ構エタマヒタリ。上ノ好ム所ハ下之ヨリ甚シキハ人情ノ常態ナリ、故ニ二日一食スルモノト雖モ其衣冠ハ儼然トシテ富貴ノ人タリ。徒ニ外観ノ美ヲ衒ヒテ其内敝ヲ問ハズ、以テ一日ヲ苟モシテ明朝アルヲ知ラザルハ、敝邦両班ノ常態タルニ至レリ。

両班ハ一国ノ風紀ヲ司ドルモノタラザルベカラズ、然ルニ民血ヲ吮ヒ民膏ヲ搾リ、以テ交遊讌飲ヲ事トシテ徒ニ豪奢ヲ競フ。農工商賈モ自ラ其風ニ染マザルヲ得ズ、游冶ノ子弟無頼ノ徒輩ノ風ヲ傷リ俗ヲ乱リ、国ヲ挙ゲテ淫靡ノ風ニ化セシメ、俗ヲ挙ゲテ貧窶無聊ノ民タルニ至ラシメシハ将タ誰ヲカ咎メン。

此頽風ヲ一新シ此悪俗ヲ一革セザレバ、善政良法百出スト雖モ徒ニ黄金ヲ糞水中ニ棄ツルガ如キノミ。

敝会曩ニ十三道生活困難ノ状ヲ査察シ、四民ヲ救済シ実力ヲ養成スルノ方法トシテ、実業会社設立ノ擬案ヲ作リ、政務資料ノ参考トシテ之ヲ　閣下ニ捧呈セリ。此レ大旱ノ雲霓ヲ望ムノ情洵ニ已ムヲ得ザルニ出ヅ、然レドモ憂フル所ノモノハ衆口喁々トシテ食ヲ仰グノミ、食シ尽セバ又食ヲ仰グ猶水ヲ漉水嚢ニ盛ルガ如ク、竟ニ遊食ヲ遏ムルノ期ナケンコトヲ。

山ハ積マザレバ高カラズ水ハ聚マラザレバ深カラズ、民力ノ積聚ハ民族ノ高深ヲ致ス所以ナリ。

天皇陛下ノ仁沢ノ降ル誠ニ甘霈ノ如クナルアリトモ、之ヲ承クルニ漉水嚢ヲ以テセバ、却ツテ陛下ノ恩徳ヲ傷ツケ、　閣下ノ聡明ヲ失ハシメ、累ヲ敝民族ニ遺スコト猶稲苗ノ其根ヲ培セズシテ、其葉ノミヲ繁茂セシメ遂ニ結実ヲ見ザルガ如キニ至ラン。夫大恩ハ大威ヲ以テ行ハル、威ト信トハ大恩ヲ行フ所以ナリ。古ヨリ大政治家ノ初メテ其民ニ臨ムヤ必ズ民心ヲ一変ス、威ニ非ザレバ変ゼズ信ニ非ザレバ帰セズ恩ニ非ザレバ成ラズ。今淫靡ノ俗ヲ変ジテ長厚ノ風ヲ成サシメントスルニハ、威令ノ必ズ信ナルモノアリテ之ニ下ラザルベカラズ。子産ガ鄭王ノ素ヲ作リ管仲ガ九合ノ覇業ヲ成ス、其初ヲ見ルニ倶ニ威令ノ民度ヲ約スルモノアリテ民力ヲ強制シ、以テ其充実ヲ待チタリ。今敝民族ガ一超シテ一等国民ノ班ニ入ラント欲スル豈尋常手段ノ能クスル所ナランヤ。天皇陛下ノ甘霈ノ降ルヲ待タズシテ、先ヅ自ラ水ヲ蓄フルニ堪フルノ器タルヲ得ルニ至ラシムル、此レ天下ノ急務ナリ。然レドモ此レ大威令ノ強制ヲ以テ束縛ノ下ニ初メテ其功績ヲ顕ハスベキハ、今尚古ノ如キノミ。故ニ謹ミテ左ニ其綱要ヲ陳ス、請フ此レヲ大倹令ト名ヅケン。

一、男女老少衣服奢侈ヲ厳禁。
　　衣服ノ奢侈ハ緞属・紬属・毛属ノ三種ヲ最トス。土産ノ紬属及洋巾類ハ禁ズベキニ非ズ、真ニ奢侈ト目スベキ貴価ノ布帛ヲ禁ズルノミ。然レドモ之ガ為ニ通商上ノ増減ヲナスナキヲ確保ス。

一、富貴ノ男女老少ノ飲食ニ珍需盛饌ヲ禁止。

美膳ヲ以テ相競フヲ卑ミ倹素ヲ以テ相尚ハシムルヲ本義トス。

一、宴会ニハ華麗ニ盛備スルヲ得ザレ。男女老少ノ無事ニ間遊スル時ニ、盛備シ浪費スルコトヲ禁止スルヲ本義トス。

父ハ半銭ヲ使フコトヲ知ラズ、子ハ万銭ヲ費スモ尚足レリトセズ、無時間遊ヲ禁ズル能ハズトスルモ、浪費ハ禁ゼザルベカラズ。

一、婚礼ノ時ニ盛備シ濫用スルコトヲ禁止。婚礼ハ両家ノ好ヲ合スル所以ニシテ人世ノ大礼ナリトシ、産ヲ傾ケテ盛備セザレバ社会制裁上忽チ擯斥ヲ受ク。故ニ苦痛ヲ忍ビテ虚礼ヲ相競ヒ自ラ産ヲ破ルヲ顧ミルコト能ハザルノ状態ニ在リ。

一、葬礼及忌祭ノ時ニ盛備進設スルコトヲ禁止。移葬即緬礼ヲ行フコトヲ厳禁。葬礼及忌祭ニハ家産ノ三分ノ二以上ヲ費サヾレバ不孝ノ子ト目セラル。故ニ孝子タラント欲シテ身ヲ売リテ盛備スルモノアルニ至ル、孝子ノ情ハ賞スベシ孝子ノ倣ハ厳禁セザルベカラズ。移葬ハ墓法ノ迷信ニ出ヅ、而シテ富者ノ墓地横領ト、貧者ノ倒産競売ト、所在紛々タル墓地ノ訴訟トハ移葬ニ起因スルモノ多シ。此レ墓法ヲ迷信シ富貴ヲ僥倖スルノ鄙心ヨリ出ヅ、孝ノ為ニスルニ非ズ、切ニ禁ゼザルベカラズ。

一、虚位ニ致祭シテ無用ノ空費スルコトヲ厳禁。

虚位ニ致祭ストハ山神祭・龍王祭・洞祭・城隍祭・家宅祭・田地祭・逐鬼祭・大王祭・冤魂祭・慰魂祭其他許多ノ雑祭。

人民ノ此諸般ノ祭ヲ為スハ、誠心アリテ祭ルニ非ズ、習俗ニ束縛セラレ已ムヲ得ズシテ此児戯ヲ為スナリ。故ニ外教ニ入ルモノハ、一神教ノ此等ノ祭費ヲ発出スルノ苦ヲ免ル、ヲ得ルガ故ナリ。故ニ喜ビテ外教ニ投ジ以テ口ヲ藉リテ苟モ免ル、モノ多シ。今国法ヲ以テ之ヲ禁セバ口ヲ外教ニ藉ルノ憂ナクシテ、国民一般ニ其苦ヲ免ル、ヲ喜ビ、其一年ノ省費ハ実ニ莫大ナルモノアリ。

一、演劇ト伎芸トヲ観覧スル費用ヲ禁止。

此レ固ヨリ可久ノ禁ニ非ザルモ、男女淫靡ノ黴源博奕耽酒ノ悪本ハ、都鄙ヲ問ハズ全ク此演劇ト伎芸トノ場ニ在リ。苟モ大倹ノ実効ヲ挙ゲンニハ此緊縮ノ精神ヲ刷起セシメザルベカラズ、此レ克制上ノ第一義諦ナリ。

一、各郡ノ儒会ト郷会トノ春秋ノ宴会ノ費用ヲ禁止。

会ヲ不可トスルニ非ズ出費スルヲ不可トスルナリ、地方ノ弊害ハ儒会ト郷会トヲ窠臼トス、此弊害ハ痛断セザルベカラズ。

以上ハ法律ノ禁ズル能ハザル所ニシテ、実ニ社会ノ風紀ヲ頽堕セシムルノ本源トナリ、随ツテ濫費空消ノ正因タルモノタリ。故ニ特ニ法令ヲ立テ五年以上之ヲ実践セシメテ、倹勤ノ風長厚ノ俗ヲ馴致セシムルヲ要ス。敝民俗ハ実ニ五礼(吉・凶・軍・賓・嘉)ヲ以テ亡ニ瀕セシモノタリ。

此禁令ニシテ厳行セラレ、其犯人ハ過重ナル罰金ヲ課シテ貴顕豪富ヲ避ケザルコト、郅都ガ蒼鷹視セラレ、甯成ガ乳虎視セラレシガ如クナランカ、一千五百万人ガ一歳一円ヲ倹シ得ルトスルモ、一千五百万円ヲ剰シ得テ、敝邦ノ歳計ノ半ヲ冥々ノ間ニ儲蓄シ得ルナリ。願クハ以テ漉水囊タルヲ免ル、ヲ得テ、人民ノ耳目ハ此ニ聳動シ此ニ豹変シ、風ヲ移シ俗ヲ易フルコト必ズ古先聖王ノ化ノ如クナラン。今ヤ千歳ノ河清ヲ俟ツニ遭ヒタリ、豈鳳鳴ヲ聴カズシテ已ムベケンヤ。

且夫民ハ其始ヲ謀ルベカラズ、子産ノ大倹ノ始政ニハ鄭人之ヲ殺サント欲セリ。何トナレバ珍玩奇巧侈服ヲ挙ゲテ之ヲ褚ニシ姑ク用キルコト能ハザラシメタレバナリ。然レドモ今敝邦ノ情状ハ大ニ之ニ異レリ、既ニ富メルノ民ニ非ズシテ最モ貧シキノ民タリ、最モ貧シキノ民ヲ以テ既ニ富メルノ民ト角逐セザルベカラザルノ苦ヲ忍ベルノ民タリ。然ラバ大倹ノ一令ハ敝民俗人々肘後ノ神符ニシテ、形容ヲ以テ角逐スルノ苦ヲ抜カル、ノ利鑷タリ。故ニ此令ヲ歓迎シテ　閣下ヲ民ノ父母ナリト頌スルコト、子産ガ大倹決行ノ三年後ノ如クナルヲ得ン。子産ハ侈ル可キモノヲ抑ヘテ侈ラザラシメントセリ、故ニ其民情ヲ怒ラシメタリ。今ハ侈ルヲ得ザルモノヲ揚ゲテ富ニ進ムノ道ニ由ラシメントス、民情烏《イツク》ンゾ順ハザルヲ得ンヤ。

其効験ノ最モ著大ナルモノヲ挙グレバ、一ニハ以テ民怨ヲ解クヲ得ルナリ。何トナレバ細民ノ怨ハ我膏血ヲ以テ汝ガ口腹ヲ飽カシメ、我皮肉ヲ剝ギテ汝ガ錦衣貂裘ヲ製セリト。今倹令一下セバ堂上堂下ヨリ黎甿ニ至ルマデ、衣食ノ麁細ヲ和調シテ積年ノ冤結自ラ氷釈セザルヲ得ズ。此レ敝民族ガ仁政ヲ謳歌シテ不識ノ帝則ニ欽遵シ易キ所以ナリ。二ニハ名門富豪ノ父母手ヲ抃チテ此令下ニ舞ハン。何トナレバ以テ子弟ノ奢侈ト遊蕩トヲ制スルヲ得テ、家産ヲ亡ボスノ厄ヲ免ル、ヲ得レバナリ。三ニハ民情聊頼スル所アリテ暴棄ノ念自ラ滅シ、一国ノ風紀粛然トシテ前程ノ光ヲ愛楽セン。此三ノモノハ最モ人情ノ見易キモノタリ、極メテ人情ニ遠キノ法ヲ立テ、却ツテ最モ人情ニ近キヲ得ルハ、時ヲ利シ勢ニ乗ジテ自然ノ王道仁徳ヲ行ヘバナリ。故ニ曰ク民ノ之ヲ悦ブコト猶倒懸ヲ解クガ如シト。伏シテ願クバ　閣下新政ノ初ニ当リ、此耳目ヲ一新スルノ大倹令ヲ下シテ所謂社会政策ヲ実行シ、以テ敝民族ノ倒懸ヲ解キタマハンコトヲ。

管仲言ヘルアリ衣食足リテ礼節ヲ知ルト。孔子ノ弟子ニ教ウルモ亦然リ。既ニ庶ナレバ之ヲ富マシ既ニ富メバ之ニ教ウト。本案ハ一面ニ於テハ国民経済ノ基礎ヲ立ツル所以ナルモ、一面ニ於テハ実ニ国民道徳ヲ養成スルノ苗圃トナルモノニシテ、狉々無頼ノ悪性ハ自然ニ此令下ニ克制セラレテ典型中ノ民タルニ復性セシムルヲ得テ、其化育ノ効実ニ形影ノ外ヲ包涵スルモノアラン。

謹ミテ献芹ノ誠ヲ表ス懇悃ノ至ニ勝フルナシ。

八月八日　一進会長　李　容　九

寺　内　統　監　閣　下

此の如く李容九は合邦後の諸般の施設整備が韓国の民情風俗に副ふのみならず、合邦を機として従来の儆制錮習を改善すべき方法を講ぜられんことを希ひ、総て之を師に図りて幾度か統監に上書したり。或ものは之を一進会或は李容九の私意より出でたるものなりと称すれども、李容九は元来東学教徒にして、日清戦争前より国歩の艱難と人民塗炭の苦を脱せんことを志とし、一身の安危を顧みず、唯政教の二方面のみに止まらず、進んで弾雨の間白刃の叢に立ち、延いて日露戦争の起るに及んで、愈々日本に頼るに非ずんば其本願を達すること能はざるを感じ、挺身部下の教徒を率ゐて我軍陣に従つて、道路の開鑿に糧粡の搬輸に敵地の偵察等に従事し貢献するところ多く、宋秉畯も亦此時招かれて軍旅に従ひ、戦後相図りて一進会を創立し能く我国情を知悉したるが故に遂に合邦の大事を上疏したるものなり。而して此間毫も私意を挾まず唯国家の安泰と人民の幸福を図るを念として一身を捧げたり。此等の上書は即其精神の現れにして、又之に関して師の心を用うることの大なることも亦見るべきなり。啻に是のみならず師が李容九・杉山・明石等の間に在りて各自の意志を疏通せしめ、大事の達成に苦心努力したる事蹟は他の数多の文書に依りて明なり。

四　併合問題の実現

八月四日夜十時頃統監府外務部長小松緑の官舎に李人植(李完用の秘書役にして趙重應の親友、小松緑の知己たるもの)なるもの突如訪問し、談合邦の事に及び恰も一進会の合邦上疏意見の如き意志を漏らし、李完用に此事を謀り更に来って報告せんと約して十二時少し前に辞去し、八月八日再び訪問し報告して曰く、李完用は一々貴説に首肯し且謂へり、一日も早く解決せんことは得策ならんとの旨を報告したるに由り、小松部長は之を寺内統監に報告す。此に於て寺内統監は人事局長国分象太郎を使者として、李完用に日韓併合の件に関して面会したしとの旨を伝へしめたり、八月十六日李完用は農商工部大臣趙重應と共に統監邸を訪問す。此に於て寺内統監は、韓国皇室及韓国民の福利を増進せんが為、両国相合して一体と為り政治機関の統一を図るの外途無きを語り、他の閣員に諮る便宜上一の覚書を交附し種々意見を交換したり。

八月十八日寺内統監は再び李首相を招き新条約の草案を示す、之に依りて李首相は閣議に附して決したり。一面桂首相は同草案を内閣会議に提出して直に之を可決。勅裁を経て統監に電達せられ、又韓国に於ては李首相は宮内大臣閔丙奭と侍従院卿尹徳榮を招き、此事を語りて其諒解を得たり。

第二節　韓国併合に関する詔勅及条約

一　詔勅及新条約

二十二日韓国内閣員は昌徳宮内閣に参集し、午前十時閔宮相・尹侍従院卿と共に寺内統監を訪問し、各大臣は閣議後午後一時より大造殿に於て韓皇に謁し、新条約に関する御前会議を開き、皇族代表李載冕・元老代表中枢院議長金允植の意見をも諮問せられ、何れも之に賛したるに由り、韓皇は新条約の締結を許可し、左の詔勅を発せられたり。

朕東洋ノ平和ヲ鞏固ナラシムル為、韓日両国ノ親密ナル関係ヲ以テ彼我相合シ一家ヲナスハ、相互万世ノ幸福ヲ図ル所以ナルヲ念ヒ、玆ニ韓国ノ統治ヲ挙ゲ此ヲ朕ガ極メテ信頼スル大日本皇帝陛下ニ譲与スルコトヲ決定シ、仍テ必要ナル条章ヲ規定シ、将来我皇室ノ永久安寧ト生民ノ福利ヲ保障スル為、内閣総理大臣李完用ヲ全権委員ニ任命シ、大日本帝国統監寺内正毅ト会同シテ商議協定セシム、諸臣亦朕ガ意ノ確断シタル所ヲ体シテ奉行セヨ。

御　名　御　璽

隆熙四年八月二十二日

此の如く必要なる条約を締結する順序として、総理大臣李完用を全権委員に任命する旨を宣せられし上、前掲の詔勅と全権委任状を李完用に下され。偶然にも此日我国に於ても特に枢密院会議に御諮問の上、御裁可遊ばされ、直に寺内統監に対して新条約締結の全権を与へられたることを電達せらる。

此日李首相は趙農相を随へて午後四時統監邸に至り、日本全権寺内統監と会同して韓帝の全権委任状を提示し、左の新条約を締結す。

日本国皇帝陛下及韓国皇帝陛下ハ、両国間ノ特殊ニシテ親密ナル関係ヲ顧ヒ、相互ノ幸福ヲ増進シ東洋ノ平和ヲ永久ニ確保センコトヲ欲シ、目的ヲ達セムガ為ニハ韓国ヲ日本帝国ニ併合スルニ如カザルコトヲ確信シ、玆ニ両国間ニ併合条約ヲ締結スルコトニ決シ、之ガ為日本国皇帝陛下ハ統監子爵寺内正毅ヲ、韓国皇帝ハ内閣総理大臣李完用ヲ、各其ノ全権委員ニ任命セリ。因テ右全権委員ハ会同協議ノ上左ノ諸条ヲ協定セリ。

第一条　韓国皇帝陛下ハ韓国全部ニ関スル一切ノ統治権ヲ、完全且永久ニ日本国皇帝陛下ニ譲与ス。

第二条　日本国皇帝陛下ハ前条ニ掲ゲタル譲与ヲ受諾シ、且全然韓国ヲ日本帝国ニ併合スルコトヲ承諾ス。

第三条　日本国皇帝陛下ハ、韓国皇帝陛下、皇太子殿下竝其ノ后妃及後裔ヲシテ、各其地位ニ応ジ相当ナル尊称、威厳及名誉ヲ享有セシメ、且之ヲ保持スルニ十分ナル歳費ヲ供給スベキコトヲ約ス。

第四条　日本国皇帝陛下ハ、前条以外ノ韓国皇族及其ノ後裔ニ対シ、各相当ノ名誉及待遇ヲ享有セシメ、且之ヲ維持スルニ必要ナル資金ヲ供与スルコトヲ約ス。

第五条　日本国皇帝陛下ハ勲功アル韓人ニシテ、特ニ表彰ヲ為スヲ適当ナリト認メタル者ニ対シ栄爵ヲ授ケ且恩金ヲ与フベシ。

第六条　日本国政府ハ前記併合ノ結果トシテ、全然韓国ノ施政ヲ担任シ、同地ニ施行スル法規ヲ遵守スル韓人ノ身体及財産ニ対シ十分ナル保護ヲ与ヘ且其ノ福利ノ増進ヲ図ルベシ。

第七条　日本国政府ハ誠意忠実ニ新政《（マヽ）》度ヲ尊重スル韓人ニシテ、相当ノ資格アル者ヲ事情ノ許ス限リ、韓国ニ於ケル帝国官吏ニ登用スベシ。

第八条　本条約ハ日本国皇帝陛下、及韓国皇帝陛下ノ裁可ヲ経タルモノニシテ、公布ノ日ヨリ之ヲ施行ス。

右証拠トシテ両全権委員ハ本条約ニ記名調印スルモノナリ。

明治四十三年八月二十二日　統監　子爵　寺内正毅

隆熙四年八月二十二日　内閣総理大臣　李完用

此調印を終りたるは同日午後五時なり、然れども実施の準備未だ完整せざる為直に公布せられず。

此日師は偶々明石少将の官邸に在りしが、太皇帝今御寝との秘報あり此一語は師をして事の定まりしを悟らしむ、乃七絶一詩を賦して少将に示す詩に曰く。

金風颯爽斗秋ニ横ハル。天漢明々烏鵲ノ楼。此時更ニ有リ快心ノ事。皎月高ク懸ル木覓ノ頭。

師又之に附記して曰く、木覓ハ南山ノ異名ニシテ統監邸ノ在ル所ナリ、此夜統監ハ毬ヲ打チ少将ハ客ト談笑ス。真ニ是干戈ヲ動カサズシテ太平ヲ致ス故ニ余此詩ヲ作ル、去ルニ臨ミ少将一公案ヲ請ハル余之ニ応ジテ曰ク、鉄崑崙夜裏ニ走ルと。

又八月二十八日師明石少将の席上に於て桃太郎の画に賛する五絶詩あり曰く、

桃王意気揚り。嬰歩鬼方ニ入ル。既ニ猿犬ヲ和スルヲ得。雉ノ越裳ヨリ来ルヲ見ル。

而して又附記に犬猿雉ハ桃太郎ノ従者ナリと。

八月二十九日に至り日韓両国政府は併合条約を発表すると同時に、之に附帯する詔勅竝に宣言・勅令・府令・諭告等を発布せり、乃左に其主なるものを挙ぐ。

（条約全文は前にあり）

天皇陛下ノ詔書

朕東洋ノ平和ヲ永遠ニ維持シ帝国ノ安全ヲ将来ニ保障スルノ必要ナルヲ念ヒ、又常ニ韓国ガ禍乱ノ淵源タルニ顧ミ、曩ニ朕ノ政府ヲシテ韓国政府ト協定セシメ、韓国ヲ帝国ノ保護ノ下ニ置キ、以テ禍源ヲ杜絶シ平和ヲ確保セムコトヲ期セリ。

爾来時ヲ経ルコト四年余、其ノ間朕ノ政府ハ鋭意韓国施政ノ改善ニ努メ、其ノ成績亦見ルベキモノアリト雖モ、韓国ノ現制ハ尚未ダ治安ノ保持ヲ完ウスルニ足ラズ。疑懼ノ念毎ニ国内ニ充溢シ民其ノ堵ニ安ゼズ、公共ノ安寧ヲ維持シ民衆ノ福利ヲ増進セムガ為ニハ、革新ヲ現制ニ加フルノ避クベカラザルコト瞭然タルニ至レリ。

朕ハ韓国皇帝陛下ト与ニ此ノ事態ニ鑑ミ、韓国ヲ挙テ日本帝国ニ併合シ、以テ時勢ノ要求ニ応ズルノ已ムヲ得ザルモノアルヲ念ヒ、玆ニ永久ニ韓国ヲ帝国ニ併合スルコト、為セリ。

韓国皇帝陛下及其ノ皇室各員ハ、併合ノ後ト雖モ相応ノ優遇ヲ受クベク、民衆ハ直接朕ガ綏撫ノ下ニ立チテ其康福ヲ増進スベク、産業及貿易ハ治平ノ下ニ顕著ナル発達ヲ見ルニ至ルベシ、而シテ東洋ノ平和ハ、之ニ依リテ愈其ノ基礎ヲ鞏固ニスベキハ朕ノ信ジテ疑ハザル所ナリ。

朕ハ特ニ朝鮮総督ヲ置キ、之ヲシテ朕ノ命ヲ承ケテ陸海軍ヲ統率シ、諸般ノ政務ヲ総轄セシム。百官有司克ク朕ノ意ヲ体シテ事ニ従ヒ、施設ノ緩急其ノ宜キヲ得、以テ衆庶ヲシテ永ク治平ノ慶ニ頼ラシムルコトヲ期セヨ。

御　名　御　璽

明治四十三年八月二十九日

各国務大臣　副署

李王冊立の詔勅。

朕天壌無窮ノ丕基ヲ弘クシ国家非常ノ礼数ヲ備ヘント欲シ、前韓国皇帝ヲ冊シテ王ト為シ昌徳宮ト称シ、嗣後此ノ隆錫ヲ世襲シテ以テ其宗祀ヲ奉ゼシメ、皇太子及将来ノ世子ヲ王世子トシ、太皇帝ヲ太王ト為シ徳寿宮李太王ト称シ、其儷匹ヲ王妃、太王妃又ハ王世子妃トシ、竝ニ待ツニ皇族ノ礼ヲ以テシ特ニ殿下ノ敬称ヲ用キシム。世家率循ノ道ニ至リテハ、朕ハ当ニ別ニ其軌儀ヲ定メ、李家ノ子孫ヲシテ奕葉之ニ頼リ福履ヲ増綏シ永ク休祉ヲ享ケシムベシ。茲ニ有衆ニ宣示シ用テ殊典ヲ昭ニス。

御　名　御　璽

宮内大臣　内閣総理大臣　副署

李堈公（李王の実弟義親王）李熹公（李王の叔父興王）の礼遇詔勅。

朕惟フニ李堈及李熹ハ李王ノ懿親ニシテ令聞夙ニ彰ハレ槿域ノ瞻望タリ、宜ク殊遇ヲ加錫シ其ノ儀称ヲ豊ニスベシ。玆ニ特ニ公ト為シ其配匹ヲ公妃トシ、竝ニ待ツニ皇族ノ礼ヲ以テシ殿下ノ敬称ヲ用ヰシメ、子孫ヲシテ此ノ栄錫ヲ世襲シ永ク寵光ヲ享ケシム。

御　名　御　璽

新附の臣民に下されたる詔勅。

朕惟フニ統治ノ大権ニ由リ、玆ニ始メテ治化ヲ朝鮮ニ施クハ、朕ガ蒼黎ヲ綏撫シ赤子ヲ体恤スルノ意ヲ昭示スルヨリ先ナルハナシ。乃チ別ニ定ムル所ニ依リ、朝鮮ニ於ケル旧刑処犯ノ罪囚中、情状愍諒スベキモノニ対シテ、特ニ大赦ヲ行ヒ。積年ノ逋租及今年ノ租税ハ之ヲ減免シ、以テ朕ガ軫念スル処ヲ知悉セシム。

御　名　御　璽

奚に渙発せられたる空前の聖詔を拝せる内地外地の子民は、無限なる聖徳の天包海涵に感激せざる者あらんや。久しく帰趨に迷ひたる半島子民の安堵の情、楽業の状は最も想ふに堪えたり。

韓国皇帝の勅諭（漢文）。

皇帝若《コヽ》ニ曰ク朕否徳ニシテ艱大ナル業ヲ承ケ、臨御以後今日ニ至ルマデ維新政令ニ関シ丞図シ備試シ、未ダ曽テ至ラズト雖モ、由来積弱痼ヲ成シ疲弊極処ニ至リ時日間ニ挽回ノ施措望無シ。中夜憂慮善後ノ策茫然タリ。此ニ任シ支離益甚シケレバ終局ニ収拾シ能ハザルニ底《イタ》ラン、寧ロ大任ヲ人ニ託シ完全ナル方法ト革新ナル功効ヲ奏セシムルニ如カズ。故ニ朕是ニ於テ瞿然内ニ省ミ廓然自ラ断ジ、玆ニ韓国ノ統治権ヲ、従前ヨリ親信依仰シタル隣国日本皇帝陛下ニ譲与シ、外東洋ノ平和ヲ鞏固ナラシメ、内八域ノ民生ヲ保全ナラシメントス。惟《タヾ》爾《ナンジ》大小臣民ハ国勢ト時宜ヲ深察シ、煩擾スルナク各其業ニ安ンジ、日本帝国ノ文明ノ新政ニ服従シ幸福ヲ共受セヨ。朕ガ今日ノ此挙ハ爾有衆ヲ忘レタルニアラズ、壹《モッパ》ラ爾有衆ヲ救活セントスル至意ニ出ヅ。爾臣民ハ朕ノ此意ヲ克ク体セヨ。

隆熙四年八月二十九日

御　璽

是韓国皇帝が其治下の臣民に下されたる其最後の勅諭なり、奚ぞ其辞の謙譲にして而して其意の悲愴なる。積弊の極を転じ人民の困苦を拯ひ、其幸福を増進せられんとするの叡旨は何ぞ夫深重なる。之を読みて泣かざるものは非国民なり、之を太皇帝[2]の外交上の策略縦横、神出鬼没なるに対比すれば、至誠真摯簡明真率感慨無量の念を起さゞるを得ざらしむ。元来韓国は老大国たる清国と本邦との間に介在し、鴨緑江を隔てゝ清国と接壌するのみならず其昔唐代に征服せられ、又或は我国に征服せられたること有りしが、後遂に清国の正朔を奉ずるに至り、我江戸幕府時代には我国にも修交使を送り居たりしが、弱小国の常態として、事大主義の下に、清国の属国たるを甘んずるの観あり。明治の初期より度々我国に侮辱を加へ、其内乱に端を発して遂に日清戦争を誘発し、我国に依りて独立せしも、自衛力の無き為又露国に頼りて、清国と共に露国の極東政策を増長せしめたる結果、日露戦争を勃発せしめ遂に我国の被保護国と為りしも、更に屢々種々の陰謀を弄して我国の誠意に乖きたること一再ならず。国家の主権は大略我国に帰属したる後、偶々一進会が日韓合邦を主唱するに当り、人民は翕然として之に賛し[3]、爾来約十ヶ月にして遂に併合を実現するに至れり。韓国君民が永く党同伐異を是事として、他を顧ること能はざりしも、是より官民内に鬩ぐの愚を為す機を絶ち、思想安定して挙国文化に進み、産業を開発振興して国富を増進するに至れるは此急革新に由らずんばあらず。若し然らずんば永く東洋の巴爾干《バルカン》と為り禍根を永久に遺し、接壌地の国民までも之に累倒せられて、塗炭の苦を受くるのみならず、延いては世界の禍根と為らんことも無きに非ざるべし。

而して政府は韓国の併合に関し、併合の理由と条約の帰属及関税（十年間据置）、貿易等の四要目に就き詳細に渉り其大綱を宣言通告す。蓋し韓国と条約し且最恵国条款を有する国は独逸・亜米利加合衆国・墺地利洪牙利・白耳義・清国・丁抹・仏蘭西・大不列顛・伊太利・露西亜の十箇国なり。而して韓国と未条約国たる亜爾然丁・伯剌西爾・智利・格倫比亜・西班牙・希臘・墨西哥・諾威・和蘭・秘露・葡萄牙・暹羅・瑞典・瑞西等の十四箇国に対しては別に通告せらる。曩に既に韓国に於ける帝国の保護政治を承認したる締盟列国は、固より韓国併合に対して抗議するの理由なく、殊に関税率を十年間現行のまゝに据置き、内地との移出入税も同様据居きの措置なるを以て、各国共に我公平なる誠意を諒せり。

同日寺内統監は詳細丁寧なる諭告を発す。其大要は、

天皇陛下ハ韓国皇帝ノ希望ニ応ジ、統治権ノ譲与ヲ受諾シ給フニ依リ、朝鮮ノ民衆ハ尽ク日本帝国ノ臣民ト為ル。

忠順ナル賢良ハ栄爵ヲ授ケラレ、帝国ノ官吏トシテ、或ハ中枢議官、或ハ中央若シクハ地方官庁ノ職員ニ登用セラルベシ。又班族儒生ノ耆老ニシテ、恭謙庶民ノ師表タルベキ者ニハ、尚歯ノ恩典ヲ与ヘラレ、孝子・節婦・郷党ノ模範タル者ニハ褒賞ヲ賜ハリ、

元ノ地方官吏ノ国税欠逋ハ其責任ヲ解除シ、

犯罪ノ性質ニ対シテ大赦ノ特典ヲ与ヘラルベシ。

隆熙二年以前ノ未納地税ヲ免除シ、隆熙三年以前ノ貸付社穀ハ其還納ヲ特免セシメ、本年秋期徴収スベキ地税ハ、其五分ノ一ヲ軽減ス。

更ニ国帑約一千七百万円ヲ十三道三百二十有余ノ府郡ニ配与シ、士民ノ授産、教育ノ補助、凶歉ノ救済ニ充テシム。

軍隊及憲兵警官ハ専ラ治安ニ従事シ、安寧秩序ヲ維持ス。

産業ヲ振作スル為ニ鉄道ヲ敷設スベシ。

中枢院ヲ拡張シテ賢良ヲ議官ニ任ジ、各道府郡ニハ参与官或ハ参事官、又ハ参事ノ職ヲ設ケ能士俊才ヲ登用ス。

慈恵医院ヲ増設シテ救済ヲ行フ。

信教ノ自由ヲ認メ、世態人心ノ改善ヲ図ルモノニハ、其布教伝道ニ適当ナル保護便宜ヲ与フ。

本官今　聖旨ヲ奉ジテ此ニ莅ムヤ、治下生民ノ安寧幸福ヲ増進セント欲スルノ外、他念無シ、是諄々トシテ其適従スベキ所ヲ諭示スル所以ナリ、爾等恪シテ新政ノ宏謨ヲ奉体シテ苟モ違フ所アル勿レ。

明治四十三年八月二十九日

統監子爵　寺　内　正　毅

之を案ずるに、嘗て李容九が進言したるものに一致するところ少からず、是進言を採りたるものか、将《ハタ》偶然の暗合か。

二　併合恩典

今後の李王家の歳費を金百五十万円とし、之を総督府特別会計中より支出することゝし、李王家の懿親李堈・李熹の二公家には各金八十四万円に相当する恩賜公債を交付し、以下王家の懿親及新政翼賛の閣僚、元老並に前内閣大臣等には聖旨を奉じて夫々侯・伯・子・男の爵を授け、懿親の侯伯には旧歳費の五割増を標準として、之に相当する恩賜公債を、爾余の伯爵三人には各々金十万円、子爵二十二人には各々金五万円、男爵四十五人には各金三万円の恩賜公債を交付し、又併合に功労ありし一進会・大韓協会等の政社に対しては一時賜金の恩典あり、此等の恩賜金額は八百二十四万六千八百円に達すと云ふ。

又別に

功労者及旧韓国官吏三千五百五十九人に恩賜金

両班儒生等九千八百十一人に尚歯恩金　三〇〇、〇〇〇円

孝子・節婦三千二百九人の表彰及鰥・寡・孤・独七万九百二人の救恤費金

二三五、九〇〇円

孤児の教養、盲唖者の教育、精神病者の救療基金　二、五〇〇、〇〇〇円

一般貧民の救療基金　二、八五〇、〇〇〇円

行路病者の救療基金　二一三、五〇〇円

風教奨励の経学院基金　二五〇、〇〇〇円

大赦に由りて赦免の恩典に浴する未決囚二百九十二人、既決四千四百十九人にして、外に在監中の囚徒も減刑せらる。

以上の恩典は併合発表と共に或は逐次調査の完了するに随って夫々実施せらると云ふ。

三　勅使下向

八月三十日宮内官稲葉侍従は勅使として蜂須賀式部官を随へ、韓帝に封冊の詔書を贈呈すべく渡海して統監官邸に在り。韓宮廷にては小宮宮内次官・權藤宮内官を伴なつて統監官邸に至り、勅使接伴の打合せを為したり。

此日勅使は騎兵二箇少隊に前後を警衛せられて昌徳宮に入る。韓帝は宮中の官僚を随へて車寄せまで迎えられ、親しく導きて仁政殿に入られ。勅使は殿の中央に位置せる金色の卓子に西面し、韓帝は東面せられ、閔宮相・小宮次官・尹侍従院卿・李侍従武官長等以下大礼服にて侍立。又勅使には寺内統監・山縣副統監・明石警務総監等正装して随ひ着席す。凡て無言の裡に於て勅使は梨地に菊花御紋章の輝ける、長三尺幅二寸五分程の函に納めたる詔書を捧げて韓帝に授け、帝は之を受けられ荘重なる敬礼を交換せられて式終り、東行閣に於て三鞭の杯を挙げられたり。勅使の退出に当りて新李王は復車寄せまで見送られたり。夫より三十分後に李王は御礼言上の為、勅使の宿所たる統監官邸を往訪せらる。此時は韓帝の鹵簿を用ゐられ、雪白の羽毛に蔽はたる英国式の軍帽、青色の上衣に赤色袴を着けたる儀仗騎兵は、前後を警衛し、金色李花の御紋章燦たる韓国皇帝旗は、御馬車の先頭に翻りたり。是李王が韓国皇帝としての最後の鹵簿たるものにして、宮中の侍臣より宮女等に至るまで、之を望見して皆悲愴の感に打たれ涙を浮べざる者なしと云ふ。蓋し之に依つて旧韓国皇帝と旧韓国との、画期的最後を飾りたるものと謂ふべし、記して此に至り曽て師及李容九等と共に、合邦の速ならんことを期したる予も亦、荘厳なる葬儀を送るの感に堪へず、黯然たること良《やゝ》久し。然れども李王家の宗祀を永続し、李王家の安泰の為、又新附の子民を　聖天子の治下に包容し、旧国民と共に其幸福を増進せんことに想到せば又大に慶すべきのみ。

四　総督府開設の準備

併合に関する手続は終了したるを以て、九月より総督府開設に関する準備を進められたるが、寺内統監は併合発表剏創の際任地を離るゝこと能はざるを以て、山縣副統監をして上京して諸官制の制定事務に当らしめたり。乃李王職官制・総督府官制を始めとして、地方官々制・警察署官制・其他税関・営林廠・朝鮮医院・勧業模範場・平壌礦業所・裁判所・臨時土地調査局・中枢院官制並に之に附帯すべき条項等は、総督府の開設と同時に公布の必要あるに由り、山縣副統監は此等の説明を為すべく上京。閣議の席に於て又或は枢密院の質問に応じ、九月二十九日までに悉く上奏の手続を終り急ぎ帰任せり。統監が十月一日の総督府開設に際して、訓示すべきを十月三日に遷延せしは之が為なり。斯くして李王職官制を除くの外、各官制は九月三十日を以て公布せられ、十月一日より一斉に施行せられんとす。

五　朝鮮政党の解散

之より先統監府は韓国現在の凡ての政党を解散し、政党として政治を批議するの機関を根絶せんとす。明石少将は予め之を一進会に内諭するところ有り、此より先乃七月三十日李容九と師とは、共に暑を避くるの名の下に仁川の八景園に在り、八月十八日師は之に対して明石少将に報じて曰く。

敬啓スル者敝衲ハ閣下ノ密意ノ在ル所ヲ憶測シ、暗ニ仁川ニ下リテ李会長ヲ八景園ニ訪問シ、

一進会ハ合邦ノ発表ヲ時機トシテ解散ノ宣言書ヲ発表シ、会員ヲシテ真ノ衣食問題ニ転入セシメ、目下ノ民度ニ於テハ政党ノ不必要ナルコトヲ天下ニ承認セシメテ、各政党ノ嚆矢トナルコト、一進会ガ本来ノ特色ヲ発揮シテ、末後ノ光彩ヲ輝カス所以ナラン。

トノ意味ヲ以テ李会長ノ意見ヲ叩キタリ、昨夜ヨリ今朝ニ至ル説論ノ要ヲ摘記スレバ左ノ如シ。

李会長ノ意見ノ最要点ハ、
一進会ハ親日ヲ以テ統監政治ヲ掩護スルガ為ニ存在セルモノナレバ、統監ノ命ゼラル、所ハ水火ヲモ避ケズ、白刃ヲモ冒シテ其命ヲ全ウスルコトニ勉ムベシ。然レドモ自ラ解散ヲ宣言スルハ不可能ナル事情アリ。
ト云フニ帰結ス。而シテ其不可能ナル事情ヲ綜合シテ其要点ヲ列挙スレバ左ノ如シ。

一、内閣ト一進会トノ関係

内閣ノ秘密ハ既ニ漏泄セリ、曰ク民党ハ悉ク解散ヲ命ズベシト、故ニ各政社ハ密談内ニ湧キ蜚語外ニ蝗飛セリ。

内閣ガ民党ヲ悉ク解散スベシト公言セルハ謂レナキノ言タリ、何トナレバ所謂政社トシテ民党タルモノハ一進会ノ一社アルノミ。他ノ泄々沓々ノ徒ハ皆内閣ノ系ニ属ス、何ゾ悉ク民党ナリト冒称スルヲ得ンヤ、此レ一進会ヲ解散セント欲スルガ故ニ、他ノ政社ヲ解散セント欲スルナリ。

故ニ一進会ガ解散ヲ命ゼラル、ニ先ダチテ自ラ解散ヲ宣言スルハ、内閣ノ術中ニ陥リタリト目セラレ、会名ハ解散スベキモ会体ハ解散スベカラズ、終ニ十三道収拾スベカラザルノ紛難ヲ構フルニ至ラン。

一、合邦ト一進会トノ解散ノ予想

対内閣関係トシテ一進会ガ非政党論ノ嚆矢トナルノ美名ヲ収ムルノ不可能ナル

ノミナラズ、一進会ハ最初ノ日韓協約ヲ掩護セシヲ以テ売国賊ト目セラレ、爾来親日標榜ノ為ニ排日派ト苦闘ヲ継続セリ。今合邦ノ発表ヲ期トシテ解散セバ、国民ハ誤認シテ曰ハン。一進会ハ韓国ヲ日本ニ捧グルガ為ニ結バレタル政社ナリシ故ニ、合邦ト共ニ解散セリト。乃解散会員ハ社交上ニ容レラル、ノ地ナク、一進会ガ国民ノ犠牲トナリテ百難ト戦ヒ以テ今日ニ至リタル真意ハ、此末後ニ於テ全ク没却セラレ、復赤誠ヲ同民族ニ承認セラル、ノ期ナキニ至ラン。一進会ガ合邦議ヲ提唱セシ理由ハ公明正大ニシテ一点ノ賊情ナシ、然レドモ大声ハ俚耳ニ入ラズ囂々トシテ売国ノ譏ヲ受ク。売国ノ売国ニ非ズシテ、真ノ天福ヲ同民族ニ均霑セシムル所以ナリシコトヲ承認セシムルニハ、実行ヲ以テ之ヲ示スノ外ナシ。故ニ一進会ノ解散ハ合邦ト期ヲ同ジクスベカラズ、少シク合邦ニ後レテ合邦ノ効果ノ稍同民族間ニ認知セラル、ヲ待ツノ要アリ。否ラザレバ解散会員ハ不測ノ奇禍ニ陥ラン。

一、韓国一般ノ政党

韓国ニハ人党アリテ政党ナシ、政党ハ国民ガ参政権ヲ有スルニ由リテ始メテ生ズ。韓民族ノ程度ニ在リテハ前途尚遠シ。何トナレバ衣食足リテ而ル後ニ礼節ヲ知リ、富ミテ後ニ之ヲ教ヘ而ル後ニ憲政企及スベケレバナリ。五百年来党弊ヲ以テ国ヲ亡ボセリ、一進会ガ国民ヲ代表シテ立チシハ国民ノ為ニ立チシナリ、他ノ党人ト撰ヲ異ニセリ。一般ノ政党ハ老論・少論等ノ旧夢ヲヲ親日・親米等ノ新名義ノ上ニ立テ、、党同伐異ノ慾ヲ逞クセント欲スルニ過ギズ。故ニ主義ナク主張ナク、政綱等ノ名目ヲ立ツルモ沐猴ノ冠セルモノ、政治上ニ於テ有害無益タルハ論ナシ。

然レドモ此ノ如キ所謂政党ニ対シテ、統監府ガ解散ヲ命ズルハ寧ロ滑稽ニ失スルノ観アリ。何トナレバ真正ナル政治ノ下ニハ、無参政権民ガ政治ニ容喙スルノ理由ナケレバナリ。故ニ統監府ニシテ真正ニ政綱ヲ張ラレナバ、本来無用ナル私党ハ自滅ノ外ナシ。現ニ政友・進歩等ノ種々雑多ノ政党ハ、有名無実ニシテ事実上ニ於テ自ラ解散セリ、大韓協会ハ比較的根底ヲ有セルモ、会内目下ノ議ヲ探ルニ自ラ解散ヲ宣言スルカ、解散ノ命令ヲ待ツカノ二途ニ出ヅル外策ナキニ至レリト云フ。此レ政党ニ非ズシテ人党ナレバナリ。

一、統監ノ政党ニ対シテ執ラルベキ方針

故ニ統監府ハ各政党ニ対シ解散ヲ命ズルノ必要ナシ、児戯ノ甚シキニ及ビ他ノ行政上ノ威圧ヲ以テ之ニ臨メバ、各党ハ自ラ消滅セン。語ニ曰ク妖ヲ見テ妖トセザレバ妖自ラ滅スト、統監府ハ各政党ヲ自滅セシムルノ方針ヲ執ラバ可ナリ。自滅ノ期未ダ至ラザルニ解散ヲ強フルトキハ二種ノ不利ナル影響アリ。一ハ現前合邦ノ大事アルノミ政党ノ如キハ重要問題ニ非ズ。然ルニ之ヲ重視シテ関渉ヲ生ゼバ、彼等ト雖モ十三道自ラ連絡アルヲ以テ無形中ニ動揺ヲ生ゼン、一ハ其解散ノ官命ハ隠約中ニ反抗ノ動機ヲ醸サン、現ニ大韓協会ノ如キハ、一部ハ天道教ニ入リテ排日ノ気勢ヲ養ハントシ、一部ハ基督教ニ入リテ最後ノ活動ヲ試ミントセリ。此レ内閣ノ解散ノ一声ガ、自然流レ去ルベキ水ヲ遏メテ、激越ノ波瀾ヲ風ナキニ起サシメシニ由ル。

一、伊藤公以来ノ政党ニ対スル伝承

伊藤公臨韓ノ初ニ於テ韓国ノ政党ヲ日本ノ政党ノ如ク誤認セラレ、一視同仁ノ語ヲ発表シテ各政党ニ臨マレタリ。然レドモ韓国ノ政党ト称セルモノハ、尽ク排日主義ヲ以テ名ヲ政党ニ仮リタルモノタリ、親日党ハ一進会ノ一アルノミ。然ルニ一視同仁セラレシヲ以テ、排日党力ヲ得テ統監政治ヲ沮シ、親日党ヲ構陥シテ其気勢ヲ喪ハシムルニ勉メタリ。故ニ統監政治ハ排日ナル自己ノ敵党ヲ懐柔スルニ力ヲ致シテ、而シテ自己ノ親日党ヲ酷遇セントスルノ情勢ニ陥リ、日本トシテ対政党策ヲ論ズレバ、敵ニ糧ヲ齎ラシ、盗ニ兵ヲ仮スノ奇態ヲ演ズルニ至リタリ。此レ伊藤公ノ一視同仁論ノ過失ニシテ、今日ト雖モ其情勢ヲ保テルノ感アリ。此レ統監府ガ最モ注意ヲ要セラレザルベカラザル所ナラン。然ラバ他ノ政党政派ニシテ統監政治ニ阻害ヲ加フルモノハ、固ヨリ解散ヲ命ゼザル可カラザルモ、一進会ニ対シテハ統監政治ニ順応シ来リ、現ニ順応シツヽアルモノナレバ、新統監ハ一視同仁ノ埒ニ入レテ同視セラレザルコトヲ信ゼザルヲ得ズ。

一、一進会ヲ解散スベキ時機

一進会ハ本来東学党ノ後身ニシテ平民ノ団体タリ。両班各種ノ朋党ニ仇視セラル、ハ平民ニシテ、両班ノ暴虐ニ抵抗セシガ故ナリ。又親日主義ヲ以テ日韓攻守同盟ノ実ヲ挙ゲシメントシテ、今日ニ至リテハ合邦議ヲ提唱スルニ至リタルガ故ナリ。故ニ半倭児ノ悪罵ヲ加ヘラル、ニ至リシモ、両班輩ノ讒誣構陥ノ中ニ屹立シテ尚今日ヲ保テルモノハ、一進会七年間ノ錬養ニ由ルニ非ズシテ、実ニ東学以来ノ団結力ヲ継続セルニ由ル。

他ノ政党ト称スルモノハ、自己ノ無勢力ヲ掩ヒテ虚勢ヲ誇張セント欲シ、一進会モ自会モ其実力軒輊ナキガ如ク虚構シテ、日本人ノ耳目ヲ衒惑スレドモ、一進会ハ大韓協会ニ対シテスラ政党視セシ公函ヲ通ゼシコトナシ。何トナレバ彼等ハ本部ヲ失ヘバ会員ヲ失ヒ、一片紙ヲ以テ容易ニ解散ヲ行ヒ得ベキ烏合ノ朋党ナレバナリ。

一進会ハ前述ノ歴史アルヲ以テ、他党ノ如ク解散ノ容易ナル能ハザル事情アリ。又時機ニ於テ最モ難易ノ分アリ。故ニ其時機ハ曰ク群鶏ヲ畜フニ餌ヲ投ジテ首ヲ鳩メ、以テ余念ナカラシムルノ時ハ自ラ政治ヲ忘ル、時ナリ。

国民ト共ニ生活問題ノ曙光ヲ認ムル時ハ、一進会ガ怨ヲ国民ニ忘レラル、ノ時ニシテ、又自ラ惨憺タル政治運動ヨリ移転シテ解散スル勿レト命ゼラル、モ、自ラ解散セザルヲ得ザルノ時ナリ。今自ラ解散ヲ強ヒラル、ハ、死ヲ容九ニ賜フモノナリ、願クハ一条ノ活路ヲ与ヘラレンコトヲ。

以上会長ノ勧告ヲ受ケザル理由ニシテ、事情ノ万々已ムヲ得ザルニ出ヅ、決シテ内閣ニ対スル悪感上(ママ)ヨリ私見ヲ立テシニ非ズ。又会長ノ対政党観ハ大ニ見ルベキモノアリ、故ニ併セテ之ヲ記シタリ。閣下ノ参照ニ資セラル、ヲ得バ幸甚。

八月十八日　　仁川八景園ニ於テ　洪　疇　生

明石将軍閣下

嚮《さき》に韓帝が其民生に下されたる最後の勅諭は、既記の如く、社稷民人を安泰幸福の地に置かんと欲せらるゝに在り。又師の此書中に記録せられたる李容九の意志は、一進会の最後及解散は、新政(併合後)下に於て自決して、似而非なる擬党と蹤を一にせざらんと欲するに在りしは此に明なるところなり。蓋し其形式は同じからざれども、国家を思ふの一念は君民共に同一軌たるを知るべし。

明石少将は疾に師に依りて固より李容九の心事を諒するが故に、衷心之に同情すれども、統監府の既定方針は如何ともすること能はず、苦衷を忍んで凡ての政党を一時に解散せんとす。

九月十日明石少将の来書に曰く。

拝啓松村唯今帰リ、入道殿宋家ニ流連ノヨシ、御事ヅケノオモムキ承知致シ候、大海ハ細流ヲ合セザルベカラズ、此辺ノ義御心配御無用ト存ジ候。

宋氏愚論ヲトナヘ居リ候哉如何、辞爵杯ハ全ク愚論ト存ジ候、宋程ノ人ガカヽル愚論ハヨロシカラズト存ジ候、シカシ僕ノ関セザル所ナリ、唯僕トシテハ究屈論ト思フノミ。

別封写真ハ御告別ノ紀念迄ト差出候、愚影ノ段改良ノ策ナシ。

和　尚　殿　　元二郎　　書読了投火ヲ乞。

書中宋家とは宋秉畯の宅、松村は少将の副官にして名は重治、憲兵大尉、此書は師は其僑居に居らず、宋家に居たるを聞き宋家へ転致したるものなり。文辞の奔放なるは其交情の如何を推知すべく。又細流とは政敵を指すものなり。師と少将の意のあるところ唯知る者ぞ知るのみ。

十一日深夜憲兵中佐山形閑（明石少将の懐刀と称せられし人）の来書に曰く。

拝啓　只今一寸御内々デ相伺ヒ候、解散ノ件。

右ハ兎ニ角手続トシテハ、明日公然相違スル手筈ニ決定相成リ候ニ付、右御含ミ相成リ度依レ命テニ此儀申シ進ジ候也。

九月十一日夜十二時認　　山　形　中　佐

武　田　老　台　侍　史

同十二日同中佐の再状。

拝啓兎ニ角本日解散命令丈ケハ交付シ、尚其解散ニ伴フ残務整理間ヲ都合ヨク指定シテ達スル事ニ確定ニ付、右様御了承ノ上主務者出頭方御取斗相成度依テ命ニ申シ進ジ候也。

十二日　　山形中佐

武田老台侍史

果然此書に接す、乃統監府は李容九の苦衷も師の意見をも顧慮斟酌するの暇なく、凡ての政党をば遮二無二薫蕕一束之を解散せんとするに当り、直に之を一進会に致さずして、師を介して居中主務者の出頭を伝達せしむ、其注意の深き以て見るべし。師は元より一進会の師賓として之を誘掖補導し、政教両方面に対して過誤に陥らしめざるの任に在りしが、事此に至つては官民相互の仲介者として、事の実行の衝に在るが如き観あり。是亦尋常一様の世外人か、或人は傑僧と称し又或ものは怪僧と謂ひ、又或ものは寺も持たぬ乞食坊主と罵るに至りしも、師は馬耳東風の如く、又風する馬牛の如く悠々関せず焉たり。然れども排日新聞が舞文曲筆するを見れば、堂々の論陣を張って之を反駁屈服して以て沈黙せしめざれば筆を収めず。

六　政党の内容及救恤賜金と賜金額

警務総監部が調査したる当時の韓国政党の内容（解散当時には政党役員に多少の異動あり）。

結社名	主義	主ナル役員	会員数
一進会	親日及合邦主唱	会長　李容九 副会長　尹始炳	一四〇、七一五名 （賜金総額） 一五〇、〇〇〇円
大韓協会	教育振興、産業発達、国権回復	会長　金嘉鎭 顧問　大垣丈夫	七、三七九名 （賜金総額） 六〇、〇〇〇円
西北学会	教育振興	太明軾、李甲	二、三二四名
平和協会	日韓人ノ親睦	沈日澤、韓應履	一、〇〇〇名

此外五百名を超えざるもの六あり。

斯くして各会は九月十三日解散命令公受の下に解散[4]したるが、残務期間を十日間と指定せらる。

多年在野党たる親日主義者として政教の向上、制度の改善を党是として結成したる一進会は、官僚の圧迫と反対派の讒誣構陥残虐殺戮に抵抗して、遂に合邦の目的を達成したる功績は、其主義に由ると雖も国家に貢献したる功績は尠少に非ず。然るに朝秦暮楚、又朝清暮蘇の官僚を傀儡師とする閥族縁故、相寄りて権力と黄白に頼って集合したる速成の排日主義の大韓協会とを一視同仁の政略、否反対に不均衡（一会員当り一進会員は一円余なる既大韓協会[5]員は八円余の八倍なり）の賜金なり、之を知りたる一進会員中多少不平の徒なきに非ざるも、其多くは之を天来と諦観せり。

一進会は賜金の分配に関して明石少将は紛擾を起さんことを慮り、不平連を招致して之に分配案を立てんことを命ぜられしも、相見て一人の之に応ずるもの無し。此に於て遂に之に無関係なる宋秉畯の立案に依りて分配額を定めしめられたり。

賜金分配案

五、〇〇〇円　会　長　李容九
一、〇〇〇円　副会長　金澤鉉
八〇〇円　評議員　兪鶴桂
七〇〇円　幹　事　梁在翼
六〇〇円宛　総務員
元世基、韓教淵、洪允租、韓南奎、
金士永
五〇〇円宛　総務員
朴衡采、尹定植、趙義鵬、崔永年、
孝煕悳、尹始炳
四〇〇円宛　評議員及任員
安泰俊、徐相雋、朴之陽、南庭觀、
金永杰、李泰鉉、金潤赫、李元植、
董雲卿、金容鎭、趙寅星、金鼎國、
金孝淳、崔雲燮、呉成龍
三〇〇円宛
金一洙、呉汪根、金演翔、岡本慶
次郎、金宗燮、韓景源、兪鎭秀、

尹敬順、朴奎喆、劉載漢、金炳五、
朴魯學、李範喆、朴海默、趙興元、
金斗善、金永卨、白東秀、金一淳、
二五〇円宛　張東煥等三三人
二〇〇円宛　慶義重等三六人
一〇〇円宛　韓英洙等二〇人
　多年在京地方会員勤労
一五〇円宛　金裕永等二〇人
一〇〇円宛　李成成《ママ》等二五人
五〇円宛　金光明等四三人
四〇円宛　朱定鍵一人
三〇円宛　崔錯勲等三六人
　素砂啓農団学徒生
三〇円宛　崔升夏等九人
二〇円宛　盧在祐等五人
一〇円宛　方基燦等一六人
　五円宛　趙根豊等二人
一〇〇円宛　朴奉國等五人

五〇円宛　明健東等三人
十三道及西北両間島支部会
三、〇〇〇円宛
京畿支部会長　安泰俊
忠清南道支部会長
全羅南道支部会長
全羅北道支部会長
江原道支部会長　韓昌鉉
二、〇〇〇円宛
忠清北道支部会長
慶尚南道支部会長
六、〇〇〇円宛
慶尚北道支部会長　申泰恒
黄海道支部会長
平安南道支部会長　崔東燮
平安北道支部会長
咸鏡南道支部会長
咸鏡北道支部会長

一、〇〇〇円　西間島支部会長
一、五〇〇円　北間島支部会長
各道暴徒殺害会員
三、〇〇〇円　咸鏡南道五四〇名
一、〇〇〇円　平安北道三名
一、〇〇〇円　泰川郡三〇余名
六〇〇円宛　京畿道八三名
江原道七七名
忠清北道四七名
全羅南道五二名
全羅北道四四名
黄海道七三名
三〇〇円宛　平安南道一五名
二〇〇円宛　忠清南道五名
慶尚南道七名
慶尚北道一〇名
咸鏡北道七名
一〇、〇〇〇円　侍天教堂
一〇、〇〇〇円　漢城中学校
三、〇〇〇円　国民新報社
二、八三四円六三銭五厘
趙寅星　前会計　加下
五〇〇円　朴宗赫
各処会員留京食債報給
三六〇円　任學魯　明月館
五〇円　李寅燮
一、〇〇〇円宛
武田範之　大上加一　金時鉉
総計金
一四九、一〇四円六三銭五厘

分配案は生ける会員のみに止まらず死者にまで多少の分配を行ひしは、一に聖恩を枯骨に及ぼすの意より出でしものにして、又一進員の共に奉ずる侍天教堂(6)に一万円を納めたるは、同教の前途を祝する為、漢城中学校への寄附は育英の為、国民新報社への寄贈は同紙が曽て一進会の言論機関たりし為之に酬ひて其前途を祝福するが為なり。之を発表せらるゝに及んで会員も亦黙々たるのみ。

此外在野の志士として恩典に浴したる者(?)は向に受爵の意なきを表明したる李容九に金十万円の恩賜あり、又総督よりは内田良平に金五千円、師に金三千円を慰労として贈与せられたるは異数と謂ふべきか、何となれば志士たるものは万死を冒して国の為君の為に竭し、時非にして極刑に遇ひ又凶刃凶弾に殪れて身後骨を納るゝ所を得ざるもの数ふべからず、朝鮮事件に関して其例を挙ぐれば、金玉均は凶弾に殪れたる後梟首の刑に遇ひ、李周會は弑逆罪の名の下に刑死し、禹範善は凶刃に斃れたり。然れども皆其意気の為には元より一死を分としたるものなれば、死しても意志を全うするを以て本意とするなり。師等の如き前古未曽有の大事に参し、遂に宿志を達す、固より一死を分としたるものが報酬慰労は何かせん。幸に身を全うして衽席に死せるを天与の幸福とすべきなり。

七　一進会最後の上書

一進会の解散に先だつて会長李容九、寺内統監に上書（漢文）す。

伏シテ以《オモ》フニ本会ガ国民ヲ代表シテ、特ニ一部ノ社会ニ立ツ者ハ終始熱心国民ノ休戚ノ為ニスルノ一款也。今者《ヘ》天運ノ帰スル所一家ヲ合成シテ、天皇陛下ノ化育之中ニ匍匐ス。上ノ子愛ト下ノ仰戴ト何ゾ一体ノ国民ニ非ザル莫カラン乎《ヤ》哉。然レドモ今此朝鮮ノ人民、学問及バズ、程度未ダ等シカラズ、参政権ニ与ルコトヲ得ザル者《ハ》、実ニ遺憾トスル所ナルモ、何ゾ敢テ咨嗟センヤ。欽ミテ惟ミルニ、

天皇陛下、神聖睿智階万里ヲ近クセラレ、統監閣下威厳徳恵化一軌ニ帰ス。此ノ於《アヽ》変ルノ時ニ当リテ惟瞻望スル所ノ者、固ヨリ国民ノ義務ヲ尽シ国民ノ為ニスル也。此一般ノ国民ヲシテ同ジク教育殖産ノ徳化ニ沾ハシメ、遄《スミヤカ》ニ同等ノ階級ニ帰セバ、此時ニ于《オイ》テ也《ヤ》遐遠ヲ棄テズシテ之ヲシテ参政権ニ参加シ、一体国民ノ幸福ヲ享ケテ光天化日ノ下ニ煦濡涵育スルコトヲ得セシメヨ。則豈死シテ猶余栄アルニ非ズ焉《ヤ》哉。今当サニ解散スベキノ日兹ノ撤帰スルニ方リテ、而シテ敢テ同声ノ志願ヲ綴リ、泣血披瀝シテ崇厳ヲ冒瀆ス、伏シテ匀裁ヲ望ム。

明治四十三年九月十二日　　一進会長　李　容　九

会員一同

統監子爵寺内正毅閣下

是独り李容九の合邦主唱当初以来の精神なるのみならず、実に一進会員の期待する所たり。然れども併合後直に其期待に副はしむること能はざるは台湾の例に見るも明なり。李容九も亦之を知らざるに非ざるべし、然れども上書を敢てせる

は、一進会末後の一声を天に達せんとして叫びたるものなり。鳥の将に死なんとするや其声悲し、李容九は東学党以来約二十年に亙りて結成したる同志の解散は、其情に於て哀切なること、豈鳥の将に死なんとする時の比ならんや。

李容九の上書したる翌日、明石少将より師に致せる書あり曰く。

拝啓　陳バ一進会長李容九氏ヨリ、統監閣下宛ニ差出シタル封書ハ、統監ニ於テ御覧相成ラザル内、本官ノ手ニ入リタルヲ以テ許可ヲ得テ開封セリ。就テハ右書面ハ返戻可《ク》レ致《ス》候間、確ナル人物ヲ本日午後二時警務総監部ヘ御差出シ相成リ度、最モ結責ハ免カレザルコト、御承知相成リ度右申シ進ジ候也。

九月十三日　　　　明　石

武　田　範　之　殿

果然此書と共に前日統監に宛てゝ李容九が差出したる書を返致し来れり、之に拠つて考ふるに之を受理せんか、一進会員が多少の希望を繋がんことを恐れ、直に李容九に返戻せんか、其感情を刺撃《ママ》するの無益なるを慮り、又師を労して隠便の手段に出でたるものなり。而して後李容九も師も此件に関しては、何等此結果の責任を負ひたるを聞かず、少将は一時師等を嚇したるに止まりしか。

此日師が予に与ふる書中。

（前略）一進会モ本日解散命令ヲ公表シ、十日間残務期間ヲ指定セラレ候ニ付、小衲退韓ノ日モ切迫致シタル儀ニテ、籠ノ鳥モ故巣ニ帰ル心地イタシ候。（中略）

今回ハ亡父ノ墓前ニ、

天恩ノ難キレ有リヲ告ゲ、博多、久留米間数日滞留ノ後顕聖寺へ帰リ可クレ申ス候（中略）。鳳庵ハ病中故小生へ代筆ヲ托セラレ候、第一御厚意ヲ謝スルコト。第二摂養不レ怠ヲ候故御安心被レ下度キ事。第三今回ノ事都合ヨク相運ビ候ヘバ是又御安心可クレ被レ下候事。又四書合璧ニ対シテハ蓮史（宋秉畯の号）モ同様ニ真ノ同情者ナリ、真ノ知己ナリトシテ深ク感謝致シ居リ候。

沆瀣経成ツテ鹿ニ乗ツテ帰ル。山雲海月影依稀タリ。仙州他日如モシ相憶ハヾ。雪ハ白シ保寧ノ層翠微。是ハ侍天教徒へノ留別ノ詩ニ御座候（後略）。十三日

松心院様侍史下　範之和南

之に拠れば師は併合の成るを以て、我事成就せりとして帰心矢の如きものあり。又此詩中の第一句は人或は知らざらん、師の嘗て合邦三文の稿成りし時予師に曰く、前々冬師の沆瀣経成ツテ義未ダ奢ナラズの句は実に此文の前提たり、沆瀣経に因つて師の心事を喝破したるものに佐伯定胤僧正あり、今其全稿（乃三文）成れり此結果真の意義を達成するは、果して何れの日ぞやと相共に洪笑一番す、而し

て今併合約成り発表の後、師は沆瀣経成ッテ鹿ニ乗ッテ帰ルと云ふは、実に当時のことを思ひ起したるに由るなり、故に先づ之を予に示せり。

九月二十七日師又予に与ふる書中に曰く。

（前略）小衲ハ咽喉ノ痛ミニテ、李会長ハ盲腸ノ疾ニテ本日入院仕リ候、合邦モ二十九日ニ発表セラルヽ由、小衲等ハ最早静養シテ開闢未曽有ノ盛事ヲ傍観スルヲ得ルコト、相成リ候、為二邦家一ノ至慶至快ニ奉レ存シ候（後略）。　二十七日

松心院様梧下　範之和南

蓋し李容九は明治四十一年来朝の際も疾あり、其時は痔瘻なりと云ひしも其頃より既に呼吸器に支障の徴ありしか、合邦後来つて須磨の八本松百三ノ九に在りて専ら静養す。又師は其頃より咽喉の病ありしが如し、前後照応のため爰に瑣事を附記す。

（1）　宋秉畯は明治四十二（隆熙三）年二月、李完用内閣の内部大臣を辞任して一進会総裁となり、そのまま日本に渡っていた。これより先、宋秉畯は、皇帝巡行の随員として平壌にあった時、酔余の行動に関することで魚潭

と争い、抜刀事件をひきおこし、女官の怒を買い、宮廷・国民の非難のうちに職を追われた。

（2）　第二十六代李氏王朝皇帝高宗。

（3）　日韓併合条約締結をめぐって、表面上大きな混乱はなかったようである。これは条約発表に先立って、日本が韓国全土に実施した徹底した憲兵政治と、それまでに反日勢力のほとんどの力が出し尽されてしまったことによろう。たしかに無血の譲国であったようだ。しかし朝鮮の亡国に際して反日の侠儒黄玹七をはじめとする多くの両班が自決した。『韓国独立運動史』には、次のような記述の次に殉死した多くの両班・儒生のことを紹介している。

韓日合併条約が発布されると、全国民は自国を亡くした悲しみと、憤激にふるえた。愛国志士たちは痛哭しながら、朝鮮総督府の統治に反対抗拒した。総督府治下での耆老恩賜金、納税、田標、墓標、戸口調査、日本国慶日儀式参加等を拒否することにより投獄され、日警の拷問によって獄死する志士が多かった。また一生を喪服を着て空を見ずに死んだ儒生もあった。亡国の恨にたえきれずに、島夷日帝の治下での生存を拒否し、自ら生命を断って、全国民の覚醒を望む愛国志士が、続出した。殉国志士のほとんどは、勤王精神に徹底した世禄の臣と儒生たちであったが、その中には賤民として社会で蔑視を受けた屠殺業者もいた。殉国志士中には八十の高齢者もいたし、断食、飲毒、自刎、自縊、投水で自決した。殉国志士は自決に先立ち、警世の絶詩と遺書を残した人もいた。

日帝は殉国志士に対しては、その家族を脅迫して口外を禁じたし、その葬儀への参加も禁じた。ましてや言論機関を閉鎖したため、これを広く知ることが出来ないのは遺憾である。

（4）　一進会解散をめぐる一進会の内部事情に関しては「一進会日誌」がこの時期急に簡単になっているため知ることが出来ない。

（5）　日本人新聞記者大垣丈夫指導のもとに民族主義を標榜して一進会の合邦運動に反対した団体。

（6）　侍天教は政党でないので解散令の対象外であり、日本統治下も宗教として存続した。

（7）　李容九は併合の功労による受爵を辞退、武田範之も李容九と同じく、爵位の申し出を「笑って答えず」として冷たく黙殺したといわれている。内田良平は併合時に総督府巡査にまで大盤振るまいされた併合紀念章の「三万三千六百三十九号」という最終番号に属するものをもらっている。

第一二章　韓国併合

第一節　朝鮮総督府の組織

一　朝鮮総督府官制概要（明治四十三年九月勅令第三百十九号）

一、朝鮮総督府ニ朝鮮総督ヲ置ク、総督ハ朝鮮ヲ管轄シ、陸海軍大将ヲ以テ之ニ充ツ。

二、総督ハ天皇ニ直隷シ、委任ノ範囲内ニ於テ陸海軍ヲ統率シ、及朝鮮防備ノ事ヲ掌リ、諸般ノ政務ヲ統轄シ、内閣総理大臣ヲ経テ上奏ヲ為シ、及裁可ヲ受ク。

三、総督ハ其職権又ハ特別ノ委任ニ依リ、朝鮮総督府令ヲ発シ、之ニ一年以下ノ懲役、若クハ禁錮・拘留・二百円以下ノ罰金、又ハ科料ノ罰則ヲ附スルヲ得。

四、総督府ニ政務総監（親任官）ヲ置キ、政務総監ハ総督ヲ補佐シ、府務ヲ統理シ、各部局ノ事務ヲ監督ス。

五、総監府ニ官房及総務部・内務部・度支部・農商工部・司法部ヲ置キ、総務部

ニ人事局・外事局・会計局ヲ、内務部ニ地方局・学務局ヲ、度支部ニ司税局・司計局ヲ、農商工部ニ殖産局・商工局ヲ置ク。

六、総督府ニ長官五人（勅任）、局長九人（勅奏任）、参事官二人（勅奏任）、秘書官二人（奏任）、書記官十九人（奏任）、事務官十九人（奏任）、技師三十人（奏任）、通訳官六人（奏任）、属・技手・通訳生三百三十七人（判任）ヲ置ク。

七、総督府ニ総督附武官（陸海軍少将又は佐官）二人、及専属副官（陸海軍佐尉官）一人ヲ置ク。

此外朝鮮総督府地方官制、総督府制令ニ関スル件（明治四十三年八月勅令第三百二十四号）、朝鮮総督府中枢院官制、裁判所令、警察官署官制、監獄官制、鉄道局官制、通信官署官制、土地調査局官制、税関官制、専売局官制、印刷局官制、総督府医院官制、平壌礦業所官制、勧業模範場官制、中学校官制、土木会議官制等の発布相踵ぎ、各部機関の完備を告げたれども、其内容は此に略す。

而して総督府を京城に置き、警務官制は六月中制定せられたるものと大同小異なり。又各道行政の執行に関しては管内の警察官を使用し得るも、他の警察及衛生事務に渉るものは道警務部長をして之を執行せしむ。又中枢院は総督の諮詢府と為し、専ら朝鮮に於ける旧慣及制度に関する事項を調査せしむ。院に議長を置き政務総監を以て之に充て、副議長は鮮人中の才能を挙げて議長を補佐せしむ。

顧問は院議を審査し、参議及副参議は院議に参与するも決議に加はらず。斯くして以て前韓国時代の功労者を優遇す。

此れ等官衙の組織は師には直接の関係なきも、師等が多年身命を顧みずして努力貢献したる結果たるが如きを以て、其概要を掲げたり。

二　朝鮮総督府の開設と新旧官吏の任免

十月一日を以て朝鮮総督府を京城に開設し、寺内統監は朝鮮総督に、山県副統監は政務総監に親任せられ、明石少将は警務総長に任ぜられ既定の法令は此日より実施せらる。

十月一日より明治の年号を用ゐられ、隆熙の旧年号は消滅す。

此日を以て朝鮮総監府官報第一号を発行せらる。

十月三日寺内総督が十月一日に為すべき挨拶を此日に於てせられたるは、一に山県政務総監の帰任を俟たれたるに由ればなり。

三　併合前後の韓民の思想及動静

旧閣僚及旧宮内官吏を始めとし、其下位に在る大小吏僚も凡て意を安んじて其職務に従事し、一般士民も亦新政に順応しつゝ在りしも、鮮人中には事の此に至るの原因を究めず、又国家の前途をも考へずして、此未曽有の盛事に対し却って嫌焉たるもの無きにあらず。之を殷・周革命の際に見るも殷の暴虐と周の善政に於てすら、尽く新政に謳歌するものゝみに非ず。前朝の遺臣に所謂殷頑と称せらるゝもの有りて新政を悦ばず。況や言語風俗の殊なる民衆の和合共楽は豈一朝に望むべけんや。併合直後錦山の郡主洪範植・学生李喜喆は世態の変遷を悲観して自殺し、金奭鎮（新男爵たる人）は自刃を企て、趙鼎は詔勅・諭告書を破毀したる等の事ありしも、一般民衆は新政を悦ぶの状態に在り。以て旧韓国時代の官吏と庶民との地位及利害の相反することを知るべし。而して労働者は向《サ》きに多く間島に入りて、母国の虐政を免れ耕種に従事し居つゝあるに因み、不平及反日思想を抱けるものも亦此に流入するもの少からず。更に進んで浦塩・哈爾賓或は青島・上海等に流浪して反日の気勢を煽ぐもの有り。又外教徒は所謂西教の美名の下に、貧弱国の窮民を支援して独立不羈の国民たらしめんとて、匪民に共鳴するもの有り。然れども此れ等の行為は今日の慈悲は却つて他日の仇と化するのみならず、宣教上にも何等の効なきことは後に至つて分明となり。又元外部協弁たりし尹致昊の如きは、陰に反日派の同志に推されて新民会の会長となり、米国美以教会の下に親日主義の元老・大臣及統監等の暗殺を謀り、其徒党には数名の地方名望家あり。八月英国エヂンバラの万国耶蘇教大会に出席し、八月二十四日平壌に密会して寺内統監暗殺の陰謀を企て、尹致昊は男爵に新叙せられて、総督府に接近するの機会多きに依り、九月上旬統監西巡の時之を決行せんとせしも果さず。後度々其機を覗ひしも果さゞりしが、大正二年捕はれて刑せられたり。噫朝鮮貴族受爵者の詮衡の任に在りしものゝ責任感は如何ぞや。

第二節　併合謳歌

一　師の太平譲国頌

十月一日師太平譲国頌及序を作る。

十月一日朝鮮総督府官報第一号始メテ発行シ、朝鮮ノ事乃定マレリ矣。余常ニ恐々焉トシテ私ニ十三道ノ民心ヲ偵スルニ、是ニ至ツテ咸《ミナ》豫悦セザルハ無シ。或ハ細民雨天ニ油紙ヲ抱キ、総督ノ諭告榜文ヲ覆フニ至ル、余ガ心始メテ安ンズ焉。蓋シ善政ノ下ニハ悪人無キ也。始メ余ノ懼ルル所ハ李完用ガ怨府ト為ルニ在リ。然ルニ完用ノ名ハ忽焉トシテ国民ニ忘レラレ、唯総督ヲ頌スルノ声ヲ聞キテ、旧愆ヲ尤ムルノ言ヲ聞ガズ、其民情ヲ察スルニ驩虞如タリ。語ニ曰ク慈雨ノ下ルガ如ク民人大ニ悦ブトハ此ノ謂也。夫韓ヲ定ムルコトハ既ニ我開闢未曽有ノ事タリ。而シテ太平ノ護国、此ノ如キハ万国史上実ニ未ダ曽テ聞カザルノ事タリ。此レ閫外ノ任其人ヲ得ルニ因ルト雖モ、豈一天ノ至神至徳ニ非ザラン哉《ヤ》。乃謹ンデ私ニ頌ヲ作ル其頌ニ曰ク。

天皇命ヲ受ク。神誥孔《ハナハダ》昭ナリ。紛タル彼檀民。爾《ナンヂ》其レ嬈《コヒ》ヲ解ケ。天皇命ヲ受ク。其徳回ラズ。彼ノ黄龍ヲ捕ヘ。太極始メテ開ク。南ニ金獅有リ。北ニ翠鷲有リ。天皇命ヲ受ク。武伐之懋《ツト》ム。顕レザル友隣。其義炳焉タリ。誰カ其レ熒惑セン。其然ルヲ然リトスルコト無カラン。天漢西ニ流レ。斗柄北ニ折ル。統監五載。孚《マコト》有リ乃悦ブ。大王若《コヽ》ニ曰フ。豈朕ガ民ニ匪ザラン。子ヲ割キ女ヲ烹テ。実ニ四賓ニ饗ス。山崩レ沢竭キ。民残シ士喪フ。芒々タル箕甸。何ゾ特《タヾ》亡ビザルノミナラン。聖世東ニ登リ。宝祚極無シ。我ガ本宗ニ復シ。朕ガ国ヲ譲ルト。天皇命ヲ受ク。天難之レ多シ。天皇若《コヽ》ニ曰《ノタマ》フ。我ニ於テ其レ和セン。洋々タル東海。浪長白ニ起リ。誠ニ太平ヲ致ス。寧ゾ画戟在ラン。泛々タル韓人。心浮沈ヲ懐フ。誠ニ聖世ニ致スハ。爾ガ心ヲ一ニスルニ在リ。織ラザレバ何ヲカ衣《キ》ン。耕サヾレバ何ヲカ食セン。女《ナンヂ》ガ逸志ヲ去リ。稼穡之レ力メヨト。天皇若ニ曰《ノタマ》フ。朕明徳ヲ懐フコト。日ノ如ク。天ノ如ク。山ノ如ク川ノ如シト。　天皇命ヲ受ク。声無ク臭無シ。我ガ朝鮮ヲ煦《アタヽ》ム。地載天覆。

二　師の送別及唱酬

十月三日崔永年よりの来書（漢文）に曰く。

敬啓暫《ニハカ》ニ聞ク　尊駕ノ上京日有リト、未ダ的否ヲ知ラズ、而シテ預メ悵悒切ナリ。玆ニ非樽ヲ以テ　杖履ヲ奉邀シ略ボ衷誠ヲ紓ベン、幸ニ望ム今下五時暫ク
　光臨ヲ明月館ニ賜ハランコトヲ敬要ス。　三日　洪疇大人尊公老台下　小生
崔永年敬啓

師乃約に依り明月館に至る。崔永年師を送るの詩に曰く。

二十世紀曇華現ハレ。三千大界一袋ニ蔵ス。懸崖手ヲ撒シテ独リ往来シ。万里ノ天風四海ニ遊ブ。渺々タル金砂衆生ノ苦。普ク六塗ヲ済フ一念在リ。扶桑ノ大国風決々。紵縞相贈リテ肝肺ヲ傾ク。秋深ケテ江戸ニ海山ヲ訪ヒ。歳暮豆州ニ沆瀣ヲ草ス。管城ノ長舌懸河ニ等シ。瞳碧月ノ如ク清誨ヲ垂ル。磨羯星ニ直《アタ》ツテ薄命ヲ怨ム。揺落一生感慨多シ。熱血時ヲ憤ツテ漫ニ輪困。素志世ニ忤フテ空ク褦襶。九歌ノ餘恨霊均ヲ弔フ。秋水ノ芰荷薄言《イサ、カコ、》ニ采ル。乱ヨリ治ニ入ル諶《マコト》ニ天理。瑞日東ニ外ツテ海岱清シ。樽俎梯航轇轕ヲ化シ。遂ニ明堂ヲ開イテ俊乂ヲ招ク。霜露日月共ニ一統。億兆謳歌咸《ミナ》戴カンコトヲ願フ。藻荇ノ微月影々散ジ。飄然一錫三昧ニ帰ス。十文ノ毫光虹ヨリ白ク。万顆ノ螺髻翠黛ニ似タリ。海ニ蘆葉ヲ搙《クサギ》ツテ遠ク泛々。北越山ヲ望メバ晴レテ靆霽。蓮華妙法彼我無シ。帰去猶人ノ為ニ敬愛セラル。高田ノ老将遠ク相招キ。川上逸士日ニ相待ツ。龍ヲ叱シ虎ヲ降シテ祥雲ヲ戒メ。曹洞ノ諸梵声咳ヲ聴カン。太華ノ夜雨秋地ニ漲リ。衰髪龍鍾坐シテ塊ノ如シ。尺琴誰カ憐マン爨餘ノ桐。知音更ニ無シ今ノ海内。一朝空々解説香。幽谷ノ寸蘭誰ガ為ニ佩ビラレン。

是より先師は、併合の成るを機として、故山に帰らんと欲するの念切なること歴々其文詩に現はる。然も明石少将は之を解せず、師が尚滞鮮して其意見を提議せんことを悦ばず、然れども露はに之を告ぐるの勇気なきを以て、公主嶺に在る仁田原少将（後の陸軍大将仁田原重行なり、師とは江碕巽庵の同門にして、明石少将とは陸軍士官学校及陸軍大学等同窓同級の人たり）と牒し合せたるか、仁田原少将の作として七絶の狂詩を書し、之に次韻したりとて師に示す詩あり。

武田和尚ニ贈ル　　仁田原重行

高識由来山ヲ出デズ。俗僧失脚人間ニ落ツ。三韓今日旦那無シ。十歳故園爾ガ還ルヲ待ツ。

仁田原少将ノ韻ヲ次グ　　明石元二郎

僧ハ風雲ヲ逐テ山ヨリ下リ。愚論悪策人間ヲ驚カス。興ニ乗ジ罵リ尽ス旧政ノ失。十歳放浪尚未ダ還ラズ。

以て陰に師の退鮮を諷す、而して十月七日朝鮮貴族授爵式の夜、明石少将又師を送る詩あり。

他ハ華冑ニ列シ僧ハ山ニ入ル。即今世事漸ク間ト為ル。頭ヲ回ス行脚十年ノ跡。保寧峰高ウシテ藍水寒シ。君ハ塵寰ヲ遁レテ復山ニ入ル。青水碧清間ヲ楽ム。

間ナレバ則書ヲ読ミ倦メバ則酔フ。酔ヒ来ツテ一笑童顔ヲ破ル。

朝鮮貴族に授爵せられ師は将に帰途に上らんとす、明石少将漸く間と為ると遂に其心底を吐けり、師も亦出発に際して一詩を少将に賍す。

鉄笛倒ニ吹イテ機真ニ入ル。維機維断妄真ヲ截ツ。八垓ノ草木円寂ニ帰シ。案ニ拠ツテ将軍午睡新ナリ。

是少将の詩に酬ふるもの、即漸く間と為る故に午睡新なりの句を以て酬ふるなり。師又帰舟中にて少将に贈る詩あり。

海上砥ノ如ク風ヲ見ズ。船床安坐万慮空。把断ス人間多少ノ事。愚論無シ復無中ニ画スル。

乃師が少将の愚論悪策の詩に酬ふるものたり、把断ス人間多少ノ事とは何ぞ其意気の雄大なる。蓋し師の帰国する時は何時も失意の時に在り、明治二十七年は東学党に与みして蹉跌し、同二十八年は疑獄事件に坐して護送せられたるが、唯今回の退鮮は師が衷心には不満のこと多々ありしも、併合の目的を達したるの一事は、自ら慰むるに足りしならん。
予も亦仁田原・明石両将の狂詩を快しとすること能はず、其韻に依りて両将に卻眎す（評註は印海玄章吳）。

幽玄ヲ究メント欲シテ夙ニ山ニ入リ（慧剣其恩愛ノ根株ヲ断ツ）。白雲深キ処禅関ヲ鎖ス（入定参禅ノ気像アリ）。降龍解虎心方ニ唯（仙仏合宗ニ云フ、龍ハ火裏ヨリ出デ、虎ハ水中ヨリ来ルト、此レ乃修錬の真境）。搬水採薪境自ラ間ナリ（王操云フ自ラ瓶ヲ携ヘテ去ッテ村酒ヲ沽ヒ。却ツテ衫ヲ着ケテ来ツテ主人ト作ルト。故ニ云フ境自ラ間ト）。忽天飆ニ駕シテ鰈域ニ遊ビ（仙家ノ尸解、仏家ノ百千億化身ノ真境、猶漆園。〇〇（不明）達観ニ勝ルガ如シ）。乃雷霆ニ鞭ウツテ人寰ヲ洗フ（玉枢経ニ云フ、無上玉清王、天ヲ統ブルコト三十六天、手ニ九天ノ気ヲ把リ、風ニ嘯ギ雷霆ニ鞭ウツ、此ハ是道力応用ノ妙）。風ヲ呼ビ雨ヲ喚ブハ吾ガ事ニ非ズ（風ヲ呼ビ雨ヲ喚ブハ小々ノ変化、羅漢ノ好ム所。而シテ如来菩薩ハ三宝ヲ守ル可シ。故ニ果シテ吾ガ事ニ非ズト云フ）。錫ヲ虚空ニ卓《タテ》テ月ニ向ツテ還ル（煩悩ノ障碍無ク彼岸ニ到ル、最清浄一円融法界ノ真相）。

自ラ韓海ニ投ズルハ物外ノ因。袈裟念珠護法ノ身。一念救ハント欲ス衆生ノ苦。沆瀣経成ッテ迷津ヲ絶《ワタ》ル。愚論悪策又何ゾ害アラン。素是幻中玄ヲ談ズルノ人。

之を見たる両将敢て怒らず、是より交情却つて厚きを加ふ、今や此事又共に語べき人皆亡し噫。

師が韓国の仏教に対して尽瘁せしことは韓僧の大に徳とする所。尚師に頼りて仏教の興隆を図らんと欲して師に俟つもの多々あり、故に宗務院長李晦光も亦詩を贈り別を惜む。

謹ミテ武田大和尚ノ帰山ヲ送ル　　韓国宗務院李晦光石味室中ニ書ス

形シ難ク筆シ難ク意中ニ伝フ。別ヲ惜ンデ衫ヲ握ッテ後縁ヲ問フ。万里ノ鯨波盤若ノ艇。時景ヲ拾収シテ南天ニ渡ル。

観来スレバ伊《コレ》万事。万事久ウシテ必ズ忘レン。箇中忘レザルモノ有リ。若シ忘ルレバ是大忘。

第三節　退鮮決定の師

一　京城出発前の師

是より先十月二日師杉山茂丸に寄する書に曰く。

敬啓者《スルハ》昨宵宋氏ヲ訪ヒシニ大人ノ電報ニ接セリ、未ダ電報ニ接セザルニ先ダチテ、小衲ハ宋氏ガ授爵ヲ受クルニ意ナキヲ知レルヲ以テ[1]、授爵発表期ノ既ニ迫レルヲ告ゲ、授爵ヲ受ケザルハ日本ノ国体トシテ不臣ノ罪ニ堕チント論難セシ

モ、氏ハ強弁シテ已マズ其要旨ハ、
一、余ハ　天皇陛下ノ純忠ノ臣民タランコトヲ期スルモノナリ、然レドモ平民ニ非ザレバ両民族間ニ立チテ自由手腕ヲ揮フ能ハズ。余ハ日本ノ事情ヲ知リ而シテ朝鮮ノ事情ニ通暁セリ、余ハ　陛下ノ宝臣タルヲ得ベキヲ自信ス。英国総領事ノ招キニ応ジ、領事ト談話セシ顛末ヲ挙ゲテ、此ノ如キ言論ハ平民タルニ非ザレバ、領事ニ信ゼラレテ二十頁以上ノ報告ヲ、即夜本国ニ致サシムル如キ快事ヲ為ス能ハズト云々。
一、一進会合邦ヲ唱ヘ内閣之ヲ決行ス、局ニ当リシハ李完用ト李容九ナリ、予ハ裏面ノ人ナリ。今ヨリ進ミテ朝鮮人ノ生活問題ニ周旋シ合邦ノ根本主義ヲ実現セシメ、而ル後ニ実際ノ論功ニ与ランコトヲ企望ス。
一、以上ノ決意ニ基ヅキ未ダ事功ヲ澇メサヾルノ期間ハ、余ニ賜ハル爵位ハ寺内統監ニ托置セラル、コト、国家ガ余ヲシテ　陛下ノ忠臣タルノ実ヲ挙ゲシメラル、所以ナラン。
宋氏ノ決意ハ堅クシテ動カス可カラズ其苦衷ヲ大人ニ訴ヘンコトヲ要請セラル、願クハ大人首相ニ周旋シテ　叡聞ニ達シ、宋氏ノ苦衷ヲ　嘉納アラセラル、アラバ、宋氏ハ層一層ノ知遇ニ感ジ無上ノ光栄ニ拝泣セン。

小衲ハ宗教問題ノ解決ニハ、此地ニ留マルノ不利ナルヲ自覚セルヲ以テ、李氏ノ栄爵ヲ受クルヲ見ルヲ機トシテ、此地ヲ去リ九州ヲ経テ北越ニ帰隠ノ途ニ就クベシ。途上一タビ尊邸ニ参向シテ奉別ヲ告グベシ。
宗教問題ハ宋氏ト明石将軍トノ賛成ヲ得タリ、平常ノ志望之ヲ以テ酬ユルヲ得ン、余ハ拝晤ヲ期ス艸具。　十月二日

宋秉畯辞爵の意を、嚮《サキ》に明石少将に請ふて一蹴せられたるを以て、更に同志たる杉山に請ふて宋秉畯の素志を達せしめんことを図りしも能はず、授爵せられたり。

二　内地帰還の師

師は門司より予に与ふるはがきに曰く。ヤット朝鮮ノ地ヲ離レ今玆マデ参リ候、明日又久留米へ可参候、猶久留米ヨリ可申上候　九日　川上善兵衞様　範之

十月九日寺内総督に呈する書に曰く。

謹上書去日ハ御引見ノ栄ヲ賜ハリ、且御手厚キ御心付ヲ蒙ムリ奉銘肝候、其節御下命ノ件ハ朝鮮ノ宗教問題ト題スル鄙論ヲ宋前内相ト明石少将トノ手許ニ呈シ置キ候間御一覧奉願上候。又宋氏ハ専ラ斡旋シテ本問題ノ解決ニ尽力可仕約束ニ御座候ヘバ、同氏ヲシテ民間側ノ局ニ当ラシメ被下度願上候。小衲ハ是ヨリ福岡ヲ経郷里久留米ニ立寄リ（中略）更ニ郷地ヨリ奉言上度候。右御礼旁御下命ノ件御請迠草略奉呈鄙書候敬疏。

十月九日

此の如く師は退鮮後も猶朝鮮の宗教問題に尽瘁し、宗教の力に頼つて内鮮の一如を図り、外教徒をして乗ずるの機無からしめんとしたるの状は、死に至るまで之を緩めず。

三　帰郷途上の師

師は順路博多に同志菊池忠三郎を訪ひ、十日には草野町の養家武田大亮（養父貞祐の嗣）の家に至りて養母を省し養父の墓に展し、更に離藩後の居住地たりし田主丸町に妹林田駒の家を訪ひ、頼りて父母の法事を営んで其墓に詣し、後復草野町の武田家に帰る。而して又久留米市に旧師江碕巽庵（名は済、久留米明倫中学校教諭）を訪ひ之を一旗亭に迎へ、旧同窓の諸友と共に詩酒共歓す。而して師は久留米に在る澤家の先塋に展し、十九日養母を奉じ妹を伴なひ上京の途に就き、途中久留米と神戸に各々一泊して東京に入る。

師の在京中多くの同志故友に会せんと欲せしも、其母妹を伴なふを以て意の如くならず、然れども此行旅倥偬の際なるに拘はらず、宮崎寅藏（滔天齋の号は、神鞭知常の命ずるところ）。萱野長知（鳳梨の号あり是師の命ずるところ、長知其出処の典故を問ふ、師笑って曰く爾が顔鳳梨に似たり故に可ならずやと長知唯々たり。然れども此日師に佳号を与へられんことを乞ふ、仍て師無腸の号を授けて曰く、蟹の横行して善く屈すること無きものは、其れが腸無きを以てなり、何となれば乃腸あれば則之が為に拘せらるればなりと）の結髪（滔天・無腸共に所謂支那浪人にして長く孫逸仙の革命の挙を賛したるを以て、支那装を為すがため当時まで結髪し居たるものなり）を截りて断髪の序を作つて之に与へ、其髻を携へ帰りて顕聖寺墳墓地内の雲水僧墓域内に、滔天齋宮崎寅藏・無腸庵萱野長知二基の墓[2]を作りて此に埋む。

斯く在京僅に二日にして二十六日母妹と共に帰山の途に就き長野に至り予に報ずる書に曰く。

（前略）弊衲一昨夜養母と実妹トヲ携へ善光寺詣リノ途次此地ニ三泊ノ予定ニ御座候へバ（時間未定）此時出発（中略）顕聖寺へ帰リ云々（後略）

二十八日　　松心院様侍曹　範之和尚

四　帰　山

此書の如く三十日午後顕聖寺に帰り直に寺僧を派して予に帰山を報ず。予は深夜此報を得て次日（十月三十一日）師を保寧山の方丈室たる壺瀛僊府に訪ひ師に逢ひ、先づ合邦の盛事を祝し次いで始めて師の母妹に会見す。師予に帰山の詩を示す曰く。

也《マタ》是越州ノ一古城。帰来静坐梵情ヲ楽ム。水雲印セズ漫遊ノ跡。旧ニ依ッテ老杉梟昼鳴ク。

内外五年幾たびか死地に入つて而して死なず、命を全うして故棲に還り一梵僧の旧に返る。師も亦好運児なる哉と祝意を表すれば、師も亦笑つて曰く天命なり仏恩なりと。而して予に贈るに高麗版大蔵経一冊を以てす。此時予師を戒めて曰く、須く倹素を守り静養の後師の記録を整理すべしと。師曰く貴示の如くすべし、而して今は嚢中尚余裕ありとて侍僧喜道(高田市寺町三丁目曹洞宗高安寺の徒弟にして、当時の分限は長老たり、師の在鮮中より師に侍して日夕格勤、其親切なること骨肉の者も亦及ばざるところたるなり、故に師は専ら之に信頼す。後転衣して和尚となり高安寺を董す)を顧み、寺内総督が明石少将をして師に贈らしめたる一片の左券(少将のサインしたるもの)を示さしむ、予之を見て少しく意を安んじ即夜帰宅す。[3]

五　温泉静養

十一月八日師は母妹と共に高田に一泊し、次日より信の安代温泉桝屋旅館に滞在すべきを予に報ず。

十一月十日清本熊藏(朝鮮憲兵隊付)の来書大要。

(前略)当地御滞在中ハ公私共ニ御配慮御厚意肺肝ニ銘ジ候(中略)、当地ハ別段変リシ事ナシト雖モ一、二些事ヲ御報道候。

一、菊池氏ノ朝鮮通信ハ日ヲ追テ益々発展シツヽ、アリ之全ク貴下ノ賜ト小生ハ考ヘ居リ候。

二、一進会賜金分配ニ関シ、崔永年・兪鶴柱外一名ガ不平ヲ唱ヘタル事アリシモ、之モ事ニナラズシテ了リタリ(明石閣下ニ持出シタリ、閣下ヨリ崔・兪ニ対シテ説示セラレタリ)。
三、釋尾春莇ガ経営シツ、アル雑誌朝鮮十一月号ハ治安妨害ニテ発行停止トナル。
四、天長節日本人朝鮮人打交リ、至ル処祝賀会ヲ開催シ其盛況ハ云ハン方ナカリシ。
五、宋氏ハ近日中当地出発東京ニ帰ル事ニ相成候。
六、李容九氏ハ東萊温泉ニアリ。
七、新聞記者間一同謹慎シ居ルモノ、如シ、何等云フモノナシ。
以　上
書外ハ次便ニ御報可クレ仕ル候、小生ハ従来ノ如ク何等異リナシ、新聞記者ノ取締リニ関シテハ明石閣下ニ直接報告スル事ニ相成リ居リ候、是ハ貴下ノ御推撰ニ依リシ結果ト確信致シ居リ候。十一月十日　武田先生貴下　清本拝

書中二に記する一進会員中賜金分配の不平を訴へたる兪鶴柱(副会長に次ぐ評議員の首席にして、八百円を与へらる)、崔永年(総務員、又会長の秘書の如く厚遇せられ、六百円を与へらる)の如き、一進会幹部中にて有数なるものすら此の如し、下級職員の不平は如何ぞや。

十一月十一日師予に与ふる書中に曰く。

(前略)顕聖寺出発一日ニテ当所マデハ女小供連困難ナルベシト存ジ候故、豊野ヘ一泊ト存ジ候処、高田泊リト変更仕リ候(中略)。小衲は生来一粒ノ飯スラ父母・師僧・三宝ニ報ヒタルコト無レ之候、今義母ガ善光寺参リヲ幸トシテ、三冬ノ間コヽニテ仮設家庭ヲ構成シ、明春更ニ東西南北ト相別レ可レキ申ス心組ニ御座候(後略)。願クハ御芳翰通リ帰路御来遊奉リ二翹望一候不尽。

十一日　　松心院様梧下　　範之和尚

十一月十三日李容九の来書(漢文)に曰く。

拝啓馬関東京数次ノ恵書、謹承慰喜、然レドモ皆是過去路中ノ書信ニシテ住処未ダ定マラズ故ニ答状スルコトヲ得ズ、悵懐深ク切ナリ、更ニ謹ンデ問フ、伊来寒天　御体上万安ナルヤ否ヤ、仰頌々々。侍生退院後十日余日治料近ゴロ回蘇ヲ得、今月六日ニ東萊温泉ニ来到シテ静養此ノ如シ、御安心若何。宋氏其間郷邸下往ノ日週間留宿上京シ、而シテ日間発シテ東京ニ向ハント云フ耳《ノミ》。此処別ニ仰告ノ事無シ。近日ハ則世上ノ事ニ関セズ、自然ノ中ニ聾唖ト為ル也。今後世間ノ一棄物ト作リ、無有々無空々ノ気ヲ以テ来々去々公々ノ路ヲ作ルヲ計ト為サン。更ニ他塵世上仰告ノ事無シ故ニ不具礼。

洪範法塔下　　十一月十三日　　李容九拝上

之を見れば李容九は病気の為か将《ハタ》大事定まりし故か、意気頗る銷沈したるが如し、蓋し師と共に本願を達したれども、其期待に及ばざること有るか、悒々として楽まざるの情見ゆ。

十一月十五日具然壽の来書（漢文）に曰く。

（前略）兪鶴柱・崔永年ハ会中分排金完了後、絶《ハナハ》ダ野田氏ヲ憎ミ総督府及総監部ニ構誣シテ書ヲ呈ス。宋禍心ヲ以テ李完用ヲ害センコトヲ謀ルト、且怪言スルモノアリ、宋日米交争ノ時ヲ待チ、予メ力士幾名ヲ備ヘ、専ラ侍天教中ニ靠《ヨ》リ、行為殊常ナリト、現今ノ紛紜説キ難シ、老釈此事ノ如何ヲ聞カズシテ、遽ニ不二門中ニ入リテ性真ヲ静養ス、是健羨スル所也、李容九氏ハ現ニ東萊温泉ニ在リテ治療ス、近者調養ノ効有ルヲ聞ク喜ブベシ、宋氏ハ将ニ久シカラズシテ復東ニ向ツテ去ラントスル耳。（後略）

十一月一五日　　　　具　然　壽

武田法兄榻下

向に清本の報あり今又此書あり、兪・崔の不平は兎に角宋秉畯を讒誣すること爰に至つては、其心情の陋劣なること常識を以て論ずべからず。

十一月十九日李晦光の書（漢文）到る、要旨は師の在韓中仏教興隆の労を謝するものなり。

同二十一日李容九東萊温泉より書（漢文）を寄せて曰く。

（前略）侍生数日前此郡梵魚寺ニ往キ数日留宿シ、今又還ツテ温泉ニ到ル。而シテ該寺清景甚ダ麗シ、左右ノ山谷小庵二、三有リ。参禅ニ没シテ而シテ哲ノ真理ニ透リ、彼ノ塵念ニ遠ザカル者、老少並ニ四十余人也、欽羨已マズ玄空清浄、真妙ノ思想自然ニ萌動シ、無為ノ中ニ自ラ其然ルノ性ヲ覚ユ、今番ノ行ハ万金ノ得ニ勝リ、仙薬ノ飲ヨリ利也。一般寺中ノ諸僧二百余名、法堂ノ大房ニ会集シテ、侍生ノ庸愚ノ法説ヲ聞カンコトヲ請フ、故ニ已ムヲ得ズシテ浅見薄識ロヲ開イテ説明ス。一ニ曰ク仏法修心ノ方法。一ニ曰ク道モ亦時機有リ、機ニ随ヒ変ニ応ゼザル可カラズ、然ル後ニ以テ確張ヲ為ス可シ。一ニ曰ク近キニ在ツテ遠キニ在ラズ、我ニ在ツテ他ニ在ラザル也。各自我ヲ信ジテ而シテ其道ヲ尽セバ、則天ト仏ト亦其道ヲ尽シテ而シテ自ラ行ハレ自ラ成リ、事明ナラザル無ク、事渉ラザル無キノ意。諸般累々タル条件、長時説明スレバ則昧識ノ言ト曰フト雖モ全体ノ僧侶尽ク為ニ悦服ス。感浥ノ故ニ叙懐シテ而シテ席ヲ退キ、翌日帰来シ身ヲ温泉ニ洗ヘリ矣。心性ヲ梵魚仏前ノ泉ニ洗ヒ、身体ヲ蓬来ノ温水泉ニ濯フ、近日ハ則敢テ表裏ノ洗ヲ作ス、然レドモ洗字ノ意ハ難又難、故ニ真洗ハ大ニ難シ奈何々々余姑ク閣上。

十一月二十一日　　　海生拝上

洪範法塔下

十一月二十五日李容九に復する書（漢文）に曰く。

敬啓者《スルハ》天風枯草ヲ吹キ海水天寒ヲ知ル、此際ニ当リ　閣下海陬ニ間関シ古寺ニ嘯吟シテ方《マサ》ニ自適ヲ取ル。然リ是ノ如シト雖モ、未ダ知ラズ中情何ノ悲愴哀痛ノ感懐ヲ動カスヲ。想フニ当ニ神ヲ煉リ心ヲ冶《キタ》フルハ此時ニ在ルベキ也耳。生家ニ到ルノ日正ニ亡父三十三年ノ忌辰ニ当ル、故ニ凋零セル親族ヲ召集シテ斎ヲ寺門ニ設ケ、自ラ小墓石ノ寺内ニ在ルヲ憐ム。而シテ親族ヲ招集スルニ家ノ接待スベキ無シ、父家ノ亡ヤ旧シ矣。且親族中逃レテ僧ト為ル者生ト四人矣。然レドモ亦自ラ幸ニ未ダ死ナズ以テ数十年見ル可カラザルノ旧人ニ面スルコトヲ得タルヲ慰メトシ且繁儀ヲ墓前ニ奠ス。此レ総督ノ賜モノ也。遂ニ義母ヲ奉ジ実妹ヲ提ゲテ遙々京ニ入ル。然レドモ新聞記者ヲ怕レテ久留ノ心有ルコト能ハズ、二泊匆忙山ニ入ル矣。山ニ入レバ則日々来リ飲ムモノ数十人、生自ラ葡萄酒ヲ酹《ソヽ》ギ以テ相対抗ス、故ニ煩囂ニ堪ヘズ。又遂ニ母ヲ奉ジ妹ヲ提ゲテ此温泉ニ就ク、然レドモ母ト妹トハ各々家事有リテ久シク留マルコトヲ欲セザル也。来月初・中旬間当ニ復別離スベシ。乃生モ亦当ニ山ニ入ルベシ。既ニ風樹ノ感ニ切ニシテ、又反哺ノ情ニ背ク、若シ知心ノ友有ツテ相見テ相慰ムルニ非ズンバ、則何ヲ以テ情ヲ遣ラン矣。今　書ヲ承恵セラレテ感喜々々、且　尊体既ニ健旺ノ状ヲ審ニシテ神馳ニ堪ヘズ　閣下請フ宋子ト相携ヘテ東上シテ而シテ幸ニ白雪ヲ北州ニ観バ、則雪月ノ夜心ヲ銀台瓊林ノ間ニ賞セシメバ其楽若何ゾヤ。生決シテ　閣下東上ノ報ヲ待ツテ而シテ帰ラン矣、入ラン矣。余不備礼上。

李海山閣下　　十一月二十五日　　武田範之

玆に李容九と師との間に往復せる書翰を見るに、李容九は前書の如く快々たるの外に、山寺に入りて少しく悟道せるところ有るが如く、又更に塵累を脱せんと欲するの情を現はす。師も亦来路の恵まれざりしを叙べて、之に同情し、且人世の不運と不遇とは独り李容九のみにあらざることを説きて之を慰めたり、乃慰めらるるものと慰むるものとの情紙に溢る。蓋し李容九の修養は是より愈々進境に入り。後予嫡児を喪ひしを聞きし時、李容九痛く之に同情して予を慰むる書（漢文）に曰く。

（前略）前書弄璋ノ慶後喪明ノ報、前ニハ人ヲシテ感悦セシメ後ニハ驚歎セシムル也。然リト雖モ此事彼事、都《スベ》テ是塵世一劫廻ノ定数也、何ゾ関心傷気スルニ足ラン耶《ヤ》、人間大同ノ事我独リ当ルノ禍ニ非ザル也。之ヲ天地苦楽ノ定理ニ附シテ、而シテ　御気損傷ノ地ト為サル、勿レ、顒望々々スル也（後略）。

川上大仁殿　　十一月二十日　　鳳生拝

而して之に附するに弔慰の偈五絶一と七絶一を以てす、予案ずるに師に寄する書と予に与ふる書との間は正に一年を隔てたり、乃李容九が晩年一年間の修養の進歩以て見るべし。

十一月二十五日書を寺内総督に呈し、宗務院李晦光を扶けて、古儒古仏の本義に楷定せしめんことを進言せり。同二十七日予に与ふる書中に、序文ヲオシツケテ御願申候ハ如何敷儀ニ候ヘドモ御互ノ間柄ナレバ無遠慮ニ申上ゲ候、御尊意如何奉伺ヒ候云々。と由来予が書に師の序跋を与へられたるもの少からず、予何ぞ師命に違ふべけん、故に承諾の意を報ず。

十二月始佐波三郎（実弟）師を安代温泉に訪ひ五日将に辞去せんとす、四日夜師留別の詩を賦して贈る。

今夜杯ヲ把ツテ須ク歓ヲ尽スベシ。終生幾次カ相看ルヲ得ン。鶺鴒説クコトヲ休メヨ原頭ニ急ナルヲ。自ラ有リ箇中日月ノ寛ナル。

十二月十六日宋秉畯の書あり、先日無事帰京シ、且崔永年ノ事ハ無根ノ事ナレバ、別ニ意トスルニハ足ラザル者ニ有之候の語あるは、讒誣せられたる本人は却つて讒者を庇護するのみならず、瑣事師を労せんことを恐るゝの意に出でたるものなり。其心事の明朗寛宏なることを崔永年に聞かしめば如何の感を生ぜんか。
十二月十六日より予長野県各地を行商し、二十二日師を安代温泉に訪ふ、師大に悦び種々の記録と文詩の草稿を示し、其一部分を印刷して知己に頒たんと欲し予に印刷のこと命ず④。予之を諾し留まること二昼夜にして袂を分つ。
同二十七日宋秉畯又書を寄せて曰く。

(前略)是ハ甚ダ粗盃ナレドモ記念トシテ進呈仕リ候間御笑留可ㇾク被ㇾ下候、他一個ハ川上善兵衞氏御地へ御滞在ト推察御送附申シ上ゲ候間甚ダ乍ㇾ二失礼一御渡シ願ヒ上ゲ候、若シ御地ニ御滞在無キㇾ之節ハ重《カサネ》々ノ御手数ヲ煩ハシ候ヘ共、川上氏宅へ御送致御願上ゲ候(後略)。　十二月二十七日　武田範之殿　宋秉畯

同三十日師其銀盃と共に予に与ふる書に曰く。

(前略)今朝宋子ヨリ紀念物到着仕候ニ附直ニ書留小包ニテ御送リ申シ上ゲ候宋子ニ対シテ只今、
禁門想フ子ガ百憂ヲ忘レンコトヲ。匣ヲ披ケバ金罍光楼ニ満ツ。東海雲開ケテ
千嶂霽ル。椒光併セ発ク早梅ノ頭。
ト申シ送リ候、御次韻被ㇾ成サ候テハ如何(後略)。　三十日

川上善兵衛様　　　　　　　　　　　　　武田範之

明治四十四年辛亥（四十九才）　師は母妹と共に安代温泉に在りて新年を迎へ、元旦の歌を作る曰く。

曈々闇茂維レ歳日東ニ出ヅ。朗曦曈々万邦ニ輝リ。四方衣ヲ拝シ河嶽ニ及ブ。古夢維レ何ゾ蛇耶《カ》熊耶。蛇ニ非ズ熊ニ非ズ霊維レ異。維レ神霊ヲ降ス崆峒従《ヨ》。玄文了了亡失セズ。神霊其レ言ニ霊通有リ。明々蹈破ス東山ノ暁。遮々胡《ナン》為《スレ》ゾ西麓ノ陰。天空雲ノ嶺上ニ生ズル無シ。海潤月ノ波心ヲ照ス有リ。海潤天空万事定マリ。至気大降其レ今ニ及ブ。神境一驚蘧然覚ム。玉両聯ニ縷シ我襟ニ繍ス。手ヲ額ニシテ東望スレバ仙雲聳エ、万古ノ祲氛ヲ一帚シテ空。不老ノ天閣不死ノ者。玉塵一掃彩虹ヲ迸《ホトバ》シラス。金甌薬ヲ煎テ檀木ヲ焼ク。五年丹成ッテ九宮ヲ開キ。十年脱胎寿域ヲ超エ。万年斉ク唱フ春其レ同ジ。五年ノ後必ズ九宮ヲ開カザル可カラズ。十年ノ期或ハ躁乎《カ》。

序ニ曰ク。此歌以テ侍天教人ニ示ス也。教祖句有リ曰ク、東山登ラント欲スレバ明々兮《タリ》。西峰底事ゾ遮々ノ路。ト此レハ是歌ノ主眼ニシテ、而シテ東望仙雲、金甌焼檀等寓意知ル可キ也。韓人喜ンデ夢ヲ説ク、故ニ余モ亦托スルニ夢ヲ以テスレドモ、侍天ノ符ノ実夢ノ如キニ非ザル也。

師退鮮の後も尚鮮人に対して心を用ふるの深きこと、又其一端を爰に露はす。
元旦予高士校の四方拝遙拝式に列したる時、師の書と記念盃を得たるを以て、初めて之に神酒を斟み朝鮮併合の第一新年を祝し、村吏及教員等と共に　聖寿の万歳を祝したり。盃は銀製にして内面に鍍金し日韓合邦紀念の六字を鐫す。而して李王家美術工場の製作品なり。
予亦師の命に因つて師の韻を次ぎ、別に一詩を賦して懐を叙べ師と宋秉畯に寄す詩に曰く。

都門ヲ出テ、百憂ヲ掃ハント欲シ。悠然也《マタ》臥ス海東ノ楼。天涯我ニ向ッテ金斝ヲ抛ウツ。浅酌微吟又叩頭。
合剣ノ紀初紀年ヲ兼ヌ。佳辰喜ンデ倣ス放翁ノ顛。美禄無シト雖モ天爵ヲ剰ス。好シ逃禅ニ伴ナッテ酒仙ヲ逐ハン。

師元旦の試毫を明石少将に贈り、兼ねて寺内総督の覧に供せしむ詩に曰く。

辛亥維歳是何ノ年ゾ。韶景光和《ナゴヤカ》ナリ雪後ノ天。碧海波ハ連ナル黄海ノ表。扶桑日上ル始林ノ顛。三杯ノ椒酒新民酌ミ。万代ノ神碑故老伝フ。無窮ナル皇極ノ業ヲ頌セント欲シテ。先ヅ欽ブ督府草烟ヲ含ムヲ。

徒作に似たれども又併合を謳歌する一念の発露たり。

一月六日李容九に寄する書（漢文）に曰く。

敬啓スル者近日新聞紙上ニ見ル所、千里眼ナル者漸ク多シ矣。生未ダ千里眼ヲ得ズ、然レドモ暗ニ閣下ノ在ル所ヲ討ヌレバ、其必ズ墓側ニ在ルコトヲ知ル也。生モ亦母側ニ在リテ而シテ賀状ヲ龍山ニ呈スレバ、貴酬果シテ龍山ヨリ来リ今朝方ニ初メテ洞名ヲ確知ス矣。此レ相感ノ理乃然ル乎、蓋シ千里眼トハ迥ニ異レリ矣。生今一書ヲ著シ鰲海鉤玄ト名ヅク、皆生ノ詩若シクハ文、朝鮮ニ関スルコト有リテ十九年間ノ拙作百余篇也。而シテ此百余篇或ハ東学ヲシテ惑ヲ天下ニ解カシムル也。自ラ文名ヲ売ラント欲スルニ非ザル也。当ニ近日剞劂ニ附シテ竣後数本ヲ呈シテ以テ諸君子ノ批ヲ請フベキ耳《ノミ》（後略）。一月六日

一月七日崔永年の来函中師に宛てたる封書あり、之を師に転致す、書（漢文）大意に曰く。

（前略）南駅ニ拝別センコトヲ擬セシモ、当夜啓旆セラレタリト、悵望何ゾ及バ

ン哉、（中略）玆ニ川上君ニ胎函シテ転達ヲ懇請シ聊カ遠慕ノ誠ヲ表ス、倘シ一字ヲ賜ハラバ如渇ノ望ニ副ハン。　一月七日　崔永年再拝

一月十五日崔永年に復する書（漢文）に曰く。

敬啓スル者出城ノ夕百事旁午礼ヲ闕ク、則姑ク諸ヲ舍キ、貴宅洞統戸並ニ記録ニ存セズ、故ニ一タビ書ヲ国民新聞社ニ呈スル而已《ノミ》。而シテ新潟県顕聖寺名ハ先生モ亦之ヲ忘ル、是ヲ以テ一違ノ後音耗相互頓ニ絶ツ矣。今幸ニ川上氏ニ托シテ徳音ヲ恵マル。欽荷々々殆ド人ヲシテ拾遺ノ感有ラシム。小衲客秋展墓ノ後一タビ保寧ニ帰リ、更ニ老母ヲ奉ジ新歳ヲ此ノ温泉ニ受ク、心未ダ灰ノゴトクナラズ智未ダ滅セズト雖モ、然レドモ嬌態往々小児ニ似タルコト有リ、自ラ囅《ワラ》ツテ曰ク歯知命ヲ望ンデ情学童ノ如キハ抑々亦実ニ研学ヲ以テ自ラ楽ム焉、竟ニ未ダ時俗ト伍セザル耳。聞クガ如クナレバ先生宋子ヲ総監部ニ悪スト、或ハ信乎小衲甚ダ疑フ焉、抑々挾雑ノ先生ヲ構セント欲シテ而シテ言ヲ設クル耶。世事走馬燈ノ如ク瞬間目ヲ失スレバ則沓然措ク所ヲ知ルコト無シ、願クハ其真ヲ聞クコトヲ得ン。伏シテ以ミルニ先生新禧万歳ナラン、道節新邦家ノ為ニ葆重万護セヨ。　一月十五日

此の師が崔永年に与ふる書中の主要問題たる崔・兪の不平事件は、嚮《サキ》に具然壽と清本熊藏の内報に依り既に師の知る所なれども、師は更に之を直接其本人に糺問したるものなり。是より先排日派の某は崔永年の窮境に乗じて之を誘ふに阿堵物を以てせるもの有り、為に崔は其志操を二、三にせしは師の怒るところなり、故に書中世事走馬燈の如く云々の語あり。

一月十五日予も亦安代温泉の隣地渋温泉に滞在して師の著を校正し、日々師の寓を訪ひ互に叙懐遂に詩酒交歓屢々還るを忘る、故に師に謂つて曰く予師を訪へば帰るを忘る之より重要事件の発生するに非ずんば瑣事は文書に依らん、然らずんば互に其日課を果すを得ざるを奈何せんと。師笑つて曰く衲も亦然りと、之より復師を訪はず互に日課に勤む。

一月十九日崔永年の答書（漢文）に曰く。

敬復頃者龍山庄上ニ於テ主翁、余ニ属スルニ一覧ヲ以テスルモノハ即先生ノ法墨也。　始メテ信州ニ　住錫スルヲ審ニス、　道諦无量且喜ブ鰲海鉤玄ノ奥草、寒月梅花ノ高詠、恍惚文虹ノ空ニ蟠マルガ若《ゴト》シ。　先生ノ瓔珞荘厳ナルコト其間ニ髣髴タリ、欽誦万々為ニ自ラ已マザル也。乃十八日ノ晨光ニ於テ　返命ヲ拝撃シ、天上ノ消息ヲ得ルガ如ク、書復再三紙毛ヲ生ゼント欲ス。毫光ニ対スルガ如ク捉時娓々感摯愛敬敢テ尽ク既《ツク》サズ。小生磨蝎相随ヒ窮鬼未ダ送ラズ、志気就スコト無ク動《ヤヽ》モスレバ輒《スナハチ》咎メヲ得。昨冬果シテ宋子ト貝錦相織リ雌黄層激、乃明石将軍双方ヲ私邸ニ勧解スルニ至ツテ戦雲ノ開霽ト為レリ矣。其鶴長鳧短ニ於テハ固ヨリ呶々スルヲ為スニ足ラズ、第《タヾ》念フ醯鶏蝸角互ニ彼此無ク咄々空ニ書スル而已。伊《タヾ》呵凍蛽縮セシメ、只世ト相違ヒ寸丹ヲ修錬セシム。但シ鷦栖未ダ定マラズ、鼴飲未ダ遑アラズ、加之債鋒肉薄困悛心ニ在リ百爾思想ス、南江漢ニ游ビ名山大川ヲ渉尽スル是大願スル所ナルモ而モ亦自由ヲ得ズ。此生ノ苦海玄流滾々何ヲ以テセバ則好ト為サン耶《ヤ》、学力足ラズ心志定マリ難シ。只垂誨ヲ望ム、盲者ヲ開導扶植スル者、則抑々豈方便門ニ非ズ耶。先生道力隆卲信義昭著日朝間昂々タル高風有リ、則一言ノ吹嘘為サヾル也《ヤ》、能ハザルニ非ザル也。未ダ　尊慮ノ何如ヲ知ラズ、寔ニ中心ノ仰グ攸《トコロ》ニ出ヅ惟　先生俯亮セヨ焉。余皆滔々タル真珠魚目卞ズルコト能ハズ焉。他何ゾ仰首長鳴スルニ足ラン耶、紙ニ臨ンデ冲悵恐懼再拝。

十九日　早　謹　啓　　　　小生　崔　永　年

洪　疇　大先生　法座下

此書甚だ婉曲なれども事窮余に出でたるを謝し弁疏縦横至らざる無し、而して又更に師に援引を乞ふの情切なり。彼本錚々たる御試の級第者たるに拘わらず、其意志の薄弱なるは、窮余更に窮地に向つて進みたるに基《モトヰ》するなり。

爾来予復師を訪はず既に師の原稿を校正し更に跋文を草す、二十日夜師其書記生塚田直治（前に師予に一書記生を需む、予知るところの同村塚田直治を薦む今師の許に在り）に一書を齎らさしむ、予披き見れば曰く。

敬書母ハ血ヲ下シロヨリ黄色ノ粘液ヲ分泌シ、腰痛ニ加フルニ時気性感冒ヲ以テセリ、生来六十六年ヲ九州ノ暖地ニ経過セシモノヲ、本州第一ノ高地タル当国ニ供ナヒシハ小衲ガ過失ナリ。病ノ重ラザルニ先ダチ、母モ小衲モ病院ニ入ラント欲ス、此レ大人ノ周旋ヲ乞フノ一ナリ。竹籬梅花ヲ綻バシ緑樹重陰ノ間ニ、蓽門閨竇環堵粛然タル一小隠士ノ鵲巣ヲ得テ、胎仙ヲ養ハント欲ス、此レ大人ノ周旋ヲ乞ハサルベカラザルノ二ナリ。小衲身或ハ再ビ天外ニ流落ストモ、高城村ヲ以テ第二ノ保寧トシ帰休逍遙ノ地ニ充テント欲ス、此レ最モ大人ノ周旋ヲ待タザルベカザル所ノ三ナリ。志ヲ決スルコト此ノ如クナレバ、明日ヲ以テ行李ヲ修メ、明後日ヲ以テ途ニ上ラント欲ス。入院準備ノ両三日ノ宿泊ハ太岩寺ニ於テスベク、而シテ塚田ノ業ハ太岩寺ニ於テスルヲ妨ゲズ、請フ小衲ガ為ニ熟慮ヲ垂レ明ニ以テ教ヘタマハンコトヲ　二十日夜　範之白

予之を見て愕然塚田に向つて曰く、斯る突発事何ぞ速に電話せざりしやと、然

れども師は前約を重じて書示せることを諒とし、明朝の往訪を塚田に約して修答す。二十一日朝師の許に至れば師既に従者に命じて行李を整理しつゝ在り、乃相図つて出発を二十三日とし同日より母子二人高田病院に入院すべき為に之を同病院に通知して辞去、次日予再訪すれば、師揮毫を需められたる画仙紙を展べて筆を走らせつゝ在り。又予に自伝を示して曰く跋本は是にて足れりと、予曰く跋本は弟之を書すべき義務あり、且前に師の嘱に依り之を書すべき権利を有す。故に師の命に従はず況や腹案既に成れり不日師の覧に供せんと、相別れ予も亦帰装を理む。

六　高田にト居す

一月二十三日予行李を携へて順路師の寓に到り師の一行に加はり、豊野駅より共に高田に帰還し、師等母子を導きて高田病院に入院せしめて予は旅館に入り、他は太岩寺に寓す。夫より予は師の寓居を物色し日ならずして市内に賃屋を定む。而して師等母子共に軽快せしに依り二十八日高田市四ノ辻通り町(今の西城町一丁目)の寓居に入り、太岩寺に仮寓せしめたる従者も亦来つて此に同居す。此日師池尻吉次(師の義弟にして師の養家に在りて医業を継続す)に報ずる書に曰く。

信州ノ寒気ニハ老母モ閉口遂ニ病気ト相成リ、当地病院ニ入院早速平癒セシヲ以テ左ニ居住ヲ定メ候(後略)。　明治四十四年一月二十八日　池尻吉次殿

越後高田市四ノ辻通リ　武田範之

高陽城外棲遅ニ可ナリ。翠蓋傘ヲ張ル白雪ノ枝。風流更ニ憶フ頭巾ノ酒。五柳先生卜《ぼく》隠ノ時。

又此詩をもはがきに印刷して知己に卜居を報ず。而して師の寓は予が高田市の中心地に至る路傍なるを以て、此に草鞋を脱し行厨を托し、俗事を畢つて帰来又師と語り夜に入つて辞去すること多し。（此所と予居とは三里強を隔つ故に夜間の徒歩良苦し）

一月二十九日玄章昊（元一進会総務員にして今は咸鏡北道鍾城郡の郡主たり）の来書（漢文）に曰く。

拝啓久シク玉音ヲ阻シ風燈揺落ノ愁ニ堪ヘ難シ幸ニ新年ノ喜信ヲ承ク、宝鑑一聯先生苦楽ニ泥マズ、形骸ヲ忘レンコトヲ記スルノ状態ヲ写シ出ス耳。生殆ド失路ノ人ニ同ジク、向フ所ヲ知ルコト莫シ、謹ンデ御韵ニ和シ茫蒼ノ懐ヲ吐尽スル耳、詩ニ曰ク。

却ツテ風ニ乗ツテ海外ニ帰ランと欲ス。孤雲野鶴影依稀タリ。悠々タル一夢相想フノ夜。无極ノ疎星天畔ニ微ナリ。

天上ノ神仙何処ニ帰ル。人間ノ豪傑眼前ニ稀ナリ。当年遙ニ思フ雲台ノ事。一点ノ河魁影隠微。

一月二十九日　　　　　　　　　　　　　玄章昊

武田範之殿

此書中の詩は師の京城留別の詩の韻を次ぐものなり。一進会解散後同会員中錚錚たる者すら、一郡主の職に甘んぜざるを得ざるの実況に在り。他の普通会員の前途又憐むべきもの有り。又寒心すべきもの有り。然れども其職に在るものと修養の深きものとは、兪・崔等の如き卑劣の行為に出でず、唯黙々として自制するのみ。

二月一日明石少将の来書に曰く。

拝啓其後者御無音多謝此事ニ御座候。

漢水春ヲ催ウス雪後ノ天。南山翠ヲ生ジテ烟ヨリ淡ナリ。未ダ無シ黄鳥ノ喬木ニ遷ル。梅気香ヲ吹イテ暁眠ヲ破ル。

此頃ノ春色ハ又メヅラシク候「京城ノ春ノナガメハ乙ナモノ」的、曾禰翁ノ囈語モ今サラ思ヒ出サリシ事ニ候。

衆愚ハ一視同仁ノ圧迫ト妄評シテ止マズ、就中日本ニ其声ヤカマシク思ハレ候。殖民地新領土経営ノ研究モ無キ、事情ノ智識モナキ名論卓説ハ、人々ノ任意ト致シ唯所信ヲ履行スルヲ期スルノミニ候。

「寒梅ニ啼ク鳥モナシ雪ノコロ」早梅ノ氷雪ヲ破ルヲ見テ転タ愉快ニ不レ堪ヘ候。先ハ御無沙汰御ワビ旁々如クレ此ノ候頓首。　二月一日　和尚様　元二郎

此書は簡なれども少将の肚裏を披瀝したるものなり、以て少将が一介の武弁に非ずして、一政治家たることを窺ひ知るべし、日露戦争当時露国(公使館附武官たり)を去りしも尚瑞典に在りて、露仏の同志と気脈を通じ、陰に各国に出没して事を企てたることを想ひ合すに堪へたり。

二月四日師予に通蒙憲法所謂十七個条憲法にして聖徳太子の勅撰なるが、他の四憲法即政家憲法・神職憲法・儒士憲法・釈氏憲法等の出処典故を究めたしとて予に命じて曰く。居士ハ天下ノ鉅匠鴻儒ニ交有リ、願クハ小衲ニ代リテ其出処ヲ探得シ、以テ小衲ガ研究ノ前途ニ一大便宜ヲ与ヘラレタシ至嘱と。

二月十四日李容九の来書中に曰く。久シク音信ヲ阻シ悵懐深切ナル耳。生近日龍山ノ江上亭ニ聾唖ト作ツテ、而シテ但ロニ三七咒ヲ誦シ、母親霊碑ノ下ニ進ム毎ニ、無極界無量永遠ノ路ヲ祈禱シ以テ時日ヲ送ル矣。那ノ間ニ又相逢ノ縁有ランコトヲ切ニ企ツテ已マザル耳、余不具礼と。書中の三七咒とは侍天教の「至気今至、願為大降(降霊呪文)。侍天造化定、永世不忘万事知(本咒文)。」の咒文なり。蓋し李容九は尚龍山に在るなり。

二月十六日又明石少将の書あり曰く。

拝復和尚殿モ近頃追々新聞カブレニナラレタト相見エ申シ候、朝日新聞李王家報一件ノ如キ、真赤ナ嘘ノ皮ニ候。警務総長ハナゼ其ウソノ儘、取消シヲ命ゼザル歟、トノ反論モアルベキモ、元来新聞通信ノウソヲ一々取消シ居リテハ迚《とて》モヤリ切レズ、万事比類ナリ。

此席ニ權藤君モ来訪中、偶々老僧ノ書ニ接シ一読共ニ快笑セリ。保寧山人愈々以テ眉ニ唾ヲ附ケテ、世ノ中ヲ渡ラルベキヲ勧告ス。

老僧ヲ戒ムルガ為ニ立ドコロニ一詩出来タリ、転結ハ權藤君ナリ。

　市上三タビ虎ヲ出ス。愚僧西東ニ惑フ。杞憂漫ニ説クコトヲ休メヨ。天下方寸ノ中。

呵々頓首。　和尚様侍僧　二月十六日　元二郎

少将の此書も亦笑ふが如く嘲けるが如く其本色を現はしたる上、合作の悪詩を添へたれば師も亦呵々大笑せしならん。

二月二十四日師予に与ふる書に曰く。

爾後省礼ニ従フベシ（中略）、朝鮮僧中小衲ガ経営セシ宗務院ニ対シテ叛旗ヲ飜スモノヲ生ジタリ。故ニ急ニ六諦論⑤ヲ草セントセリ、昨日腹案既ニ成リ頌文ト論

一章トヲ稿シテ筆ヲ擱セリ。禁酒禁烟ノ反応劇シク筆端ヲ窘蹙セシム（中略）。崔ガ書ハ其愚ヲ悟ラザルヲ如何セン、其王ヲ封ジテ宗室親臣ニ及ブハ政ヲ正ス所以ナリ、継富ヲ以テ論ズルハ、貴賤ノ等貧富ノ差ヲ外ニシテ、民党囂悉ノ旧ヲ夢ミルモノナレバ、只道ヘ洪疇ハ朝鮮ノ政治ヲ語ラズ、之ヲ叩クモ響ナシト、又道ヘ葡萄ノ事ナラバ吾ニ一日ノ長アリ、然レドモ他事ハ宜シク他事ノ人ニ謀ルベシト。崔ノ沈淪ハ憐ムベキガ如クナレドモ自ラ招クノ禍ナリ、蓮史ニ忤ハズ鳳庵ニ順ナラバ何ゾ今日アルニ至ランヤ（後略）。

予嘗て師に提言して曰く、師と弟との文書の往復甚だ頻煩なり、故に拝啓云々及謹言頓首等儀礼の辞は、互に省略せんと予先づ其例を始む、師も亦此書より始む故に冒頭省礼の辞あり。師病中禁酒禁烟の状は同情に堪へず、然れども尚朝鮮宗教の為努力しつゝ在り、崔永年向《サキ》に予に愬ふるところあれども、彼の秘事は予も亦師に依りて知るを以て、師に質すところあり末文之を教うるものなり、何等の丁寧ぞや。

三月十六日予に与ふる書に曰く、

高畠氏ノ書及猪熊氏ノ胎封倶ニ拝見仕リ候。六諦論ハ掉尾ノ第七篇ヲ残セルノミニ御座候、十九日夕刻マデニ全部ノ浄写ヲ終ラシメ、塚田ヘ持参教ヲ乞ハシ

メ度ト存ジ居リ候。　十六日　川上殿　範之拝

是より先憲法のことに付、予は高畠千畝（高畠式部の嗣）に頼りて猪熊夏樹（国学者）に調査を需め、其回答書を送附したるときの返書なり。又別に大口鯛二（御歌所寄人）の知るところと、井上頼圀（文学博士）の説及北畠治房（男爵）等の説に依れば、四憲法は後年の偽作たりとの意見は一致したるを以て、後之を師に報じたり。

七　六諦論の脱稿

十九日夕刻師は前約の如く其新著の浄稿（筆者は書記生塚田直治なり）を直治に携帯せしめ予に示す、予之を見れば全篇七章より成る漢文にして一万五千余言に達す、其題と頌とを挙ぐれば、

演機立宗分第一、頌ニ曰ク、機八埏ニ動ク、円宗ヲ興隆シテ当ニ大ニ為ス有ルベシ、敬ンデ宗要ヲ讃シ迺チ六諦ヲ演ズ。

団和宗体分第二、頌ニ曰ク、団和ヲ宗ト為シ本体ヲ動ス勿レ。

勢合真諦分第三、頌ニ曰ク、協合ヲ勢ト為シ、切ニ附会ヲ忌ム。

育英発力分第四、頌ニ曰ク、育英ヲ力ト為シ、古ナラズ新ナラズ。

生財浄用分第五、頌ニ曰ク、財ヲ生ジ用ヲ為シ、妙算ヲ遺スコト勿レ。

向上王師分第六、頌ニ曰ク、向上ヲ念ト為シ、志王師ニ在リ。

玄化無窮分第七、頌ニ曰ク、息マズ住ヲ為ス、玄化窮リ無シ。

以上七章の下に詳説して其実行方便を論提し、朝鮮仏教の興隆すべきを極論したるものにして、又其自序に於て其意見を発表したり、自序（漢文）に曰く。

論主ノ朝鮮ニ入ルヤ既ニ十数年ノ前ニ在リ、窃ニ高麗仏教ヲ興復スルノ志ヲ懐ク。伊藤公　大命ヲ奉ジテ統監府ヲ開クノ明年、論主モ亦錫ヲ京城ニ掛ケ以テ其機会ヲ窺フコト一年有半、而シテ李晦光等円宗宗務院ヲ創設ス。是ニ於テ同盟僧六十四員、十三道各寺庵ヲ代表シテ而シテ李晦光更ニ論主ノ為ニ、六十四員ヲ代表シテ論主ニ推托スルニ、十三道総顧問ノ職ヲ以テス。論主非徳ヲ以テ重任ヲ受クルモ一モ発展スルコト無シ。譲国条約成リ総督府新ニ起ルニ及ンデ、李晦光ヲシテ躬ヲ東上シテ曹洞宗ニ就キ其保護ヲ乞ハシム。而シテ論主モ亦自ラ職ヲ罷メテ痾ヲ故山ニ養フ。今ヤ　皇道日ニ新ニ治具畢ク張ル。論主病メリト矣雖モ、宜シク嘿々トシテ而シテ止ムベカラザル也。故ニ斯論ヲ造リ聊カ以テ十三道大小寺庵ノ兄敬弟愛ノ情誼ニ酬フ。若シ夫レ諸山ノ耆老名刹ノ獅児、斯論ヲ見テ而シテ其法眼ノ在ル所ニ迷ハズ、斯論ニ拠ツテ而シテ其進路ノ由ル所ヲ失ハズ、諦《アキラカ》ニ　皇道ト仏教トノ相符スルノ妙致ヲ観テ、而シテ其前烈ニ回ルノ気節ヲ厲マシ、将ニ滅セントスルノ法燈ヲ挑ゲ、長白ノ一脈ヲシテ重ネテ羅麗昭代ノ霊光ヲ暉カサシメバ、則何ゾ啻ニ十三道ノ薄福ノ衆生ガ実ニ無窮ノ天寵ニ頼ルノミナラン哉《ヤ》。論成ツテ五百巻ヲ録シ、以テ大方ノ諸君子ニ頒呈スト云フ。

維

皇明治四十有四年三月十五日

保寧山人洪疇範之敬識

後予をして師が畏敬する所の佐伯定胤僧正の閲覧を求めたりしが佐伯の批評あり、師病床内に於て之を見又大に喜ぶ、乃此に其二、三を録す。

第四章、論主論ヲ造ルノ志ハ一ニ朝鮮ヲ救フニ在リ、豈衆生恩ノ最タル者ニ非ズ乎《ヤ》。韓僧須ク意ヲ此ニ用ヰ奮励幾番、以テ洪恩ニ酬ヒザル可カラズ矣。

第七章、言ハ則此ニ竭キ意ハ彼ニ溢ル、泉源滾々トシテ尽クルコト無キガ如キ乎、敬服々々珍重々々

南京法隆寺貫主　佐伯定胤妄批多罪（写真第三十七）

師又入寂の月初仰臥の裡に本論の一附録（漢文）を草す、曰く。

余六諦論ヲ著ハシ、既ニシテ　王世子殿下ノ賜筆ヲ得、是ニ於テ心窃ニ懼ル、

者二有リ焉、一者ハ李朝五百年闢異ノ科太ダ厳ナリ。而シテ此書諱マザル也。然レドモ此書ノ論ズル所ハ開国政策ニ出デテ、而シテ政道ニ出ヅルニ非ズ。故ニ其峻ナル者ハ法也、李家仏ヲ見ルノ峭ニ非ザル也。二者ハ文中屢々説ク五十年ノ虐政矣ト。此レ亦最モ預メ之ヲ弁ゼザル可カラザルノ事也。余当時私ニ太平譲国ノ頌ヲ作ル、若シ此頌ヲ読マバ則五十年暴政ノ因自ラ詳ニシテ、而シテ暴政ノ別ニ大ニ因由アルコトヲ知ラン。故ニ今附スルニ此頌ヲ以テス、願ハクハ衆民ヲシテ天命ノ自ラ爾ル所ヲ知ラシメンコトヲ（頌前に在り故に再録せず）。

三月二十日寺内総督に呈する書に曰く。

謹啓陽春徳沢ヲ布キ万物光輝ヲ生ゼントスルノ候、愈々御励精奉、二恐賀一候。茲ニ専ラ陳白スルモノハ、朝鮮在来ノ仏教僧侶ハ四年前ニ於テ円宗宗務院ナルモノヲ私設シ併合前ニ至リ即明治四十三年九月ヲ以テ十三道総会ヲ開キ、其決議ノ結果代表者ヲ東京ニ送リ曹洞宗ト連合ノ条約ヲ結バシメ候。然ルニ曹洞宗ハ未ダ朝鮮ノ事情ヲ詳悉セズ、朝鮮僧ハ特ニ世情ニ暗ク曹洞ノ宗名スラ未ダ聞知セザルモノ多ク候ヘバ、此際曹洞宗ガ日本宗教界ニ於テ如何ナル位地ニ立テルカ、又其約束ハ朝鮮僧ト如何ナル関係ヲ有スベキ性質ノモノナルカヲ説明シテ、一般ノ朝鮮僧ニ一切ノ疑念ヲ断タシメ、随ツテ其態度ヲ一ニシテ必然取ラザルベカラザル前路ノ方針ヲ指定シ、以テ仏教ト我　皇道トノ関係ヲ体信セシメ、政治ト宗教トノ分岐点ヲ確知セシメ、彼等ヲ警策シテ　皇化ヲ幽賛セシムルハ、倣衲ノ義務トシテ目下必要ノ事業ト奉リ存ジ候ニ付、別紙円宗六諦論ト名ヅクル一書ヲ著シ、此レ又　皇化宣揚ノ万々一ヲ補ヒ度キ微衷ニ外ナラズ候。御政務御多端ニ被為在候際恐縮ノ至ニ奉リ存ジ候ヘドモ、何卒御一覧ノ栄ヲ賜ハリ且可否ノ御一言ヲ頂戴仕度奉リ願ヒ上ゲ候。

本書ハ当然曹洞宗務院ノ事業ニ属スベキ性質ノモノニ候ヘドモ、形式上不可ナル点有リ之候。幸ニ倣衲多年朝鮮僧ニ深キ因縁有リ之候故倣衲ガ名ヲ用ヰ候方、朝鮮僧ニ感動ヲ与フルコト深カルベク、又曹洞宗ノ体面ニモ宜シカルベクト存ジ候ニ付、越俎仕リタル次第ニ御座候。併シ本書ノ出版ハ両貫主ノ内閲ヲ経ル心得ニ御座候。又宋子ニモ出版前ニ一言ヲ乞ヒ可ク申ス候。

向キニ言上仕リ候　聖徳太子ノ五憲法ヲ以テ侍天教ノ基礎ヲ立テ候義ハ、一ノ困難ナル問題ニ逢着シテ行キ艱ミ居候。其故ハ十七憲法ハ全文ヲ日本書紀ニ載セラレシモ、其余ノ四憲法ハ出典明ナラズ。倣衲ハ旧事記ノ逸伝ナラント存ジ候ヘドモ、拾芥抄ナド此ノ字ヲ用ウベキニ這ノ字ヲ用ヰラレシ一点ヲ摘出シテ、後人ノ作ナラント批定セラレ居リ候。仍テ目今専門大家ノ精査ヲ乞ヒ居リ候、其結果若シ四憲法ハ後人ノ作ト確定仕リ候ハヾ、四憲法ハ十七憲法ノ精神ヲ演繹セシ後人ノ釈文トシテ発表仕リ度精神ニ御座候。来月初旬倣衲咽喉ノ治療ノ為上京可《ク》仕《ル》候ヘバ、参趨ノ上親シク御指教ヲ仰ギ奉ツルベク候。願クバ参趨前ニ御一覧ノ栄ヲ得置《キ》度奉《リ》万望候。余ハ拝晤言上可《ク》仕《ル》候恐惶頓首。

三月二十日　　　　武田範之和南拝

寺内総督閣下

同二十一日宋秉畯に寄する書（漢文）に曰く。

敬啓スル者《ヘ》ハ此来問候ノ情ニ闕礼ス。伏シテ以ミレバ道節康寧ナラント、万福至祝ニ堪フル無シ。生痾ヲ抱キ姑ク旧ニ依ル。来月初旬当ニ上京シテ良医ノ一診ヲ乞ハンコトヲ擬スベシ。専ラ玆ニ陳言スル者《ヘ》　上宮皇太子ノ五憲法少シク言有リ矣。今専門大家ノ議ニ上ル。是ヲ以テ逡巡其覈査ヲ待チ終ニ今ニ至ッテ而シテ未ダ告グルコト能ハザルナリ。李晦光ノ曹洞宗ニ倚頼スルコトハ　閣下ノ既ニ其情ヲ諒スル所也。生恐ル山谷ノ僧、時運ノ転化教界ノ一変ヲ知ラズ、其方針ニ迷ヒ其本分ヲ失ハンコトヲ、故ニ疾ヲ扶ケラレ、論一万五千余言ヲ草ス。冀クハ以テ十三道ノ僧徒ノ衆心ヲ楷定セン矣。此レ唯僧徒ヲシテ其面目ヲ革メシムルノミナラズ、　聖化ヲシテ幽谷ニ被ムラシムル所以也。若シ　閣下高誼ニ由リ或ハ　王世子殿下ノ　親筆、玄賛幽化ノ四大字ヲ得バ、則生何ノ寵光カ之ニ加《レカ》ン。当ニ之ヲ草堂ニ掲ゲテ朝夕（不明）〇恩ヲ拝スベシ[6]、又当ニ其真ヲ縮写シテ以テ巻首ニ弁ズベシ。鄙論ヲ荘厳スルノ偉大ナルコト以テ加クモノ無シ焉。来月初旬拝晤ノ前鄙論　閣下ノ玄鑑ヲ蒙ムッテ、而シテ　親筆モ亦拝授ヲ得ベクンバ則望外ノ至ナリ矣。伏シテ　炳諒ヲ乞フ。梅花既ニ落チ桜花将ニ開カントス、時気（不明）〇国ノ為葆重セヨ。不備礼上候。

明治辛亥三月二十一日　　武田範之　再拝

宋子爵閣下

三月二十一日曹洞宗織田総務・弘津尚書に呈する書に曰く。

謹啓北地ハ雪銀ヲ堆クセルニ東台ハ花霞ヲ催シ候由、御公務ノ余暇御清興モ可クレ被ルレ為レ在ヲ奉リ二欽嚮一候。陳者朝鮮円宗附属連合ノ件ハ其後如何御計ヒ被二成シ下一候ヤ。小子ハ既ニ圏外ニ飛ビ出シ候ヘドモ、或ハ小子ニ帰鮮ヲ催シ来ルモノアリ、或ハ平南ノ不穏ヲ報ジ来ルモノアリ。折角相纏マリ候十三道ガ再ビ分裂致シ候様ノコト有リレ之候テハ、四年間ノ苦心モ水泡ト相成リ可クレ申ス依テ病苦ヲ忍ビ円宗六諦論一万五千余言ヲ草シ候。其主旨ハ別紙添附ノ寺内総督へ言上セル文意ノ通リニ御座候へバ、鄙論宗務院ニ於テ御採納被レ為レ在ラ速ニ印刷ニ付シテ十三道ノ山々寺々ニ散布シ、以テ彼等ノ衆心ヲシテ帰嚮スル所ヲ知リ、方針ヲシテ確立スル所アラシムル様御取リ計ラヒ願上度候。

宋子ニ依頼シテ李王世子殿下ヨリ、玄賛幽化ノ四字ヲ揮毫シテ賜ハル様致シ度ト存ジ居リ候。久我公爵ノ題辞其他曹洞大学ノ総監カ誰カノ序文等有《リ》レ之候ハヾ、同ジク手段トシテ好都合ト奉《リ》レ存《ジ》候。日置師ノ序カ跋カモ慥ニ主要分ナル通慶寺・梵魚寺ニ歓迎セラルベク候。

配布ノ形式ハ、小子ガ本論ヲ宗務院ニ献納シテ配布方ヲ請願シ、宗務院ハ其願意ヲ嘉尚シテ京城へ送致シタルコト、被二成《シ》下一京城宗務院へ申シ付ケ其送致先キヲ書キ出ダサシメ我担当ノ教師監督シテ金玄庵ノ名ヲ以テ配布セシメ被レ下度候。監督ヲ怠リ候ニ於テハ忽チ盗ミ去ラレ可《ク》レ申《ス》候。又総督府ノ首要部各道ノ長官等ヘモ配布シ置ク必要有《リ》レ之候。仍テ五百部非売品トシテ印刷ノ内三百部ハ寺庵、百部ハ総督府方面、五十部ハ小子ヨリ直送スルコト、シ、五十部ハ宗務院ニ存置シ有用ニ臨ミテ散布被レ下《サ》候コト、致シ度候。

猶来月初旬咽喉治療ノ為上京可《ク》レ仕《ル》レ其間ニ別冊御回覧ノ上御協議御確定置《キ》奉レ願上《ゲ》一候敬白。

三月二十一日　　範之九拝

織田総務殿

弘津尚書殿

三月二十六日李容九に寄する書（漢文）に曰く。

敬啓スル者比来久シク阻ス、伏シテ以ミレバ　道節康寧ナラン。小生咽喉未ダ癒エズ、当ニ来月上旬ヲ以テ上京シテ老医ノ診案ヲ乞フベキ耳。聖徳太子ノ五憲法其書今専門大家ノ審議中ニ在リ、故ニ姑ク之ヲ待チ未ダ容易ニ訳述セズ。而シテ円宗宗務院ハ生既ニ自ラ解免セリト雖モ、敢テ視テ以テ隣痾ト為サズ、疾ヲ強メ痛ヲ忍ンデ円宗六諦論一万五千余言ヲ草ス、録成後当ニ　電覧ヲ乞フベシ。東京ノ花期将ニ至ラントス、　閣下若シ　駕ヲ動カサバ生或ハ病院ニ在ラント雖モ、願クハ手ヲ桜雲靉靆ノ間ニ携ヘ以テ此渇想ヲ医セン、書言ヲ尽サズ不備礼上。　三月二十六日　李鳳庵閣下　範之和尚

師は新著六諦論の原稿を先づ在京中の寺内総督・宋秉畯及織田・弘津の曹洞宗宗務員等に廻覧せしめ、又之を李容九に報じたり。蓋し師が病苦の裡に之を稿したる所以は此等四通の書中に見るが如く併合後の鮮人の思想を彼等の信奉する宗教と我国の仏教とを渾合融合して円宗の信条と為し、之を導くに円宗を以てして朝鮮仏教を興隆し、又之に依りて文化を向上し、更に政治経済上に於ける精神的治具たらしめんことを企てたるものなり。

而して師は養母と侍僧高橋喜道・書記生塚田直治に留守中の要務を命じ、六諦論の出版と宿痾受診の目的の下に単身上京の途に就きたるは四月一日なり。

第四節　東京にて治療

一　岸博士の診療を受く

師は四月一日上京二日より築地明石町岸博士の医院に通ひ始めたり。と云ふ。四月六日予に与ふる書に曰く。

福井ヨリノ御書翰拝見仕候、一日発二日ニ築地明石町岸博士ノ医院ニ通ヒ始メ候、昨日寺内総督ヲ訪ヒ閑談半時間以上ニ及ビ候、居士ノ事善ク承知セラレ、其後ノ経過ヲ尋ネラレ候ニ付キ、家産ヲ蕩尽シテ葡萄園ニ専注イタシ居リ候故、好況ニ向ヒ殊ニ御蔭ニテ関税率云々モ申シ置キ候。其位ノ英断アラバ必ズ好況ニ向フベシトテ大ニ称賛セラレ、何時ニテモ遠慮無ク同道アリタシトノ事ニ御座候ヘバ御上京ヲ待チテ御同道申シ上ゲ度候。小衲ガ食道ハ癌ノ隣リ位マデニ進ミ居リ候由、到底急ニハ治癒イタシ難ク、仍テ芝浦旅館春月ヘ今ヨリ移転シテ心長ク治療可クレ仕ル候。李容九京城ノ医診ニヨレバ一ケ年間ノ生命保チ難カルベシトノコトニ候。昨夜電報アリ上京イタスコトニ相成リ候。病症ハ結核性ノ肺尖カタルニ胃腸並ニ咽喉モカタルヲ起シ居リ候トノコト。小衲ハ高田ニテ漢城病院長ノ報ニ接シ大ニ驚キテ打電上京ヲ催セリ、上京後モ総督始メ他ノ人々ニ相談仕リ候上何トカシテ暫時ニテモ余生ヲ楽シマシメ度ト存ジ候（後略）。

六日　善照居士梧下　範之和南

二　根岸養生院に入院

四月十四日師は下谷区中根岸町根岸養生院（岡田医学博士の経営する耳鼻咽喉科病院）に入院す。

是より先三月三十日付李容九の書は、越後より転々師の許に至る。其書（漢文）の全文は左の如し。（写真第三十三）

謹ンデ恵翰ヲ承ケ忙手開覧スレバ、則　道体寧靡シト云フ驚歎ニ堪ヘザル也。上京治療ノ教実ニ是賛声、而シテ速ニ神効ヲ得ンコト千万仰祝ス。侍生モ亦同病相憐ム也。昨年入院ノ盲腸炎復発シテ熱気ノ太甚シキコト昨年ヨリモ甚シク、数十日病床ニ委臥シ自悶已マズ。初旬ノ間ニ別府温泉ニ往イテ治療ノ計ヲ為サント欲ス、此レヲ以テ下諒セヨ如何。夫レ人生世間一生一死当々ノ正理ナリ、然リト雖モ此生ノ一身ノ経歴ヲ顧ミレバ、則笑フ可ク笑フ可キ者多キ也。少時ヨリ平生ノ営ム所ハ一身上ノ彔々タル私利ニ在ラズシテ、遠ク国家ノ大利ノ為ニスルニ在リ。惟蒼生ヲ磐泰ニ済ハンコトヲ望ム。今日ニ当ツテ自ラ心身ヲ顧ミレバ、則笑フ可ク笑フ可キ者ハ此人也、至愚至蚩ナル者ハ此者也、善ク彼ノ人ニ欺カルヽ者ハ此物ナリ、善ク遊弄繰述ノ中ニ乗ゼラルヽ者ハ此物也、二千万ノ人民ヲ駆ツテ穢太ノ下ニ入レテ、敢テ新国民ニ参入セザラシムルノ罪ハ此物ニ在ル也。帰ル所ノ路無シ、笑フ可キ者ノ一也。門ヲ出ヅレバ辱シメヲ受ケテ笑ヲ四方ノ人ニ取リ、門ニ入ツテハ質責ヲ部下ノ諸人ニ受ク、曰ク国事ノ成功トハ此レ耶《カ》、一進会ノ成就トハ此レ耶《カ》、個々会員ノ生活ノ成就トハ此レ耶、国民ノ為ニ成効スルトハ此レ耶ト、此ノ如キ質責毎日蹈至ス(ア)、豈能ク当ルニ堪ヘン乎、口有レドモ言フコト無キ也、四顧親無ク一身ヲ孤了スル也。一辺当局ノ処ヲ観レバ則之ヲ視ルニ楚越ヲ以テシ、之ニ対スルニ乞人ヲ以テシ、之ニ帰スルニ猟後ノ狗ヲ以テス。笑フ可キ者ノ一也。一辺旧日ノ亡国機関ノ者等ヲ観レバ、則意外ノ財貴ヲ得驕心前ニ比シテ尤モ倍シ眼下人無シ。此ノ如ク吾輩ヲバ之ヲ視ルニ草芥蜫虫ヲ以テス。不測ノ陰害ノ心昼霄仇視シ、危ウキコト蹈氷ノ勢ノ如シ、笑フ可キ者ノ一也。不平党ノ人心ヲ観レバ、則之ヲ目スルニ売国ノ賊ヲ以テシ、凶言悪説独リ以テ之ヲ取リ生命保チ難シ、禍ヲ取リ福ヲ嫁スル者ハ此物也、笑フ可キ者ノ一也。亡国ノ民ヲ以テ外国ニ留覧スルハ、面目無ク為スコト能ハザルノ事也。自ラ身勢ヲ顧ミレバ帰ル所ノ路無クシテ、而シテ黄泉ノ帰路適当ス。然レドモ此レ亦地下ニ若シ先去者ノ霊魂有ラバ、則或ハ羞愧無面ノ嘆有ランコトヲ恐ル、也。笑フ可キ者ノ一也。蓋シ以テ之ヲ論ズレバ、則　杉山・内田・武田ノ諸尊、彼レ人ヲ欺ク乎《ヤ》否乎《ヤ》、宋・李両人彼レ人ヲ欺ク乎《ヤ》否乎《ヤ》。生人格愚蚩、故ニ姑ク夢中ノ如ク未ダ真否ヲ詳覚スルコト能ハザル也。日前内田公ノ慰書来到シ感喜ニ勝ヘズ。然レドモ答状ヲ修スルコトヲ得ザル也。若シ修答ヲ為サバ、則只彼此ノ心肝ヲ傷ヅケテ慷慨スルノミノ故也。若シ　尊篤上京セバ則此書意内田公ニ言及シテ如何。余許多ノ情話アレドモ書尽ク記セズ姑ク閣上。

三月三十日　　　　　李　容　九　拝上

洪　疇　法　塔　下

李容九の此書は師上京後に閲覧したるならん、本書は李容九が其衷情を吐露したるものにして、杜鵑裂帛の声を聴くの感に堪へず、何ぞ其心事の悲愴なるや。而して杉山は欺かず、内田も欺かず、況や師の欺かざることは素より彼の知るところなり。是凡て時の勢にあらずや。爾須く眼を放つて広く世界の歴史を見よ、又瞑目して徐に百年の後を考へよ。爾が名は永く帝国の不滅の歴史に印せらるべし、爾の精神は我国の忠臣として又朝鮮の先覚者として千歳の後愈々光明を発揮すべし。我党のことは之を天下後世の公論に附して可なりとは、我先覚者が其弟子を誡むるの語たり、予今借りで以て爾に示す。況や武田師も亦一言あるべきを信ずるなり。然れども予は自ら顧みて大に同情せざるを得ざる境に在り。

果然師が入院の翌日たる四月十五日李容九に裁答する書（漢文）に曰く。

謹啓スル者ハ長行ノ垂示及電報北越ヨリ回到シ、又高村ガ内田ニ報ズル書ヲ得テ併セテ閣下ノ近状悶々タルヲ審ニスル也。在昔孔夫子謂フ伯夷・叔齊ハ、仁ヲ求メテ仁ヲ得復何ヲカ怨マント。我儕ノ二千万民衆ニ於ケル也《ヤ》。衰残必滅ノ蚩氓ヲ駆ツテ之ヲ万国無比ノ民埒ニ入レ、環ラスニ万世不踰ノ鉄柵ヲ以テス。若シ或ハ蚩氓ノ無感無触ニシテ而シテ我儕ヲ怨マン乎、固ヨリ我天職ト相関スルニ非ザル也。我儕豈其蠢々タルノ情ヲ迓ヘテ而シテ其細怨ヲ同ウス可ケン哉《ヤ》。我儕モ亦既ニ仁ヲ求メテ而シテ仁ヲ得タリ、復何ヲカ怨マン、去ツテ首陽ニ入ル又可ナリ、往イテ赤松子ニ従ツテ而シテ遊ブモ又可ナリ矣。大丈夫志ヲ行ツテ一国之ヲ非トスルモ而モ顧ミズ、天下後世一人モ其志ヲ知ルモノ無キモ而モ悔イズ。其志ハ則天地ヲ一貫シ日月ト光ヲ争フ、我儕豈世ノ毀誉ト浮沈シテ以テ蜉蝣ノ徒ニ伍ス可ケン哉《ヤ》。諺ニ曰フ大象ハ兎径ニ遊バズト、已《ス》業《デ》ニ幸ニ我大行ヲ達ス、寒怨炎咨ノ細節、聾ト為リ唖ト為ルニ在ルヲ貴シトスル也《ナル》耳《ノミ》。生ノ咽喉果然太ダ悪シ、曰ク難治ノ症也ト。而シテ閣下モ亦難治ノ症ニ在リ、天将ニ我儕ノ此生ノ寿命ヲ奪ツテ、更ニ与フルニ幾十百倍ノ難局ヲ以テシテ、我儕ヲシテ死生益々其天職ニ励マシメントスル乎《ヤ》、果シテ然ラバ則亦慶快ナラズ乎《ヤ》。鄙偈一首敬ンデ湯薬侍下ニ呈ス請フ之ヲ正セ。

道主新ニ患フ肺腺炎。山人又得タリ喉頭癌。好シ是弟兄手ヲ携ヘテ去リ。更ニ仙楽ヲ吹イテ復颯々。

伏シテ以ミルニ時気帝道ノ為ニ勗メテ明徳ヲ崇ウセンコトヲ、至祈々々。余ハ

刀圭ノ後ニ在リ不備礼上。　四月十五日

是李容九が三月二十日の来書に対する回答に過ぎざれども、意義正々議論堂々、満腔の熱誠を披瀝して、李容九の頭中に欝結せる積疑を氷解し、又彼が無明長夜の大夢を打破覚醒せしめんと欲す。孔夫子の聖語と古諺の比論何ぞ其適切丁寧なる。結論楠公昆季湊川七生の誓を換骨奪胎したるの感あり。而して死生を以て意とせず、況や毀誉栄辱をや。之に非ずんば以て李容九の悶々の病を医すべからざるなり、李容九此書を見て以て如何の感かある。

四月十七日寺内伯の来書に曰く。

拝復先日拝別後御病症御試験中ノ由、何卒格別ノ事ニ無キレ之様祈念ノ至ニ御座候。御送附ノ書面ハ一両日中ニ読了御返戻可クレ申ス、明日ハ地方官会同ノ事等アリ過日来彼是多忙ヲ極メ延引ノ段御了恕願ヒレ上ゲ候。精々御加養専一ニ御座候為メレ其草々拝具。　四月十七日　武田範之殿侍史　正毅

書中の書面とは円宗六諦論の原稿なり。

予は三月下旬師を高田の寓に訪ひ、夫より直に北陸・京阪を巡廻し帰路四月十七日東京に着し、直に師を根岸養生院に訪ふ。時に師尚病床に入らず容貌は前月

末の別時に異ならず。乃高畠千畝の托せる其母式部の手になれる贈品を呈す。師大に其好意を悦ぶ。師曰く多年三浦子（梧楼中将にして広島疑獄事件連累者なり）に会はず故に近日往訪せんと欲す子同行して奈何と、予曰く諾と次日師順路予寓に到り、夫より車を連ねて小石川区中富坂町の三浦子を訪ふ。共に広島疑獄前後の事より近時の事に及び、師は最近李容九に答ふる書の草稿を眎し快談半日にして辞去す。何ぞ知らん是師が人を訪ふの最後ならんとは、予は始終座に在り、又時々質問して其時の微細の事までを詳悉することを得たり、予子に問ふ警吏は子にも捕縄を繋けたるかと、子曰く吾は逮捕せらるゝに当って他は縄を加へられたるを見て、吾にも縄を打てと言ひしが、警吏は恐縮して曰く閣下には縄は入りませんとて同行せりと云ふ。予又問ふて曰く疑獄の予審終結決定書の正本は予未だ之を見ず、子は送達を受けたる正本をば如何にせられしや、若し保存せらるゝならば乞ふ之を示されたし、と、子曰くソンナ物二度と見ることも忌《イマ》々しければ引裂いて打捨てたりと、何ぞ稚気の満々たるや唯予をして苦笑せしむるのみ、之を師に問へば師も亦或は鼻涕を拭ひしか今見えずと。子と師の当時の懐旧談を綜合すれば、当時三浦子の苦心は戦陣に在って砲烟弾雨の下に馳駆するよりも尚苦しきこと有るを知り、流石に剛愎なる将軍にも同情の念を禁ずること能はず。

四月二十日三浦子の来書に曰く。

先日ノ高錫難クレ有リ奉リレ謝レ候、御病苦可レレ想フ、李病ノ書並ニ和尚ノ高韻拝読御答トシテ、

日辺ノ生死最モ悲ムニ堪ヘタリ。彼此去来業《スデ》ニ独リ知ル。必竟衆生ノ善知識。
薬鑪自在ニ篆烟披ク。

叱　正　　　　　　　　　　観　樹　拝　具

病者ヘ衆生ノ善知識トハ。古尊宿ノ句ニ出ヅ。

之と共に師の示し置きたる李容九の書と師の回答草稿を返致せり。
四月下旬の始漢城病院内の李容九より四月十九日付の復書（漢文）到る曰く。

謹ンデ恵翰ヲ承ク、則東京ノ病院ニ奉臨シ、治療ノ教難治ノ説聞イテ驚悶々ニ勝ヘズ。生又漢城病院ニ入リテ治療ス、而シテ近日ハ則熱度減少差効有リ是幸々ナリ。夫人生世間輪廻ノ劫運ヲ受ケ、或ハ塵魔ヲ蕩滌シ、復《マタ》還《マタ》妙法洞徹精了永ク生滅セザル者有リ。或ハ迷本心ニ到ツテ自ラ覚悟セズ、密網自ラ囲ミ出ヅルコト能ハザル者有リ。其本源ヲ究ムレバ則彼此両端皆空々ノ一路也。今我両人病榻ニ拘ハル、之ヲ思ヘバ即一生一死一去一来、実ニ忌憚スル所ニ非ズ、而シテ返ツテ一笑ヲ作ス也。身分上過去ノ事ヲ以テ之ヲ論ズレバ皆是一夢也。国ノ為忠ヲ尽シテ熱心、及民ノ為己ノ為ノ誠返ツテ以テ之ヲ思ヘバ、則実ニ他ノ

為ニ非ザル也。都テ自己ノ天職当ニ行フベキ所ノ事ニ出ヅル也。其成実ノ場ニ及ンデ我ヲ知ルト知ラザルト、我ヲ毀ルト我ヲ誉ムルトハ、何ゾ霊台ノ一竅ニ関センヤ。首陽山下及赤松子ノ遊モ、其実ヲ究ムレバ則此レ亦彔々真ニ非ザルノ心也。然リト雖モ現在耳目ノ下、許多ノ悪魔撓々百端、忍ビ難ク堪ヘ難キノ懐、或ハ心頭ニ冲動スル者、此レ実ニ姑ク未ダ聾唖ノ真工ト成ラザルノ故也。故ニ近日ハ則時々勤メテ息マズ、聾唖ノ真ト作ランコトヲ願フ也。唯願クハ尊座　御安心気ヲ叙ベラレ、心ヲ病ニ奪ハル、コト勿レ若何。吾両人病根ヲ滌尽シテ更ニ光々浄々ノ一楼ニ上リ、六塵輪廻ノ種子ヲ解脱シテ以テ一点ノ真光豁然知空、生滅ニ縛セラル、コト無ク、色相ニ窺ハル、コト無キノ地、千万至祈々々。

四月十九日　　　　　漢城病院内　鳳　庵　生

真心独立無依観。塵魔自消是霊台。病何ゾ敢テ奪ハン道人ノ志。妙覚竅門喉肺開カン。

洪　疇　法　塔　下

是師が四月十五日の書に対する李容九の答書なり。師弟共に重病に罹り憂苦の裡に在りながら、師は弟を懐ひ弟は師を案じ各々己を忘れて互に相慰むるの情紙面に溢るゝを見る。而して師の大乗的訓誨に依りて李容九も亦廓然大悟、師の議論に共鳴するに至りしは、是元来双身一如の実を機に由つて露はしたるものなり。予嘗て李容九に我高士校の額字揮毫を求めたりしが、李容九其余白に東学教祖崔濟愚の怕レズ塵念ノ起ルヲ、惟恐ル覚来ノ遅キヲ（漢文）の語を録す、これに因つて見ても李容九が自己塵念の覚醒を忘れざることを察すべし。然らずんば何ぞ此の如く修答するを得んや、之に非ずんば以て師の病を慰むるに足らざるなり。

四月二十五日池尻吉次に寄する書中に曰く。昨夜母ト高橋ト来院仍ツテ母ノ心ニ任セ本日三時独身京都行ニテ出発成サレ高橋ハコ、マデニテ帰越スルコトニ相成候云々と。乃母を郷里に高橋を高田に帰らしめ、師独身養生院に在り。次日高畠千畝に謝状を送る。

二十七日予は郷を出でてより将に月余に垂んとす、故に一時帰郷せんと欲し師に辞せんが為に養生院に師を訪ふ。時に此日に至るまで外科的手術の執行に対して、医師及同人等の衆議尚未だ決せず、菊地ドクトル（名は循一）・木村医学博士（名は徳衛）等は之を非とし同人多く手術に反対し、予も亦之を危ぶみ師を諫むれど聴かれず。予之を在京中の寺内伯に諮らんと欲し、次日の会見を約し帰郷の日を一日延期し且師に謂らく、師若し手術を断行せんか生死逆睹すべからず、此秋に際して予の是非負担せざるべからざる後事は鰲海鈎玄の発表なり、是固より予が諒する所なれば師命を全うすべし。而して予に我業の在るあり、予が忙は既に師の知るところたり、故に他は最少限度の範囲に於て手術前予に書示せられよと、又曰く師予と約あり師が予が為に揮毫すべきもの安代温泉に於て果さず、高田に於て果さず之も墓地払ひ（師嘗て予に謝して曰く、此厚誼は筆紙を以て謝意を陳べ悉し難し、又一生酬ふるの期も無かるべし、仏家は之を墓地払ひと称すと、即果すこと能はざるの意なり）とせんかと、扇子五柄を師に托し携へ来れる墨を磨し明日を約して至れり。

二十八日予は約の如く先づ寺内伯を陸軍大臣官舎に訪ひ師が手術可否の意見を問ふ、伯言下に曰く手術は甚しき危険を伴なふとて、予に伯最近の悪例を語り曰く、君我言を伝へて之を止め徐ろに天命の至るに任せしめよ、又死期近からずして養生費に窮すること有らんか、我又方を考へんとの内意を示さる。予曰く師既に我等同人の言を容れず、故に願くは閣下電話戒告せられんことをと、伯之を諒として直に副官を呼んで師に電話せしめらる、予之を聞いて辞去し養生院に至り具に伯の言を伝ふ。時に師尚病蓐に入らず、杉山其他の同人と談話し手術の事未だ決せず、予又曰く師病中単独なるは不自由は免に角病の為に悪し、高橋を招いて奈何、或は祥雲は可なるかと陰に師の意中を叩く、師曰く未だ夫程に至らずと又曰く高田の僑居は本月末を以て一時撤去し、高橋・塚田及下婢を解雇し書籍及器什は君の処理を乞ふと、予之を諾し別に臨み前日托し置きたる扇子を見れば尽く書するところ有り内一には、

世界恁麼ニ熱ス。何処ニ向ツテ廻避セン。曰ク寒暑無キ処ニ向ツテ廻避セン。

如何ヵ是寒暑無キ処ゾ。曰ク鑊湯炉炭ノ裏。と書せり。

師は幾度か死地に出入して而して死せず、故に死を決すること屢々なり、此書にも亦既に命数の定りたることを諦観せることを示したり。予は同日の夜行車にて二十九日高田に還り師の僑居に入り師の旨を伝へ、師の物は凡て川嶋家（師の寓に近き予姻戚なり）に保管せしめ、塚田と下婢とを其家に帰らしめ次日高橋をして上京養生院に至つて師に之を報告せしめ、又予京寓に止まつて師の病状を報告せしむ。

四月二十九日師の予に与へられたる書に曰く。

杉山ハ馬車ヲ駆ツテ菊池ドクトルヲ訪ヒ問答ノ結果、四日間手術見合セノコト相成リ、其間ニ何カノ研究条件ヲ研究スルトノコトニ御座候。委細ハ本日菊池ヨリ報告スルコトニ相成リ居候。内田ノ方ハ総督自ラ来訪スル筈ナルモ其閑ヲ得ザル故、内田ヲ召喚セシトノコトニテ、内田ハ本日宋ヲ訪ヒ更ニ杉山ヲ訪ヒ宋ト共ニ来訪スベシトノコトニテ、総督ノ意ヲ宋ト杉山トニ伝ヘ凝議ノ上来訪スルコトカト被レ存セ候。一人ノ病気四方八方ノ迷惑誠ニ気ノ毒千万ニ奉レ存リ候。

一小衲ガ後事ノ処分ハ簡単ナルモノニ御座候。

第一　一切ノ書類ハ御貴所ニテ永久御保存ヲ乞フ事。⑧

第二　文房具及書籍ハ保寧山ノ常什ヘ納ムベキ事。
第三　衣類及其他ノ物具ハ祥雲ニ与フベキ事。
第四　金銭ハ一切ノ費用（鈎玄印刷費ヲ并セテ）ヲ扣除シ、其残額ハ左ノ割合ヲ以テ配当ヲ乞フコト。

一　総持寺再建費　二
一　顕聖寺僧堂維持費　三
一　実弟三郎　甲州猿橋ニテ電報相届キ候　二
一　草野ノ母　一
一　タク　一
一　田主丸妹　一
一人前四、五円位ト相成テモ致方ナシ。


弟妹等遺物ヲ乞ヒ候ハヾ円宗論ト鈎玄ヲ御送《リ》被《レ》下度候、其他色々相求メ候事ハ不宜敷《カラ》ト御申《シ》伝《ヘ》可《ク》被《ル》下候。

是ニテ万一ノ事有之トモ関係者間ニ扮擾ハ有《ル》之間敷、若シ不公平ト思ハヾ死者ヲ怨ム丈ノ事ニ候。

其他川嶋氏等ニ対スルコトハ内田等ニ対スルト同ジク余リ無愛想ニ似タレドモ遺著（玄ト円ト二部）ヲ以テ遺物トシテ御贈リ被《レ》下度尤モ高麗焼ノ香合（木内ノ贈リタルモノ）ヲ川嶋家ヘ秘蔵セシメ被《レ》下度候。

小納書類ハ大概年月日有リレ之候ヘバ他日手紙ト照合スレバ順序相立チ可クレ申ス非常ニ錯綜事情モ自然ニ相分リ候半他日御編纂可クレ被ルレ下候。

二十九日　　　　　　　範　之　和　南

松　心　居　士　梧　下

書中の三郎とは師の生家佐波家の分家、草野の母とは養母にして武田貞祐の未亡人、タクは師の姪にして祥雲晩成の室、田主丸ノ妹とは林田駒子なり。此の如く師は其宗家武田大亮（貞祐の後嗣）、実弟別家佐波三郎、其住職寺の後董にしてしかも其姪の女婿たる祥雲晩成、実妹駒子等の俗縁者の在るが上に、其住職寺たる顕聖寺の檀頭石田貞一郎（予叔父）等のあるに拘はらず、何を苦んで事業の難境⑨に立ちて日も亦足らざる予に此責任重き煩雑なる後事の全部を加担負荷せしやを知るに苦み、早晩面晤の時に於て師に諮らんと欲し其由を報ず。

四月三十日池尻吉次（師の義弟）に寄する書に曰く。

病は愈々癌腫ト相定マリ候処第一寺内伯手術ヲ嫌ハレ、第二川上モ手術ニ不賛成、第三杉山ハ菊池ドクトルヲ訪ヒ問答ノ結果杉山モ危険ヲ感ジ、遂ニ手術中止ノ事ト相成リ候（中略）。

書キ遺シ置クベキモノ有リレ之今後三、四ケ月生存スレバ沢山ニ候（後略）。

三十日　吉次殿　範之

五月二日又池尻吉次に報じて曰く。

病ハ硬性癌ニテ舌根ニモ頸動脈ニモ処々深ク蔓延シ居ル由ニテ寺内総督ヲ始メ手術不賛成ト相成リ候（中略）研究ノ為トデモ東上ハ如何ニヤ御考ヘ相成リ度候。

二日　吉次殿　範之

池尻吉次は医家にして嘗て東京に在りしが、当時草野町武田家に在りて医業を継ぎ居たり。故に師は屢々病状を報じ且其上京を促したり。

同日高橋の書に曰く四月二十九日寺内総督は、宋子と内田を呼び師に養生料を贈り、内田は其大部分を保管し居り師之を快しとせずと。同日師の予に与ふる書に曰く。

周到精密ノ御処理奉二感謝一候、喜道ハ一昨年ノ発病以来看病イタシタルモノニ御座候ヘバ小衲ガ終焉マデ看病為レ致サセ候事ヨロシクト存ジ候ヘバ当院ニ相宿メ置キ申シ候。葉書ニテ申シ上ゲ候通リ、手術ハ相止メト相成リ候、明晩頃岡田博士何カ船来ノ高価ノ注射薬ヲ試ミラルヽ様申サレ候、ツマリズルヽベツタリ

ノ病気ト相成リ候ハ遺憾ニ候。　二日　散リギハノ姿ヤアハレ八重桜。(10)

松心院様　範之

予此書を見るに筆力遒勁毫も平日の書に異ならず、又師自発的に高橋を小衲が終焉まで看病云々に至つて心を安んじたれども同情に堪へず。又師の俳句は予が初めて見たるところなるが微瑕あるを感じ之を大口寄人に諮り、第二句を少しく訂正して後師に語りしが、師我意を得たりとて大に悦べり。蓋し此句は師人と共に日比谷公園を過ぎりし時の実況を詠じたるものにして遂に最後の外出と為れりと云ふ。噫是人は花を憐れみ、花人を哀れむと謂ふべきか。後予又此俳句を予が舅平松時厚（舅は師と旧交あり）に示す、平松立どころに歌を詠じて師に贈り病を慰む、歌に曰く。

散リカタノ姿モアワレ八重桜、サカリハ世ニモ香ニ匂ヒツ、。　時厚

高橋の来書に曰く、師外出数日後癌腫は漸次増大し固形体食餌を用うること能はず、啻に流動体食料を摂取するのみにして衰弱も亦加はれりと。予乃祥雲を招きて師の病状を語り、本山（曹洞宗）の事務に従事する為と称し、夫妻共に養生院の附近に寓して師の病を看んことを勧む、祥雲是に従つて上京し時々養生院に病を

看る。

五月六日明石少将の来書に曰く。

拝啓此頃東来ノ音信ハ師ノ入院ノ報ヲ齎シ心痛罷リ在リ候、川上善兵衛氏ヨリモ書状来レリ其他ヨリモ通信アリ、如何ノ御模様ナルヤ御案ジ居リ候。李容九モ昨夜当地出発須磨ニ向ヒタリ、同人モ可ナリ衰ヘ居レリ、当年東西ノ交遊今斉シク病ニ臥ス、感慨多キ事ト存ジ候、李ノ出発ニ臨ミ左ノ駄句送リ置キ候、若シ気分ノヨキ日モアラバ御一覧御一笑呵々。

浮沈二十有余年。期シ得タリ此身国ノ為ニ捐ツルヲ。三月漢陽春漸ク到ル。

憐ム君病榻花ニ背イテ眠ルヲ。

先ハ病気御見舞旁如レ此候頓首。

五月六日　　明石元二郎

武田和尚様

此書に依れば李容九は五月五日を以て京城より須磨に向へりと、後に至つて之を思へば墳墓の地を去つて内地に死処を撰び来れるが如き感あり。而して此れより後れて五月十九日に至つて李容九は五月五日、門徒池錫煥を率ゐて京城を発したりしが、同九日須磨八本松百三番の九に転地療養すと予に通知せり。曹洞宗両本山の森田吾由・石川素童の両管長は師の病を聞き慰問品（金鎖附金時計）を師に贈る。

五月十一日の具然壽の書（漢文）に曰く。

敬啓スル者《ヘ》浮世ノ聚散何ノ時カ無ケント云フ、我儕ノ去留其情也《ヤ》異ナリ、一別年ヲ経テ懐想寔ニ深シ、仄ニ聞ク　貴兄偶々重患ニ罹リ苦心治療スト、未ダ知ラズ奈何ノ間ニ最モ復スルニ臻ラン、供念万千切々懐々、第《タヾ》念フ昔日共ニ国事ヲ儕ニシ辛苦万状、天祐神助厥ノ成功ヲ告ゲ手ヲ放ツテ帰去ス、高枕安息望ム可キ所タル爾《ノミ》。意フニ今者《ヘ》此ニ縁《ヨ》ツテ候ヲ欠キ、郷ヲ離レテ京ニ入リ日ニ以テ万状絶力調治ス、情ノ悶嘆スル所君我異ナルコト無シ、精ヲ会シ心ヲ安ンジ善摂調将奏効ヲ函図セバ日天ト与ニ祝スル也。鳳庵モ亦重症ヲ以テ長ク万洗ニ在リ、終ニ葯効無ク近ゴロ須磨ニ赴キ療ヲ求ム、想フニ応ニ聞クコトヲ得ベカラン。而シテ海氏ノ情状モ亦貴兄ト同一ノ処地、人ヲシテ恨ム可カラシムル也。弟前月分次男七歳ニ近キ為既ニ門ヲ出デテ游戯シ、井屋機械ニ打タレ頭部敗傷シ治療理マラズ、幾天ヲ過グルコト無クシテ意ニ匪ズ命ヲ致シ、横死ニ異ナルコト無ク尤モ惻隠ヲ極ム。父ト為リ母ト為ルモノ情暫クモ寘キ難シ奈何々々、祈ル此ニ順ニ　調安ヲ欲ス敬具。

五月十一日　　　　具　然　壽

武　田　範　之　殿　調　候　下

具然壽は乙未の変に難を我国に避け、顕聖寺に東林寺に又高田其他に流浪したる人にして、統監時代に彼の警務副監となり秘密鉄櫃の剔発に力を致せしこと有り。師とは十数年来の知己たるを以て常に相往来す、故に師の病に同情すること他に異なるところ有り、其次男の厄を愬ふる情亦哀れむべき哉。

十二日予に与ふるはがきに曰く。

尊稿愈々精錬ヲ加ヘ候最早完稿ト被レ成サテ可クレ然ルト存ジ候、写真ノ事及其他ノ事ニテ御相談ヲ要スル事有ルレ之候、急グニハ非ザレドモ御面晤ノ上情ヲ罄シ度候。

十二日　川上善兵衛殿　武田範之

此書は後に聴くところに依れば、仰臥のまゝ書されたるものゝ由なるが、乱草にして恰も蠹魚の蝕痕の如く師の乱揮字を見慣れたる予も亦僅に推読するに過ぎず。病漸く重きを加ふることを想はしむ。文意は鰲海鉤玄の予が跋文のことにして、予は文の意の如くならざるを以て幾度か推敲改刪して師の閲を乞ひし最後の稿たり。写真とは予は師再び起つ能はざるを知り記念の小照を与へられんことを求めたることに関してなり。月初以来高橋侍僧は養生院に宿して日夕師の許に在り、祥雲夫妻も院の附近に寓して時々病を看るのみならず、専属看護婦の侍するあり、予は予業を緩うすること能はざるのみならず鈎玄校正の為師の病床に侍することと能はざるの旨を報ぜり。然れども爾後祥雲をして又高橋をして頻に予の入京を促がし、中旬の末急電あり師病大に悪しと、予之を見て倉皇夜行車に搭じ直に師を訪へば、四月末尚肥満したる温顔も痩骨稜々別人の如し、予思はず痩せなさつたネーと嘆声を漏したりしが、師は予が落胆するを見て、声を励まして曰くまだ〻〻大丈夫なりと、予咄嗟の際予誤れりと直に侍者を顧みて曰く、此程度の容態なるに何ぞ電招して予を驚かしたる、予が寿命を縮むること幾年と、師莞爾として曰く夫は私だ〻〻と、予又咎むること能はず涙を匿して別室に避け携ふるところの校正に従事し、夜は予寓に帰り滞京旬日、間を偸んで松方侯(後の公爵)を鎌倉の別野に訪ひ、沆瀣経の題字　三教帰一　(写真第三十五)の題字を得、又平松時厚より題歌

国ノタメ道ノ為トノ真ゴヽロハ、カキシ文《フミ》ニゾ現レニケル。　　時厚

と書したるものを得て、廻路芝区三田綱町の宋秉畯の寓を訪ひ、師の懇請せる六諦論なる題字を留学中なる垠王世殿下の速に揮毫せられんことを乞はしめ、帰院して之を師に報告し且松方侯と平松子との書を示す。師病を忘れて大に悦ばる。然れども写真のことは遂に望を絶てり。爾後病状依然たれども佐波三郎は猿

橋より、池尻吉次は遙に久留米市外の草野より来つて病を慰め居たるを以て予は師に辞し六月初又来つて病を看んことを約す。師唯々只一日も早く来らんことを望むと謂へり。

五月二十八日李容九又書（漢文）を寄せて慰問して曰く。

拝啓間《コノゴロ》未ダ信息ヲ得ズ、悵欝ノ際東来人ノ口伝ヲ承クルコトヲ得ルニ、則慎節去ツテ益々沈重ナリト云フ、聞イテ深ク悶ヘ且嘆ズルニ堪ヘザル者也。然リト雖モ人ノ命ハ天ニ在リ深ク慮ルニ足ラズ矣。唯願ハクハ　尊座平心叙気若何、心和ナレバ則気和、気和ナレバ則衆病豈能ク人ノ生命ヲ奪ハン乎《ヤ》。故ニ仏経ニ云フ一心万百ヲ療ス薬方ノ多キヲ仮ラズト。之ニ由ツテ之ヲ観レバ則忌憚スル所無キ者也。且人生世間既ニ命数ノ定マル所有リ、則天命ノ帰スル所入寂何ゾ難シトセン、一来一去人ノ為ス所ナラザルハ無シ。然レドモ其中若シ一点ノ真光ヲ得ル者ハ、霊々不滅、光々浄々、竪ハ三界ニ徹リ横ハ十方ニ亙ル、去来ノ任意ハ之ガ為也。以ミルニ　尊座幾十年六塵ヲ解脱シ精ヲ聚メ神ヲ会ス、一点ノ霊光ノ永ク生滅ゼザルコトハ侍生ノ明ニ認ムルノ所ノ者タリ。故ニ涅槃ニ就クト雖モ心ニ慮ルニ足ラザル也。然レドモ今番ハ則一気回春更ニ顔面ヲ対シ、懐ヲ叙ブルノ地、仰祝々々余礼ヲ具ヘズ。

五月二十八日　　李　容　九　拝　上

洪　範　法　塔　下

人生無常ヲ呑マザルハ無シ。一点ノ真光独リ未ダ傷ツカズ。寂ニ就イテ便見《スナハチ》ン故家ノ主。縁ニ逢フテ復到ラン此風陽。妄塵既ニ是却ツテ心界。覚照応ニ知ルベシ和仏ノ相。誰カ識ラン不生不滅ノ理。君ノ為ニ永世自ラ忘レズ。

此書も李容九が師の病を慰め、師の悟道を促すが如く、釈迦に説法の嫌無きに非ざるやを思はしむ。而して師と李容九とは始めより意気投合水魚の交も唯ならず、今や共に歩々墓域に向つて近づきつゝあり、功就り志達す其帰休や還《マタ》好し。之を天命と言ふも可なり、又宿縁と謂ふも亦可なり、但互に相慰め又激励するの切々たる、人をして惻隠の情に堪へざらしむ。彼が師を慰むる書は、其自らも亦諦観せる精神紙上に現はる。蓋し彼の諦観は即師の心を慰むる無上の霊薬なり、而して今や師は之を謝するの力無きを惜む。末尾の偈に至つては師は之を会するも有髪弟子たる予は未だ達せず。

次日李容九又予に与ふる書（漢文）中に曰く。（写真第三十四）

（前略）侍生此ニ来ツテ療養以後漸ク差効有リ、御安心若何（中略）。洪師ノ病聞イテ甚ダ慨歎已マズ、然リト雖モ人生世間ノ一生一死ハ一来一去ノ如キナリ、人間ノ定理公道ナリ必シモ深慮セザレ（後略）。五月二十九日　川上大人殿　李容九拝上李容九は師と予との交は既に克く知るところなり、故に師を慰むると共に予を慰め又自己の病状を報じ、又前掲の偈を録し別に予にも一偈を贈る、中に守心ノ正気斯ノ如ク定マリ（此レ侍天・教文意）。永世忘レズ万事知ル（此レ侍天教咒文）。の句あり細字は彼の自註なり。

予の帰宅後高橋は日々師の病状を報ず、之に依れば別後師の病は愈々重きを加ふと云ふ、而して六月に入り流動体食餌も喉を下らず、祥雲大に驚き一日予を電招す。予直に上京して師の病室に至れば、衰弱益々甚しく薬水口に入らず唯滋養灌腸に依つて僅に栄養を補うのみ、而して祥雲夫妻は寓に帰ること能はず、高橋及看護婦と共に日夜交代して病床に侍し、佐波・池尻も亦在京日夕病を看る、予は予寓に宿し朝より暮に至るまで院に在り日夕鈎玄の校正に勉む。

六月二日宋秉畯より垠王世子殿下の揮毫せられたる六諦論の　玄賛幽化（写真第三十六）　の題字を贈り来り師大に喜び即夜宋秉畯に謝状を送る、之に対して宋秉畯の書状（珍しくも邦文の自筆なり、予は此他の宋秉畯の邦文自筆は未だ之を見ず、唯漢文書状は凡て自筆なり、内田も亦之を見て珍しと謂へり）。到る書（邦文）に曰く。

拝謝再昨日貴書拝誦仕候、久々ノ御重患ニモ不レ拘ラ斯クモ見事ナル御手績ニ接シ、驚嘆此事ニ奉リレ存ジ候。尊臺ノ御心情早速　王世子殿下へ上申可クレ致ス候間幸ニ御安心被レ下度、頃日注射療治之頗ル奏効有リレ之候由、早々御全快ノ程千祈万禱ニ奉レ存ジ候敬具。。

明治四十四年六月四日　　宋秉畯

武田範之殿

此日師予を病室に呼びて曰く、既に一死を覚悟し居ること久しけれども、嘗て子の話を聴きて、衲が久しく景仰するところの平井軍医総監（今の軍医中将にして、当時日本赤十字社病院長たり）の一診を得ば、衲が光栄之に過ぎず、乞ふ子行きて招請せよと。予嘗て平井総監より、奉職病院外の患者は属僚の診することを誡め、自分も亦之を実行しつゝあることを聴き、師に之を語り共に之を賛したりしに。今一私立病院内に在る入院患者の診断を乞ふは、総監の持論を飜さしめんと欲するものゝ如く甚だ心苦しきのみならず、徒ら総監本来の矜持を害し其怒を招かんのみと諫めしも、師懇希して止まず。予は病者に忤ふことを欲せず又密に考ふるところ有り。電話今夜の会見を約し総監を訪ひ之を語る、総監曰く明五日は赤十字社の大会にして　皇后陛下の行啓あらせられ拝謁仰せ附けらるゝ予定なりと、沈思して曰く診察医は院長のみかと、予曰く木村博士と菊池ドクトルなり菊池は今日も来診せりと。総監直に自ら菊池と電話し終つて曰く頗る重態の様なり、吾が一診せざる間に万一のこと有らば君の好意を達せざらんことを恐る、故に明朝未明君に電話せんと、予乃帰寓して之を高橋に電話す。

五日午前五時総監の電話に曰く六時までに養生院に至らんと、予直に之を高橋に報じ師の許に到り、待つこと十数分にして総監来り予と共に病室に入り懇到丁寧に師を診す。後別室に入り予に語つて曰く、今は既に手術も薬養も施すに道無き現状にして当に餓死すべき状態に在り。命脈を保つは一週間乃至十日位か、併し此間急変あらば旦夕を料り難きこと菊池ドクトルの診断の如しと。予又曰く願くは総監此事を和尚に告げられんことを。総監曰く患者は十分に貴下を信ぜる故此旨を伝へられよと（此日総監陸軍制服に種々の勲・功章を佩用し来れるは後刻拝謁の事あるが為なり）。総監去りし後予師の枕辺に至る、師は総監が重要事の前に早く来院して懇切に診察せしを悦び、先づ予に謝意を表せしむ。予徐に総監診断の要領を告ぐ、師静に点頭し予が言を聞き畢つて平然意に介せず毫も平生に異ならず。

六月五日明石少将の慰問書に曰く。

御病気御退屈ト存ジ候内田氏唯今暇乞ヒシテ来訪イサ、カ京城ヨリノ御見舞迄ニ駄句リ候。

俗ニ出入スル兮禅ニ出入ス。乾坤自在儘無辺。苦楽滅心水ヲ飲ムガ如シ。行蔵策有リ船ヲ行ルニ似タリ。漢陽城裏健筆ヲ呵シ。保寧山頭鉄鞭ヲ揮フ。一物留メズ衣鉢ノ累。平生ノ功業人ノ伝フルニ任ス。

元　二　郎

和　尚　様

苦吟ナレドモ一夜作リ御一笑ヲ乞フノミ。

六月五日附寺内伯が総督府官邸より予が東京の寓居へ送られたる書に曰く（写真第三十八）

拝啓去一日ノ御報告芳書今朝拝読益々御清穆奉リ賀候、御多用中和尚近況縷々御申越シ被下大ニ安心仕リ候、且御面倒之義御願ヒ候モ夫々早速御取リ運ビ被下候段拝謝仕リ候。小生モ過日暇乞之心得ヲ以和尚へ見舞書差遣シ置キ候得共、今猶存生ニ候得バ宜シク御致声可ク被ル下願ヒ上ゲ候。先般ハ内田来リ京城ニ臨ミ別ニ和尚へ之注意モ致シ置キ候仕合ニ御座候。和尚後事ニ就テハ種々御配慮モ不ル少ナ義ト存ジ候、宜シク御取計ヒ相願ヒ度此事ニ御座候。先ハ御返事迄如此ノ拝具。

六月五日　　正毅

川上殿侍史

是れより先寺内総督は明石少将をして、京城郵便局より飯田（今の高士）郵便局を経て予に電信為替を送り、師への見舞金として之を師に転致せんことを命ぜらる。予乃其高義を謝し、六月二日上京の際総督の旨を師に伝へ、現金を交附して其受領証を送附せしむ。又更に之より前予密に師の意を総督に通じたること有り、此書臨別、注意等の字は之を暗示せられたるものなり。予は総督の此の慎重なる用語に敬服せり、之に依つて日ならずして師の意を達し師も亦安堵せり。故に此に収録して之を附記す。

六月六日よりは師死期の宣告を受けたる為か、却って病状の昂進を示さず少康の状を呈し神思極め平静にして苦痛を訴へず。然れども一面師重患の説伝はり病床を訪ふ者漸く多く、木内重四郎・柴四朗・宋秉畯・杉山茂丸等来つて病を慰め皆涙を飲んで辞訣す。内田も亦朝鮮より帰来して病床を訪ひ、又其保管するところの物を交附せしを以て師安堵の色あり。此に於て池尻は帰西し佐波も亦其奉職地に帰らんとす師之を留めず。

六月七日師は祥雲と予を枕頭に呼び人を退けて遺贈品の事に就き再示すること左の如し。

佐波には師用の銀時計・金鉛筆。池尻には金縁眼鏡。高橋には師常用の墨壺。関係ある曹洞宗寺院と末寺十六ヶ寺には鰲海鈎玄と円宗六諦論各々一部宛、又法類寺院・僧堂の雲水僧・顕聖寺檀頭・平生親交の僧俗人士にも玄と円とを遺贈すべきを命じ。予に与へたる後事依頼書中第四の二、総持寺再建費の六字を顕聖寺後継者の教育費と改めて自署せらる。此の時顕聖寺の文庫名を黄葉学院と定めらる。而して佐波と池尻は師の記念品を請けて帰郷し代つて日高丙子郎(11)(朝鮮名は高逢春、朝鮮風の結髪者）は遙に京城より茂山嶺の稚松一株を携へ来り之を磁斗に植ゑて枕頭に飾り、又日夕病床に侍し按摩して病を慰む。
六月九日石川曹洞宗総持寺貫主の慰問状に曰く。

謹復七日御発ノ御芳書正ニ拝受、閣下御貴恙中山海ノ御芳意ヲ労セラレ深厚ノ御道情奉リ謝シ候。拙衲モ当戒場後不ル得止ムヲ要務ニ依リ四・五日能州本山ニ帰リ上京御訪問申シ上ゲ度奉リ存ジ候間、何卒御精養被成シ下候様懇禱仕リ居リ候。御発刊ノ円宗六諦論ハ先日申シ進ジ候如ク実ニ閣下ノ八大人覚ナリ、閣下ノ国家宗門ニ尽セル至誠ハ万劫不滅ナリ。猶鰲海鈎玄御印刷中トノ御示シ実ニ錦上ノ花ナリ景望仕リ候。法要多事中啻御来書御請ケ迄万福。

六月九日　　素童

武田範之老閣下

為メ国ノ為メ法ノ御精養奉リ懇願候。

祥雲君御執申奉リ希ヒ上ゲ候。

是師が前に慰問品に対する謝意を表し、著書印刷中の事を報告したる時の復答なり。
当時師の病状の依然平静なるは注射薬の効か、予戯に曰く肛門より食餌を摂取するのみにして良きかと、師笑って曰く甘《ウマ》いものですと。又注射する時には師曰く御寝《ヤスミ》みと、人皆病室を去り残るは当番員二人のみ、師又予に会計監督を命じ、予の許しを得ざれば支出せしめず。予病間を見て師の徳を損せんことを恐れて諫めたること有りしが、嘗て怒りたる顔色を示さゞりし師は怒つて曰く、子の意見に反対なり、子何ぞ病者を苦しむるや、速に帰つて明日より復来ること勿れと。予辞を和げ笑つて曰く好し好し予此に居ては、鉤玄の校正遅滞して遺著と為るの恐れ有り。予寓に居て校正に勉むべし、明日は如何なる用も電話にて弁じ兎に角一日不参を試みんと、師唯々乃辞去す。翌朝師の侍者電話して曰く師速に君の来ることを求むと、予曰く病況に異状あるかと、答へて曰く否師は君に急用ありと謂へりと。予又校正を携へて直に行いて師の病室に至り其用件を問ふ、師笑つて答へず、予侍者を責むれば侍者も亦皆笑ふ、予怒ること能はず別室に至り宛かも狐狸に魅せられたるが如しと独語すれば、祥雲謂ひらく師は常に君が別室に居るや否やを問ふに当つて、何か用ありやと尋ぬれば否来て居れば宜しと。今朝も亦然り乃昨夜の約を謂へども聴かれず是非呼べと命ぜられたり、思ふに君此に在れば頼つて以て意を安んじ、居ざれば呼ばしむ、殆ど幼児が其母を慕ふが如しと嘘唏す。嗚呼死別既に近きに在り予又何をか言はんと黯然去ること能はず、遂に当分滞京の意を決す。

六月十日顒聖寺檀頭代表者丸山定一郎（同村大字横川の人治太郎の父）入京予と同

宿して日々病院に至り、師の病状を視て慰問すること数日。佐波も亦二たび上京師を看護す、鈎玄の校正も亦完了したるを以て予は課せられたる事務少間を得たれども、宋秉畯・内田良平・宮崎寅藏・萱野長知・大崎正吉・菊池忠三郎其他の同人及知人交々来往し、更に新聞記者の来つて、師の履歴より事績の詳細を訊《き》くもの漸く多く応接に遑あらず。此に於て予は予が知るところに拠つて師の略歴を草し、佐波・祥雲・丸田等に質して加除し、最後に読んで師に聞かしめて誤謬を訂したり。師曰くソンナ物何にするかと、予曰く新聞記者の応接甚だ煩しければ之を以て撃退の具に供せんのみ、死人に口なし故に今師に聞き置くなりと。師又曰く左程委《クワ》しきに及ばぬと、然れども予は之を蒟蒻版刷にて数十部製本せり、而して師の正伝を編するに当つて之を以て大綱と為せり。是より後数日病状依然たれども、癌腫は漸々増大するを以て稍呼吸の困難を加へたり。越えて十六日に至るも尚異状を見ず医も亦其持久を異とす。故に予師に謂ひらく予業予を俟つこと急なり、予師の此小康時期に帰郷して要急事務を処理し復直に来らんと、師曰く然り余り長くなりました、此模様なれば私も何時《イツ》やら分りませんから何卒《ドウ》ソウして下さへと。死を見ること恰も旅行日程の未定なるが如し。予意を安んじ暫時の別れを約して辞去し、夜行李を理め明日を以て帰途に上らんとす。

　十七日朝祥雲電話に曰く今暁来師の容態悪変す乞ふ来り見よと、予大に驚き到り見れば前日に反し師大に苦悶す。予曰く今之を見捨てゝ帰るに忍びずと師苦しき息の下より今少し居て下さへと謂へり。故に予は帰郷を止め、爾後日々午餐と晩食を携行して別室に在り。又木村博士の来診を求めしむ、木村一診の後岡田博士に謂らく、病既に爰に至る命脈の長短よりも須らく苦痛を除くを主として如何と、岡田曰く医師は寸時も患者の生命を繋ぎ留めんことを考へざる可からずとて之に応ぜず。此の如きこと数日、僅に注射量を増して苦痛を和ぐるのみ。

二十一日鰲海鈎玄刷了又予之を仮綴して師に示す、師病苦を忘れて喜悦の色顔に露はれたれども既に語を発すること能はず、筆紙を需めて書して曰く（漢文）。

二十一日水漿口ニ入ラズ、今三・七期満チテ而シテ印刷モ亦成ル、故ニ今ヨリ範之種々ノ楽味ヲ受ケント欲ス。

予末句の意を問ふ、師又筆を執つて書す、極楽ニ到ラン耳《ノミ》（漢文）と、予暗涙を飲み師も亦黯然予を凝視すること霎時病愈々重し。予之を三浦中将に電話す、此日高橋新帖を持ち来り予に師の書を乞はしむ、予瀕死の師を苦しめんことを恐れて之を止む高橋悄然たり。頃者同人日々来り集まり師の病を候し、新聞記者は師の伝を受け又病状を聞いて去るもの多し。

二十二日朝養生院に至れば高橋前日の帖を示す、披き見れば師の大字書（漢文）あり。

内外三年一字教ヘズ、末後ノ一句唯其レ習ハザレ。　喜道具鑑ノ為　範之

是昨夜予が去りし後高橋自ら師に乞ひしに、師快く大筆を揮ひ書したるものなりと云ふ。此日菊池ドクトル来り診し之を見て、其携ふるところの扇子を出して書を乞ひしが、師又之に(写真第三十八)、

神道遊戯、第二義門。　沙門洪疇

と書せられたるが、共に筆鋒遒勁にして瀕死の病者の絶筆(毛筆書の)と思はざらしむ。医師見て之を異例とす。此日午後三浦中将来つて師を慰問し曰く、嗚呼武田己より先に往くか、己も又追ッつけ爾を追つて往くぞ。と後に語なく涙を浮べて別室に来り予に筆紙を需む、予乃高橋の帖を出す、中将其初に、

大花尽キント欲シテ。心華長《トコシエ》ニ明カナリ。　範之和尚化滅前若干時。　観樹居士

乃中将永訣の詞なり。而して別に佐波三郎の為に書するところ有り。師予を呼

び前に定めたる黄葉学院の題額を乞はしむ、予師の意を中将に告ぐ中将怒つて曰く今日は書画会に非ず、夫よりも看護に勉めよと。予唯師の願を陳べたるのみと弁疏すれども、中将怒釈けず、宋秉畯及内田・宮崎・佐波・祥雲等座に在れども一人の為に弁明するもの無く、予亦黙々たり、中将先づ去る、人皆曰く能く怒る人なりと果して然り。即夜予中将に一書を寄せて曰く（前略）。先刻ハ不図御逆鱗恐悚就《ママ》而ハ過日御揮毫願ヒ置キ候扇子ハ其儘御取リ棄テ被下度候敬白。

六月二十二日　　　　　　　　　　　　　　　　　　川上善兵衛拝

三浦子爵閣下御令扶御中

（1）実際には、宋秉畯は日韓併合に関する勲功によって子爵を受け、いわゆる朝鮮貴族となり、さらに伯爵に陞った。

（2）宮崎滔天・萱野長知の頭髪塚は、顕聖寺墓地に現存。滔天・萱野の断髪については宮崎滔天『三十三年之夢』参照。

（3）範之には当時の浪人普遍の特性としての、経済観念の欠如があった。日韓合邦運動当時、実質的に該運動を取り仕切った内田良平の範之宛書翰には「……今日三千の四千のと云金は、借らんとしても借す人なく、作らんとして作り得らるるものに非ざれば……和尚様も進退窮したりとて田舎に居られても、金の出来る目当てあらざるべければ……」という文言があり、この間の事情を推察させる。恐らく、本書の著者である川上善兵衛も、範之に無心された大口スポンサーの一人であったろう。

（4）武田範之の詩文集『鰲海鉤玄』を指す。

（5）　武田範之の宗教論『円宗六諦論』を指す。
（6）　実際に武田範之は『円宗六諦論』の巻頭を飾ったこの書を、自らの居室「壺瀛僊府」に掲げた。日韓併合条約によって、日本の皇室と並ぶ地位を占めた朝鮮貴族は、範之にとって新たな尊崇の対象であったのであろうか。範之の権威主義の一面を垣間みる思いがする。
（7）　一進会の日韓合邦声明書の公表と、日本の韓国併呑による、合邦運動挫折に対する朝鮮民族の反感をよく表した二つの風刺歌「一進会や」が、前掲趙恒来の研究に紹介されている。当時この歌が節をつけて謡われたかどうか明らかでないが、韻文の形式をとっているだけに、かえって辛辣な風刺がストレートに伝わってくる。李容九が武田に切々と吐露した四面楚歌の状況を裏打ちする歌であり、李容九をめぐる周囲の状況を窺うに足る歌である。

韓国同胞、数ある中に、極悲極悪　第一だ。
此等人物は誰だろう、一進会よお前だよ。
私情のない　この筆鋒か、無数論駁したけれど。
最近の情勢を　聞いてみると、兇焰之勢稍息し
悔嘆者が　多いといわれるので、大慈大悲の筆により、先づ開導する。

一進会や　一進会や　お前もまたやはり人類だ
宣言書を発布した後、売国賊になるだけだ。
日露戦争従軍時に、多くの生命を被殺して、
他郷狂魂が、悲しくないているよ、奴隷服役、したけれど、何の得があったのだろうか、
利害上の関係からも　翻然退会するべきだよ。
愚痴だ。一進会や　可憐だ、一進会や、
百万名の団体だと、お前が常に誇張して、
表向きは大団体として他人の奴隷にならないで、

国事に献身して、力いっぱいしてみると、
公私においても、その利害が今日の売国賊と何ら変りない、
変りないではないか。

(8) 後に川上善兵衛の手によって纒められ、洪疇遺績として一紙の散逸もなく、今日に伝えられている。
(9) 川上善兵衛の経営する岩の原ブドウ園は、品種の改良、栽培技術の研究等に多くの出費を要したようで、経営的には常に火の車であった。
(10) 草野町の発心公園には、この句を刻んだ石碑がある。同碑に関しては、古賀幸雄『久留米碑誌』(昭和四十八年三月　其刊行会) 参照。
(11) 日高丙子郎は、合邦運動当時、朝鮮における武田範之の秘書的存在であった。併合後は一進会が東学のコミューンを作る予定であった間島に移住し、光明女学校等の学校を経営し、〝間島王〟と呼ばれた。

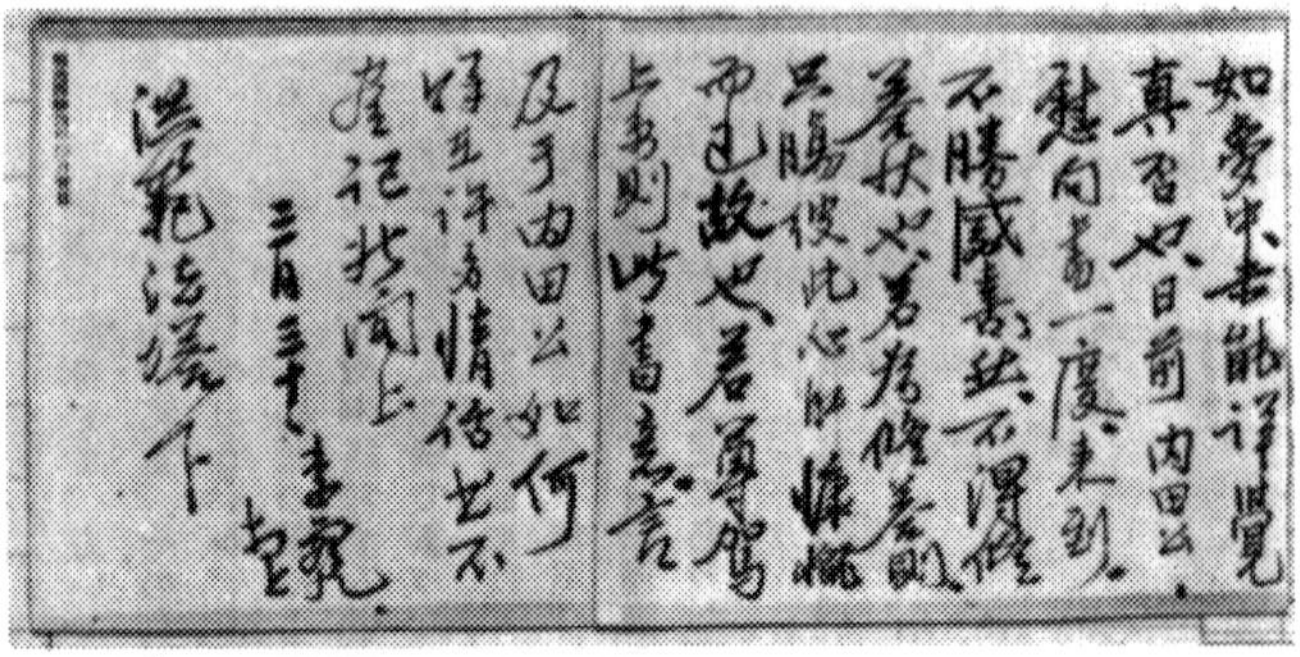

㉝　李容九武田範之に寄する書

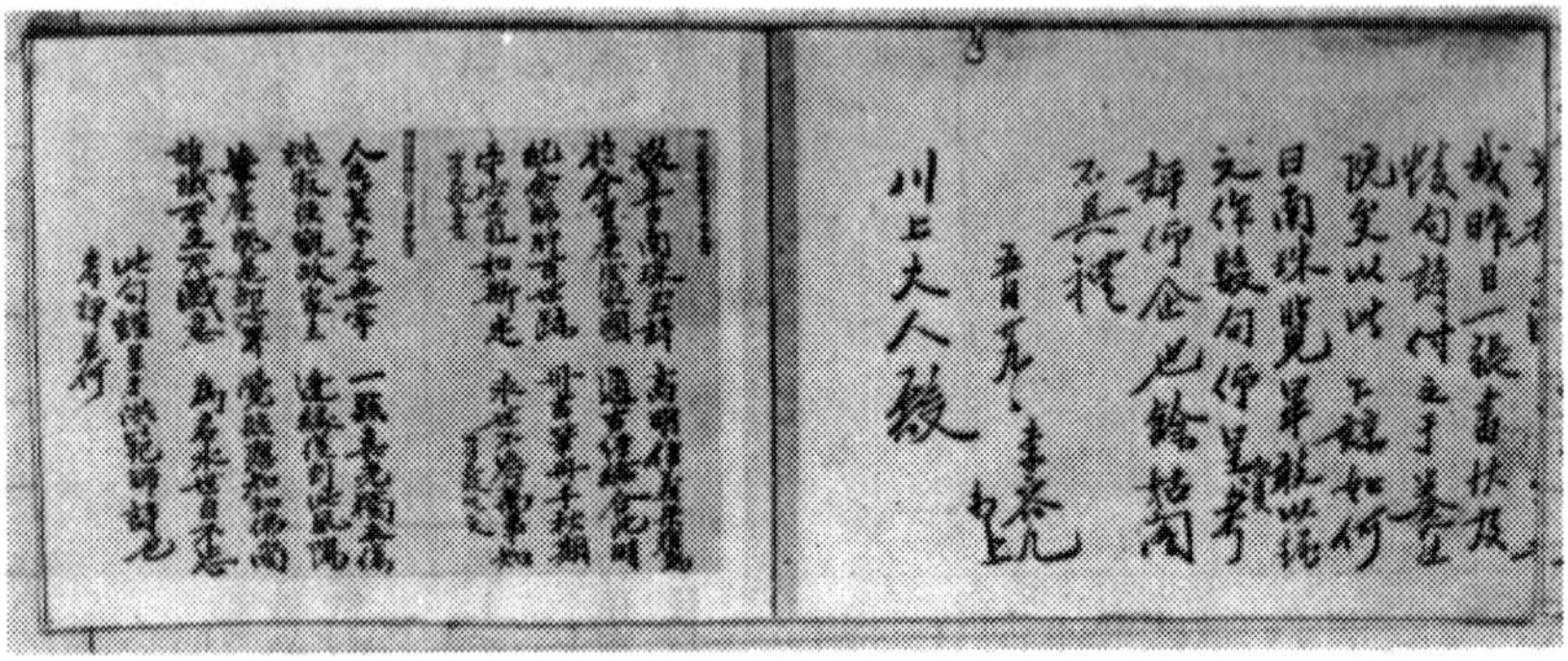

㉞　李容九著者に寄する書

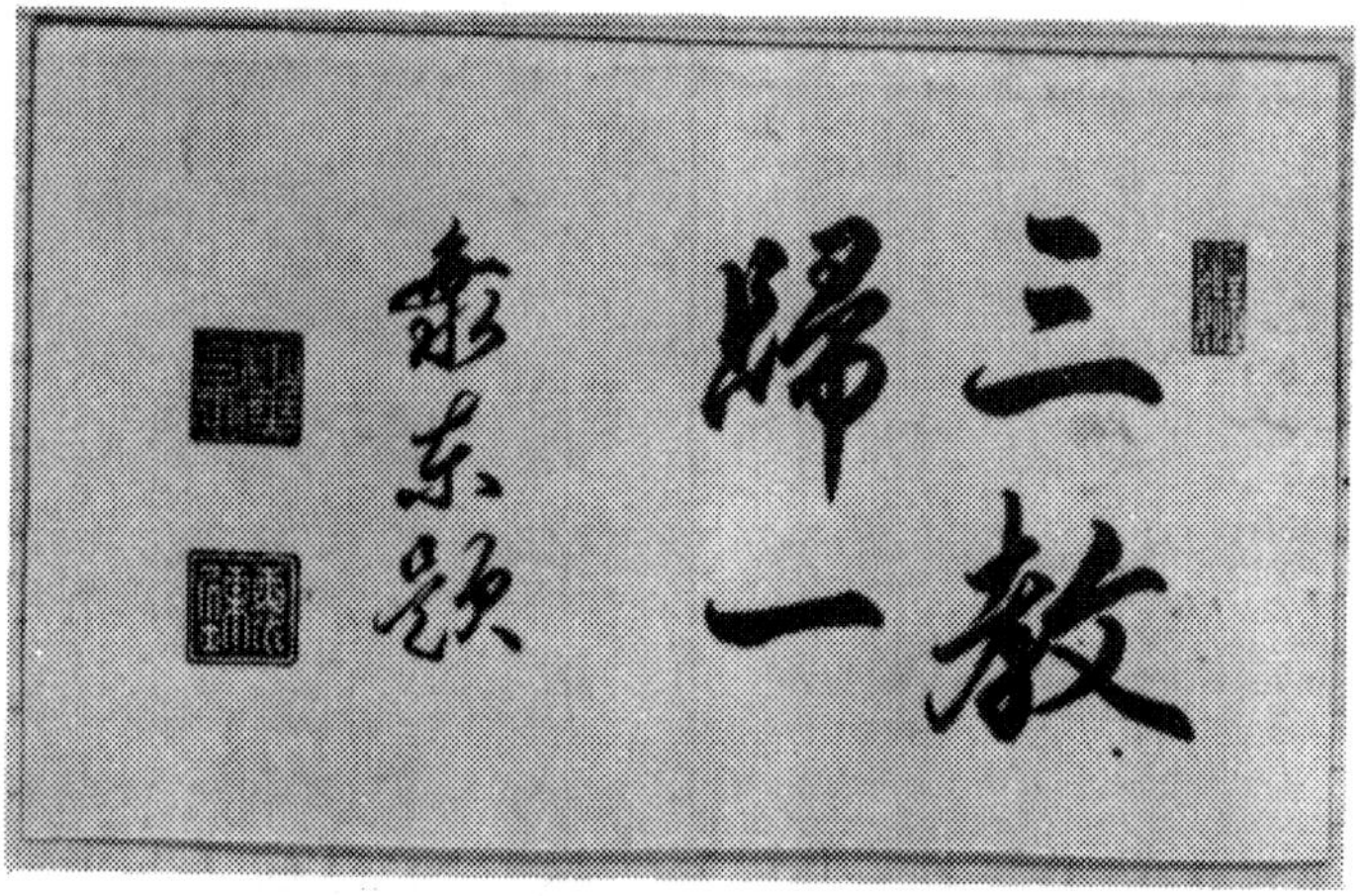

㉟　松方正義沆瀣経題字

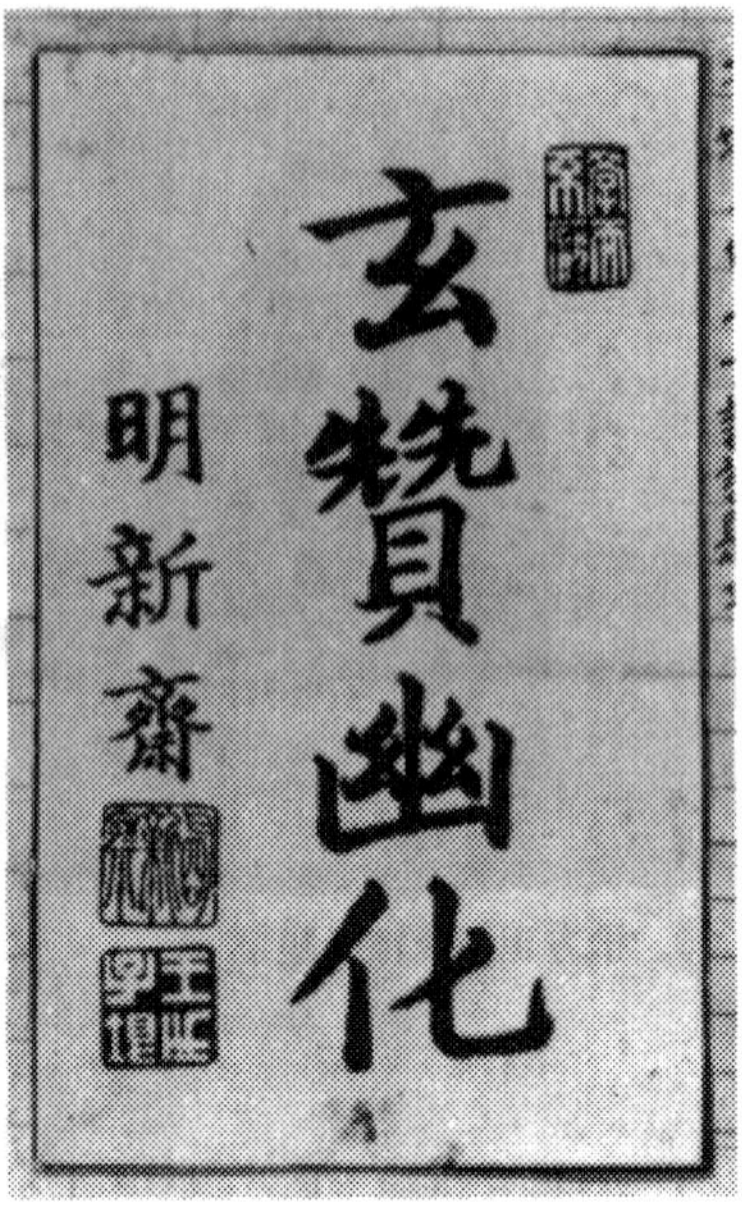

㊱　李坤王世子六諦論題字

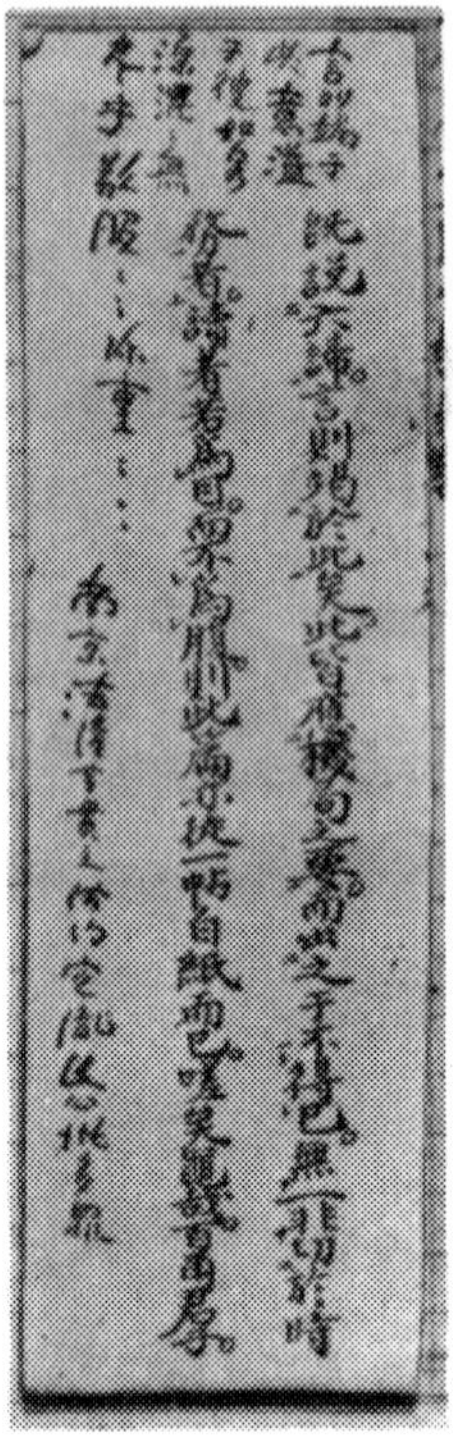
㊲　佐伯定胤六諦 論評

㊳　武田範之高橋喜道帖首の書

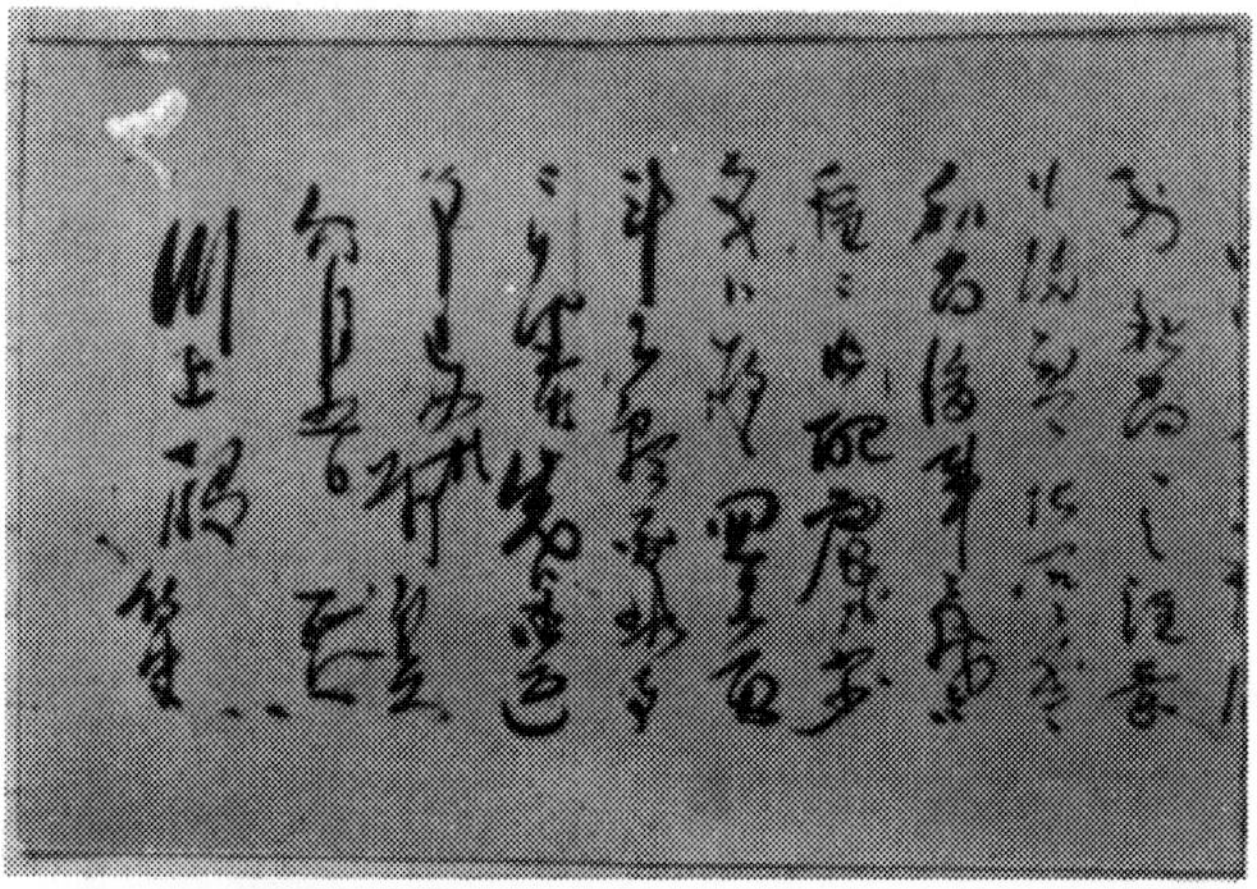

㊳　寺内正毅著者に与ふる書

第一三章 永 訣

第一節 師の臨終

一 危篤に陥り遂に入寂

六月二十三日師の病革まる、是前夜来肛門は衰弱の為括約力を失ひ滋養灌腸液は直に漏泄して体内に留まらざるに由るが為にして衰弱頓に加わり刻々危険状態に入る、正午少し前師突如予を招き内田・宮崎其他の同人を呼ばしむるは師自ら永訣せんと欲するの意なり。而して師入寂の期既に迫るを知り、又筆紙を求め鉛筆を以て厚紙に香炉を絵がき夫に線香を立てゝ香烟の騰る状を絵がき、傍に持来の二字を書す、是即師の絶筆なり。高橋其意を諒して絵の如くす、衆皆嘘唏す、師黙々之を見たりしが、暫くにして両眼迷離遂に昏睡状態に入り又人事を弁ぜず、午後一時脈搏絶ゆ是師の最後なり。行年四十九才。

此れより祥雲夫妻・佐波・内田・宮崎・日高等は師の遺骸を本郷区本郷六丁目喜福寺に護送し、高橋と予及看護婦は養生院の残務を整理し後共に喜福寺に至る。後同人知己は皆去り予も亦寓に帰り、親族と高橋は通夜し且入寂の通知或は新聞広告の準備を為す。而して密葬を二十七日に定めたり。

二十四日鰲海鈎玄製本成る、予先づ之を師の霊前に供す。然れども又之を悦ぶの人は既に幽明界を異にせしを奈何せん、唯追思の情に堪へざるのみ。而して親族は皆喜福寺に在りて葬儀(1)の準備を整へ、又予問客に応接し或は通知書を発し、夜に入りて入棺式を行ふ。

二十五日午後親族及知己と共に、遺骸を三河島火葬場に送つて荼毘に附す。而して喜福寺に帰れば、三浦中将遺骸に告別せんとて到りしも後れたるを以て落胆し、予等の帰るを待ち居たり。予先づ黙礼す中将曰く此間は悲みのある上少し腹痛、怒つて出たが段々劇しくなつてこらえ切れず、知己の家で休ませて貰ひ痛みの静まるを待つて俥で還つた、之は爾に怒つた罰か、今度怒られてはイケヌと思つて扇子は書いて置いた誰か取りに遣つて呉れと。予が書状のことは忘れたるが如く、予も亦意解け談話を続け且曰く和尚が額字の成否を知らずして逝きしは遺憾なりと、中将曰く書くべし書くべし如何にも書くべしと、反復したる後共に退散せり。

二十六日午前遺骨を収むるに当つて師との約の如く予先づ分骨し、日高は朝鮮に碑を建てんとて分骨し、佐波は先塋に納むべく分骨し、共に喜福寺に安置す。因に云ふ予嘗て師と無葬のことを論ずる書あり師之を成卿に示す、成卿曰く善照(予の法号本願寺法主明如上人の授くるところ)死せば其臭骨頭は当に葡萄樹下の物とすべしと、師曰く是引導香語の上乗なりと、師又曰く衲寂せば衲の白骨も亦然《シ》せよと。

而して師祥雲と予に遺贈の事を命じ、且予にも何物をか記念として収めしめんと欲す、予之を拒み師意安からず。然れども師の心釈けんことを慮り曰く、予が望むところの物は、師の生前に無くして師の身後に出来るものなりと、師又其何物たるやを問ふ、予曰く葡萄に与ふべき物のみと、師笑つて曰く沢山御持ちなさいと晏然たり。予が意は分骨を予先塋（葡萄園中に在り）に納めんと欲するに在り、師も亦固より諒するところなり。是師が曽て謂へる同条に生るゝ者も未だ必しも同条に死せず、夜深けて同《とも》に見ん千巌の雪との語を履まんと欲すればなり。

此日予師の遺書を佐波と祥雲に公示し師の意志を全うせんが為誓書を作る、而して之を三浦中将に眎し其意見を問ふ、中将曰く和尚の意見を達することに努めよ、又内田にも示せば可なりと。予乃帰つて喜福寺門前の同人等の旅館に至り之を内田に示す、内田見畢つて曰く宜しく頼むと。初め祥雲と佐波は危ふんで曰く、彼等は日夜酒を被つて憂を遣る君の行くは案ぜらると、予之を容れざりしなり。

二 密 葬

二十七日喜福寺本堂に於て親族及同志と共に密葬す、総持寺貫主石川素童禅師秉炬の式を行ふ。会する者親族総代佐波三郎・同婦人総代祥雲拓子・顕聖寺後住祥雲晩成・同寺檀家総代丸田定一郎・同石田貞一郎（代人予）・子爵三浦梧樓・同宋秉畯・頭山満・杉山茂丸・内田良平・権藤善太郎・近江谷榮治・宮崎寅蔵・菊池忠三郎・萱野長知其他数十人、僧侶としては高橋喜道を初め貫主の従僧・喜福寺住職其他十余人。寺内総督・明石少将は各々生花を供へられ、弔電数十通に及び弔辞弔状も亦数十通あり。次日祥雲予寓に来り三浦中将に額字を乞へと予之を辞す、祥雲乃同行を求む予中将に電話す、答へて曰く病気故面会を断ると、祥雲曰く兎に角額面用紙を托し置かんと、乃共に中将邸に至りて刺を通じ直に帰らんとすれども、中将引見して之を諾す、又之を顕聖寺に送らんことを乞ひ其宿所を記せるに拘はらず、又予が許に送り来りしを以て予は更に顕聖寺に転致せり。夫より共に平井総監邸に至りて来診の謝意を表す、総監怒つて曰く予は業の為に行きしに非ず、君の志を達せんが為に行きしのみと直に返擲して去れり。我等為すところを知らずして空しく玄関を去る。此夜予先づ帰郷し、二十九日祥雲夫妻と高橋は遺骨に随伴して三十日帰山し本葬を七月二十七日と定めたり。

三 本 葬

七月二十七日顕聖寺に於て本葬を行ふ、此時東京よりは内田・宮崎・権藤其他の旧知来つて会葬し、郡下の末寺及同宗寺院の住職・官公吏並に知名の人士の会葬するもの甚だ多し。石川禅師秉炬の辞に曰く、

剣去ツテ言フコト勿レ猶舷ニ刻スト、玲瓏タル顕聖機先ニ在リ、調高覚苑範之ノ曲、清夜松風没弦ヲ弄ス。

恭シク惟ミル　顕聖三十一世洪疇範之大和尚中陰大供養ノ辰、老衲遙ニ一瓣香

ヲ拈シテ金炉ニ挿シ、積年ノ親交至誠ヲ追ヒ、且道《イ》フ這裡尚《コヒネガハ》クハ之ヲ享ケヨ、
端的如何カ敷宣シ去ラン。
噴
翡翠蹈翻ス荷葉ノ雨。鷺鷥衝破ス竹林ノ烟。
明治辛亥夏七月二十七日　大本山総持寺貫主
勅特賜大円玄致禅師牧牛素童拝具

四　弔詩歌及弔辞

武田範之和尚ノ遷化ヲイタミテ　御歌所寄人大口鯛二
世ヲステ、国ニツクシ、マスラヲノ、オホキイサホハシル人ゾ知ル。
洪疇武田大和尚ヲ哭ス（漢文）　印海　玄章具
維明治四十四年七月四日、東京短書ノ報道ヲ奉承ス、即越後国東頸城郡下保倉村顕聖寺前住持武田範之公羽化ノ哀詞ナリ。則方ニ其レ夢耶《カ》之ヲ伝フルノ非ナル耶《ヤ》、初メ之ヲ見テ疑訝シ再ビ之ヲ見テ警愕シ、坐スルコト泥塑ノ如シ、而シテ更ニ諸位ノ連名ヲ閲スレバ則果シテ是確報タル耳《ノミ》。嗚呼哀シイ哉、吾師ノ世間ニ幻夢スルコト乃四十九年ニ止マル。則其七々ノ陽数ニ従ッテ而シテ極楽ノ恬憺ニ帰スル耶《ヤ》。形骸ノ無ヲ以テ有ニ幻シ遂ニ無ニ帰ス、是乃本理ノ常ニ返ル也。然レドモ吾師ハ最清浄一円融法界、手ニ金剛ヲ把リ口ハ仏祖ヲ呑ミ、百八地獄

頓ニ破リテ形無シ。四七天堂自ラ開ケテ光ヲ放ツ。性天高明、心地博厚、慧月既ニ望、無量慈悲ノ道徳全球世界ニ輝々融々シ、長夜ノ魂ヲ済度シテ、一切ノ衆生ヲシテ花雨ノ蒙ムランコトヲ期図セシメタリ矣。世ニ処ルノ日久シカラズ、而シテ真ニ帰スルノ期何ゾ其レ速ナル耶《ヤ》、悲イ夫《カナ》。今ヲ距ルコト五年前一進会ノ活動ヲ得ルヤ、吾師ト南韓ヲ巡視シテ而シテ漢陽ニ還ルヤ、一朔ノ間物ヲ覧、義ヲ講ズルノ真境ニ非ザルハ無シ。是ニ於テ久シク苦海ニ沈ムノ心ヲ挽回シ、始メテ仏法乗三宝ノ蘊奥ヲ覚リ、黙々然タリ寂々然タリ。慧剣妙到、別品ノ真味、以テ嘗ムルコトヲ得タリ矣。是誰ノ功ゾ耶、吾師ノ徳ナリ矣。吾師其レ知ル也耶《ヤ》、知ラザル也耶《ヤ》。吾師形ヲ化スト雖モ其精霊処トシテ在《イマ》サヾルコト無シ。凡ソ一ツノ月天ニ当レバ千水千月、一雷空ヲ震ヘバ万壑万雷。哀慕追悼ノ情果シテ照応曠感スル耶《ヤ》。日韓併合ノ夜吾師漢城ノ南門駅ヨリ東上ノ際、書ヲ我ニ寄セテ曰ク。沆瀣経成ツテ鹿ニ乗ツテ帰ル。山雲海月影依稀タリ。仙洲他日如《モ》シ相憶ハヾ、雪ハ白ク保寧層翠微ト。奉承後即評シテ曰ク此レ李聃青牛関ヲ出ヅルノ意ニ非ザル耶。修呈回夏シテ而シテ此レヨリ茫然タリ矣。前月末北韓新報ヲ閲スルヲ得レバ、則吾師咽喉ノ症ヲ以テ根岸ノ養生院ニ入ルト、故ニ即慰問ノ短書ヲ呈ス、而シテ句語有リ曰ク。玄門療養最モ奇多シ。我ニ在ツテ良医莫機ト号ス。他日期シ難シ逢着ノ地。真如ノ月ハ印ス白蓮ノ池ト。平日肺肝ノ犀照ヲ以テ預メ賦別逢ヒ難キノ句ニ相通ズルモノタリ矣。然レドモ亦此日ニ在ツテ固ヨリ哀痛切迫ノ情ニ禁ヘ難シ。故ニ上以テ道徳ノ泯滅ヲ哭シ、下以テ吾私衷ヲ哭ス。

明治四十四年七月四日　朝鮮咸鏡北道鍾城郡庁内　印海　玄章昊

七月二十七日洪疇和尚ヲ懐フ　成卿　權藤善太郎

鼇背人ハ帰ル白玉城。月華烟影壺瀛寂タリ。只遺ス嚢底詩千首。中ニ有リ韓山風雨ノ声。

鈴錫声無ク岩洞虚シ。転《ウタ》、憐ム孤月梵廬ヲ照スヲ。老師遙ニ白雲ニ載セラレテ去リ。人間ニ留与ス一巻ノ書。

五　納骨

七月二十五日寺内伯よりの来書中に曰く。（前略）和尚前住ノ寺院ニ於テ納骨式執行スベキ由通知ニ接シ候（後略）。七月二十五日　川上善兵衛殿侍吏　正毅　とあるは同二十七日、顕聖寺住職等の墓地に納骨すべき通知に接したることを報ずるものなり。而して同日同寺に於て本葬の上納骨したり。

後十月二十五日明石少将の来書に曰く。（前略）武田和尚分骨塔[2]出来致、来ル二十九日小祭相催ス筈ニ御座候。塔ニハ武田洪疇大和尚塔ト致シ其ハ石川素堂禅師所レ撰ブノ命名ニテ、寺内総督閣下親ラ揮毫致サレ候。小祭日ニハ多分当地曹洞宗総監北野元峰老師（前芝青松寺住職）法養可ニ相行一フ筈ニ候。十月二十五日　川上善

兵衛殿　明石元二郎　と有り。後れて次年一月七日の崔永年の来書（漢文）には、

（前略）昨冬故禅師武田先生分骨塔落成後、焚香式ヲ龍山瑞龍寺（師の創建）ニ挙行ス、其日ハ則四十四年十月二十九日上午十時也。伊《コノ》日本願寺諸和尚及朝鮮僧侶多数会集シテ誦経唱偈ス、来賓ニハ則明石総長・山形大佐以下高級官吏・朝鮮紳士及新聞記者・侍天教徒無慮三百名靖粛焚香ノ後大ニ斎飯ヲ設ケテ而シテ罷ム矣。語ハ先後ヲ失ヘドモ、分骨塔ハ禅師開院ノ瑞龍寺道場ノ北辺ニ在リ、素質石（自然石なり）、長四尺広二尺ノモノヲ以テス、前面ハ則寺内総督親筆ノ書ニ曰ク、武田範之大和塔、後面ニハ建立年月を略記ス。　壇高三尺合セテ七尺、壇ノ四面ニ八石柱ヲ立テ、壇後ニ記念松ヲ植ウ。禅師生前ノ事業、身後ノ光栄真ニ千古泯《ホロ》ビザル也。伊《コノ》日禅師平生ノ行蹟朝鮮紙ニ広布セラル矣。鮮人始メテ武田禅師ノ高行ヲ知ル也（後略）。

四十五年一月七日　松心先生道几下　崔永年拝啓

龍山塔中には日高丙子郎の分骨を納めたり、而して後予権藤四郎介に伴なはれて至り見れば、武田範之と書せられ洪疇とは明石少将の誤記たり。前年師の怒を招きし崔は尚此事を予に詳報せしは懺悔の意か、予も亦此事を知らざる如くにして彼と文書を往復して彼の心情を害せず。予又京城に到る毎に彼を慰め彼も亦之を悦べり。佐波は其居住地の墓所③に納め、予は夭折したる長男慶一の遺骨と共に我先塋（高士村大字北方の共同墓域内に在り、葡萄園に隣れり）に納む。予百年の後此に来つ

て又謂はん、相携ヘテ共ニ歩セン真如ノ月。世外同《トモ》ニ看ン世外ノ村。と。

六　一周忌法要

明治四十五年六月二十三日永平寺貫主森田悟由禅師顕聖寺に来り、同寺二十九世天通玄道大和尚ノ二十三回忌、同三十世窓外道牛大和尚十三回忌、同三十一世洪疇範之大和尚の一周忌大夜法を修する香語。

世間出世真俗ヲ化シ。日韓ニ来往シテ国家ノ為ニス。無物ノ胸中罣礙無シ。生涯ノ去就空華ニ等シ。

当日ノ法語

出世番々家裡ノ人。途ヲ同ウシ轍ヲ異ニスル自ラ天真。山僧曽テ因縁ノ在ル有リ。今日ノ斎筵来ツテ神ヲ祭ル。

四尊宿開眼語

処々ノ真処々ニ現ハレ。縁ニ随ツテ主ト為リ賓ト為ル。端然眼ハ横ニ鼻ハ直シ。瞻仰スレバ則妙神ニ入ル。

李容九先生ヲ追悼ス

聞説ク先生曽テ蹤ヲ寄セントスト。山僧未ダ音容ニ接スルコトヲ得ズ。心香一炷親ラ拈出スレバ。顕聖堂前狭路ニ逢フ。

永平悟由手稿

李容九追悼の詩あるは此年五月二十二日彼が卒去せし(4)に由るなり。

第二節　師の風手及性行

一　容貌及体軀

師軀幹矮小五尺に満たず、円顱豊頰口は大なる方なり、中年時代中肉にして鬚髯を蓄へず温容比丘尼の如し。晩年に至つて肥満し其腹便々絵がける布袋の如し、故に予は心越禅師筆布袋画讃の幅を贈りて曰く、逃禅に贈るに逃禅の画を以てすと、師笑つて唯々。晩年鬚髯を剃らず眦昂り瞳澄み、清爽の貌洵に親しむべきの状あり殆ど其怒れる顔を見たるもの無し。

二　性行

天資温順人と争はず、人若し議論すること有れば乃惇々考拠を指示して、遂に自ら異説を挾むに由無からしむ。性恬淡細事に拘泥せず、持戒峻厳なれども人に臨んでは其大要に準ずるを以て可とす、而して最も酒を愛し烟草を嗜む。明治四十二年五月重患に罹りし後、酒を禁ずること半年を超えたり。而して日韓合邦上疏の受理せらるゝや復呑む、然れども主に麦酒《ビール》に限る。其明石少将を訪ふや少将清酒の害あらんことを慮つて麦酒を饗す、故に師少将を訪はんとするや侍者を顧みて曰くビーア・ホールに行くとの語を以て暗示すと云ふ。

其学問に至つては仏典は固より論無く、博く経史及諸子百家の書を読破し最も荘子を耽読す。真に博覧強記。詩を賦し偈を唱ひ、又文を作るに苦む所無く数百千言立どころに成る。其日記も亦殆ど漢文を用ゐ曰く、仮名を省くのみにても時間を利すと。其清韓人と談話するに当つて始は通訳に依るも、之を屑しとせず遂に代ふるに筆談を以てす、故に崔永年は言へり管城の長舌懸河の如しと。其嘗て東亜月報紙上に於て章炳麟（中華民国の鴻儒）と論議したること屢々なりしが、彼遂に答へざるに至つて止む。

予は師の四十才前後の時代より師の終焉までのことを詳悉すれども、其青年及壮年時代のことを知らず、故に之を仁田原大将（同門）に質す、大将は旧師江碕巽庵及隈本勝三郎（同門）の二氏より、師の性行に関する記録を乞ひ得て予に贈られたるもの有り、其大要を爰に収録せん。

三 隈本勝三郎⑤の記録

余（隈本なり以下皆同じ）君ヲ中洲校ニ知ル、年余君亦江碕巽庵先生ノ塾ニ来リ学ブ、君頗ル漢籍ニ通ジ又文章ヲ能クスルモ、口極メテ訥議論ヲ上下スルノ弁ナク、力極メテ弱ク拮抗相争フノ勇ナシ。然レドモ胸中常ニ浩然ノ気ヲ養フガ故ニ、大事ニ当ツテ周章狼狽錯ヲ失フコト或ル無シ。談苟モ忠臣孝子ノ事ニ及べバ、慷慨悲憤涕泣自ラ禁ズ可カラザルモノアリ。蓋シ君ハ才華爛漫タル当世流ノ人物ニアラズ、忠義ヲ以テ経トシ、孝悌ヲ以テ緯トシ、之ヲ貫クニ牢乎タル勇気ト確乎タル胆力ヲ以テシタル君子流ノ大偉人ナリト謂フ可シ。君ノ逸事ニ至リテハ既ニ三十年前ノ事ニ属シ記憶ニ存スルナシ、且君資性淡白行為磊落、所謂世ノ奇童神童的流ニアラズ、故ニ少年時代ニ於テ記スベキモノ極メテ尠シ。

四　巽庵江碕濟⑥の記録

武田範治ノ南筑北汭塾ニ在ルヤ、未ダ弱冠ニ及バズ、身幹矮小衣ニ勝ヘザルガ如シ、而シテ気ハ已ニ牛ヲ呑ム。最モ作文ニ長ジ数千言立ドコロニ成ル、固ヨリ粗枝大葉ノ文ニシテ錬磨ノ功ヲ闕クモノ多シト雖モ、其論鋒ノ鋭利筆力ノ雄偉ナル先進ノ徒ヲシテ後ニ瞠若タラシム。後其朝鮮ニ在ルニ及ンデ時ニ作ルトコロノモノヲ示ス、曩ノ疎鬆放縦ナルモノ百錬千磨、品性ノ修養セラル丶ト共ニ、文字モ高古蒼勁殆ド先秦ノ文ヲ読ムガ如シ、真ニ得易カラザルノ才ト謂フベシ。

朝鮮ニ来往ノ途次郷里ニ帰展スルヤ屢々予ノ門ヲ敲ク、時ニ朝鮮土人ノ服ヲ着ケ家人ヲシテ愕然タラシメタルコト有リ。

朝鮮併合ノ成ルヤ其身絶大ノ偉業ヲ竟ヘテ還ル、久留米ニ於テ予及同窓ノ友ヲ某楼ニ邀ヘ豪飲快談竟夕歓ヲ尽ス。平生ハ太ダ揮毫ヲ喜バザルニ、此夜自ラ筆紙ヲ喚ビ得意ノ詩十数首ヲ大書ス。更ニ詩二句ヲ書シテ予ニ謂テ曰ク先生記スルヤ否ヤト、予之ヲ見ルニ豪気元騎ス箕尾山。青雲也《マタ》識ル攀ヂ難カラズ。ノ十四字ナリ、予曰ク記セズト只其気燄ハ万丈ナルヲ見ルノミ、子大ニ笑ヒ更ニ二句ヲ書ス、平素文章ノ業ヲ将《モ》ッテ。世途榛莽ノ間ニ蕪没スレコト莫レト。曰ク是小子ガ塾ヲ辞セシ時ノ先生ノ送別詩ナリ。未ダ青雲ヲ攀ゲルコト能ハザルモ、文章ノ業ハ猶蕪没シ了ラザルナリト洪然大笑ス。予モ亦二十余年前ノ事ヲ想起シテ愉快ニ堪ヘズ。蓋シ子ノ我塾ニ在ルヤ箕尾山ヲ踰エテ郷里ニ往来セリ、故ニ詩中伝説ガ箕尾ニ騎スルノ事ニ附会シテ述ベタリシナリ。然ルニ豈料ランヤ今已ニ真ニ箕尾ニ騎リ列星ニ比セル世外ノ人トナラントハ噫。

師の先輩たる限本勝三郎は師の青年時代の事を率直簡単に叙述したるに止まれども、其壮時の性状を紙上に現出せしめ、江碕巽庵の記録は其少壮時の実録のみならず、少しく師の晩年の事に及ぶ、予又何ぞ蛇足を加へんや。然れども鰲海鉤玄の予が跋は、師の晩年の事及師の真髄を記したるものなるを以て爰に抄録せん。

五　著者の記録（漢文）

予師ト相知ルノ後、師予ガ為ニ書ヲ作ル、皆予ヲ鞭撻淬礪シテ以テ、悪路ニ顚頓シ艱険ニ挫折スルコトヲ免レシムルノ指針ニ非ザルハ無キ也。以テ師ガ予ガ為ニ心ヲ用ウルノ深ク、而シテ其時ヲ憂ヘ世ヲ済フノ志ノ急ナルヲ見ル可シ矣。果然三十六年秋師突如露国東方経営部面全図ヲ齎ラシ来ッテ曰ク、人世朝露ノ如シ或ハ梵城ニ相見ルニ至ラン乎《カ》聊カ以テ贈ト為ス焉ト。予披イテ而シテ之ヲ見レバ句有リ曰ク。老タリ矣韓ト満ト。君ノ瀏観ニ任スニ堪ヘタリ。大鵬ノ翼ヲ撃タント欲スレバ。燈ヲ把ッテ仔細ニ看ヨト。予暗ニ師ノ志ヲ知ッテ而シテ徒《タヾ》匏繫ヲ嘆ズル而《ノ》已《ミ》。師是ヨリ独リ日韓ノ間ニ往来シ、其共ニ東京ニ寓スルニ及ブ也《ヤ》往々徹夜心ヲ談ズト云フ。師以為《オモイラク》東洋ノ平和ハ一ニ朝鮮ノ解決如何ニ繫ルト。蓋シ師ノ之ヲ憂フルコトハ三年五年ノ事ニ非ズ矣。

是ヨリ先竹添公使京城ノ変、師方ニ保寧玄道和尚ニ事ヘ禅堂ニ寂坐ス。旧友雪ヲ跋《フ》ンデ之ヲ犯シ告グルニ変ヲ以テス。師乃玄道和尚ニ暇ヲ与ヘラレンコトヲ乞フ、玄道許サズ。師乃偈ヲ作ッテ曰ク、洞家ノ一剣霜雪ノゴトク凄タリ。殺活自在鬼モ窺ヒ難シ。袈裟何ゾ必シモ身上ニ於テセン。心頭奉持ス三僧祇。是ヨリ洛城英傑ヲ訪ハン。古来護法臨機ヲ貴ブ。ト之ヲ玄道ニ眎ス、玄道其志ノ奪フ可カラザルコトヲ知リ之ヲ許ス。師山ヲ出ヅルヤ天津条約既ニ成リテ又為スベキ所無シ矣。是ニ於テ復帰山ス。玄道ノ寂スルニ及ンデ遂ニ意ヲ決シテ去ツテ日鮮ノ間ニ放浪シ、終ニ隠ニ交ヲ東学党ニ結ビ又本土ノ志士ニ通ズ。二十七八年ノ役起ルヤ潜遁家ニ帰リ其養父貞祐ニ見ユ、貞祐曰ク吾子ヲ養フモノハ以テ父ニ報ヒント欲スル而《ノ》已《ミ》矣、今子異国ノ乱賊ト為リ敢テ日旗ニ抗ズ、若シ以テ縛ニ就カバ吾先ヅ屠腹シテ父ニ地下ニ謝セント。師大ニ窘ミ紙ヲ索メテ手書シテ曰ク、生ヲ視ルコト草芥ノ如キハ此レ忠臣孝子ノ本分、然リ誠ニ志ヲ忠孝ニ存スル者ハ宜シク自ラ千載湮没シテ而シテ人ノ為ニ知ラレザルコトヲ期セザルベカラザル也、況ヤ当面ノ毀誉得喪ヲヤ。ト筆ヲ擲ウッテ而シテ去ル。蓋シ師坎壈前後二十年、或ハ魚撈ヲ事トシ、或ハ海賈ニ扮シ、或ハ易水ヲ歌ヒ、或ハ囹圄ニ投ゼラレ、将ニ元ヲ喪ハントスル者幾タビカナリ矣。後禹範善等ヲ道ビキテ北越ニ帰リ、遂ニ荒寺ニ隠レ深ク自ラ韜晦シ、殆ド世ト相忘ル、者ノ如ク、出没隠見交遊ト雖モ亦其蹤ヲ逐フ可カラズ。宜ナル哉世人師ノ何許ノ人タルコトヲ知ラザルヲ也《ヤ》。思フニ師ノ出処ニ於ケル、其一タビ風雲ニ際スルヤ、六龍ヲ御シテ九天ニ騰ルノ概有リ、一タビ手ヲ斂ムルヤ忽黄壌ノ下ニ潜ム、孔聖ノ所謂猶龍ノ如シトハ是斯人ニ在ル乎《カ》。

輓近ニ及ンデ高麗仏教ヲ興復シ、侍天教ヲ闡明シ、又一進会ヲ率ヰテ其レヲシテ其方針ヲ誤ラザルコトヲ得セシム。苟クモ学徳能ク人ヲ服スルニ非ズンバ則焉ンゾ能ク此ノ如クナラン哉《ヤ》。其学以テ世ヲ経メ民ヲ済フ者ト謂ヒツ可シ矣。

今也《ヤ》我朝鮮ノ事始メテ定マリ師モ亦飄然山ニ帰ツテ而シテ老母ヲ奉ジテ安代温泉ニ悠遊ス、其志浴沂ノ遺意ニ在ル乎《カ》。宿痾未ダ愈エズ帰ツテ而シテ居ヲ高田ニトス、将ニ赤松子ヲ逐ハント欲セントスル乎《カ》。

師今年四十有九纔ニ人生ノ半ニ達ス、其名利ノ地ヲ去ルコト猶敝屣ヲ脱スルガゴトキ者ハ、必ズ故有ル也。之ヲ師ニ問ヘバ笑ツテ而シテ答ヘズ、嗚乎師磊々ノ半生此ノ如シ矣。予願クハ他日ヲ俟ツテ更ニ後半生ノ落々ヲ伝スルヲ得ンコトヲ。

是明治四十四年紀元節日に書するところなり、而して此より後僅に四ヶ月余にして師寂に就き、予又伝すべきもの無し。悲しい哉。

第三節　身後の余栄

一　高麗版大蔵経新刷本二巻の寄贈

大正五年朝鮮総督府開始五週年紀念の為、総督府は海印寺宝蔵の高麗版大蔵経を印刷したる時、其内の大乗起信論・大般若波羅密多経の二巻を顯聖寺に寄贈せんとて予に送達し、之を転送せんことを命ぜられたるに依り、予は直に之を黄葉学院⑦に納附す。寺内総督巻首に記するところあり（漢文）曰く。（写真第三十九）

大乗起信論巻首　故武田和尚高麗版大蔵経ト因縁最モ深シ、仍テ其二本ヲ招提ニ贈リ紀念ト為ス。

大般若波羅密多経巻首　大正五年丙辰春納

丙辰春　寺内正毅㊞

正毅㊞

二　師の木像成る

大正十二年四月十六日北原鹿次郎（不昧と号す）。予が為に、台湾産樟樹の生材に師の坐像（高さ一尺三寸余）を彫刻して成る。其前日宋秉畯偶々李容九の遺子李碩奎⑧を伴なひ、予が東京の寓を訪ひ歓談半日、偶々不昧より師の像成るの報あり⑨、宋伯（爵に昇爵）も亦之を喜び更に次日の再来を約して去る。夜像到る。此日約の如く宋伯及仁田原大将予寓に来り会し共に像を見て大に悦ぶ。乃宋伯は銘（漢文）を像背に書す曰く（写真第四十は、其浄稿なり）。

洪疇ハ予ガ莫逆ノ友ニシテ、共ニ東亜ノ大局ヲ憂へ、力ヲ庚戌ノ事ニ致ス。墓木未ダ拱ナラズシテ風雲復変ズ、我両人ノ志誰カ与ニ語ルベキ者ゾヤ、悵然タルコト之ヲ久ウス。

大正癸亥春　伯爵　宋　秉　畯　花押

宋伯の書終るの後不昧直に之を刻し、仁田原大将は像函蓋の表面に。

武田和尚像

の五字を書し、又其裏面に（写真第四十一）、

大正十二年四月十六日題　　従二位勲一等功三級陸軍大将仁田原重行花押

予も亦仁田原大将の書の右傍に書するもの有り（漢文）其要に曰く（写真第四十二）。

事畢ルノ後共ニ撮影シテ記念ト為シ、往ヲ談ジ今ヲ慨シ夜ノ深ルヲ知ラズ。客散ジテ睡恍惚ノ間、忽チ見ル和尚来ツテ詩ヲ制シ予ニ示シテ曰ク。

一別茫々歳月過グ。栄枯幾タビカ変ズ旧庭柯。貪来ス十有三年ノ夢。驚殺ス諸君白髪ノ多キニ。

是此日仁田原大将ガ示セル韻ヲ歩スルモノタリ、予未ダ一句ヲ次ガズシテ俄然覚ム、乃起ツテ一炷香ヲ供シ焉ヲ誌ス。

此年八月十六日陸軍大将（後の元帥）久邇宮邦彦王は妃俔子及良子女王（今皇后）と信子女王・智子女王と共に予園に台臨あらせられたる際、師の遺稿と共に此像を台覧、予に御説明を命じたまひ、殊に背銘を御熟覧徐に其像を愛撫したまふ、是師身後拝謁の栄を得たるものと謂ふべし。予師の遺著鰲海鉤玄及予が草せる師の略伝・宋秉畯の浄書したる像銘等を献上したり。

大正十四年八月三十一日顕聖寺境内に石碑[10]を建立す。石川禅師は武田範之和尚之碑の八字を篆し、碑銘は明石大将の生前に選するところなり、即左の如し。

沙門洪疇寂スルノ七年、其嗣晩成来ツテ曰ク、先師ノ知音一ニ公ヲ推ス、敢テ貞珉ノ文ヲ請フ、願クハ辞シ以テ避クルコト莫レト。予固ヨリ洪疇ヲ知ル、而シテ未ダ其行蔵学術ヲ詳ニセザル也ト、仍テ之ヲ内田良平ニ質ス。曰ク洪疇ハ一破衲ヲ以テ志士遊俠ト交リ、金鰲ノ竄客ヲ訪ヒシヨリ、日韓合邦ノ時ニ迨ルマデ、形影夢ノ如ク、功過拉シテ而シテ紀ス可カラズ矣。然レドモ洪疇学問文術ノ交ハ、権藤成卿ヲ推ス、或ハ勧シテ而シテ伝フ可キ者有ランカト。輙《スナワチ》之ヲ成卿ニ質ス、曰ク洪疇常ニ予ニ謂フ、文未ダ中峯絶海ニ伍スルコト能ハズ、六一浩然ノ門径ハ尚且遠シ矣。我ガ応ニ遊ブベキ所ノ処ハ、只不説ノ伝、無字ノ門ニ在ル焉耳《ノミ》ト。其詩律佳什有リト雖モ、未ダ伊《コ》ノ人ヲ尽サザル也。然レドモ晩成其道ニ続燈ス、或ハ伝フルニ足ル者有ランカト。是ニ於テ之ヲ晩成ニ質ス、晩成瞠目シテ曰ク。壇ニハ祖師ノ偶有リ、室ニハ無門ノ関有リ、衣ニハ解脱ノ袈裟有リ、食ニハ福田ノ香飯有リ、皆先師ノ伝フル所、信ニ是不朽ナリ矣ト。予曰ク是有ル哉、乃以テ銘ス可キ也。按ズルニ洪疇ハ久留米侯ノ逐臣、澤四兵衛ノ第三子、幼ニシテ武田貞齋ノ養フ所ト為リ。已ニ長ジテ遊ブニ方無ク、縦恣酒ヲ嗜ミ、出デテ東京ニ在リ容レラル、所無ク、去ツテ東山ノ諸阪ニ彷徨ス。越ノ妙高山ニ入リ、宝海寺ニ逗リテ、起信論ヲ読ミ、始メテ心ヲ梵籍ニ傾ク。明治十八年来ツテ保寧ノ玄道ニ寄リ、大蔵ヲ読マンコトヲ請フ。玄道之ヲ容レ以テ徒弟ニ準ジ字シテ善來ト曰フ。洪疇諸乗ヲ渉猟シ、又安全寺ニ詣リ千春ニ律ヲ問フ。越エテ四年玄道寂シ道牛継グ。即山ヲ下ッテ四方ニ放浪シ、遂ニ対馬ニ到ル。二十六年金鰲嶋ニ航ジテ、竄客李豊榮ヲ訪ヒ、日韓ノ匡合ヲ説キ、明年同士十余輩ト釜山ニ会シ東学ノ乱ニ投ズ。而シテ征清ノ役起リ乃迹ヲ晦マシテ逃ル。戡定スルニ至ルニ及ンデ、潜ニ漢城ニ入ル。景福宮ノ変有リテ広島獄ニ檻送セラレ、二十九年放タレテ保寧ニ帰ル。後四年道牛寂シ洪疇燈ヲ継グ、方丈ヲ修築シ扁シテ壺瀛仙府ト曰フ。洪疇内田良平ト好シ、統監府成ルノ後引イテ之ヲ李容九ニ薦ム。四十一年燈ヲ晩成ニ譲リ幾モ亡クシテ容九封事ヲ上ッリ、而シテ合邦事ヲ蔵《ト》ク。予時ニ職ニ漢城ニ在リ、洪疇来リ別ヲ叙ベテ曰ク、白雲我ヲ俟ツ曷為《ナンスレ》ゾ濡滞センヤト、乃帰ル。其明年六月二十三日遷化ス、年四十九。洪疇初メノ名ハ範治、後範之ニ改ム、善來ハ梵名、洪疇又保寧山人ト号ス。川上邦弘遺文ヲ輯メ幷セテ其伝ヲ撰ブト云フ。嗚呼之ノ子流離惨苦、学問文章常師無シ、交遊朋党翻掌詭遇ノ中ニ、公侯相将治法征謀、勲業功名ノ間ニ出入シ。竟ニ応縁化物ノ訣ヲ悟リ、以テ其迹ヲ空フス。是豈蔬菘一様仏者ノ徒侶ナランヤ、乃銘ヲ作ツテ之ニ繫グ、銘ニ曰ク。

不説ノ説兮《ヤ》不講。酒有レバ酔フ兮神ト蕩ス。来路ヲ忘ル、兮将ニ何レニ往カントスル。逍遙スル兮魚龍ノ淵。徂徠スル兮保寧ノ山。怡怡タル兮酔僧ノ顔。恍惚トシテ見ハル、兮智ノ円。桜花ヲ咏ズル兮李花ヲ咏ジ。頌悠揚タル兮韻其レ奢ナリ。梟ノ待ツ兮此ノ窩ヲ守リ。鰲ノ吼ユル兮彼ノ涯ヲ望ム。

大正八年十月　台湾総督陸軍大将従三位勲一等功三級明石元二郎撰文

曹洞宗沙門龍興仙定書

本書稿成るの後乃昭和十七年秋、顕聖寺に於て師の三十三回忌法要を一年繰り上げ執行せらる、予又之に臨む。拈香詞に曰く。

合邦事ヲ終ヘテ忽帰真。当時ヲ追憶シテ感慨頻ナリ。三十三回星急転。誰カ鉄笏ヲ将《モ》ツテ天民ヲ済ハン。

師嘗て支那に航ぜんとしたるとき、法叔道牛の餞けたる鉄笏に題する偈に、如意天民ヲ済ハンの句あり末句之に因る。而して師の霊位に本稿の成るを告ぐ詩に曰く。

詎《ナン》ゾ忘レン師弟ノ旧因縁。約ニ由ツテ非方遺伝ヲ編ス。今日成ルヲ告グルニ君在《イマ》サズ。保寧ノ山水只依然タリ。

（1）武田範之の葬儀については、滝沢誠「武田範之の葬儀」『日本歴史』第百四十八号（昭和五十八年三月、吉川弘文館）参照。
（2）韓国ソウルの瑞竜寺跡には、範之の記念塔は残っていない。
（3）山梨県都留市羽村町。
（4）李容九は転地療養先の須磨で憤死した。この時、日韓合邦運動の盟友で、黒龍会主幹内田良平は「ただちに須磨にかけつけ、仮葬儀万端の準備に当たったが、容九の人となりと、あまりにも薄幸不運なかれの死に、義憤と同情の念を禁ずることができず、その葬儀にあたり、むしろ旗をつくり「弔平民李容九」と大書し、これをかれの仮住居の門前に立てたのである」という記述が、前掲『李容九の生涯』にある。内田のむしろ旗の発想は、玄洋社の自由民権運動との関係、天佑俠・黒龍会のメンバーの思想的背景、そして、東学の性格を考えると容易に理解できるだろう。
（5）隈本勝三郎は、江碕巽庵の長女貞の女婿。後、八女郡黒木町長。
（6）江碕済（一八四五〜一九二六）号巽庵。久留米の教育家。その私塾「北汭義塾」からは武田範之、牛島謹爾、日比翁助、仁田原重行らを出した。森豊太『江碕済先生伝』（昭和三十七年六月　東京筑後協会）がある。
（7）範之の死後顕聖寺に設けられた教育機関。なお、寺内正毅寄贈の高麗版大蔵経は、顕聖寺に現存。
（8）李容九の実子。日本名大東国男。
（9）範之の木像は薬師院に現存。
（10）顕聖寺境内に現存。なお、碑文は明石元二郎の撰文となっているが、実際は権藤成卿の執筆であるといわれている。

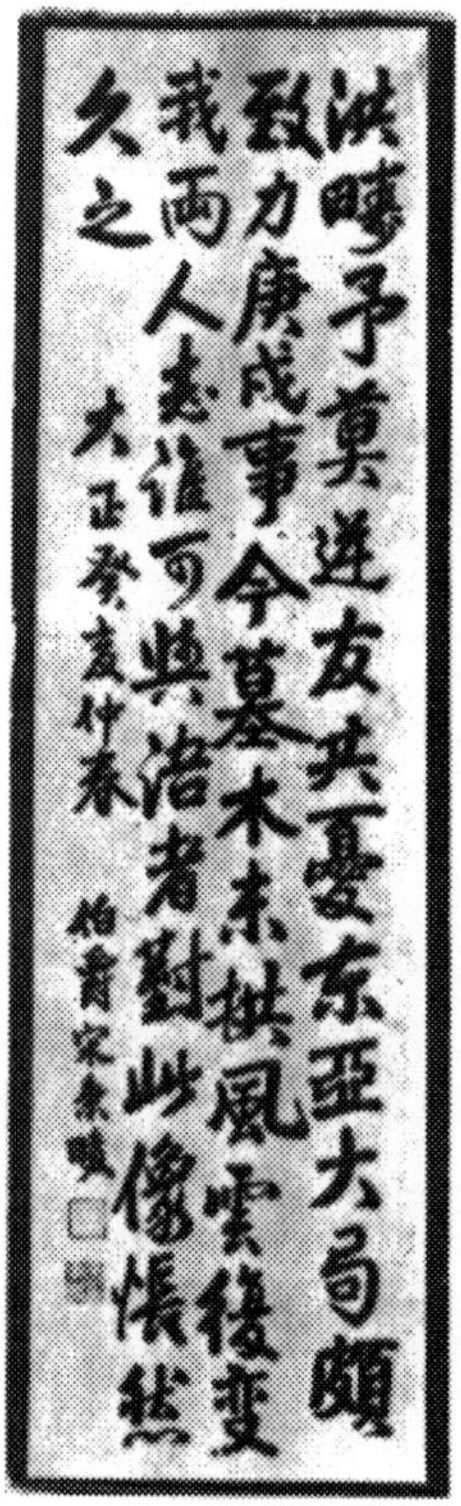

⑩ 宋秉畯武田範之木像銘浄書

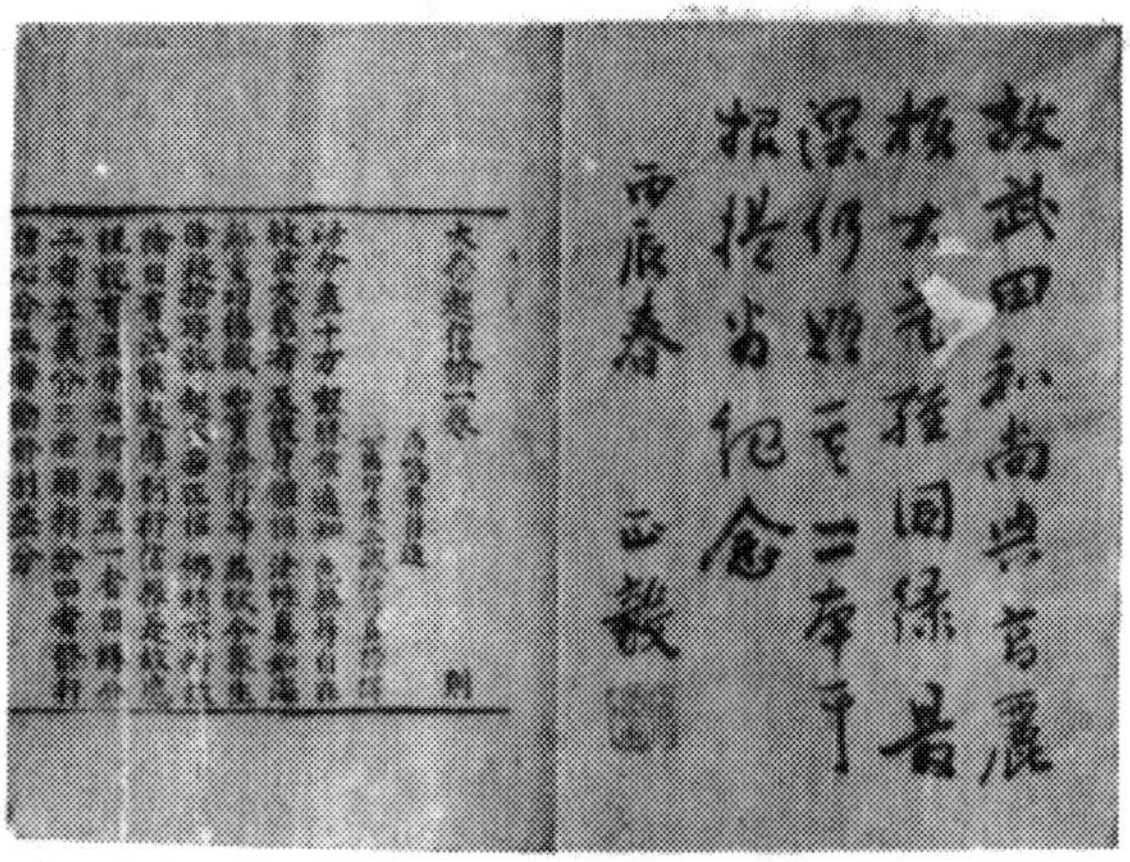

⑲ 寺内正毅大乗起信論巻首の書

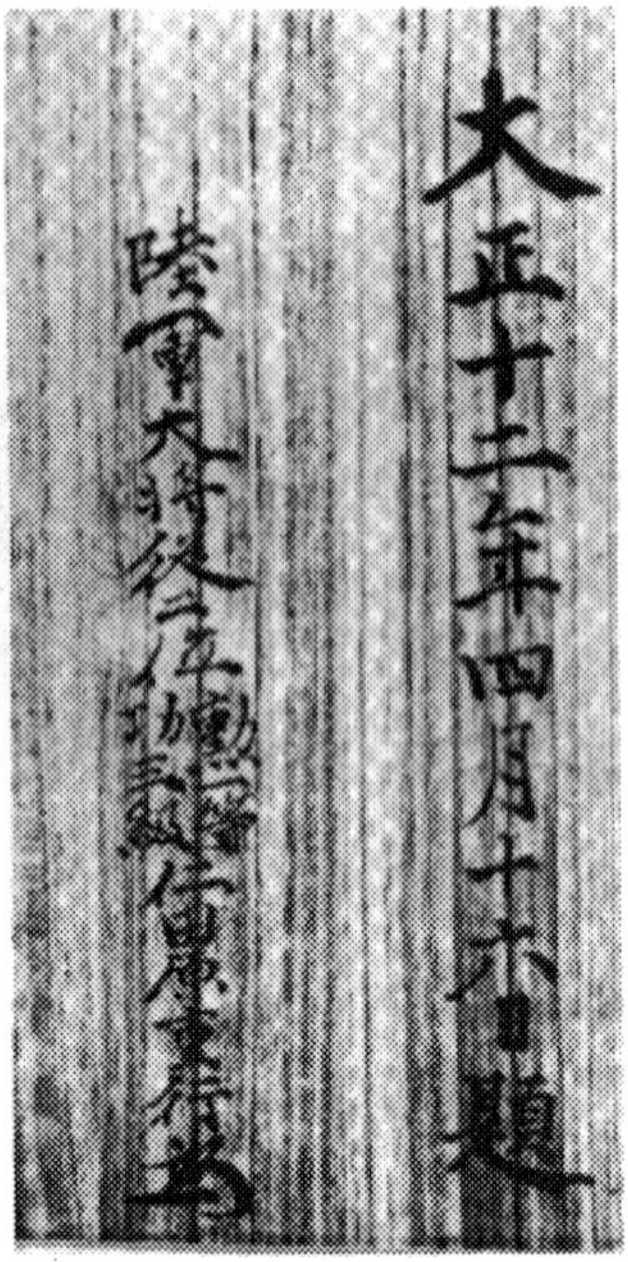

㊶ 仁田原重行武田範之木像筐題字

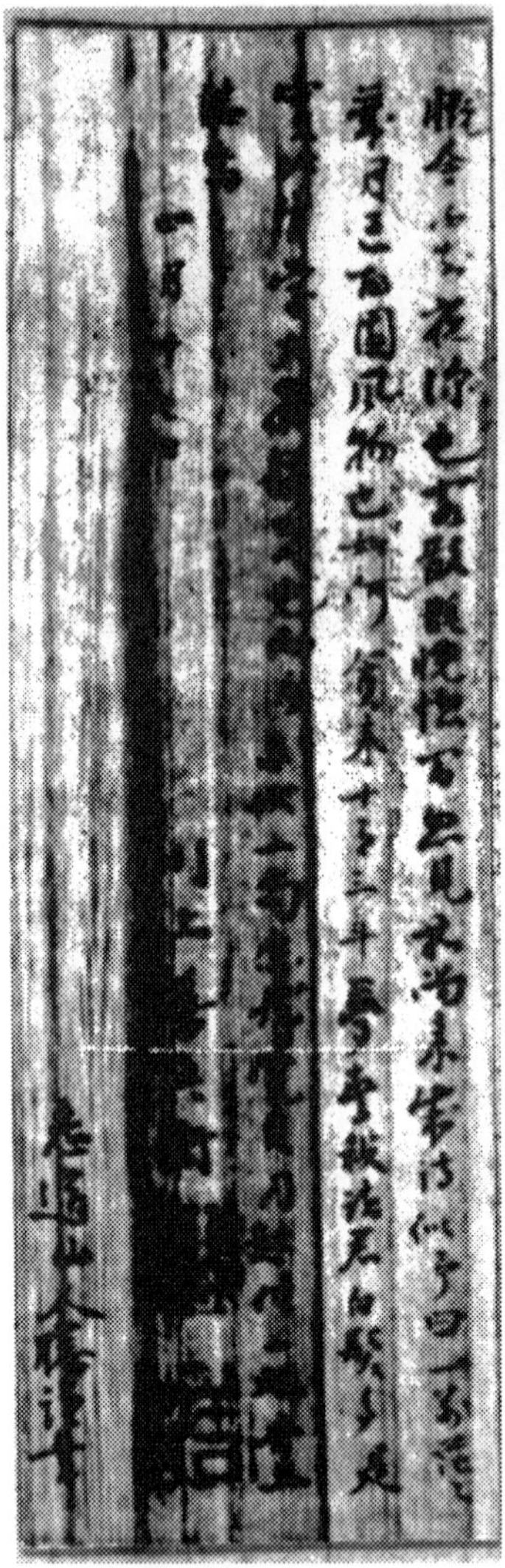

㊷ 著者武田範之木像筐蓋題詞

附録　李容九・宋秉畯略伝

予は武田師の寂後師の伝を編せんと欲するの念あり、而して師と日韓合邦の先覚者たりし李容九と宋秉畯とは、其間恰も三体一心の観あり、共に同一方面に向つて進みつゝ有り。故に師の伝に関すること多きは既に師の本伝に明なるところなり。然れども其幼少年より壮時に至るまでの事歴と、師の没後の事に至つては、互に相知らざる間の事たるを以て本伝に現はれざれども、亦本伝に関係あるもの少からざるを以て、予は予め李・宋両者の生前其履歴書を各本人に求め、之を本伝の資料に用ふるの準備を為し、更に本伝の附録として爰に両者の略伝を掲ぐ。其詳伝に至つては別に記する者ある[1]可し。

一　李容九略伝

李容九幼名倹巌又愚弼、長じて祥玉に改め後又萬植に改め、最後に容九に改む。字は大有、海山と号す。道号は鳳庵なり、又邦名として海山重光と称す。

明治元年二月十四日(旧暦正月二十一日)慶尚北道尚州郡洛東河面里の江辺津頭里に生る。高麗碧珍将軍三十二世の孫、父の諱は一和、母は金氏。十歳に至るまで三度移住す。十歳にして学に就く。十三歳にして祖父母共に逝き又父の喪に丁《アタ》り、此れより家産蕩尽す。十八歳にして權氏を娶り、十九歳にして母妻及姉妹を率いて忠清北道清安郡碩峴里に寓す。二十歳にして同道忠州郡外西面黃山里に移り、躬耕力作稼穡に勉め其母の孝養に勤む。

明治二十三年崔時亨を同道報恩郡俗離山下長岱に訪ふて東学の真理を問ふ、崔時亨甚だ之を器として授くるに玄妙の旨を以てす。此れより伝教に従事すること三年、江原・忠清・京畿・慶尚等の各道に伝教し教徒十余万人に達す。

明治二十六年制度弛廃して、暴官汚吏民を虐げ財を掠むること甚しく民庶其堵に安んぜず。依つて崔時亨と共に民瘼を除かんと欲して之を争ひ遂に兵火を交へんとす。偶々宣諭使魚允中勅を奉じて来り諭す、崔時亨乃勅命を奉じ教徒を諭して解散し各々其家に帰らしむ。

明治二十七年政府討捕使をして京畿道教人の頭領を捕捉したるを以て、容九教徒に檄して教徒千数百名を来会せしめ争つて其放還を迫る。討捕使驚いて逃れ帰り、該道の観察使を宣諭使として勅命を以て伝諭せしむ。曰く捉囚は直に放還し又教人を捕捉することを禁止すべしと、容九勅を奉じて其衆と共に散帰せり。而して国勢日に非に傾くを以て全琫準と謀議し、三月琫準は教徒十万を率ゐて古阜に起り古阜城を攻陥して直に全州観察府に向ひ、容九は京畿・忠清・江原・慶尚各道の教徒十余万を率ゐて、七月忠州郡西村に会同し陰城・陰竹・槐山三郡の軍器を奪ひ直に公州に向ふ。時に宣諭使鄭敬源官兵四百を率ゐ来りて忠州郡社倉里に在るを聞き、単騎赴いて秕政の改革を論じたりしが宣論使語尽きて自ら退く。此時竹山郡守兼討捕使李斗璜官兵五百を率ゐて同郡広恵院に来りしも密に機を偵して去る。夫より教徒槐山郡に向つて進発し、途に官兵百・日軍五十と遭遇して之を排し、清州郡に向ひ又官兵を破り行く々々報恩・清山・永同等の各郡に駐留し、九月九日恩津郡論山に到る。一面全琫準は全州を攻略し京軍の大将洪在義が手兵五百を率ゐ白旗を掲げて投降し来るを容れ、其軍需を収めて論山に駐陣し居たるを以て之と会同して共に駐陣し、夫より公州観察府に向ひしが、官兵千余及日軍数百と接戦したるも地勢利あらずして入城することを得ず退却して論山に帰り又公州に向ふ。一面全琫準は五万の教軍を率ゐて同郡東麓山城より襲撃し、容九は五万の教軍を率ゐて同郡西辺小浦より突撃して泥仁駅後峰に在りしに、不意に官軍三百の伏兵に逢ひ之を破つて追撃し公州府に迫りしが、官兵千余日軍数百は府の前後の高地に砲列を敷き、教軍を撃つを以て之に敵すること能はず。偶々飛丸容九の右股を穿つ教軍之を見て驚いて敗走す。官軍の追撃を受けて論山を距る三十里の地に至つて留宿せしも又官軍と日軍の追撃を受け、逃れて金溝郡遠坪に至り又敗れ転じて泰仁郡に至り一昼夜留宿したりしが、此時官軍及民兵合して万余四面より攻撃し前後教軍の死者千余、負傷者も亦甚だ多く亡ぐるもの過半、而して糧食竭き衆皆挙措を失ふ。此に於て軍を収めて長城郡葛峙に至れば、前に大海あり後には追兵迫り、止むを得ず琫準は残徒千余を率ゐて葛峙山城に入らんとし、容九は残徒六千余を率ゐて間道より昼夜兼行して忠清道忠州郡に回行し、十二月茂朱郡に到り夜民兵と戦つて之を破り永同郡龍山市に至る。時に官軍民兵及日軍等合せて六千余の大軍に遇ひ、如何ともすること能はず、天に祈つて急駆突進一方の血路を開き報恩の北室里に至りて留宿せしが、中夜復官軍の襲撃に遭ひ戦ふの暇無く敗走して忠州郡西村に至る、時に十二月二十四日なり。又官軍及日軍数百名と戦ひ、大に敗れて竹山郡七政寺に走る。此に至つて又策の施すべき無く、残徒千余名を会集して諭すに時非にして運利ならざるを以て、暫く解散して時機を待つべきを以てし、各々其家に帰らしむ。後容九は二、三の従者と旧里に還れば故宅は既に官兵の焚くところとなり、器什は掠奪せられて一も存するもの無く、母と室は身を以て免れたりしも居るに家なく、且室權氏は臨月なるを以て巌洞裡に臥して女子（長女鳳子）を分娩したるも、雪上寒風の間三日三夜一匙の飯を得ること能はずして死境に彷徨す。母は飯羹を村閭の人家に乞ひ僅に露命を保つに過ぎず。内斯の如き窮状なるに外官兵の物色急にして如何ともすること能はず、山上纔に二間の斗屋を得て之に家眷を徙し、容九躬は姓名を変じて、水原郡独浦島中に入り一農家に潜匿して、其子弟に漢文学を教えて数十日に及ぶ。後權氏官の為に捕へられ牢囚数月にして放免せられしも、其分娩後なるを以て病漸く悪し。

明治二十八年家事を顧みず移つて慶尚道小白山に入りて道を修め、七月転じて江原道洪川郡に赴き、崔時亨に見え風霜後の教徒救済の道及伝教の方針に就いて命を承け、密に各地に巡回して教徒を慰問したり。

明治二十九年春官探索追捕を期し物色愈々厳なり。容九或は免れ難からんことを憂へ、四月発程西北三道に伝教せんと欲し黄海道文化郡九月山に逃避して伝教せしが、一年にして教徒三万に達せり、此時祥玉を改めて萬植と称す。

明治三十年二月平安道に転向し南北道に伝教すること半歳教徒五万に達し、更に進みて咸鏡道に入り半年にして二万余名に伝教す。十二月三十日母を省せんと欲して、忠州郡西村の故宅に帰り見れば家を出でて三年、家眷苦楚困阨の状云ふに堪へざるもの有り。此歳八月二十二日室權氏産後の病中囚人と為り、放たれたる後も病漸く重く呻吟年余にして遂に歿し、母金氏は四顧親なく孤煢寥々掩土の法に窮し空しく遺骸を擁して悲泣するのみ、幸に里人の救済に頼つて僅に埋葬の事を了へたり。

明治三十一年春正月（陰暦）一日母の誕生を祝せんとする時、官軍に囲まれ捕へられて京畿道利川の獄に押収せられ、幾多の体刑を受け左股骨折せらる。一月の後京畿警務庁に移囚せられ、八日の悪刑を加へて監獄署に下囚せられ漢城裁判所にて五次の審問を受けたる後、又京畿裁判所に移囚して四朔（四ヶ月）滞囚せらる。当時部下の教徒数万密に京城及該道附近に隠伏して決議して曰く、不法の難に罹りて其生命を保し難きに臨まば、最後の手段及自由行動を以て復讐せんと。法官其状態を探知し後患を恐れし為、幸に放還せられて家に帰り、崔時亨が勅令に依り捕へられて、京城監獄に滞囚せらるゝを聞き、又京城に赴き百方周旋釈放せられんことを祈り密に教徒が京城に会集するの際、崔時亨が慎んで妄動すること無く、善く天命を受けよとの訓辞の来到せしを以て発するを得ずして止む。而して崔時亨は六月二日絞刑に就きしを以て其遺体を驪州郡元寂山に安葬し、切歯激切往時に十倍す。

明治三十二年二月より咸鏡、平安、黄海各道の教徒名簿を調査して人心を鼓舞す、西北三道の教徒二十万に達す。十月家を慶尚北道小白山下豊基郡縣村に徙す。之より、十三道の教徒頭領等秘に往来するもの連続絶えざるに至れり。

明治三十三年暴官権柄を恃み人民の財産を奪い、無辜の人民を捕捉すること有り。容九機を見て逃躲し厄を免れたれども、教人頭領三人は捕へられて牢囚と為り、財物を奪はれ家族は他に移居したり。

明治三十四年渡日せんと欲し、孫秉煕（後の天道教主）と共に陸行、元山より汽船に搭し釜山に赴き又長崎に航じ、次いで馬関より汽車にて大阪に前往し、秉煕を大阪に留め、容九は独り帰国す。此行始めて日本の文明、制度、人民発達の程度に感服す。十月再び大阪に航じ秉煕及国事犯人趙美淵等に会し、将来の国事に対して執るべき方針を密談したる後、京都・奈良等に至り数月に渉り諸般の物情を視察して帰国す。

明治三十五年各道を巡廻視察せしに教徒益々増加して其数七十余万に達したり、

仍て義捐金十余万円を募り、教人の子弟中聡俊なるもの四十名を選抜して大阪の各学校に留学せしむ。十月又東京に至り亡命客中の同志と共に本国の政治改革の事を協議して帰国す。

明治三十六年三月各道の頭領を京城に召集し政党の改革を密談し、又各頭領と共に各道を巡回して徒党を組織したるに、附従する者日に多く十三道の教徒百万を算するに至る。七月又東京に至り同志と大事の実行を議す。時恰も日露の風雲漸く急にして不日開戦せんと伝へられしを以て、同志中宣戦せらるれば日本政府は必我国の悪政党の改革を実行すべければ吾徒は暫く其結果を見んとする者あり、衆論帰一せざるが故に未決定のまゝ帰国せり。此年十二月二十八日（陰暦）仁川港に於て開戦せらる。

明治三十七年二月各道の頭領を京城に召集し大事の履行を密に決議せしも、当時は軍事上の戒厳中なるを以て自意活動の時期にあらざるに依り、各道の頭領は京城に潜入し或は京郷の間に往来して教人の団束を厳密にしたり。三月東京に赴き時局の変遷を観察して帰国す。時に長く日本に居住したる宋秉畯は大谷兵站監に伴はれ帰って帷幄に参す。八月秉畯と相見て本国の将来と日韓両国の国事関係を密議検討したり、其要は乃、

現ニ日本が露国ト戦端ヲ開キシハ徒ニ自国ノ為ヲ計ルノミニ非ズ、其志《ココロザ》ス所ハ

東洋全局ヲ保全スルニ在り。而シテ其原因ハ実ニ韓国ノ事ニ由ル、故ニ此時ニ際シテ我韓国ハ若シ壁上ニ楚戦ヲ観ルガ如クセンカ、啻ニ韓国ノ保チ難キノミナラズ東洋ノ亡滅モ亦疑ヲ容レズ。故ニ此機ニ我教徒百万ハ一時ニ並ビ起リ民党ヲ組織シテ本国ノ政治ヲ改善セン。

と更に四大綱領を決す。

一、皇室ヲ尊厳ニシ及国家ノ基礎ヲ鞏固ニスルコト
一、人民ノ生命財産ヲ保護スルコト
一、政府ノ改善政治ヲ実施スルコト
一、軍政及財政ヲ釐整スルコト

之を発表して民党を組織し、京城にては維新会[2]を、地方にては進歩会を組織して、尹始炳を維新会長に推薦す。斯くて八月十八日発起開会し此時会名を一新会と改称す。又十三道地方に在る進歩会を発起する為、檄文及目的を制定して各道の教徒頭領に罔夜飛伝したり。

檄　文

夫人民ハ国家ノ元気、社会ハ人民ノ正論ナリ。須臾モ離ルベカラザル者ハ元気ニシテ、一日モ無カルベカラザル者ハ正論ナリ。今我三千里疆土、二千万民ノ風教ヲ維持シ、文明ニ進就セント欲スルモ奈何セン国歩多難、元気殆ド絶エ、公論又振ハズ。政府ハ酔夢昏々姑息偷安ヲ是主トシ、入ツテハ聖聡ヲ壅蔽シ、出デテハ生霊ヲ暴虐シ、苛政ト圧制トニ無辜ノ塗炭益々甚シ。内政日ニ乱レ外侮日ニ至リ、我生霊将ニ無遺ノ境ニ陥ラントス、嗚呼痛マシイ哉。我大韓帝国ノ土地ト人民トヲ他ノ文明国ニ比シテ何ノ差違カアル、而ルニ其興亡盛衰何ゾ夫此ノ如く懸殊ナルヤ。抑々国ノ興替ハ惟《タダ》民心ノ聚散ニ在リ、民ハ惟《コレ》邦ノ本ナリ、諸君希クハ同声同気一斉ニ奮発シ、期ニ届《イタ》ツテ来リ会センコトヲ。

目　的

一、独立ヲ保全スル事
一、施政ノ改善ヲ建議スル事
一、人民ノ生命財産ヲ保護スル事
一、財政ヲ整理スル事
一、同盟国日本ノ軍事行動ヲ援助スル事
一、会員ハ一斉断髪スル事
一、経費ハ各自周旋シテ秋毫モ害ヲ郷閭ニ貽スベカラザル事

一、匪眦ノ怨ト官長凌侮ノ弊トヲ厳禁スル事
光武八年九月
再　告
檄文ヲ実施スルノミナラズ、来ル十月三日（陰暦八月晦日）十三道各郡ノ一般教徒一斉ニ断髪シテ而シテ起チ、大ニ開会シ大ニ演説スベク、必ズ泛然ニ附セズ一遵施行スル事。

之に依つて十月三日各道の教人一斉に断髪[3]して会を開く、此日政府に達せる報告は八域皆同一なるを以て官僚は茫然措くところを知らず。

翌四日（陰暦九月一日）咸鏡南道支部会長韓南奎報告して曰く、定平郡の会員三万余同郡案山に集会演説したるに、同郡守金容培は期前に之を偵知して、予め咸興駐剳の日軍に誘嗾して謂へらく、前の東学党の徒数万人進歩会と称し徒党を嘯聚して会を開かんとす、其勢状大なるのみならず其意全く排日なるを以て直に剿討すべしと。此に於て同隊より将兵四百入郡の際恰も元山より北進せる日軍将兵四百と合し、会員を包囲し銃を放つて威を示す。会員曰く吾党は日本国軍事上の援助と国政の腐敗を改革するの目的を以て開会演説せしに、計らざりき日軍に捕捉せられんとはと。斉声痛哭して天に叫びければ、日軍其情を知り軍を収めたれども、首領三十余人は郡獄に捉囚せられたりと。十月六日平安北道泰川郡の報に

曰く、同地方の会員二万余名郡底に来会せしに、郡守趙鼎允は官砲百余名（ママ）を発して放銃駆逐し、為に丸に当つて死亡せし者十一人清川江に溺死せし者二十一人なりと。

十一月平安南・北道支部に京義軍用鉄道の工事を援助する為、会員三千余名づつ毎日選発して工事に赴役すべしと通牒せり。

十一月二十五日維新会と進歩会とを合同すべしとの通牒を各処に発送し、会名を一進会と称して新に事務所を京城に設け、之を一進会本部とす。又十三道に支部総会所を設く。此時萬植を改めて容九と称す。

明治三十八年四月全羅道支部会長鄭環珠の報告に曰く。全州郡首吏鄭昌權の輩、徒党数百名と郡民数万を煽動し支部会事務所を打破して会員を駆逐し、損害夥多負傷者も亦少からず。故に全羅南・北道及忠清南道の会員三万余をして、日を期して全州郡に来会せしめんとすと。此報に接するや四月四日、京会員四十余名を率ゐ走つて之に赴き、吏擾を鎮定したり。首魁鄭昌權は捕捉せられ、余党は帰服し煽動せられたる人民は其業に安んじたり。更に事務所を定めて同月三十日帰京す。

六月宋秉畯と共に総務員会及評議員会を開く其決議要旨に曰く。

日本軍ハ露軍ト奮闘シテ困瘁甚シキハ、人民概ネ逃躲シテ村閭空虚ナルニ由リ、軍需品ノ運輸極メテ困難ナルガ為ナリ。此時ニ方リ我会員若シ之ヲ坐視センカ、是義ヲ忘ルヽ者タリ。故ニ我会員ハ死ヲ以テ誓ヒ、東洋保全ノ義旗下ニ一従シ、一毫ノ力ニテモ援助スベキナリ。

と乃六月十四日京会員三十余人を率ゐて出発北進隊に追随せんと、陸路元山港に至りしが便船を得ず。夫より倍日併行咸鏡北道鏡城郡に到り、三好師団長・大庭参謀長・倉田参謀に面会の上約を定めて輸送隊を作成し、毎日三千人づゝを発遣し、一方軍物を輸送し或は軽便鉄道を敷設し、又有髪会員五十余名を放ちて露軍の軍状偵察に従事せしむ。其間清津より会寧に至る二百里（日本の二十里余）の軽便鉄道敷設の役を畢へ、軍用品の輸送を便利ならしめたり。此工事及輸送に関し圧死せし者十一人、負傷者数百人に及び、探偵度数二百回に達し、其中露軍に擒にせられし者数十人を算す。其後両軍の媾和成立するや長谷川大将慰問の為来到せられ、之に伴はれて十月二十六日帰京す。

十一月六日総会を開く其主問題は、

現今本国ノ現状ハ日清戦争以来日本ノ厚恩ヲ蒙ムリテ幸ニ独立スルコトヲ得タルモ、皇室及政府ハ日ニ禍根ヲ醸シ時ニ乱機ヲ招クハ、恰モ門ヲ開イテ賊ヲ納ルヽガ如ク、又自ラ手ヲ揮ツテ己ガ頬ヲ撲ツガ如シ。斯ノ如クニシテ止マザレバ知ラズ何等ノ境ニ至ルベキ、想フニ国家覆没シテ而シテ生民塗炭ノ苦ニ陥ランノミ。サレバ今ノ際ニ於テ国際外交ハ日本　天皇陛下ニ委任シ、国民ハ死力ヲ竭シテ実力ヲ養ヒ而シテ後更ニ真ノ独立ヲ策セン。

との大意なり。会集之を採つて可決し宣言書を内外国に発表したり。

同月九日東京に赴き同志等に会し、孫秉煕及亡命客等に宣言書を示して説明せしも、皆反対し意思相合はずして帰国す。

十二月二十二日一進会本部の規制を改定し、地方総会所を廃止し、同時に本部会長に任ぜらる。

明治三十九年前に崔時亨の刑後孫秉煕と共に東学の教務に従事したりしが、漸次目的に差違を生じ動もすれば将に衝突を免れざらんとす。二月秉煕帰国して東学を改めて天道教と名づけ、其教務を拡張するに当つて我徒の目的と背馳日に甚しく衆論嗷々たり。此時に際して東学正宗の門戸を明にせずして漫然之に附随せんか、我教の伝統たる布徳天下、広済蒼生、保国安民の大道を弘め難きに至らんとす。仍つて門戸の各立を決議し先づ教友同志倶楽部を創立して、各道各郡の教徒に通知したりしに衆心咸《ミナ》帰一せり。乃十二月十三日崔濟愚降生第八十二回の紀念日を以て侍天教と発表し、伝来の聖訓に拠りて規則を制定し、至誠至敬を以て教務に尽瘁することに努む。

明治四十年春武田範之宗教の玄旨を弁論し侍天・天道分裂の原理を闡明したるが其意旨相符す。五月八日黄州郡に留宿せし時、同郡郷長金相郁官隷百余と乱民数百を揮動し夜半襲撃し来る、為に胸部に負傷したれども逃れて警部神田禮之助の家に免がれ次日帰京す。後郡守・守備隊・警察等相交渉して、巨魁六名を捕捉し余は暁諭解散せしむ。（之より後のことは師と事を共にせしを以て師の本伝に詳なり）

七月十八日夜京電に曰く。勅令を以て濟世主と海月先生の冤を伸べられたること官報に見ゆと。是より先容九国事犯の罪を宥さる。

十月十八日附を以て　日本天皇より勲三等に叙し瑞宝章を賜はる。

明治四十一年六月十五日京城中央大寺洞に、三層洋風建築の侍天教京城本教堂竣成す。広く教徒誠意義捐の片銅寸鉄を以て无極鐘を鋳成して之を教堂前面の上層に懸く。九月十日東京に赴く。

明治四十二年五月八日帰国して教人に沆瀣経を示す。六月二十五日（陰暦五月五日）母金氏の回甲礼式を行ふ。九月京城内悪疫流行し、母之に罹り二十五日（陰暦八月二十五日）逝去す。十月二十五日十三道教徒の頭領を本教堂に会集し、各道に教堂を造成せんことを決議し役費は本教堂より支出することゝす。十二月四日合邦問題を発表して世界に声明す。

明治四十三年八月二十九日併合条約成立後一進会解散す。容九病あり漢城病院に入り、十一月退院して龍山の宅に於て療養す。

明治四十四年三月又漢城病院に入り未だ痊えず。五月五日門徒池錫煥を随へ兵庫県須磨に転地療養す。九月宋秉畯・金演局来つて慰問す、此時一切の教務を秉畯に委託す。十二月侍天教宗礼師と為る。

之より先九月十三日容九予に与ふる書（漢文）中の一節に曰く。洪疇氏一去シテ更ニ音信無シ所謂真寂也、然レドモ無音無信ノ中ニ有音有信ノ理有リ、亦感懐ノ処ニ非ズ也《ヤ》。（中略）一韻仰呈考評切ニ企フ耳。九月十三日　李容九拝　韻に曰く。

世人識ラズ自家ノ翁　虚シク度《ワタ》ル忙々賃屋ノ中　妙湛元精塵外ニ遠シ　須弥ノ山路去ッテ窮リ無シ　未ダ知ラズ苦海密網ノ囲　安ンゾ得ン真如ノ浄空ニ入ルヲ　五賊遮リ来ル迷離ノ処　万愁畳々華夢ニ漏ル

之を見れば師去つて既に三月尚追思止まざるの状あり、予師の愛するところたるを以て予に其懐を示すものなり、而して其韻は己の病を憂へず唯己の現境を憐むに似たり。十一月二十日又予に与ふる書（漢文）中に曰く。前書弄璋ノ慶後書喪明ノ報、果シテ人ヲシテ驚歎セシムル也、然リト雖モ此事彼事都テ是塵世一劫廻ノ定数也。何ゾ関心傷気スルニ足ラン耶、人間大同ノ事我独リ当ルノ禍ニ非ザル也。之ヲ天地ノ苦楽ノ定理ニ附シテ而シテ御気損傷ノ地ト為スコト勿レ。十

一月二十日　川上大仁殿　鳳生

又之に添ふるに二首の弔詩を以てす詩に曰く。　子孫跡ヲ継グニ非ズ　事業是芳名　璋尾生前ノ楽　真光万世ニ明ナリ。　春去リ春来ル風雨ノ裡。　花開キ花落チテ自ラ紛々タリ。　落花看ル処心ヲ傷マシムル莫レ。　物々斯ノ如シ一空ノ雲。　彼重病の中に在りながら之を以て予を慰む、予何ぞ其誠意に感ぜざるを得ん、逝く者亦当に瞑すべし。

大正元年三月室李氏顯奎・碩奎の二児と長女鳳子・女婿崔元基⑦等共に須磨に至り病床に侍す。四月二十日手書して曰く。人ノ有無無有皆大道ニ原《モト》ヅク、而シテ有ヨリ生ル、コト無ク無ヨリ生ル、コト有リ、無無有有ノ間幾億万ノ衆生、皆此ニ有無と。二十二日勲一等瑞宝章を授けらる、其夜遺書して身後の事は凡て宋秉畯に委す。之より病漸く重態に赴き五月二十日より危険状態に入り、二十一日夜危篤に陥り二十二日午前九時半家族及宋秉畯等看護の下に卒す。二十五日須磨に於て神式に依り内葬儀を行ひ、午後四時半火化場に入り茶毗式を行ふ。同三十日遺骨釜山を経て南大門駅に到る。時に寺内総督代理・山縣総監代理・明石少将・安東司令官代理・朝鮮貴族代表・侍天教大礼師其他出で迎へ、直に大寺洞の本教堂に入りて奉安す。六月二日　天皇陛下より賜賻、李王・李太王各殿下及寺内総督等より榊料を桂・二條両公及其他より花環を贈らるゝもの百余箇に達す。六月五日本教堂より霊輀発引龍山練兵場に至る間、紼を執る者宋秉畯・永谷警視・松

村重治・山形閑・具然壽・李謙濟等にして、明石少将は墓標を護り、遺族之に次ぎ、親任官以下貴族、文武官、各宗代表者・各団体代表者等延長十八丁に及ぶ。午後三時頃喪主李顯奎以下及斎主藤岡好古の斎員着床し式を始む、渡邊宮内大臣・山縣・桂・二條各公爵・大久保陸軍大将・大谷・村田　同中将・榊原陸軍少将・目賀(4)男・曹洞宗本山・忠南・慶北各道長官・地方本教友等の弔電あり。天皇陛下の勅使海軍少将山縣大藏・李王及李太王両殿下御使・寺内総督代理児玉伯・山縣総監・李熹・李堈両公代理・明石少将・内務・度支・司法・農商工各部長官・李海昇侯、趙重應子・朝鮮貴族代表・檜垣京畿道長官其他五千余名の会葬者あり、午後五時旧龍山永慕亭の後麓先妣金氏の同原に葬る⑧。

宋秉畯墓誌銘（漢文）を作る曰く。

海山姓ハ李字ハ大有、初ノ名ハ愚弼又萬植ト名ヅク、海山ハ其号ニシテ鳳庵ハ其道号ナリ。高麗碧珍将軍卅二世ノ孫、考ノ諱ハ一和妣ハ金氏、戊辰正月廿一日尚州津頭里ノ第ニ生ル。十三ニシテ祖考ヲ喪フ、妣氏ニ事フルコト孝ナリ隣里之ヲ称ス。廿三ニシテ海月師ニ詣デ東学ヲ修ム。甲午ノ春朝廷令ヲ下シテ東学ノ徒ヲ捕斬ス、海山全琫準等ト義ヲ倡ヘ出デテ官兵ニ抗ズ、挙国騒然竟ニ日清釁ヲ開ク。海山鎗ヲ被ムッテ遁レ窮冬還ッテ其里ヲ観レバ家已ニ火ケ、夫人權氏兒ヲ巖嵎ニ挙ゲ凍餓并セ到ル、妣氏飯ヲ里人ニ乞ヒ之ニ饋ル。而シテ官兵物色シ、海山姓名ヲ変ジテ其跡ヲ晦マス。官兵権氏ヲ捕ヘテ囚《ツナ》グコト数月為ニ病ム、丙申ノ秋ニ至ッテ権氏其児ト竟ニ歿ス。海山潜行シテ処トシテ人ヲ化セザルコト無シ、教ヲ奉ズル者七万余官大ニ之ヲ恐ル。丁酉ノ歳晩窃ニ妣氏ヲ省シ官兵ノ捕フル所ト為リ、利川ノ獄ニ下サレ糾弾苛虐股ヲ捽折セラレ、京城ノ獄ニ檻送セラレテ後放タル。辛丑日本ニ遊ビ汎ク交ヲ志士ニ訂ス。甲辰ノ春日俄開仗シ予会々日本ヨリ帰ル、海山来ッテ東方協合ノ策ヲ説キ議論精徹言々肺腑ヨリ出ヅ。予及之ヲ韙トシ倶ニ相図リ一進会ヲ創ス。時ニ官尚款ヲ俄国ニ通ジ、密ニ日軍ヲ阻マンコトヲ乞フ。海山大ニ其非ヲ論ジ、自ラ子弟ヲ率ヰテ従軍ス。日俄戦ヲ輟ムルニ及ンデ予廟班ニ陪ス。海山拮据周旋民心ヲ正スニ勗ム。丙午十二月師道ヲ祖述シ別ニ教門ヲ開キ、侍天教ト称シ推サレテ教長ト為ル。丁未勲三等瑞宝章ヲ贈ラル。己酉九月妣氏ヲ喪ヒ哀傷過度病ト為ル。是ヨリ先予東京ニ在リ、同僚ト相謀リ私ニ協合ノ策ヲ講ズ。十二月海山合邦ノ議ヲ上ツル。庚戌八月　天皇勅シテ之ヲ容レタマフ。是ヨリノ後復時事ヲ言ハズ専ラ心ヲ道ニ用フ。辛亥ノ首春ニ迨ッテ病漸ク劇シ、五月来ッテ須磨ノ別墅ニ養フ。壬子四月勲一等瑞宝章ヲ授ケ賜フ。五月二十二日遂ニ瞑ス、年四十又五。茶毗シテ而シテ帰リ龍山ノ塋次ニ葬ル。始メ権氏ヲ娶リ女有リ崔元基ニ帰ス。同族李顯奎ヲ養ッテ嗣ト為ス。後李氏ヲ娶リ一男ヲ生ム名ハ碩奎幼ナリ。銘ニ曰ク。

地ニ食ミ天ニ侍ス。　是人ノ道。　身ニ処スル艱苦。　霊懐深浩。　君ニ宜シク民ニ宜シ。危邦維保ツ。

明治四十五年五月二十五日　　宋　秉　畯　撰

体軀中脊中肉にして顔稍長く、風姿颯爽眉濃からざれども精悍の気象眉宇に溢れ、音吐朗々として清徹、自ら犯すべからざる志士の風貌を備ふ。資性率直剛毅なれども淡白にして人に親《シタシ》まる、烟草を嗜み酒を好めども其度を超えず、詩偈を善くすれども徒作せず、唯時に応じ興に乗じて其志操を発露するに止まる。筆蹟は能書と称し難きも、其得意のものに至つては頗る遒勁雅麗別人の手に成るやを疑はしむるもの有り（写真第四十四、同第四十五）。

李容九は四十五年の生涯にして、殆ど凡て艱危困厄の中に其一生を終はれり。就中其甚しきものを挙ぐれば戦闘中には飛弾に胯を穿たれ、捕へられては拷問の為に脚骨を挫折せられ、平時に於ても暴徒の為に胸部に弾痕を印せられ、或は夫妻共に幾たびか囹圄の人と偽り、又天に蹐し地に跼し死地に彷徨したること数ふ可からず。是皆躬の為に非ず、弊政を革新して国運を隆盛に導き、民生を塗炭の苦より済はんと欲するに外ならざるなり。屢々日本に遊んで制度文物を視、風土民情を察し、頼つて以て立国の基礎を固め、延いては東亜の安定興隆を図らんと欲す。而して乙未の変に鑑み明治三十八年十一月六日、韓国の外交権を日本に委任せんことを宣言したれども行はれず、若し之を実現せられ韓帝と韓国政府が日本に対して誠意に出でなば、海牙の密使事件も起らざりしならん。然るに時未だ到らず事志と違ひ、国事日に非なるを以て遂に己酉十二月四日の合邦上疏と為る。是之に非ずんば韓国の社稷民人は保つべからざればなり。容九の志も亦苦しい哉。而して併合後二年ならずして瞑す又命なる哉。

二　宋秉畯略伝

宋秉畯字は公弼、蓮史と号す、別号は濟庵にして其道号なり。邦名として野田平治郎と称す。

安政五（戊午）年八月二十日（旧暦）京城に生る[9]、孝宗の時代宋時烈尤庵と号する者の九世の孫にして、五代の祖は述相―高祖父煥億―曽祖父承奎―祖父欽直―父は文洙字は徳立、母は済州の高氏なり。世々仕途に就き気節文章を以て名ある者ありしが、讒せられて済州の楸子嶋に配謫せられ、承奎も亦一辺人の為に陥しゐれられ僅に逮捕を免れて嶺海の浜に遁竄し、人の為に傭作し或は舟工と為り、門戸零替子孫流離したりしが、李太王即位の翌年冤を伸べ官爵を復されたれども、子孫奔竄して職牒を受くるもの無きを以て、慶応元年（乙丑）復伸ぶるを致すと云ふ。

明治三年学に志してより五歳略ぼ経史の大旨に通じ、一日筆を擲うつて嘆じて曰く、文章は自ら是英雄の余事、書籍は古人の糟粕に過ぎずと、遂に遠く四方に遊ぶの志を懐くに至る。

明治四年三月慶州金商基の女仁濟を納れて室と為す。

明治九年二月日本の修信使黒田清隆・副使井上馨等国書を奉じて江華に入る、時に兵曹判書・礼曹判書等は接伴使にして秉畯は接伴随員たり、此時仁川開港約章議定せらる。

明治十年三月武科に及第し守門将に除せられ、又幾可も無く副司果に除せられ六品に陞る。

明治十一年訓錬院主簿に除せられ、尋いで訓錬院判官に陞り武衛所宿衛所監官に兼任せらる。

明治十二年九月訓錬所僉正に除せらる。此歳贄を李濟馬（東武先生）に執り四象（太陽、太陰、少陽、少陰）の玄理を講論す。

明治十三年六月都惣府都事に移り、尋いで又同府経歴に移る。而して日本に赴きて大風帆の黒船一隻を購ひ、武衛提調閔謙鎬と協商し三南の漕米一切を専管して京司に運納す。

明治十四年四月移つて司憲府監察に除せらる。

明治十五年京城崇礼門外青坡の私第に在り、時に訓錬局軍擾あり昌徳宮に乱入し大官十余人を殺し、又其私第を囲み禍色甚だ急なり、乃墻を踰え身を以て免る。

明治十七年十月景祐宮の変京城西部麴洞の私第に在りしが、又暴擾に遭ひ資産焚尽せられ復墻を踰えて難を逃る。

明治十八年八月密勅を受けて日本に渡り、金玉均と商弁すること四十余日、其国の革命を謀るの不善なるを責む。

明治十九年七月親軍　営哨官に除せらる。

明治二十年五月中枢府都事に除せられ七月移つて親軍後営哨官と為る。時に一辺の仇家誣ふるに国事犯朴泳孝・金玉均と交通庇護の事を以てす、乃革職して義禁府獄に囚へられ訊問数十回、延いて百有三日に至る。前兵使高永根冤を訟へて力奏し依つて始めて冤を釈かる。

明治二十一年七月親軍後営隊官に除せられ、尋いで平安南道寧遠郡守に除せられしも病の為に就かず。

明治二十二年慶尚左道興海郡守に除せられたれども就かず。八月高永根と鋳銭都監を協設す、是執政宰臣の推薦に依つて此事務を委任せられたるに由る。

明治二十三年九月京畿左道陽智県監に除せられ又正三品に陞る。室金氏を封じて淑夫人と為す。此歳新に陽智県朱東、西秋渓郷の第を築く。

明治二十四年九月親軍壮衛営領官に兼任せらる。

明治二十五年正月畿伯韓章を承け札飭を錫はる。竹山府の土擾案件を按じ、擾渠幾人は法を案じて懲勘し餘皆剀論釈放す、人皆之を称頌す。

明治二十七年東学党大に起り日清開戦して政界の風潮一変す、九月官を棄て一驢一僕両西及関東北地方を遍歴して、戦跡を周覧し経乱閭民の状情を視察すること凡五ヶ月なり。其陽智に知たること五年政務清簡、毎歳租を以て牛を購ひ各里の貧民に給し、専ら農桑を勧め窮乏を賑はす。故に民皆其去るを惜む。此歳東武先生秋陽精舎を訪ひ時事を講論せらる、其後先生の著書を再三校勘して登梓して諸を世に公にし、又東武先生の伝を立つ。

明治二十八年家貲を散じ妻孥を携へて日本に入り、先づ北海道に往いて周く漁業及農産を視察し、又遍く台湾を覧て居ること五月にして復東京に還る。

明治二十九年再び北海道に至り専ら蔘を種うるを以て業と為す。

明治三十年西京（京都）に移住して養蚕及織物の業を専ら研究す。

明治三十一年八月妻孥を率ゐて山口県阿武郡萩町の深山中に入り、同地有志の紳士等と協商して植桑・養蚕・繰絲・染織等諸般の興業を発起し、尽く家貲を売りて数十万金を得。是に於て本国秋渓郷里附近の地方の聡俊五十八人と、内地の学徒数十人を選び、広く織造所を設け、自ら巨貲を弁じて各項の技師を延聘して分課教育し漸く成就を図る。而して只李圭完等と潜居興業して時機を翹待す。此時本国の有志尹致昊・李商在・南宮檍・劉猛等国政の腐敗民権の萎縮を慨して独立協会を倡起し、日を按じて開演し政治を改善せんことを以て政府に勧告す。時に故の桂庭補国閔泳煥屢々書を致して速に還らんことを期す、乃答ふるに時機未だ至らず努めて須く実業を興作して、以て余生を畢ふべきの可なるを以てす。一日桂庭汽船一隻を馬関に派送して、嘱するに尽く妻孥と家産及什物を載せて迅速に国に回り、与に議して大事を革命せんことを以てす、然れども愈々堅く拒んで聴かず。

明治三十六年十二月二十四日（陽暦三十七年二月九日）日露開仗し仁川及旅順に海戦あり。之より先秉畯山口の寓舎に在り工作の学徒と日に染織を以て業と為し、門を杜ぎ世に謝し身綿衣を着し脱粟飰《ハン》を食し、往々田夫野翁と畎畝の間に雑はり、隣里の民人只韓客の流寓を知るも其誰たるを知る者なし。戦起るや第十二師団兵站監大谷喜久藏の招電到る、乃身を起たして戎に従ひ星夜門司に赴き、遂に晡を輟めて而して起てり、老幼数百出でて送り恋々惜別の情あり、而して始めて韓国の名紳たることを知らると云ふ。其門司に到るや大谷少将出で迎へて礼を致し、特に授くるに行軍顧問の任を以てし、行往坐臥服御飲食一に少将の如くし礼待甚だ優る。行中の諸将校等敬意を表せざる者なく、礼待高等長官の如し。

明治三十七年大谷少将が艦船二十余隻を率ゐて出発するや、共に西釜山に渡り転じて義州に至り、北進軍隊を嚮導して屢々交仗し凱を奏して還る。八月大谷少将と義州より還つて京城に駐紮するや、李容九は林震燮・趙東元等を遣はして面会を要求せしむること八次にして秉畯始めて接晤し其会晤の由を問ふ、李容九対へて曰く、僕は甲午東学党の魁なり、凡そ物不平あれば則鳴る、人至冤あれば則呼ぶ、我両先師无極の大道を天に受け、蒼生を無為化界に済はんと欲して、而して謬れる無道の邦刑を被むり、累名尚罪籍に懸る此は是一大冤なり。現今百万の教徒日韓両国嫉視の際に介し、生命あれども而も全うすること能はず、妻孥あれども而も保つこと能はず、此は是二大冤なり。国政日に非にして世臣専横、全国の生霊溝壑に転じて人の拯済するもの無き此は是三大冤なり。況や我国東亜の温滞に僻在して外釁を胚胎し、時局の平和を保ち難し。此時に際し旧を革めて鼎《マサ》に新たにすべく、駕を並べて斉しく環球文明の域に駈けんこと、実に僕の大願なりと。秉畯黙視良《ヤヽ》久うして曰く、東学は是国の禁ずる所にして、而も且甲午の乱排日の真相已に顕かなり、今日露の役に当つて又妄動せんと欲して傷命の計を倣し出す、誰か与みすることを許すもの有らんやと。李容九愀然として曰く我教の目的奚ぞ嘗て排日の理有らんや、往者癸甲の事実に朝廷の残虐に堪へず、一は先師伸冤の為、一は教徒免禍の為、一は国民の為害を除く者、而して官民の互に相衝突することを馴致する者なり。朝廷先づ援を清に請ふ清廷故に天津条約に違つて兵を韓に出し、以て日清の交杖を致し、朝廷又援を日に請ひ東学を剋剿す。僕等甲午の事は東学の排日に非ずして、実に是日兵の排東学なり。又日兵の排東学に非ずして、即朝廷の東学を滅さんと欲する者なり。今危急存亡の秋に当つて教徒百万の衆を挙げて、大局の勢を扶けて而して足下と共に大事を済はんと欲す、惟望む足下我百万の生命の為に眷々特に斡旋の力を垂れられんことをと。秉畯乃慨然として曰く当に深思して之を図るべしと、因て期するに数日の後に再会せんことを以てす、李容九遂に允諾して而して還る、然るに其期を過ぐるも再会の通知なきを以て、復林震燮・趙東元を使として再会を強要せしめ、旬余にして相見ることを得、秉畯曰く吾百万の生命の為に安んぞ一身の犠牲を辞せん、然り而して但未だ教徒心を一にするの如何を知らざるのみ、我国の由来せる悪慣は断髪を視ること断頭の如し、足下必ず百万の教徒をして一斉に断髪して以て血を歃るの盟に代へしめて、然る後生命以て保護すべく、宗教以て確立すべく、局勢以て維持すべく、政治以て改革すべきなりと。是に於て李容九欣然として、秉畯と尽く肝胆を露はし刎頸の交を結び、是より後李容九と共に政教の両方面に尽瘁す。

明治三十九年冬平理院に逮へられ屢々拷訊に遭ふ。

明治四十年春其罪なきに由りて、逮へられてより三ヶ月にして釈放せらる。李容九と侍天教宗旨・修道要旨等の書を刊布す。五月豊慶宮役費調査委員を命ぜられたれども就かず。同月農商工部大臣に親任せらる。七月八日臨時帝室有及国有財産調査局委員長を命ぜらる。七月十一日国事犯冤案蕩滌の恩旨を蒙むり、又両先師（崔濟愚、崔時亨）の冤罪を伸べらる。八月正二品に特超せらる。淑夫人金氏を封じて貞夫人と為す。九月十一日命ぜられて平壌礦業所総裁を兼任す。八月十七日日本帝国より勲一等旭日大綬章を授与せられ、十月二十五日特に（韓国の）勲一等に叙せらる。十一月旨を奉じて皇太子の東京留学に陪す。十一月従一品に陞る。貞夫人金氏を封じて貞敬夫人と為す。

明治四十一年六月移つて内部大臣に任ぜらる。

明治四十二年二月内部大臣の職を辞す。是より後主に東京に在りて専ら日韓合邦の事に努力し、日本の政治家と共に暗躍し、十一月よりは愈々行動活発となり、遂に十二月四日一進会の合邦上疏を表現するに至る。

明治四十三年益々合邦の促進を謀り、李容九と相呼応して内外の輿論を喚起す。八月貞敬夫人金氏勲三等に叙し瑞宝章を授与せられる。此月二十二日併合条約成る、後李容九病気の為代りて一進会の総裁と為り会務を終結したり、九月十二日一進会解散せられ総裁の職も亦自然消滅す。十月朝鮮総督府中枢院顧問に任ぜらる。同月朝鮮貴族令に依つて子爵を授けらる。十一月又東京に来り寓す。

明治四十四年東京に在り、四月後幾たびか武田範之の病床を慰問し、又李容九の病を須磨に慰問す。

明治四十五（大正元）年四月李容九の病を訪ふ、時に容九、自ら起つこと能はざるを知り遺書を裁して、身後の教務及家事を遺託す。因つて秉畯尽く之を処理して其遺志を全うせり。七月　天皇大漸なり、秉畯侍天教員代表数百人と共に斎心沐身して侍天教本教堂に集り、至誠天に祈ること七昼夜遂に効験なきを悼む。八月寺内総督・明石警務総長と共に東上して　大喪に参列す。九月侍天教書籍編纂所を設け、侍天教繹史・侍天教祖遺蹟図志・天経正義・龍潭訣釈賛等の書を纂輯す。

大正二年四月侍天教奉道宗務長署理朴衡齋等の懇請に因り、李容九を追奉して大礼師と為し、秉畯を推して大主教と為す。是より後屢々日鮮の間を往復して、最も其意を治鮮の政策に注ぐ。

大正四年主に京城南山町三丁目の本宅に在り。十一月来つて　大正天皇即位大礼に参列したる後予に与ふる書中に曰く。

御大典奉祝ノ日恭シク述ベテ喜ヲ志ス（後略）　十一月二十五日　秉畯

紫宸殿上繁儀ヲ陳シ。文武ノ衣冠宛モ昔時ノゴトシ。海ニ薄ル懽情此慶ヲ同《トモ》ニス。東天ノ旭日徽旂ヲ射ル。詞短ク意浅ク以テ盛徳ノ万一ヲ形容スルニ足ラズ、惶汗濇ノ如シ。（後略）　十一月二十五日　宋秉畯

後予海軍大観艦式の祝詩を寄す。秉畯其鉄艦如山圧海波七字を分押して予に示す詩に曰く（写真第四十六）。

人有リ群リ来ツテ相侵軼。古石銅ヲ用ヰ今ハ鉄ヲ用ユ。生存競争此レ何ゾ時アラン。強者ハ優ト為リ弱者ハ劣ル。

茗甌ノ制遽カニ増減。華士看取ス理想ノ感。六洲ニ横行スルモ疇《タレ》カ敢テ抗ゼン。富有ス万千ノ装甲艦。

緬ニ想フ明治開幕ノ初。欧西ノ制度真ニ如々。上下ノ議院新ニ設賓シ。君民意見

ノ疏スルニ庶幾シ。

神斧劈破ス旧脳ノ頑ヲ。長薩ノ諸公気山ヲ摧ク。一時滾々トシテ台閣ヲ占メ。

五雲咫尺ニ　龍顔ヲ候フ。

戎将盤鍼憲法ヲ喩ス。低度変ジテ為ル高度ノ圧。大都結成ス家族ノ団。楚弓ノ得失復何ゾ怯レン。

昔時ノ戦略槍砲在り。驀地還《マタ》理化従《ヨ》り改マル。大家ノ研究精益《マスマス》精。飛機空ヲ掠メ艇海ニ潜ム。

晨ニ起キテ霜ニ搴ゲ暮ニ花ヲ献ズ。楽府猶伝フ愛国ノ歌。但願フ同胞七千万。

湛々共ニ浴セン　皇恩波。

時乙卯冬至節　　蓮史宋秉畯未定草

前書盛徳ノ万一ヲ形容スルニ足ラズの詞、後詞暮ニ花ヲ献ズ、共ニ浴セン　皇恩波等の句は、半嶋士民中秉畯が至忠至誠の精神に由つて始めて溢出する所のものたり。而して其他の辞句も亦我国体と歴史及民情に精通したる彼の如き者に非ずんば、容易に之を筆にすること能はざる所たるが故に、予も亦此辞句の前に瞠若たらざるを得ず。爰に之を録するは彼が詞藻を留めんが為に非ずして、彼が精誠を永く天地の間に存せんと欲すればなり。

大正八年天道教主孫秉煕は欧洲大戦講和の際民族自決の宣言あるや、之を好機として其教徒及基督教徒等苟も排日思想を抱く者、並に不逞学生群等を煽動糾合して、三月一日李太王国葬の前日を期して朝鮮の独立を計画[10]し、全国一斉に万歳を唱ふることゝして大騒乱を起したり。而して秉畯は元来夙に親日家と目せられたるを以て、其身辺の危険を避けて東京に来り東京駅ホテルに在り。十二月予往いて之を慰問す、時に秉畯憂色切なるもの有り。後熱海の富士屋旅館に移れるが、二月十三日予に寄する書（漢文）中の大要に曰く（別に一詩を貽封す）。

白首羈窗ニ在リ離鮮以来已ニ一年、思フ所尚緒ニ就キ難シ、今ヨリ天下ノ事当ニ運数ニ附スベシ、人力ノ求ム可キニ非ズ之ヲ如何セン洪疇・海山等ガ我ニ先ダッテ九原ニ客タル如キ、安ンゾ福ニ非ザルヲ知ランヤ（後略）

二月十三日　川上老兄貴下　宋秉畯

滄江日暮レテ晩潮急ナリ。百帆匆々一帆遅シ。此ノ如キ風波那ゾ渡ル可ケン。
五更留待ス月明ノ時。

是予が前に贈るところの詩中、憶ヒ起ス当年沆瀣ヲ談ズルヲ。即今那処ニ仙顔ヲ覓メン。（前年洪疇が李容九と熱海の玉屋別荘に在りて沆瀣経を草せし時の事を指すものなり）の句と、洪瀾斬《ワタ》ラント欲スレドモ孤舟ヲ奈《イカン》セン。江湖ニ漂泊シテ隠憂切ナリ。昨是今非此ノ如ク爾り。白山払ヒ難シ黒雲ノ浮ブヲ。の詩に答ふるものにして、其時を憂ふるの情以て察すべし。

大正十二年四月東京に在り予が寓を訪ひ師の像背に銘を書し（伯爵宋秉畯と署す、予其昇爵の年月日を詳にせず。）後又帰鮮して其写真を贈る。

大正十三年三月治鮮の方針に就き封事を上つる（文略す）。是より後又朝鮮に在り。十二月二十日予に答ふる書に曰く、此送迎ノ際ニ当ツテ懐想抑シ難シ、恵問ヲ適々承ケテ清範ニ対スルガ如シ、教示ノ勝地ノ景光極メテ切ニ感賀ス、況ヤ瓊詩ヲ続ケ再三奉読愚眼ノ見ル所敢テ一語ヲ賛セザル也（後略）　十二月二十日　宋秉畯

此書前書に比するに文辞筆蹟共に大に衰老の度を加へたるやを想はしめ、予が心をして安んぜざらしむるもの有り、果然其後四十余日の生を保つに過ぎず、乃予に対する最後の手翰となる。

大正十四年一月三十日午後四時、京城の自邸に於て脳溢血再発の為危篤に陥る。[11]三十一日　天皇陛下より御見舞として葡萄酒一打下賜。同日旭日桐花大綬章を授けられる。二月一日喪を発す。同八日勅使参向素絹二疋御下賜。是より二月八日に至るまで加藤首相・牧野宮相以下各大臣・各政党領袖・其他顕官知己より贈られたる花環頗る多し。同九日午前八時南山の自宅出棺。小作人相助会・侍天教会其他寄贈の幢幡林立。齋藤総督・李完用・朴泳孝・其他内外官民・各新聞社等寄贈の生花・造花・花環等列を為し、喪主宋鍾憲（嗣子）以下の家族・親族及葬儀委員・会葬者等之に続き、午前十時半龍山駅前の永訣式場に到り、霊輿より祭壇に

安置。儀仗兵として歩兵一箇大隊の参列あり、会葬の官民千余名其席に就き、侍天教執礼開式の辞及告齋の辞に次ぎ降霊式の祭辞奉読誦咒を終るや喪主以下の献幣あり。儀仗兵は大内少佐の指揮に依つて全員捧銃の礼を行ひ、喇叭手は海行かばの曲を奏し、夫より弔詞弔電の披露あり。昌徳宮・王世子・李堈公等の御使・総督及軍司令官代理・参謀等の焼香後閉式心告を終り、午後一時半式場出発午後三時龍仁郡内西面秋渓里の塋域に安葬す。此日東京に於ては午前十時靖国社神社境内能楽堂に於て、倉富・三浦の枢密顧問官・田中・福田の両陸軍大将・小川法相・下岡政務総監・水野前内相・箕浦勝人・野田卯太郎・岡崎邦輔・安達謙蔵・大岡育造・内田良平等相聚つて追弔式を行ひ、多数の参会者あり。

軀幹稍大なる方にして豊肉、顔稍長円又豊頬にして色白く、姿態温順君子の風采あり（写真第四十七）。天資温厚人と争はず、然れども剛毅の気象に富み大事に直面しては毫も譲らず、基意志を貫徹せずんば止まざるの概あり。頗る内地語に熟達したれども発音之に伴なはず。漢詩文は老巧にあらざれども、基意思を表現するに足り、邦文は殆ど内地人と甄別し難きに至る。墨蹟は豊潤にして温雅流麗一の特徴を備ふ。酒と烟草は好むところに非ざるが如し。

父祖以来家門零丁、秉畯は弱冠試科に登第して官に就き長ずるに随つて益々累進す。壮時貧官汚吏と伍するを屑《イサギヨシ》とせず官を去つて四方に周遊し、政治・産業を視察して内地に留まり身を産業に委す。日露役後李容九と相知り共に侍天教の為に力を竭し、又国政の改善、民生の安堵楽業を図る。後又官に就き幾たびか危地に出入し復陥しいられて囹圄に呻吟したることあり、後助けを得て釈放せられ遂に台閣に列す。然れども旧官僚の閣員と根本的意見を異にするを以て辞職、其素志を達せんが為遂に李容九と共に合邦の事に邁進す。李容九の病むや帰来して明石少将の委嘱に依り、他の受諾を敢ぜざる解散交附金の分配案を立て之を実行したるが、反対派の誣言（宋秉畯は二十万円の御下賜金を独占せりと、之は十五万円の交附金を一進会員及同会の各方面に分配したるは、師の伝中に詳なるが如く、又秉畯は子爵を授けられて他の受爵者の如く、一定の比率の下に金五万円を下賜せられたるは、一進会の代表者たる者に下賜せられたるに非ぎるは自明の理なり。之をしも共に分配せしめんとは何たる妄想ぞや、何たる貪慾ぞや）を新聞に喧伝し、延いて内地の新聞にまで転載せらるゝに至れり。故に一進会の不平幹部員は之を明石少将に愬へたるも益するところ無し。此事既に憲兵隊の清本熊藏と警務副監具然壽等より師に内報するところに由りて明なるが、之にも拘はらず秉畯は師を労せんことを慮り、師に対しては単に無根ノ事意ニ介スルニ足ラズと報ぜり、君子人に非ずんば焉んぞ此の如きを得んや。

三　李・宋論禍福

李容九と宋秉畯とは其年歯及出処進退共に同じからず、又其官に在ると野に居るとの別ありしも、共に荊棘の険路を馳駆して行往坐臥一日の苟安を得ず、艱危困厄を以て其一生を終始したるは同情すべし。而して此の如き者は啻に李・宋のみに非ず、君国の大事に際しては古の忠臣義士、維新の黎明期に際しては当時の志士烈士が、政嫌に触れて冤罪に陥り望を抱いて鋒刃に殪れ、或は極刑に処せられたる者の多きは歴史の伝ふるところたり。然るに爾等は其素志たる社稷を保ち民生を済ふの目的を達し得たるは第一の幸福なり、共に幾たびか危地に出入したりしも、免れて衽蓆に終りたるは一の幸福たり。合邦論の沸騰するや、一時内外の志士政客は其反対官僚を排して合邦主唱者を以て之に代へんと説く者有りしも、事玆に至らざる間に彼閣僚等は世論の帰趨を察して狼狽し、遽に百八十度の急旋廻を為し、李・宋が提唱したる方針に転向し、自ら其実行の大責任を負担したるが為に、彼等は高位栄爵の代償を贏ち獲たり。初め李・宋を売国奴と呼びたる彼等は、却って自ら嘗て悪声を浴せかけたる者に代つて之を実行したるに非ずや、之に由つて李・宋は売国の賊名を免かれたり。(12)譬ふるに李・宋を創業的特産者とすれば、彼閣僚等は其地位を利用して窃に他人の特産物を価値なきものと称しながら自己の利益の為に取引きしたる奸賈に外ならず。乃彼此の功過は、朝鮮歴史と彼此の事歴に明かなるものの知るところたり。蓋し此盛事は一に　御稜威と　御盛徳に由るものにして決して人為の及ぶところに非ず。　蓋し小にしては政権の推移、之を大としては一国の革命は交迭頻繁なる当路者の力のみに依つて遂げらるゝ者に非ず。其因由は主に憂国の先覚者の奮起に俟つの例少からず、我維新回天の業に際しても緬に嘉永安政の頃より明治復古の初に至るまで輩出したる幾多の志士の主唱と蹶起も亦　皇謨の奉賛に身を竭して犠牲と為り益々後継者を啓発したるの功績は尠少に非ず。朝鮮の変革も亦東学の教祖が済世救民を唱道強調したるに始まり隆煕の末に至つて果を結びたるに非ざるか。

抑々日鮮の一元化は東亜安定の基にして、而して東亜の安定は即大東亜共栄の前提たり。乃李・宋も亦之が捨石（礎石下の埋蔵石）と為りしものと謂ふべし。

（完）

（1）　李容九の伝記については、前掲の遺児大東国男や西尾陽太郎のそれとは別に、戦前に李容九を直接知る、京城に居住していたジャーナリスト細井肇と菊池謙譲のいづれも未刊に終った伝記の用意があったようである。

細井はその著『国太公の眦』（昭和四年九月　昭文社）『女王閔妃』（昭和六年四月　月旦社）に続く三部作の一つとして「李容九伝」を予定していたようである。両書の序文には「最初の動機は、朝鮮近代の平民的英雄海山李容九を描かんとするにあった。然るに、資料蒐集の為め諸書を渉猟するに従い、李容九を描かんが為めには李熈王の政治を説かねばならぬ。……」という記述がある。

細井のそれとは別に菊池謙譲は、昭和十年代後半に「李容九伝」執筆に着手し、ゲラの段階で日本の敗戦となり、多くない引き揚げ荷物の中にそのゲラを入れて日本に引き揚げたといわれている。当時敗戦後の社会情勢のもとでは、李容九伝出版を引き受ける出版社はなく、そのゲラは、各所を転々とするうちに所在が不明となったという。

なお、宋秉畯の伝記については、前掲のものしか見当らない。

（2） 一進会の成立については、従来、宋秉畯のひきいる旧独立協会の残党を糾合した維新会（漢城―後の京城―中心の政治サロン的結社）と、李容九のひきいる東学メンバーの進歩会（朝鮮全土に組織を持つ）が合同して成立したといわれており、川上善兵衛の記述とはニュアンスを異にしている。

（3） 李朝体制下において断髪することは、「首は切っても髪は切るべからず」という儒教倫理の社会にあっては、大変勇気の要ることであった。さらにいえば、第三者に断髪によって自らの政治的立場を容易に弁別出来るようにすることは危険が伴い、当時の朝鮮社会においては、画期的な出来ごとであった。

（4） 東学の公認、すなわち、東学両神師の伸寃運動のうらには、一進会の力が大きく作用していた。

（5） 京城（現在のソウル市）堅志洞にあった。その写真は『朝鮮の類似宗教』に収録。侍天教々堂は、日本統治時代の京城にあって、セブランス教会堂、天道教々堂と共に京城の三大塔と呼ばれていた。解放後取りこわされて現在はない。

（6） 孫秉熙と並ぶ海月崔時亨の高弟。東学分裂の直後侍天教に移り、李容九の死後、宋秉畯の主宰する宋氏侍天教と分れて、独自に金氏侍天教を創った。

（7） 李容九には、その家を嗣いだ養子嗣、李顕奎と、養子縁組後、後妻の子として生まれた実子李碩奎（日本名大東国男）、そして先妻の実子である鳳子がいた。養子嗣李顕奎は、早稲田大学卒業後宋秉畯と侍天教を主宰し、宋の死後はその代表的存在であった。女婿の崔元基は韓末最初の日本留学の経歴を持つ漢方医であった。なお、李容九の実子李碩奎のライフヒストリーについては、「日韓合邦運動その後―一進会会長李容九遺児の周辺―」『国家論研究』第二十一号（昭和五十八年二月　論創社）橋本健午『父は祖国を売ったか』（昭和五十七年七月　日本経済評論社）参照。

（8） 李容九の墓碑は、昭和十年代の末期、日本敗戦の数年前、京城の竜山から、忠清南道の成歓に移転改葬された。成歓における墓地の所在及び現状は不明。

（9） 宋秉畯の出自については、彼の在世当時から、種々の伝聞があった。ここでは、細井肇（『漢城の風雲と名士』　明治四十三年五月　日韓書房）の記述を紹介しておこう。

……渠を罵る者は曰く、宋は咸鏡道の産、父は牛を売買する賤民にして、母は売笑婦中大も下賤なる蝎甫たり。八才の時京城に来り、水標橋畔の妓家に幇間となる。その常に従ふところの妓生、当時の権官たる閔泳煥の愛する所となれるを以て、縁に因り媚を売りて遂に閔家の門番たり。後ち、閔妃に知られ漸やく重用せられんとして深く自ら出身の下賤なるを恥じ、碩儒宋某の息子の株を購ふて、宋姓を称するに及び……云々。

(10)　三・一独立宣言、三・一独立運動。

(11)　一説には、融資依頼のため韓一銀行の韓相龍が設営した宴会で毒を盛られて、毒殺されたともいわれている。

(12)　この箇所は添附原稿であり、元の文章は以下のものである。然るに李・宋は其素志たる社稷を保ち民生を済ふの目的を達し得たるのみならず共に幾たびか危地に出入したりしも幸にして衽席に終りたるは其僥倖に非ずや。加え合邦論の沸騰するや、一時内外の志士政客は其反対官僚を排斥して合邦主唱者を以て之に代へんと説くもの有りしも、事玆に至らざる間に彼閣僚等は世論の帰趨に驚きて狼狽し、(以下同じ)。

(13)　この主張と同様な主張は、内田良平ら黒龍会のそれと規を一にするもので、昭和九年に黒龍会が、会の総力をあげて明治神宮参道脇に竣工した『日韓合邦記念塔』の記念帳には次のような記載がある。

芳名中、日韓併合条約に署名したる李完用等の顕職当局を挙げざるは、大義を正さんが為なり。一進会の合邦請願を為すや、固とに東洋の大局に処し、併せて李王家万年の長計に出でたるものなりしも、彼等当局は、初め極力反対を試み、寺内新統監の赴任せらるるに及び、倉皇条約に調印したるは、若し之を肯ぜざる場合、一進会を其地位に代らしむべき統監の決意あるを知り、政敵に其権力を褫はるることを恐れたるによるなり。是れ真に自己の利害の為めに其の国家を売るものと謂ふべく、東洋道徳の根本たる臣子の道に非ず。故に削除に従ふものとす。

なお、この間の事情を知るものとして『大韓季年史』下巻三三七頁の記述がある。

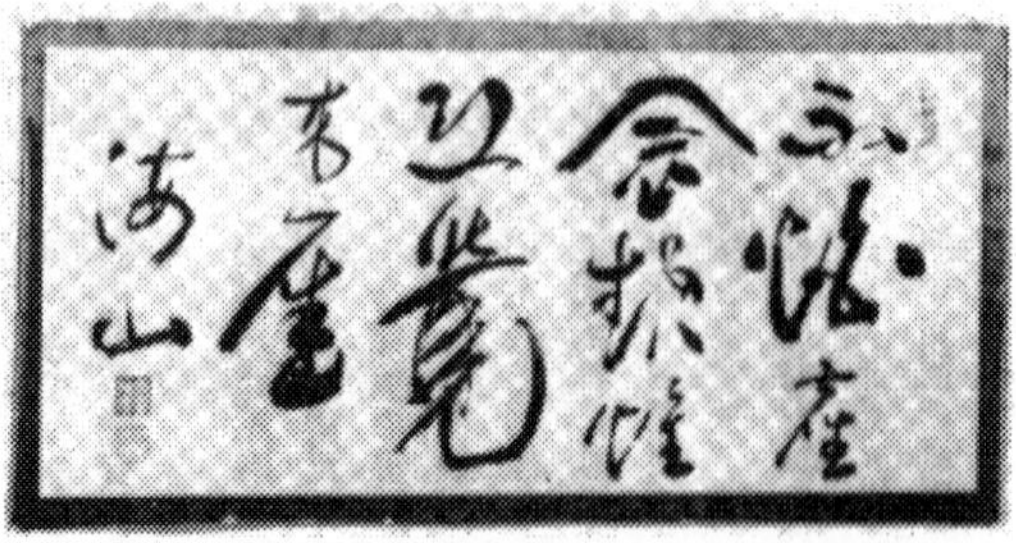

㊹　李容九書

㊺　李容九明治42年の写真

⑰　宋秉畯大正12年の写真

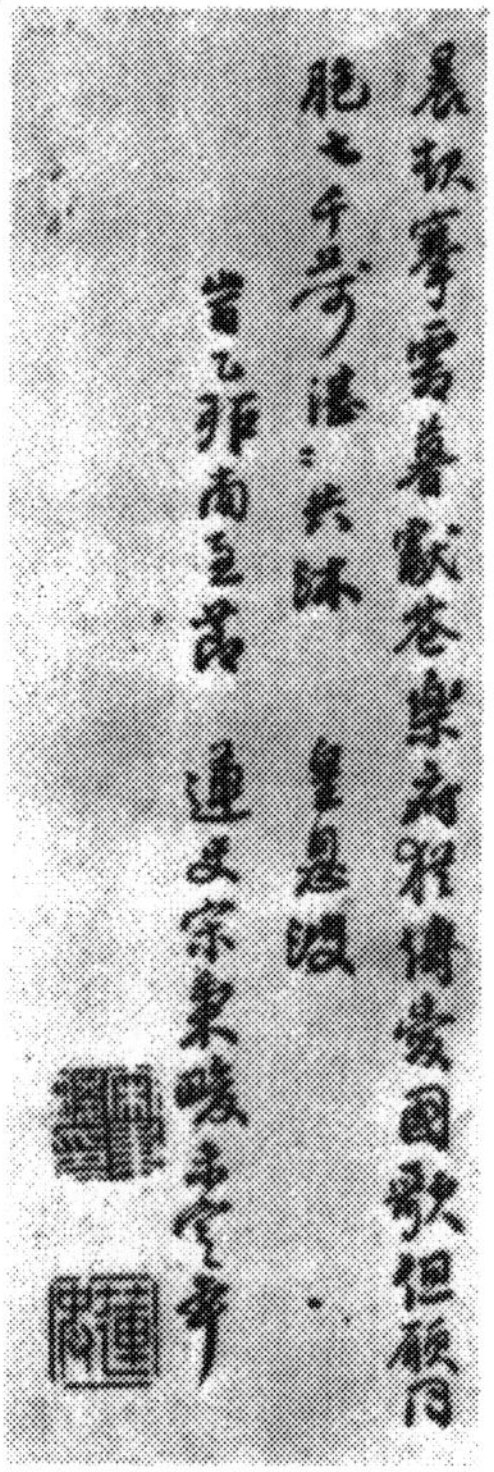

⑯　宋秉畯書大観艦式詩七首の一部

武田範之和尚年譜

太陰暦と
太陽暦の時代

太陰暦を太陽暦に改めたるは
明治六年一月一日
朝鮮は建陽元年一月一日
中華民国は元年一月一日

年代	年齢	和尚経歴	国内時事	国外時事
一八六三年（文久三　癸亥）紀元　二五二三　清国同治　二　朝鮮哲宗　一四　同開国　四七二	一	一一月二三日久留米城内祇園邸に生る。澤四兵衛の三男なり。	五月長藩馬関に米国商船を砲撃す。六月仏国艦隊馬関を攻撃す。七月英国艦隊鹿児島湾を砲撃す。八月十津川の変起る。三条実美等七卿長州に脱走。	朝鮮王哲宗崩じ、高宗（後の李太王）即位、大院君摂政と為る。慶州東学の魁首崔済愚を罪人として査究押送す。
一八六四年（元治元　甲子）紀元　二五二四　清国同治　三　朝鮮高宗　元　同開国　四七三	二		二月二日元治と改元す。八月長州征伐布令。英、仏、蘭の連合艦隊馬関に来襲す、尋いで長藩講和。毛利敬親父子の官位を剝奪。一一月毛利親子謝罪。一二月征長総督撤兵。	三月一〇日崔済愚、大邱にて斬刑。米国大統領リンカーン再選。
一八六五年（慶応元　乙丑）紀元　二五二五　清国同治　四　朝鮮高宗　二　同開国　四七四	三		正月高杉晋作兵を挙ぐ、二月武田耕雲斉、藤田小四郎等敦賀に於て斬刑。四月、慶応と改元。一〇月仮条約勅許。	南北米戦争終る。リンカーン暗殺せらる。大院君景福宮を重建す。

一八六六年（慶応二　丙寅）紀元　二五二六　清国同治　五　朝鮮高宗　三　同開国　四七五	四		正月木戸、大久保、西郷等薩長連合を協約す。六月幕府征長軍を発し開戦す。七月将軍家茂の喪に由り停戦す。八月慶喜、将軍と為る。一二月二九日孝明天皇崩御。	一月露艦朝鮮元山に至り国交を求む、大院君之を却け、又西教を禁じ宣教師及其信徒を虐殺す。清国に李鴻章現る。仏艦隊二回朝鮮に侵入し、大院君の軍之を撃退す。北独連邦成る。（一八六七）
一八六七年（慶応三　丁卯）紀元　二五二七　清国同治　六　朝鮮高宗　四　同開国　四七六	五		正月九日明治天皇践祚。国喪の為征長の兵を解く。一〇月四日山内容堂政権奉還を建議す。此日討幕の勅薩長両藩主に下る。将軍慶喜政権奉還。一二月九日（天）皇政復古令渙発。	仏国東蒲塞を保護国とす。墺帝国墺匈国と為る。
一八六八年（明治元　戊辰）紀元　二五二八　清国同治　七　朝鮮高宗　五　同開国　四七七	六	閏四月二三日父澤四兵衛大総督参謀より使番を命ぜられ六月二六日奥羽出征仰せ付けらる。	正月幕兵鳥羽・伏見に薩・長兵と衝突。二月関東追討使宣令下る。官軍神奈川に到る。勝安房、高輪薩邸の西郷吉之助に慶喜恭順の状を陳ぶ、西郷明日の江戸進撃中止。丁三月一四日五箇条の御誓文宣下。	英国グラッドストーン首相と為る。

			四月江戸城を収む。八月二七日御即位の大礼を京都紫宸殿に行はせらる。九月八日明治と改元。九月二四日奥羽騒乱平定。一〇月三日車駕江戸着御。江戸城を東京城と改称し、皇居と定めらる。一二月、車駕京都に還御。一二月皇后冊立。	
一八六九年 （明治二　己巳） 紀元　二五二九 清国同治　八 朝鮮高宗　六 同開国　四七八	七	六月澤四兵衛昨年賊徒掃攘の功に依り行政官より賞賜せらる。	三月七日車駕京都発御。同二八日東京着御。五月一八日幕臣榎本武揚降服。六月薩・長・土・肥の四藩主版籍奉還奏請。六月一七日諸藩の版籍奉還免許。公卿及諸侯を華族と改称す。	米国太平洋鉄道及スエズ運河開通す。
一八七〇年 （明治三　庚午） 紀元　二五三〇 清国同治　九 朝鮮高宗　七 同開国　四七九	八		四月一二日京浜間鉄道起工。一一月徴兵規則発布。瑞典（スウェーデン）諾威（ノルウェー）と条約締結。一二月二〇日新律綱領頒布。	伊太利統一完成。普仏開戦。仏蘭西共和国成る。

一八七一年（明治四　辛未）紀元　二五三一　清国同治　一〇　朝鮮高宗　八　同開国　四八〇	九	澤四兵衛廃せられて庶人と為り田主丸に謫居、爾後、半平と改名、後其本姓佐波に復す。	三月外務大丞花房義質を朝鮮に派遣して通商の事を議せしめしも鮮廷受けず。琉球藩民台湾の生蕃に殺さる。七月一四日廃藩置県。清国及布哇（ハワイ）と修好条約締結。一一月岩倉大使木戸・大久保副使等を欧米各国に派遣す。	一月巴里開城。仏国アルサス・ローレンの二州を割譲。
一八七二年（明治五　壬申）紀元　二五三二　清国同治　一一　朝鮮高宗　九　同開国　四八一	一〇		二月京浜鉄道成る。陸軍・海軍両省を設く。八月三日学制頒布。九月一二日京浜鉄道開通。一一月九日太陰暦を廃して太陽暦に改む。一二月一日徴兵令発布。	露国に無政府党創立。
一八七三年（明治六　癸酉）紀元　二五三三　清国同治　一二　朝鮮高宗　一〇　同開国　四八二	一一	出でて武田貞祐の養子と為る。	一月六日鎮台を置く。七月二八日地租改正条例発布。九月一三日、岩倉大使等帰朝。一〇月二三日征韓論破裂、西郷隆盛・板垣退助・後藤象二郎・副嶋種臣・江藤新平等辞職。	仏軍河内（ハノイ）（現仏領）を陥ゐる。ナポレオン三世逝く。

			一一月内務省設置。	
一八七四年（明治七　甲戌）紀元　二五三四　清国同治　一三　朝鮮高宗　一一　同開国　四八三	一二	三月佐波半平佐賀県大区長と為り、後辞職して田主丸に帰る。	一月板垣退助副嶋種臣等民撰議院の設立を建白す。二月佐賀の変起る、江藤新平・嶋義勇等梟首刑。四月台湾征討。八月大久保利通を清国に派遣。一一月、日・清協約締結。一二月征台軍凱旋。	
一八七五年（明治八　乙亥）紀元　二五三五　清国光緒　元　朝鮮高宗　一二　同開国　四八四	一三		四月一四日大審院を設置。五月二四日各裁判所職制章程及通則規定。五月千嶋・樺太交換。九月朝鮮、我雲揚艦を砲撃し我艦応戦。一二月黒田清隆を弁理大臣として朝鮮に派遣。	朝鮮大院君職を罷めて徳山に退去す。
一八七六年（明治九　丙子）紀元　二五三六　清国光緒　二　朝鮮高宗　一三　同開国　四八五	一四	外塾に句読を受く。	二月二六日朝鮮との修好条約調印。三月二八日廃刀令発布。一〇月二四日神風連の変、二七日秋月の変、二八日萩の変等起る。前原一誠首領たり。尋いで事平らぎ、前原等死刑。	春、清国総署、朝鮮の独立自主国たるを認むることを約定す。英国女王印度皇帝と為る。

一八七七年（明治一〇丁丑）紀元 二五三七 清国光緒 三 朝鮮高宗 一四 同開国 四八六	一五	学を村校の吉富復軒に受く。実父佐波半平長子保輔を挈へ西南役に軍夫長として従軍中、祖母の喪に依り保輔と共に急遽馳せ帰る。	二月一五日鹿児島私学校徒等西郷隆盛を援して兵変を起す。八月第一回内国勧業博覧会開会。九月二四日鹿児島城山陥り西郷等自殺し事平らぐ。	露土（トルコ）開戦。英国トランスヴアール占領。朝鮮大院君再び政権掌握。此年蓄音器の発明あり。電話の実用始まる。
一八七八年（明治一一戊寅）紀元 二五三八 清国光緒 四 朝鮮高宗 一五 同開国 四八七	一六	九月実父半平没す。秋、復軒生徒を辞す。是より独学又中洲中学に入る。後同中学も亦閉づ。	五月一四日大久保利通暗殺せらる。六月独逸宰相ビスマルク斡旋の下に伯林（ベルリン）条約締結。七月府県会規頒布。	
一八七九年（明治一二己卯）紀元 二五三九 清国光緒 五 朝鮮高宗 一六 同開国 四八八	一七	江碕巽庵の北汭塾に在り。	七月米国大統領グラント将軍来朝。八月三一日嘉仁親王（後の大正天皇）降誕。	独・墺同盟。露国虚無党、皇帝の列車を襲はんとす。
一八八〇年（明治一三庚辰）紀元 二五四〇	一八	北汭塾に斬然頭角を現はす。	四月有志、国会開設請願書を上つり拒絶せらる。八月朝鮮国修交使来り、我国は花房義	露国冬宮殿内に変あり。

清国光緒 六 朝鮮高宗 一七 同開国 四八九			質を朝鮮公使として駐在せしむ。	
一八八一年 （明治一四辛巳） 紀元 二五四一 清国光緒 七 朝鮮高宗 一八 同開国 四九〇	一九	大阪に遊び又生母を福島県の久留米開墾地に省し其社長の紹介に頼り東京神原精二の共慣義塾に入る。	四月七日農商務省設置。一〇月一二国会開設の大詔渙発。自由党結党式を行ひ、板垣退助党総理と為る。	三月露帝アレクサンドル二世暗殺。米国大統領暗殺。パナマ運河開鑿起工。
一八八二年 （明治一五壬午） 紀元 二五四二 清国光緒 八 朝鮮高宗 一九 同開国 四九一	二〇	共慣義塾に在り。後道を山岡鉄舟に問ひ、遂に塾を辞して放浪し、飛騨山中に入り又、赤城山に移り、一二月新潟県妙高山麓の関山村寶海寺に宿りて此に留まり仏書を見る。	七月二三日朝鮮、壬午の乱、我公使館を焚き、花房公使館員と逃れ帰り、後又、軍艦護衛の下に入鮮、八月済物浦条約、修交条規締約成る。	河内（ハノイ）城陥落。諸強国埃及（エジプト）問題を議定す。李鴻章、大院君を誘ひ拉して之を保定府に軟禁。独・墺・伊三国同盟成る。
一八八三年 （明治一六癸未） 紀元 二五四三 清国光緒 九 朝鮮高宗 二〇	二一	一月始めて新潟県東頸城郡顕聖寺村（今の下保倉村大字顕聖寺）に至り聖顕寺住職根松玄道に就いて剃髪し其弟子と為って仏書を忱読	七月一日始めて官報を発行す。	仏軍安南を攻む。仏軍マダガスカルを攻む。

同開国　四九二		す。人、其精進に驚く。		
一八八四年 (明治一七甲申) 紀元　二五四四 清国光緒　一〇 朝鮮高宗　二一 同開国　四九三	二二	続いて顕聖寺に在り。八月法兄秋山悟庵の渡北を送る。	花房義質朝鮮公使竹添進一郎と交替。一二月我軍清鮮両国軍と兵火を開く。	一〇月仏将クールベー台湾封鎖。清仏交戦。一二月朝鮮に甲申の変あり。金玉均・朴泳孝等日本に亡命。露国、駐鮮公使韋貝(ウェーベル)京城に辣腕を振ふ。
一八八五年 (明治一八乙酉) 紀元　二五四五 清国光緒　一一 朝鮮高宗　二二 同開国　四九四	二三	春、関常吉来りて朝鮮事変を告ぐ。寺を出でて母に訣し東京に至る。時に天津条約成るに由り再び寺に帰り、後福島県に於て巡査の職に就く。	一月朝鮮と講和。四月朝鮮出兵に関して清国との天津条約成る。一二月太政官を廃して内閣制と為す。	李鴻章、大院君を保定府より朝鮮に送還す。英国東洋艦隊朝鮮巨文島占領。
一八八六年 (明治一九丙戌) 紀元　二五四六 清国光緒　一二 朝鮮高宗　二三 同開国　四九五	二四	前年に続いて巡査。		英国ビルマを印度に併合。
一八八七年	二五	所在明ならず。道友に寄せ	五月一日外務大臣井上馨始め	仏国仏領印度支那を組織し総

(明治二〇丁亥) 紀元 二五四七 清国光緒 一三 朝鮮高宗 二四 同開国 四九六		て道を論ずる一万余言の文あり。	て各国公使と条約改正会議を開く。六月農商務大臣谷干城欧州より帰朝。七月条約改正中止意見上書。井上外相之を各国全権に通知。九月外相辞職。一〇月後藤象二郎丁亥倶楽部（大同団結の前身）を組織。一〇月二五日保安条例を施行す。	督を置く。英国、巨文島を放棄。
一八八八年 (明治二一戊子) 紀元 二五四八 清国光緒 一四 朝鮮高宗 二五 同開国 四九七	二六	玄道の常恆会に於いて長老と為る。柏崎の曹洞宗専門支校に入学。同校、生徒等と不受講を同盟。一一月休校、生徒等皆帰郷。	一月暹羅（シャム）との修好条約成る。三月一七日市町村制公布せらる。一二月皇居を宮城と改称。	独逸ウヰルヘルム二世即位。独逸ビスマーク群島占領。
一八八九年 (明治二二己丑) 紀元 二五四九 清国光緒 一五 朝鮮高宗 二六 同開国 四九八	二七	一月単身責任を帯び専門支校退校顕聖寺に在り。秋東京にて柴四朗佳人の奇遇の著を援く。一一月清国に遊ばんとして顕聖寺を去り各地に放浪す。	二月帝国憲法発布。六月、日・独条約改正案調印。七月、日・墨（メキシコ）条約締結。非条約改正論者多く。一〇月大隈外務大臣爆傷の為辞職。一一月三日、嘉仁親王を皇太子と為す。東京・神戸間鉄道開通。	伯拉西爾（ブラジル）帝政を廃して共和国と為る。

一八九〇年（明治二三庚寅）紀元　二五五〇　清国光緒　一六　朝鮮高宗　二七　同開国　四九九	二八	九月二一日大赦令に依り実父半平の罪を赦さる。	五月一七日府県制公布。六月一〇日貴族院多額納税議員選挙。七月一日衆議院議員選挙。一〇月三一日教育勅語下る。一一月二九日第一回帝国議会招集。	独逸ビスマルク首相辞職。
一八九一年（明治二四辛卯）紀元　二五五一　清国光緒　一七　朝鮮高宗　二八　同開国　五〇〇	二九		二月一八日三条実美薨ず。四月府県制・郡制実施。五月一一日露国皇太子大津にて刃傷せらる。一二月天皇陛下西幸二二日還幸。一〇月二八日濃尾大地震。一二月二五日衆議院解散。	露国、西伯利亜（シベリヤ）鉄道起工。
一八九二年（明治二五壬辰）紀元　二五五二　清国光緒　一八　朝鮮高宗　二九　同開国　五〇一	三〇	朝鮮に赴かんと久留米に帰り、博多より対馬に至り、釜山に航じ更に金鰲島の李周會の許に留まり越年す。		
一八九三年	三一	二月金鰲島より釜山を経由	一二月三〇日衆議院解散。	仏国暹羅と戦ふ。布哇（ハワ

(明治二六癸巳) 紀元　二五五三 清国光緒　一九 朝鮮高宗　三〇 同開国　五〇二		して帰朝。更に漁艇及漁丁を率いて共に又金鰲島に入り漁撈及農耕に従事。八月再び帰朝。九月釜山に在りて同志を糾合し、風雲の機を窺ひ計画する処あり。		イ）王政廃止共和国と為る。西伯利亜鉄道東部開通。朝鮮王、東学党宣諭、一時解散せしも民乱の為再び蜂起益々猖獗なり。
一八九四年 (明治二七甲午) 紀元　二五五四 清国光緒　二〇 朝鮮高宗　三一 同開国　五〇三	三二	続いて釜山に在り、同志集まる。李周會も亦来って一時留まる。六月同志等昌原金礦の爆発物強奪。全琫準と淳昌に締盟。再会を約して別れ雞籠山に休養、太平歌を作る。日清開戦後従軍、病に罹り釜山に潜伏、尋いで帰朝。草野に養父・母を省し、東京を経て又、顕聖寺に帰る。	六月朝鮮に海陸出兵。七月清国と開戦、八月宣戦、清国も亦宣戦。我軍海陸共に連捷。八月日鮮攻守同盟成る。大鳥圭介朝鮮公使と為る後井上馨又之に替る。日英改正条約公布。	東学党領袖全琫準・孫華仲等各々教徒数千を率い官兵に抗ず。三月金玉均上海に赴き暗殺せらる。六月清国朝鮮に出兵、東学党を討伐す。七月日清陸海軍開戦。仏国大統領カルノー暗殺。露帝ニコライ二世即位。比律賓(フィリピン)西班牙(スペイン)に反す。
一八九五年 (明治二八乙未) 紀元　二五五五 清国光緒　二一 朝鮮高宗　三二	三三	一月広島に潜行して樺山大将に献策。全琫準に与ふる書を草す。一〇月又同志柴四朗其他と共に入鮮。京城李周會の寓を訪ふ。次いで	三月二〇日李鴻章講和全権弁理大臣として馬関着。四月一七日下関講和条約調印。五月四日露独仏連合遼東還附を迫る。	二月清国水師提督丁汝昌降服自殺。玖瑪（キューバ）西班牙に反す。露仏同盟、英露協商。

同開国　五〇四		宮中変あり、三浦公使、岡本柳之助等四八名と謀殺及兇徒聚衆の嫌疑の下に逮捕せられ広島監獄に護送、未決檻に分拘せらる。一一月末責付出獄、熱海の柴別墅に佳人の奇遇稿を授けて淹留、越年す。	六月台湾及澎湖島授受式行はる。七月三浦悟楼井上馨に替り朝鮮公使。一〇月三浦公使及公使館員等広島衛戍監獄に収容。一〇月井上馨特命全権大使として朝鮮に赴く。一一月二一日遼東半島還附条約調印。	
一八九六年 (明治二九丙申) 紀元　二五五六 清国光緒　二二 朝鮮高宗　三三 同開国　五〇五 同建陽　元	三四	一月二〇日広島地方裁判所より予審免訴正本交附。一〇月顕聖寺に帰る。	六月露国と朝鮮に対する協商議定書調印。山県、ロバノフ協商是なり。七月より一〇月までに清・仏・蘭・独・瑞等と条約締結。	一月一日朝鮮年号を建て陰暦を廃し陽暦を用ふ。露国公使ウェーベル朝鮮王及王世子と露国公使館に厳留す。英国埃及(エジプト)を征す。マダガスカル仏の植民地と為る。
一八九七年 (明治三〇丁酉) 紀元　二五五七 清国光緒　二三 韓国高宗　三四 同開国　五〇六 同光武　元	三五	春、顕聖寺に在り。四月柴に招かれて上京。総持寺に於て転衣、和尚と為り五月帰山。東林寺住職と為る。八月、養家に展墓。韓国の同志亡命者禹範善等四人を顕聖寺或は東林寺に食客と	一月一一日英照皇太后崩ず。二月伯剌西爾と条約。五月瑞典(スウェーデン)、諾威(ノルウェー)と条約締結。	二月一〇朝鮮王慶運宮に還る。六月米・布合併条約調印。八月朝鮮改元。一〇月朝鮮国号を韓と改め、爾後国王を大韓国皇帝と称す。又全国八道を十三道に分つ。一一月韓廷は露人アレキシーフを度

		す。顕聖寺にて閔妃の三回忌を行ふ。		支部顧問兼海関総弁に任じ、又露国軍人を軍部教官とす。独逸清国膠州湾を占す。一二月比律賓再び西班牙に反す。
一八九八年 （明治三一戊戌） 紀元　二五五八 清国光緒　二四 韓国高宗　三五 同開国　五〇七 同光武　二	三六	三月生母幸子没す。顕聖寺住職道牛病あり、即代りて同寺の旧境内地を復す。住職は東林寺に在れども多くは顕聖寺の寺務を視る。	三月仏国と条約締結。四月露公使ローゼンと日露議定書交換。清国福建不割譲を我国に保証。五月日露協商公布。京仁鉄道工事に着手。六月日暹通商条約公布。	二月二日韓国大院君薨去。二月露国清国関東州租借。三月独逸膠州湾租借。四月米・西開戦。五月英人ブラウンはアレキシーフに替り韓国総税務司と為る。韓国軍部教官の露国軍人を罷免。七月韓国東学第二世祖崔時亨京城に絞首。英国威海衛租借。一二月米国布哇・比律賓併合。ビスマルク逝く。
一八九九年 （明治三二己亥） 紀元　二五五九 清国光緒　二五 韓国高宗　三六 同開国　五〇八 同光武　三	三七	同じく本末両寺に往来兼勤して道牛を助け又其病を看る。	七月帝国党組織成る。	五月清国山東省に義和団匪蜂起。九月露国関東州新設。一〇月南阿戦争起る。西班牙、玖瑪を棄つ。独・米南洋サモア島を二分す。和蘭海牙に始めて万国平和会議を開く。

一九〇〇年（明治三三庚子） 紀元　二五六〇 清国光緒　二六 韓国高宗　三七 同開国　五〇九 同光武　四	三八	本寺に在りて重態に陥りし道牛の看護。五月道牛入寂。其遺命に由り顕聖寺の住職を嗣ぐ。清国人孫文の為に革命檄を草す。	五月皇太子嘉仁親王御成婚。七月第五師団全部北京公使館救援の為渡清。九月近衛篤麿国民同盟会を組織、支那保全を唱道。	三月露国韓国の栗九味湾を租借。北清の義和団匪北京の各国公使館に迫る。八月列国連合軍公使館の囲を解く。清帝大后と共に西安に蒙塵。九月英国トランスヴァール共和国併合。一〇月各国公使等北京に講和談判開始、一二月講和条約成る。
一九〇一年（明治三四辛丑） 紀元　二五六一 清国光緒　二七 韓国高宗　三八 同開国　五一〇 同光武　五	三九	顕聖寺に在り。韓童二名を下保倉小学校に入学せしめ、又、顕聖寺に留めて教育す。八月晋山式。	四月二九日皇孫裕仁親王降誕。九月北清事変議定書調印。	四月栗九味の露兵撤退。一一月李鴻章逝く。英国ヴィクトリア女皇崩ず。西伯利亜鉄道浦塩まで成る。モロッコ仏領と為る。
一九〇二年（明治三五壬寅） 紀元　二五六二 清国光緒　二八 韓国高宗　三九 同開国　五一一	四〇	曹洞宗末派総代議員と為る。維皇詩及序を作る。	一月英国と同盟成る（五年間）。	四月満洲還附に関し露清条約締結。玖瑪米国宗主権の下に共和国と為る。南阿戦争終る。

同光武　六				
一九〇三年 （明治三六癸卯） 紀元　二五六三 清国光緒　二九 韓国高宗　四〇 同開国　五一二 同光武　七	四一	七月二日上京又熱海の柴別墅に入る。九月岩の原葡萄園を見る。露国東方経営部面全図に一詩を附記して予に贈る。主に顕聖寺に在りしが一一月上京越年す。	七月西園寺公望政友会総裁と為る。満洲問題に関して再三露国と折衝す。	一一月露兵奉天占領。韓帝屢々書を露帝に贈り露国に頼らんことを乞ひ、又白耳義皇帝にも書を贈り韓国の中立援助を乞へり。
一九〇四年 （明治三七甲辰） 紀元　二五六四 清国光緒　三〇 韓国高宗　四一 同開国　五一三 同光武　八	四二	二月東京より帰山。曹洞宗韓国布教教師に任ぜらる。顕聖寺旧境内五町歩余を無償同境内に編入復旧す。曹洞宗々会議員となる。	二月六日露国に最後通牒。同九日仁川海戦、一〇日対露宣戦公布。同日旅順攻撃。同二三日、日韓議定書調印。四月鴨緑江戦捷。八月黄海々戦。八月日韓協約成る。九月遼陽占領。一〇月沙河会戦、一一月我京釜鉄道全通せり。	五月韓国は露韓国交断絶宣言。韓国李容九京城に維新会を地方に進歩会を組織。一一月二五日之を合して一進会と改称、李容九は其総会長と為る。
一九〇五年 （明治三八乙巳） 紀元　二五六五 清国光緒　三一 韓国高宗　四二	四三	一月旅順陥詩を賦し、二月搗餅詩を作り銃後の郷民を鼓舞す。一二月国有不要存置林の内旧寺領地二〇余町歩の特買許可。此歳主に在	一月旅順開城。三月奉天大会戦。四月韓国通信機関委託契約成る。五月日本海大海戦に優勝。六月米国大統領、日露両交戦国に講和勧告。八月日	六月より韓国李容九数千人の一進会員を卒い咸鏡北道に輸送隊を組織。軍需品の輸送及清津・会寧間の軽便鉄道工事に服役。一一月李容九会員の

同開国　五一四 同光武　九		山履々東京に往復す。	英同盟協約更訂。我軍樺太占領。九月五日、日露講和条約調印。一一月一七日、日韓協約成る。一二月韓国に統監府設置伊藤博文統監に親任。	名を以て宣言書発表。
一九〇六年 （明治三九丙午） 紀元　二五六六 清国光緒　三二 韓国高宗　四三 同開国　五一五 同光武　一〇	四四	三月内田良平・伊藤統監に随行入韓の際送詩あり。九月鶴見総持寺本山の建築用材を園田北海道長官に乞ひ受く。一二月一九日内田と共に入韓せんとす。此日権藤成卿邸の餞宴に臨む。宮崎寅蔵、清客章炳麟を導き来り、共に紀念の合作揮毫。同夜出発。釜山・大邱を過ぎり、二六日京城内田官舎に着。	二月一日統監府開始。三月二日伊藤統監京城に着任。八月一日関東都督府官制公布。九月旅順鎮守府を置く。一一月智利と通商条約締結。此歳児玉源太郎逝く。	中米戦争。一一月二六日南満洲鉄道株式会社設立。
一九〇七年 （明治四〇丁未） 紀元　二五六七 清国光緒　三三 韓国純宗　元	四五	一月二日始めて一進会長李容九と会見。三月李会長に仏教再興を勧む。四月会長と平壌に出張。五月又、会長と平壌及黄州に出張。七	六月日仏条約調印。七月二四日三韓新協約成る。一〇月皇太子嘉仁親王韓国に行啓。一二月五日伊藤統監、韓国垠王世子を導き帰朝。	六月海牙に第二回万国平和会議開会。七月一九日韓帝譲位。七月三一日韓帝軍隊解散の詔勅発布。八月一日解兵暴動暫時に鎮定。一一月韓国総

年	年齢	事蹟	一般事項	関連事項
同開国 五一六 同隆熙 元		月三南地方に出張。一八日釜山に林外相を迎ふ。二四日京城に帰る。八月隆熙改元歌を作る。此月帰朝、在京又帰山。一〇月又渡韓、儲皇臨韓頌及序を作る。一一月二三日自衛団員と共に地方へ出張。一二月一四日京城に帰還。同二四日京城発帰朝。内田良平邸に入る。		理大臣は統監が一進会の自衛団組織を認諾せられたることを語る。自衛団員地方へ出張。一二月曾禰副統監出張中の自衛団を招還す。
一九〇八年 （明治四一戊申） 紀元 二五六八 清国光緒 三四 韓国純宗 二 同開国 五一七 同隆熙 二	四六	一月四日より芝三田台町正山寺に在り。二月一三日通符辞を作る。一九日赤坂新町五丁目に移寓。五月一六日長野県安代温泉に静養。六月一日顕聖寺に帰山。七月四日出発渡韓。韓国十三道仏教各寺総顧問に推薦。李晦光の宗務院創設を援く。曹洞宗韓国布教管理に任ず。北署嘉会坊斎洞に移居。一〇月一日京城発一三	五月日米仲裁裁判条約成る。七月一四日桂太郎内閣総理大臣と為る。	九月一三日韓国一進会長李容九は崔永年を伴なひ東京に入り赤坂対翠館に宿泊。後熱海温泉玉屋別荘に越年。

日帰朝、麻布竜土町長昌寺に寓す。一二月七日帰山、顕聖寺の後董を祥雲晩成として又、上京。李容九と熱海に同寓して共に越年。沆瀣経を草す。

一九〇九年（明治四二己酉）
紀元　二五六九
清国宣統　元
韓国純宗　三
同開国　五一八
同隆熙　三

四七

一月漢城私研を草す。二月二六日李容九と共に熱海を去り入京。三月二八日単身京城花園町の布教管理所に着。五月初重病に罹り同下旬漢城病院に入院、七月九日退院。病後の八月甲午の往時を憶ひ、同下旬鶏籠山東鶴寺に詣で懐を敍ぶる詩あり。一〇月二九日南大門を発し三一日内田の東京宅に入り、予を招き秘事を暗示。一一月芝の竹芝館に入り、一〇日又、予を招き上疏文及上書文案を内示、一六日夜行車にて京城に向ふ。二三日南部水下洞に転

四月伊藤統監辞職、枢密院議長に復し、曾禰副統監は統監に昇任。九月満洲問題並に間島問題に関する日清協約調印。一〇月二九日伊藤博文ハルピン駅に於て暗殺せらる。

五月八日李容九京城に帰る。一二月四日韓国一進会は日韓合邦上疏文を韓帝に、又韓国首相李完用及曾禰統監に同件を上書、之より京城は此賛否の議論囂々。一七日李完用刺客に襲はれ重傷。

一九一〇年
（明治四三庚戌）
紀元　二五七〇
清国宣統　二
韓国純宗　四
同開国　五一九
同隆熙　四

四八

居。一二月合邦日抄を草す。一七日李容九に代り桂首相に呈する書を草す。

一月韓国布教管理の職を免じ同顧問を命ぜらる。一月以降も合邦賛否の意見劇甚なること啻に韓国のみならず本邦に於ても漸く識者の議論熾烈化したり。此間に処して種々の斡旋及調査研究を行ひ、内外の同志と共に合邦の促進を図る。四月高麗大蔵経版木の由来を詳記す。五月韓皇室の秘密鉄櫃発見の記録を草す。五月三一日西部積善坊工后洞に移居。七月三〇日李容九と共に暑を仁川に避く。九月二七日咽喉の痛の為又漢城病院に入る。一〇月一日太平議国頌及序を作る。同七日夜京城発帰山の途に上り旧里久留米の先塋に展し養

一月三日曾禰統監帰朝。五月三〇日曾禰統監辞職、陸軍大臣寺内正毅に兼任。山縣伊三郎副統監に親任。六月二四日韓国警察委託覚書調印。七月四日日露協約調印。七月二三日寺内統監京城に着任。八月二一日桂首相官邸に首相及小村外相等韓国問題を議し、二二日臨時枢密院会議に韓国併合案可決。八月二九日韓国併合。爾後韓国を朝鮮と改称。九月三〇日朝鮮総督府官制其他の官制公布。一〇月一日朝鮮総督府開始、寺内陸相朝鮮総督兼任。

英帝エドワード七世崩じ、ジョージ五世即位。南阿連邦成る。

		家に養母を省し又、養母を奉じ妹を伴なひ、三〇日旧寺に帰着。一一月一〇日より母、妹と共に安代温泉に休養。一二月下旬鰲海鈎玄の編次成る。歳暮宋秉畯日韓合邦紀念銀盃を贈る。		
一九一一年（明治四四辛亥）紀元　二五七一　中華民国　元	四九	一月安代温泉に在り、二三日養母と共に病あり、二三日安代を去り直に高田市四の辻町（今の西城町三丁目）に僑居。三月六諦論稿成る。四月初上京、一四日根岸養生院に入る。是より咽喉の癌症腫大。六月一日より飲食物全く通ぜず、唯滋養灌腸に頼り僅に栄養を補ふ。同二三日病漸く革まり午後一時遷化。	二月日米通商条約調印。四月日英通商条約調印。七月日英同盟、条約改訂協約締結。	一〇月一〇日清国武昌に於て第一次革命の変興る。一一月一三日を陽暦一月一日とし国号を中華民国に改む。一二月南京陥落。黄興大元帥と為り、孫文臨時大総統と為り、黎元洪は之に副たり。

解説

朝鮮との融合を切願した禅僧
——武田範之の思想——

中村　元

仏教者による政治論、さらに世界共同体論なるものは極めて事例が乏しい。インドではナーガールジュナ（龍樹）やマイトレーヤ（彌勒。唯識派の祖）に若干の書があるが、全体としては数が少ない。わが国にも事例が乏しい。日蓮の熱情溢れる諸著作は、高度の政治性をもっていたが、政治論の書ではない。仏教の立場からの政治論書としては、水戸藩士森尚謙の『諸法資治論』が唯一のものである、とわたくしは考えていた。

ところが、昨年哲学者市井三郎教授と滝沢誠氏とがわたくしを東方学院に訪ねられ、武田範之という禅僧で「朝鮮浪人」であった人の思想に注目すべきものがあるから、学界諸氏と共同研究をしたい、特にかれの『円宗六諦論』は仏教の思想と術語にあふれているから幾分なりとも解明してもらいたいという依頼を受けた。滝沢誠氏はすでに『近代日本右派社会思想研究』（論創社、昭和五十五年）という大著を刊行され、その中で権藤成卿、武田範之、北一輝、大川周明などを詳しく論じておられる。

特に朝鮮との関係では右の書のうちにおさめられている「李容九と内田良平の悲願」「日韓合邦運動―挫折したアジアの夢」などという諸論文は注目すべきである。

日本は朝鮮を征服し、隷属させるというしかたで一体化を実現した。しかし禅僧・武田範之のめざすところは、両国が平等の立場において合邦しようというのである。

この夢は挫折した。しかし武田範之の理想は今日でも注目すべきものをひそめている。

武田範之は、久留米藩の勤皇派であった澤之高の三男として久留米城内の祇園邸で、文久三年十一月二十三日に生れた。澤家は代々馬廻組として四百石前後の禄を受けていた。明治四年に父の之高が藩内の紛争に連坐して庶人の身分に下され、のちに地方官庁の下級官吏として細々と生活していた。そこで、範之は十一才のときに医師武田貞祐の養子としてもらわれて行った。少年時代から漢籍読破力は人をして驚嘆させるものがあったという。「医者になれ」とか、「官吏になれ」とか言う養父の命に抗して、出奔して放浪の生活に入って、諸方の塾をさまよった。ついに新潟県高田在の顕聖寺で、仏門に入り、雲水の生活を行った。明治十六年、二十一才のときであった。のち久留米開墾社や玄洋社の人々とも密接な交渉をもち、民間の朝鮮浪人たちと交際した。

東学党の乱にも秘密裡に関係をもち、ついに明治二十八年には閔妃事件にも参加している。証拠不充分で広島の獄を出獄したかれは、顕聖寺に還り、僧侶としての生活に専心した。

朝鮮にいたときには、文化事業にも心をひそめ、海印寺の高麗版大蔵経の版木十五万枚の保存に尽力したという。

かれは明治四十四年六月、喉頭ガンで越後で死亡した。

かれの運動の理論的基礎となった『円宗六諦論』一巻はかれの死の一月前に東京の秀光舎で印刷刊行されたが、発行人は著者自身、すなわち「新潟県東頸城郡下保倉村十八番地、武田範之」となっている。こんな難しい漢文で書かれた書を読解できたのは一部の知識人に限られていたにちがいない。定価も記されていないが、恐らく自費出版で、死期の迫ったのを自覚した著者が、自分の思想を記述して、当時の知識人および後世の人々に訴えようとしたのであろう。

かれは東学党の乱の影響を受け、侍天教の人々からも尊敬され、その徒の人々からは「洪疇禅師」と尊称されていた。

「洪疇禅師とは、豪傑僧として国士の間に其の名を知られたる故武田範之和尚にして、日韓併合前、一進会李容九の上皇帝書、上統監書は皆な禅師の筆に成れる。……〔侍天〕教徒李容九深く禅師に傾倒せり。著者(=細井肇)又禅師の恩撫を受くる事厚し。一進会が合邦を提唱したる、実に禅師人格の光りに因る。」(細井肇「鮮満の経営」大正十年十二月、自由討究社、六四ページ)

かれは、自著『円宗六諦論』全体にわたる最初の標語として

「洞上済下に円宗を興隆するに、大いに六諦の論を為す有り」

という。かれは禅僧であったから、曹洞宗、臨済宗にわたって真の仏法を興隆したいと望んでいたのであろう。「洞宗は兄なり、円宗は弟なり」(十三枚表)というから、自分の精神的な故郷は曹洞宗であり、自分の立場はそこから一歩進み出たものであると考えていたのであろうと考えられる。

ところでこの立場を理論的に追究して行くと、徹底したエキュメニズムになる。

「神は一なり。故に理もまた一なり。東同西異もまた理の分れたるのみ。或いは黄帝を現じ、或ひは釈迦を現じ、或ひは大日霊女を現じ、或ひは檀君牛頭を現ずるも、凡そ神霊なる者は、孰れか理の分現に非ざらんや。崇奉の徒は、その株に膠するが故に、天となすこと能わず。釈迦曰はく無常、無我と。宣尼曰はく、意を必ずしも固より我とすること無し、と。老聃もまた曰はく、同じく出でて名を異にす、と。」（武田範之「鰲海鈎玄」明治四十四年六月、顕聖寺刊、六三ページ）

この書の標題の意義は「円宗」すなわち完全円満な宗教の「六諦」すなわち六つの重要な原理ということである。具体的には、禅の本質のようなものを考えていたらしい。

「円宗とは、六諦の発動なり。洞（＝曹洞）と済（＝臨済）との団合なり。禅の和同なり」（二表）

かれの立論は七章に分けて述べられている。

『演機立宗分第一』

「三宝にして最無上なる者に稽首したてまつる。洞上済下に機は八垓を動かし、円宗を興隆するには、当に大いに為すところ有るべし。敬（つつし）んで宗要を讃し、迺ち六諦を演ぶ。団和を宗と為し、本体を動ずることなかれ。協合を勢と為し、切に附会を忌む。育英に力むることを為し、古ならず、新ならず。財を生じて用となすも、妙算を遺《わす》るることなかれ。向上を念と為すも、志は王師に在り。息まざるを任と為し、玄化窮り無し。」恐ろしく社会的現実的な議論である。

これは仏道の実践であるが、そのためには「機を鑑みる」ということが必要である。三つの条件（「三縁」）を考えなければならない。

一、「時機」を考えねばならない。教えを説くにしても相手のことに留意して、「今月今日、当に何の法を説き、何の行を現ずべきや」と考慮する必要がある。
二、「處機」すなわち場所的な条件を考えねばならぬ。「渓を隔つれば、自（おのずか）ら〔習〕俗を殊（＝異）にす。ここを以て、黒人の礼は誠に、これを白人の前に施すべからず。處（お）るべき處に處り、行ずべき行を行なう。」かれは、すでに黒人と白人との対立の問題までも考えていたのである。
三、「機位」。相手の精神的素質あるいはその状態である。「汝の志は今ま何に在りや。汝の智は今ま何を察するや。汝の情（＝こころ）は今ま何に動くや。その病に応じて、その薬を投ず。これを〈機位を鑑みる〉と謂うなり」。

『団和宗体分第二』

「団和を宗と為し、本体を動ずるなかれ。」「団和」とは和合の意味である。「和合団体」という語をもかれは用いている。

和合ということは、もともと仏教教団の本質であるのに、今さら特に「団和」という名称を標榜する必要があるのか？　こういう疑問が起るが、かれは今の段階においては特に団和ということが必要であると主張する。「今円宗を朝鮮に宣揚するに、且《しば》らく五大難あり、知らざるべからず。何をか五大難と謂ふ。一には節制の難、二には外迫の難、三には内脅の難、四には向上の難、五には向下の難なり。』

この五つを簡単に説明してみよう。

「一には節制の難」というときの「節制」とは統制の意味である。仏教の教団は統制がゆるやかで「十字の軍の西方に起り、教條苛酷、節制は軍律よりも厳し」というのには及ばない。ここでは主としてローマ・カトリック教会の厳重な統制に言及し、仏教教団はそれに及ばないことを率直に認めているのである。

「二に外迫の難」というのは、「夫れ我が教えは西祆と相容れざるなり。……彼の宗とするところは己我にあり、我の宗とするところは無我にあり、彼の宗とするところは自利に在り、我の宗とするこころは利他に在り」云々と言う。ところが「悲しいかな、西勢（＝西洋の宗教の勢力）は東漸す。」この危機感は、朝鮮の東学党の人々がいだいていたものと似ている。

西洋の圧迫に対して伝統を守ろうとした点で、東学党と武田範之とには一脈通ずる共通のものがある。ところがそれを圧殺したのは、

＜脱亜論↓日本軍閥↓朝鮮総督府＞

の線である。脱亜論は今日の日本においてもなお支配的であるが、武田範之のめざしたところは、ちょうどそれに対立・抗争するものであった。

「三に内脅の難」とは、日本の総督府が「宗教宣布令を発し」「日本の各宗派にして布教僧を遣わす者は、皆争って其の管理権を獲むと欲す」というふうに、日本が朝鮮の仏教を毒していることをいう。

「四に向上の難」とは、朝鮮の人々が仏教を軽視していることをいう。

「五に向下の難」とは、「朝鮮が虐政に憔悴すること五十年、戸口凋残、田野汚萊し、山崩れ、河溢れ、四民昏塾なること」をいう。

さらに第三の原理として「勢合真諦分第三」を説く。「協合を勢と為し、切に附会を忌む。」「附会」

というのは、無理に力ずくで服従させ、併合することをいうらしい。かれは「学校を盛んに興せ」と主張している。

第四の原理として「育英発力分第四」を説く。「育英を力と為し、古ならず、新ならず」。日日に学に進むことを讃えている。かれは、能動的な精神を重んじていた。寺塔を建立するだけでは、も抜けのからである。「宝塔は死物なり。真僧は活仏なり。」（十四枚表）

またかれは育英に関連して四恩、すなわち国王の恩、父母の恩、衆生の恩、三宝の恩を詳論している。

第五の原理として「生財浄用分第五」を立て、「財を生じて用を為す。妙算を遺するなかれ。」朝鮮で教団が自立するためには、一に曹洞宗務院、二に寺田および林野、三に倹勤蓄財、四に施入が必要であるという。

第六の原理として「向上王師分第六」を立て、「向上を念と為し、志は王師に在り。」ここでは政教分離の問題を扱っている。「仏教は世間界と出世間界を分劃す」。ところが、西洋では混乱を生じている。「十字軍の起り、羅馬（＝ローマ）法王政廰の開かるるや、欧州列国は以て闇黒時代に入る。豈に政と教との分を知らざるに由るか。」政教の分離は絶対的に必要である。仏教的な表現を以てするならば、「世間」と「出世間」とを区別することである、と彼は説いている。そうしてローマ法王廰は人間の精神に闇黒をもたらした元兇であると考えていた。

第七の原理として「玄化無窮分第七」を立てる。それは「向下に自在なること」である。「玄化」とは六度のことである。六度とは大乗仏教の実践における主要な美徳のことであり、布施、持戒、忍辱、精進、禅定、知慧をいう。

「玄化」の要は六度の実践である。「寧（なん）ぞ知らむ、六度の流行せざるは、仏教の日日に自ら衰滅する所以なり。故に正法を紹隆して、玄化をして無窮ならしめむと欲するは、先に六度の行を振興するにあり、他の捷路の蹤むべきもの有ることなり。この論主の特に六度を標して時俗の譏りを閔（おもは）ざる所以なり。」

かれは当時の仏教界の実状を痛撃している。

『何をか玄化と謂ふ。鐘鼓闐闐、誦咒唵唵たる、此れは蛙の鳴き蟬の噪ぐと何ぞ撰ばん。諸笑百出して、老幼破顔する、此れは倡優と何ぞ撰ばむ。我の謂ふところの玄化とは、伎楽に非ざるなり、講談に非ざるなり。謂ふところの「玄化」とは、六度有るのみ」（十九表）

禅宗で一般に行なわれている法要儀式のことを、蛙が鳴いたり蟬がさわぐのとちっとも異らないではないか、などと、禅僧が極言しているのは痛烈である。

範之の所論は、極めて実践的である。かれは一般仏教の習俗としての儀礼に反抗し、利他行の実践のうちに「玄化」があると言う。

かれは上宮法王（聖徳太子）や行基菩薩の行なった「慈善事業、公益事業など」を尊重し、「近世には二宮尊徳翁は、一眇士たるを以て民徳を振ふ。農民は之を仰いで、之を聖人と謂ふ。また布施を先と為すに由るなり」といい、結論として「布施は聖行の始めなり」という。ついで、戒、忍、精進、〔禅〕定、〔知〕慧というふうに、六度の一つ一つを詳しく説明している。

精進についての説明は面白い。「俗間には動（やや）もすれば、輒（すなは）ち云ふ、〈今夕は精進なりや〉と。これを問ふは即ち、食〔事〕に魚の無きことなり。食〔事〕に魚の無きことを何ぞ精進と云ふべけんや。精進とは、勇往邁進、其の志は撓むべからず。獅〔子〕吼、虎嘯し、その勢は沮（はば）むべからざるの謂たり。これを〔精〕進波羅密と為す」（三十一）。いかにも単身渡海した「朝鮮浪人」の言いそうな口吻である。

日韓両国が平等の立場に立ってなすべきであるというかれの日韓合邦論の詳細については、わたくしは調べていないし、いずれ社会思想研究家が解明されるであろうが、ともかくかれはどこまでも韓国との融合を願っていた。「附言」に「余（われ）の六諦論を著はすや、すでに王世子殿下の賜筆を得たり」と記しているように、当時の朝鮮王から、

「玄賛幽化」

という題字を得ている。

この書の中では当時の朝鮮の宗教事情を詳論し批判している。その実情を知らないわたくしにはなかなか理解できないが、朝鮮との融合を切願し、日本の政策を批判した禅僧がいたということに世間の人々が留意されるに至ったならば、幸甚である。日本が同じ過ちを繰返さないためにも、日本の朝鮮統治政策に批判的であったこの禅僧の、高く飛翔する想いに耳を傾けるべきであろう。

（東方学院 院長）

「一進会」について

西尾　陽太郎

1　「一進会」とは何か

一九一〇（明治四十三）年八月二十二日、日韓併合条約が調印され、二十九日に公布された。これによって、明治政府はその年来の野望を果したが、韓国の人びとは以後三十五年間、日本の植民地政策の下で、苦しめられることになった。

そして、この史実はただに韓国の不幸であるばかりではない。実に、日本の歴史上に一大汚点を留めたものであって、われわれは深い反省を自らに課しているが、この点に関してはやく、大正十一年に当事者のひとりであった杉山茂丸が、その心情を「九州日報」紙上に大略次のように述べているのが注目される。

さて小生等が殆んど四十年間に近き努力は、或は憂国と云い或は忠君と云ふて、多くの人々と共に右往左往に立騒ぎ候事は、其の言や正、其の行ひや義なりしと仮定するも、其の結論は悉く不善不良と断言せざるを得ざる事に立至り、……従来より関係ありし人々を代表して其の行為の不善不良なりし事を自白し、且つ謝罪せんと致候次第に御座候。

杉山のいう「謝罪」とは、かれによれば「台湾の事」と「朝鮮の事」に関係しているが、そのうちで「殊に朝鮮」についていっている。日韓併合後十年以上を経て、その併合の結果「新附鮮民一千八百万人の塗炭叫喚の声に圧迫いたされ」、「悪い事をしてしまった」という後悔の念に責められてこの併合に至る「秘事」を告白せずにはいられなくなった、というのである。

実は、このような杉山の告白には、一つのきっかけがあった。それはこの二年前、一九二〇（大正九）年五月二十九日付で、もと韓国一進会の人たちから一通の書面が届いた。それは冒頭、「旧一進会員十三道代表者尹定植等、書をもたらして、遠く日東の杉山茂丸君貴下に呈し、謹んで、貴下の自決されん事を請う云々」にはじまる長文の「自決勧告状」であった。

その書状の内容の要点は、杉山がかつて一進会会長李容九に約束した「日韓合邦」の内容と、現実に十年前に締結された「日韓併合」の条約とでは大ちがいではないか、韓国の側から自発的に、韓・日の合邦を申し出れば韓国民は日本国民と同等に取扱われ、韓国民は、李朝廷の専制政治を脱して文明に浴することができる。だから、早く日本に対して合邦の請願をするようにと、李容九に勧誘したのは杉山ではなかったか。しかるに、その結果は「合邦」ではない「合併」となり、韓国民は植民地の民として日本の武力と搾取に苦しめられることになり、既に十年を経過した。李容九は、日本に欺かれたことを歎いて憤死した。杉山よ、お前も日本男子ならいさぎよく自決して、韓国民に謝罪せよ、というものであった。

現在では、「日韓併合」の史実を知らない者はない。しかし、この史実のうらに、日・韓両国の民間有志による「日韓合邦運動」なる史実があって、日韓併合という大事件も実は日本政府がこの「合邦運動」を巧みに利用した結果成立したものだという事を知る人は少ないし、合邦運動の存在は知っていても、その効果を否定する人も多いのである。筆者は、もし、韓国側の合邦請願がなかったら、明治四十三年八月二十二日という時点での、日韓併合条約調印はあり得なかったと考えるものである。この韓国側の、正確にいえば李容九を代表者とする韓国一進会の「合邦請願書」の提出は、日本政府筋の当事者にとってまさに「棚からぼたもち」であったのだ。

前置きが長くなったが、この日韓合邦運動の母体となった韓国親日団体が、いわゆる「一進会」なのである。その会長は東学侍天教々主・李容九であり、その参謀格の人物として宋秉畯がいた。日本側で、直接これに関係した人物としては明治三十九年以後、内田良平・杉山茂丸があって、かれらはともに一時期、一進会の顧問になった。また、武田範之は、李容九の秘書兼宗教顧問ともいうべき地位にいて、合邦運動関係のほとんどすべての文書の作成に関係した人物であり、かつ李容九が最も信頼した人物といわれている。

さて、以上の諸点から「一進会」とは、一応、「日韓合邦運動を推進した、韓国東学教徒有志の政社的団体」と定義できると思うが、それにしてもこの「一進会」がなぜ「日韓合邦運動」などを起こしてみずから「売国的」ともいえるような行動をあえてしたのか。つまり、「一進会」は、もともと親日団体であったにせよ、何のための親日、何のための合邦運動だったのか、いまだにはっきりした結論は出ていない有様である。そしてそのために、いわゆる「一進会の合邦運動無効説」はもとより、「一進会・有名無実説」、「一進会・幽霊団体説」なども有力なのであった。もっとも最近では、韓国学界にも韓相一氏の『日韓近代史の空間』(一九八四年　日本経済評論社)の如き研究も発表され、少なくとも「一進会」の存在については、しだいに確認されて来つゝあると見てよい。このような事情をふまえながら以下に、「一進会」の性格について筆者の見方を叙べて、大方の参考に供したい。

そこで、理解し易くするために、まず、「一進会」の成立過程の考察から始める。実は、「一進会とは何か」という場合、まず混乱を生じ易いのが、「一進会」という名称そのものなのである。というのも「一進会」といわれるものは前・後二つあって、どちらも明治三十七年中に成立したものでありながら、性格的には両者必ずしも同一視はできないのである。一般に、その売国的行為によって憎まれているのは、筆者などが、「合同一進会」と呼んでいるもので、その正式結成は、三十七年十二月と考えられる。会長は李容九である。

ところが、これを「合同」とよぶからには合同以前にも「一進会」があったはずで、それはやはり明治三十七年の成立と考えられるが、「合同一進会」よりも三、四ヵ月はやい八月頃までに（韓相一氏によれば八月二十日）成立したようで、この中心人物は、宋秉畯であった。はじめ、かれがこれを結成した当初は、「維新会」と称したが、やがて「一進会」と改称した。性格的にはかなり強い親日傾向を示すものであろうことは、のちに説明する神鞭知常の入説からも予想されていたが、韓相一氏『日韓近代史の空間』によると、一進会には「一進会日誌」なるものがあって、それによると宋の「一進会」の成立は、前述の如く、八月二十日でその結成当時、結成趣意書・綱領もきめられていた由である。そして、その趣旨は、韓国政府の専制・圧迫・搾取と亡国の危機を克服するためと述べられ、その綱領は、一般に従来は「合同一進会」で決定されたものと考えられていた四綱領が、この時、すでに決定されたものとして紹介されている。しかも、この、いわゆる東学流「輔国済民」を目的とする一進会は、その実、かなり強度の親日団体であることを韓相一氏は、その十月二十二日の長谷川日本軍司令官や、林権助駐韓公使や、高山逸明憲兵大将あての一進会公式書翰によって示唆された。これによって従来不明であった点や、予想されていた点などが明らかになったり、証明確認されることになった。しかし、これら、宋の「一進会」の趣旨・綱領には、神鞭の入説・説得の影響を考えなければならぬことは、後述のごとくである。

さて、それならば「合同一進会」は、単にこの宋の「一進会」が拡大されたものと考えるべきであろうか。実は「合同一進会」とは、宋の「一進会」と李の「進歩会」との「合同」したもので、名称は宋の方をとっているが、その実体は従来、李容九が孫秉熙指令の下に、全韓的に組織して来た民会組織による東学教徒集団である。だから、両者が合同して「合同一進会」となっても、会長は李容九とするのは当然であり、しかも進歩会（民会）の趣旨は、やはり輔国済民、弾圧される東学教徒の保護救済・生命財産の安定にあったから、合同一進会に宋の一進会の趣旨・綱領が採用されたとしても、ふしぎではない。宋としては自己の親日団体としての基礎が、全韓的なものに拡大したことで、その目的は達せられたであろうし、李としては宋という親日の権威と結ぶことで韓政府の圧迫に対する抵抗力を強めることを期待したであろう。そうであるから、この合同一進会の性格には宋の側から考える一面と、李の側から考える一面との二面を考えなければならないと思う。この点を考えないで、李の合同一進会は宋の一進会の拡大されたものとだけ扱ってしまうと、この合同一進会は、日本側の要請によってできた親日御用団体にすぎず、極端にいえば、有名無実の何にも役に立たなかった幽霊団体だということになる。実際、こういう表現で批判している有力な学者がおられるのであるし、韓相一氏の扱いもその方にちかいといえよう。この扱い方をすれば、宋も李も同じ考え方の売国の徒で、韓国を日本の手に引き渡すだけの目的で一進会ができていたようなことになるけれど、実は一進会には、今一面の、つまり進歩会の性格を見落してはならない。進歩会の性格とは、基本的に東学教徒として政府の暴圧に対抗する意味で反政府集団である。また、かれらは民会組織によって全国的に組織された一種の民族宗教的大衆で、かれらのうちには貴族・土豪・官吏の下に支配される小作人もあるが、また農村ブルジョアジーとして両班支配に対抗している者もあり、封建的・貴族専制に反抗して、自己の生命・財産を確保し、外に対して独立を守ることを念願した。つまりかれらの主張は「輔国安民・広済蒼生」にあった。東学教の教祖は、第一代・第二代とも、このような主張のために政府によって処刑され、当時第三代に当る孫秉煕は亡命して東京に在り、そこから韓国の東学教徒を指導した。李容九といえども、明治三十九年に至るまでは、この孫秉煕の指令によって動かされる現地指導者に過ぎない。ただ、往々、この種の団体にあり得る、中央指導者に対する現地指導者の意見の相違は李容九にも生じ、そのため李は、宋の合同勧誘に応じ、孫の指令から独立するに至るのである。

だから、宋・李が盟約して「合同一進会」となっても、それは単なる親日・合邦運動団体に変わったのではない。真の目的は、会員全体の生命財産を守ることにあり、それは韓国政府によっては不可能であり、一方、日本の韓国侵略の野望は韓国の軍隊を以てしても義勇軍ゲリラによっても防ぎきれず、反抗すればするほど強まるからこそ、その極限状況の中でただ一つ「合邦」の提唱によって自国民の奴隷化を避け、それによってのみ韓民の生命財産を守ろうと、李容九は考えたのであった。このことを、かれは何べん各方面に訴えているか、資料を読むものはよく知っているはずである。だから、李容九は最後までこの四綱領に執着を示しながら合邦の実現化に対処しようとし、そのために、宋からも内田からも孤立し、悩み抜いてついに、「欺かれた」という心の傷を抱いて死に到るのである。この点から見て、筆者は、かの四綱領なるものが韓相一氏によって紹介された「一進会日誌」とやらに見られるように、宋の「一進会」の綱領だったのかどうか、疑問にすら思っている（しかし、神鞭入説の点から考えると、それはそれなりに肯定できるのであるけれど）。李を置き去りにした宋・内田・武田・杉山たちは、この合同一進会をもっぱら「合邦推進団体」としてのみ、利用し尽し、こうして「合同一進会」はこれ以後、ともすれば、あやまって「日韓合邦推進団体」とのみ見なされ、考え方によっては「売国団体」の汚名を着せられることになる。くりかえしていえば宋と李は、「親日・合邦」の点で盟約した。実体は依然たる「進歩会」でありながら、その上に宋の「一進会」という名がすっぽりかぶせられたわけである。宋が、李の悲願をそのまゝ認めて、しかも名称を、自己のものに変えさせた、この名と実の組み合わせ方が、すこぶる意味深長なのではなかろうか。それだけ「一進会」という名称に権威があったともいえる。その権威の実体は、宋によって体現されている日本側の権威であり、それは韓国政治の圧迫の下に絶望し親日傾向を抱いているものにとっては、何よりも強い魅力であっただろう。

以上、いわゆる「一進会」なるものについて、その名称にまつわる一面を略述してきた。そしてこの間の考察ではっきりして来たことは、この「合同一進会」の、従来の「進歩会」の性格の上に新しく加えられたものは、「徹底的な親日主義」であり、そこにはまだ「合邦」と称するまでの表現には煮つまってはいないが、すでに「韓国政権の日本に対する一時的委任によって」韓国将来の独立の基礎固めを謀る、という合意（決意）が、宋・李両者によってなされたことである。このことは、前述韓相一氏によって発表された宋の書翰のほかに合同一進会結成直前の、明治三十七年十二月二日付、宋から日本陸軍第一参謀副長松石安治大佐あての書状にも明記されているのである。

そこで、次に問題になるのは何といってもなぜ合同一進会のいわゆる「日韓合邦」という考えが成立して来たかということで、これについて少し説明はしたけれど、なお李と宋の考え方の違いも問題になってくる。

李容九についていえば、かれは日清戦争頃は、つまり十年前までは反日抗戦を叫んだ男である。のち、孫秉熙に従って活動するうち、日本にも二度ばかり来て孫の親日傾向に化せられて(これは一面からいえば、韓国における東学弾圧に絶望した程度に比例してといえよう)孫の指令による親日行動(日本に対する軍事的援助行動など)も見せるが、それと同時に深まったのが樽井藤吉の『大東合邦論』の思想であった様である。それは単に理想主義的な、連邦思想としてよりも、また日本を真に崇敬すべき国と見るからなのではなく、却って日清戦争以後ますます露骨になる日本の韓国支配欲の実現を、逃れ得ぬものと見る畏怖の故にこそ、植民地的隷属を強制される以前に「日・韓の間の合意による合邦」を急ぐ気になったそのための「合同」であったと思われることは、前に述べた通りである。

一方、宋秉畯の方としては、その生い立ちや性向から、より現実主義的・策士的な立場からの「親日的合邦主義」が、かれ自身のうちにも李容九同様あったとしてふしぎはないが、かれの場合はそれ以上に外部から、つまり日本の側からのはたらきかけによって徹底的親日主義が強められ、そのあげく、いわゆる「日韓合邦運動」に熱中することになったと思われる点がある。いま、その要領をあげて見ると、

一、日本政府筋との関係

二、日本の軍部との関係

三、神鞭知常との関係

の三つが考えられるようである。

第一の日本政府筋から、宋に対する依嘱という点は、野田真弘氏がいっているのであるが、それによると、明治三十七年三月三日、宋は伊藤博文から無隣庵に招かれ、そこで桂太郎と小村寿太郎に紹介された。その会談(その内容は不明とされる)の結果、宋は多額な軍資金を懐にして、兵站監大谷少将付通訳として韓国に「潜入」したのだという。氏によれば、宋の使命は韓国に親日団体を編成することにあったとされる。宋の李との面会も、盟約による合同一進会の結成もそのための行動であったという(野田真弘『売国奴　李王朝末秘史』一二八頁)。

しかし、いろいろの点から考えて、この時の政府筋の依頼は反日傾向の強まる韓国内の、このたびの日露の決戦によるその反日激化に対処するための、親日団体組織の依嘱と見るべきであろう。しかも、このような政府から宋への依嘱が果して実際にあったか否かと疑わせる点もある。伊藤は一進会については、終始、つきはなした扱い方をしているし、合邦運動にも冷淡であくまで保護主義を表面に出した。そのため、内田らの伊藤忌避と、山県・桂の線への接近が見られることになるのだし、小村なども韓国に一進会という政社めいたものが、できたという報告に対して、最初はこれを認めようとするような態度は示さなかったのが事実のようである。

さて、第二の軍部との関係については、その依嘱関係としてははっきりした文書などはない様であるが、前記のように宋が日露戦争に際して、大谷少将所属の通訳として京城軍司令部勤務であったことは通説になっており、かつ前記、合同一進会の結成およびその合同内容が宋の名によってきわめて詳細に参謀部の松石大佐にあて報告されていることや、その他『日韓外交資料集成5』の、林公使から外務省あての電報に、軍部が一進会を保護しその政治行動を黙認している状況が報ぜられていて、その結果小村も一進会を認識しなおしていると思われる節もある。だから、宋を通じての軍側の一進会に対する密着度は、政府・一進会間のものよりはっきりしており、宋・李の盟約にも、戦時中の日本軍に対する協力が約束され、事実李容九も孫秉熙の指令のもとで一進会員をひきいてそれを実行しているのである。だから軍部としても政府と同じで、戦時における韓国内の反日傾向からいろいろ支障が生じたことの不利を、一進会という親日団体の協力によって補う気持があったと思われるが、さりとて合邦という構想が軍部の側から出たとはこの時点では思えないのである。

そして、第三に注目されるのが神鞭知常による宋秉畯説得説である。これは以前からいわれていたが、確証としては示されなかったが、最近やゝ明かな経緯がたどれるようになって来た。その証拠の一つは、平凡社の東洋文庫、『夢の七十年—西原亀三伝』で、これによると神鞭は明治三十七年の二月に渡韓し八月まで滞在し、その間一進会の成立にも関係した。西原もこれを手伝い、西原は十二月まで滞韓したという。この場合の「一進会」とは、宋秉畯の「維新会」改め「一進会」を指し、合同一進会ではない。その成立は八月十八日と考えられた。

さて、この時神鞭はどんな事を宋に説得し、納得させて、宋の「一進会」に方向づけをしたか。それを示すものが、神鞭の「小川平吉あて書簡」で、これは大畑篤四郎氏編の『杉山茂丸』に引用されているものである。その書簡は長文であるが、その要点をのべると、かれは戦争終結による日韓保護条約の締結を見越しながら、いま一歩、日韓関係をすゝめるために、「韓国々民の有力なる団体をして」韓帝に韓国の政権を日本に委譲する「大覚悟を勧告」させ、一面その団体に日本の天皇に対して、「公々然」

と韓国皇室の優遇と韓国民を日本国民と同等に待遇することを条件とする、両国一体化を請願させることにしたい。現下の状況ではそれは不可能ではなく、自分としてはそれをなし得る「衆力」ありと自信しているといっている。

これはまさしく、日韓合邦運動の史実と符合するもので、前述の宋より松石大佐あての書簡、すなわち宋・李盟約の内容もこれと同じであり、またこゝにいわれる「請願」つまりのち一進会により実際に行われた日・韓合邦の請願内容もこの二条件を骨子としたものになっているのである。

ここまで説いてくると、一進会の合邦運動なるものゝ発生原因はほぼ明らかだといってよい。神鞭は宋をこの線で説得し、宋はそれを了解した。そして宋は李を勧誘し説得した。李もまた宋と盟約し合同一進会を結成し、この一進会が合邦推進母体となったのである。そしてこの一進会をひきいて、李容九が合邦運動に起ち上るのはさらに二年後の明治三十九年十月、李容九が伊藤博文に従って渡韓した内田良平と盟約し、内田を顧問に迎えた時からであることは一般に周知のことで、だから日韓合邦運動は、従来内田の発議によって生じたようにも考えられていたのである。

2 一進会の実体について

以上のように見てくると、一進会の存在は疑うべくもない様に見えるが、現在でも一進会の評価は、前述したように不確実極まるもので「一進会など有名無実の団体」という人もあり、「一進会は、日本側がつくった御用団体」という人もある。「一進会有名無実説」はいいかえると「幽霊団体説」でもあって、これは極端な否定論で、論理的にも辻つまのあわない論であるが、現在案外支持者が多い。それには、宋・李の行為を売国行為として憎む気持からとか、日本政府の野望の強引さを示すために、却って一進会の存在を極端に過小視するとか、また有力な学者がそういったからとかの理由があるようである。

しかし、この「有名無実説」にも二つの見方があるようだ。一つは、一進会とかいう名称はついていても、その実は宋・李・内田・武田の如き合邦に名をかりて私欲を逞ましくする徒の実体のない「幽霊団体」で、その合邦論などには、韓国民の人々の意志の一かけらをも代表していないのだとする説と、いま一つはいくら一進会が努力しても日本政府は一進会の存在など目もくれず、政府自体の野望を貫いて日韓併合を果したので、この点から一進会など「あって、ないに等しい」存在にすぎなかったという論との、二つである。

しかし、もし一進会が幽霊団体だったのならどうして十年以上も経ったあとで「旧一進会」の人たちが、杉山に「自決」を迫ることができるのかわからなくなる。また、「一進会」は一切無力な存在で利用価値もなく、日韓合併はすべて日本政府の罪悪とする説は、却って一進会にはありがたいとしても、それなら李容九がなぜ最後の最後まで一進会の存続に執着したか、また日本政府が是非ともこれを解散させようとしたかわからなくなる。李にとっては、やはり一進会あっての「合邦」であった。

とにかく、坊主憎けりゃ袈裟まで式の論はさておいて、以下には一通り一進会の実体といったものを略記する。つまり、一進会の成立事情は以上のごとくであったとして、その他、綱領(既出)・組織・本部・支部・事業など、一つの「会」としての体裁をどの程度までもっていたかを略述したいのである。『日韓合邦秘史』はもちろん、呉知泳の『東学史』や、内田良平の『硬石五拾年譜』などによると、一進会の本部はソウルに置かれ、支部は朝鮮十三道の各郡において会務をすゝめた。組織としては、前述会長李容九、幹部代表宋秉畯、顧問内田良平、のち一時杉山茂丸、秘書的補佐役武田範之などがあり、その下に「総務委員会」と「評議委員会」があって、「一般会員」を代表して会議をもっている。総体的印象からいえば、会長の独裁傾向はかなり強いように見えるが、重要事項に関する委員会の招集やその活動も数は少いが語られ、時には会議の意見がわかれて会長の統制を無視した混乱を示す事もある。その会員数は一百万といわれ誇大化的な印象が一進会にとって却ってマイナスになっている。大体、実数は二十万前後というところではなかろうか。会員数を示す資料として、当時発表されたものに、明治四十三年八月四日の読売新聞掲載「警務総監部の調査」がある。これは当時の、韓国の政治的・宗教的諸団体に関する報告である。これによると、

天道教　二三二団体　一五五、三八三名

侍天教　二一〇団体　一〇〇、六八一名

とあり、東学道人は合計二五六、〇〇〇人ばかりになる。李容九はこの侍天教の教主であるが、それなら「一進会」の会員数はというと、この調査では一〇〇団体、九一、八九六名とする。約一〇万というところであるが、その数には増減もあり得るし、当時の状況下では、一進会に対する弾圧は各方面から加えられていたから実数はいま少し多いのではないか。他の記述からなどでは、平均二十万前後と推定されるのである。

次に事業、というよりも事業計画といったほうがよい様な位のものであるが、略記する。

一進会は、宗教団体でありながら政治性も強いことは「四綱領」によって、知られるが、それを総括

して見れば、かれらの目的は前述のように「輔国済民」なので、一進会の事業も、殖産面と教育面が主である。東学の徒といえば、浮浪人的貧民集団のように考えられ勝ちのようであるが、決してそうではなく前述のように新興農村ブルジョアジー的な人々の参加もかなりあったと考えてよく、一進会の試みた事業も、それを示していると思う。

内田良平の報告（『日韓合邦秘史』・『硬石五拾年譜』等に所収の）によると先ず、一進会創立のための出資関係について伊藤に提出した報告によると、創立以来二年間の経費二十五万円、その内訳、一進会関係建築物、其他敷地担保による借入金五万円。因みにこの建築物のうちの一つが、京城永楽町にあった一進会本部の建物であった。宋・李その他の「総務員」の個人的資産の提供分が十万円、そして残部の十万円は、孫秉煕が天道教の会計から出資したという。呉知泳もこれに関することを述べているので、一進会の成立についての、孫秉煕の関係を示すものとして注目したい。

次に内田が、桂たちに提出した『一進会財政顚末書』によると、これは前者よりも調査が詳細になっており、一進会創業費は十三万円で、そのうち李容九は三万五千円、宋秉畯は四万円出資したとする。次に、一進会事業による総収入四十一万二千円に対し、総支出四十一万九千円だとする。伊藤に提出した報告の数字とのちがいについては不明である。その支出項目で、一進会の性格もうかゞわれると思うので、この支出の点について、ほかの資料も参照しながら検討してみると、大略、政治的活動面の支出と、実業的事業面の支出になるようである。そして、政治面支出の最大のものが、日露戦争中の親日的、無償的な、日本軍支援活動の経費で、このために一進会は財政的に破綻を生じて存続困難になっていると内田はいう。数字をあげると、そのための支出は三十三万円、日本軍からの一進会員の労力提供に対する賃金支払は八万七千円に過ぎなかった。この過少な支払は、一つには一進会員が賃金を「辞退」した点からも生じたが、内田はこの金額が一進会に渡される以前に日本軍関係者による「ピンはね」があったにちがいないと見ている。

政治的経費としては不適当かもしれないが、国民の教育・啓蒙事業、つまり教育事業もあり、これは主として宋・李の個人的出資による経営のようである。京城に「光武学校」を建て、地方にも学校をおこして、国民の啓蒙に努力したことが『李鳳庵先生事略』などに見える。

一進会の事業のうち、かれらの会員が、一種の農村ブルジョアジーとでも称すべき層の人たちであったことを示すのが、その殖産事業である。一進会の団体としてのほんとうの姿は、この殖産面にあったと思う。(それは必ずしも成功したとはいえないが、会員一同が望んだのはこれによる生命財産の確保であったであろう)。述べられている事業は、計画中とか、計画倒れのものが多いようであるが、その種別をあげて見ると次のようなものである。

1、農業会社の名義による荒蕪地開拓事業

2、三郡十ヵ所の砂金採掘事業と、二ヵ所炭坑経営

3、白頭山木材伐採事業

4、移民事業

このほか、明治四十一年に明確になったものに「一進会自治財団」計画がある。その大要は次の通り。

一、殖産興業を以て民力を培養する

一、全道各郡に財団を設け、経済的に一進会を独立させる
一、一進会本部に財団本部を置いて、各地方の財団を指導する。資本は本部から貸与する
一、事業種目、竹木植林、果樹、椎茸、楮、桑、櫨、漆、蜂蜜、養魚、海苔、牡蛎、鳥類

また当時、一進会として間島移住計画が真剣に考えられ『東亜先覚志士記伝』では、この一進会自治財団構想をもって、一進会員の間島移住からはじめて満州開拓事業ひいては将来の満蒙独立の基礎作りとしての計画があったようにいっているのである。

以上のような、一進会の（やろうとしていた）事業面からも、一進会が、有名無実の幽霊団体でもなく、単なる合邦推進団体でもないことはわかるのではなかろうか。そして最後に、明治四十二年十二月二十一日に、在韓日本人記者団が出した声明書のなかで、一進会をどういっているかを見れば、それで客観的な一進会の存在とその社会的地位は、明かなのではあるまいか。曰く

韓国にては、真に政党の本義を備えたるものなし。強いて政党と目すべきものを求めば、一進会・大韓協会の二者あるのみ。云々。

当時の日本人記者たちの目にも、一進会は、韓国の代表的な政社的存在だったのである。

3　一進会御用団体説について

一進会という団体は、今から考えるとかわいそうな団体である。日韓併合成立の瞬間から、日本側はこれを「なきもの」扱いしつづけて来たのである。併合後、ただちに行なわれた一進会解散命令がその第一手段であるが、その後も、一進会についての記憶はできるだけ早く忘れ去るように操作している。

これには、まことにいろいろな事情がからんでのことで、ひとつことでは済まないので一切省略するが、そうしたことが一進会「有名無実説」の原因の一つにもなっている。

さて、一進会についてのもう一つの評価「一進会御用団体説」の方は、「一進会憎し」とする人からはその成立当初からそのように評判され伝えられて来たようである。まこと、前述の神鞭入説の点からいっても御用団体くさい気もするのであるが、真相はいかがであろうか。

注意しなければならないのは、御用団体といってもいろいろあるということである。本格的なそれは、日本の側から、韓国の人に団体をつくらせ、日本のためにはたらかせ成功の暁にその人（団体）を賞するとか、重用するとかいう関係をもつものではなかろうか。これをAとする。しかし、これによく似た次のような場合は、どう考えたらよいか。以下1から3までをBとする。

1、韓国側が自主的に組織していた団体を、日本側が利用価値ありと見てこれを保護・利用して、日本側の目的を達した場合。

2、日本側の説得を、韓国側が「心から同意」し保護の有無に関せず自主性をもって行動したに拘らず、その行動の結果が日本側の欲する通りになり、しかも韓国側に不幸をもたらす結果になった。つまり日本にだまされ、裏切られた場合。

3、韓国側で、日本側の欲するところを知り両国の力関係から日本側の強制をいかなる自国の「力」を以ってしても排除できないと知って、逆にみずから「日本のふところにとびこんで」韓国の植民地化を、少しでも緩和しようとした場合。

一進会の性格をこのうちのどれにあてはめたらよいか。

合同一進会といっても、前からくりかえしていうように、宋が考える場合と、李が考える場合の差を考えにいれなければいけない。「Bの3」だけは、宋も李も基本的に同じであった。ふたりともそうするより韓国民奴隷化を回避する方途はないと考えて合邦運動を目指した。「A」については、神鞭の宋に対する説得の点がそれに相当するように見える。しかし、合同一進会の実質的部分は進歩会組織であって、これは神鞭の説得以前から存在していたし、一進会における宋・李ともその合邦運動における自主性はかなり強いもので、いちいち神鞭の指令を仰いだ行動ではない。廃帝問題など、宋は十年来の宿望だといっている。だから、この点からいうと「A」は当らず、むしろ「Bの2」に相当する。「Bの1」について、これに相当するのはむしろ内田良平の場合であるが、これは一進会の性格云々には関係ないことである。内田は利用価値ありとして一進会を手離すまいとしたが、伊藤も小村もそんな団体が親日づらしていばり、他の韓国民の反感を大きくすることを却って迷惑だとし一進会が他の人から御用団体だと考えられては困るから充分取締るよう小村は林公使に指令を与えているくらいのものである。

結局、私は一進会御用団体説には反対である。ただ、かれらが親日団体として徹底的なところまで考え、かれら自身御用団体となること、そう認められることを望んでいて、いわば「自称親日御用団体」的存在だったと考える。神鞭の説得も、決してかれらが御用団体になることを、説得したのでなく、「自主的」に国内政治改革を行い親日団体として徹底することで、韓国民自らの意志で日韓一体化を試みよといったであろうことは、前述の神鞭書簡や『夢の七十年』で明らかである。「自称・親日」でも、かれらがその気なら御用団体といってしまえばそれまでであるが、日本の側は政府としては御用団体とは見なかったし、一進会の宋・李とも、合邦には熱中し親日の徹底的態度としてそれに邁進したけれど、それとて一つには韓国の政治・東学弾圧に絶望したこと、二つには東学の理念から「合邦」を弱国同志（日・韓）が補強し合う政治方策だと考えていたこと（東学を認めてくれさえすれば、国はどこでもよく、本来、世界は一つであるべきだという思想も働いていた）、三つに、前述の日本の強引な韓国植民地化の野望をとうてい防ぎきれず、抵抗すればするだけ暴虐な支配をもたらすことを知り、日韓間の三次にわたる協約文面を盾にとりながら、一時期（独立基礎の確立まで）、韓国政権の日本への委任を認めるという「政合邦」を唱えたということなのであって、表面上の親日行動には非常な心理的屈折がかくされ、悲願がこめられていたことは認めざるを得ない。杉山が、李・宋の両人をよんで、日本政府側も、もし一進会の合邦請願が提出されれば、これを受理する可能性ができたからそのように運べといった時、ふたりは顔を見合わせて（それまでは合邦請願が受理されることを、あれほどまで熱望していたにかゝわらず）「これでふたりは売国の徒となるのか」といって暗澹たる姿であったと、杉山が伝えている。ふたりが「売国の徒」となるよりほか、韓国の奴隷化（保護政治）は救われないと考えているのである。これが真の売国の徒であろうか。この点を考えない一進会の考察には、私の関心はない。

国際的支配関係について、「殺すより奪え、奪うより、だませ」ということが、いわれるそうである。日本の韓国併合は、最後の時点で、この格言を実行したものである。李容九は、それ故に「だまされた」といって死んだ。杉山は、この「だましたこと」を深く後悔しざんげして、国のため君のためと信じてやったことすべてまちがった、罪深いことであったと反省した。杉山という男は、その点で、日本人としてはめずらしい人で、面白い日本人である。

「一進会とは何か」という問いに対する結論として、次のようにいえるのではないか。
1、一進会は、幽霊団体などではなく、実在した。
2、一進会は、会員の生命・財産を確保するのが、その本領（本来もっていた使命）であった。
3、一進会は韓国政府の非政と日本の強欲に抵抗するため、捨身の覚悟で日韓合邦推進団体となった。
4、しかし、内田は、李の統制下、一つの統制ある一進会の将来に政党としての発言力の生じることを恐れて、合同一進会の四綱領から政治的性格を骨ぬきにして一進会を単なる「自治財団」と規定した。この件は一進会の性格についていろいろ考えさせられる問題をふくんでいるようである。
5、日本側の韓国併合は、方針としては決定ずみではあったが、いつ実行できるかは、未決定であり、将来のある時機に決行することになっていた。それを、明治四十三年八月に決行できるように、チャンスを与えたのが、李容九による「日韓合邦請願書」の提出であったことは事実である。それを逆に、日本政府が決定したのちに請願してもそんな請願は役に立たなかったというのは、誤りである。
6　併合後、日本政府は、一進会を強引に解散させた。それだけ、一進会の、日韓併合という史実に対する存在は大きかったのである。

（九州大学名誉教授）

「日韓合邦論」について

姜在彦

(1) 朝鮮の「合邦」か「併合」か

いうまでもなく武田範之は、「弱冠二十七歳で黒竜会を組織した内田甲（良平）が青年の日、心血を注ぎ、彼の生涯の大部分のエネルギーを費した事業、『日韓合邦』運動の影の立役者で、浪人の総元締頭山満をして〝浪人の白眉〟といわしめた禅僧武田範之」①のことである。

以上は滝沢誠『近代右派社会思想研究』からの引用であるが、氏はカッコ内の「日韓合邦」に、特別な意味を付与しているようである。というのは氏は他のくだりで、「範之が青年の日、放浪の時代に意図した開拓と布教の理想は、日韓合邦運動の併合へのすりかえによって、完全に挫折する。日韓併合後、合邦運動関係者が政府当局者の変節を、いかなる方法でなじろうとも、所詮蟷螂の斧であった」②（傍点は引用者）。すなわち内田良平、武田範之らの大陸浪人は、李容九らの一進会と提携して日韓「合邦」を意図したのに、日本政府当局の変節によって、「併合」にすりかえられた、というのである。

じつは日韓会談が最終段階をむかえた一九六〇年代前半期に、同じ論法をもって内田良平ら大陸浪人と一進会との関係を、日本政府当局の「併合」とは異質の「合邦」をめざした連帯運動として再評価しなければならない、という主張が登場したものであった。③私はこのような論調に反論したことがあるが、④いまこの武田範之伝を一瞥した時点でも、そこでのべた私の論旨を変えなければならない論拠は何一つ見当らない、というのが率直な感想である。

ここではそれについて詳論することを避けるが、要するに大陸浪人の「合邦」であれ、政府当局の「併合」であれ、その間に本質的な意味の相違はない。

日本が朝鮮を「併合」＝植民地化する過程においては、正面（政府当局）からの武断的方法と、裏面（大陸浪人）からの懐柔的方法とが併用された。内田良平、武田範之らは、李容九ら一進会を懐柔するために「合邦」（この用語自体がどうにでもとれるようなあいまいなものであるが）という言質をあたえたにすぎない、としかいいようがない。かれらはこの言質のために、「併合」後、李容九や旧一進会員から責任追及されたのも事実である。しかしこういうやり方は、「併合」過程に限ったことではない。例えば一九一九年三・一運動後、朝鮮総督府当局は、朝鮮人を「分割して支配する」方法をとった。そして一九二〇年代に民族主義者の一部が、植民地体制内での「参政権」とか、「自治権」要求に目を付けて、かれらの要求に言質をあたえながら買収し、ついに三〇年代には親日派に組み込んでいった歴史がある。正面からの弾圧と裏面からの懐柔――これは朝鮮にたいする植民地支配の常套手段として使われていた。

少くとも黒龍会やその主幹内田良平について調べてみた人たちにとっては周知の事実であるが、内田良平ら大陸浪人たちは、朝鮮「併合」の強行については、それが及ぼすであろう国際的反応や、とりわけ朝鮮民衆の抵抗を考慮して漸進派であった第一代朝鮮統監伊藤博文や、第二代朝鮮統監曾禰荒助を排除するために、杉山茂丸をつうじて中央政界にはたらきかけている。そしてかれらは日本支配層の武断派――山縣有朋、桂太郎、寺内正毅らと結托して、ついに一九一〇年六月には、寺内正毅を陸相兼任のまま、朝鮮統監に就任させて「併合」を断行した。寺内は朝鮮駐箚軍参謀長明石元二郎を憲兵隊司令官警務総長に任命して、朝鮮民衆のあらゆる意思の表現を封じるための武断政治を布いた。

大陸浪人たちの「合邦」論は、日本政府当局の「併合」によって裏切られたというが、では伊藤や曽禰らは「併合」論者だから反対し、桂や寺内らは「合邦」論者だから結託したとでもいうのだろうか。誰もそのように強弁することは不可能であろう。じつは大陸浪人たちが漸進論に反対し、武断的方法による「併合」の強行を主張したのには、内田良平にいわせれば、つぎのような理由がある。

「……支那革命の機運既に熟し、数年を待たずして勃発すべき形勢にあるをもって、支那革命に先立ち合邦せざるに於ては、韓国の人心支那革命の影響を被り、如何なる変化を生ずべきか測るべからざるものあるのみならず、満蒙独立の経綸も行う可からざることとなるべき憂いがあった[⑤]」。

すなわちかれらは、朝鮮を「合邦」するにとどまらず、「満蒙独立の経綸」＝中国本土からの満蒙の切取りを考えていた。ところが中国において迫り来る辛亥革命と、朝鮮にたいするその影響を憂慮して、「併合」強行を朝鮮でばかりでなく、日本中央政界に働きかけている。「併合」後における一進会員の間島移住のための「一進会（自治）財団」計画も、このような文脈のなかで把握しなければならない。かれらは紛れもなく、アジアにたいする日本の国策を先取りし、かつそれを裏面から促進する役割を果しているのである。

伊藤は一九〇九年六月に、統監の地位を、曽禰荒助と交替したが、その前の一九〇九年四月には、首相桂太郎、外相小村寿太郎、統監伊藤の三巨頭会談において、すでに「併合」の具体案を作成し、七月には勅裁をうけた。当時の外務省政務局長倉知鉄吉は、その覚書でつぎのように書いている。

「当時我官民間ニ韓国併合ノ論少カラザリシモ併合ノ思想未ダ充分明確ナラズ……従テ文字モ亦合邦或ハ合併等ノ字ヲ用イタリシガ、自分ハ韓国ガ全然廃滅ニ帰シテ帝国ノ領土ノ一部トナルノ意ヲ明カニスルト同時ニ、其語調ノ余リ過激ナラザル文字ヲ選マント欲シ、種種苦慮シタルモ、遂ニ適当ノ文字ヲ発見スルコト能ハズ。依テ当時未ダ一般ニ用イラレ居ラザル文字ヲ選ム方得策ト認メ、併合ナル文字ヲ前記文章ニ用イタリ⑥」(傍点は引用者)。

大陸浪人グループは、三巨頭会談による「併合」の具体案を、全然知らなかったといえるだろうか。それは当時のかれらの中央政界との人的つながりと、朝鮮における大陸浪人たちの役割からみて、到底考えられないことである。

「合邦」が「併合」と本質的に異る意味と内容をもつものとするならば、大陸浪人グループの対案としての「合邦」の具体案は何であり、どういうヴィジョンをもっていたのか、具体的に提示しなければ説得性に欠ける。所詮対象によって、「語調ノ余リ過激ナラザル文字」の使い分けとしか、いいようがない。

①滝沢誠『近代日本右派社会思想研究』一五三頁
②同書、二三六頁
③林房雄『大東亜戦争肯定論』、竹内好「アジア主義の展望」(日本思想史大系第九巻『アジア主義』解説)、判沢弘「アジア共栄圏の思想—内田良平を中心に—」(『思想の科学』一九六三年十二月号など
④姜在彦「朝鮮問題における内田良平の思想と行動」(『歴史学研究』一九六六年十二月号)、『朝鮮近代史研究』初版(日本評論社)に収録

⑤内田良平「日韓合邦」(前掲『アジア主義』二一七〜八頁)
⑥小森徳治『明石元二郎』上巻三〇五頁

(2)懐柔のための「合邦」論

武田範之はいうまでもなく内田良平と一心同体となって、日本政府当局の正面からの「併合」を、裏面から支えた人物である。日露戦争後の一九〇六年二月から、日本は朝鮮統監府を置き、伊藤博文が第一代統監となった。伊藤は杉山茂丸の推せんによって、黒龍会の主幹内田良平を幕僚の一人に加えた。一九〇一年一月に創立された黒龍会の前身は、西郷隆盛らの征韓論の流れをくむ旧福岡藩士たちが、一八八一年に福岡で発足させた玄洋社である。玄洋社が玄海灘をこえた朝鮮をねらう段階から、黒龍会は日露戦争を目前にして、黒龍江沿岸をねらう段階にまで発展した。いうまでもなくこのグループの版図の拡大は、征韓論の延長線上にある。

だとすれば、伊藤の幕僚となった内田良平の役割は、何であっただろうか。かれ自身の言によれば、つぎのようになっている。

「……日清、日露の両戦役に際し、韓国の独立を扶植すべき御詔勅のあるあり、我より進んで合邦する時は、聖徳を損い、列国の抗議を招来する憂いあり、……著者は韓国より合邦を提議せしめるにおいては、列国をして異議をはさむ余地なからしむのみならず、もって聖徳を発揚せしむるに足るものありとの見解を抱き、じらい四年間寝食を忘れて韓人を導き、ようやくこれを実現し得べき大勢[①]」をつくることであった。

日本は一八七六年二月の江華島条約以来、朝鮮主権を一歩一歩侵食する過程で、対外的にかかげた大義名分というのは、朝鮮の「独立」→「保護」→「併合」であった。内田らの役割は朝鮮植民地化の最終段階としての「併合」において、「韓国より合邦を提議せしめる」カイライ的親日団体の育成であった。それが李容九をつうじての一進会と、この大陸浪人グループとの関係である。

そのきっかけとなったのは、李逸植という男が国王高宗の玉璽を盗用して、守部虎寿、厳本善治、押川方義ら日本人一旗組に、二三件の利権を売り渡したために終身流刑となった。宋秉畯はかれを隠匿したために逮捕された。李逸植と宋秉畯はいずれも、一八八四年十二月の甲申政変が失敗してのち、日本に亡命した金玉均を国内に誘引、または暗殺のために日本に密派されたことのある人物である。

宋は一八九五年十月の閔妃虐殺事件後に日本に亡命し、野田平次郎という日本名で、主として山口県に滞在していた。かれは日露戦争と同時に、第十二師団兵站監で陸軍少将大谷喜久蔵の軍事通訳として、じつは「戦密にかんする任務」を帯びて朝鮮に帰っている。かれは朝鮮で尹始炳、兪鶴柱、廉仲模ら政客を集めて一九〇四年八月に、一進会を発足させた。この一進会は同年十二月に、「東学」の一部による李容九らの進歩会と統合し、「断髪」をそのシンボルとした。その黒幕的人物宋秉畯が逮捕されたのである。内田良平は李容九に、宋秉畯の釈放に尽力する代りに、一進会をその操縦下におくことを確約させた。そのやりとりはつぎの通りである。

「(内田)謂て曰く、若し一進会の方向にして、予の所見と一致せば、宋君を救うこと反掌の間にありと、李容九大に悦て曰く、請う会をもって従わんと、予曰く、会の目的は四大綱領に在るべしと雖も、天下の形勢は変幻極りなし。一旦日韓連邦を作るの日あるに至るも、貴下は会員を挙げて、非違の行動なからしむるを保するやと、李容九曰く、余の素志亦た丹邦氏（樽井藤吉）の所謂『大東合邦』に在り[②]」。

これがよくいわれるところの、内田良平と李容九とは、樽井藤吉が『大東合邦論』で説いた日韓対等の「合邦」論で結ばれたという論拠である。ところが本来の思想的系譜からみて、黒龍会の主幹としての内田良平は、征韓論の系譜を引く人物であって、樽井の「合邦」論とは無縁である。内田はためらうことなく、黒龍会が編纂した『西南記伝』の序のなかで、「征韓論の主張と本領とは、国民の精神にして国民の元気なり。二七、八年に於て清国を膺懲して朝鮮を保護したる、征韓論の精神にして……四三年に於て、朝鮮を併合して、四〇年来の宿題を解決し、東邦平和の基礎を樹立したるも、征韓論の精神也[③]」とのべている。内田の思想的本質はこうであるにもかかわらず、一進会を懐柔するために李容九の「合邦」論に共鳴したような言質をあたえたとしか、いいようがない。

内田、武田らが「合邦」論に秘めた真意が何であったかについては、一九〇九年十二月四日、一進会が韓国皇帝に上疏文、統監曾禰荒助、内閣総理李完用に請願書、国民への声明書を発表した前後のいきさつのなかに、よく現われている。

まず本書でも明記されているように（三八四頁）、上疏文と請願書は、東京で武田範之が内田良平、宋秉畯らと協議して作成した。しかもこれは首相桂太郎と陸相寺内正毅の検閲を受けている。ソウルで十二月三日に開いた一進会臨時総務員会はこの草案を可決し、武田が一進会の能文家であった崔永年と、朝鮮式の漢文に仕上げたものである。つまりこれらの草案は、日本政府当局と内田、武田らとの合意によって、東京で作成されたもので、一進会の名を借りて「韓国より合邦を提議」したように偽装した文書である。

ところが国民への声明書では、そこで使った用語「政合邦」が問題となった。声明書では、日韓問題の根本的解決の内容をつぎのように書いている。

「……我が皇帝陛下と大日本天皇陛下の天聴に上徹する一団精誠で哀訴して、我が皇室が万歳尊崇される基礎を鞏固にし、我が人民が一等国民として待遇される福利を享有し、政府と社会をますます発展させることを主唱して一大政治機関を成立させれば、我が韓国は保護劣等の羞恥から解脱され、同等政治による権利を獲得する、法律上政合邦といわれる一問題である[4]」（原文は朝鮮文をできるだけ直訳した。傍点は引用者）。

声明書で「政合邦」とは、日本統監府下の「保護」政治より一歩前進した「連邦」の印象をあたえている。じつは武田は、一進会がこの用語を使うことに反対であった。その間のいきさつはつぎのようになっている。

「上奏文の上表と同時に、一進会は、別に李容九外一百万会員の名を以て、合邦声明書を作製し、会の機関紙国民新聞の附録としてこれを普く配布した。李容九は、この声明書に冠するに、政合邦の文字を以てしようとしたので、和尚（武田）はこの文字は必ず反対団体や、一新《ママ》（進）会に好意を寄せていない、新聞記者等の、反対の材料に利用せらるる虞があるからという理由で、その使用を見合わすよう注意する所があった。然るに李容九は、之は日本人に示すのではなく、韓人に示して人心を弛めようとするのであるから、杞憂に過ぎないであろうと主張した。そこで和尚は、それが朝鮮式であるならそれもよかろうといって、強く迫らなかったが、果して発表と共に、大韓協会一派及び新聞記者の間に問題となり、政合邦ではなく、聯邦であると称して人心を煽動し、李容九も一時窮地に立ち、和尚の言を用いなかった事をいたく後悔した⑤」。

すなわち「政合邦」とは、「併合」を「連邦」のように見せかけて、「人心を弛めようとする」国民をまやかすための用語だったのである。では武田範之の本音は何であっただろうか。かれは内田良平に宛てた一九一〇年一月十一日付の書信のなかで、この問題についてつぎのように書いている。

「此回の問題は公法学上の前例には当て箝め様無之候へば、新に公法学上に新例を開く外無之候。合邦にても委任にても其の実質を永久的の契約とし、韓民をして独立の念すら其の心に萌する余地を存せざらしめ、然る上にて我に同化せしめざれば、真の同化は覚束なかるべく候⑥」（傍点は引用者）。

この書信のなかで、「其の実質を……」以下の内容について蛇足を加える必要はなかろう。率直にいって「合邦」だの、「併合」だの論議について、これ以上語る情熱を持たない。その表現や字面《じづら》がどうであれ、その実質をもって問うべきであるというのが、私の考えである。

さいごに武田範之は、内田良平と一心同体となって一進会を裏面から懐柔して操縦する一方、曹洞宗の僧侶であるかれ独自の役割もあった。それは東学の一分派である侍天教を親日的に換骨奪胎して、日本との「精神的結合」を強化することであった。そのための作業が、『沆瀣経《こうがいきよう》』の完成である。

「而して、これを決定的にしたものが、明治四十一年（一九〇八）冬に於ける、侍天教本義の論断的文献である所の、沆瀣経の脱稿であった。即ち明治四十三年八月の、日韓合併条約締結が、政治的合邦の成立であるならば、沆瀣経の完成は、その基調をなす精神的合邦の成立であるとする所に、重大なる意義を有するものである⑦」。

ここで詳説する余裕をもたないが、要するに東学とは、一八九四年の甲午農民戦争（日本で俗にいう「東学党の乱」）と結合した民衆宗教である。この東学は日露戦争とその後における対日姿勢の相違によって、孫秉煕がその正統を受け継ぐものとして天道教をかかげ、李容九らを除名処分にした。その李容九らは別に侍天教を名乗って、一進会の精神的支柱とした。いうまでもなく天道教は、一九一九年三・一運動において、キリスト教、仏教との「三教連合」によって、その原動力となった。

武田は侍天教ばかりでなく、李容九と宋秉畯の要請を容れて十三道仏寺総顧問となり、李晦光を代表とする宗務院を創設して、親日運動の一翼を担うようにした。朝鮮の仏教界や侍天教にたいするかれの指導がどういう意味をもつかについては、例えば「併合」直後の一九一〇年九月二日の『万朝報』の論説「朝鮮と我宗教家」などにみるような文脈のなかで把握する必要があろう。

「如何に朝鮮人を同化すべきか、同化の道は二三にして足らざるも、其の精神を支配するより好《よ》きはなく、精神支配の策は、宗教より入るもまた其一法なるべし、殊に朝鮮に於て然りと為す也[8]」。

ともあれこのたびの『武田範之伝—興亜前提史』の復刻を、私は大いに歓迎するものである。というのは日本による朝鮮併合の策動は、正面からも裏面からもおこなわれたのであって、今までこの過程の研究は主として、官憲側の文献に依存しすぎた嫌いがあった。このたびその裏面工作の直接担当者の一人の伝記が公刊されることによって、われわれはその裏面史をよりくわしく、そして生々しく把握することができるからである。

（花園大学文学部教授）

①前掲「日韓合邦」

②内田良平『隆熙改元秘事』(『日韓併合始末』第一巻)
③黒龍会編『西南記伝』下巻一、六〜七頁
④『韓国一進会日誌』一九〇九年十二月四日条
⑤井上右『興亜風雲録』(武田範之伝)三〇一〜二頁
⑥同書、三一五頁
⑦同書、二八二頁
⑧姜東鎮『日本言論界と朝鮮―一九一〇〜一九四五―』四三頁

ブドウ酒の先駆者川上善兵衛の理想と苦難

筑波常治

わたしが川上善兵衛の名をはじめて知ったのは、三十年ほど前である。科学史に根本的に取りくもうと決心した当初で、もともとの専攻との関連で、日本の品種改良史をまず課題にえらんだ。そのとき哲学者の田辺振太郎氏から「品種改良と関係の深い人物と思うが……」と、善兵衛の事績をおしえられたのだった。田辺氏は晩年の善兵衛と交際をもたれ、ひじょうな親愛感をいだかれていた。そして善兵衛の生涯を書きのこしておきたいからと、とくに品種改良にかんする面の解明をわたしにもとめられた。しかしその時点ではわたし自身、まだこの仕ごとにそれほど積極的ではなかった。わたしの専門とする分野はイネであり、果樹は対象外だったからである。田辺氏と共同で取材を開始したものの、田辺氏があくまでも中心であって、こちらは文字どおりの補助役にすぎなかった。ところが関係者を訪ねて聞き書きをとるうちに、わたしは善兵衛の人間像にだんだん興味をもつようになった。やがて田辺氏が健康を害されたこともあり、中途からわたし単独で調査をつづけ、その成果としてともかくも書きあげたのが「雪とブドウ酒の先駆者」と題した一文で、『思想の科学』一九六二年四月号に掲載された。この号は同時に天皇制の問題を特集しており、その発表をめぐって従来の出版元とのあいだに紛騒が生じるなど、予定より大はばに遅れて世にでた。つまり拙文を書いた年月は、これよりもずっと前だったわけである。それはさておき往年の拙文を、いっさい修正をおこなわずにまず再録しておきたい。

雪とブドウ酒の先駆者

――川上善兵衛の理想と苦難――

地主と女郎の国

越後平野は日本の米どころだ。年々の産米が五〇〇万石をこえ、供出高は全国の一割をしめる。まこと穀倉にふさわしい数字である。一面に黄金の波がたつ秋のながめは、文字どおり瑞穂の国のみのりを思わせる。

しかし、越後平野が米どころであることは越後の土がイネに最適であることを意味しない。信濃川と阿賀野川を中心にする大小河川の沖積土がこの平野をつくったが、それまで少くとも九〇〇年前までは、あたりは一面の泥海であった。寒冷な低湿地は、水田として下の部にぞくする。イネばかりではない。あらゆる作物にとって下の土地だ。やむをえず百姓たちは、比較的つくれそうなイネにしがみついたのだ。イネ以外に何もつくれないことが、皮肉にも越後平野を日本一の米どころにしたてたのだ。

したがって作柄はながく不安定だった。年々五〇〇万石は、ここ数年の数字にすぎない。ながらく越後には「三年一作」という言葉があった。三年に一度しか、順調な収穫は得られないというのだ。信濃川と阿賀野川はくりかえし、広大な田圃を洪水の底にしずめた。恵まれた日本にも、比較的わるい土地はある。越後平野は、そのような土地の一つだった。

さらに冬の豪雪が、百姓たちを苦しめた。スキーヤーのあこがれる銀世界ゆえに、越後の農民は冬の半年を無慈悲にその土地から追放される。越後の名物は、女工に女郎に三助だと言われている。そこは出稼ぎの国なのだ。「越後獅子」で名高い「どっけし売り」も、その一つの形態にほかならない。「佐渡おけさ」を筆頭とする民謡にも、身売り娘たちの悲劇が唄いこまれている。そこは人身売買の土地なのだ。

目前の利益にひきずられて破滅するのが、貧しさにひしがれた民衆のならいである。だが、やり手の人間にとって、そのような不安な土地こそは、まことに結構な働き場所を提供する。目先のきく者は、貧しい者の農地をつぎつぎに買いしめて、地主としての地位をかためたのだ。「女郎の産地」は同時に「地主の王国」であった。一九二四年（大正一三年）の調査によれば、一、〇〇〇町歩以上の大地主が日本に九人いたが、そのうち五人まで越後平野にばん居していた。地主と水害が、ながく越後の小作人を苦しめた。

暗欝な北国の空のもと、今日の社会科学者はそのような地主にたいする農民の闘争に、越後の栄光をみとめようとする。とおく元禄のむかしから、越後平野は農民一揆の名所となった。歴史主義の立場から、呪われるのは地主たちだ。農民搾取の責任を、かれらは一身に負わされる。いうまでもなく、その批判は九分どおりまでは真実である。だがそういう〃悪玉〃地主階級には、はたして一片の善意さえなかったのだろうか。それとも地主の善意なるものは、しょせんは小作人に闘争の対象をあやまらせ、かれらの目覚めをおくらせたという意味で、頭ごなしに否定されるべきものなのだろうか。地主を弁護することが、この一文の目的でもない。しかし、もしもある人がブドウに興味をもち、日本におけるブドウ栽培の歴史をしらべるならば、その人は越後路にあらわれた一人の地主の功労を無視することができなくなるだろう。その地主の善意をぬきにした、日本のブドウの発達は語れないのだ。

ブドウ園の開祖

越後路の西端、高田市の郊外の高士《たかし》村に「岩の原ブドウ園」はある。日本一の米どころの一角に、はなれ小島のようにそれは浮んでいる。多くの旅行者は何気なく通りすぎるだろう。しかし農業に興味をもつ者には、雪国とブドウは奇妙なとりあわせである。かつてそこを訪れた農業雑誌記者は、その来歴をつぎのように描写している。

「めずらしいものといえば、高田市の近く高士村にある岩の原ブドウ園をあげねばなるまい。この豪雪地帯にブドウが作られていることからしてすでに驚歎に値するが、それが明治二十三年の昔からであるというからなおさら驚く。農場はいまは寿屋の経営になっているが、もと同村の豪農川上善兵衛氏によって開園されたもの。川上さんは明治二十六年すでにブドウ酒醸造工場を造り、醸造用ブドウの品種改良に一生をささげた人で、このため財産をすりへらして昭和九年に寿屋に経営をゆずり、その後は同社の一員として経営にあたったが、昭和十九年七十五歳でなくなった。その間、マスカット・ベリーA、ブラッククイン、ローズシオターといった優良品種をはじめ、同氏の作出した品種は一万数千に及び、民間人にはめずらしい農学賞までもらっている。現在ブドウ園は約二十三町歩で、明治時代、川上さんが造った石造りの地下醸造室がいまも残っており、むかしの面影をしのばせている。」(鈴木一夫著『新農業風土記』)

時代は明治初期へさかのぼる。川上家は高田市の在にばん居する地主であった。数千町歩の大地主にはおよばないまでも、その所有地は数個の字《あざ》にまたがり、年々数千石をこえる年貢米をおさめ、あまたの小作人を傘下に擁していた。その当主は代々にわたって「善兵衛《ぜんべえ》」の名を称するのがしきたりであった。ブドウ園の開祖から二代前にあたる善兵衛は博学多才の人で、この時代から川上家は中央政界・文化界とつながりをもった。勝海舟や品川弥二郎や松方正義や竹田範之や、あるいは詩人・書道家として知られる貫名海屋など政界人・文人墨客の多くが、越後路を旅してこの家にわらじを脱いだ。明治維新のころ、ブドウ園開祖の父親は大里正（村長）をつとめていた。そのようにみてくると、川上家はたんなる地主あるいは豪農というよりも、むしろその付近に勢力をふるう豪族とよんだ方が適当かもしれない。ブドウ園の開祖は、その川上家の長男として、維新の風雲急をつげる一八六八年（明治元年）三月一日、越後国（新潟県）中頸城《くびき》郡高士村大字北方字岩原の自宅に呱々の声をあげた。

かれは幼名を善太郎《よしたろう》といった。しかし、幼くして父親に死別し、はやく善兵衛の名をうけついだ。かれは生涯をつうじて、家庭的に恵まれた人とは言いがたい。父親なきあとは母のきわめて厳格な教育のもとに、その性格を形成した。母は善兵衛に箸のあげおろしにいたるまで、一定の作法にしたがうべきことを教えた。そうして仕込まれた几帳面さをぬきにして、のちの善兵衛の仕事を評価することはできない。

ともに地方の素封家の出で、おなじ世代に生をうけ、そろって独学で植物を学びながら、川上善兵衛は牧野富太郎などと対照的に、定規でひいたような規律ただしい計算ずくめのゆき方をこころざした。〃理論〃にたいする信仰が、善兵衛の一生をつらぬいている。秩序にあわない存在を、かれは信じることができなかった。遺伝と育種という法則的な研究に大成したことは、けっして偶然ではなかったのである。かれが民間にありながら農学賞を受賞されたことは、体系と法則を重視する学界として当然の処遇にほかならなかったといえよう。

わかい地主の理想

成人するにつれて善兵衛は、小作人たちのみじめな生活に、いたく心をかきむしられた。かれも見なれた付近の娘たちが、風呂敷づつみを一つかかえて泣く泣く村をあとにする姿を、おそらく目撃する機会もあっただろう。わかい善兵衛の情熱は、その救援をめざして燃えさかった。しかし、たんに上からの同情だけならば年貢米の軽減とか、その種の温情主義的な手段に終始すればすむ。かれがより広い視点から問題の解決を考えたのは、かれにとって一そう深刻な動機がかれの情熱をささえていたためだといえる。

かれが五、六歳のときである。かれは母親の強制により、直江津にちかい春日《かすが》村《むら》にある親類筋の漢学塾に入学させられた。その塾は全寮制で、かれははじめて家をはなれて同年輩の子供たちと生活をともにした。寮の同僚は、ほとんど小作人の子供ばかりである。まもなく善太郎はかれらと自分とのあいだに冷やかなすきま風がただようことを意識しはじめた。ほかの子供たちは、表面は善太郎を尊重する。しかし、かげにまわって、いろいろと変な意地悪をする。地主への小作人の反感が、子供たちの世界にも尾をひいているのだ。

この体験がいたいけな善太郎に、骨身にしみる印象をあたえたようだ。それがかれの胸のうちに、ドス黒い霧としてわだかまった。やがて成長したかれは、その体験をより客観的なレベルで分析するようになる。そして、つぎのような結論にゆきついたのだ。——

「このように地主と小作人が分裂していては村の風紀として好ましくなく、じぶんたち一家としても不愉快で仕方がない。こんなことになるのは、わたしたちとかれらとの利害が相反しているためだ。わたしはこのミゾを埋めることを、一生のつとめとしたい」

そのための方法を、かれはつぎのように思いめぐらした。

「わたしが資金をだし、村のための事業をおこそう。農家の副業になる事業をおこして、わたしたち一家はあげてそれに参加する。わたしの小作人たちもまた、共同経営者になってもらう。冬の半年のあいだ、かれらに仕事をあたえてやるのだ。その事業がさかえることは、わたしの家がさかえることで、同時に小作人たちの収入が増すことでもある。そのように一つの利害のもとに、地主も小作人も共存共栄するならば、たがいのあいだの不愉快なミゾはなくなるにちがいない」

善兵衛はそのように割りきった。〝秩序〟をかたく信頼するかれは、地主制度そのものをいささかも疑わない。その階級構成を土台に狭義の生産をたかめることで、おのずからみんなが豊かになり、あらゆる差別が解消すると無邪気に信じこんだ。明治維新の革命は地主の土地所有にたいし、本質的な変革をあたえなかった。その大地主の子で、維新直後の興隆期に成長した善兵衛として、それはやむをえない限界であった。かれはまだマルクス主義を知らない。かれの人間をはぐくんだ思想は、自家の土蔵につまれていた和漢の書と春日村の村塾でおしえられた漢学の素養であった。この点でずっと世代のあたらしい有島武郎や太宰治と、善兵衛ははっきり区別される。おなじく地方の素封家の出で似たような体験から出発しながら、マルクスの洗礼をうけた有島や太宰には、自分の存在そのものが〝罪〟なのだという思いつめた自己否定があった。そういうつきつめた姿勢は生涯をつうじて、善兵衛には縁が遠かったのである。

副業の発見

だが、そのことゆえに善兵衛は責められるべきだろうか。多くの大地主の息子たちが親の七光にあぐらをかいていたとき、かれは多くの資料をもとめて、けんめいに事業の計画をねったのである。当時、経済力強化の手段として、新しい作物や家畜を輸入して水田中心の日本農業を更新しようという世論が一般にたかまっていた。その発想ははじめから目標を狭義「技術」のわく内に限定しているが、その時代なりに一つの役割りははたした。善兵衛もまたおなじ風潮のなかで、副業としての果樹の導入を考えついたのであった。

そのころ、かれはいちじ郷里をはなれて、東京の慶応義塾に入学している。しかし二ヵ月後には退学して家にもどった。「せっかく期待して入ったのに、知ってることしか教えないので失望した」というのが、のちにかれみずからが語った退学の理由である。その後は郷里に腰をすえて、越後の人間としてすごす決意がかたまる。けれども後年のかれが、のぞめば得られる位置にありながら、県会議員から代議士へという政治コースに登場することを拒んだのは、あるいは初期の慶応義塾の在野的精神を何ほどか受けついだ結果だといえるかもしれない。

ブドウは日本では古い果樹で、すでに一〇世紀ごろ中国から渡来した系統が、甲州を本場に栽培されていた。しかし明治になって政府の奨励のもとにアメリカ・ヨーロッパの新品種が輸入されて、とくにブドウ酒の需用は鹿鳴館時代の風潮とあいまって、日に日に量を増すかにみえた。善兵衛がその二つに注目したのも、そのような時勢の影響だといえる。すでに新潟県下でもおなじ中頸城郡鳥坂村大字姫川原に小規模ながらブドウ園があり、高士村でも宅地のなかにブドウ樹を植えている家が何軒かあった。果樹の栽培を決心した善兵衛は、ブドウのほかにスモモ、桜桃、スグリなど、その土地になかった果樹の苗をよそから取りよせて、じぶんの庭に試植してみたが、やはり事業としていとなむには醸造用ブドウこそ最適であるという結論にたっした。その理由は、第一にふつうの果樹だと冬のあいだに雪の重みで枝を折られる危険があるが、ブドウはつる性のゆえにそれをまぬがれ得る。第二に善兵衛の事業は、あくまでも農家の「副業」として計画されたものである。小作人が出稼ぎにゆかずにすむように、そのあいだの仕事として考えられたものだ。米どころの一角に成人したかれは、当時のハイカラ文化人・学者たちのように水田を全廃して他の作物に変えよという場あたり的な主張はとらなかった。日本農業がイネを中心にゆくべきことを、かれはかたく疑わなかった。したがって労力配分の上から、水田の農閑期に醸造をおこない得るブドウ酒こそ、かれの目的にそうものと考えられたのだ。

実行を決意したかれはブドウの本場甲州へおもむき、栽培の実際をつぶさに見聞した。この甲州における修業の詳細はなおあきらかでないが、おそらく二十歳前後のときと推定される。のちにかれが「わが師」とよんだ同地の代表的ブドウ園主、土屋竜憲のもとに住みこんで修養をつんだ。また、東京市下谷区谷中のブドウ園主、小沢善平からは、その著書『葡萄培養法摘要』および訳書『葡萄培養法』（アンドルー・フーラー原著）によって啓発をうけ、上京して小沢をおとずれ、とくに接木法について指導を受けたらしい。

ところでブドウは明治のはじめ、官庁の指導により各地に栽培されたが、善兵衛がブドウ園を計画した一〇年代後半には、すでにゆきづまって廃業するところがボツボツあらわれていた。いちじの流行におされて軽はずみに開園したことや、とくに輸入ブドウ酒に圧倒されたことが主な原因であったと考えられる。善兵衛がそのような前者の轍をかえりみずに理想のおもむくまま実行につっぱしったと思うならば、かれの几帳面な性格を侮辱することになろう。ものごとに秩序を信じているかれは、同時に因果律を信じる合理主義者であった。かれはかれなりに資料をあつめて、前者の失敗の原因をさがした。そのうえであまりにも合理主義者にふさわしく、「これらの蹉跌の理由は、気候にあわぬ品種を栽培したことだ」という単一の結論をわりだしてしまった。この結論こそ、かれにとって運命のわかれ目となった。のちの育種家としての栄光はそれから生じたが、同時に事業家としての苦難も、またそこから発したといえる。

「岩の原ブドウ園」の創業

一八九〇年（明治二三年）六月は、川上善兵衛にとって生涯わすれられぬ月となるであろう。またその年月を日本のブドウ発達史に、見おとすことなく記録しておきたい。この月に「岩の原ブドウ園」は創業されたのだ。

「予は先づ宅地内の庭園を毀ち、雑木を伐採し、仮山を削りて泉水を埋め、多数の大小奇石を一隅に堆積し、その土地を深耕して良圃と為せり、この地、字岩の原なるを以て人称して岩の原葡萄園と呼ぶに至る。」（川上善兵衛著『葡萄全書・醸造編』）

地主たる権威をもってすれば、小作人の水田をとりあげてブドウ園に変えることも不可能ではなかったろう。しかし自家の資産を投じて農民救済をめざした善兵衛は、まずみずからの犠牲のうえに最初の礎石をすえた。父祖伝来の築山や泉水を、二十三歳のわかい地主は惜し気なく破壊した。かれはその行為をもって心中ひそかに、過去の生活への訣別を意図していたかもしれぬ。翌一八九一年に小沢善平のもとから一三品種一七〇株の苗をとりよせて、ブドウ園は最初の体裁をととのえた。さらに九二年には五〇品種二〇〇株が追加されて、ブドウ園の事業は軌道にのる。おなじ年、はじめて二貫目の収穫があがった。翌年、それは二五〇貫に増加して、ブドウ酒の醸造をこころみて五石を得たが、発酵の温度をあやまって品質は悪かったという。そのようにパイオニヤにふさわしい苦闘をしながら山林を切りひらき、ブドウ園の面積は増加の一路をたどった。九三年にはアメリカ・ニューヨーク州のT・S・ハーバードと交渉をひらき二三品種の苗を直輸入したのを手はじめに、当時のアメリカで最高のブドウ研究家T・V・マンソンとも交際して、資産にものをいわせて新品種をぞくぞくと買い入れた。善兵衛がすぐれた記憶力の持ち主で、いかなる七言絶句をみせても一回で暗誦してしまったことを、生前のかれを知る人が語っていたが、その頭脳を駆使して英語を独学しブドウにかんする原書の購読もはじめている。最初の失敗にこりずに醸造法も改良をかさねて、内務省東京衛生試験所の分析と、東京帝大医学部高橋教授、薬学科下山教授の鑑定をへて、一八九八年（明治三一年）にはブランディとブドウ酒に「菊水」という商標を登録し、販売を開始した。一九〇五年（明治三八年）にブドウ園の拡張はひとまず完了するが、その面積は二〇町歩三反歩で、貯水池六ヵ所と農舎四棟（一二〇坪）をそなえ、栽培されるブドウは三二一品種六三一二七株をかぞえている。アメリカのほかにブドウ酒の本場コールマール（当時はドイツ領、のちにフランス領）からも品種を輸入した。醸造用施設としては、地下室四室（一七〇坪）、工場・倉庫あわせて四棟（一五四坪）、土蔵その他の附属建物四棟（一一〇坪）が完成した。

個人の手によりこれだけの品種を蒐集したことは、「岩の原ブドウ園」の前には例がない。土地に適した品種を発見しようというかれは、新品種の購入に熱意をそそぐとともにその詳細な特性調査を開始した。すなわち、品種ごとにまず「樹態」として樹質の硬軟・節間の長短・葉の縦横の長さ・その裂け目の数と深浅・葉の基部の形状・葉歯の大小と尖鈍をしらべて、ついで「果態」として果穂の形状・その長さと幅・果実の色彩・その疎密・長短・果肉の緊軟・果液の大小・果皮の厚薄・剛軟・種子の大小・数・果実の産額を調査し、さらに「生育状況・成分」として、はじめて葉を展開する月日・花をひらく月日・果実のはじめて着色する月日・成熟する月日・果液中に含有されるブドウ糖のパーセント・遊離酒石酸のパーセントをあきらかにした。一方、風土の条件として、一八九七年（明治三〇年）には積雪柱と雨量計を、翌年には最高・最低温度計を設置して、ブドウ園ふきんの最高気温・最低気温・平均気温・積算温度・降水日数・降水総量を、年間・ブドウ生育期・四季別・月別にわけて微細な数字をもって算出している。

すぐれた頭脳の所有者だが、しかし正規の科学教育をうけたことのない善兵衛には〝数字すなわち科学的〟とみなす一種の偏見が存在したようだ。ブドウの生育にそれほど影響しないと思われるデーターまで、詳細に数字をあげて記録している。厳寒の越後の真冬、夜中に起きでて施設をまわる中年の男の姿が、目に浮ぶようでもある。

独学者と近代科学

学校教育の機会をえず、みずからの力で知識を開拓した独学者には、極端にいって二つのタイプがみられると思う。一つは近代科学を〝机上の空論〟だと排斥して、自己の経験のみをえこじに固執する型である。もう一つは近代科学を途方もなく崇高であるかのごとく感じて、科学の名で語られることになかば盲目的に頭をさげる型である。川上善兵衛にはむしろ後者の傾向がつよかったようだ。

一九〇〇年（明治三三年）、ヨーロッパにおいて「メンデルの法則」が再発見されて、その学説はたちまち日本へも紹介された。「新しい科学」の崇拝者で、しかも因果律を確信する善兵衛は、遺伝法則の合理的・整然たる内容にまったく魅せられてしまった。かれは主としてその知識を、血縁にあたる同郷の遺伝学者見波定治から教えられたようだが、それをブドウに応用してみずからの手による新品種の育成を思いたった。

「品種改良の第一の方法としては交配に依る両性繁殖の方法より良策無きを信じ、大正十一年より之に従事し同十二年以来として醸造用品種を改良するの目的の下に之を継続し……」とのちに主著『葡萄全書・栽培法』のなかで述べているが、その実際の着手が一九二二年（大正一一年）であったことは、ブドウ園の経営状況にてらして興味をよぶ。

「岩の原ブドウ園」の全盛期は、圃場の完成した一九〇五年から一九二〇年ごろにかけてであったと考えられる。すでに一九〇二年五月には地方の模範的産業ということで、当時の皇太子（のちの大正天皇）が同ブドウ園に行啓して善兵衛を感激させた。一九〇四年から五年にかけて日露戦争がおこり、軍部が大量のブドウ酒を発注したことが経営状態を飛躍的にあかるくした。一九〇七年（明治四〇年）には多年の蓄積をまとめて、初期の一里塚とみなされるべき『実験葡萄提要』を脱稿し翌年に出版している。その年の正月の年賀状にブドウ園を背景にした最愛の令嬢トヨ子さん（三女・七歳）のブドウを手にした写真を印刷して、「父が育てた葡萄の苗は新年に良き実をむすびます」と文章をそえて知人に発送しているのは、希望の絶頂にあるかれの心境をあらわしているようだ。琉球の王族がかれの名をきいて、わざわざバナナを贈ってきたのがおなじころである。一九一三年（大正二年）の夏には、関東都督府の嘱託として朝鮮・満州・北支方面のブドウ栽培と醸造の視察におもむき、帰国後に『満鮮葡萄業視察報告書』をまとめて同府民政部から発行するとともに、鮮満地方の品種をもちかえっている。そのころ一方では村長をつとめて小学校をたてるなど教育関係に力をそそいでいるが、それ以上の政治舞台へはでることなく、ブドウ園の経営に主力をささげている。その前後にかれが親しく交友した人々としては、勝海舟、品川弥二郎、松方正義、富田鉄之助、竹田範之、柳原義光、織田完之、権藤成卿、曾根荒助、石黒忠篤、菊地楯衛、山座円次郎、白仁武、増村度次といった人名が著書のなかに記録されている。その多くが小農主義を主張する狭義の農本主義者であることは、この人の姿勢を知るうえでも見のがせないことだ。

だが、「岩の原ブドウ園」のそのような隆運は一九一〇年ごろをもって終りをつげ、それ以後は急速に衰微の方向へとすすむ。「品種の適否は斯業成敗の分るるところなるを以て其撰択は最も慎重ならざる可からず」と信じてきたかれは、その経営のたてなおしを品種改良にもとめたといえる。「本邦に於ては現在世界に存在するところの品種のみに甘んじ難きを知り、多年品種の育成に従事しメンデル氏法の葡萄に対する遺伝の結果を研究しつつあり。」（『葡萄全書・栽培法』）善兵衛が一九二二年から近代遺伝学にもとづく品種改良にのりだした背景には、そういうさしせまった要求が存在していたと思われる。

破局へ

善兵衛がそういう手段できりぬけをはかったブドウ園の苦難は、つぎのような形で表面化してきた。第一に、「菊水ブドウ酒」の売れゆき不振である。日本でつくられているブドウ酒の多くは、現在でもはなはだしく甘味がつよい。これはブドウ酒ほんらいの成分からいうと邪道で、純粋のブドウ酒はもっと酸味が強烈なものである。善兵衛は日本にそのような本場ブドウ酒を普及し、従来の〃まがい物〃を追放することを一つの目標にしていた。しかし生前のかれを知る人々のなかに、かれの人格をわるくいう人が皆無であることと対照的に、かれの理想の産物である「菊水ブドウ酒」の味を、おいしかったとほめる人もまたほとんどいない。〃まがい物〃の甘味になれた舌は、この善意の地主の予想したほど簡単には〃本格的〃なブドウ酒になじめなかった。善兵衛はこの点において、まず理想によって足をすくわれたといえる。

善兵衛の事業はあらゆる面で、理想主義的な色彩をおびていた。ブドウ園を創設した根本には、かれなりの仕方による貧者救済という願いがこめられていた。したがってその目的に添うとみなされれば、経営的には多少不利益なことでも、かれは採用することを拒まなかった。たとえばそのころ新潟刑務所から釈放された囚人で身寄りのない者があると、善兵衛は引きとって農場ではたらかせた。そして、その大部分はふたたび犯罪をおかし、善兵衛の好意は仇をもってむくいられた。しかし、かれはこりることなく、おなじ慈善をいく度でもくりかえしていた。

そういうところから、他の経営関係者とのあいだに対立を生じた。反対派の筆頭はかれの養子であった。善兵衛は男の子に恵まれず、次女に婿養子をむかえて跡とりにきめていたが、北大農学部で農業経済学をまなんだその養子は、とうぜんのことながら養父の非近代的な経営法に批判をもち、資本主義商業に適応した形での会社経営を考えたのであった。善兵衛はその婿の考えを、自分の理想を解しないものであると判断し、かえってそういう考えの者がいることが農園経営を困難にみちびくのだときつく信じたようでもある。そういう二人の対立が現実の運営に、何かと支障をもたらすことになった。品種改良に着手したとおなじ一九二二年いらい、善兵衛は冬の半年のあいだ新潟をはなれて、あたたかい東海道の興津ですごすことがならわしになった。興津には農林省興津園芸試験地がある。たまたまそこを訪れた善兵衛は、その機会に同地の名寺である清見寺を見物してすっかり気にいってしまい、試験場の恩田鉄弥場長のあっせんで同寺の「不二庵」という離れを借りることになった。すでに五十四歳の身体に雪国の冬がきびしかったのは事実だろうが、それとともにその生活のなかにも、郷里の農園経営から浮きあがってゆく様子がしめされているようだ。

じつは経営不振の真因は、善兵衛の姿勢そのものに胚胎した。かれのゆき方はたった一人で、研究も著述も改良も栽培も、醸造も販売も要するにブドウ酒のオール・プロセスをになおうというものだ。午前には寒暖計をにらんで温度計算に余念のない善兵衛が、午後にみずからリヤカーをひいて町へブドウ酒を売りにゆくのだ。極度に几帳面なかれは、大切なことを他人まかせにはできない。品種調査も改良もすべて自分でおこない、学校出の技術者を最後までやとわなかった。かれには「分業」という概念が存在しないのである。しかもブドウ酒の売り方にしても、特定の食品会社と協定するなど近代的な販売ルートを積極的に開拓した形跡はない。その経営はまさにイネについてのみ可能な〝自給自足〟の形態を、工芸作物にまで適用したものといえる。たとえ善兵衛が七言絶句をたちどころに暗誦できる秀才であろうとも、あるいはその農園が皇太子の行啓をあおぐごとき〃模範的〃なものであろうとも、そのゆきづまりは資本主義経済の発達とともにくるべくしてきたった必然というほかはないであろう。

品種改良家たる光栄

しかし、善兵衛じしんは自分の姿勢を、根本において間違っているとは考えない。あまりにも合理主義的なかれは、じぶんをとりまく世界があまりにも多くの不合理にみちていることを見のがしている。かれは苦労し、何とかして状況を好転したいとはかる。「予は事業の大成に苦心努力し、以て皇恩に奉答せんと欲すれども未だ成功の域に達せず日夜惴焉たり」と著書のなかで訴えもする。だが一地主の犠牲におぶさった経営形態それ自体が、もはや成り立つような時代でないという歴史のきびしさを、ついに認識することができなかった。したがって自分の立場を最後まで「危機」として意識することがなかった。そこにかれの楽天性が存在する。

明治はじめの興隆期に人となった善兵衛は、孤独ではあっても明るい人生観の所有者であった。世の中がよい方向にむかって秩序ただしく進んでゆくことを、かれは確信していた。そして自分のいとなみもまた、その世の中の進歩にかなっているものだと、かたくかたく信じていた。そういう実感にたつかぎりは、じぶんの身にふりかかる苦難は、結局のところ目標にむかっての努力が足りないためであるとしか把握することができない。

「独り予のみならず葡萄酒の醸造に従事するもの、或は既に失敗に終り或は尚萎微不振の境に沈淪しつつあり。是他無し葡萄は乾果の外輸入し難きを以て外国産の圧迫を受けざる上に、生果の需要は年々増大するが為め生食用品の販路は拡張せられつつ有れども、葡萄酒の需要は生果の如く盛ならず、加え低廉なる協定関税の下に輸入せらるる舶来葡萄酒に圧倒せらるるが為めなり。」(『葡萄全書・栽培法』)

甲州その他の栽培地では、ブドウ酒に見きりをつけて生果用品種に転業するブドウ園主が続出している。しかし小作人の雇用を目的に醸造企業をいとなんだ善兵衛として、その使用人たちの首をきって自分ひとり生果用の栽培に転身するなどは、良心にかけてできない相談であった。このジレンマを解決する道は、優秀なブドウ酒をつくりだし外国品を市場から駆逐する以外にない、とかれは考える。その基礎として外国にない優良品種を、日本の風土に適した優良品種を、日本人の手で育成しなければならない、とかれは考える。善兵衛はその目標をめざして邁進する！　かくて気候の観測はますます頻繁になり、品種の調査はますます綿密になり、経営状態はますます苦しくなり、そして善兵衛じしんはブドウの〝研究家〟として、その名声をますます高めていった。

品種改良の手段としてはじめは突然変異の利用も考えたようだが、まもなくそれに見切りをつけて、交雑による雑種の作成に専念しはじめた。かれの几帳面な性格が、この分野では有効にはたらいた。品種の取扱いは厳格をきわめたといわれる。その過程であらわれた結果を、たんねんにカードに記入しているが、雑種の樹態・果皮の色・果肉の色・果穂の粗密・果粒の形・品質・産額・熟期など両親品種のいずれに多く似てくるかが数字をもちいてしめされている。たとえば「ビークン」種を母に、「アリカンド・ブスケー」種を父にした雑種の一系統は、樹態のようすが母7にたいする父3の割合であらわされ、果粒の形・産額・熟期は母に似るも、果肉の色は父に似て、また果穂の粗密と品質は両親の中間をしめし、「改良の目的を達し最も有望なり」と備考欄に記録されている。各雑種ごとに「樹態の遺伝率」と称するものも算出されている。すなわち優性遺伝の形質を9、劣性遺伝の形質を1として各個体ごとの点数を集計しそれを株数で除した数を遺伝点数として、樹態の遺伝率を計算しているのである。「僅かに三頁を越えざる本表の資料も、予は前後数ヵ月に渉りて野外の実施調査を行ひ、更に之が集計に依りて各組合せ毎に其遺伝率を算出し以て本表の基礎を作成したり。」（『葡萄全書・栽培法』）とかれみずから述べているとおり、その苦心たるや感歎に価するが、しかし現実の効果という点ではザルをもって井戸水を汲むの感がなくもない。そうして集積されたデーターをたずさえて、かれは冬の半年のあいだ暖い興津の不二庵でその整理にはげんだ。その資料をつかって、生涯をかけたライフ・ワークというべき『葡萄全書』の執筆もおこなったのであった。

「毎年、秋がすぎブドウの葉が落ちると、川上さんがやってきた。そして春がきてブドウが芽をふくと、また新潟へ帰っていった」

そのころ清見寺の住職であった古川大航師は往時を回想してそのように語っている。そういう生活が十数年にわたって、判で押したようにくりかえされたという。清見寺は東海道の名寺の一つで、訪れる観光客はいまも少くない。境内の立札には、足利尊氏、徳川家康、雪舟、明治天皇、高山樗牛、与謝野晶子、さらには俳人万木こと大野伴睦といった名前が、同寺にゆかりある人々として記されている。だが、この寺をわが家のごとく愛した川上善兵衛の存在は、現在ではそれらの立札のどこにも、ただの一行も書きとめられていない。

やがてかれの努力はそれなりにみのって、「マスカットベリー」種をはじめとする新品種がぞくぞくと誕生した。しかし、ブドウ園の財政はそのかんにも、ツルベ落しの日のごとく窮迫の度をくわえていった。

「茲に至るまで二十年間、我家を重んじ予を愛するものの切なる諫言は、恰も鼓膜を穿ちたるが如く予が耳に響きたりしは最も苦慮したる処である。併し今や多少の有益なる新品種を育成し得て斯業家の選択取捨に委するに至りしは僥倖と云ふべきか、唯黙して予園の更新を図るのみ。佐久間象山は謂へり、我党の事之を天下後世の公論に附して可なりと。メンデル氏も亦、我が時来らんと謂へり。予は敢てこれに倣はず唯その言に従はんのみ。」（川上善兵衛「品種育成に関しての所感」）

そうして作りだした品種に、かれはぜったいに「川上何号」といった式の名前をあたえなかった。「名前をのこす必要はない。品種をのこせばよいのだ」と口ぐせのごとく語っていたというかれは、栽培技術や農器具にも新しい作品をくわえたが、「川上式棚架法」をただ一つの例外として、あとは自己の名前を冠することをしなかった。かれが命名しないまま残したいくつかの品種に、現在の園芸家たちが「川上二号」あるいは「川上三号」という呼び方をしているのは、便宜上の手段であるにしても故人の意志を無視したことになろう。一二年の歳月をついやして脱稿された『葡萄全書』全三巻は財団法人啓明会の援助により一九三二年（昭和七年）から翌年にわたって出版されたが、かれのその分野における総決算といえる。名著は悲しみの中より生れるとは古くからいわれてきたことだ。破綻に瀕したブドウ園をせおって悪戦苦闘する過程で書かれたこの書物は、『エレミヤ書』や『史記』や『神曲』にくらべることはできないまでも、たんなるブドウの解説書にとどまらず人間善兵衛の真情が行間にあふれている。一九四一年（昭和一六年）には論文「葡萄の品種育成」（翌年に雑誌『中央園芸』に八回にわたって分載）にたいして農学賞を受賞され研究家としての業績を評価されるが、その内容は日本農業史につぎのように記録されている。

「彼は欧米各国よりの輸入品種五〇〇余種を用い、二〇乃至五〇ヵ年に亙って相反・戻し交雑をおこなって得た一万余株の実生について各種形質を調査し、次の事項を知った。すなわち主として米国種を母本、欧州種を父本として交配をおこなったところでは、樹態は母本、果質は父本に偏似し（赤肉種ではともに父本）、肉の赤色は劣性、果皮色は黒が最優性で次に白、赤は劣性（赤肉種では黒に対し赤白ともに劣性）、果粒の大小は小（優）中大、顆粒の大小は中（優）小大の順で各優劣を示し、顆型は円が楕円に優性、扁円は劣性、熟期は中晩早の順、香気は無香が優性で狐臭が劣性、完全花が不完全花に対して一般に優性であった。」（野口弥吉「農業における遺伝学」『日本農業発達史』第九巻）

この詳細な結論は、厳格にして几帳面な善兵衛の仕事としてふさわしいものである。だがそもそもかれが品種改良を手がけた目的は、ブドウ園の経営をたてなおすことではなかったか。ほんらいは〝手段〟にすぎなかったはずの育種事業が、いつしかかれの内心でそれじたい独立した〝目的〟と化し、かれの情熱をかってますますその深みにひきこんでいったと考えられよう。

『朝鮮秘史』と善兵衛の死

一九三四年（昭和九年）あまたの借財をせおって、「岩の原ブドウ園」はついにっちもさっちも身動きがとれなくなる。それを建てなおす仕事は、善兵衛のやり方とは質的に異なる近代的産業資本にひきつがれなければならなかった。ブドウ園は寿屋の所有とかわり、一九三六年から同社の農場として再発足した。善兵衛も同社の社員になる。しかし社員として与えられた待遇について、関係者たちのいうところは一致していない。農園の使用権を従来どおりに保証されて研究をつづけていたと語る人もいるが、まったく隠居同様の身となり会社から支給される生活扶助めいた給料で老後をまかなっていたという説もある。いずれにせよひとつ確実なことは、川上家の資産を土台に地主と小作人の共存共栄をねがった善兵衛の青写真が、いまや完全に頓挫をきたしたということであろう。日本の資本主義のおもてむきの発展速度は、この人の思惑をはるかにしのいでいたのだ。

しかし、善兵衛個人のエネルギーは、それをもって消滅することはなかった。挫折せるブドウ園主は、ひそかに心がけていた第二の目標にむかうのである。それは私淑する竹田範之の伝記をとおして、日鮮交渉史上のかくれた一面をあきらかにする仕事であった。

竹田範之はおなじ越後国の出身でがんらいは僧侶であるが、日清戦争の直後から日韓合併問題にからんで暗躍した人物である。閔妃変死事件の容疑者として広島の監獄に投ぜられた経験をもつ。しかし後に朝鮮にわたって各方面に才覚を発揮し、さいごには朝鮮仏教界の元締めともいうべき韓国十三道仏寺総顧問におさまった。そうい波乱にとんだ経歴の人である。善兵衛は少年時代に母親の実家で初めて範之に対面し、その人物に感動して生涯のあいだ尊敬の念をいだきつづけた。範之の在日当時は親しい交際があったらしく、『葡萄提要』には範之の筆になる「跋文」が付されている。そして善兵衛はブドウにうちこんでいた時代から「この仕事が一段落したら竹田師の伝記を書きたい」と身ぢかな人々には語っていたという。ブドウ園を手ばなしてからのかれは、そのことの実現に最後の情熱をかけたのであった。

竹田範之の立場は明治以後の日本政府の方針とちがって、朝鮮ならびにその民族にたいして、ずっと深く同情をよせたものであったと考えられる善兵衛はじぶんの農場に身寄りのない朝鮮人労務者をやとって、とくによく面倒をみたといわれるが、それもあるいは竹田範之の影響があったかもしれない。数年をかけて書きあげた範之伝に、善兵衛は『朝鮮秘史』というタイトルをつけた。その原稿はかれの理解者の一人だった石黒忠篤のあっせんで岩波書店から出版されることが内定していた。しかし、時代はすでに太平洋戦争に突入していた。直前になって書店側は、「社会情勢を考慮して」その出版を中止したのである。保管されていた原稿は、まもなく空襲によって焼失してしまったといわれる。もし、それが残っていたならば、川上善兵衛という人物は別の面からも興味をひく存在になっていたかもしれない。だが当時の日本の現実は、その善兵衛のさいごの善意さえも、受け入れることを拒むほど切迫していたといえる。

いまや善兵衛も疲れはてた。温暖な興津の気候をもってしても、かれの健康を維持することは不可能になった。かれはふたたび越後の郷里を出ることがなくなった。そして、太平洋戦争が破局にむかわんとする一九四四年(昭和一九年)五月、地主川上の一門が「善兵衛」の名とともに受けついできた高士村の邸宅、しかし今は人手にわたった旧屋において七五年にわたる孤独な生涯を閉じた。

民間〝篤志家〟の一典型

ふりかえって明治のはじめ雪ふかい越後の村塾で、小作人の子供たちとの接触におさない心をさわがせた善太郎は、頑是ない良家の少年を思わせる。しかし一八九〇年の夏、父祖より伝えられた庭園をこぼち、ブドウの苗を移植したとき、かれはもう立派な若者で、理想にむかって突進するひたむきな青年であった。そして勝海舟から与えられた色紙をかざり、琉球王から贈られたバナナを前に、皇太子の行啓に感激の胸をふるわせた中年の頃がかれの人生の絶頂であったろう。やがて興津の不二庵にしりぞき『葡萄全書』に『朝鮮秘史』に思いのありったけを文章に託する晩年の姿は、一種の悽そうな気魄がただよっている。そのような運命の変遷はかれの方針の動揺を意味せず、むしろその一貫性ゆえに招来されたものと考えられよう。

明治のはじめ、かれは熟慮に熟慮をかさねたすえにみずからの方針をえらびとった。そして一たびこうと決定したうえは、二度とそれを疑ぐることがなかった。残念ながら柔軟性を欠いたその方法は、明治維新から敗戦にいたる近代日本社会の激動に適応できず、ゆすぶられ、もまれたあげく、崩壊することを余儀なくされたといえる。

品種改良はその過程で生じた、かれ本来の目的からみれば、いわば副次的な業績だといえるかもしれない。しかし今日では川上善兵衛の育成した品種のいくつかは、日本のブドウ界にゆるぎない地歩をかためている。その動機はどうあれ由来はどうあれ、あらわれた結果はそれとして不朽の価値をもつものだといわなければなるまい。

と同時に、品種改良家としての業績のかげに、空しく消えたそもそもの目標と、それをささえていたかれ個人の善意とは、結果の失敗ゆえに頭から否定さるべきだろうか。客観的に判断して善兵衛の一生は、いわゆる民間の「篤志家」というものの典型をしめす。すなわち上層資産階級から出て一つの理想をいだき、あくまでも自己を中心に自己の犠牲のうえに、その実現をはかろうとした人間の姿である。

もはや今後の日本では、そういう形の理想実現は効果をもたず、そのような立場での犠牲発揮の地盤は失われることが望ましいかもしれない。しかし現在あるいは将来において無効であるという理由で、過去においては有効であったことを、少くともその可能性までも、歴史のページから抹殺することは軽率のそしりを免れないであろう。

後記 川上善兵衛にかんする調査は、数年前から田辺振太郎氏と共同でこころがけてきたものであることを、とくに申し添えます。調査のあいだ、わたしたちの質問にこたえて下さった川上氏の遺族・知友の方々、とくに川上忠夫氏、倉石武四郎氏、同トヨ子夫人、古川大航氏、見波定治氏にこころからお礼を申しあげます、

説明するまでもなく以上の一文には、いくつかまちがいがあった。しかしあえてそのまま再録したのは、大すじにかんするかぎり、修正の必要はないと考えたからである。また、このまちがいそれ自体が、いまを去る二十余年むかしの時点で、善兵衛や範之にたいする一般の認識がどの程度にすぎなかったかを、むしろ象徴しているようにも思われるからである。範之の姓を「竹田」とし、出身地を「越後」と書いたのは、聞き書きをメモしたときおかしたまったく初歩的なまちがいの結果で、はなはだ慚愧に耐えないしだいだが、当時はそれすらそのまま通用してしまう状態であった。事実、原稿の執筆にさきだって、これとおなじ内容を某研究会で発表したことがあったが、出席者のだれひとりとして範之の名すら知らなかったのである。

善兵衛が晩年にまとめた範之の伝記の題名を『朝鮮秘史』としている点は、川上家の縁者からそのように聞いたためである。戦火で焼失したらしいとした点も同様であった。そのころはもっとも身近かな

関係者でさえも、遺稿の保存されていたことを知らなかったわけである。それがはからずも再発見されて、表題も『朝鮮秘史』ではなく『武田範之伝——興亜前提史』と判明し、ようやく公刊されることになったのである。さきの拙文に「それが残っていたならば、川上善兵衛という人物は別の面からも興味をひく存在になっていたかもしれない」とした往時の期待が実現することを望みたいものである。

この機会に、さらにいくつかのことを追記しておきたい。

刑務所から釈放された身寄りのない人たちを、善兵衛がすすんで世話したとさきに書いたが、そのなかには韓国・朝鮮の人々が多数いて、このうちの有志が善兵衛に感謝の記念品を贈っていると、これも縁者のひとりからかつて聞いている。

また、善兵衛が「みずからリヤカーをひいて町へブドウ酒を売りにゆく」と書いたのにたいし、やはり縁者のひとりから、善兵衛はきわめて気位の高い人で、自分でリヤカーをひくようなことはしなかったはずだ、という指摘があったことも申しそえておく。

それから本書のまえがきで編者が、善兵衛を「篤農家」と位置づけていることにたいし、若干の説明をくわえたいと思う。ひろい意味で篤農家というときは、農業にみずから従事しつつ独自のすぐれた農法をあみだした人々をさし、善兵衛もそのひとりにふくまれよう。だがもう少しげんみつに定義づけると、いわゆる篤農家の大多数は農村でも下層（俗にいう貧農）の出身で、もっぱら技術ひとすじに生きている。善兵衛はまったく階層を異にし、村の行政的指導者として行動した。明治期のいわゆる「老農」の系譜にぞくしている。その事業が成功するためには、老農から近代的企業家への脱皮が不可欠だったと考えられる。だが善兵衛はそれになりきれず、老農的体質を濃厚にとどめたまま、時勢に適応できずに敗れたといえようか。

なお最近、善兵衛の主著のひとつ『葡萄提要』の一部が復刻され、『明治農書全集』第七巻（果樹）に収録されている（農山漁村文化協会、一九八三年）。ほんらいこの本は、「栽培」「醸造」「種類」の三編から内容が構成されていた。復刻されたのはこのうちの栽培編で、武田範之の跋文は省略されている。そのかわり園芸学者（元東京都農事試験場長、元東京農業大学教授）松原茂樹氏の解説がつけられ、はさみ込みの月報には醸造学者（元東大教授）坂口謹一郎氏の「川上善兵衛のこと」という一文が掲載されている。

一九八五年三月記

（早稲田大学政治経済学部助教授）

武田範之における勤皇主義の前提

滝沢　誠

明治期の朝鮮浪人として国権主義陣営内において独得な地位を占めた洪疇武田範之には、藩政末期の久留米勤皇派の影響が色濃く反映している。本書の著者である川上善兵衛は、これを「師の実父及生家の状態は頗る数奇を極めたるものなり」と簡単に記しているが、その理由は、川上の本書執筆の目的が範之の朝鮮における活動、就中、一進会との連携による日韓合邦運動の闡明にあったためか、それとも、生前の範之が著者である川上善兵衛に語っていなかったかのいづれかであろう。

久留米藩における尊攘運動は、初期の尊攘主義者として著名な、水天宮の神官真木和泉ら、草莽と呼ばれた民間人の運動として始唱され、禁門事件によって真木をはじめとした活動家が没した後は、藩士島田荘太郎、小河真文、そして郷士の古松簡二（清水真郷）らによってリードされた。幕末の久留米藩には、尖りと呼ばれた勤皇派と、裏尖りと呼ばれた佐幕派、そして、実務官僚による中間派としての社稷党があったといわれている。範之の父之高は、このうちの勤皇派に属していた。すなわち、之高の実母（範之の祖母）は小河真文の家から出ているし、その妻（範之の母）は、同じ勤皇派のリーダー島田荘太郎の妹であり、文字通り範之の実家は一族ぐるみの勤皇家であった。

久留米藩においても幕末の諸藩の例にもれず、勤皇派と佐幕派は藩政の掌握をめぐって熾烈な内訌をくり返した。その結果である佐幕派の領袖、参政（家老）不破美作刺殺事件（慶応四年一月二十六日）は、両派衝突のクーデターであった。この事件によって、藩論は尊皇倒幕に統一され、脱藩して京都の三条実美卿邸に寄遇していた水野正名は、参政として迎えられた。かくして、薩摩・肥前・長州と並ぶ軍艦保有量を誇った久留米藩は、倒幕軍の一員として組み込まれ、戊辰戦争に参戦した。

明治新政権樹立に伴って、水野正名は藩庁の大参事となり、勤皇派メンバーを重用した。島田荘太郎は中監察に、若冠二十三才の小河真文は、久留米藩が奇兵隊をまねて作った応変隊の参謀に任命され実質的に取り仕切った。郷士出身の古松簡二は中小姓格に登庸され、藩黌明善堂の教官に任命された。このうち、古松は草莽の臣としての活動歴も古く、全国規模のネットワークを持っていた。この時、小川・古松の人脈を通して久留米に潜入した大楽源太郎をめぐって発生したのが明四事件であった。

長州藩毛利家家臣の出身（すなわち、毛利家から見れば陪臣に当る）である西山大楽源太郎は、当時の尊攘運動において、後に明治政府において長州閥を形成し、絶大な権力を揮った松下村塾系のメンバーと雁行する存在で、特に高杉晋作とは良くなかったため、幕末尊攘運動における業績のわりには、知られていない。それは、明治期に入り松下村塾メンバーの明治政府高官筋から大楽抹殺の指令が修史官に下されていたか、あるいは、その前後事情を知るものがあえてふれなかったかであったと考えられる。ともかく、大楽は維新史において叛逆者としての悪名のみ喧伝されているが、幕末尊攘倒幕運動における大楽の役割は再検討される必要があるであろう。（大楽源太郎の再検討に関しては、内田伸『大楽源太郎』昭和四十六年四月　風説社）がある。

長州藩における早期よりの勤皇家である大楽源太郎は、京洛での派手な活動歴があり、長州藩内においても高杉晋作のひきいる松下村塾派と並ぶ勢力を維持した。また、自らも西山塾という宏荘な家塾を主宰した。西山塾は、その最盛時には塾生百五十名を数え、西国一の規模を持つものであった。大楽は戊辰戦争後、山口藩庁の採用した奇兵隊縮小政策に反対する隊士の首領に祭り上げられて、クーデターを起すが失敗。下僕数名と姫島を経て九州に潜入、姫島・鶴崎・日田等の各地で維新のやり直しを遊説した。この時、大楽の呼びかけに応じた反政府勢力の実態は断片的にしかわからず、その全体像はいまだに明らかにされていないが、『明治天皇紀』をはじめとする官撰の維新史関係書や、熊本の川上彦斎、鶴崎の儒者毛利空桑らのものに散見するものだけで、全国的規模の連絡のうえに計画されたものであることは推定できる。そして、この時、大楽の反政府運動の有力な支持者の一人であったのが久留米藩応変隊の首領小河真文と急進的尊攘主義者の古松簡二であった。

小河・古松は、日田を経て久留米に潜入した大楽を勤皇派メンバーに紹介し、さらに高良山の中腹にあった高良山御殿において、旧藩主で藩知事であった有馬頼咸にまで紹介した。日田街道の入口に位置する草野の町医者で、後に範之の養父となる武田貞祐は、早い時期に大楽に会い親交を持った勤皇派メンバーの一人であったろう。『先人の面影』（昭和三十六年八月　久留米市刊）には、「大楽源太郎は勤皇の志士で長州の人である。長州奇兵隊破れ、逃れて熊本・久留米に身を潜めていたが、草野の武田貞助《(マヽ)》氏宅に食客として隠れて、花の発心公園で柳瀬三郎、石橋六郎・武田貞助《(マヽ)》同志相集り、勤皇の旗挙をしようと酒を飲みかわした瓢と、武田氏宅で書いた詩が残されているが、これが絶筆である」という記述が残っている。

中央の政情に暗い久留米藩知事以下のメンバーは、大楽の持つ過去の名声にまどわされて、大楽・小河・古松らの提唱する〝回天〟の策に共鳴した。それは、皇族を含むクーデターの青写真であった。ちょうどこのころ（明治四年三月）京都では公卿外山光輔・愛宕通旭らによる政府顚覆計画が発覚し、彼らと久留米藩庁との謀議及び大楽の久留米潜入が中央政府に察知された。

山口藩庁ひいては新政府の大楽源太郎追求の通告によって、大楽の置かれている政治的立場を知った久留米藩勤皇派メンバーは、累が藩知事に及ぶのを恐れて、大楽とその従僕を、筑後川の豆津と高野ヶ浜で暗殺する。この時、大楽暗殺の実行者として登場したのが島田荘太郎・松村雄之進・柳瀬三郎・川島澄之助・太田茂・狩野淳二ら勤皇派若手メンバーである。島田荘太郎は範之の伯父、松村・柳瀬・太田は範之の先輩として本書に散見する。松村雄之進は久留米開墾社・台湾新竹支庁長・北海道上川支庁長を経て衆議院議員となる。また国権主義のリーダーとして活躍した。柳瀬三郎は後年の大橋村々長。その養子勁介は我が国における部落問題に関する先駆的著作である『社会外の社会穢多非人』の著者。川島澄之助は自由民権運動に関係し、その後福岡県各地の郡長を歴任し、宮地獄神社の宮司として同社を隆盛に導いた。著書に明四事件を扱った『久留米藩難記』がある。太田茂は久留米開墾社に生涯関係。狩野淳二は久留米開墾社に関係、のち玄洋社の経営した「福陵新報」の編集長。その多くが、直接、関接に放浪時代の範之に関係し、影響を与えていることは注目しておいてよいだろう。

大楽源太郎主従を殺したことで新政府に対する大楽源太郎隠匿の弁明にはならない。新政府の手によって、藩知事以下重役を含む多くの藩士が捕えられ、死罪を含む断罪が下された。この判決は多分に明治新政権に不満を抱く諸藩に対して見せしめ的な性格を持っていた。この事件を明四事件と呼び、この事件への連坐によって、真木和泉以下多くの尊攘志士を出し、戊辰戦争において官軍の有力な一員であった久留米藩は、一転して叛逆者の汚名を着せられ、久留米士族の明治新政権内部での活躍の途が閉されてしまう。そのため、久留米士族たちは多分に被害者意識をこめてこの事件を〝藩難〟と呼んだ。

大楽源太郎らのクーデター計画に関係した皇族について、明四事件関係書には〇〇宮と伏せ字になっているが、寺崎三矢吉（『久留米勤皇党事蹟』の著者）が明治史研究会で講演した回顧録「大楽源太郎の最後」下（雑誌『福岡県人』昭和六年一月）には「青蓮院宮様を京都有志者等が久留米へ奉じ来って、玆に義兵を挙げ、君側の姦を掃蕩して我等の主義目的を達するの決議をいたしました。私はこの秘密会議のことを発表するのは今晩が初めてでありますが、明治大帝に対し奉り、誠に恐懼に堪えぬ次第であります。私はこの秘密会議に加わったが為めに、終身禁獄に処せられまして、其の罪は遂に特赦になりましたけれども、只今明治神宮に参拝して、明治大帝に謝罪して参ったのであります」という記述があり、その皇族とは伏見宮の第四王子で、幕末の勤皇志士に〝魔王〟と恐れられ蛇蝎のように嫌われた粟田宮朝彦親王であることはまちがいない。未発に終ったこの事件は粟田宮以下、公卿では外山光輔、愛宕通旭等が、各地の活動家であった秋田藩権大参事初岡敬二、熊本藩有終館総督川上彦斎、柳川藩大巡察古賀十郎、久留米藩応変隊参謀小河真文、愛宕卿家々扶疋田源二らを中心として二府三十九藩にわたって政府顚覆を計画した事件であった。明治政府のこれに対する断罪は、公卿二名の切腹、斬首十一名（小河真文・古松簡二含）、終身禁固二十四名（水野正名含）その他総計二百余名に及び、明治新政権始まって以来の一大疑獄事件であった。それは裏返すと、政権樹立後、基盤の脆弱な明治新政権をゆさぶるに十分な陣容を持った事件であった。

明四事件は、我が国の政治史の枠組みの中では、明治初年の士族叛乱の先駆と位置づけられているが、幕末尊攘運動の初心にもどったやり直しと見てもよいだろう。このような視点から範之の行動を見ると、まさに範之は、彼の一世代前の先輩が実践しようとした純正尊攘主義の無菌培養された存在であると見てよい。ともあれ、明四事件によって、久留米藩は壊滅し、家臣たちはその生活基盤を失ってしまった。有馬氏久留米移封以来の家臣団の一員であった澤（佐波）家は、主人の澤之高が「庶人に下し禁獄三十日」の罪を受けることによって一家離散の状態におちいってしまう。この時、澤家のみならず、親族の小河真文の家や、範之の実母の実家島田家（島田荘太郎は獄死）をはじめとする勤皇派メンバーの家庭も同様の状態となってしまったことは想像に難くない。範之が養子に出された武田貞祐の家は医者であったことから、同じ明四事件関係者（禁獄百日）であっても、比較的影響の少ない家であったろう。後に範之は養父との折り合いが悪く、故郷を出奔して放浪の生活に入るが、この時範之が頼った郷里の先輩は、旧勤皇派関係者かその子弟であった。そして、その先輩が範之に紹介した人々（たとえば本書記載の森尾茂助が範之に紹介した共慣義塾の神原精二は、明治政府顚覆事件関係者の一人で、丸山作楽らとともにその幹部であった。事件後、芝増上寺の住職をつとめている。）も、明四事件につながりのある明治新政府に批判的な人物が多い。本書にある範之放浪時代の交遊は、明四事件とそれをめぐる関係者の間をいくらも出る範囲のものでなかったことを記憶すべきである。

明四事件によって有馬氏の久留米移封以来の家臣であった澤家は、旧藩主とのつきあいもままならない悲惨な状態であった。ここに、範之が後年、有馬家の家令に出した手紙があるので、その一部を紹介しておきたい。

山僧は旧御藩中亡澤之高が二男にして、目下当山に住し、一地方小本山の祖席を汚し居るものに有之候。亡父之高に至るまで、九代の久しき御家の大恩を恭ふし……山僧等兄弟は力微にして、家声を起すこと能はず、随て御家にも自ら出入りを絶つに至り候。

客臘、山僧が無二の友関常吉、当山に留まること七十餘日、……山僧は今更家名など起す志無之、随て貴顕に親昵する念も無之候へども……懐旧の情難禁相成候。依て檀徒に命じて篠の子及び山中自生の独活を幽谷の内に抽かしめ、謹んで御前の御嘗味を乞ひ候。……山人の微慨を表せむには、如是ものに過ぎず候。御笑納可被成下奉願候。……

澤家、そして範之にとっては、維新後の多くの士族たちに見られる〝殿様と家臣〟のうるわしい関係はない。このように、廃藩とそれをとり巻く澤家の状態は、当時の士族たちの最低のよりどころである、旧藩主との儀礼を行う余裕さえなかったのである。

久留米藩勤皇派のメンバーは、西南戦争後、久留米開墾社に再び集結する。久留米開墾社は、明四事件で禁固七年の判決を受け、熊本檻獄に収檻されていた森尾茂助・太田茂を中心にして、おりからの明治政府が推進していた、東北地方開発政策に呼応した開拓計画で、明治十二年福島県安積郡の大蔵担原・対面原・向原等（現在の郡山市）の原野四百五十町歩に集団入植した開拓団である。同社は百四十一戸、五百八十五名からなる大所帯で、その運営は明治初年の時代の精神を反映した開明的なものであったが、数年後には崩壊がはじまり、櫛の歯が抜けるように脱落し、そのメンバーの多くは四散した。久留米開墾社に関しては、森尾茂助の孫に当たる森尾良一によって書かれた『久留米開墾誌』（昭和五十二年十二月　久留米開墾報徳会刊）があり、その概要が明らかにされている。澤家は、之高の長男保輔を筆頭にして、一家をあげて開墾社に参加している（明治十八年二月退去）。

本書の記述にある福島県安積郡荒井村は、久留米開墾社であり、ここで範之が一時警吏の仕事についていたことは、当時、開墾社で食いつめたメンバーの多くが、警官、役所の書記として各地に散っていったのに符合している。

久留米開墾社の惨憺たる結果によって帰るべき家を喪った範之の心境は、明治二十五年九州に向う便船、北陸丸船上で作った漢詩によく表われている。

……憤然絶群旧里に向ふ。旧里誰と共にか心肝を摧かん。十年家を出でて帰るに家無し。姻戚寧んぞ記せん幼時の顔。無限の恨は心胸を衝いて起り。万丈の浪は船舷を撲って喧し。……之を思ひ之を思うて涙瀾干たり。深夜寂寥船首に立てば。一望茫々たり水と天と。航路既に知る大洋を経るを。万感集まる処星象寒し。

明四事件は、事件関係者の第二世代に当る範之に過酷な生活を強いた。その実態は、明治維新において逆賊として扱かわれた会津藩士の第二世代である柴五郎（石光真人『ある明治人の記録』昭和四十六年五月　中公新書）の場合と大同小異であったろうことは推察に難くない。多感な青年期における範之のこのような環境は、範之の後年の鞏固な尊皇思想を醸成していく大きな要因になったし、久留米開墾社に見られるユートピア建設の思想は、金鰲島の漁業事業、一進会財団に連続していく。範之の生涯の目的がこの二点に絞られていたということは、明治二十二年に書かれた弟佐波三郎（本書の校閲者）宛の書翰中に「唯有り宗教と植民と。能く皇国の為に元勲を建てん」とあることからも明らかである。

以降、天佑俠への参加まで範之の放浪時代は継続するが、生涯を通じて範之には福岡藩勤皇派メンバーのそれに見られるような有力なスポンサーが出現していない。久留米・福岡という隣接した藩の勤皇派第二世代でありながら、黒竜会の内田良平のような独立した行動を範之が取り得なかったのは、環境の差による所が多い。すなわち、明四事件に遅れること数年にして、荻の乱、福岡の乱に多くの連累者を出した福岡藩の勤皇派メンバーは、当時のエネルギー革命の波に乗って、炭礦事業で成功して巨万の富をきづいた玄洋平岡浩太郎の豊富な資金のもとで玄洋社の活動を行った。さらに、平岡の甥に当たる硬石内田良平は、その資力を背景にして、シベリア単独横断、黒竜会の結成、そして日韓合邦運動等にその天分を最大限に発揮した。久留米藩勤皇派メンバーの第二世代の多くは、黒竜会の傘下に集まったが、その役割は、内田良平に見られるあの権謀術数のかぎりを尽した派手な行動の裏にあって、縁の下の力持ち的なものであった。真木和泉の甥で漢詩人の宮崎来城は、黒竜会の宣言・規約を執筆している。範之は敵を作ることの多い内田良平に代って、韓国側合邦運動当事者である一進会の担当者として、内田の意を十二分に体した恵面での行動に終始した。

本論は本書の筆者である川上善兵衛が「数奇を極めた」と表現した言葉の裏には、このような意味があったということを指摘するに止めておきたい。

あとがきに代えて

筆者の知る限りにおいて、武田範之のことが研究者の口の端にのぼるようになったのは、昭和三十年代後半のことであったと記憶している。当時、武田範之に関心を抱いた人々は、近代中国や大陸浪人に関心を持った人たちであった。これらの人々によって武田範之に関する文章もいくつかものされた。筆者の記憶に残っているものをあげてみると、次のようなものである。玉島信義）坂上信八郎は筆名）「大陸への出発―武田範之をめぐって―」（一九七〇年）、竹内好『アジア主義』の解説（一九六三年）、松沢哲成「武田範之と亜細亜之革命」（一九七三年）等である。この間、アジア主義の再検討ムードに便乗した形で、さらに明治百年を契機とした近代日本史再検討の風潮に対応する形で、それまで希覯に属し高価であった黒竜会の『東亜先覚志士記伝』や『日韓合邦秘史』も覆刻された。

本書の著者である川上善兵衛によって整理、編集された武田範之文書「洪疇遺績」が一紙の散逸もなく、高田（現在の上越市）在の薬師院に保存されていることが筆者によって確認され、研究者に紹介されたのはこのころのことであり、次いで、それまで幻の稿本として研究者の間に名前のみ喧伝されていた本書「興亜前提史」の存在が明らかにされたのも、このころのことであった。

当時、本書はコピーの走りであったゼロックスで、コピーの形で研究者の間に広まったが、それほど多い部数ではなかったようである。そして、その数年後（一九七三年）、筆者は市井三郎先生と共に「洪疇遺績」をマイクロフィルムに収めて、東京（成蹊大学図書館、アジア経済研究所）に持ち帰った等のこともあった。

当時としては高価であったゼロックス版の本書は、いろいろな所で、いろいろな立ち場の人たちによって、それを使用した研究が試みられたが、ついに本格的な研究成果は表れずじまいであった。それは武田範之のよって立つ思想的立ち場や、武田範之の関係した歴史的事象が、現在に至るまで、微妙になま臭い要素を多分に含んでいるためであった。

本書出版の企画が、日本経済評論社の栗原哲也社長から持ち込まれたのは、武田範之をめぐる研究状況が、このような逼塞状態にあった時であった。本書の編集を快諾された市井三郎先生と筆者は、種々協議のすえ、本書の構成を決定し、実際の編集作業に入った。そして、編者の要望を快諾され、多忙な時間を割いて、解説を執筆していただいた先生方には、立ち場の相異をのりこえて、貴重な論稿をいただくことが出来た。厚く御礼申し上げたい。また、作業の中途において、市井三郎先生は病に倒れられ、まもなく回復されたが、いまだに原稿を執筆出来る状態にまで至っていない。そのため、先生が本書の解説として予定されていた「韓末の韓国における国際環境—特に対露関係について—」は、本書に収録することが不可能となった。本書編集者の一人である市井三郎先生が解説を分担されていないことに奇異の念を抱かれる読者には、この間の事情を御賢察願いたい。終りに寺内威太郎氏には、編者の手にあまる煩瑣な校正を急遽担当していただいた。ここに記して感謝したい。

本書の公刊によって、近代日本のアジア主義運動に特異な地位を占める武田範之ら黒竜会系の大陸浪人に関する一つの側面が明確となるだろう。就中、武田範之らの行った最大の仕事ともいうべき、韓国一進会との提携による、いわゆる日韓合邦運動に関して、結果論で論ずる人に対しても、動機論で論ずる人に対しても、これまで知られることのなかった、いろいろな事実を提供することだろう。

本書は戦前の日本政府当局者が抹殺し葬り去ろうとした、日韓合邦運動の精神を書き残すという明確な意図のもとに執筆されたものではあるが、本書に引用された厖大な原資料や伝聞は故意に改竄された形跡はない。筆者は本書の公刊を契機として、本書を踏み台としたアジア主義再検討のための冷静で実証的な、実りある研究が出現することを切望するものである。

昭和六十一年　初秋

滝沢誠識

追記　なお、本書に多用された難解な漢字のため、作字等を中心とした制作工程上の諸問題によって本書の刊行と順序が逆転してしまったが、筆者による武田範之論『武田範之とその時代』(三嶺書房　昭和六一年)が出版されている。資料的には本書日本側の記述に対応する韓国側資料にも当ってある。本書の記述を検討するための一つの材料となるだろう。また、武田範之理解のための手ごろな入門書でもある。関心を持たれる向には同書の併読をおすすめしたい。

校正者・寺内威太郎
一九四八年東京生れ。
現在　明治大学文学部助手。朝鮮史専攻。
論文「李氏朝鮮と清朝との辺市について」
「慶源開市と琿春」ほか

〔編者略歴〕

市井三郎（いちい・さぶろう）

1922年　大阪府に生まれる
1945年　大阪大学理学部卒業
1953年　ロンドン大学哲学大学院修了
1954年　愛知教育大学助教授就任
1962年　成蹊大学教授就任。現在に至る
著　書『ホワイトヘッドの哲学』（1956年 弘文堂）
『哲学的分析』（1963年 岩波書店）
『明治維新の哲学』（1967年 講談社）
『歴史の進歩とはなにか』（1971年 岩波書店）
『近世革新思想の系譜』（1980年 日本放送出版協会）

滝沢　誠（たきざわ・まこと）

1943年　長岡市に生まれる
1966年　成蹊大学政治経済学部卒業
著　書『権藤成卿』（1971年 紀伊国屋書店）
『評伝内田良平』（1976年 大和書房）
『近代日本右派社会思想研究』（1980年 論創社）
『武田範之とその時代』（1986年 三嶺書房）

武田範之伝——興亜前提史——

昭和62年5月26日発行

原著者　川上善兵衛
編　者　市井三郎・滝沢　誠
発行者　栗原哲也
発行所　日本経済評論社
〒101　東京都千代田区神田神保町3-2
☎(03) 230-1661（代）

印刷所　関野印刷・文昇堂　　製本　山本製本

武田範之伝
— 興亜前提史 — (オンデマンド版)

Digital Publishing

2004年9月8日　発行

著　者　　川上　善兵衛
編　者　　市井　三郎・滝沢　誠
発行者　　栗原　哲也
発行所　　株式会社　日本経済評論社
〒101-0051　東京都千代田区神田神保町3-2
電話　03-3230-1661　FAX　03-3265-2993
E-mail: nikkeihy@js7.so-net.ne.jp
URL: http://www.nikkeihyo.co.jp/

印刷・製本　　株式会社　デジタルパブリッシングサービス
URL: http://www.d-pub.co.jp/

AB204

乱丁落丁はお取替えいたします。

Printed in Japan
ISBN4-8188-1631-0